6800
PROGRAMMIEREN IN ASSEMBLER

LANCE A. LEVENTHAL

te-wi Verlag GmbH
München

VORWORT

Das vorliegende Buch enthält eine ausführliche Beschreibung der Assemblersprache des Mikroprozessors 6800. Es enthält zahlreiche Programmierbeispiele, vom einfachen Laden eines Speichers bis zu vollständigen Entwicklungsprojekten.

Das Schwergewicht liegt auf einer großen Anzahl von völlig fehlerfreien, praktischen Programmierbeispielen im Standard-Format, einschließlich Flußdiagramm, Quellprogramm, Objektcode und erläuterndem Text.

Ferner ist jeder Befehl des 6800 detailliert erklärt, sowie die Assembler-Vereinbarungen für den 6800. Ebenso werden Eingabe-/Ausgabe-Operationen mit dem peripheren Interface-Adapter 6820 und dem asynchronen Kommunikations-Interface-Baustein 6850 behandelt.

Ausführliche Besprechungen für die Erstellung von Programmen, von der Definition der Aufgabe über Testen, Fehlersuche, Dokumentation bis hin zu modularer und strukturierter Programmierung runden dieses Werk ab.

IMPRESSUM

Dieses Buch ist eine Übersetzung aus der amerikanischen Originalausgabe "6800 ASSEMBLY LANGUAGE PROGRAMMING" by Lance A. Leventhal.

LIZENZNEHMER und HERAUSGEBER:
te-wi Verlag GmbH, Waldfriedhofstr. 30
8000 München 70, Tel. 089/376239

GESAMTHERSTELLUNG:
technik marketing, München
tm2426/480, 1. Auflage
Printed in W-Germany

ISBN-3-921803-03-9

INHALTSVERZEICHNIS

SEITE

KAPITEL 4

KAPITEL 5

SEITE

KAPITEL 13

KAPITEL 14

SEITE

KAPITEL 15

KAPITEL 16

Kapitel 1
Einführung in die Assemblersprachen-Programmierung

Dieses Buch beschreibt die Programmierung in Assemblersprache. Es wird angenommen, daß Sie mit dem Buch "Einführung in die Mikrocomputer-Technik" (insbesondere Kapitel 6) vertraut sind. Im vorliegenden Buch werden die allgemeinen Eigenschaften von Computern, Mikrocomputern, Adressierverfahren oder Befehlssätzen nicht besprochen. Alle diese Fragen wurden in der bereits erwähnten "Einführung in die Mikrocomputer-Technik" erörtert.

WIE DIESES BUCH GEDRUCKT IST

Es ist zu beachten, daß dieses Buch mit fetten und mageren Buchstaben **gedruckt ist. Dies hilft jene Teile des Buches zu überspringen, deren Inhalt vielleicht bereits bekannt ist. Man kann sicher sein, daß der mager gedruckte Teil nur jene Informationen ausführlicher behandelt, die im vorausgehenden fettgedruckten Teil bereits dargestellt wurden. Man braucht daher nur den fettgedruckten Teil zu lesen, bis man ein Thema erreicht, über das man mehr zu wissen wünscht und kann von hier ab mit dem Lesen des mager gedruckten Teiles beginnen.**

DIE BEDEUTUNG VON BEFEHLEN

Der Befehlssatz eines Mikroprozessors besteht aus einem Satz von binären Eingangssignalen, mit denen bestimmte Tätigkeiten während eines Befehlszyklus bewirkt werden. Ein Befehlssatz ist für einen Mikroprozessor das gleiche wie eine Funktionstabelle für einen Logik-Baustein, wie etwa ein Gatter, Addierer oder Schieberegister. Natürlich sind die Tätigkeiten, die ein Mikroprozessor infolge eines Befehls ausführt, wesentlich komplexer als jene Tätigkeiten, die ein Logik-Baustein infolge seiner Eingangssignale durchführt.

BINÄRE BEFEHLE

Ein Befehl ist ein binäres Bitmuster — es muß an den Dateneingängen des Mikroprozessors zur richtigen Zeit anliegen, um als ein Befehl interpretiert zu werden. Wenn beispielsweise der Mikroprozessor 6800 das aus 8 Bits bestehende Binärmuster 01001111 als Eingabe während eines Befehlsabrufes empfängt, so bedeutet dieses:

"Lösche (bringe Nullen in) den Akkumulator A"

Ähnlich bedeutet das Muster 10000110:

"Lade Akkumulator A mit dem Inhalt des nächsten Wortes des Programmspeichers"

Der Mikroprozessor (wie auch jeder andere Computer) erkennt nur binäre Muster als Befehle oder Daten. Er ist nicht imstande, Worte oder Oktal-, Dezimal- oder Hexadezimalzahlen zu erkennen.

EIN COMPUTERPROGRAMM

Ein Programm besteht aus einer Serie von Befehlen, die den Computer zur Ausführung einer bestimmten Aufgabe veranlassen.

COMPUTER-PROGRAMM

In Wirklichkeit enthält ein Computerprogramm mehr als Befehle. Es enthält auch Daten und Speicheradressen, die der Mikroprozessor zur Ausführung der durch die Befehle definierten Aufgaben benötigt. Zweifellos muß der Mikroprozessor zur Ausführung einer Addition hierfür zwei Zahlen besitzen, sowie einen Platz, in den er das Resultat ablegt. Das Computerprogramm muß die Quellen der Daten und den Bestimmungsort für das Resultat bestimmen und muß ferner die auszuführende Operation angeben.

Die meisten Mikroprozessoren führen Befehle sequentiell aus, es sei denn, einer der Befehle ändert die Befehlssequenz oder hält den Computer an. Das heißt, der Prozessor erhält den nächsten Befehl von der nächsthöheren Speicheradresse, außer der momentane Befehl weist ihn an, etwas anderes auszuführen.

Jedes Programm wird letztlich in einen Satz von Binärzahlen umgewandelt. Folgendes ist beispielsweise ein Programm für den 6800, das den Inhalt der Speicherplätze 60_{16} und 61_{16} addiert und das Ergebnis in den Speicherplatz 62_{16} ablegt:

```
10010110
01100000
10011011
01100001
10010111
01100010
```

OBJEKT-PROGRAMM

MASCHINEN-SPRACHEN-PROGRAMM

Dies ist ein Maschinensprachen- oder Objekt-Programm. Wenn dieses Programm in einen auf einem 6800 basierenden Mikrocomputer eingegeben wird, so ist der Mikrocomputer imstande, dieses Programm direkt auszuführen.

DIE PROBLEME DES PROGRAMMIERENS

Es gibt verschiedene Schwierigkeiten, die mit der Bildung von Programmen in Form eines Objektprogrammes, das heißt eines Programmes in binärer Maschinensprache, verbunden sind. Einige dieser Probleme sind:

1) Die Programme sind schwierig zu verstehen oder fehlerfrei zu machen (Binärzahlen sehen einander sehr ähnlich, insbesondere wenn man bereits einige Stunden mit ihnen gearbeitet hat).

2) Die Eingabe der Programme ist sehr langwierig, da man jedes Bit individuell bestimmen muß.

3) Die Programme beschreiben die Aufgabe, die der Computer ausführen soll, nicht in irgendeinem vergleichbaren vom Menschen lesbaren Format.

4) Die Programme sind lang und mühsam zu schreiben.

5) Der Programmierer macht häufig Fehler, die sehr schwierig zu finden sind.

Die folgende Version unsererers Additions-Objektprogrammes enthält beispielsweise ein einziges vertauschtes Bit. Versuchen Sie es zu finden:

```
10010110
01100000
10011011
01110001
10010111
01100010
```

Obwohl der Computer Binärzahlen mit Leichtigkeit handhabt, ist dies für einen Menschen sehr schwierig. Der Mensch findet Binärprogramme lang, mühsam, verwirrend und bedeutungslos. Ein Programmierer könnte sich möglicherweise einige der Binärcodes merken, aber derartige Anstrengungen sollten produktiver verwendet werden.

VERWENDUNG VON OKTAL- ODER HEXADEZIMALZAHLEN

OKTAL-ODER HEXADEZIMAL-ZAHLEN

Wir können diese Situation wesentlich verbessern, indem wir die Befehle in Form von Oktal- oder Hexadezimal-, anstatt von Binärzahlen zu schreiben. Wir werden in diesem Buch Hexadezimalzahlen verwenden, da sie kürzer sind und bereits zum Standard für die Mikroprozessor-Industrie geworden sind. Tabelle 1-1 definiert die Hexadezimalziffern und ihre binären Äquivalente. **Das Programm für den 6800 zur Addition zweier Zahlen sieht nun folgendermaßen aus:**

96
60
9B
61
97
62

Man sieht, daß die hexadezimale Version wesentlich kürzer in der Schreibweise ist und lange nicht so ermüdend bei der Überprüfung.

Fehler sind wesentlich leichter in einer Folge von Hexadezimalziffern zu finden. Die fehlerhafte Version unseres Additionsprogramms sieht nun in hexadezimaler Form folgendermaßen aus:

96
60
9B
71
97
62

Der Fehler ist wesentlich einfacher zu erkennen.

Was fangen wir aber nun mit diesem hexadezimalen Programm an? Der Mikroprozessor versteht nur binäre Befehlscodes. Die Antwort ist, daß wir die Hexadezimalen in Binärzahlen umwandeln müssen. Diese Umwandlung ist eine sich wiederholende mühsame Aufgabe. Bei dieser Umwandlung macht man im allgemeinen alle möglichen Arten der schönsten Fehler, wie etwa das Verwechseln einer Zeile, Vergessen eines Bits, oder Vertauschen eines Bits oder einer Stelle.

HEXADEZIMAL-LADER

Diese sich wiederholende und zermürbende Arbeit ist jedoch eine ideale Aufgabe für einen Computer. Der Computer wird niemals müde oder gelangweilt und macht niemals leichtfertig Fehler. **Es liegt daher nahe, ein Programm zu schreiben, das die hexadezimalen Zahlen aufnimmt, sie in Binärzahlen umwandelt und die Binärzahlen in den Speicher des Mikrocomputers bringt. Dies ist ein Standardprogramm, das für viele Mikroprozessoren erhältlich ist. Es wird Hexadezimal-Lader genannt.**

Lohnt sich ein Hexadezimal-Lader? Wenn man die Absicht hat, ein Programm unter Verwendung von Binärzahlen zu schreiben, und wir bereit sind, das Programm in seiner binären Form in den Computer einzugeben, dann werden wir keinen Hexadezimal-Lader benötigen. Wenn wir einen Hexadezimal-Lader wählen, so müssen wir einen Preis hierfür bezahlen. Der Hexadezimal-Lader ist selbst ein Programm, das man in den Speicher laden muß. Außerdem wird der Hexadezimal-Lader Speicherplatz besetzen — Speicherplatz, den wir vielleicht für andere Zwecke benötigen würden.

Die Vorteile des Hexadezimal-Laders liegen, abgesehen von den Kosten und den Speicher-Anforderungen in der Einsparung der Programmierzeit.

Ein Hexadezimal-Lader ist daher seine geringen Kosten wert.

Ein Hexadezimal-Lader löst aber keinesfalls irgendein Programmierproblem. Die hexadezimale Version des Programmes ist noch immer schwierig zu lesen und zu verstehen. Er unterscheidet beispielsweise weder Befehle von Daten oder Adressen, noch ergibt sich aus der Auflistung des Programmes irgendein Hinweis darauf, was das Programm ausführt. Was bedeutet 86 oder 3F? Das Auswendiglernen einer langen Reihe von Codes ist sicherlich nicht sehr attraktiv. Ferner unterscheiden sich die Codes völlig bei unterschiedlichen Mikroprozessoren, und das Programm benötigt eine umfangreiche Dokumentation.

Hexadezimal-Ziffer	Binäres Äquivalent	Dezimales Äquivalent
0	0000	0
1	0001	1
2	0010	2
3	0011	3
4	0100	4
5	0101	5
6	0110	6
7	0111	7
8	1000	8
9	1001	9
A	1010	10
B	1011	11
C	1100	12
D	1101	13
E	1110	14
F	1111	15

Tabelle 1-1. Hexadezimal-Umwandlungstabelle

MNEMONIKS FÜR BEFEHLSCODES

Eine offensichtliche Verbesserung des Programmierens stellt die Zuweisung einer Bezeichnung zu jedem Befehlscode dar. Den Namen eines Befehlscodes nennt man ein Mnemonik, oder mnemotechnisches Hilfsmittel. Die mnemotechnische Abkürzung eines Befehls sollte in irgendeiner Form beschreiben, was der Befehl ausführt.

PROBLEME MIT MNEMONIKS

In der Tat liefert jeder Hersteller eines Mikroprozessors einen Satz von Mnemoniks für den Befehlssatz seines Mikroprozessors. **Man muß sich jedoch nicht mit dem Befehlssatz des Herstellers abfinden.** Sie sind jedoch Standard für einen gegebenen Mikroprozessor und werden daher von allen Anwendern verstanden. Daher stellen sie die Bezeichnungen für die Befehle dar, die man in Handbüchern, Listen, Büchern, Artikeln und Programmen findet. Das Problem bei der Auswahl von Mnemoniks für Befehle besteht darin, daß nicht alle Befehle "offensichtliche" Namen besitzen. Bei einigen Befehlen ist dies der Fall (z.B. ADD, AND, OR), andere bestehen aus offensichtlichen Abkürzungen (z.B. SUB für Subtraktion, XOR für Exklusiv-ODER), während dies bei anderen überhaupt nicht der Fall ist. Daraus resultieren Mnemoniks wie etwa WMP, PCHL und auch SOB (versuchen Sie ihre Bedeutung zu erraten!). Die meisten Hersteller verwenden einige brauchbare Namen, zum Teil aber auch sehr unglückliche Bezeichnungen. Anwender, die sich ihre eigenen Mnemoniks ausdenken, werden wahrscheinlich kaum bessere Bezeichnungen als der Hersteller finden.

Zusammen mit den Befehls-Mnemoniks wird ein Hersteller gewöhnlich auch den CPU-Registern entsprechende Namen zuweisen. Ebenso wie bei den Befehlsnamen besitzen einige Register offensichtliche Bezeichnungen (z.B. A für Akkumulator) während andere mehr historische Bedeutung besitzen. Wir wollen jedoch wiederum die Vorschläge der Hersteller verwenden, einfach um eine Standardisierung zu fördern.

PROGRAMM IN ASSEMBLER-SPRACHE

Wenn wir die Standard-Mnemoniks für Befehle und Register des 6800 verwenden, wie sie von Motorola definiert wurden, so wird unser Additionsprogramm für den 6800 folgendermaßen aussehen:

```
LDAA
60
ADDA
61
STAA
62
```

Die Darstellung des Programms ist immer noch nicht völlig offensichtlich, aber es werden wenigstens einige Teile hiervon verständlich. ADDA ist eine beträchtliche Verbesserung gegenüber 9B. LDAA und STAA lassen auf Laden (Loading) und Speichern (Storing) schließen. Wir wissen nun, welche Zeilen Befehle sind und welche Daten oder Adressen. **Ein derartiges Programm stellt ein Programm in Assemblersprache dar.**

DAS ASSEMBLERPROGRAMM

HAND-ASSEMBLIERUNG

Wie bekommen wir nun das Programm in Assemblersprache in den Computer? Wir müssen es übersetzen, entweder in Hexadezimal- oder in Binärzahlen. Man kann ein Programm in Assemblersprache manuell übersetzen, Befehl für Befehl. Dies wird Hand-Assemblierung genannt.

Hand-Assemblierung einer aus drei Befehlen bestehenden Folge ist wie nachstehend gezeigt:

Befehlsname	Adressierart	Hexadezim. Äquivalent
LDAA direkt	direkt	96
ADDA direkt	direkt	9B
STAA direkt	direkt	97

Wie im Falle der Umwandlung hexadezimal in binär, ist die Hand-Assemblierung eine Routine-Aufgabe, die uninteressant, sich wiederholend und anfällig für zahllose kleine Irrtümer ist. Verwenden der falschen Zeile, Vertauschen von Ziffern, Auslassen von Befehlen und falsches Lesen der Codes sind nur einige der Fehler, die einem unterlaufen können. Die meisten Mikroprozessoren machen die Aufgaben noch komplizierter, indem sie verschiedene Befehle mit unterschiedlichen Wortlängen besitzen. Manche Befehle sind nur ein Wort lang, während andere eine Länge von zwei oder drei Worten besitzen. Manche Befehle benötigen Daten im zweiten und dritten Wort. Andere benötigen Speicheradressen, Registernummern oder andere Informationen.

ASSEMBLER

QUELLEN-PROGRAMM

Die Assemblierung ist eine weitere routinemäßige Aufgabe, die wir einem Mikrocomputer überlassen können. Der Mikrocomputer macht niemals Fehler beim Übersetzen von Codes. Er weiß immer, wieviele Worte und welches Format jeder Befehl benötigt. Ein Programm, das eine derartige Aufgabe ausführt, wird Assem-

bler genannt. Das Assemblerprogramm übersetzt ein Anwenderprogramm oder Quellenprogramm (auch als Quellprogramm bezeichnet), das mit Mnemoniks geschrieben wurde, in ein Programm in Maschinensprache (oder Objektprogramm), das der Mikrocomputer ausführen kann. Die Eingabe für den Assembler ist ein Quellenprogramm und er gibt ein Objektprogramm aus. (Bei Benützung des Wortes "Assembler" ist jeweils darauf zu achten, ob nun die Assembler-Sprache oder das Assembler-Programm gemeint ist).

OBJEKT-PROGRAMM

Die Überlegungen, die wir beim Hexadezimal-Lader angestellt haben, gelten in erhöhtem Maße für den Assembler. Assembler sind aufwendiger, benötigen mehr Speicherplatz und erfordern längere Ausführungszeiten als Hexadezimal-Lader. Während Anwender häufig ihre eigenen Lader schreiben, geschieht dies weniger häufig bei Assemblern.

Assembler besitzen eigene Regeln, die man erlernen muß. Diese enthalten die Verwendung bestimmter Markierungen oder Kennzeichen (wie Zwischenräume, Kommata, Strichpunkte oder Doppelpunkte) an den entsprechenden Stellen, korrekte Aussprache, die richtige Steuer-Information und vielleicht auch die ordnungsgemäße Plazierung von Namen und Zahlen. Diese Regeln stellen nur ein kleines Hindernis dar, das man leicht überwinden kann.

ZUSÄTZLICHE EIGENSCHAFTEN VON ASSEMBLERN

Frühere Assembler-Programme leisteten wenig mehr als die Übersetzung der Mnemoniks der Befehle und Register in ihr binäres Äquivalent. Die meisten neueren Assemblerprogramme besitzen zusätzliche Eigenschaften, wie:

1) Sie gestatten dem Anwender die Zuweisung von Namen zu Speicherplätzen, Eingabe- und Ausgabe-Bausteinen und sogar vollständigen Befehls-Sequenzen.

2) Die Umwandlung von Daten oder Adressen von verschiedenen Zahlensystemen (z.B. dezimal oder hexadezimal) in binäre und die Umwandlung von Zeichen in ihre ASCII- oder EBCDIC-Binärcodes.

3) Die Ausführung einiger arithmetischer Operationen als Teil des Assemblier-Vorganges.

4) Die Mitteilung an das Laderprogramm, wohin Teile des Programmes oder Daten in den Speicher plaziert werden sollen.

5) Sie gestatten dem Anwender die Zuweisung von Speicherbereichen für zeitweilige Datenspeicherung und die Plazierung fester Daten in bestimmte Bereiche des Programmspeichers.

6) Die Lieferung von Informationen, die erforderlich sind, um Standardprogramme aus einer Programmbibliothek, oder Programme die zu einer anderen Zeit geschrieben wurden, in das momentane Programm aufzunehmen.

7) Sie gestatten dem Anwender die Steuerung des Formats der Programm-Auflistung und der verwendeten Eingabe- und Ausgabe-Bausteine.

AUSWAHL EINES ASSEMBLERS

Alle diese Eigenschaften bedingen natürlich zusätzliche Kosten und Speicher. Mikrocomputer haben im allgemeinen wesentlich einfachere Assembler als große Computer, tendieren jedoch immer größer zu werden. Man besitzt häufig eine Auswahl an verschiedenen Assembler-Programmen. Das wichtigste Kriterium hierbei ist nicht, wieviele ausgefallene Eigenschaften der Assembler besitzt, sondern wie bequem er bei der Anwendung in der Praxis ist.

NACHTEILE DER ASSEMBLERSPRACHE

Der Assembler, ebenso wie der Hexadezimal-Lader, löst keinesfalls die gesamten Probleme des Programmierens. Ein Problem besteht in der gewaltigen Lücke zwischen dem Befehlssatz des Mikrocomputers und den Aufgaben, die der Mikrocomputer auszuführen hat. Computerbefehle führen meist Dinge aus, wie das Addieren des Inhalts zweier Register, Verschieben des Inhalts des Akkumulators um ein Bit, oder das Plazieren eines neuen Wertes in den Befehlszähler. Auf der anderen Seite möchte ein Anwender eines Mikrocomputers etwa die Prüfung, ob eine analoge Ablesung einen bestimmten Wert überschritten hat, nach einem bestimmten Kommando eines Fernschreibers Ausschau halten und auf dieses zu reagieren, oder ein Relais zur richtigen Zeit aktivieren. Ein Programmierer, der die Assemblersprache verwendet, muß derartige Aufgaben in eine Folge (oder Sequenz) einfacher Computerbefehle umwandeln. Diese Umwandlung kann eine schwierige und zeitraubende Aufgabe darstellen.

Ferner muß man beim Programmieren in Assemblersprache eine sehr detaillierte Kenntnis des verwendeten speziellen Mikrocomputers besitzen. Man muß wissen, welche Register und Befehle der Mikrocomputer hat, wie die Befehle die verschiedenen Register genau beeinflussen, welche Adressier-Verfahren der Computer verwendet und eine Unmenge weiterer Informationen. Keine dieser Informationen ist für die Aufgabe, die der Mikrocomputer letzlich ausführen muß, relevant.

ÜBERTRAGBARKEIT

Programme in Assemblersprache sind nicht übertragbar. Jeder Mikrocomputer besitzt seine eigene Assemblersprache, die durch seine Architektur bestimmt wird. Ein Programm in Assemblersprache, das für den 6800 geschrieben wurde, wird nicht auf dem 8080, dem F8 oder dem PACE laufen. Unser Additionsprogramm würde beispielsweise für den 8080 folgendermaßen lauten:

```
LDA   60H
MOV   B,A
LDA   61H
ADD   B
STA   62H
```

Da die Programme nicht übertragbar sind, bedeutet dies, daß wir unser Programm in Assemblersprache nicht auf einem anderen Mikrocomputer verwenden können. Das bedeutet auch weiter, daß wir nicht imstande sind, irgendein Programm zu verwenden, das nicht für unseren Mikrocomputer speziell geschrieben wurde. Dies ist ein Nachteil für Mikrocomputer, da diese Bausteine neu sind und noch nicht allzuviele Programme in Assemblersprache existieren. Daraus ergibt sich häufig, daß man auf sich selbst angewiesen ist. Wenn man ein Programm für die Ausführung einer speziellen Aufgabe benötigt, wird man dies wahrscheinlich nicht in den kleinen Programm-Bibliotheken der Hersteller finden. Man wird es auch wahrscheinlich kaum in einem Archiv, Zeitungsartikel oder einer alten Programm-Bibliothek finden. Wahrscheinlich muß man sich sein Programm selbst schreiben.

HÖHERE PROGRAMMIERSPRACHEN

KOMPILIERER

Die Lösung für viele der mit Assemblersprachen-Programmen verbundenen Schwierigkeiten ist die Verwendung von "höheren" oder "problem-orientierten" Sprachen. Derartige Sprachen gestatten die Beschreibung von Aufgaben in einer Art und Weise, die eher problem-orientiert als computer-orientiert ist. Jede Anweisung in einer höheren Programmiersprache führt eine erkennbare Funktion aus. Sie wird im allgemeinen mehreren Befehlen in Assemblersprache entsprechen. Ein Programm, das Kompilierer (oder Compiler) genannt wird, übersetzt ein Quellenprogramm höherer Programmiersprache in Befehle in Objektcode oder Maschinensprache.

FORTRAN

Es existieren mehrere unterschiedliche höhere Sprachen für verschiedene Arten von Aufgaben. Wenn wir beispielsweise die Aufgabe für unseren Computer in einer algebraischen Darstellung ausdrücken können, so können wir unser Programm in FORTRAN (FORmula TRANslation language) schreiben, der ältesten und am meisten verbreiteten höheren Programmiersprache. Wenn wir nun zwei Zahlen addieren wollen, so müssen wir dem Computer nur sagen:

SUM = NUMB1 + NUMB2

Dies ist um einiges einfacher (und auch kürzer) als irgendein äquivalentes Programm in Maschinensprache oder ein äquivalentes Programm in Assemblersprache. Andere höhere Programmiersprachen sind COBOL (für kaufmännische Anwendungen), ALGOL und PASCAL (andere algebraische Sprachen), PL/1 (eine Kombination von FORTRAN, ALGOL und COBOL) und APL und BASIC (Sprachen für Time-Sharing-Systeme und Hobby-Computer).

VORTEILE VON HÖHEREN PROGRAMMIERSPRACHEN

Offensichtlich erleichtern höhere Sprachen das Programmieren und beschleunigen die Erstellung eines Programmes. Man kann etwa sagen, daß ein Programmierer ein Programm zehnmal schneller in einer höheren Sprache als in der Assemblersprache schreiben kann. Dies betrifft nur das Schreiben des Programms. Es enthält nicht die Definition des Problems, Entwicklung des Programms, Fehlersuche, Testen oder Dokumentation, was ebenfalls einfacher und schneller wird. Das Programm in der höheren Sprache ersetzt beispielsweise zum Teil eine entsprechende Dokumentation. Sogar wenn man FORTRAN nicht beherrscht, kann man wahrscheinlich erkennen, was die oben dargestellten Anweisungen besagen.

MASCHINEN-UNABHÄNGIGKEIT VON HÖHEREN PROGRAMMIER-SPRACHEN

Höhere Sprachen lösen viele andere Probleme, die mit der Programmierung in Assemblersprache verknüpft sind. Die höhere Sprache besitzt ihre eigene Syntax (gewöhnlich definiert durch einen nationalen oder internationalen Standard). In der Sprache werden Befehlssatz, die Register oder andere Eigenschaften eines speziellen Computers nicht erwähnt. Auf alle derartige Details muß der Compiler achten. Die Programmierer können sich auf ihre eigentliche Aufgabe konzentrieren. Sie brauchen die verwendete CPU-Architektur nicht im Detail zu verstehen, das heißt, sie brauchen nicht einmal etwas über den Computer zu wissen, den sie programmieren.

ÜBERTRAGBARKEIT VON HÖHEREN SPRACHEN

Programme, die in einer höheren Sprache geschrieben wurden, sind übertragbar; zumindest in der Theorie. Sie werden auf jedem beliebigen Computer laufen, der einen Standard-Kompilierer für diese Sprache besitzt.

Dadurch sind aber gleichzeitig alle früher in einer höheren Sprache geschriebenen Programme für bestimmte Computer auch verfügbar, wenn man einen neuen Computer programmieren will. Dies kann im Falle der gebräuchlichsten Sprachen wie FORTRAN oder BASIC bedeuten, daß man tausende von Programmen zur Verfügung hat.

NACHTEILE VON HÖHEREN PROGRAMMIERSPRACHEN

Wenn nun aber alle erwähnten Vorteile, die wir bei höheren Programmiersprachen aufgezählt haben, wahr sind, wenn man Programme schneller schreiben kann und sie außerdem übertragbar sind, warum quält man sich dann überhaupt noch mit Assemblersprachen? Wer würde sich noch mit Registern, Befehlscodes, Mnemoniks und all diesem Ballast herumschlagen? Wie gewöhnlich steht allen Vorteilen meist auch eine entsprechende Anzahl von Nachteilen gegenüber.

Ein offensichtliches Problem liegt darin, daß man die "Regeln" oder die "Syntax" jeder höheren Programmiersprache, die man verwenden will, lernen muß. Eine höhere Sprache besitzt einen ziemlich komplizierten Satz von Regeln. Man wird finden, daß man viel Zeit benötigt, ein Programm zu erhalten, das syntaktisch korrekt ist (und sogar dann wird es wahrscheinlich noch nicht das tun, was man will). Eine höhere Computersprache ist wie eine Fremdsprache. Wenn man ein wenig Talent besitzt, wird man sich rasch mit den Regeln vertraut manchen, und imstande sein, Programme zu liefern, die der Kompilierer annimmt. Aber mit dem Lernen der Regeln und dem Versuch, das Programm für den Kompilierer annehmbar zu machen, ist unsere Aufgabe noch lange nicht gelöst.

SYNTAX HÖHERER SPRACHEN

Einige FORTRAN-Regeln sehen etwa folgendermaßen aus:

- Marken (Labels) müssen gänzlich aus Zahlen bestehen und in die ersten fünf Kartenspalten plaziert werden
- Anweisungen müssen in Spalte sieben beginnen
- Ganzzahlige Variable müssen mit dem Buchstaben I, J, K, L, M oder N beginnen

Ein weiteres Problem liegt darin, daß man einen Kompilierer zur Übersetzung der in einer höheren Sprache geschriebenen Programme in Maschinensprache benötigt. Kompilierer sind aufwendig und benötigen große Speicher. Während die meisten Assembler von 2K bis 16K Bytes eines Speichers belegen (1K = 1024), benötigt ein Kompilierer gewöhnlich wesentlich mehr Speicherplatz. Daher liegen die Kosten bei der Verwendung eines Kompilierers wesentlich höher.

KOSTEN VON KOMPILIERERN

Ferner machen nicht alle Kompilierer unsere Aufgabe tatsächlich leichter. FORTRAN ist beispielsweise sehr gut für Aufgaben geeignet, die man als algebraische Formeln darstellen kann. Wenn wir jedoch die Aufgabe haben, einen Drucker zu steuern, eine Kette von Zeichen zu editieren oder ein Alarmsystem zu überwachen, kann unsere Aufgabe nicht ohne weiteres in algebraischer Schreibweise dargestellt werden. In der Tat kann die Formulierung der Lösung in algebraischer Schreibweise wesentlich mühsamer und schwieriger sein, als ihre Formulierung in Assemblersprache. Die naheliegende Antwort wäre natürlich die Verwendung einer besser geeigneten höheren Sprache. Es existieren einige derartiger Sprachen, aber sie sind weit weniger verbreitet und standardisiert wie FORTRAN. Man wird nicht all zu viel von den Vorteilen höherer Sprachen haben, wenn man diese sogenannten "System-Implementation-Languages" (etwa: System-Durchführungs-Sprachen) verwendet.

ALGEBRAISCHE SCHREIBWEISE

Höhere Sprachen ergeben häufig wenig effiziente Programme in Maschinensprache. Der wesentliche Grund hierfür ist, daß die Kompilierung einen automatischen Vorgang darstellt, der voll mit Kompromissen für die Ausführung zahlreicher Möglichkeiten ist. Der Kompilierer arbeitet ähnlich einem computergesteuerten Sprach-Übersetzer, bei dem die Worte manchmal stimmen, aber der Klang und der Satzbau wirkt äußerst unbeholfen.

INEFFIZIENZ HÖHERER SPRACHEN

Ein einfacher Kompilierer kann nicht wissen, wann eine Variable nicht länger verwendet wird und gelöscht werden kann, wann ein Register besser anstelle eines Speicherplatzes verwendet werden soll, oder wann Variable einfache Beziehungen untereinander besitzen. Der erfahrene Programmierer kann die Vorteile von Abkürzungen verwenden, um die Ausführungszeit zu verringern oder die Verwendung des Speichers zu reduzieren. Einige wenige Kompilierer (bekannt als optimierende Kompilierer) können dies eben-

OPTIMIERENDE KOMPILIERER

falls, aber derartige Kompilierer sind wesentlich größer und langsamer als gewöhnliche Kompilierer.

Die allgemeinen Vorteile und Nachteile höherer Programmiersprachen sind:

Vorteile:

- Bequemer für die Beschreibung von Aufgaben
- Größere Produktivität des Programmierers
- Einfachere Dokumentation
- Standardisierte Syntax
- Unabhängigkeit von der Struktur des speziellen Computers
- Übertragbarkeit
- Verfügbarkeit von Bibliotheken und anderen Programmen

Nachteile:

- Spezielle Regeln
- Weitgehende Hardware- und Software-Unterstützung erforderlich
- Orientierung der gebräuchlichen Sprachen auf algebraische oder kaufmännische Probleme
- Ineffiziente Programme
- Schwierigkeit bei der Optimierung des Codes für zeitliche und Speicher-Anforderungen
- Unmöglichkeit der bequemen Verwendung spezieller Eigenschaften eines Computers

HÖHERE SPRACHEN FÜR MIKROPROZESSOREN

Die Anwender von Mikroprozessoren werden auf verschiedene spezielle Schwierigkeiten stoßen, wenn sie höhere Programmiersprachen verwenden. Diese sind unter anderem:

- Es existieren wenige höhere Programmiersprachen für Mikroprozessoren
- Es sind keine Standardsprachen allgemein verfügbar
- Wenige Kompilierer laufen tatsächlich auf Mikrocomputern. Die es tun, benötigen oft sehr großen Speicherraum
- Die meisten Mikroprozessor-Anwendungen sind nicht besonders gut für höhere Programmiersprachen geeignet
- Speicherkosten sind häufig in Mikroprozessor-Anwendungen kritisch

Das Fehlen höherer Programmiersprachen liegt zum Teil in der Tatsache begründet, daß Mikroprozessoren verhältnismäßig neu sind, und Produkte der Hersteller von Halbleitern sind, anstelle von Computer-Herstellern. Es existieren sehr wenige höhere Sprachen für Mikroprozessoren. Die bekanntesten hiervon sind die Sprachen in der Art der PL/1 wie PL/M von Intel, MPL von Motorola und PLμS von Signetics.

Weil nun die wenigen existierenden höheren Sprachen nicht anerkannten Standards entsprechen, kann der Mikroprozessor-Anwender nicht erwarten, daß viele Programme übertragbar sind, er Zugriff zu Programm-Bibliotheken erhält, oder frühere Erfahrungen oder Programme verwenden kann. Die verbleibenden Hauptvorteile liegen daher in der Verringerung des Programmier-Aufwandes und des geringeren erforderlichen detaillierten Verständnisses der Computer-Architektur.

KOSTEN FÜR HÖHERE SPRACHEN

Die mit der Verwendung höherer Programmiersprachen bei Mikroprozessoren verbundenen Kosten sind beträchtlich. Mikroprozessoren sind für Steuerungen und andere Anwendungen besser geeignet als für Zeichen-Manipulationen und Sprach-Analyse bei der Kompilierung. Daher werden die meisten Kompilierer für Mikroprozessoren nicht auf einem System laufen, das auf einem Mikroprozessor basiert. Sie erfordern stattdessen einen wesentlich größeren Computer, das heißt, sie sind eher Cross-Kompilierer (Kompilierer, der nicht auf dem Mikrocomputer läuft, für den das zu kompilierende Programm geschrieben ist) anstatt Selbst-Kompilierer. Ein Anwender muß daher nicht nur die Aufwendungen für den größeren Computer tragen, er muß auch das Programm physikalisch vom großen Computer zum Mikrocomputer übertragen.

Es sind einige wenige Selbst-Kompilierer verfügbar. Diese Kompilierer laufen auf dem Mikrocomputer, für den sie den Objektcode erzeugen. Unglücklicherweise benötigen sie jedoch sehr viel Speicherplatz (16K oder mehr), sowie spezielle unterstützende Hardware und Software.

UNZWECKMÄSSIGKEIT HÖHERER SPRACHEN

Höhere Programmiersprachen sind auch im allgemeinen für Mikroprozessor-Anwendungen nicht gut geeignet. Die meisten der bekannten Sprachen sind entweder zur Lösung wissenschaftlicher Probleme oder für die Handhabung großer Datenmengen in der kommerziellen Datenverarbeitung vorgesehen. Wenige Mikroprozessor-Anwendungen fallen in diese Bereiche. Die meisten Mikroprozessor-Anwendungen beinhalten das Senden von Daten und Steuer-Informationen zu Ausgabe-Bausteinen und das Empfangen von Daten und Status-Informationen von Eingabe-Bausteinen. Häufig bestehen die Steuer- und Status-Informationen aus einigen wenigen binären Ziffern mit sehr genauen Bedeutungen bezüglich der Hardware. Wenn man versuchen würde, ein typisches Steuerprogramm in einer höheren Sprache zu schreiben, würde man sich häufig so fühlen, als ob man versuchen würde, eine Suppe mit Stäbchen zu essen. Für Aufgaben wie etwa Testgeräte, Terminals, Navigationssysteme und Bürogeräte arbeiten die höheren Sprachen wesentlich besser als dies bei Anwendungen in der Instrumentation, Kommunikation, Steuerung von peripheren Bausteinen und im Automobil der Fall wäre.

ANWENDUNGSBEREICHE FÜR HÖHERE SPRACHEN

Besser geeignete Anwendungen für höhere Sprachen sind jene, in denen große Speicher erforderlich sind. Wenn die Kosten eines einzelnen Speicherchips wesentlich sind, wie dies zum Beispiel in einem Steuergerät, elektronischen Spiel, Haushaltsgerät oder einem kleineren Instrument der Fall ist, dann ist die Ineffizienz der höheren Sprache nicht mehr tragbar. Wenn andererseits das System mehrere tausend Bytes eines Speichers besitzt, wie dies in einem Terminal oder Testgerät der Fall ist, dann ist die Ineffizienz der höheren Sprachen nicht so wesentlich. Natürlich sind die Größe des Programms und die produzierte Stückzahl des betreffenden Gerätes ebenfalls wesentliche Faktoren. Ein großes Programm wird die Vorteile der höheren Sprachen entsprechend nutzen. Andererseits werden bei einer Anwendung mit hohen Stückzahlen die festen Software-Entwicklungskosten nicht so wesentlich sein, wie die Speicherkosten, die ein Teil jedes Systems sind.

WELCHES NIVEAU SOLLTE MAN VERWENDEN?

Dies hängt von der speziellen Anwendung ab. Es sollen kurz die Faktoren zusammengefaßt werden, die für ein spezielles Programmier-Niveau den Ausschlag geben:

Maschinensprache

ANWENDUNGEN FÜR MASCHINENSPRACHE

- Ein Programm in Maschinensprache ist tatsächlich völlig unwirtschaftlich. Bei den niedrigen Kosten eines Assemblers ist seine Anwendung nicht gerechtfertigt.

Assemblersprache

ANWENDUNGEN FÜR ASSEMBLERSPRACHE

- Kleine bis mittlere Programme
- Anwendungen, bei denen die Speicherkosten ein wesentlicher Faktor sind
- Echtzeit-Steueranwendungen
- Begrenzte Datenverarbeitung
- Anwendungen mit hohen Stückzahlen

Höhere Sprachen

ANWENDUNGEN FÜR HÖHERE SPRACHEN

- Große Programme
- Anwendungen mit kleiner Stückzahl, die jedoch lange Programme benötigen
- Anwendungen, die große Speicher erfordern
- Anwendungen, in denen mehr Berechnungen als Eingaben/Ausgaben oder Steuerung vorliegen
- Kompatibilität mit ähnlichen Anwendungen, die größere Computer verwenden
- Verfügbarkeit von speziellen Programmen in höherer Sprache, die in der vorliegenden Anwendung verwendet werden können

Viele andere Faktoren sind ebenfalls wichtig, wie etwa die Verfügbarkeit eines größeren Computers für die Entwicklung, Erfahrung mit speziellen Sprachen und Kompatibilität mit anderen Anwendungen.

Wenn schließlich die Hardware die wesentlichsten Kosten in unserer Anwendung darstellt, oder die Geschwindigkeit kritisch ist, sollte auf jeden Fall die Assemblersprache bevorzugt werden. Man muß jedoch damit rechnen, daß man zusätzliche Zeit für die Entwicklung der Software aufwenden muß, um dafür niedrigere Speicherkosten und höherer Ausführungsgeschwindigkeit zu erhalten. Wenn die Software die größten Kosten in unserer Anwendung darstellen, so sollte man höhere Sprachen bevorzugen. Aber es sind zusätzliche Kosten für die Hilfs-Hardware und Software erforderlich.

Natürlich ist auch die Verwendung sowohl der Assemblersprache als auch höherer Programmiersprachen möglich. Man kann das Programm zunächst in einer höheren Sprache schreiben und dann einzelne Abschnitte durch Assemblersprache ersetzen. Es wird dies jedoch in der Praxis nicht sehr häufig durchgeführt, da hierdurch gewaltige Schwierigkeiten bei der Fehlersuche, dem Testen und der Dokumentation entstehen.

WIE SIEHT ES MIT DER ZUKUNFT AUS?

ZUKÜNFTIGE TRENDS IN PROGRAMMIER-SPRACHEN

Es ist zu erwarten, daß in Zukunft eine Tendenz in Richtung höherer Programmiersprachen aus folgenden Gründen vorhanden sein wird:

- Programme scheinen immer aufwendiger und größer zu werden
- Hardware und Speicher werden billiger

- Software und Programmierer gewinnen an Erfahrung
- Speicherchips bekommen mehr Kapazität bei niedrigeren Kosten "pro Bit", so daß die tatsächlichen Einsparungen an Speicherkosten nicht mehr so stark ins Gewicht fallen
- Es werden geeignetere und effizientere höhere Programmiersprachen entwickelt
- Höhere Programmiersprachen werden weiter standardisiert

Die Programmierung von Mikroprozessoren in Assemblersprache ist jedoch keine aussterbende Kunst, wie es derzeit bei größeren Computern der Fall ist. Jedoch längere Programme, billigere Speicher und teurere Programmierer werden einen immer größeren Anteil der Software-Kosten bei den meisten Applikationen zur Folge haben. Bei zahlreichen Anwendungen werden daher höhere Programmiersprachen Verwendung finden.

WESHALB DIESES BUCH?

Wenn die Zukunft scheinbar den höheren Programmiersprachen gehört, wozu dient dann ein Buch über Programmierung in Assemblersprache? Die Gründe sind:

1) Die meisten gegenwärtigen Anwender von Mikrocomputern programmieren in Assembiersprache (mindestens 2/3 gemäß einer kürzlich erfolgten Umfrage).
2) Viele Anwender von Mikrocomputern werden weiter in Assemblersprache programmieren, da sie deren detaillierte Steuerung benötigen.
3) Bis jetzt ist noch keine allgemein verfügbare oder standardisierte höhere Programmiersprache entwickelt worden.
4) Zahlreiche Anwendungen erfordern die Effizienz der Assemblersprache.
5) Das gründliche Verständnis der Assemblersprache kann bei der Entwicklung höherer Sprachen helfen.

Der Rest dieses Buches wird sich ausschließlich mit Assemblern und Programmierung in Assemblersprache befassen. Es ist jedoch wünschenswert, daß die Leser wissen, daß die Assemblersprache nicht die einzige Alternative ist. Man sollte sorgfältig neue Entwicklungen beobachten, die möglicherweise eine wesentliche Reduzierung der Programmierkosten bewirken, falls derartige Kosten ein wesentlicher Faktor für die jeweilige Anwendung ist.

KAPITEL 2
ASSEMBLER

In diesem Kapitel werden die von Assemblern ausgeführten Funktionen besprochen, beginnend mit den Eigenschaften, die den meisten Assemblern gemeinsam sind, bis zu weitergehenden Möglichkeiten wie Makros und bedingte Assemblierung. **Dieses Kapitel kann man jedoch zunächst überfliegen und erst dann ausführlicher lesen, wenn man mit der Materie etwas vertrauter ist.**

EIGENSCHAFTEN VON ASSEMBLERN

Wie bereits eingangs erwähnt, führen moderne Assembler nicht nur die Übersetzung von Mnemoniks in Assemblersprache in die entsprechenden Binärcodes durch. Es soll daher beschrieben werden, wie ein Assembler die Übersetzung von Mnemoniks ausführt, bevor zusätzliche Eigenschaften der Assembler behandelt werden. Abschließend wird erläutert, wie man Assembler verwendet.

ASSEMBLER-BEFEHLE

ASSEMBLER-SPRACHEN-FELDER

Befehle (oder "Anweisungen") der Assemblersprache werden in eine Anzahl von Feldern aufgeteilt, wie aus Tabelle 2-1 zu sehen ist. Das Operationscode-Feld ist das einzige Feld, das niemals leer sein darf. Es enthält immer entweder ein Befehls-Mnemonik oder eine Anweisung für den Assembler, genannt Pseudo-Befehl, Pseudo-Operation oder abgekürzt Pseudo-Op.

Das Adressenfeld kann eine Adresse oder Daten enthalten, oder auch leer sein.

Tabelle 2-1. Die Felder eines Assemblersprachen-Befehls

Marken-Feld	Operations-code oder Mnemonik-Feld	Operanden-oder Adressen-Feld	Kommentar-Feld
START	LDAA	VAL1	LADE ERSTE ZAHL IN A
	ADDA	VAL2	ADDIERE ZWEITE ZAHL ZU A
	STAA	SUM	SPEICHERE SUMME
NEXT	?	?	NÄCHSTER BEFEHL
VAL1	RMB	1	
VAL2	RMB	1	
SUM	RMB	1	

Die Felder für den Kommentar und das Namensfeld (Labelfield) können nach Bedarf verwendet werden. Der Programmierer kann einen Namen oder eine Markierung (label) einem Befehl zuweisen oder einen Kommentar zur persönlichen Bequemlichkeit verwenden, z.B. um das Programm leichter verwendbar und lesbar zu machen.

FORMAT

Natürlich muß dem Assembler auf irgendeine Weise mitgeteilt werden wo ein Feld endet und das nächste beginnt. Assembler, die mit einer Eingabe über Lochkarten arbeiten, fordern häufig, daß jedes Feld in einer speziellen

Kartenspalte beginnt. Dies stellt ein festes Format dar. Feste Formate sind jedoch unbequem und lästig für den Programmierer. Die Alternative hierzu ist ein freies Format, bei dem die Felder an beliebiger Stelle auf einer Zeile erscheinen können.

BEGRENZUNGS-ZEICHEN

Wenn der Assembler die Position auf der Zeile zur Trennung der Felder nicht verwenden kann, so muß er etwas anderes zu Hilfe nehmen. **Die meisten Assembler benützen ein spezielles Symbol oder Begrenzungszeichen (delimiter) am Beginn oder Ende jedes Feldes.** Das am meisten gebräuchliche Begrenzungszeichen ist das Zeichen für den Zwischenraum. Kommata, Punkte, Strichpunkte, Schrägstriche, Fragezeichen und andere Zeichen, die anderweitig nicht verwendet werden, können in Programmen in Assemblersprache eingesetzt werden und als Begrenzungszeichen dienen. Tabelle 2-2 enthält die von Motorola für den 6800 standardisierten Begrenzungszeichen.

Mit Begrenzungszeichen muß man jedoch etwas vorsichtig sein. Manche Assembler sind sehr empfindlich gegen zusätzliche Zwischenräume oder das Auftreten von Begrenzungszeichen in Kommentaren oder Marken. Ein gut geschriebener Assembler wird mit diesen kleineren Problemen leicht fertig, aber manche Assembler sind nicht so gut abgefaßt. Um derartige Probleme zu vermeiden, können folgende Regeln behilflich sein:

1) Verwenden Sie keine zusätzlichen Zwischenräume, speziell nach Kommata, mit denen Operanden getrennt werden.

2) Verwenden Sie keine Begrenzungszeichen in Namen oder Marken.

3) Verwenden Sie Standard-Begrenzungszeichen auch dann, wenn Ihr Assembler diese nicht benötigt. Dann werden diese Programme für jeden Assembler annehmbar.

Tabelle 2-2. Standard-Begrenzungszeichen des 6800-Assemblers

'Zwischenraum'	zwischen Markierung (label) und Operationscode, zwischen Operationscode und Adresse, und vor einem Eintritt in das Kommentar-Feld.
,	zwischen Operanden und dem Adressen-Feld
*	vor einer ganzen Zeile von Kommentaren

MARKEN (Labels)

MARKEN-FELD

Das Markenfeld ist das erste Feld eines Befehls in Assemblersprache. Es kann auch leer sein. Wenn eine Marke vorliegt, dann weist der Assembler der Marke den Wert der Adresse des Speicherplatzes zu, in den das erste Byte des Objekt-Programmes, das sich aus diesem Befehl ergibt, geladen wird. Man kann danach die Marke als Adresse oder als Daten in einem anderen Adressenfeld eines Befehls verwenden. Der Assembler wird die Marke durch den zugewiesenen Wert ersetzen, wenn er ein Objektprogramm erzeugt.

MARKEN IN SPRUNGBEFEHLEN

Marken werden am häufigsten in Sprung-, Aufruf- oder Verzweigungs-Befehlen verwendet. Diese Befehle bringen einen neuen Wert in den Befehlszähler und ändern somit die normale sequentielle Ausführung von Befehlen. JUMP $1E50_{16}$ bedeutet "Plaziere den Wert $1E50_{16}$ in den Befehlszähler". Der nächste auszuführende Befehl wird derjenige im Speicherplatz $1E50_{16}$ sein. Der Befehl JUMP START bedeutet "Plaziere den Wert, der der Marke START zugewiesen wurde, in den Befehlszähler". Der nächste auszuführende Befehl wird derjenige im Speicherplatz sein, der zur Marke START gehört. Tabelle 2-3 enthält ein Beispiel.

Tabelle 2-3. Zuweisung und Verwendung einer Markierung

ASSEMBLERSPRACHEN-PROGRAMM	
START	LADE AKKUMULATOR 100
	HAUPTPROGRAMM
	JUMP START

Wenn die Maschinensprachen-Version dieses Programms ausgeführt wird, so bewirkt der Befehl JUMP START, daß die Adresse des mit START markierten Befehls in den Befehlszähler gebracht wird. Dieser Befehl wird dann ausgeführt.

Weshalb werden Marken verwendet? Hier sind einige Gründe:

1) Eine Marke erleichtert das Auffinden und Erinnern einer Programmstelle.

2) Die Marke kann für die Korrektur eines Programms verschoben werden. Man braucht einen darauf folgenden Befehl, der die Marke verwendet, nicht ändern. Der Assembler führt alle erforderlichen Änderungen selbst aus.

VERSCHIEBUNGS-KONSTANTE

3) Der Assembler oder Lader kann das ganze Programm verschieben, indem er eine Konstante (eine sogenannte Verschiebungs-Konstante) zu jeder Adresse addiert, der eine Marke zugewiesen wurde. Man kann daher das Programm verschieben, um das Einsetzen anderer Programme zu gestatten oder um einfach den Speicher neu zu ordnen.

4) Das Programm ist einfacher in der Anwendung als ein Bibliotheks-Programm, d.h. es kann jemand unser Programm einfacher übernehmen und es zu einem völlig anderen Programm hinzufügen.

5) Man braucht sich keine Speicher-Adressen auszudenken. Die Festlegung von Speicher-Adressen ist besonders schwierig mit Mikroprozessoren, die Befehle mit unterschiedlicher Länge besitzen.

Es ist daher sehr sinnvoll, eine Marke jedem Befehl zuzuweisen, den man als Bestimmungsort verwenden oder anderswie identifizieren will.

AUSWAHL VON MARKEN

Die nächste Frage ist, welche Marken man verwenden soll. Durch die Assembler-Syntax wird häufig die Anzahl der Zeichen begrenzt (gewöhnlich 5 oder 6), das erste Zeichen muß meist ein Buchstabe sein, und die folgenden Zeichen müssen meist Buchstaben, Zahlen oder ein spezielles Zeichen sein. Innerhalb dieser Begrenzungen hat man freie Wahl.

Man verwendet vorteilhafterweise Markierungen, die auf ihre Verwendung schließen lassen, d.h. mnemotechnische Marken. Typische Beispiele hierfür wären ADDW in einem Programm, bei dem ein Wort zu einer Summe addiert wird, SRETX in einem Programm, in dem nach dem ASCII-Zeichen ETX gesucht (search for) wird, oder NKEYS für einen Platz im Datenspeicher, der die Anzahl der Tasteneingaben (number of key entries) enthält. Wenn sich aus der Bezeichnung einer Marke auf ihre Verwendung schließen läßt, so kann man sich diese leichter merken, und sie vereinfachen die Programm-Dokumentation. Manche Programmierer ziehen es vor, ein Standard-Format für Marken zu verwenden, die beispielsweise mit L0000 beginnen. Dadurch ergibt sich bei diesen Marken von selbst die entsprechende Reihenfolge (wobei man einige Zahlen überspringen kann, um nachträgliche Einfügungen zu ermöglichen); sie machen jedoch die Dokumentation nicht sehr einfach.

REGELN FÜR MARKIERUNGEN

Einige einfache Regeln für die Auswahl von Marken vermeiden unnötige Schwierigkeiten. Die Einhaltung folgender Regeln ist empfehlenswert:

1) Verwenden Sie keine Marken, die mit Operationscodes oder anderen Mnemoniks übereinstimmen. Manche Assembler gestatten eine derartige Verwendung nicht. Bei anderen ist dies zwar der Fall, aber es kann zu Verwechslungen führen.

2) Verwenden Sie keine Marken die länger sind, als die vom Assembler zugelassenen. Assembler besitzen verschiedene Kürzungsregeln.

3) Vermeiden Sie spezielle Zeichen (nicht-alphabetische und nicht-numerische). Manche Assembler gestatten deren Verwendung nicht, andere verwenden einige hiervon. Man beschränkt sich am besten auf Buchstaben und Zahlen.

4) Beginnen Sie jede Markierung mit einem Buchstaben. Derartige Marken werden immer angenommen.

5) Verwenden Sie keine Marken, die sich mit anderen verwechseln lassen. Vermeiden Sie die Buchstaben I, O, Z und die Zahlen 0, 1 und 2. Vermeiden Sie ferner Anordnungen wie XXXX und XXXXX, sie lassen sich schwer unterscheiden.

6) Wenn Sie nicht sicher sind, daß eine Marke gestattet ist, dann verwenden Sie diese auch nicht. Es ist kein besonderer Vorteil genau zu erfahren, was der Assembler annehmen wird.

Dies sind gut gemeinte Empfehlungen. Man muß sie nicht befolgen, kann aber auf diese Weise unangenehme Probleme vermeiden.

ASSEMBLER-MNEMONIKS

Die hauptsächliche Aufgabe des Assemblers ist die Übersetzung von Mnemoniks in ihre äquivalenten binären Operationscodes. Der Assembler führt dies unter Verwendung einer festgelegten Tabelle aus, ebenso wie man es bei einer händischen Assemblierung tun würde.

Der Assembler muß jedoch mehr leisten, als nur die Übersetzung der Operationscodes. Er muß auch irgendwie bestimmen, wieviele Operanden der Befehl benötigt und welcher Art diese sind. Dies kann ziemlich komplex sein, da manche Befehle (wie ein WAIT für einen Unterbrechungsbefehl) keine Operanden besitzen. Andere dagegen (wie etwa ein Sprungbefehl) besitzen einen Operanden, während wiederum andere dagegen zwei erfordern. Manche Befehle gestatten sogar alternative Anwendungen, z.B. besitzen manche Computer Befehle (wie Verschieben oder Löschen), die sich entweder auf den Akkumulator oder auf einen Speicherplatz beziehen. Es soll nicht weiter besprochen werden, wie ein Assembler diese Unterscheidungen trifft, wir wollen nur festhalten, daß er dies tun muß.

PSEUDO-OPERATIONEN

PSEUDO-OPERATIONEN

ASSEMBLER-ANWEISUNGEN

Manche Assemblersprachen-Befehle werden nicht direkt in Maschinensprachen-Befehle übersetzt. Diese Befehle stellen "Anweisungen" für den Assembler dar. Sie weisen das Programm bestimmten Speicherbereichen zu, definieren Symbole, bestimmen Bereiche im RAM für zeitweilige Datenspeicherung, plazieren Tabellen oder andere feste Daten in den Speicher und führen andere Haushaltungsfunktionen aus.

Um diese Anweisungen oder Pseudo-Operationen zu verwenden, plaziert ein Programmierer die Mnemoniks der Pseudo-Operationen in das Operationscode-Feld und eine Adresse oder Daten in das Adressenfeld, wenn eine bestimmte Pseudo-Operation dies erfordert.

Die am meisten gebräuchlichsten Pseudo-Operationen sind:

DATA
EQUATE oder DEFINE
ORIGIN
RESERVE

Verschiedene Assembler verwenden auch unterschiedliche Bezeichnungen für diese Operationen, ihre Funktionen sind jedoch die gleichen. Pseudo-Operationen für Haushaltungsfunktionen sind folgende:

END
LIST
NAME
PAGE
SPACE
TITLE

Wir werden diese Pseudo-Operationen kurz besprechen, obwohl ihre Funktion gewöhnlich offensichtlich sind.

DIE PSEUDO-OPERATION DATA

Die Pseudo-Operation DATA gestattet dem Programmierer die Eingabe fester Daten in den Programmspeicher. Diese Daten können enthalten:

- Nachschlage-Tabellen
- Code-Umwandlungstabellen
- Nachrichten
- Synchronisationsmuster
- Schwellwerte
- Namen
- Koeffizienten für Gleichungen
- Kommandos
- Umrechnungs-Faktoren
- Bewertungs-Faktoren
- Charakteristische Zeiten oder Frequenzen
- Unterprogramm-Adressen
- Schlüssel-Identifizierungen
- Testmuster
- Muster für Zeichenerzeugung
- Identifizierungsmuster
- Gebührentabellen
- Standardformen
- Maskier-Muster
- Zustands-Übergangstabellen

Die Pseudo-Operation DATA behandelt die Daten als ständigen Teil des Programms.

Das Format der Pseudo-Operation DATA ist gewöhnlich sehr einfach. Ein Befehl wie

```
DZCON   DATA 12
```

wird die Zahl 12 in den nächsten verfügbaren Speicherplatz bringen und diesem Platz die Bezeichnung DZCON zuweisen. Gewöhnlich besitzt jede Data-Pseudo-Operation eine Marke, es sei denn, sie ist eine aus einer Serie von Data-Pseudo-Operationen. Die Daten und Marken können in jeder beliebigen Form vorliegen, die vom Assembler zugelassen ist.

Die meisten Assembler gestatten umfangreichere Data-Befehle, mit denen eine große Anzahl von Daten zur gleichen Zeit gehandhabt werden können, z.B.:

```
EMESS   DATA    'ERROR'
SQRS    DATA    1,4,9,16,25
```

Ein einzelner Befehl kann zahlreiche Worte des Programmspeichers füllen und wird nur durch die Länge einer Zeile begrenzt. Wenn man nicht alle auf einer Zeile unterbringt, kann immer ein Data-Befehl auf den anderen folgen, z.B.:

```
MESSG   DATA    'NOW IS THE'
        DATA    'TIME FOR ALL'
        DATA    'GOOD MEN'
        DATA    'TO COME TO THE'
        DATA    'AID OF THEIR'
        DATA    'COUNTRY'
```

Assembler für Mikroprozessoren besitzen normalerweise einige Varianten der Standard-Pseudo-Operation DATA. DEFINE BYTE oder FORM CONSTANT BYTE handhaben 8-Bit-Zahlen. DEFINE WORD oder FORM CONSTANT WORD handhaben 16-Bit-Zahlen oder Adressen. Andere spezielle Pseudo-Operationen können zeichencodierte Daten verarbeiten.

DIE PSEUDO-OPERATION EQUATE (oder DEFINE)

DEFINITION VON NAMEN

Die Pseudo-Operation EQUATE gestattet dem Programmierer das "Gleichsetzen" von Namen mit Adressen oder Daten. Diese Pseudo-Operation wird meist mit dem Mnemonik EQU bezeichnet. Die Namen können sich auf Baustein-Adressen, numerische Daten, Start-Adressen, feste Adressen etc. beziehen.

Die Pseudo-Operation EQUATE weist den numerischen Wert in ihrem Operandenfeld dem Namen in ihrem Markenfeld zu. Hier sind zwei Beispiele:

```
TTY     EQU     5
LAST    EQU     5000
```

Die meisten Assembler gestatten die Definition einer Marke mit den Ausdrücken einer anderen, z.B.:

```
LAST    EQU     FINAL
STI     EQU     START+1
```

Die Marke im Operandenfeld muß natürlich vorher definiert werden. Häufig kann das Operandenfeld komplexere Ausdrücke enthalten, wie wir später sehen werden. Die Zuweisung doppelter Namen (zwei Namen für die gleichen Daten oder Adressen) kann sehr nützlich sein, wenn man Programme zusammenlegen will, die verschiedene Namen für die gleiche Variable (oder unterschiedliche Ausdrucksweise für scheinbar gleiche Namen) verwenden.

Es ist zu beachten, daß eine EQU-Pseudo-Operation nicht bewirkt, daß der Assembler irgend etwas in den Programmspeicher plaziert. Der Assembler plaziert einfach einen zusätzlichen Namen in eine Tabelle (eine sogenannte Symbol-Tabelle). Diese Tabelle, anders als die Mnemonik-Tabelle, muß in einem RAM liegen, da sie sich mit jedem Programm ändert. Das Assembler-Programm wird immer einen Teil eines RAMs benötigen, um die Symbol-Tabelle aufzubewahren. Je mehr RAMs zur Verfügung stehen, desto mehr Symbole kann sie aufnehmen. Dieses RAM wird zusätzlich zu allem benötigt, was der Assembler an zeitweiligem Speicher braucht.

SYMBOL-TABELLE

Wann verwendet man einen Namen? Die Antwort ist, wann immer man einen Parameter hat, den man ändern möchte oder der irgend eine Bedeutung neben seinem gewöhnlichen numerischen Wert besitzt. Gewöhnlich erfolgt eine Zuweisung von Namen zu Zeitkonstanten, Baustein-Adressen, Maskier-Mustern, Umwandlungsfaktoren und ähnlichen. Ein Name wie DELAY, TTY, KBD, KROW oder OPEN macht es nicht nur einfacher, den Parameter zu ändern, sondern erleichtert auch die Programm-Dokumentation. Man weist Namen auch Speicherplätzen zu, die einen speziellen Zweck haben. Sie können Daten aufbewahren, den Start des Programms markieren, oder für unmittelbare Speicherung zur Verfügung stehen.

VERWENDUNG VON NAMEN

Welche Namen verwendet man? Man verwendet am besten Namen nach den gleichen Grundsätzen wie bei Markierungen, wobei hier besonders bedeutungsvolle Namen empfehlenswert sind. Weshalb soll man den Fernschreiber (teletypewriter) nicht TTY anstatt X15 nennen, eine Bit-Zeitverzögerung BTIME oder BTDLY anstatt WW, die Nummer der "GO"-Taste (key) auf einer Tastatur GOKEY anstatt HORSE? Diese Ratschläge scheinen trivial zu sein, jedoch eine überraschende Anzahl von Programmierern verwenden sie nicht.

AUSWAHL VON NAMEN

Wohin wird man die Equate-Pseudo-Operationen plazieren? Die beste Stelle ist am Beginn des Programms, unter entsprechenden Kommentar-Überschriften wie E/A-Adressen, zeitweilige Speicherung, Zeitkonstanten oder Programmstellen. Dadurch lassen sich die Definitionen leichter finden, wenn man sie ändern möchte. Ferner wird ein anderer Anwender imstande sein, alle Definitionen an einer zentralen Stelle zu übersehen. Offensichtlich verbessert diese Praxis auch die Dokumentation und erleichtert die Verwendung des Programms.

PLAZIERUNG VON DEFINITIONEN

Definitionen, die nur in einem speziellen Unterprogramm verwendet werden, sollten am Beginn des Programms aufscheinen.

DIE PSEUDO-OPERATION ORIGIN

Die Origin-Pseudo-Operation (meistens abgekürzt ORG) gestattet dem Programmierer das Assemblieren von Programmen, Unterprogrammen oder Daten überall im Speicher. Programme und Daten können in verschiedenen Speicherbereichen liegen, abhängig von der Speicher-Konfiguration. Start-Routinen, Unterbrechungs-Serviceroutinen und andere notwendige Programme können über den ganzen Speicher verteilt sein oder an bestimmten Adressen festliegen.

Der Assembler enthält einen Stellenzähler (Location Counter), der vergleichbar ist mit dem Befehlszähler des Computers, und der die Speicherstelle des nächsten zu verarbeitenden Befehls oder Daten enthält. Eine ORG-Pseudo-Operation bewirkt, daß der Assembler einen neuen Wert in den Stellenzähler plaziert, gerade so wie ein Sprungbefehl bewirkt, daß die CPU einen neuen Wert in den Befehlszähler bringt. Die Ausgabe des Assemblers braucht nicht

STELLEN-ZÄHLER

nur Befehle und Daten zu enthalten, sondern muß auch dem Ladeprogramm angeben, wo es die Befehle und Daten in den Speicher plazieren soll.

Mikroprozessor-Programme enthalten häufig verschiedene Origin-Anweisungen für folgende Zwecke:

Rücksetz (Start)-Adressen
Unterbrechungs-Serviceadressen
Adressen von Fallen
RAM-Speicherung
Speicherstapel
Haupt-Programm
Unterprogramme
Speicheradressen, reserviert für Eingabe/Ausgabe-Bausteine/
oder spezielle Funktionen

Weitere Origin-Anweisungen können Platz für spätere Einfügungen schaffen, Tabellen oder Daten in den Speicher plazieren, oder freien RAM-Speicherraum Datenpuffern zuweisen. Programm- und Datenspeicher in Mikrocomputern können weit verstreute Adressen belegen, um die Hardware-Entwicklung zu vereinfachen.

Typische Origin-Anweisungen sind:

```
ORG    RESET
ORG    1000
ORG    INT3
```

STANDARD-WERT

Manche Assembler verwenden einen Standard-Wert von Null als Origin, wenn der Programmierer keine ORG-Anweisung an den Beginn des Programms legt. Das ist bequem, wir empfehlen jedoch die Verwendung einer ORG-Anweisung um Verwirrung zu vermeiden.

DIE PSEUDO-OPERATION RESERVE

RAM-ZUWEISUNG

Die Reserve-Pseudo-Operation gestattet dem Programmierer die Zuweisung von RAM-Bereichen für verschiedene Zwecke wie Daten-Tabellen, zeitweilige Speicherung, indirekte Adressen, einen Stapel etc.

Bei der Verwendung der Pseudo-Operation RESERVE weist man einen Namen einem Speicherbereich zu und gibt die Anzahl der zuzuweisenden Speicherplätze an. Hier sind einige Beispiele:

```
NOKEY    RESERVE      1
TEMP     RESERVE     50
VOLTG    RESERVE     80
BUFR     RESERVE    100
```

Man kann die Reserve-Pseudo-Operation zur Reservierung von Speicherplätzen im Programmspeicher oder im Datenspeicher verwenden. Die Reserve-Pseudo-Operation besitzt jedoch eine größere Bedeutung, wenn sie auf den Datenspeicher angewendet wird.

In der Praxis erhöhen alle Reserve-Pseudo-Operationen nicht den Stellenzähler (Location Counter) des Assemblers durch den Betrag, der im Operandenfeld angegeben ist. Der Assembler erzeugt tatsächlich überhaupt keinerlei Objektcode.

Beachten Sie die folgenden Eigenschaften von Reserve:

1) Die Markierung der Reserve-Pseudo-Operation wird dem Wert der ersten reservierten Adresse zugewiesen. Beispielsweise reserviert die Sequenz:

TEMP RESERVE 20

20 Bytes des RAMs und weist dem Namen TEMP der Adresse des ersten Bytes zu.

2) Man muß die Anzahl der zu reservierenden Speicherstellen spezifizieren. Es gibt hier keinen Standardfall.

3) Es werden keine Daten in die reservierten Speicherstellen plaziert. Wenn sich Daten zufällig in diesen Speicherstellen befinden, werden sie dort belassen.

INITIALISIERUNG DES RAMs

Einige Assembler gestatten dem Programmierer die Plazierung von Anfangswerten in das RAM. Es ist dringend zu empfehlen, daß man diese Eigenschaft nicht verwendet. Es wird hierbei angenommen, daß das Programm (zusammen mit den Anfangswerten) von einem externen Gerät geladen wird (z.B. Lochstreifen oder Floppy Disks), jedesmal, wenn es abläuft. Die meisten Mikroprozessor-Programme befinden sich andererseits in nicht-flüchtigen ROMs und starten beim Einschalten der Betriebsspannung. In derartigen Situationen behält das RAM seinen Inhalt nicht, und es wird auch nicht neu geladen. Daher sind immer Befehle vorzusehen, die das RAM in dem entsprechenden Programm initialisieren.

HAUSHALTUNGS-PSEUDO-OPERATIONEN

Es gibt verschiedene Haushaltungs-Pseudo-Operationen, die den Betrieb des Assemblers und seine Programm-Auflistung eher beeinflussen, als das Ausgangsprogramm selbst. Gebräuchliche Haushaltungs-Pseudo-Operationen beinhalten:

End, durch die das Ende des Quellenprogramms in Assemblersprache markiert wird.

List, das dem Assembler sagt, das Quellenprogramm zu drucken. Manche Assembler gestatten Variationen wie No List oder List.

Symbol Table, um lange, sich wiederholende Auflistungen zu vermeiden.

Name oder Title, womit ein Name oben auf jede Seite der Auflistung gedruckt wird.

Page oder Space, wodurch zur nächsten Seite oder nächsten Zeile gesprungen wird, und das Aussehen der Auflistung verbessert und sie dadurch lesbarer macht.

Punch, wodurch der aufeinanderfolgende Objektcode auf den Lochstreifen-Stanzer übertragen wird. Die Pseudo-Operation kann in vielen Fällen eine Standard-Option sein, und ist deshalb nicht notwendig.

MARKIERUNGEN BEI PSEUDO-OPERATIONEN

Anwender möchten häufig gerne wissen, ob oder wann sie eine Markierung einer Pseudo-Operation zuweisen können. Hierzu ist folgendes zu empfehlen:

1) Alle Equate-Pseudo-Operationen müssen Markierungen besitzen. Sie haben andernfalls keinen Sinn, da ihr Zweck in der Definition der Bedeutung dieser Markierungen besteht.

2) Data- und Reserve-Pseudo-Operationen sollten gewöhnlich Markierungen besitzen. Die Markierung identifiziert den ersten verwendeten oder zugewiesenen Speicherplatz.

3) Andere Pseudo-Operationen sollten keine Markierungen haben. Manche Assembler

gestatten, daß andere Pseudo-Operationen Markierungen besitzen, die Bedeutung der Markierungen ist jedoch unterschiedlich. Diese Praxis ist nicht zu empfehlen.

ADRESSEN UND DAS OPERANDENFELD

Die meisten Assembler gestatten dem Programmierer ziemlich viel Freiheit bei der Beschreibung des Inhalts des Operanden-Adressenfeldes. Aber erinnern wir uns daran, daß der Assembler eigene Namen für Register und Befehle besitzt und andere eigene Namen besitzen kann.

Einige gebräuchliche Optionen für das Operandenfeld sind:

1) Dezimalzahlen

DEZIMAL-DATEN ODER ADRESSEN

Die meisten Assembler nehmen an, daß alle Zahlen Dezimalzahlen sind, außer sie sind anderweitig markiert. Daher bedeutet:

```
ADD     100
```

"Addiere den Inhalt des Speicherplatzes 100 (dezimal) zum Inhalt des Akkumulators.

2) Andere Zahlensysteme

ANDERE ZAHLENSYSTEME

Die meisten Assembler nehmen auch binäre, oktale oder hexadezimale Eingaben an. Man muß jedoch derartige Zahlensysteme auf irgendeine Weise identifizieren, z.B. indem man der Zahl ein Identifikationszeichen oder Buchstaben vorausgehen läßt. Hier sind einige gebräuchliche Kennzeichnungen:

B oder % für binär

O, @, Q oder C für oktal (gewöhnlich vermeidet man jedoch den Buchstaben O, damit keine Verwechslung mit 0 entsteht).

H oder $ für hexadezimal (oder Standard-BCD)

D für dezimal. D kann jedoch weggelassen werden, da es ein Standardfall ist.

Assembler benötigen manchmal Hexadezimalzahlen, um mit einer Ziffer zu beginnen (z.B. 0A36 anstatt A36), damit sie zwischen Zahlen und Namen oder Markierungen unterscheiden können. Es ist empfehlenswert, Zahlen in der Basis einzugeben, in der ihre Bedeutung am deutlichsten ist, d.h. dezimale Konstanten in dezimal, Adressen und BCD-Zahlen in hexadezimal, Maskier-Muster oder Bit-Ausgänge in binär, wenn sie kurz sind und in hexadezimal, wenn sie lang sind.

3) Namen

Namen können im Operandenfeld erscheinen. Sie werden wie Daten behandelt, die sie darstellen. Aber erinnern wir uns daran, daß es einen Unterschied zwischen Daten und Adressen gibt. Die Sequenz

```
FIVE    EQU     5
        ADDA    FIVE
```

wird den Inhalt des Speicherplatzes 5 (nicht notwendigerweise die Zahl 5) zum Inhalt des Akkumulators A addieren.

4. Der momentane Wert des Stellenzählers (gewöhnlich bezeichnet als * oder S).

Dies ist vor allem bei Sprungbefehlen von Bedeutung. Z.B. bewirkt

```
JUMP    * + 6
```

einen Sprung zum Speicherplatz sechs Worte hinter dem Wort, das das erste Byte des Sprungbefehls enthält:

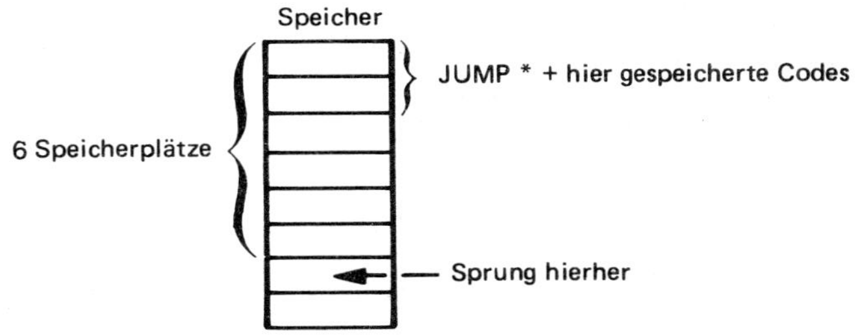

Die meisten Mikroprozessoren besitzen Zwei- und Dreiwort-Befehle. Daher wird man Schwierigkeiten bei der genauen Bestimmung haben, wie weit voneinander entfernt zwei Assemblersprachen-Anweisungen sind. Die Verwendung von Versetzungen (offsets) vom Stellenzähler resultieren daher häufig in Fehlern, die man vermeiden kann, wenn man stattdessen Markierungen verwendet.

5. Zeichencodes

ASCII-ZEICHEN

Die meisten Assembler gestatten die Eingabe von Text als ASCII-Zeichenfolgen (strings). Derartige Zeichenfolgen können sich entweder zwischen einfachen oder doppelten Anführungszeichen befinden. Zeichenfolgen können auch ein Anfangs- oder Abschlußsymbol verwenden, wie etwa A oder C. Einige wenige Assembler gestatten auch EBCDIC-Zeichenfolgen.

Es ist zu empfehlen, daß man Zeichenfolgen für alle Arten von Text verwendet. Es verbessert die Deutlichkeit und Lesbarkeit des Programms.

6. Kombination von 1. bis 5. mit arithmetischen, logischen oder speziellen Operatoren

ARITHMETISCHE UND LOGISCHE AUSDRÜCKE

Nahezu alle Assembler gestatten einfache arithmetische Kombinationen, wie etwa START+1. Einige Assembler erlauben auch eine Multiplikation, Division, logische Funktionen, Verschiebungen, etc. Diese werden als Ausdrücke (expressions) bezeichnet. Es ist zu beachten, daß der Assembler Ausdrücke während der Assemblierzeit prüft. Auch wenn ein Ausdruck im Operandenfeld Multiplikationen enthalten kann, so wird man nicht imstande sein, die Multiplikation in der Logik des eigenen Programms zu verwenden, außer man schreibt ein Unterprogramm für diesen speziellen Zweck.

Assembler unterscheiden sich darin, welche Ausdrücke sie annehmen und wie sie diese interpretieren. Komplexe Ausdrücke ergeben schwer lesbare und schwer verständliche Programme.

Während dieses Abschnittes wurden mehrere Empfehlungen gegeben, sie sollen hier wiederholt und ergänzt werden. Im allgemeinen soll man auf Deutlichkeit und Einfachheit achten. Es lohnt sich nicht, ein Experte für besondere Feinheiten des Assemblers zu sein, oder sehr komplizierte Ausdrücke zu verwenden, wenn dies nicht erforderlich ist. Es ist folgendes zu empfehlen:

– Verwenden Sie das deutlichste Zahlensystem oder Zeichencode für Daten.

- Masken und BCD-Zahlen in dezimal, ASCII-Zeichen in oktal, oder gewöhnliche numerische Konstanten in hexadezimal haben keinen Zweck und sollten daher nicht verwendet werden.
- Vergessen Sie nicht, Daten und Adressen zu unterscheiden.
- Verwenden Sie keine Versetzungen (offsets) vom Stellenzähler.
- Halten Sie Ausdrücke einfach und deutlich. Verwenden Sie keine ausgefallenen Eigenschaften des Assemblers.

BEDINGTE ASSEMBLIERUNG

Manche Assembler gestatten das Einschließen oder Ausschließen von Teilen des Quellprogramms, abhängig von Bedingungen, die zur Assemblierzeit vorhanden sind. Dies wird bedingte Assemblierung genannt. Sie gibt dem Assembler etwas von der Flexibilität eines Kompilierers. **Die meisten Mikrocomputer-Assembler haben begrenzte Möglichkeiten für eine bedingte Assemblierung.**

```
IF        COND
   CONDITIONAL PROGRAM
ENDIF
```

Wenn der Ausdruck COND während der Assemblierzeit gültig ist, dann sind die Befehle zwischen IF und ENDIF (zwei Pseudo-Operationen) im Programm enthalten.

Typische Anwendungen von bedingter Assemblierung sind:

1) Das Einschließen oder Weglassen zusätzlicher Variablen.
2) Das Unterbringen von Diagnostik-Routinen in Testläufen.
3) Die Verwendung von Daten mit unterschiedlichen Bit-Längen.

Unglücklicherweise tendiert die bedingte Assemblierung zum Verwirren von Programmen und macht sie schwierig zu lesen. Es soll daher die bedingte Assemblierung nur verwendet werden, falls dies erforderlich ist.

MAKROS

DEFINITION EINER SEQUENZ VON BEFEHLEN

Man wird häufig finden, daß spezielle Sequenzen von Befehlen mehrfach in einem Quellprogramm aufscheinen. Wiederholte Befehls-Sequenzen können Forderungen unserer Programm-Logik wiedergeben, oder sie können Unvollkommenheiten in dem Befehlssatz unseres Mikroprozessors ausgleichen. Man kann das wiederholte Schreiben der gleichen Befehls-Sequenz vermeiden, wenn man ein Makro verwendet.

Makros gestatten die Zuweisung eines Names zu einer Befehls-Sequenz. Man kann dann den Makro-Namen im Quellprogramm verwenden, anstatt der wiederholten Befehls-Sequenz. Der Assembler wird den Makro-Namen durch die entsprechende Sequenz von Befehlen ersetzen. Dies kann wie folgt dargestellt werden:

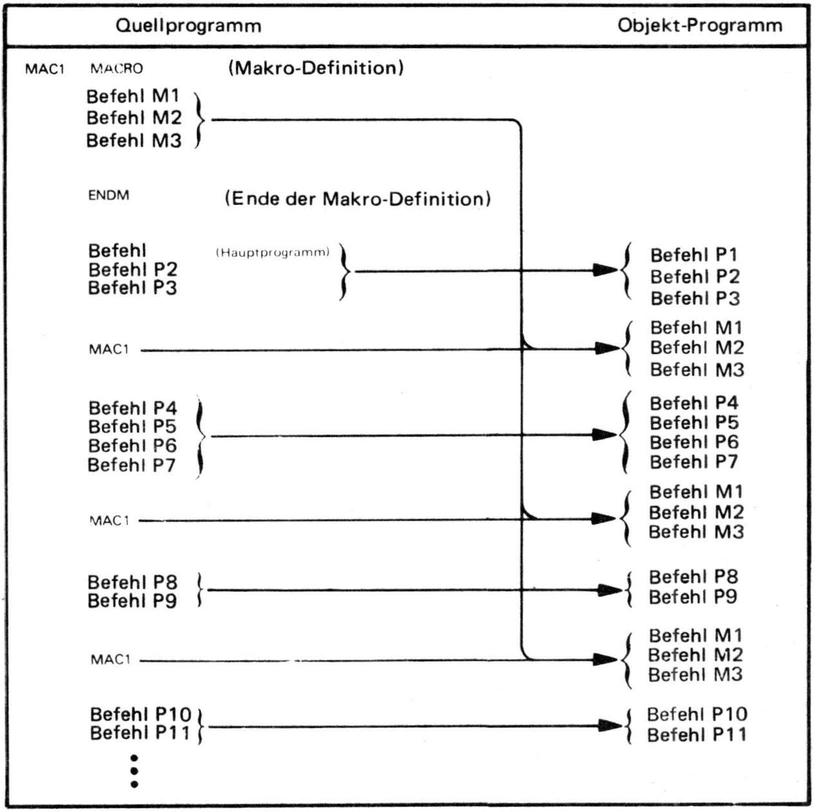

Makros sind nicht dasselbe wie Unterprogramme. Ein Unterprogramm tritt nur einmal in einem Programm auf, und die Programm-Ausführung verzweigt zu diesem Unterprogramm. Ein Makro wird zu einer tatsächlichen Befehls-Sequenz erweitert, jedes Mal wenn der Makro auftritt. Daher bewirkt der Makro keine Verzweigung.

VORTEILE VON MAKROS

Makros besitzen folgende Vorteile:

1) Kürzere Quellprogramme.

2) Bessere Programm-Dokumentation.

3) Verwendung von fehlerfreien Befehls-Sequenzen. Sobald der Makro fehlerfrei gemacht wurde, ist man sicher, daß man eine einwandfreie Befehls-Sequenz bei jeder Verwendung des Makros zur Verfügung hat.

4) Einfacher Austausch. Man ändert die Makro-Definition und der Assembler führt die Änderung aus, jedesmal wenn der Makro verwendet wird.

5) Einschließen von Kommandos, Schlüsselworten oder anderen Computer-Befehlen in den grundlegenden Befehlssatz. Man verwendet Makros zur Erweiterung oder Erläuterung des Befehlssatzes.

Die Nachteile von Makros sind:

NACHTEILE VON MAKROS

1) Wiederholung der gleichen Befehls-Sequenzen.
2) Ein einzelner Makro kann eine Vielzahl von Befehlen bilden.
3) Mangel an Standardisierung.
4) Mögliche Einflüsse auf Register und Flags, die vielleicht nicht deutlich festgelegt sind.

LOKAL- ODER GLOBAL-VARIABLE

Ein Problem liegt darin, daß die in einem Makro verwendeten Variablen nur innerhalb dessen bekannt sind (d.h. sie sind eher "lokal" anstatt "global"). Dies kann häufig zu einer Verwirrung führen, ohne daß entsprechende Vorteile vorhanden sind. Man soll sich dieses Problem ständig bei der Verwendung von Makros vor Augen halten. Eine vollständige Beschreibung über Makros enthält das Buch von M. Campbell-Kelly "An Introduction to Makros", American Elsevier, New York 1973.

KOMMENTARE

Alle Assembler gestatten das Plazieren von Kommentaren in das Quellprogramm. Kommentare haben keinen Einfluß auf den Objektcode, aber sie helfen beim Lesen, Verstehen und Dokumentieren des Programms. Gute Kommentare sind ein wesentlicher Teil beim Schreiben von Assemblersprachen-Diagrammen. Ohne Kommentare sind Programme häufig sehr schwierig zu verstehen.

KOMMENTIER-TECHNIKEN

Die richtige Anwendung von Kommentaren, zusammen mit der Dokumentation, sollen in einem späteren Kapitel beschrieben werden, an dieser Stelle werden jedoch einige Richtlinien angegeben:

1) Verwenden Sie Kommentare um auszudrücken, welche Anwendungs-Aufgabe das Programm ausführt, nicht wie der Mikrocomputer die Befehle ausführt.

   Kommentare sollten etwa folgende Dinge angeben: "IST DIE TEMPERATUR OBERHALB DER GRENZE?", "ZEILEN-VORSCHUB ZUM FERNSCHREIBER" oder "PRÜFE LADESCHALTER".

   Kommentare sollten folgende Dinge nicht ausdrücken: "ADDIERE 1 ZUM AKKUMULATOR", "SPRINGE ZUM START" oder "PRÜFE ÜBERTRAG". Man sollte beschreiben, wie das Programm das System beeinflußt. Interne Einflüsse auf die CPU sind selten von Interesse.

2) Halten Sie Kommentare kurz und beschränken Sie sich auf das Wesentliche. Details sollten irgendwo anders in der Dokumentation zu finden sein.
3) Kommentieren Sie alle Schlüsselpunkte.
4) Kommentieren Sie nicht Standardbefehle oder Sequenzen, die Zähler und Zeiger ändern. Achten Sie besonders auf Befehle, die keine offensichtliche Bedeutung besitzen könnten.
5) Verwenden Sie keine obskuren Abkürzungen.
6) Machen Sie die Kommentare deutlich und lesbar.
7) Kommentieren Sie alle Definitionen und beschreiben ihren Zweck. Markieren Sie auch alle Tabellen und Datenspeicher-Bereiche.
8) Kommentieren Sie Abschnitte des Programms, sowie individuelle Befehle.

9) Verwenden Sie möglichst eine gleichmäßige Terminologie. Man kann (und sollte sogar) sich wiederholen. Die Schönheit der Sprache ist nicht wesentlich.

10) Bringen Sie Anmerkungen bei Punkten an, die zur Verwirrung führen könnten, z.B. "ÜBERTRAG WURDE VOM LETZTEN BEFEHL GESETZT". Man kann diese in der endgültigen Dokumentation weglassen.

Mit einem gut dokumentierten Programm läßt sich leicht arbeiten. Die hierfür aufgewandte Zeit macht sich vielfach bezahlt. In den Programmbeispielen wird auf eine gute Kommentierung geachtet werden, obwohl für Lehrzwecke manchmal etwas überkommentiert werden wird.

ASSEMBLER-TYPEN

Obwohl alle Assembler dem gleichen Zweck dienen, variieren ihre Ausführungen in weitem Maße. Es soll nicht versucht werden, alle existierenden Typen von Assemblern zu beschreiben. Es sollen einfach die Ausdrücke definiert und beschrieben werden.

CROSS-ASSEMBLER

Ein Cross-Assembler ist ein Assembler, der auf einem anderen Computer läuft, als auf jenem, für den er Programme assembliert.

Der Computer, auf dem der Cross-Assembler läuft, ist normalerweise ein großer Computer mit weitgehender Software-Unterstützung und schnellen Peripherie-Geräten, wie etwa eine IBM 360 oder 370, eine Univac 1108, oder eine Burroughs 6700. Der Computer, für den der Cross-Assembler Programme assembliert, ist normalerweise ein Mikroprozessor wie der Intel 8080 oder Motorola 6800. Die meisten Cross-Assembler sind in FORTRAN geschrieben, so daß sie übertragbar sind.

RESIDENTE ASSEMBLER

Ein Selbst-Assembler oder residenter Assembler ist ein Assembler, der auf dem Computer läuft, für den er Programme assembliert. Der Selbst-Assembler benötigt etliche Speicher und Peripheriegeräte, und er kann ziemlich langsam laufen.

MAKRO-ASSEMBLER

Ein Makro-Assembler ist ein Assembler, der die Definition von Sequenzen von Befehlen als Makros gestattet.

MIKRO-ASSEMBLER

Ein Mikro-Assembler oder Mikroprogramm-Assembler ist ein Assembler, der zum Schreiben von Mikroprogrammen verwendet wird, die den Befehlssatz eines Computers definieren. Mikroprogrammierung hat nichts speziell mit Mikrocomputern zu tun. Das Konzept der Mikroprogrammierung wird in "Einführung in die Mikrocomputer-Technik", Kapitel 4 beschrieben. Weitere detaillierte Beschreibungen befinden sich in A.K. Agrawala and T.G. Rauscher, "Foundation of Microprogramming", Academic Press New York, 1976.

META-ASSEMBLER

Ein Meta-Assembler ist ein Assembler, der zahlreiche unterschiedliche Befehlssätze handhaben kann. Der Anwender muß den speziellen verwendeten Befehlssatz definieren.

ONE-PASS ASSEMBLER

Ein One-Pass-Assembler ist ein Assembler, der das Assemblersprachen-Programm nur einmal durchläuft. Die wesentliche Schwierigkeit bei einem One-Pass-Assembler liegt im Vorhandensein eines Befehls, der sich auf eine Markierung bezieht, die später im Quellprogramm aufscheint. In dem Beispiel

```
        JMP     THERE
        .
        .
        .
THERE   ADDA
```

bezieht sich der Befehl JMP THERE auf eine Markierung, THERE, die der Assembler noch nicht verarbeitet hat. Ein One-Pass-Assembler muß irgendeine Möglichkeit besitzen, diese Vorwärts-Referenzen zu lösen.

TWO-PASS-ASSEMBLER

Ein Two-Pass-Assembler ist ein Assembler, der das Assemblersprachen-Quellprogramm zweimal durchläuft. Beim ersten Mal sammelt und definiert der Assembler einfach alle Symbole. Das zweite Mal ersetzt er die Referenzen durch die tatsächlichen Definitionen. Der Zwei-Pass-Assembler hat keine Probleme mit Vorwärts-Referenzen, kann jedoch etwas langsam sein, wenn kein schneller Massenspeicher (wie ein Floppy-Disk) zur Verfügung steht. Sonst muß der Assembler das Programm zweimal von einem langsamen Eingabe-Gerät (wie dem Lochstreifen-Leser eines Fernschreibers) lesen. Die meisten Assembler für Mikroprozessoren benötigen zwei Durchläufe.

FEHLER

Assembler besitzen normalerweise Fehler-Mitteilungen, die häufig aus einzelnen codierten Buchstaben bestehen. Einige typische Fehler sind:

1) Undefinierte Namen (häufig ein orthografischer Fehler oder eine vergessene Definition).
2) Ungültige Zeichen (z.B. die Zahl 2 in einer Binärzahl).
3) Ungültiges Format (falsches Begrenzungszeichen oder unkorrekte Operanden).
4) Ungültiger Ausdruck (z.B. zwei Operatoren in einer Spalte).
5) Ungültiger Wert (gewöhnlich zu groß).
6) Fehlender Operand.
7) Doppelte Definition (d.h. zwei verschiedene Werte wurden dem gleichen Namen zugewiesen).
8) Ungültige Markierung (z.B. eine Markierung für eine Pseudo-Operation, die keine besitzen darf).
9) Fehlende Markierung.
10) Undefinierte Mnemonik.

Bei der Interpretierung von Assembler-Fehlern muß man sich daran erinnern, daß der Assembler die falsche Spur gelangen kann, wenn er einen vereinzelten Buchstaben, einen zusätzlichen Zwischenraum oder ein unkorrektes Satzzeichen findet. Zahlreiche Assembler werden dann fortfahren, die folgenden Befehle falsch zu interpretieren und bedeutungslose Fehler-Mitteilungen liefern. Es muß immer der erste Fehler sorgfältig untersucht werden. Darauf folgende können davon abhängen. Sorgfältige und ständige Verwendung von Standard-Formaten wird von vorneherein zahlreiche lästige Fehler vermeiden.

LADER

Der Lader ist das Programm, das die Ausgabe (Objektcode) tatsächlich vom Assembler nimmt und in den Speicher plaziert. Lader reichen von sehr einfachen bis zu sehr komplexen Ausführungen. Es sollen einige wenige Arten beschrieben werden.

BOOTSTRAP-LADER

Ein Bootstrap-Lader (oder Urlader) ist ein Programm, das nur einige seiner ersten eigenen Befehle benützt, um den Rest selbst zu laden oder ein anderes Laderprogramm in den Speicher zu bringen. Der Urlader kann in einem ROM liegen, oder man muß ihn in den Computerspeicher durch Verwendung der Frontplatten-Schalter eingeben. Der Assembler kann einen Urlader an den Beginn des Objektprogramms, das er erzeugt, plazieren.

RELOKATIBLER LADER

Ein relokatibler (verschiebbarer) Lader kann Programme an jede beliebige Stelle in den Speicher laden. Er lädt normalerweise jedes Programm in den Speicherraum, der unmittelbar nach dem vom vorhergehenden Programm verwendeten folgt. Die Programme müssen jedoch imstande sein, dies selbst durchzuführen, d.h. sie müssen relokatibel sein. Ein absoluter Lader wird dagegen die Programme immer in den gleichen Speicherbereich legen.

BINDE-LADER

Ein Binde-Lader (linking loader) lädt Programme und Unterprogramme getrennt. Er liefert Quer-Referenzen, d.h. ein Befehl in einem Programm oder Unterprogramm bezieht sich auf eine Markierung in einem anderen. Objektprogramme, die durch einen Binde-Lader geladen werden, müssen in einem Assembler erzeugt werden, der Quer-Referenzen gestattet und markiert.

Ausführlichere Beschreibungen über Assembler und Lader findet man in: D.W. Barron, "Assemblers and Loaders", American Elsevier, New York, 1972 und in C.W. Gear, ,,Computer Organization and Programming, McGraw-Hill, New York 1974.

Kapitel 3
Der Befehlssatz des 6800 in Assemblersprache

Wir sind nun soweit, daß wir mit der Schaffung von Programmen in Assemblersprache starten können. Wir beginnen in diesem Kapitel mit der Definition der individuellen Befehle des 6800 in Assemblersprache, sowie mit den Syntax-Regeln der Motorola-Assembler.

Es werden keinerlei Aspekte der Mikrocomputer-Hardware, Signale, Interfaces oder CPU-Architektur in diesem Buch besprochen. Diese Informationen sind detailliert in dem Buch "An Introduction to Microcomputers: Volume II – Some Real Microprocessors" beschrieben, während das Werk "6800 Programming for Logic Design" die Assemblersprache als eine Erweiterung der Digital-Logik bespricht. In diesem Buch werden die Programmier-Techniken vom Standpunkt des Programmierers in Assemblersprache betrachtet, wobei Anschlüsse und Signale völlig irrelevant sind und es keine wesentlichen Unterschiede zwischen einem Minicomputer und einem Mikrocomputer gibt.

Unterbrechungen, direkter Speicherzugriff und die Stapel-Architektur des 6800 werden in späteren Kapiteln in diesem Buch beschrieben; in Verbindung mit der Besprechung der Assemblersprachen-Programmierung der gleichen Themen.

Dieses Kapitel enthält eine detaillierte Definition jedes Befehls in Assemblersprache. Diese Definitionen sind identisch mit Kapitel 6 des Buches "6800 Programming for Logic Design".

Der ausführlichen Beschreibung der individuellen Befehle geht eine allgemeine Beschreibung des Befehlssatzes des 6800 voraus, wobei die Befehle in Gruppen eingeteilt werden: Die allgemein verwendeten, die weniger häufig verwendeten und die selten verwendeten Befehle. Wenn man bereits ein erfahrerer Assemblersprachen-Programmierer ist, ist diese Einteilung nicht besonders wichtig. Wenn man ein Neuling in der Assemblersprachen-Programmierung ist, so ist es sehr empfehlenswert, mit dem Schreiben von Programmen nur unter Verwendung der "gebräuchlichsten" Befehle zu beginnen. Sobald man die Grundlagen der Assemblersprachen-Programmierung beherrscht, kann man andere Befehle untersuchen und sie entsprechend einsetzen.

CPU-REGISTER UND STATUS-FLAGS

Der 6800 besitzt zwei Akkumulatoren, ein Statusregister, ein Indexregister, einen Stapelzeiger und einen Befehlszähler. Dies kann wie folgt dargestellt werden:

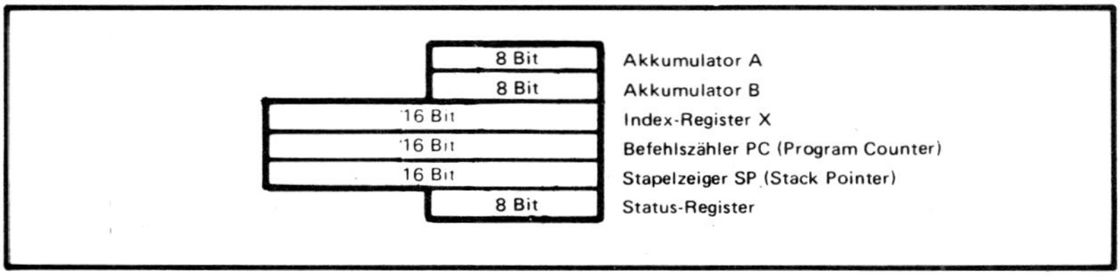

Die Akkumulatoren A und B sind beide primäre Akkumulatoren. Die einzigen Befehle, die nur zu einem Akkumulator, jedoch nicht zum anderen gehören, sind jene Befehle, die die Status zwischen dem Akkumulator A und dem Statusregister transferieren.

Das Indexregister ist ein typisches Mikrocomputer-Indexregister, so wie es in der "Einführung in die Mikrocomputer-Technik" beschrieben wird.

Der 6800 besitzt einen Stapel, der im Speicher eingerichtet ist und durch den Stapelzeiger indiziert wird, so wie es in dem oben erwähnten Buch beschrieben ist. Infolge der Natur des Befehlssatzes des 6800 ist es realistischer, den Stapelzeiger des 6800 als eine Art Kreuzung zwischen einem Stapelzeiger und einem Datenzähler anzusehen. Speicher-Ansprechbefehle machen es sehr leicht, den Inhalt entweder des Stapelzeigers oder des Indexregisters in den Schreib-/Lesespeicher zu speichern. Durch Reservierung einer Anzahl von Basisseiten-Speicherplätzen als Speicher für diese beiden Adressenregister kann jedes mehrfach verwendet werden.

Der Befehlszähler ist ein typischer Befehlszähler so wie er in der "Einführung in die Mikrocomputer-Technik" beschrieben ist.

Der 6800 besitzt ein Statusregister, das fünf Statusflags und ein Unterbrechungs-Steuerungsbit enthält. Die fünf Statusflags sind folgende:

Carry (C) = Übertrags-Bit
Overflow (V) = Überlauf-Bit
Negative (N) = Negativ-Bit
Zero (Z) = Null-Bit
Half Carry (H) = Halbübertrag

(Anmerkung: In der Literatur werden die Status leider unterschiedlich bezeichnet. Osborne verwendet in Hinblick auf sein Standardwerk "Einführung in die Mikrocomputer-Technik" die für den dort eingeführten hypothetischen Mikrocomputer folgende Status-Bezeichnungen: Overflow = O (Überlauf), Sign (Vorzeichen) = S, Auxiliary Carry (Hilfsübertrag) = AC Die Original-Literatur von Motorola verwendet dagegen die oben angeführten Bezeichnungen).

Die Status sind den Bit-Positionen innerhalb des Statusregisters wie folgt zugeordnet:

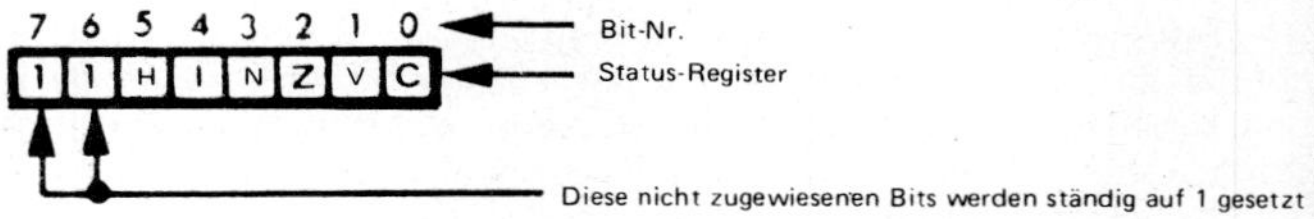

I ist das externe Unterbrechungs-Freigabe/Sperrflag. Wenn es 1 ist, sind Unterbrechungen über IRQ gesperrt, wenn es 0 ist, sind Unterbrechungen über IRQ freigegeben.

Die Literatur des 6800 bezeichnet das Sign-Bit als Negativ-Bit mit dem Symbol N. Das Overflow-Bit hat das Symbol V. Das Intermediate-Carrybit stellt den Standard-Übertrag aus Bit 3 dar und wird als Half Carry-Bit (H) bezeichnet.

Befehlscode	Bedeutung
ADC	ADD WITH CARRY (Addiere mit Übertrag)
ADD ABA	ADD (Addiere)
AND	LOGICAL AND (Undiere logisch)
ASL	ARITHMETIC SHIFT LEFT (Verschiebe arithmetisch nach links)
BCC	BRANCH IF CARRY CLEAR (Verzweige, wenn kein Übertrag)
BCS	BRANCH IF CARRY SET (Verzweige, wenn Übertrag gesetzt)
BEQ	BRANCH IF EQUAL (Verzweige, wenn gleich)
BHI	BRANCH IF HIGHER (Verzweige, wenn höher)
BLS	BRANCH IF LOWER OR SAME (Verzweige, wenn kleiner oder gleich)
BMI	BRANCH IF NEGATIVE SET (Verzweige, wenn negativ)
BNE	BRANCH IF NOT EQUAL (Verzweige, wenn nicht gleich)
BPL	BRANCH IF NEGATIVE CLEAR (Verzweige, wenn plus)
BRA	BRANCH ALWAYS (Verzweige immer)
BSR	BRANCH TO SUBROUTINE (Verzweige zu Unterprogramm)
CLR	CLEAR (Lösche)
CMP, CBA	COMPARE (Vergleiche)
DEC	DECREMENT (Dekrementiere)
DEX	DECREMENT INDEX REGISTER (Dekrementiere Index-Register)
INC	INCREMENT (Inkrementiere)
INX	INCREMENT INDEX REGISTER (Inkrementiere Index-Register)
JSR	JUMP TO SUBROUTINE (Springe zu Unterprogramm)
LDA	LOAD ACCUMULATOR (Lade Akkumulator)
LDX	LOAD INDEX REGISTER (Lade Index-Register)
LSR	LOGICAL SHIFT RIGHT (Verschiebe logisch nach rechts)
PSH	PUSH DATA ONTO STACK (Bringe Daten auf den Stapel)
PUL	PULL DATA FROM STACK (Hole Daten vom Stapel)
ROL	ROTATE LEFT (Rotiere links)
ROR	ROTATE RIGHT (Rotiere rechts)
RTS	RETURN FROM SUBROUTINE (Kehre von Unterprogramm zurück)
STA	STORE ACCUMULATOR (Speichere Akkumulator)
STX	STORE INDEX REGISTER (Speichere Index-Register)
SUB, SBA	SUBTRACT (Subtrahiere)

Tabelle 3-1. Häufig verwendete Befehle des 6800

Befehlscode	Bedeutung
ASR	ARITHMETIC SHIFT RIGHT (Verschiebe arithmetisch nach rechts)
BGE	BRANCH IF ≥ ZERO (Verzweige, wenn ≥ Null)
BGT	BRANCH IF GREATER THAN ZERO (Verzweige, wenn größer als Null)
BIT	BIT TEST (Teste Bits)
BLE	BRANCH IF ≤ ZERO (Verzweige, wenn ≤ Null)
BLT	BRANCH IF LESS THAN ZERO (Verzweige, wenn kleiner als Null)
CLC	CLEAR CARRY (Lösche Übertrag)
CLI	CLEAR (ENABLE) INTERRUPT (Lösche Unterbrechungsmaske)
COM	ONES COMPLEMENT (Einerkomplement)
CPX	COMPARE INDEX REGISTER (Vergleiche Index-Register)
DAA	DECIMAL ADJUST A (Korrigiere Akkumulator dezimal)
EOR	EXCLUSIVE OR (Exklusiv-ODERiere)
JMP	JUMP (Springe)
LDS	LOAD STACK POINTER (Lade Stapelzeiger)
NEG	TWOS COMPLEMENT (Zweierkomplement)
NOP	NO OPERATION (Keine Operation)
ORA	LOGICAL (INCLUSIVE) OR (ODERiere)
RTI	RETURN FROM INTERRUPT (Kehre aus Unterbrechung zurück)
SEC	SET CARRY (Setze Übertrag)
SEI	SET (DISABLE) INTERRUPT (Setze Unterbrechungsmaske)
STS	STORE STACK POINTER (Speichere Stapelzeiger)
SWI	SOFTWARE INTERRUPT (Software-Unterbrechung)
TAB	TRANSFER A TO B (Transferiere A zu B)
TBA	TRANSFER B TO A (Transferiere B zu A)
TST	TEST (Teste)

Tabelle 3-2. Gelegentlich verwendete Befehle des 6800

Tabelle 3-3. Selten verwendete Befehle des 6800

Befehlscode	Bedeutung
BVC	BRANCH IF OVERFLOW CLEAR (Verzweige, wenn Überlauf gelöscht)
BVS	BRANCH IF OVERFLOW SET (Verzweige, wenn Überlauf gesetzt)
CLV	CLEAR OVERFLOW (Lösche Überlauf)
DES	DECREMENT STACK POINTER (Dekrementiere Stapelzeiger)
INS	INCREMENT STACK POINTER (Inkrementiere Stapelzeiger)
SBC	SUBTRACT WITH CARRY (BORROW) (Subtrahiere mit Übertrag)
SEV	SET OVERFLOW (Setze Überlauf)
TAP	TRANSFER A TO CONDITION CODE REGISTER (Transferiere A zu Bedingungscode-Register)
TPA	TRANSFER CONDITION CODE REGISTER TO A (Transferiere Bedingungscode-Register zu A)
TSX	TRANSFER STACK POINTER TO INDEX REGISTER (Transferiere Stapelzeiger zu Index-Register)
TXS	TRANSFER INDEX REGISTER TO STACK POINTER (Transferiere Index-Register zu Stapelzeiger)
WAI	WAIT FOR INTERRUPT (Warte auf Unterbrechung)

SPEICHER-ADRESSIERUNGSARTEN DES 6800

Der Motorola 6800 bietet sieben grundlegende Adressierarten:

1) Speicher – Unmittelbar
2) Speicher – Direkt
3) Speicher – Indiziert
4) Speicher – Erweitert
5) Inhärent (oder impliziert)
6) Relativ
7) Akkumulator

Die Befehle des 6800 gestatten zahlreiche Kombinationen dieser Adressier-Arten zur Adressierung der Operanden, die für den Befehl erforderlich sind. Siehe Tabelle 3 für die Adressier-Möglichkeiten, die für jeden Befehl verfügbar sind.

SPEICHER – UNMITTELBAR

Bei dieser Form der Adressierung ist einer der Operanden in dem Byte (oder Bytes) vorhanden, das unmittelbar dem ersten Byte des Objektcodes folgt. Ein unmittelbarer Operand wird dadurch gekennzeichnet, indem man vor den Operanden das #-Symbol setzt. Zum Beispiel:

```
ADDA    #$30
```

fordert, daß der Assembler einen ADD-Befehl erzeugt, der den Wert 30_{16} zum Akkumulator A addiert.

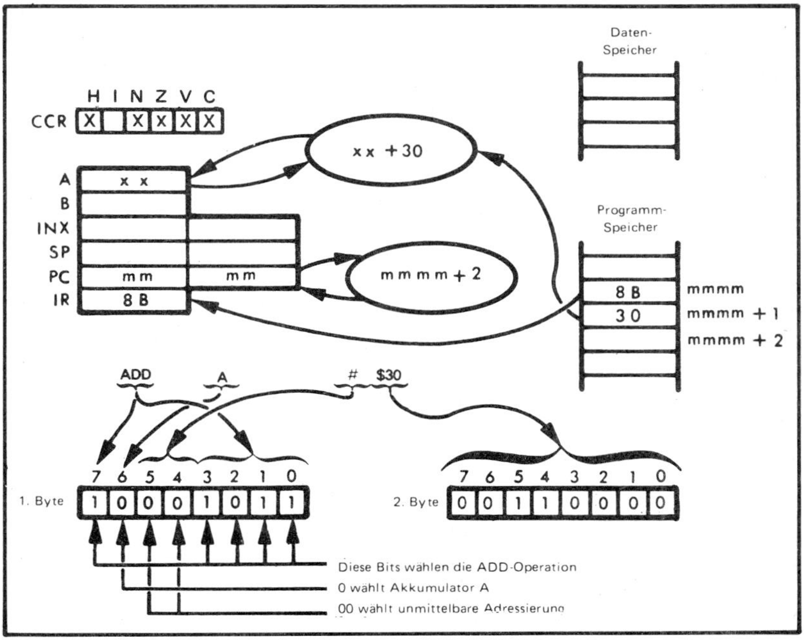

Dieses Beispiel demonstriert einen unmittelbaren Operanden mit einem einzelnen Byte. Befehle wie AND, BIT, EOR und SBC verwenden diese Form.

Unmittelbare Operanden mit zwei Bytes werden von den Befehlen CPX, LDS und LDX verwendet. Der LDS-Befehl, zum Beispiel, kann den Stapelzeiger mit den beiden Bytes laden, die dem ersten Objektcode-Byte folgen. Der Befehl:

LDS #$3F2A

ist im folgenden Diagramm dargestellt:

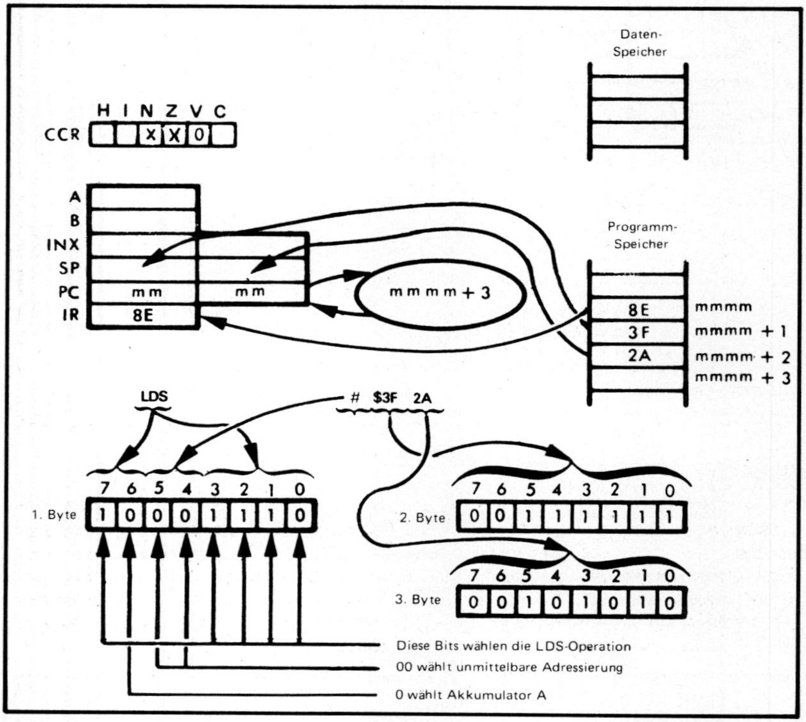

Dieser Befehl speichert den Inhalt des Speicherplatzes mmmm+1 in das hochwertige Byte des Stapelzeigers und speichert dann den Inhalt des Speicherplatzes mmmm+2 in das niederwertige Byte des Stapelzeigers.

SPEICHER – DIREKT

Diese Art der Adressierung verwendet das zweite Byte des Befehls zur Identifizierung eines Operanden, der in den unteren 256_{10} Worten des Speichers liegt. Diese Form ist spezifiziert, wenn der Ausdruck, der als Operand verwendet wird, sich auf einen Wert zwischen 00_{16} und FF_{16} verringert. Zum Beispiel:

ADDA $30

fordert vom Assembler die Bildung eines ADD-Befehls, der den im Speicherplatz 0030_{16} liegenden Wert zum Akkumulator A addiert.

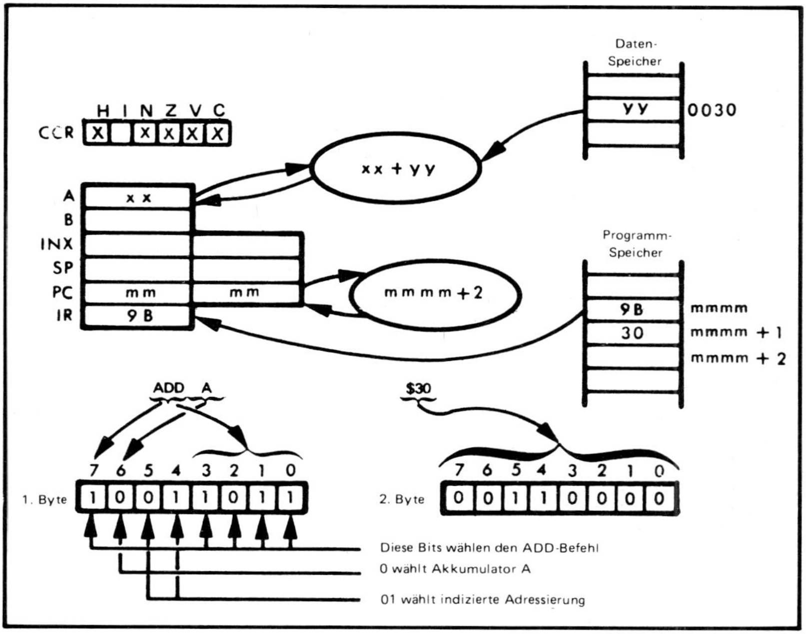

SPEICHER – INDIZIERT

Diese Art der Adressierung kombiniert das zweite Byte des Befehls mit dem Inhalt des Indexregisters zur Erzeugung einer Speicheradresse der Daten, die als Operand zu verwenden sind. Die indizierte Adressierung des 6800 unterscheidet sich von der indizierten Adressierung, wie sie in der "Einführung in die Mikrocomputer-Technik" beschrieben wird, dadurch, daß die Einbyte-Versetzung, die durch den Speicher-Ansprechbefehl geliefert wird, zum Indexregister als 8-Bit-Wert ohne Vorzeichen addiert wird. Der Inhalt des Indesregisters wird nicht geändert.

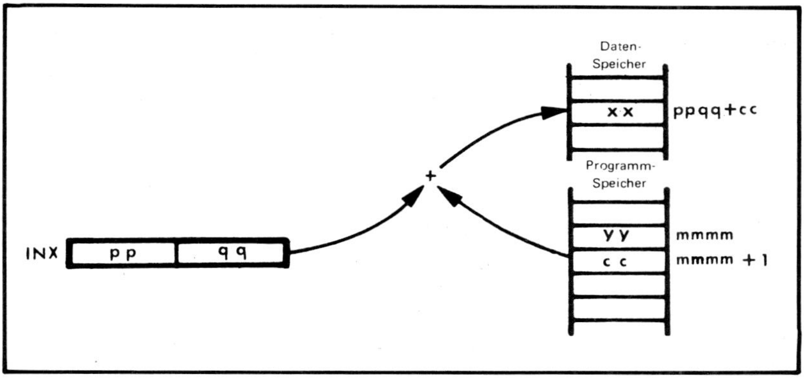

Wenn der Befehl yy eine indizierte Adressierung spezifiziert, dann wird die effektive Adresse des einen Operanden gleich ppqq+cc sein. Daher wird xx einer der vom Befehl verwendeten Operanden sein.

Die indizierte Adressierung wird durch Einschließen von:

X
,X
expr,X

in das Operandenfeld des Befehls spezifiziert. Zum Beispiel:

ADDA $30,X

verlangt vom Assembler die Bildung eines ADD-Befehls, der zum Akkumulator den Wert im Speicherplatz addiert, der durch Addition von 30_{16} zum Inhalt des Indexregisters spezifiziert wird. Wenn das Indexregister 0316_{16} zum Zeitpunkt der Ausführung des Befehls enthält, faßt das folgende Diagramm die Befehlsausführung zusammen:

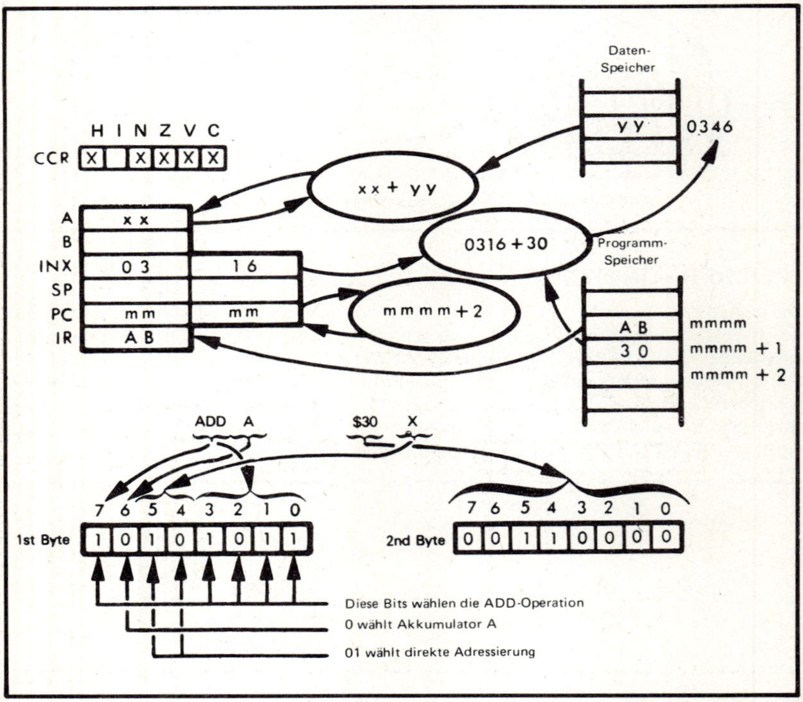

Dieser Befehl addiert den Inhalt vom Akkumulator A zum Inhalt des Speicherplatzes, das durch Addition des zweiten Bytes des Befehls zum Inhalt des Indexregisters spezifiziert wird.

Man beachte, daß implizierte Adressierung durch Spezifizieren der indizierten Adressierung mit einer Versetzung von 0 ausgeführt werden kann.

SPEICHER – ERWEITERT

Diese Form der Adressierung kombiniert das zweite und dritte Byte des Objektcodes zur Bildung der Adresse der als Operanden zu verwendenden Daten. Die erweiterte Adressierung von Motorola ist identisch mit der direkten Adressierung, wie sie in "Einführung in die Mikrocomputer-Technik" beschrieben ist. Die erweiterte Adressierung wird auf die gleiche Weise wie die direkte Adressierung spezifiziert, das heißt, ein Ausdruck wird als der Operand angegeben. Wenn der Ausdruck sich auf eine Zahl im Bereich von 256 $<$ Ausdruck $<$ 65.535 bezieht, dann wird die erweiterte Adressierung verwendet. Zum Beispiel:

```
ADDA    $31F6
```

verlangt vom Assembler die Bildung eines ADD-Befehls, der den im Speicherplatz $31F6_{16}$ befindlichen Wert zum Inhalt des Akkumulators addiert.

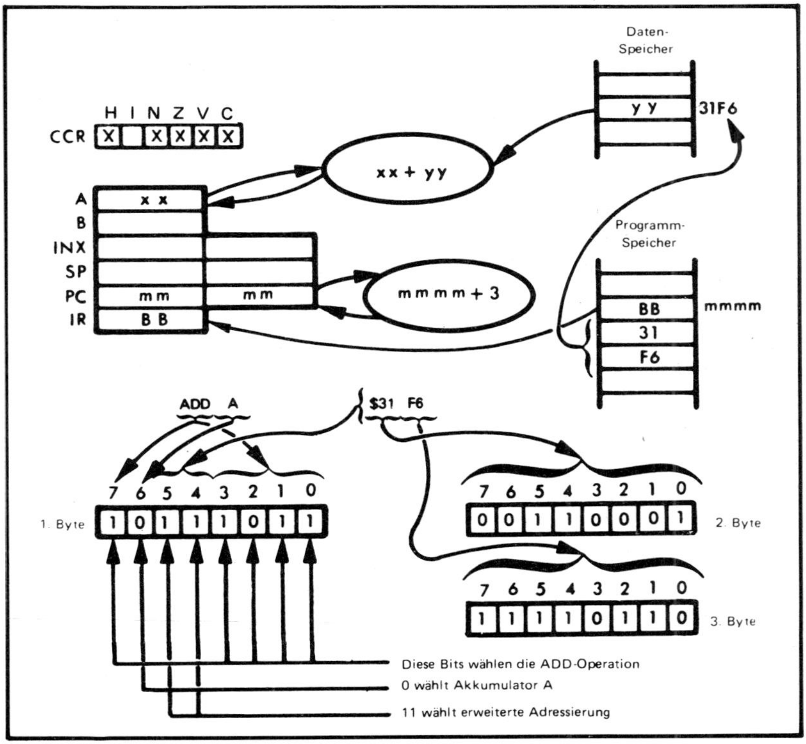

Zusätzlich gibt es mehrere Befehle, die keine direkte Adressierung ermöglichen (0 $\leqslant$ Ausdruck $\leqslant$ 255), z.B. CLR, DEC, ROR. Bei diesen Befehlen wird erweiterte Adressierung verwendet, wenn auf einen Speicherplatz direkt zuzugreifen ist.

INHÄRENT

Inhärente Adressierung wird dann spezifiziert, wenn es offensichtlich durch die Natur des Befehls-Mnemonik ist, welche Register, Status oder Speicherplätze als Operanden zu verwenden sind. Zum Beispiel spezifiziert ABA, der Befehl "Addiere Akkumulator B zum Akkumulator A", welche Register Operanden sein sollen. CLI, der Befehl für "Unterbrechungs-Maske löschen" spezifiziert, welcher Status durch den Befehl zu beeinflussen ist und RTS, der Befehl "Rückkehr vom Unterprogramm" spezifiziert, daß eine Rückkehr auszuführen ist. Dadurch wird auf den Stapel zugegriffen, um den neuen Wert des Befehlszählers zu bestimmen.

RELATIV

Befehle für Verzweigung und bedingte Verzweigung verwenden die programm-relative Adressierung. Eine Einzel-Byte-Versetzung wird als Binärzahl mit Vorzeichen behandelt, die zum Befehlszähler addiert wird, nachdem der Inhalt des Befehlszählers zur Adresse des nächstfolgenden Befehls inkrementiert wurde. Dies gestattet Versetzungen im Bereich von $+129_{10}$ bis -126_{10} Bytes.

AKKUMULATOR

Akkumulator-Adressierung wird von Befehlen verwendet, die einen einzigen Operanden besitzen. Die meisten dieser Befehle können entweder den Akkumulator A oder den Akkumulator B oder ein Speicherbyte über den Operanden auswählen. Zum Beispiel ist der Befehl

CLRA

einer der vier Formen des CLR-Befehls:

1) CLRA – Clear Accumulator A (Lösche Akkumulator A)
2) CLRB – Clear Accumulator B (Lösche Akkumulator B)
3) CLR expr,X – Lösche Speicherbyte, das durch indizierte Adressierung ausgewählt wurde.
4) CLR expr – Lösche Speicherbyte, das durch erweiterte Adressierung ausgewählt wurde.

Der CLRA-Befehl ist im folgenden Diagramm dargestellt:

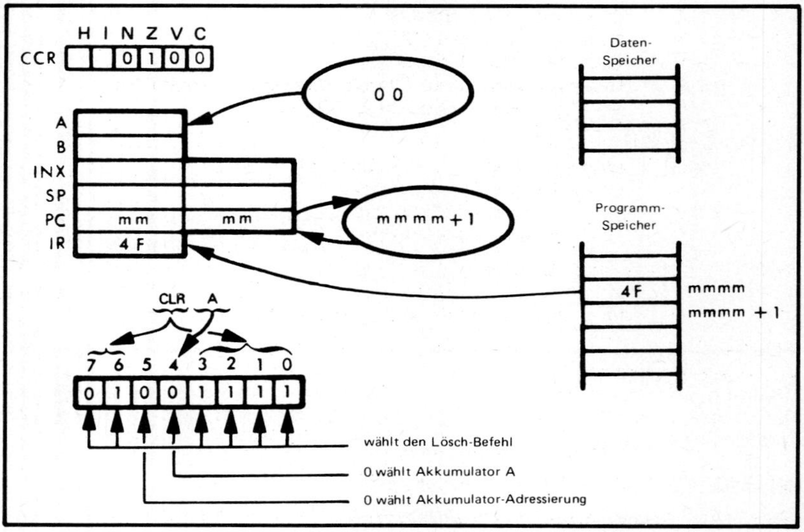

Befehle erschrecken fälschlicherweise Mikrocomputer-Anwender, die Neulinge in der Programmierung sind. Nimmt man die Befehle als getrennten Vorgang an, so sind die mit der Ausführung eines einzelnen Befehls verbundenen Operationen einfach zu überblicken – und das ist der Zweck dieses Kapitels.

Weshalb nennt man die Befehle eines Mikrocomputers einen "Befehlssatz"? Der Grund hierfür ist, daß die Befehle vom Entwickler eines Mikrocomputers sehr sorgfältig ausgewählt wurden. Sie müssen auf einfache Weise komplexe Operationen als eine Folge einfacher Vorgänge ausführen – von denen jeder durch einen Befehl eines gut durchdachten "Befehlssatzes" dargestellt wird.

Tabelle 3-4 stellt den Befehlssatz des Mikrocomputers 6800 dar, wobei ähnliche Befehle in Gruppen zusammengefaßt sind.

Individuelle Befehle werden als nächstes in alphabetischer Reihenfolge der Befehls-Mnemoniks beschrieben.

Zusätzlich zur Feststellung, was jeder Befehl ausführt, wird der Zweck des Befehls innerhalb der normalen Programmlogik erklärt.

ABKÜRZUNGEN

Folgende Abkürzungen werden in diesem Kapitel verwendet:

ACX Entweder Akkumulator A oder Akkumulator B

Die Register:

- A,B Akkumulator
- X Indexregister
- PC Befehlszähler (Program Counter)
- SP Stapelzeiger (Stack Pointer)
- SR Statusregister

Gezeigte Status:

- C Carry Status (Übertrag)
- Z Zero Status (Null-Status)
- N Negative Bit (Negativ-Bit, Vorzeichen)
- V Overflow Status (Überlauf)
- I Interrupt Mask Status (Unterbrechungsmasken-Status)
- H Half Carry Bit (Halbübertrags-Bit)

Symbole in der Status-Spalte:

- (leer) Operation beeinflußt den Status nicht
- X Operation beeinflußt den Status
- 0 Flag wird durch die Operation gelöscht
- 1 Flag wird durch die Operation gesetzt

ADR8 Eine 8-Bit (1-Byte)-Größe, die zur direkten Adressierung der ersten 256 Plätze im Speicher verwendet werden kann, oder eine 8-Bit-Versetzung ohne Vorzeichen zur Addition zum Indexregister sein kann.

ADR16 Eine 16-Bit-Speicheradresse

B2 Befehls-Byte 2

B3 Befehls-Byte 3

DATA Eine binäre 8-Bit-Dateneinheit

DATA16 Eine binäre 16-Bit-Dateneinheit

DISP Eine binäre 8-Bit-Adressenversetzung mit Vorzeichen

xx(HI) — Die hochwertigen 8 Bits der 16-Bit-Größe xx.
Zum Beispiel bedeutet SP(HI) die Bits 15 - 8 des Stapelzeigers.

xx(LO) — Die niederwertigen 8 Bits der 16-Bit-Größe xx.
Zum Beispiel bedeutet PC(LO) Bit 7 - 0 des Befehlszählers.

[ ] — Inhalt des Speicherplatzes, der mit eckigen Klammern eingeschlossen ist.

[[ ]] — Implizierte Speicher-Adressierung. Der Inhalt des Speicherplatzes, der durch den Inhalt eines Registers bestimmt ist.

[MEM] — Symbol für einen Speicherplatz, der durch die direkte Nullseiten- (oder Basisseiten-) erweiterte direkte, oder indizierte Adressierung angegeben ist.

Das heißt:

[MEM] = [ADR8]

oder

[ADR16]

oder

[[X] + ADR8]

[M] — Symbol für einen Speicherplatz, der durch die erweiterte direkte oder indizierte Adressierung angegeben ist. Das heißt:

[M] = [ADR16]

oder

[[X] + ADR8]

$\wedge$ — Logisch UND

$\vee$ — Logisch ODER

$\forall$ — Logisch Exklusiv-ODER

$\leftarrow$ — Daten werden in der Richtung des Pfeils transferiert.

Der Einfluß der Befehlsausführung auf den Status wird auf folgende Weise gezeigt:

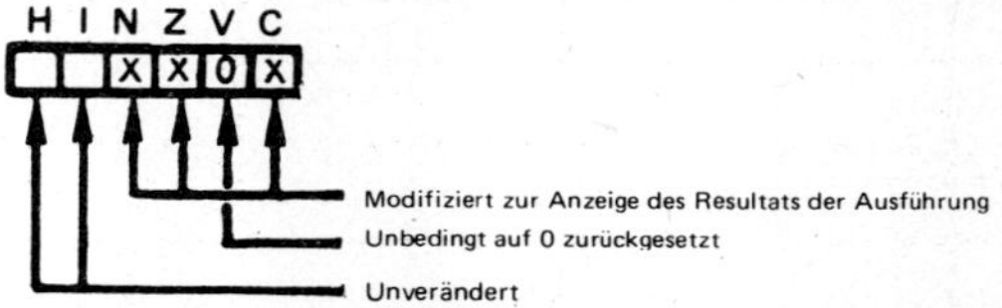

STATUS-ÄNDERUNGEN BEI BEFEHLS-AUSFÜHRUNG

Innerhalb von Befehlsausführungen identifiziert ein X einen Status, der gesetzt oder gelöscht ist. Eine 0 identifiziert einen Status, der immer gelöscht ist. Eine Leerzeile bedeutet, daß der Status sich nicht ändert.

BEFEHLS-OBJEKTCODES

Befehls-Objektcodes werden als zwei hexadezimale Ziffern für Befehle ohne Variationen dargestellt.

Befehls-Objektcodes werden als binäre 8-Bit-Ziffern für Befehle mit Variationen dargestellt. Die Darstellung in Binärziffern der Variationen ist dann identifizierbar.

TYP	MNEMONIK	OPERANDEN	BYTES	STATUS C	Z	S	O	A_C	I	AUSGEFÜHRTE OPERATIONEN
Primäres Speicher-Ansprechen und E/A	LDA	ACX,ADR8	2		X	X	0			[ACX]←[MEM]
		ACX,ADR16	3							Lade A oder B unter Verwendung direkter, erweiterter direkter oder indizierter Basisseiten-Adressierung.
	STA	ACX,ADR8	2		X	X	0			[MEM]←[ACX]
		ACX,ADR16	3							Speichere A oder B unter Verwendung direkter, erweiterter oder indizierter Adressierung.
	LDX	ADR8	2		X	X	0			[X(HI)]←[MEM], [X(LO)]←[MEM + 1]
		ADR16	3							Lade Index-Register unter Verwendung direkter, erweiterter oder indizierter Adressierung. Vorzeichen-Status gibt das Indexregister-Bit 15 wieder.
	STX	ADR8	2		X	X	0			[MEM]←[X(HI)]; [MEM + 1]←[X(LO)]
		ADR16	3							Speichere Inhalt des Index-Registers unter Verwendung direkter, erweiterter oder indizierter Adressierung. Vorzeichen-Status gibt das Indexregister-Bit 15 wieder.
	LDS	ADR8	2		X	X	0			[SP(HI)]←[MEM], [SP(LO)]←[MEM + 1]
		ADR16	3							Lade Stapelzeiger unter Verwendung direkter, erweiterter oder indizierter Adressierung. Vorzeichen-Status gibt Stapelzeiger-Bit 15 wieder.
	STS	ADR8	2		X	X	0			[MEM]←[SP(HI)], [MEM + 1]←[SP(LO)]
		ADR16	3							Speichere Inhalt des Stapelzeigers unter Verwendung direkter, erweiterter oder indizierter Adressierung. Vorzeichen-Status gibt Stapelzeiger-Bit 15 wieder.
Sekundäres Speicher-Ansprechen (Speicher-Operationen)	ADD	ACX,ADR8	2	X	X	X	X	X		[ACX]←[ACX] + [MEM]
		ACX,ADR16	3							Addiere zum Akkumulator A od. B unter Verwendung direkter, erweiterter direkter od. indizierter Basisseiten-Adressierung.
	ADC	ACX,ADR8	2	X	X	X	X	X		[ACX]←[ACX] + [MEM] + C
		ACX,ADR16	3							Addiere mit Übertrag zum Akkumulator A od. B unter Verwendung direkter, erweiterter oder indizierter Adressierung
	AND	ACX,ADR8	2		X	X	0			[ACX]←[ACX] ∧ [MEM]
		ACX,ADR16	3							UNDiere mit Akkumulator A oder B unter Verwendung direkter, erweiterter oder indizierter Adressierung
	BIT	ACX,ADR8	2		X	X	0			[ACX] ∧ [MEM]
		ACX,ADR16	3							UNDiere mit Akkumulator A oder B, es wird jedoch nur das Status-Register beeinflußt
	CMP	ACX,ADR8	2	X	X	X	X			[ACX] - [MEM]
		ACX,ADR16	3							Vergleiche mit Akkumulator A oder B (es wird nur das Status-Register beeinflußt).
	EOR	ACX,ADR8	2		X	X	0			[ACX]←[ACX] ⊻ [MEM]
		ACX,ADR16	3							Exklusiv-ODERiere mit Akkumulator A oder B unter Verwendung direkter, erweiterter oder indizierter Adressierung.
	ORA	ACX,ADR8	2		X	X	0			[ACX]←[ACX] V [MEM]
		ACX,ADR16	3							ODERiere mit Akkumulator A oder B unter Verwendung direkter, erweiterter oder indizierter Adressierung

Tabelle 3-4. Zusammenfassung des Befehlssatzes des 6800

TYP	MNEMONIK	OPERANDEN	BYTES	STATUS C	Z	S	O	A_C	I	AUSGEFÜHRTE OPERATIONEN
Sekundäres Speicher-Ansprechen (Speicher-Operationen) Fortsetzung	SUB	ACX,ADR8 ACX,ADR16	2 3	X	X	X	X			[ACX]←[ACX] - [MEM] Subtrahiere von Akkumulator A oder B unter Verwendung direkter, erweiterter oder indizierter Adressierung.
	SBC	ACX,ADR8 ACX,ADR16	2 3	X	X	X	X			[ACX]←[ACX] - [MEM] - C Subtrahiere mit Übertrag von Akkumulator A od. B unter Verwendung direkter, erweiterter oder indizierter Adressierung.
	CPX	ADR8 ADR16	2 3		X	X	X			[X(HI)] - [MEM], [X(LO)] - [MEM + 1] Vergleiche mit Inhalt des Index-Registers (nur das Status-Register wird beeinflußt). Vorzeichen- und Überlauf-Status geben das Ergebnis auf das höchstwertige Byte wieder.
	CLR	ADR8 ADR16	2 3	0	1	0	0			$[M] \leftarrow 00_{16}$ Lösche Speicherplatz unter Verwendung erweiterter oder indizierter Adressierung.
	COM	ADR8 ADR16	2 3	1	X	X	0			$[M] \leftarrow [\overline{M}]$ Komplementiere Inhalt des Speicherplatzes (Einer-Komplement).
	NEG	ADR8 ADR16	2 3	X	X	X	X			$[M] \leftarrow 00_{16} - [M]$ Negiere Inhalt des Speicherplatzes (Zweier-Komplement). Übertrags-Status wird gesetzt, wenn das Ergebnis 00_{16} ist, andernfalls gelöscht, Überlauf-Status wird gesetzt, wenn das Ergebnis 80_{16} ist, andernfalls gelöscht.
	DEC	ADR8 ADR16	2 3		X	X	X			[M]←[M] - 1 Dekrementiere Inhalt des Speicherplatzes unter Verwendung erweiterter oder indizierter Adressierung. Überlauf-Status wird gesetzt, wenn der Operand 80_{16} vor der Ausführung war, andernfalls gelöscht.
	INC	ADR8 ADR16	2 3		X	X	X			[M]←[M] + 1 Inkrementiere Inhalt des Speicherplatzes unter Verwendung erweiterter oder indizierter Adressierung. Überlauf-Status wird gesetzt, wenn der Operand $7F_{16}$ vor der Ausführung war, andernfalls gelöscht.
	ROL	ADR8 ADR16	2 3	X	X	X	X			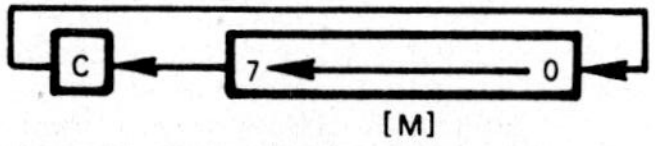 , O ← S⊻C Rotiere Inhalt des Speicherplatzes nach links durch den Übertrag.
	ROR	ADR8 ADR16	2 3	X	X	X	X			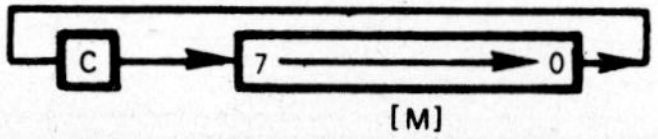 , O ← S⊻C Rotiere Inhalt des Speicherplatzes nach rechts durch den Übertrag.

Tabelle 3-4. Zusammenfassung des Befehlssatzes des 6800

TYP	MNEMONIK	OPERANDEN	BYTES	STATUS C	Z	S	O	A_C	I	AUSGEFÜHRTE OPERATIONEN
Sekundäres Speicher-Ansprechen (Speicher-Operationen) Fortsetzung	ASL	ADR8 ADR16	2 3	X	X	X	X			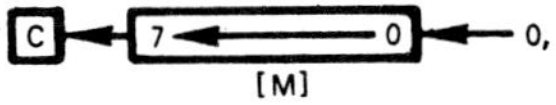 O — S⊻C Arithmetische Linksverschiebung. Bit 0 wird auf 0 gesetzt.
	ASR	ADR8 ADR16	2 3	X	X	X	X			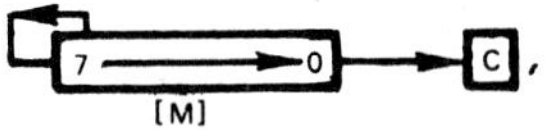 O — S⊻C Arithmetische Rechtsverschiebung. Bit 7 bleibt gleich.
	LSR	ADR8 ADR16	2 3	X	X	0	X			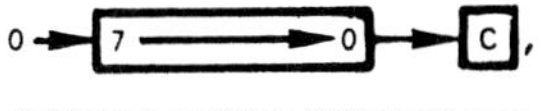 O — S⊻C Logische Rechtsverschiebung. Bit 7 wird auf 0 gesetzt.
	TST	ADR8 ADR16	2 3	0	X	X	0			[M] - 00_{16} Teste Inhalt des Speicherplatzes auf null oder negativen Wert.
Unmittelbar	LDA	ACX,DATA	2		X	X	0			[ACX] ← DATA Lade A oder B unmittelbar.
	LDX	DATA16	3		X	X	0			[X(HI)] ← [B2], [X(LO)] ← [B3] Lade Index-Register unmittelbar. Vorzeichen-Status gibt das Indexregister-Bit 15 wieder.
	LDS	DATA16	3		X	X	0			[SP(HI)] ← [B2], [X(LO)] ← [B3] Lade Stapelzeiger unmittelbar. Vorzeichen-Status gibt das Stapelzeiger-Bit 15 wieder.
Unmittelbare Operation	ADD	ACX,DATA	2	X	X	X	X	X		[ACX] ← [ACX] + DATA Addiere unmittelbar zum Akkumulator A oder B.
	ADC	ACX,DATA	2	X	X	X	X	X		[ACX] ← [ACX] + DATA + C Addiere unmittelbar mit Übertrag zum Akkumulator A oder B.
	AND	ACX,DATA	2		X	X	0			[ACX] ← [ACX] ∧ DATA UNDiere unmittelbar mit Akkumulator A oder B, jedoch nur das Status-Register wird beeinflußt.
	BIT	ACX,DATA	2		X	X	0			[ACX] ∧ DATA UNDiere unmittelbar mit Akkumulator A oder B.

Tabelle 3-4. Zusammenfassung des Befehlssatzes des 6800

TYP	MNEMONIK	OPERANDEN	BYTES	STATUS C	STATUS Z	STATUS S	STATUS O	STATUS A_C	STATUS I	AUSGEFÜHRTE OPERATIONEN
Unmittelbare Operation (Fortsetzung)	CMP	ACX,DATA	2	X	X	X	X			[ACX]—[ACX] Vergleiche unmittelbar mit Akkumulator A oder B (nur das Status-Register wird beeinflußt).
	EOR	ACX,DATA	2		X	X	0			[ACX]←[ACX]⊻DATA Exklusiv-ODERiere unmittelbar mit Akkumulator A oder B.
	ORA	ACX,DATA	2		X	X	0			[ACX]←[ACX] V DATA ODERiere unmittelbar mit Akkumulator A oder B.
	SUB	ACX,DATA	2	X	X	X	X			[ACX]←[ACX] - DATA Subtrahiere unmittelbar von Akkumulator A oder B.
	SBC	ACX,DATA	2	X	X	X	X			[ACX]←[ACX] - DATA - C Subtrahiere unmittelbar mit Übertrag von Akkumulator A oder B.
	CPX	DATA16	3		X	X	X			[X(HI)] - [B2], [X(LO)] - [B3] Vergleiche unmittelbar mit dem Inhalt des Index-Registers (nur das Status-Register wird beeinflußt). Vorzeichen- und Überlauf-Status geben das Ergebnis auf das höchstwertige Byte wieder.
Sprung	JMP	ADR8 ADR16	2 3							[PC]←[X] + ADR8 or [PC(HI)]←[B2], [PC(LO)]←[B3] Jump to indexed or extended address.
	JSR	ADR8 ADR16	2 3							[[SP]]←[PC(LO)], [[SP]-1]←[PC(HI)], [SP]←[SP]-2 [PC]←[X] + ADR8 or [PC(HI)]←[B2], [PC(LO)]←[B3] Springe zu Unterprogramm (indizierte oder erweiterte Adressierung).
	BRA	DISP	2							[PC]←[PC] + DISP + 2 Unbedingte Verzweigung relativ zum momentanen Inhalt des Befehlszählers.
	BSR	DISP	2							[[SP]]←[PC(LO)], [[SP]-1]←[PC(HI)], [SP]←[SP]-2, [PC]←[PC] + DISP + 2 Unbedingte Verzweigung zu Unterprogramm, das relativ zum momentanen Inhalt des Befehlszählers liegt.

Tabelle 3-4. Zusammenfassung des Befehlssatzes des 6800

TYP	MNEMONIKS	OPERANDEN	BYTES	STATUS C	STATUS Z	STATUS S	STATUS O	STATUS A_C	STATUS I	AUSGEFÜHRTE OPERATIONEN
Bedingte Verzweigung										[PC]←[PC] + DISP + wenn die gegebene Bedingung wahr ist:
	BCC	DISP	2							C = 0 (Verzweige, wenn Übertrag gelöscht)
	BCS	DISP	2							C = 1 (Verzweige, wenn Übertrag gesetzt)
	BEQ	DISP	2							Z = 1 (Verzweige, wenn gleich null)
	BGE	DISP	2							S ∀ 0 = 0 (Verzweige, wenn größer oder gleich null)
	BGT	DISP	2							Z V (S ∀ 0) = 0 (Verzweige, wenn größer als null)
	BHI	DISP	2							C V Z = 0 (Verzweige, wenn Akkumulatorinhalt größer als Vergleichswert)
	BLE	DISP	2							Z V (S ∀ 0) = 1 (Verzweige, wenn kleiner oder gleich null)
	BLS	DISP	2							C V Z = 1 (Verzweige, wenn Akkumulatorinhalt kleiner oder gleich Vergleichswert)
	BLT	DISP	2							S ∀ 0 = 0 (Verzweige, wenn kleiner oder gleich null)
	BMI	DISP	2							S = 1 (Verzweige, wenn neagtiv)
	BNE	DISP	2							Z = 0 (Verzeige, wenn nicht gleich null)
	BVC	DISP	2							O = 0 (Verzweige, wenn Überlauf gelöscht)
	BVS	DISP	2							O = 1 (Verzweige, wenn Überlauf gesetzt)
	BPL	DISP	2							S = 0 (Verzweige, wenn positiv)
Register-zu-Register Bewegung	TAB		1		X	X	0			[B]←[A] Bringe Inhalt von Akkumulator A zu Akkumulator B.
	TBA		1		X	X	0			[A]←[B] Bringe Inhalt von Akkumulator B zu Akkumulator A.
	TXS		1							[SP]←[X]-1 Bringe Inhalt des Index-Registers zum Stapelzeiger und dekrementiere.
	TSX		1							[X]←[SP] + 1 Bringe Inhalt des Stapelzeigers zum Index-Register und inkrementiere.
Register-zu-Register-Operation	ABA		1	X	X	X	X	X		[A]←[A] + [B] Addiere Inhalt von Akkumulator A und B.
	CBA		1	X	X	X	X			[A] - [B] Vergleiche Inhalt von Akkumulator A und B. Es wird nur das Status-Register beeinflußt.
	SBA		1	X	X	X	X			[A]←[A] - [B] Subtrahiere Inhalt von Akkumulator B von jenem von Akkumulator A.

Tabelle 3-4. Zusammenfassung des Befehlssatzes des 6800 (Fortsetzung)

TYP	MNEMONIK	OPERANDEN	BYTES	STATUS C	Z	S	O	A_C	I	AUSGEFÜHRTE OPERATIONEN
Register-Operation	CLR	ACX	1	0	1	0	0			$[ACX] \leftarrow 00_{16}$ Lösche Akkumulator A oder B.
	COM	ACX	1	1	X	X	0			$[ACX] \leftarrow \overline{[ACX]}$ Komplementiere Inhalt von Akkumulator A oder B (Einer-Komplement).
	NEG	ACX	1	X	X	X	X			$[ACX] \leftarrow 00_{16} - [ACX]$ Negiere Inhalt von Akkumulator A oder B (Zweier-Komplement). Übertrags-Status wird gesetzt, wenn das Ergebnis 00_{16} ist und andernfalls gelöscht. Überlauf-Status wird gesetzt, wenn das Ergebnis 80_{16} ist und andernfalls gelöscht.
	DAA		1	X	X	X	X			Ordne A dezimal an. Wandle Inhalt von A (die binäre Summe von BCD-Operanden) in BCD-Format um Übertrags-Status wird gesetzt, wenn der Wert der oberen vier Bits größer als 9 ist, jedoch nicht gelöscht, wenn vorher gesetzt.
	DEC	ACX	1		X	X	X			$[ACX] \leftarrow [ACX] - 1$ Dekrementiere Inhalt von Akkumulator A oder B. Überlauf-Status wird gesetzt, wenn der Operand 80_{16} vor der Ausführung war, und andernfalls gelöscht.
	DEX		1		X					$[X] \leftarrow [X] - 1$ Dekrementiere Inhalt des Index-Registers.
	DES		1							$[SP] \leftarrow [SP] - 1$ Dekrementiere Inhalt des Stapelzeigers.
	INC	ACX	1		X	X	X			$[ACX] \leftarrow [ACX] + 1$ Inkrementiere Inhalt von Akkumulator A oder B. Überlauf-Status wird gesetzt, wenn der Operand $7F_{16}$ vor der Ausführung war, andernfalls gelöscht.
	INX		1		X					$[X] \leftarrow [X] + 1$ Inkrementiere Inhalt des Index-Registers.
	INS		1							$[SP] \leftarrow [SP] + 1$ Inkrementiere Inhalt des Stapelzeigers.
	ROL	ACX	1	X	X	X	X			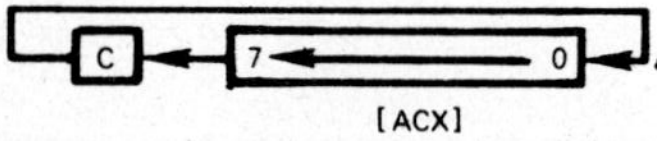, $O \leftarrow S \forall C$ Rotiere Akkumulator A oder B nach links durch den Übertrag.

Tabelle 3-4. Zusammenfassung des Befehlssatzes des 6800 (Fortsetzung)

TYP	MNEMONIK	OPERANDEN	BYTES	STATUS C	Z	S	O	A_C	I	AUSGEFÜHRTE OPERATIONEN
Register-Operation (Fortsetzung)	ROR	ACX	1	X	X	X	X			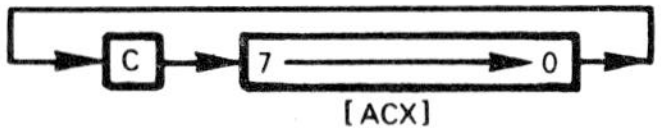 O — S⊻C Rotiere Akkumulator A oder B nach rechts durch den Übertrag.
	ASL	ACX	1	X	X	X	X			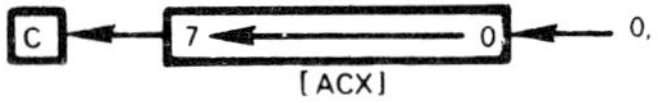 O — S⊻C Verschiebe arithmetisch nach links. Bit 0 wird auf 0 gesetzt.
	ASR	ACX	1	X	X	X	X			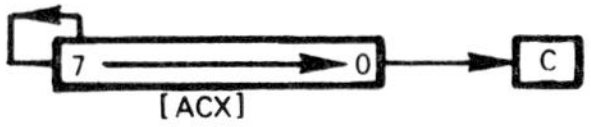 O — S⊻C Verschiebe arithmetisch nach rechts. Bit 7 bleibt unverändert.
	LSR	ACX	1	X	X	0	X			 O — S⊻C Verschiebe logisch nach rechts. Bit 7 wird auf 0 gesetzt.
	TST	ACX	1	0	X	X	0			$[ACX] - 00_{16}$ Teste Inhalt von Akkumulator A oder B auf null oder negativen Wert.
Stapel	PSH	ACX	1							[[SP]]←[ACX] [SP]←[SP] - 1 Bringe Inhalt von Akkumulator A oder B auf die Spitze des Stapels und dekrementiere Stapelzeiger.
	PUL	ACX	1							[SP]←[SP] + 1 [ACX]←[[SP]] Inkrementiere Stapelzeiger und hole Akkumulator A oder B von der Spitze des Stapels.
	RTS		1							[PC(HI)]←[[SP] + 1], [PC(LO)]←[[SP] + 2], [SP]←[SP] + 2 Kehre vom Unterprogramm zurück. Hole PC(Befehlszähler) von der Spitze des Stapels und inkrementiere Stapelzeiger.

Tabelle 3-4. Zusammenfassung des Befehlssatzes des 6800 (Fortsetzung)

TYP	MNEMONIK	OPERANDEN	BYTES	STATUS						AUSGEFÜHRTE OPERATIONEN
				C	Z	S	O	A_C	I	
Unterbrechung	CLI		1						0	I ← 0 Lösche Unterbrechungsmaske zur Freigabe von Unterbrechungen.
	SEI		1						1	I ← 1 Setze Unterbrechungsmaske zur Sperre von Unterbrechungen.
	RTI		1	X	X	X	X	X	X	[SR] ← [[SP] + 1], [B] ← [[SP] + 2], [A] ← [[SP] + 3], [X(HI)] ← [[SP] + 4], [X(LO)] ← [[SP] + 5], [PC(HI)] ← [[SP] + 6], [PC(LO)] ← [[SP] + 7], [SP] ← [SP] + 7 Kehre von Unterbrechung zurück. Hole Register vom Stapel und inkrementiere Stapelzeiger.
	SWI		1						1	[[SP]] ← [PC(LO)], [[SP]-1] ← [PC(HI)], [[SP]-2] ← [X(LO)], [[SP]-3] ← [X(HI)], [[SP]-4] ← [A], [[SP]-5] ← [B], [[SP]-6] ← [SR], [SP] ← [SP]-7, [PC(HI)] ← [$FFFA_{16}$] [PC(LO)] ← [$FFFB_{16}$] Software-Unterbrechung: Bringe Register auf den Stapel, dekrementiere Stapel-Zeiger und springe zu Unterbrechungs-Unterprogramm.

Tabelle 3-4. Zusammenfassung des Befehlssatzes des 6800 (Fortsetzung)

TYP	MNEMONIK	OPERANDEN	BYTES	STATUS						AUSGEFÜHRTE OPERATIONEN
				C	Z	S	O	A_C	I	
Unterbrechung (Fortsetzung)	WAI		1						1	[[SP]]←[PC(LO)], [[SP]-1]←[PC(HI)], [[SP]-2]←[X(LO)], [[SP]-3]←[X(HI)], [[SP]-4]←[A], [[SP]-5]←[B], [[SP]-6]←[SR], [SP]←[SP]-7 Bringe Register auf den Stapel, dekrementiere Stapelzeiger und warte auf Unterbrechung. Falls [I] = 1 wenn WAI ausgeführt wird, ist eine nicht-maskierbare Unterbrechung erforderlich, um aus dem Warte-Zustand auszutreten. Andernfalls [I]← 1, wenn die Unterbrechung auftritt.
Status	CLC		1	0						C←0 Lösche Übertrag
	SEC		1	1						C←1 Setze Übertrag
	CLV		1				0			O←0 Lösche Überlauf-Statusbit
	SEV		1				1			O←1 Setze Überlauf-Statusbit
	TAP		1	X	X	X	X	X		[SR]←[A] Transferiere Inhalt von Akkumulator A zum Status-Register.
	TPA		1							[A]←[SR] Transferiere Status-Register zum Akkumulator A.
	NOP		1							Keine Operation.

Tabelle 3-4. Zusammenfassung des Befehlssatzes des 6800 (Fortsetzung)

BEFEHLS-AUSFÜHRUNGSZEICHEN UND CODES

Tabelle 3-5 zeigt die Befehle in alphabetischer Reihenfolge, wobei Objektcodes und Ausführungszeiten in Maschinenzyklen ausgedrückt werden.

Die folgenden Codes werden in Tabelle 3-5 verwendet:

data8	Unmittelbare 8-Bit-Daten
data16	Unmittelbare 16-Bit-Daten
addr8	Direkte 8-Bit-Adresse
addr16	Erweiterte 16-Bit-Adresse
disp	8-Bit-Adressen-Versetzung ohne Vorzeichen
index	8-Bit-Adressenindex ohne Vorzeichen

Tabelle 3-5. Objektcodes des Befehlssatzes des 6800

MNEMONIK	OPERAND	ADRESSIER-ART	OBJEKT-CODE	BYTES	MASCHINEN-ZYKLUS
ABA		Inherent	1B	1	2
ADCA/ADCB	data8	Unmittelbar	89/C9	2	2
	addr8	Direkt	99/D9	2	3
	index	Erweitert	A9/E9	2	5
	addr16	Indiziert	B9/F9	3	4
ADDA/ADDB	data8	Unmittelbar	8B/CB	2	2
	addr8	Direkt	9B/DB	2	3
	index	Erweitert	AB/EB	2	5
	addr16	Indiziert	BB/FB	3	4
ANDA/ANDB	data8	Unmittelbar	84/C4	2	2
	addr8	Direkt	94/D4	2	3
	index	Erweitert	A4/E4	2	5
	addr16	Indiziert	B4/F4	3	4
ASL	index	Index	68	2	7
	addr16	Erweitert	78	3	6
ASLA/ASLB		Accum	48/58	1	2
ASR	index	Index	67	2	7
	addr16	Erweitert	77	3	6
ASRA/ASRB		Accum	47/57	1	2
BCC	disp	Rel	24	2	4
BCS	disp	Rel	25	2	4
BEQ	disp	Rel	27	2	4
BGE	disp	Rel	2C	2	4
BGT	disp	Rel	2E	2	4
BHI	disp	Rel	22	2	4
BITA/BITB	data8	Unmittelbar	85/C5	2	2
	addr8	Direkt	95/D5	2	3
	index	Indiziert	A5/E5	2	5
	addr16	Erweitert	B5/F5	3	4
BLE	disp	Rel	2F	2	4
BLS	disp	Rel	23	2	4
BLT	disp	Rel	2D	2	4
BMI	disp	Rel	2B	2	4
BNE	disp	Rel	26	2	4
BPL	disp	Rel	2A	2	4
BRA	disp	Rel	20	2	4
BSR	disp	Rel	8D	2	8
BVC	disp	Rel	28	2	4
BVS	disp	Rel	29	2	4
CBA		Inherent	11	1	2

Tabelle 3-5. Objektcodes des Befehlssatzes des 68oo

MNEMONIK	OPERAND	ADRESSIER-ART	OBJEKT-CODE	BYTES	MASCHINEN-ZYKLUS
CLC		Inherent	0C	1	2
CLI		Inherent	0E	1	2
CLR	index	Indiziert	6F	2	7
	addr16	Erweitert	7F	3	6
CLRA/CLRB		Accum	4F/5F	1	2
CLV		Inherent	0A	1	2
CMPA/CMPB	data8	Unmittelbar	81/C1	2	2
	addr8	Direkt	91/D1	2	3
	index	Indiziert	A1/E1	2	5
	addr16	Erweitert	B1/F1	3	4
COM	index	Indiziert	63	2	7
	addr16	Erweitert	73	3	6
COMA/COMB		Accum	43/53	1	2
CPX	data16	Unmittelbar	8C	3	3
	addr8	Direkt	9C	2	4
	index	Indiziert	AC	2	6
	addr16	Erweitert	BC	3	5
DAA		Inherent	19	1	2
DEC	index	Indiziert	6A	2	7
	addr16	Erweitert	7A	3	6
DECA/DECB		Accum	4A/5A	1	2
DES		Inherent	34	1	4
DEX		Inherent	09	1	4
EORA/EORB	data8	Unmittelbar	88/C8	2	2
	addr8	Direkt	98/D8	2	3
	index	Indiziert	A8/E8	2	5
	addr16	Erweitert	B8/F8	3	4
INC	index	Indiziert	6C	2	7
	addr16	Erweitert	7C	3	6
INCA/INCB		Accum	4C/5C	1	2
INS		Inherent	31	1	4
INX		Inherent	08	1	4
JMP	index	Indiziert	6E	2	4
	addr16	Erweitert	7E	3	3
JSR	index	Indiziert	AD	2	8
	addr16	Erweitert	BD	3	9
LDAA/LDAB	data8	Unmittelbar	86/C6	2	2
	addr8	Direkt	96/D6	2	3
	index	Indiziert	A6/E6	2	5
	addr16	Erweitert	B6/F6	3	4
LDS	data16	Unmittelbar	8E	3	3
	addr8	Direkt	9E	2	4
	index	Indiziert	AE	2	6
	addr16	Erweitert	BE	3	5
LDX	data16	Unmittelbar	CE	3	3
	addr8	Direkt	DE	2	4
	index	Indiziert	EE	2	6
	addr16	Erweitert	FE	3	5
LSR	index	Indiziert	64	2	7
	addr16	Erweitert	74	3	6

Tabelle 3-5. Objektcodes des Befehlssatzes des 6800

MNEMONIK	OPERAND	ADRESSIER-ART	OBJEKT-CODE	BYTES	MASCHINEN-ZYKLUS
LSRA/LSRB		Accum	44/54	1	2
NEG	index	Indiziert	60	2	7
	addr16	Erweitert	70	3	6
NEGA/NEGB		Accum	40/50	1	2
NOP		Inherent	01	1	2
ORAA/ORAB	data8	Unmittelbar	8A/CA	2	2
	addr8	Direkt	9A/DA	2	3
	index	Indiziert	AA/EA	2	5
	addr16	Erweitert	BA/FA	3	4
PSHA/PSHB		Accum	36/37	1	4
PULA/PULB		Accum	32/33	1	4
ROL	index	Index	69	2	7
	addr16	Erweitert	79	3	6
ROLA/ROLB		Accum	49/59	1	2
ROR	index	Indiziert	66	2	7
	addr16	Erweitert	76	3	6
RORA/RORB		Accum	46/56	1	2
RTI		Inherent	3B	1	10
RTS		Inherent	39	1	5
SBA		Inherent	10	1	2
SBCA/SBCB	data8	Unmittelbar	82/C2	2	2
	addr8	Direkt	92/D2	2	3
	index	Indiziert	A2/E2	2	5
	addr16	Erweitert	B2/F2	3	4
SEC		Inherent	0D	1	2
SEI		Inherent	0F	1	2
SEV		Inherent	0B	1	2
STAA/STAB	addr8	Direkt	97/D7	2	4
	index	Indiziert	A7/E7	2	6
	addr16	Erweitert	B7/F7	3	5
STS	addr8	Direkt	9F	2	5
	index	Indiziert	AF	2	7
	addr16	Erweitert	BF	3	6
STX	addr8	Direkt	DF	2	5
	index	Indiziert	EF	2	7
	addr16	Erweitert	FF	3	6
SUBA/SUBB	data8	Unmittelbar	80/C0	2	2
	addr8	Direkt	90/D0	2	3
	index	Indiziert	A0/E0	2	5
	addr16	Erweitert	B0/F0	3	4
SWI		Inherent	3F	1	12
TAB		Inherent	16	1	2
TAP		Inherent	06	1	2
TBA		Inherent	17	1	2
TPA		Inherent	07	1	2
TST	index	Indiziert	6D	2	7
	addr16	Erweitert	7D	3	6
TSTA/TSTB		Accum	4D/5D	1	2
TSX		Inherent	30	1	4
TXS		Inherent	35	1	4
WAI		Inherent	3E	1	9

ABA – ADD ACCUMULATOR B TO ACCUMULATOR A
(Addiere Akkumulator B zu Akkumulator A)

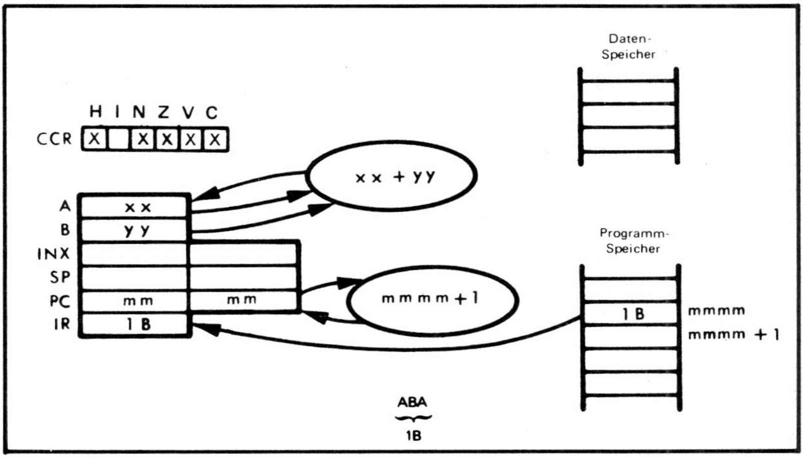

Addiere den Inhalt des Akkumulators B zum Inhalt des Akkumulators A. Speichere das Resultat in Akkumulator A. Wenn xx = $B4_{16}$ und yy = $2D_{16}$, dann wird nach Ausführung des Befehls

ABA

der Akkumulator A den Wert $E1_{16}$ enthalten.

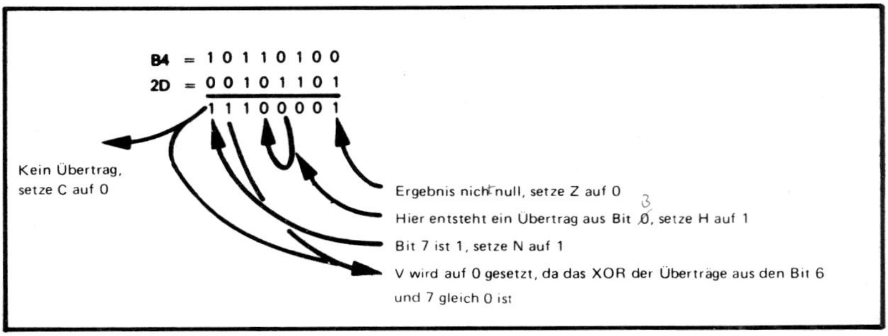

Es handelt sich um einen routinemäßigen Befehl zur Datenmanipulation.

ADC – ADD MEMORY, WITH CARRY, TO ACCUMULATOR A OR B
(Addiere, mit Übertrag, zum Akkumulator A oder B)

Dieser Befehl verwendet vier Arten der Adressierung für den Speicher und gestattet die Addition des Inhalts des Datenspeichers und des Übertrags-Status zum Akkumulator A oder B. Die vier Möglichkeiten zur Adressierung des Speichers sind:

1) Unmittelbar

2) Direkt

3) Erweitert

4) Indiziert

Das erste Byte des Objektcodes bestimmt, welche Adressiermöglichkeit gewählt wurde:

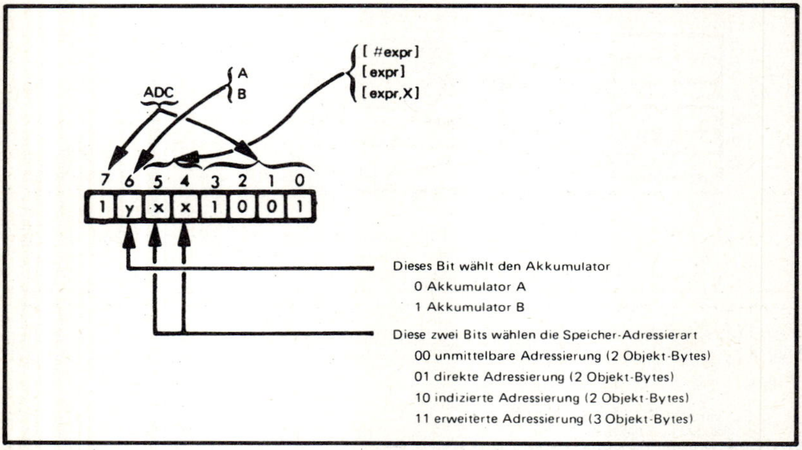

Als erstes werde eine Addition mit Übertrag unter Verwendung unmittelbarer Daten betrachtet:

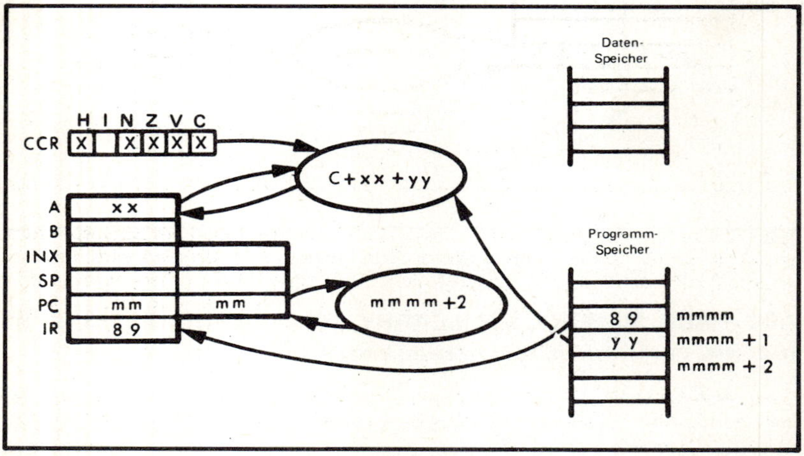

Addiere zum Akkumulator A (ausgewählt durch Bit 6 des Byte im Befehlsregister) den Inhalt des nächsten Programmspeicher-Bytes (Adressier-Art ausgewählt durch die Bits 5 und 4 des Byte im Befehlsregister) und den Übertrags-Status. Angenommen xx = $3A_{16}$, yy = $7C_{16}$, C = 1. Nach Ausführung des Befehls:

ADC A #$7C

befindet sich $B7_{16}$ im Akkumulator:

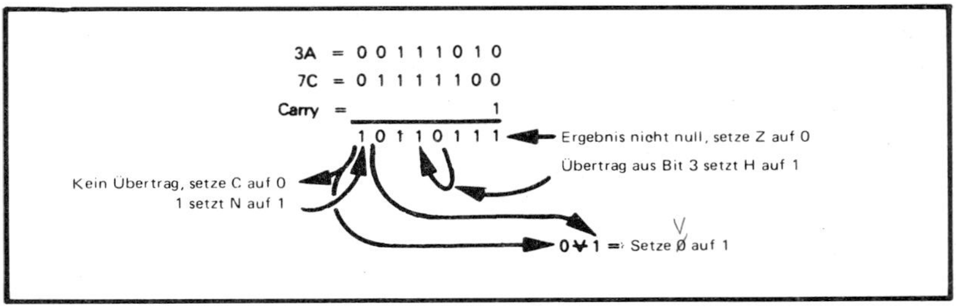

Nun betrachten wir eine Addition unter Verwendung der direkten Speicher-Adressierung:

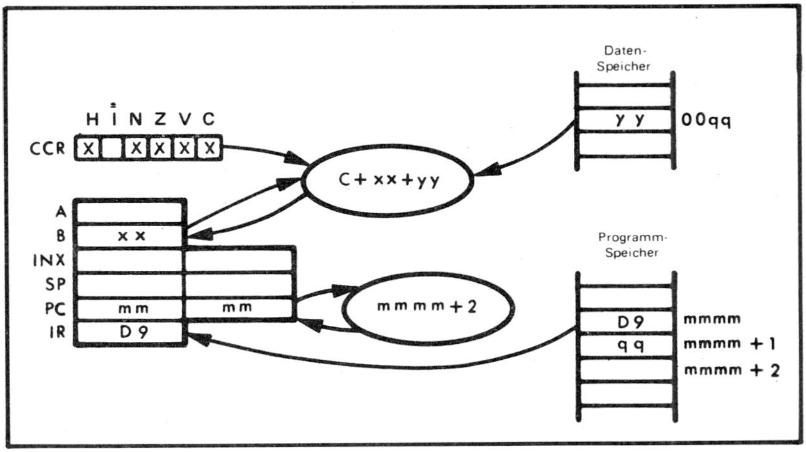

Addiere zum Akkumulator B den Übertrags-Status und den Inhalt des Datenspeichers, der durch das nächste Programmspeicher-Byte (mmmm + 1) adressiert wird. Es ist zu beachten, daß das nächste Programmspeicher-Byte das Datenspeicher-Bytes im Bereich $0_{10} \leqslant qq \leqslant 255_{10}$ adressieren wird. Wenn xx = $3A_{16}$, qq = $1F_{16}$, yy = $7C_{16}$ und C = 1, dann ergibt die Ausführung des Befehls:

ADC B $1F

das gleiche Ergebnis wie die Ausführung des vorhergehend beschriebenen Befehls ADC A #$7C, mit der Ausnahme, daß das Ergebnis im Akkumulator B anstatt im Akkumulator A gespeichert wird.

Addition mit Übertrag unter Verwendung der erweiterten Adressierung arbeitet in ähnlicher Weise wie die direkte Adressierung:

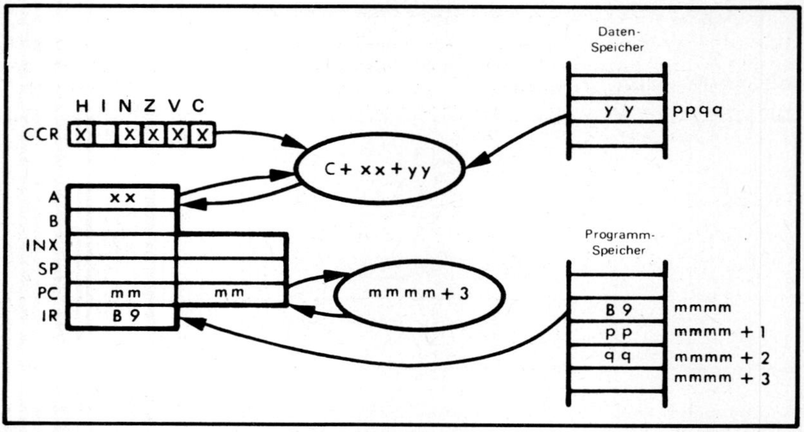

Addiere zum Akkumulator A den Übertrags-Status und den Inhalt des Datenspeichers, der durch die nächsten beiden Programmspeicher-Bytes adressiert wird (hochwertiges Adressenbyte im zweiten Objektcode-Byte, mmmm + 1, und das niederwertige Adressenbyte im dritten Objektcode-Byte, mmmm + 2). Es ist zu beachten, daß die beiden Programmbytes Datenspeicher-Bytes im Bereich $0 \leqslant ppqq \leqslant 65.355_{10}$ adressieren können. Wenn $xx = 3A_{16}$, $pp = 50_{16}$, $qq = 23_{16}$, $yy = 7C_{16}$ und C = 1, dann ergibt die Ausführung des Befehls:

ADC A $5023

das gleiche Ergebnis wie bei der Ausführung des Befehls ADC A #$7C, der oben beschrieben wurde.

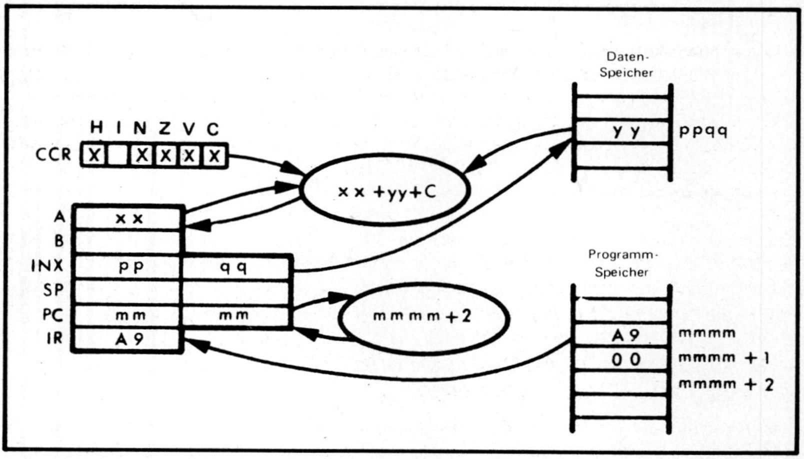

Die indizierte Adressierung besitzt zwei unterschiedliche Formen. Indizierte Adressierung ohne Versetzung, ähnlich der implizierten Adressierung, wie sie in "Einführung in die Mikrocomputer-Technik" beschrieben ist, und die den Inhalt des Indexregisters zur Ermittlung der gewünschten Speicheradresse verwendet.

Addiere zum Akkumulator A den Übertrags-Status und den Inhalt des Daten-Speicherplatzes, der durch das Indexregister adressiert wird. Es ist zu beachten, daß das Indexregister Datenspeicher-Bytes im Bereich von $0 \leqslant ppqq \leqslant 65.355$ adressieren kann. Wenn $xx = 3A_{16}$, ppqq (der Inhalt von INX) = 5023_{16}, $yy = 76_{16}$ und $C = 1$, dann ergibt die Ausführung des Befehls:

ADC A X

das gleiche Ergebnis wie ADC A $5023, der oben beschrieben wurde.

Indizierte Adressierung mit Versetzung gestattet eine Versetzung durch das Byte, das dem Befehl folgt und zum Inhalt des Indexregisters zu addieren ist:

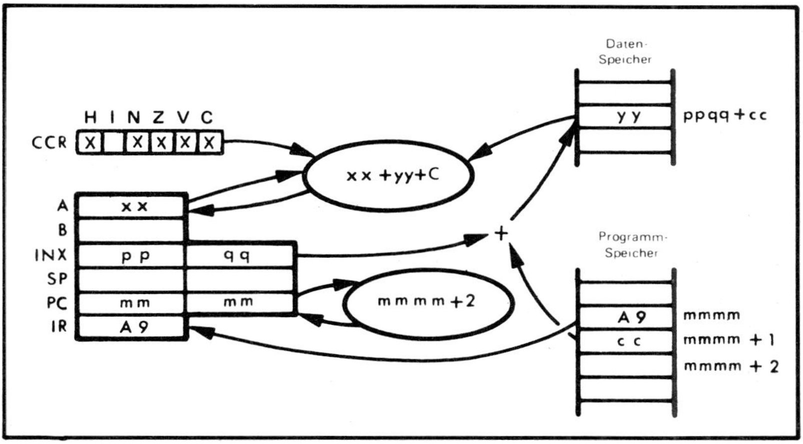

Addiere zum Akkumulator A den Inhalt des Speicherplatzes, der durch die Summe des Indexregisters und den Programmspeicher-Bytes, das dem Befehlscode folgt, adressiert wird (es ist zu beachten, daß im vorhergehenden Beispiel mmmm + 1 gleich 0 war) und den Übertrags-Status. Der Wert in mmmm + 1 wurde als eine ganze 8-Bit-Zahl ohne Vorzeichen behandelt, wenn die Addition mit dem Indexregister ausgeführt wird. Wenn $xx = 3A_{16}$, $ppqq = 500D_{16}$, $cc = 16_{16}$, $yy = 76_{16}$ und $C = 1$, dann ergibt der Befehl:

ADC A $16,X

das gleiche Ergebnis wie der Befehl ADC A $5023 der vorher besprochen wurde.

Der ADC-Befehl wird am häufigsten in Multibyte-Additionen verwendet, um den Übertrag in die Addition des zweiten und der darauf folgenden Bytes einzuschließen.

ADD – ADD MEMORY TO ACCUMULATOR (Addiere Speicher zum Akkumulator)

Dieser Befehl addiert den Inhalt eines Speicherplatzes zum Akkumulator A oder B. Dieser Befehl bietet die gleichen Adressier-Möglichkeiten wie der ADC-Befehl und wird unter Verwendung der direkten Adressierung gezeigt. Für die anderen verfügbaren Adressier-Arten siehe ADC-Befehl.

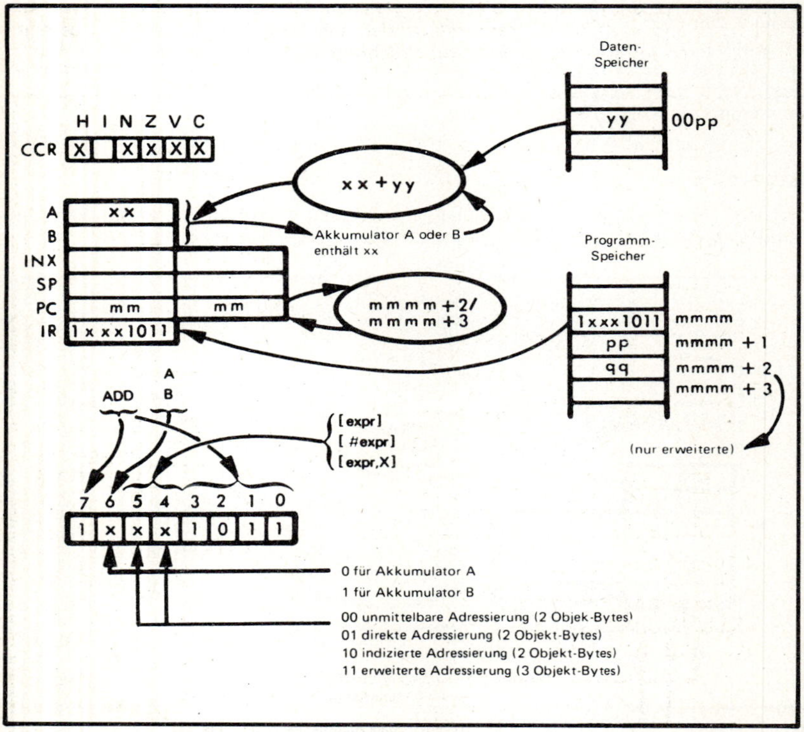

Addiere zum gewählten Akkumulator den Inhalt des ausgewählten Speicherbytes. Angenommen xx = 24_{16}, yy = $8B_{16}$, pp = 43_{16} und C = 1. Nachdem der Befehl:

ADD A $43

ausgeführt wurde, wird der Akkumulator A den Wert AF_{16} enthalten:

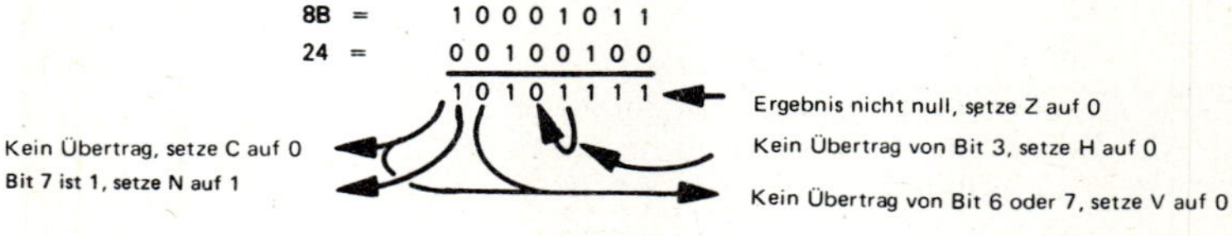

ADD ist der binäre Additionsbefehl, der bei normalen Ein-Byte-Operationen verwendet wird. Er ist auch der Befehl, der zur Addition der niederwertigen Bytes von zwei Multibyte-Zahlen verwendet wird.

AND – AND MEMORY WITH ACCUMULATOR
(UNDiere Speicher mit Akkumulator)

Dieser Befehl UNDiert den Inhalt eines Speicherplatzes mit dem Inhalt des Akkumulators A oder B. Dieser Befehl bietet die gleichen Adressier-Möglichkeiten wie der ADC-Befehl und wird unter Verwendung der unmittelbaren Adressierung gezeigt. Für die anderen Adressier-Arten siehe die Beschreibung des ADC-Befehls.

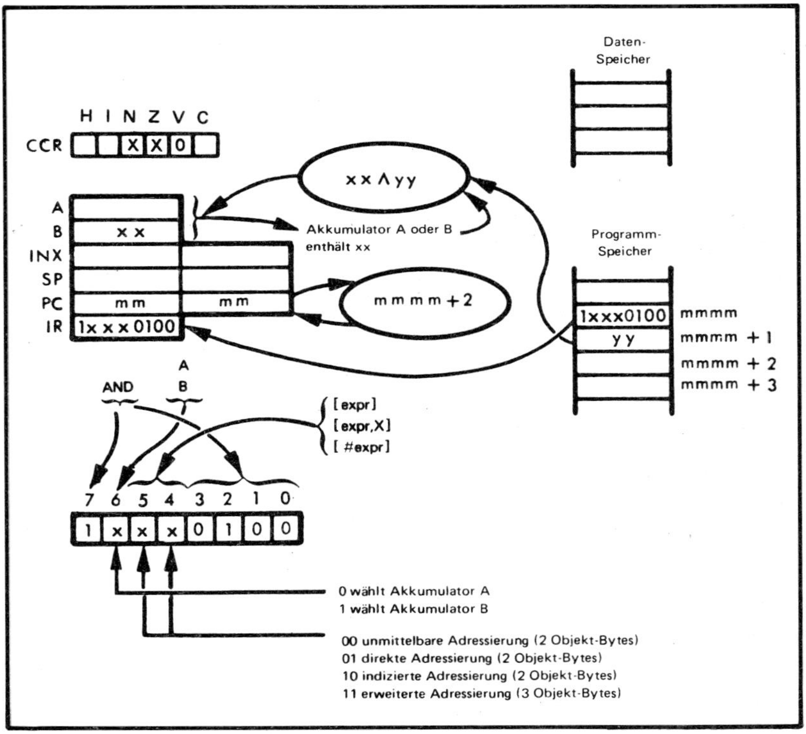

UNDiere den Inhalt des ausgewählten Speicherbytes mit dem ausgewählten Akkumulator und speichere das Ergebnis in den ausgewählten Akkumulator. Angenommen xx = FC_{16} und yy = 13_{16}. Nach der Ausführung des Befehls:

```
AND B     #$13
```

wird der Akkumulator B den Wert 10_{16} enthalten:

```
FC =   1 1 1 1 1 1 0 0
13 =   0 0 0 1 0 0 1 1
       ---------------
       0 0 0 1 0 0 0 0  <-- Ergebnis nicht null, setze Z auf 0

0 in Bit 7 setzt N auf 0          V wird auf 0 gelöscht
```

AND ist ein häufig verwendeter logischer Befehl.

ASL – SHIFT ACCUMULATOR OR MEMORY BYTE LEFT
(Schiebe Akkumulator oder Speicherbyte nach links)

Führe eine arithmetische Links-Verschiebung um 1 Bit des Inhalts von Akkumulator A oder B oder des Inhalts des gewählten Speicherbytes aus.

Zunächst betrachten wir die Verschiebung des Inhalts eines Akkumulators:

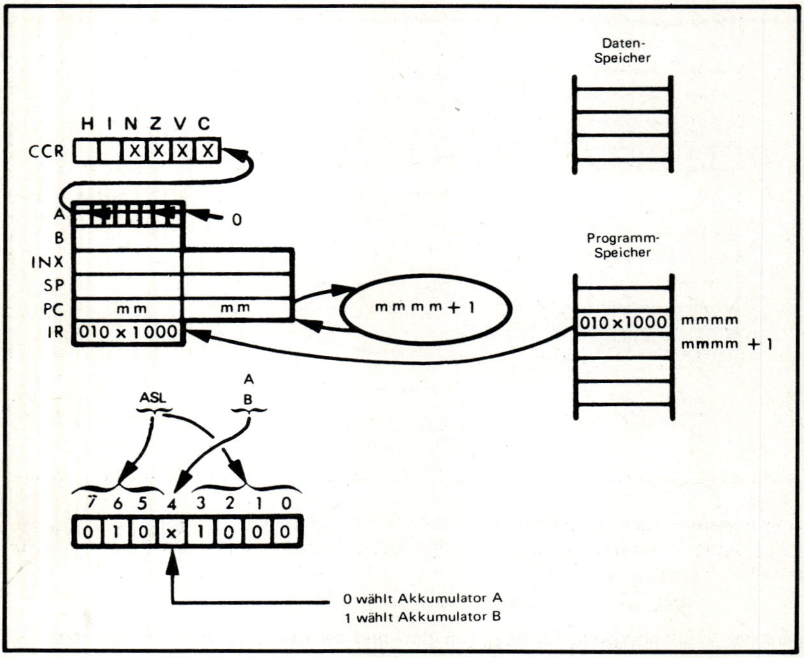

Angenommen, Akkumulator A enthält $7A_{16}$. Die Ausführung eines Befehls:

ASL A

wird den Übertrags-Status auf 0, den Negativ-Status auf 1, den Überlauf-Status auf 1, den Null-Status auf 0 setzen und $F4_{16}$ in den Akkumulator speichern:

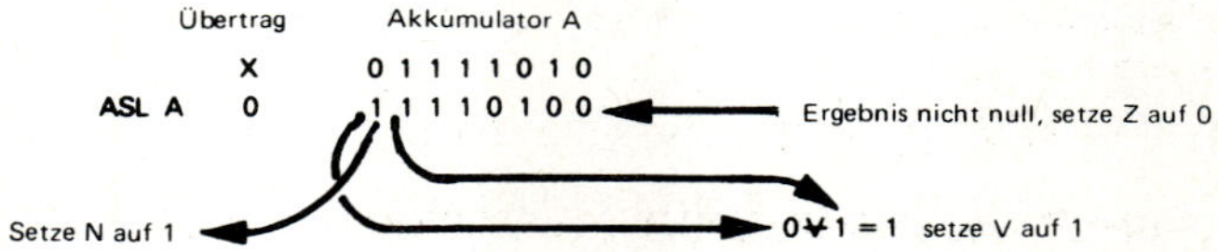

Der ASL-Befehl verwendet zwei Möglichkeiten der Datenspeicher-Adressierung:

1) Erweitert
2) Indiziert

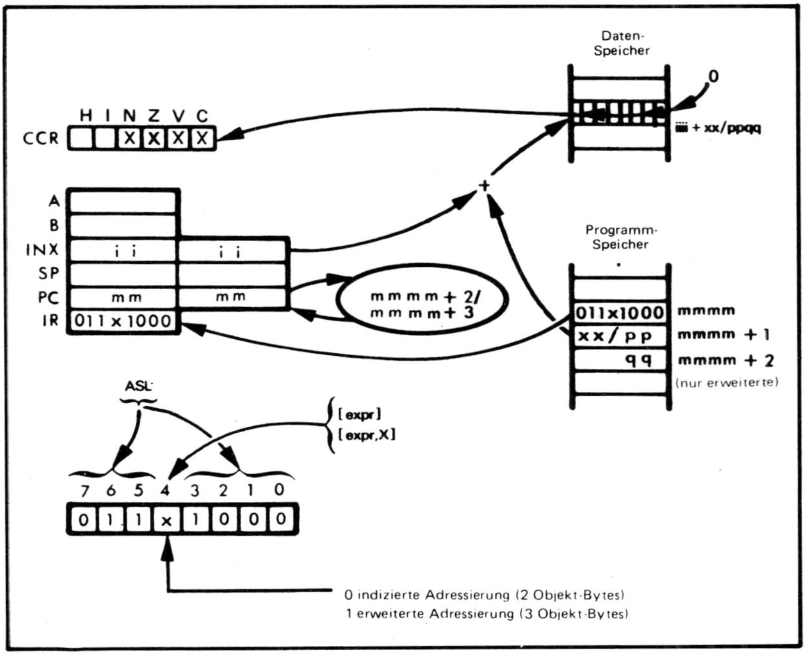

Angenommen, es wird eine indizierte Adressierung verwendet, iiii = $3F3C_{16}$, xx = $4A_{16}$, ppqq = $3F86_{16}$ und der Inhalt von ppqq ist CB_{16}. Nach der Ausführung eines Befehls:

ASL $4A,X

wird der Inhalt von ppqq auf 96_{16} geändert und der Übertrag wird auf 1 gesetzt:

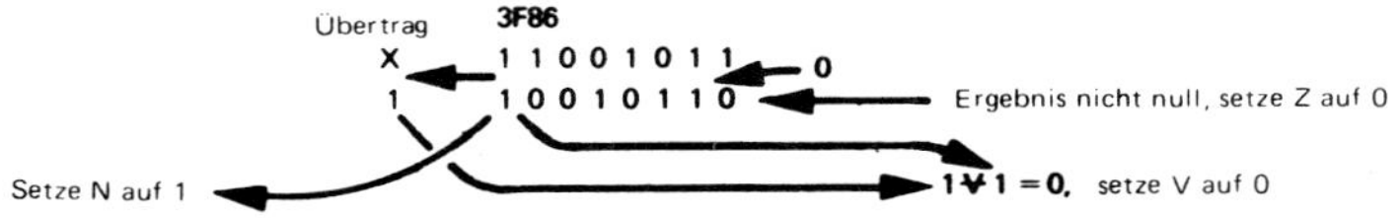

Der ASL-Befehl wird häufig in Multiplikations-Routinen und als Standard-Logikbefehl verwendet. Man beachte, daß ein einzelner ASL-Befehl seinen Operanden mit 2 multipliziert.

ASR – SHIFT ACCUMULATOR OR MEMORY BYTE RIGHT
(Verschiebe Akkumulator oder Speicherbyte nach rechts)

Führe eine arithmetische Rechts-Verschiebung um 1 Bit des Inhalts des Akkumulators A oder B oder des Inhalts eines ausgewählten Speicherbytes aus.

Zunächst betrachten wir eine Rechts-Verschiebung des Inhalts eines Akkumulators:

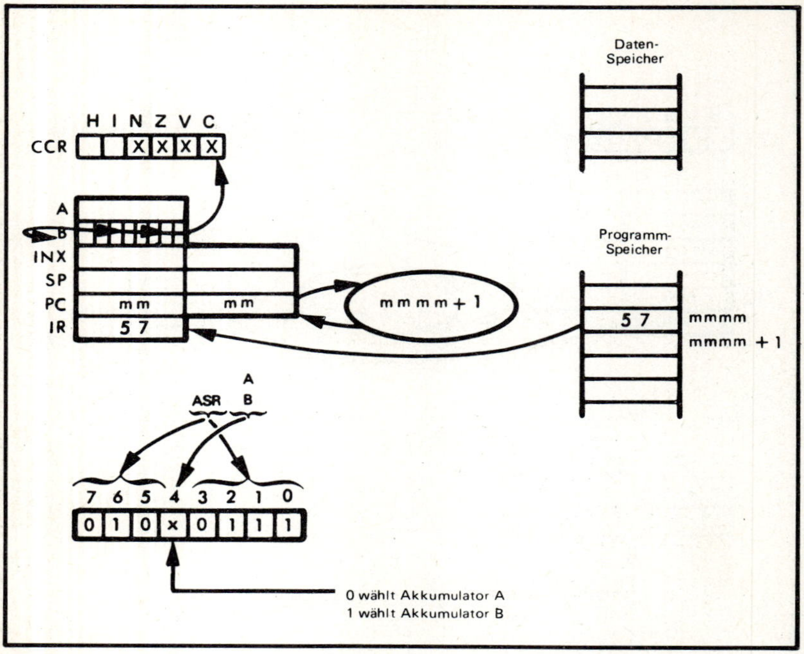

Angenommen, Akkumulator B enthält $7A_{16}$. Die Ausführung eines Befehls:

AS ASR B

wird den Übertrag auf 0, das Negativ-Bit auf 0, das Überlauf-Bit auf 0, das Null-Bit auf 0 setzen und $3D_{16}$ in den Akkumulator B speichern:

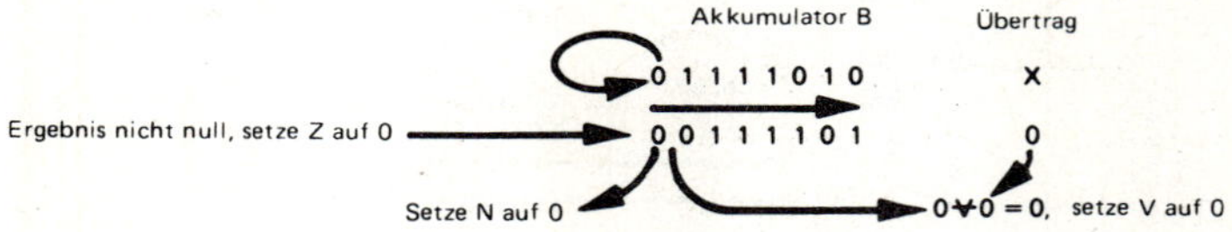

Der ASR-Befehl verwendet zwei Speicher-Adressiermöglichkeiten:

1) Erweitert
2) Indiziert

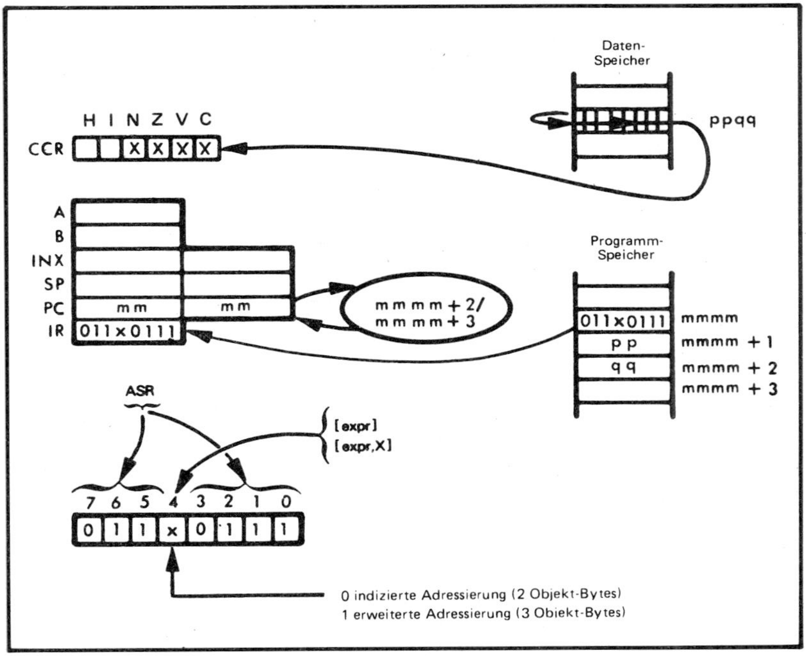

Angenommen, es wird eine erweiterte Adressierung verwendet, wobei pp = 01_{16}, qq = 34_{16} und der Inhalt von 0134_{16} ist CB_{16}. Die Ausführung eines Befehls:

ASR $0134

wird den Inhalt des Speicherplatzes 0134_{16} auf $E5_{16}$ ändern:

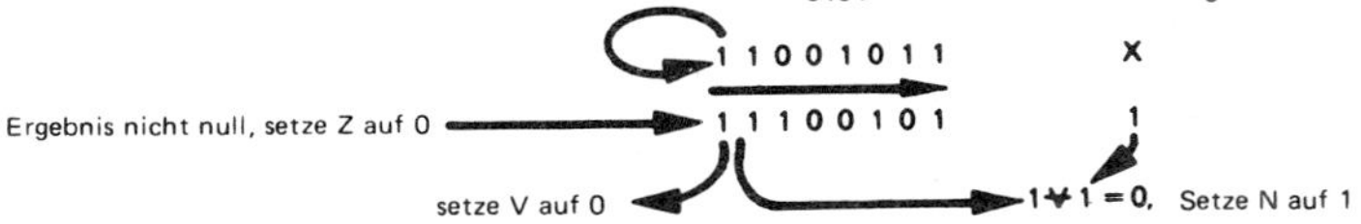

ASR wird häufig in Divisions-Routinen verwendet.

BCC – BRANCH IF CARRY CLEAR
(Verzweige, wenn kein Übertrag)

BCC
24

Dieser Befehl ist identisch mit dem BRA-Befehl, mit der Ausnahme, daß die Verzweigung nur durchgeführt wird, wenn der Übertrags-Status gleich 0 ist, andernfalls wird der nächste Befehl ausgeführt.

In der folgenden Befehls-Sequenz:

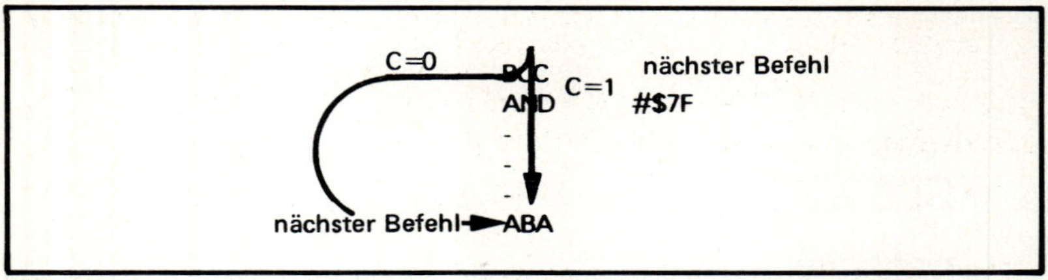

wird nach dem BCC-Befehl der ABA-Befehl ausgeführt, wenn der Übertrags-Status gleich 0 ist. Der AND-Befehl wird ausgeführt, wenn der Übertrags-Status gleich 1 ist.

BCS – BRANCH IF CARRY SET (Verzweige, wenn Übertrag gesetzt)

BCS
25

Dieser Befehl ist identisch mit dem BRA-Befehl, mit der Ausnahme, daß die Verzweigung nur ausgeführt wird, wenn der Übertrags-Status gleich 1 ist, andernfalls wird der nächste Befehl ausgeführt.

In der folgenden Befehls-Sequenz:

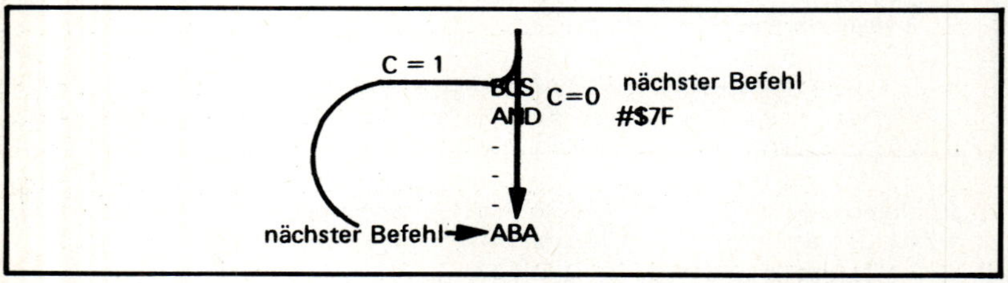

wird nach dem BCS-Befehl der ABA-Befehl ausgeführt, wenn der Übertrags-Status gleich 1 ist. Der AND-Befehl wird ausgeführt, wenn der Übertrags-Status gleich 0 ist.

BEQ – BRANCH IF EQUAL (Verzweige, wenn gleich)

BEQ
27

Dieser Befehl ist identisch mit dem BRA-Befehl, mit der Ausnahme, daß die Verzweigung nur ausgeführt wird, wenn der Null-Status gleich 1 ist. Andernfalls wird der nächste Befehl ausgeführt.

In der folgenden Befehls-Sequenz:

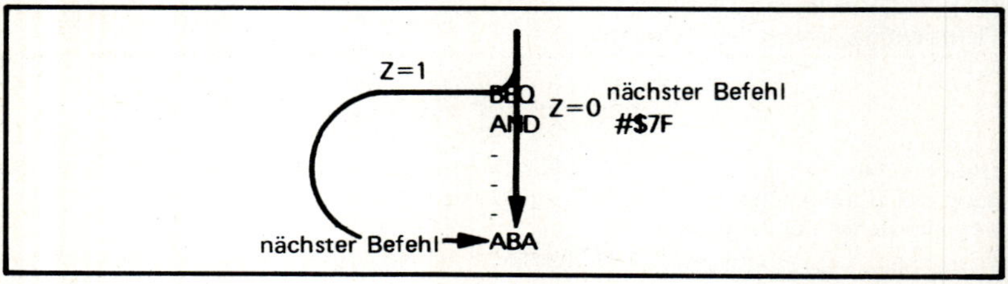

wird nach dem BEQ-Befehl der ABA-Befehl ausgeführt, wenn der Null-Status gleich 1 ist. Der AND-Befehl wird ausgeführt, wenn der Null-Status gleich 0 ist.

BGE – BRANCH IF GREATER THAN OR EQUAL TO ZERO
(Verzweige, wenn größer oder gleich Null)

BGE
2C

Dieser Befehl ist identisch mit dem BRA-Befehl, mit der Ausnahme, daß die Verzweigung nur ausgeführt wird, wenn das Exklusiv-ODER des Negativ-Bits und des Überlauf-Status gleich 0 ist. D.h., Negativ-Bit und Überlauf sind beide 1 oder Negativ und Überlauf sind beide 0. Andernfalls wird der nächste Befehl ausgeführt.

In der folgenden Befehls-Sequenz:

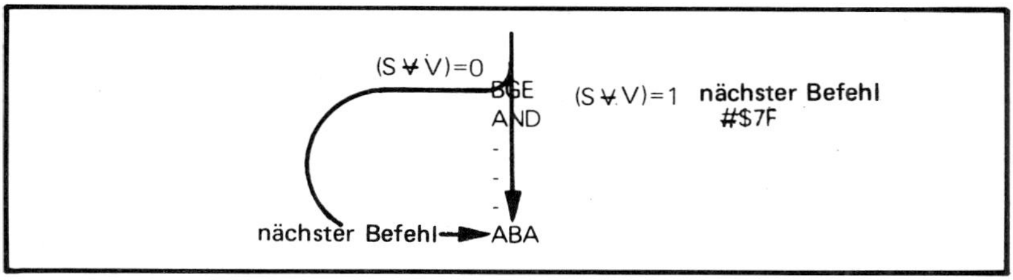

wird nach dem BGE-Befehl der ABA-Befehl ausgeführt, wenn das Negativ-Bit und der Überlauf-Status beide 1 sind, oder wenn beide 0 sind. Der AND-Befehl wird ausgeführt, wenn das Negativ-Bit nicht gleich dem Überlauf-Status ist.

Dieser Befehl wird zur Ausführung einer Zweierkomplement-Verzweigung "größer oder gleich" verwendet.

BGT – BRANCH IF GREATER THAN ZERO
(Verzweige, wenn größer als Null)

BGT
2E

Dieser Befehl ist identisch mit dem BRA-Befehl, mit der Ausnahme, daß die Verzweigung nur ausgeführt wird, wenn eine der beiden folgenden Bedingungen erfüllt ist:

1) Der Null-Status ist 0 und der Negativ- und Überlauf-Status ist 0.

2) Der Null-Status ist 0 und der Negativ- und Überlauf-Status ist 1.

Andernfalls wird der nächste Befehl ausgeführt.

In der folgenen Befehls-Sequenz:

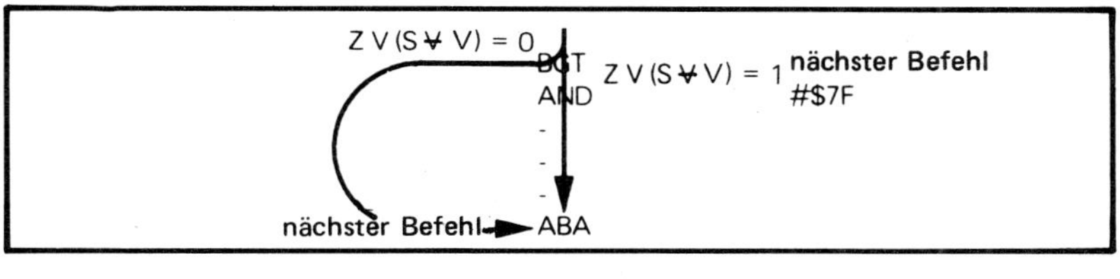

wird nach dem BGT-Befehl der ABA-Befehl ausgeführt, wenn das Nullflag 0 ist und das Exklusiv-ODER des Negativ- und Überlauf-Status 0 ist. In allen anderen Fällen wird der AND-Befehl ausgeführt.

Dieser Befehl wird zur Ausführung einer Zweierkomplement-Verzweigung "größer als" verwendet.

BHI – BRANCH IF HIGHER
(Verzweige, wenn größer)

BHI
22

Dieser Befehl ist identisch mit dem BRA-Befehl, mit der Ausnahme, daß er nur ausgeführt wird, wenn der Null-Status und der Übertrags-Status 0 ist. Andernfalls wird der nächste Befehl ausgeführt.

In der folgenden Befehls-Sequenz:

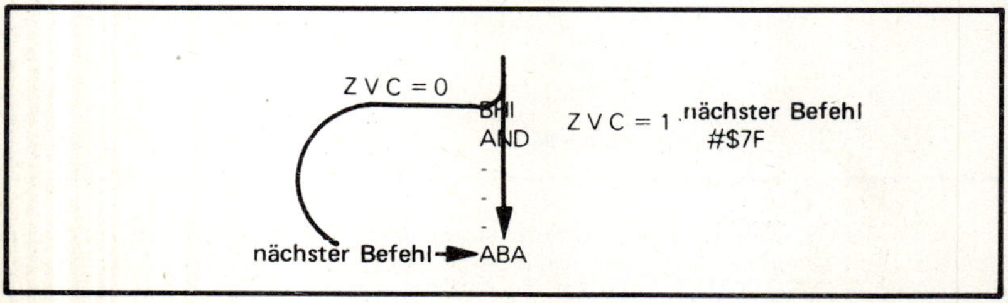

wird nach Ausführung des BHI-Befehls der ABA-Befehl ausgeführt, wenn der Null- und Übertrags-Status 0 ist. Der AND-Befehl wird ausgeführt, wenn entweder der Null- oder der Übertrags-Status 1 ist, oder sowohl der Null- wie der Übertrags-Status 1 ist.

Dieser Befehl ermöglicht eine Verzweigung bei "größer als" ohne Vorzeichen. Vergleichen Sie diesen Befehl mit dem BGT-Befehl.

BIT – BIT TEST
(Teste Bits)

Dieser Befehl UNDiert den Inhalt des Akkumulators A oder B mit dem Inhalt eines ausgewählten Speicherplatzes, setzt die Bedingungs-Flags entsprechend, ändert jedoch nicht den Inhalt des Akkumulators oder Speicher-Bytes. Dieser Befehl bietet die gleichen Speicher-Adressiermöglichkeiten wie der ADC-Befehl. Dieser Befehl wird unter Verwendung der erweiterten Adressierung gezeigt. Betrachten Sie den ADC-Befehl für die anderen verfügbaren Verfahren.

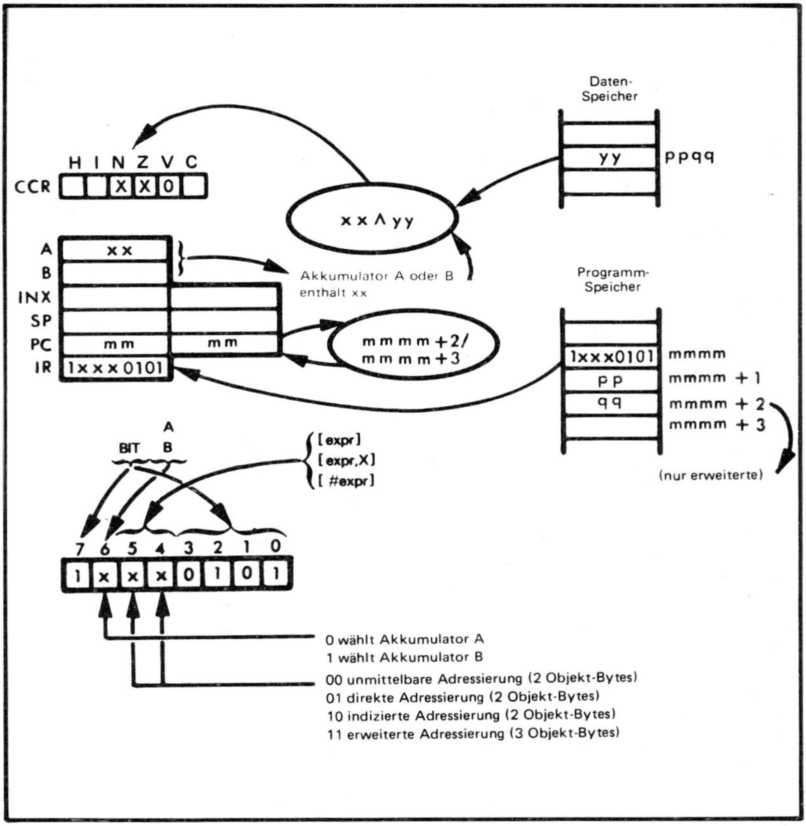

UNDiere den Inhalt des spezifizierten Akkumulators mit dem Inhalt des gewählten Speicherplatzes und setze das Negativ- und Null-Bedingungsflag entsprechend. Es sei angenommen xx = $A6_{16}$, yy = $E0_{16}$ und ppqq = 1641_{16}. Nachdem der Befehl:

BIT A $1641

ausgeführt wurde, wird der Akkumulator A noch immer $A6_{16}$ enthalten, der Speicherplatz ppqq wird noch $E0_{16}$ enthalten, jedoch die Status werden wie folgt modifiziert sein:

```
A6 = 1 0 1 0 0 1 1 0
E0 = 1 1 1 0 0 0 0 0
     ---------------
     1 0 1 0 0 0 0 0  <-- Ergebnis nicht null, setze Z auf 0
```

Setze N auf 1

V wird durch einen BIT-Befehl immer gelöscht

BIT-Befehle gehen häufig bedingten Verzweigungsbefehlen voraus. BIT-Befehle werden auch zur Ausführung von Maskier-Funktionen an Daten verwendet.

BLE – BRANCH IF LESS THAN OR EQUAL TO ZERO
(Verzweige, wenn kleiner oder gleich Null)

$$\underbrace{\text{BLE}}_{\text{2F}}$$

Dieser Befehl ist identisch mit dem BRA-Befehl, mit der Ausnahme, daß die Verzweigung nur ausgeführt wird, wenn eine oder mehrere der drei folgenden Bedingungen existieren:

1) Der Null-Status ist 1.
2) Der Überlauf-Status ist 1 und der Negativ-Status ist 0.
3) Der Überlauf-Status ist 0 und der Negativ-Status ist 1.

Andernfalls wird der nächste Befehl ausgeführt.

In der folgenden Befehls-Sequenz:

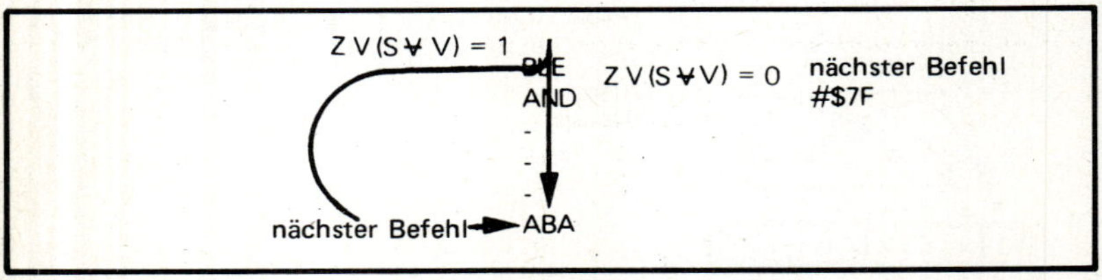

wird nach dem BLE-Befehl der ABA-Befehl ausgeführt, wenn der Null-Status 1 ist, oder das Exklusiv-ODER des Negativ- und Überlauf-Status 1 ist. Der AND-Befehl wird ausgeführt, wenn der Null-Status 0 ist und das Exklusiv-ODER des Negativ- und Überlauf-Status 0 ist.

Dieser Befehl ermöglicht dem Programmierer eine Zweierkomplement-Verzweigung "kleiner oder gleich".

BLS – BRANCH IF LOWER OR SAME
(Verzweige, wenn kleiner oder gleich)

$$\underbrace{\text{BLS}}_{\text{23}}$$

Dieser Befehl ist identisch mit dem BRA-Befehl, mit der Ausnahme, daß die Verzweigung nur ausgeführt wird, wenn entweder der Übertrags- oder Null-Status gesetzt ist. Andernfalls wird der nächste Befehl ausgeführt.

In der folgenden Befehls-Sequenz:

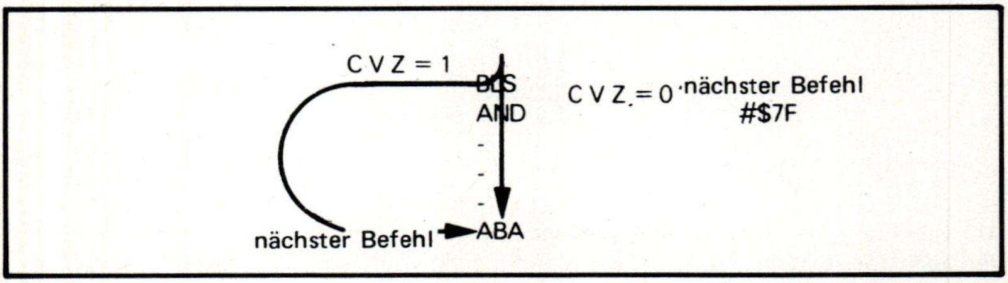

wird nach dem BLS-Befehl der ABA-Befehl ausgeführt, wenn der Übertrags- oder Null-Status gleich 1 ist. Der AND-Befehl wird ausgeführt, wenn sowohl der Übertrags- wie der Null-Status 0 ist.

Dieser Befehl ist nützlich als eine Verzweigung ohne Vorzeichen bei "kleiner oder gleich". Vergleichen Sie diesen Befehl mit dem BLE-Befehl, der eine Zweierkomplement-Verzweigung bei "kleiner oder gleich" ergibt.

BLT – BRANCH IF LESS THAN ZERO
(Verzweige, wenn kleiner als Null)

BLT
2D

Dieser Befehl ist identisch mit dem BRA-Befehl, mit der Ausnahme, daß die Verzweigung nur ausgeführt wird, wenn das Exklusiv-ODER des Negativ- und Überlauf-Status 1 ist. Andernfalls wird der nächste Befehl ausgeführt.

In der folgenden Befehls-Sequenz:

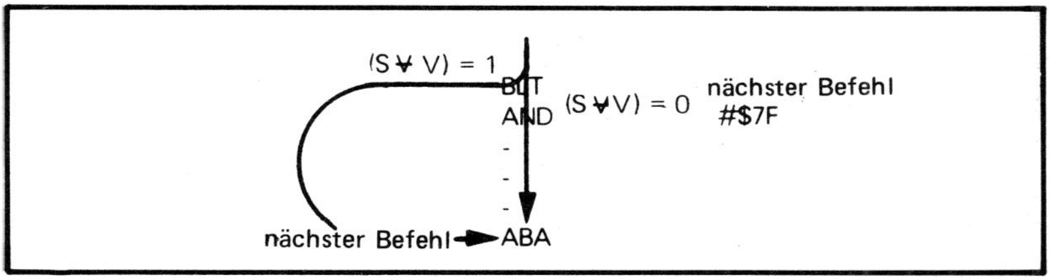

wird nach dem BLT-Befehl der ABA-Befehl ausgeführt, wenn der Negativ- und Überlauf-Status nicht gleich ist. Der AND-Befehl wird ausgeführt, wenn der Negativ- und Überlauf-Status gleich ist.

Dieser Befehl ermöglicht eine Zweierkomplement-Verzweigung bei "kleiner als".

BMI – BRANCH IF MINUS
(Verzweige, wenn Minus)

BMI
2B

Dieser Befehl ist identisch mit dem BRA-Befehl, mit der Ausnahme, daß die Verzweigung nur ausgeführt wird, wenn der Negativ-Status 1 ist. Andernfalls wird der nächste Befehl ausgeführt.

In der folgenden Befehls-Sequenz:

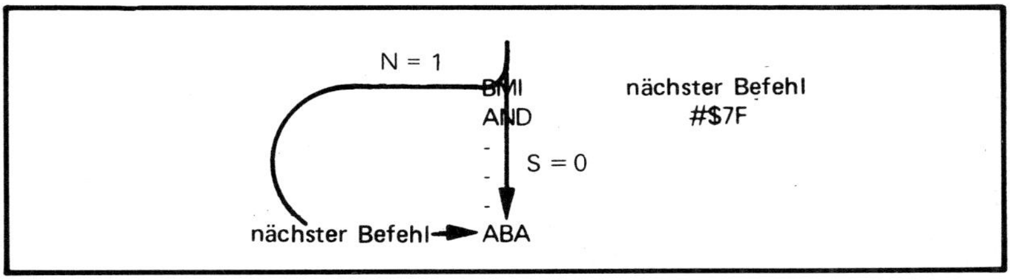

wird nach dem BMI-Befehl der ABA-Befehl ausgeführt, wenn der Negativ-Status 1 ist. Der AND-Befehl wird ausgeführt, wenn der Negativ-Status 0 ist.

BNE – BRANCH IF NOT EQUAL
(Verzweige, wenn nicht gleich)

BNE
26

Dieser Befehl ist identisch mit dem BRA-Befehl, mit der Ausnahme, daß die Verzweigung nur durchgeführt wird, wenn der Null-Status 0 ist. Andernfalls wird der nächste Befehl ausgeführt.

In der folgenden Befehls-Sequenz:

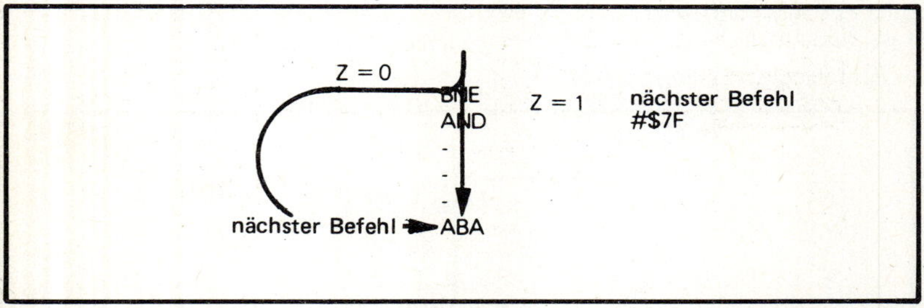

wird nach dem BNE-Befehl der ABA-Befehl ausgeführt, wenn der Null-Status 0 ist. Der AND-Befehl wird ausgeführt, wenn der Null-Status 1 ist.

BPL – BRANCH IF PLUS
(Verzweige, wenn Plus)

BPL
2A

Dieser Befehl ist identisch mit dem BRA-Befehl, mit der Ausnahme, daß die Verzweigung nur ausgeführt wird, wenn der Negativ-Status 0 ist. Andernfalls wird der nächste Befehl ausgeführt.

In der folgenden Befehls-Sequenz:

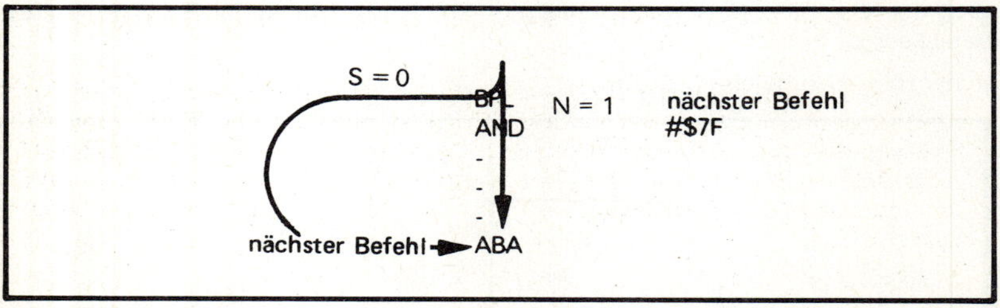

wird nach dem BPL-Befehl der ABA-Befehl ausgeführt, wenn der Negativ-Status 0 ist. Der AND-Befehl wird ausgeführt, wenn der Negativ-Status 1 ist.

BRA – BRANCH TO THE INSTRUCTION IDENTIFIED IN THE OPERAND
(Verzweige zum Befehl, der im Operanden identifiziert wird)

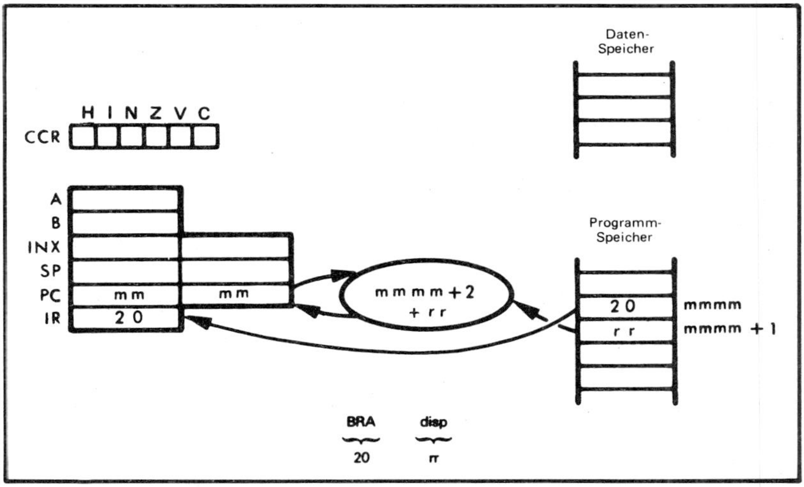

Dieser Befehl addiert den Inhalt des zweiten Objektcode-Bytes (genommen als 8-Bit-Versetzung mit Vorzeichen) zum Inhalt des Befehlszählers plus 2. Dies wird die Speicheradresse für den nächsten auszuführenden Befehl. Der vorausgehende Inhalt des Befehlszählers geht verloren.

In der folgenden Befehls-Sequenz:

```
        BRA     NEXT
        AND     #$7F
        -
        -
        -
NEXT    ABA
```

wird nach dem BRA-Befehl der ABA-Befehl ausgeführt. Der AND-Befehl wird niemals ausgeführt, außer ein Verzweigungs- oder Sprungbefehl irgendwo in der Befehls-Sequenz springt zu diesem Befehl. (Man beachte: Da dieser Befehl nicht markiert ist, ist es ein sehr unwahrscheinlicher Vorgang).

Der Verzweigungs-Befehl verwendet verzweigungs-relative Adressierung, die sehr ähnlich der programm-relativen Seiten-Adressierung ist, wie sie in der "Einführung in die Mikrocomputer-Technik" beschrieben wird. Die Ausnahme besteht darin, daß der Inhalt des Befehlszählers erhöht wird, um auf den nächsten Befehl zu zeigen, bevor die 8-Bit-Versetzung mit Vorzeichen addiert wird. Es wird deshalb der Inhalt des Befehlszählers ersetzt durch:

$$[PC] + 2 + rr$$

Man beachte, daß im obigen Beispiel der mit NEXT markierte ABA-Befehl innerhalb 129 Objektbytes (nicht Befehlen) des Befehls "Branch to Next" liegen muß. Ist dies nicht der Fall, so wird der Assembler den BRA-Befehl als Fehler anzeigen.

BSR – BRANCH TO THE SUBROUTINE IDENTIFIED IN THE OPERAND
(Verzweige zum Unterprogramm, das im Operanden identifiziert wird)

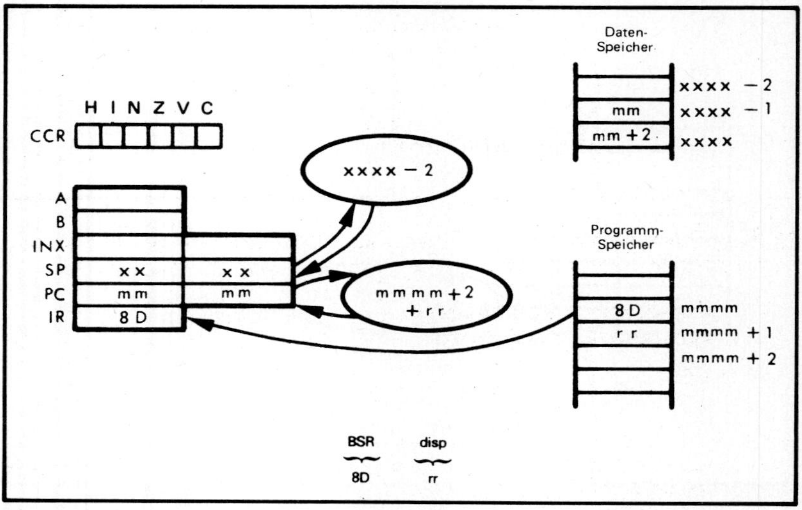

Speichere die Adresse des Befehls, der BSR an der Spitze des Stapels folgt. Die Spitze des Stapels ist ein Datenspeicher-Byte, adressiert durch den Stapelzeiger. Dann subtrahiere zwei vom Stapelzeiger, um die nächste Spitze des Stapels zu adressieren. Addiere den Inhalt des zweiten Bytes des Befehls und zwei zum Befehlszähler und beginne mit der Ausführung.

Betrachten Sie die folgende Befehls-Sequenz:

```
        BSR     SUBR
        AND     #$7F
        -
        -
        -
SUBR    ABA
```

Nachdem der BSR-Befehl ausgeführt wurde, wird die Adresse des AND-Befehls auf die Spitze des Stapels gerettet. Der Stapelzeiger wird um 2 dekrementiert. Der ABA-Befehl wird als nächstes ausgeführt.

BVC – BRANCH IF OVERFLOW CLEAR
(Verzweige, wenn kein Überlauf)

BVC
28

Dieser Befehl ist identisch mit dem BRA-Befehl, mit der Ausnahme, daß die Verzweigung nur ausgeführt wird, wenn der Überlauf-Status 0 ist. Andernfalls wird der nächste Befehl ausgeführt.

In der folgenden Befehls-Sequenz:

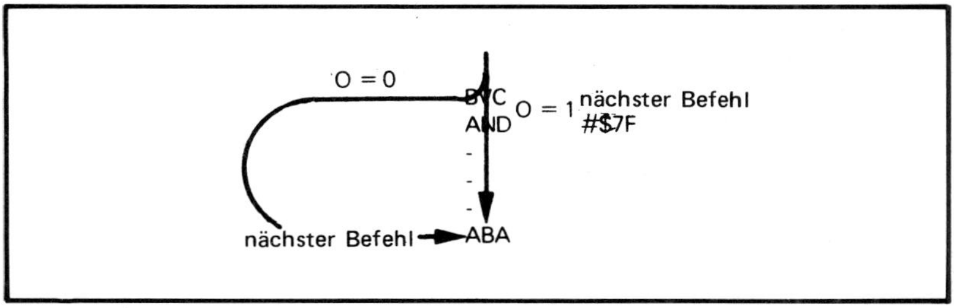

wird nach dem BVC-Befehl der ABA-Befehl ausgeführt, wenn der Überlauf-Status 0 ist. Der AND-Befehl wird ausgeführt, wenn der Überlauf-Status 1 ist.

BVS – BRANCH IF OVERFLOW SET
(Verzweige, wenn Überlauf gesetzt)

BVS
29

Dieser Befehl ist identisch mit dem BRA-Befehl, mit der Ausnahme, daß die Verzweigung nur ausgeführt wird, wenn der Überlauf-Status 1 ist. Andernfalls wird der nächste Befehl ausgeführt.

In der folgenden Befehls-Sequenz:

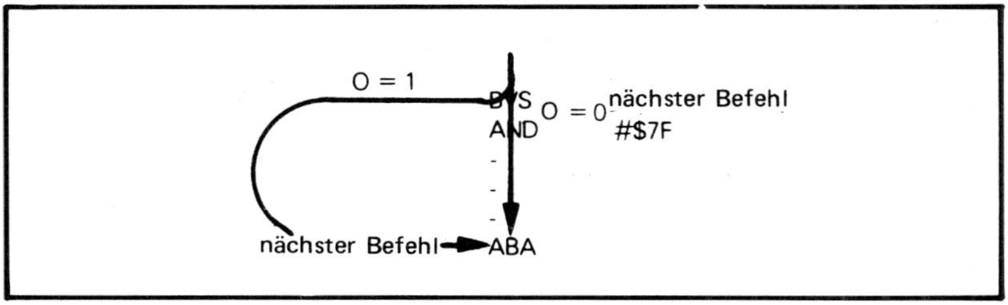

wird nach dem BVS-Befehl der ABA-Befehl ausgeführt, wenn der Überlauf-Status gleich 1 ist. Der AND-Befehl wird ausgeführt, wenn der Überlauf-Status gleich 0 ist.

CBA – COMPARE ACCUMULATORS
(Vergleiche Akkumulatoren)

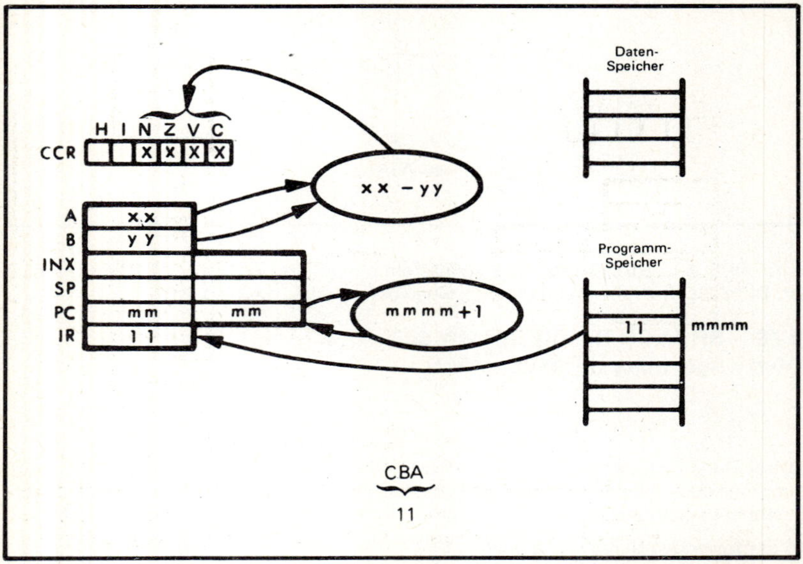

Subtrahiere den Inhalt des Akkumulators B vom Inhalt des Akkumulators A. Lösche das Ergebnis, d.h. beeinflusse nicht den Inhalt eines Akkumulators, sondern modifiziere die Statusflags, um das Ergebnis der Operation anzuzeigen.

Angenommen xx = $E3_{16}$ und yy = $A0_{16}$. Nachdem der Befehl:

CBA

ausgeführt wurde, wird der Akkumulator A weiterhin $E3_{16}$ und der Akkumulator B noch $A0_{16}$ enthalten, aber die Status werden wie folgt modifiziert sein:

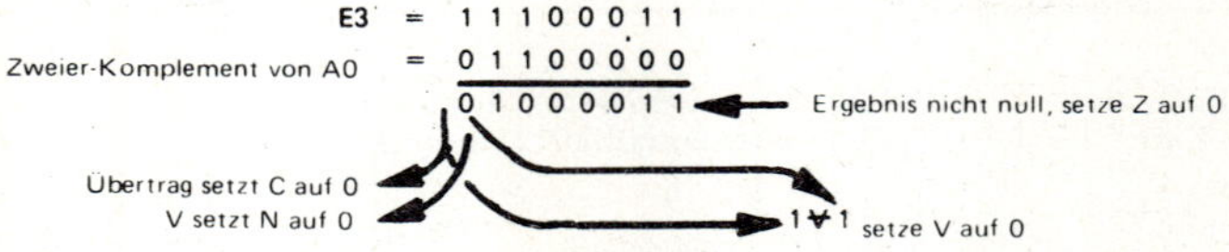

Man beachte, daß der sich ergebende Übertrag komplementiert ist.

Vergleichs-Befehle gehen gewöhnlich bedingten Verzweigungs-Befehlen voraus.

CLC – CLEAR CARRY
(Lösche Übertrag)

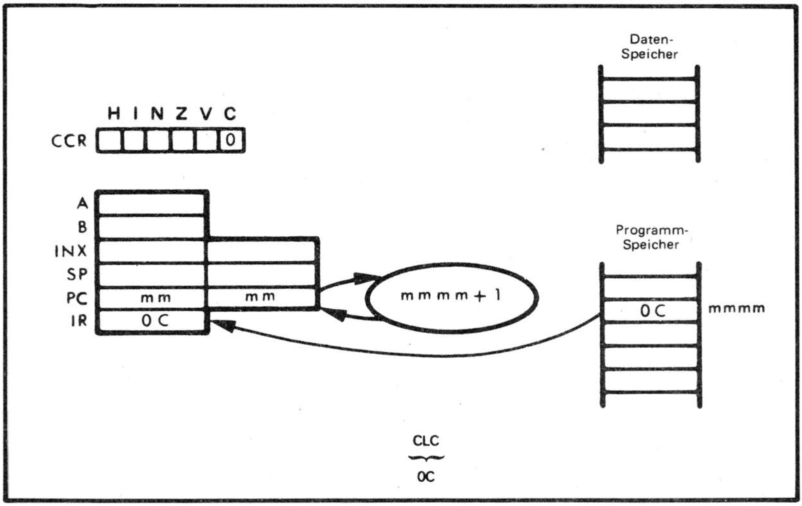

Lösche den Übertrags-Status. Kein anderer Status oder Register-Inhalt wird beeinflußt. Der Übertrags-Status wird auch durch die CLR- und TST-Befehle gelöscht.

CLI – CLEAR INTERRUPT MASK
(Lösche Unterbrechungs-Maske)

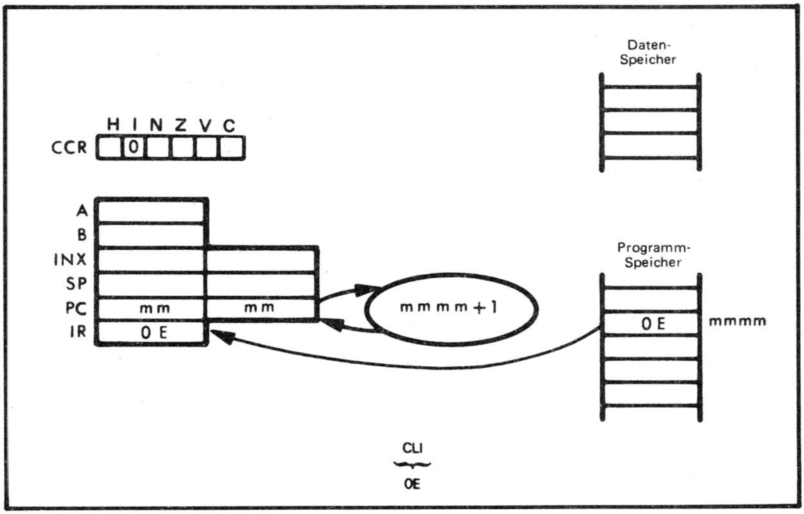

Lösche das Unterbrechungsmasken-Bit im Bedingungscode-Register. Dieser Befehl gibt die Unterbrechungs-Möglichkeit des MC6800 frei, d.h. der MC6800 wird auf eine Unterbrechungs-Anforderung reagieren. Es wird kein anderes Register oder Status beeinflußt.

CLR – CLEAR ACCUMULATOR OR MEMORY
(Lösche Akkumulator oder Speicher)

Dieser Befehl löscht einen spezifizierten Akkumulator oder ein ausgewähltes Speicherbyte. Das Nullflag wird auf 1 gesetzt. Der Negativ-, Überlauf- und Übertrags-Status wird auf 0 gesetzt.

Als erstes werde das Löschen eines Akkumulators betrachtet:

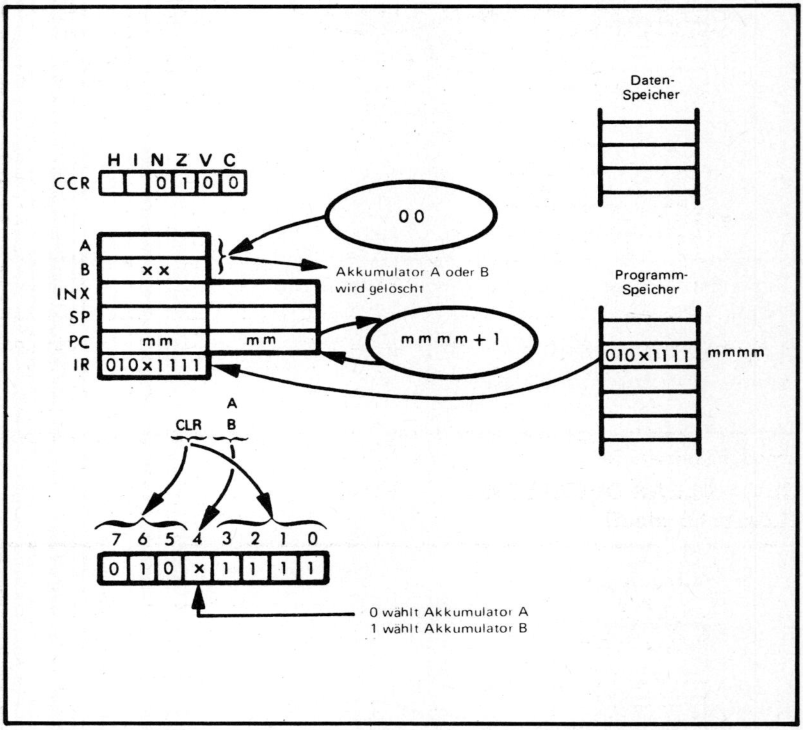

Lösche den Inhalt des spezifizierten Akkumulators.

Angenommen, der Akkumulator B enthalte 43_{16}. Nachdem der Befehl:

CLR B

ausgeführt wurde, wird der Akkumulator B den Wert 00_{16} enthalten. Zusätzlich wird das Negativ-, Überlauf- und Übertrags-Bit 0 sein. Der Null-Status wird 1 sein.

Der CLR-Befehl besitzt zwei Speicher-Adressierarten, indiziert und erweitert:

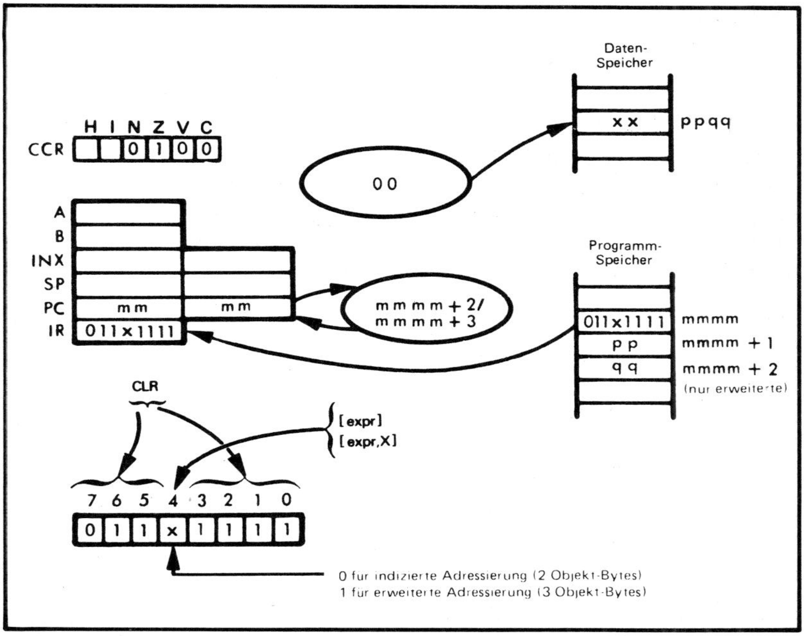

Es sei angenommen, pp = 43_{16}, qq = 14_{16} und xx = 05_{16}. Nach der Ausführung des Befehls:

CLR $4314

wird der Inhalt des Speicherplatzes 4314_{16} gleich 00 und die Statusflags entsprechend modifiziert sein.

CLV – CLEAR OVERFLOW
(Lösche Überlauf)

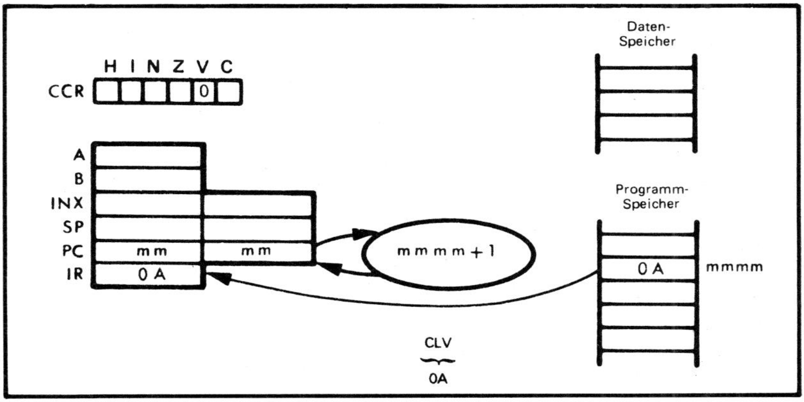

Lösche das Überlauf-Bit im Bedingungscode-Register. Keine anderen Register oder Status werden beeinflußt.

CMP – COMPARE ACCUMULATOR WITH MEMORY (Vergleiche Akkumulator mit Speicher)

Dieser Befehl subtrahiert den Inhalt eines gewählten Speicherbytes vom Akkumulator A oder B, setzt die Bedingungs-Flags entsprechend, ändert jedoch nicht den Inhalt des Akkumulators oder des Speicherbytes. Dieser Befehl bietet die gleichen Speicher-Adressiermöglichkeiten wie der ADC-Befehl. Dieser Befehl wird unter Verwendung der indizierten Adressierung gezeigt. Für die anderen verfügbaren Adressier-Arten siehe die Beispiele beim ADC-Befehl.

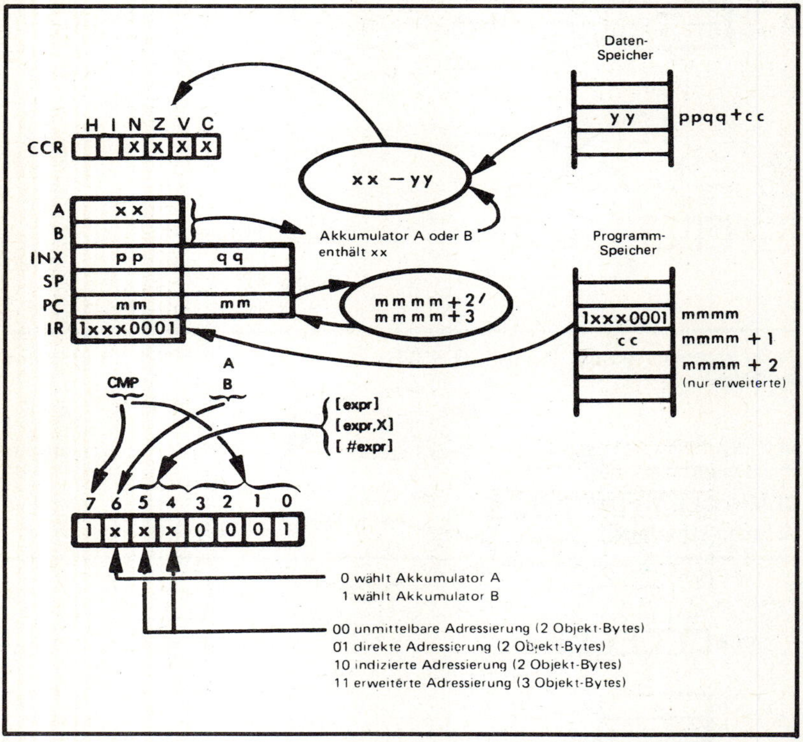

Subtrahiere den Inhalt des gewählten Speicherbytes vom Inhalt des spezifizierten Akkumulators und setze den Negativ-, Null-, Überlauf- und Übertrags-Status, um das Ergebnis der Subtraktion anzuzeigen. Es sei angenommen xx = $F6_{16}$, yy = 18_{16} und cc = 43_{16}.

Nachdem der Befehl:

```
CMP B      $43,X
```

ausgeführt wurde, wird der Akkumulator B weiterhin $F6_{16}$ enthalten, der Speicherplatz ppqq + 43_{16} wird weiterhin 18_{16} enthalten, jedoch die Status werden wie folgt modifiziert sein:

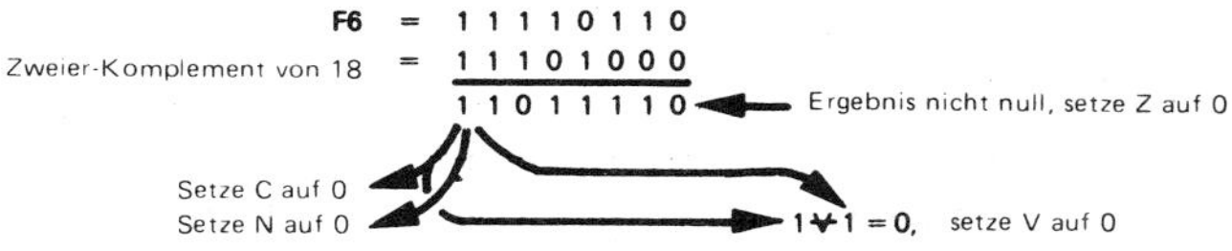

Man beachte, daß C das Komplement des sich ergebenden Übertrages ist.

Vergleichs-Befehle werden am häufigsten verwendet, um die Status vor der Ausführung von Befehlen für bedingte Verzweigung zu setzen.

COM – COMPLEMENT ACCUMULATOR OR MEMORY (Komplementiere Akkumulator oder Speicher)

Dieser Befehl komplementiert einen spezifizierten Akkumulator oder ein ausgewähltes Speicherbyte.

Als erstes wird das Komplementieren eines Akkumulators betrachtet:

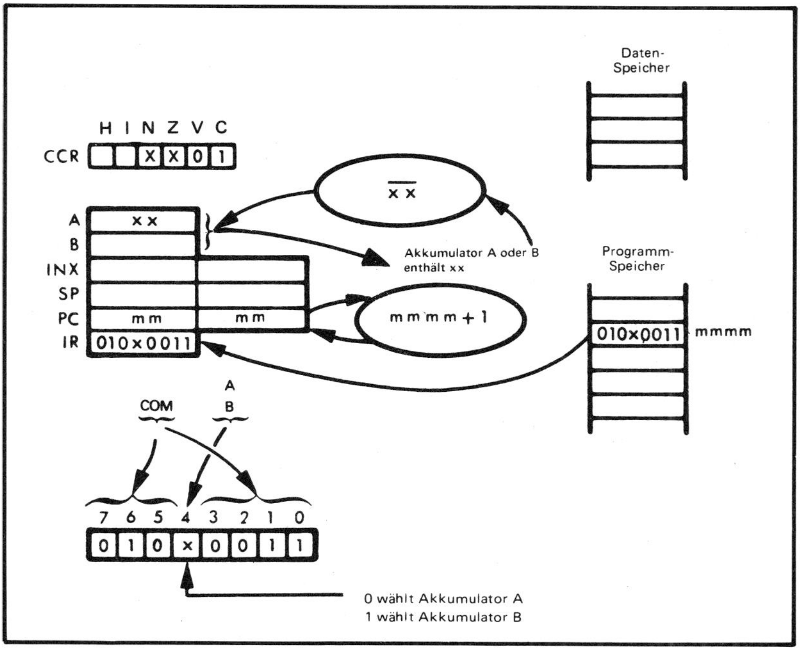

Komplementiere den Inhalt des spezifizierten Akkumulators. Kein anderes Status-Bit oder der Register-Inhalt wird beeinflußt. Der Akkumulator B enthalte angenommen

$3A_{16}$. Nach der Ausführung des Befehls:

COM B

wird der Akkumulator $C5_{16}$ enthalten:

$3A_{16}$ = 0 0 1 1 1 0 1 0
Komplement = 1 1 0 0 0 1 0 1 ← Ergebnis nicht null, setze Z auf 0

Übertrag wird auf 1 gesetzt

N wird auf 1 gesetzt

Überlauf wird auf 0 gesetzt

Der COM-Befehl besitzt zwei Speicher-Adressiermöglichkeiten:

1) Erweitert
2) Indiziert

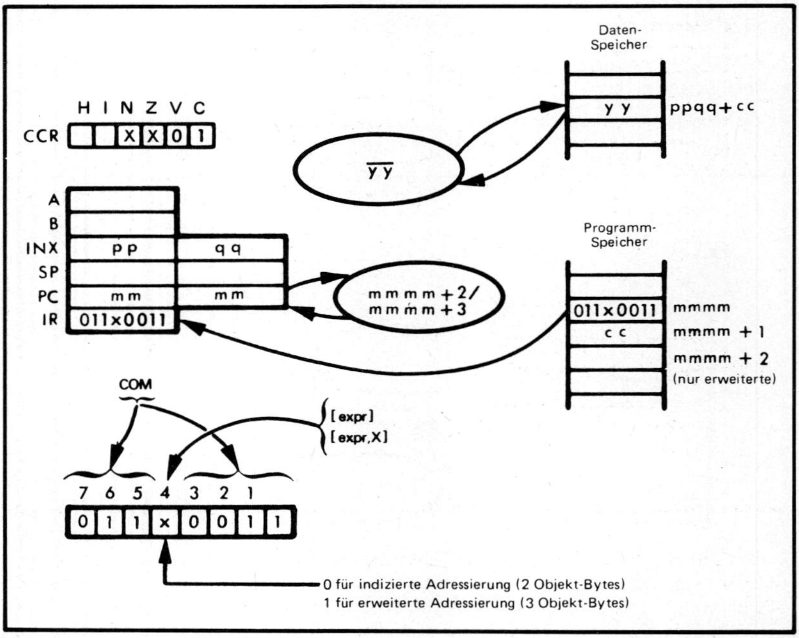

Es sei angenommen, daß der Inhalt des Indexregisters 0100_{16} beträgt, und der Inhalt des Speicherplatzes 0113_{16} gleich 23_{16} ist. Nach der Ausführung des Befehls:

COM $13,X

wird der Speicherplatz 0113_{16} auf DC_{16} geändert.

23 = 0 0 1 0 0 0 1 1
Komplement = 1 1 0 1 1 1 0 0 ← Ergebnis nicht null, Z wird auf 0 gesetzt

Übertrag wird automatisch auf 1 gesetzt

Setzt N auf 1

CPX – COMPARE INDEX REGISTER
(Vergleiche Indexregister)

Dieser Befehl vergleicht den Inhalt des Indexregisters mit dem Inhalt zweier ausgewählter Speicherplätze. Dieser Befehl bietet die gleichen Speicher-Adressiermöglichkeiten wie der ADC-Befehl. Dieser Befehl wird unter Verwendung der direkten Adressierung gezeigt. Für die anderen Adressier-Arten siehe die Besprechung des ADC-Befehls.

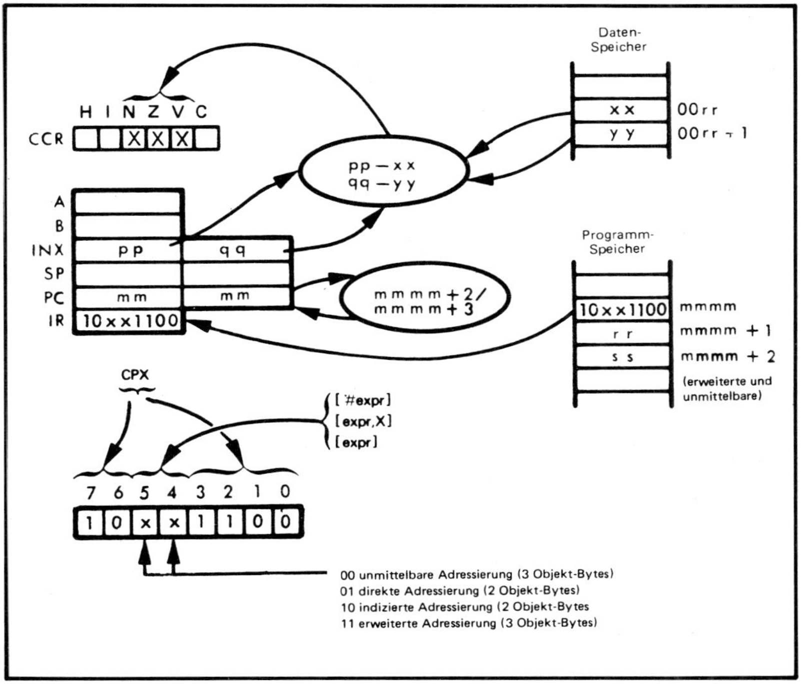

Subtrahiere den Inhalt des Speicherbytes, das unmittelbar auf das ausgewählte Speicherbyte folgt, vom niederwertigen Byte des Indexregister und lösche das Ergebnis. Subtrahiere den Inhalt des ausgewählten Speicherbytes vom hochwertigen Byte des Indexregisters. Setze den Negativ- und Überlauf-Status entsprechend dem Ergebnis, setze den Null-Status auf 1, wenn das Ergebnis beider Subtraktionen 0 war und lösche das Ergebnis.

Angenommen pp = $1A_{16}$, qq = $B0_{16}$, xx = $1B_{16}$, yy = $B0_{16}$ und rr = 43_{16}. Nachdem der Befehl:

```
CPX        $43
```

ausgeführt wurde, wird das Indexregister weiterhin $1AB0_{16}$ enthalten, der Speicherplatz 0043_{16} wird weiterhin $1B_{16}$ enthalten und der Speicherplatz 0044_{16} wird weiterhin $B0_{16}$ enthalten, jedoch die Negativ-, Null- und Überlauf-Status werden wie folgt modifiziert:

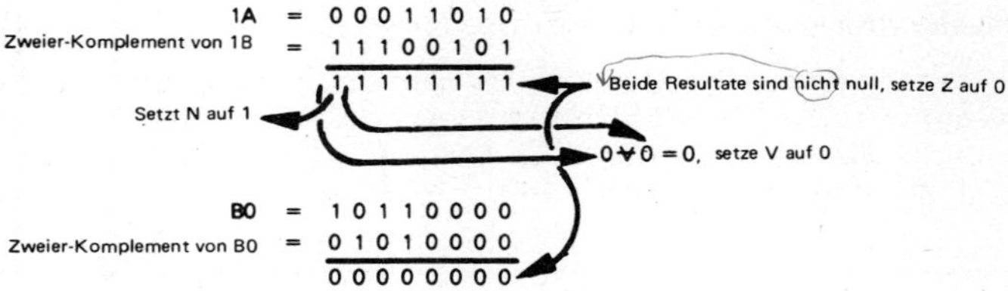

DAA – DECIMAL ADJUST ACCUMULATOR
(Korrigiere Akkumulator dezimal)

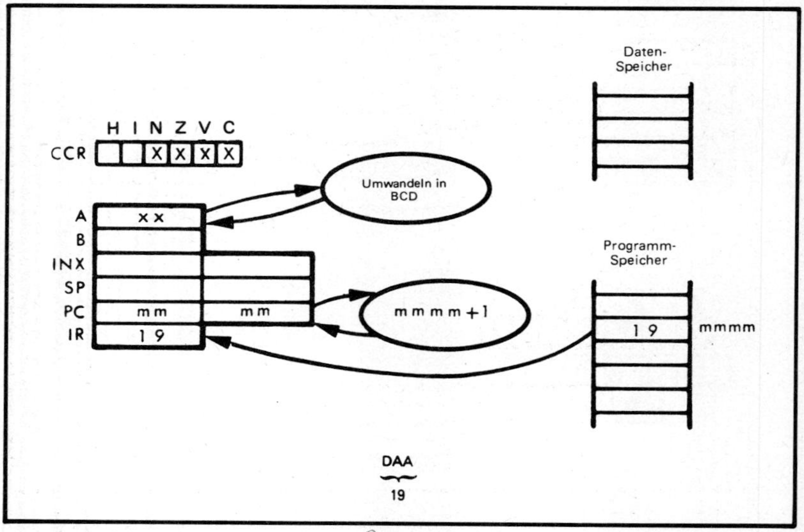

Wandle den Inhalt des Akkumulators B in binär-codierte Dezimalform um. Dieser Befehl sollte nur nach der Addition zweier BCD-Zahlen verwendet werden, d.h. betrachten Sie ABA DAA oder ADD A DAA oder ADC A DAA oder SUB A DAA oder SBC A DAA als zusammengesetzte dezimale arithmetische Befehle, die BCD-Zahlen bearbeiten, um Ergebnisse in BCD-Form zu bilden.

Der Akkumulator A enthalte angenommen 39_{16} und der Akkumulator B enthalte 47_{16}. Nach Ausführung der Befehle:

ABA
DAA

wird der Akkumulator 86_{16} und 80_{16} enthalten.

Das Negativ- und Null-Flag wird modifiziert, um den entsprechenden Status wiederzugeben. Der Überlauf-Status wird zerstört und der Übertrag-Status wird gesetzt oder gelöscht, als ob eine hypothetische BCD-Addition eben stattgefunden hätte.

DEC – DECREMENT ACCUMULATOR OR MEMORY
(Dekrementiere Akkumulator oder Speicher)

Dieser Befehl dekrementiert einen spezifizierten Akkumulator oder ein ausgewähltes Speicherbyte. Betrachten wir die Dekrementierung des Akkumulators A oder B:

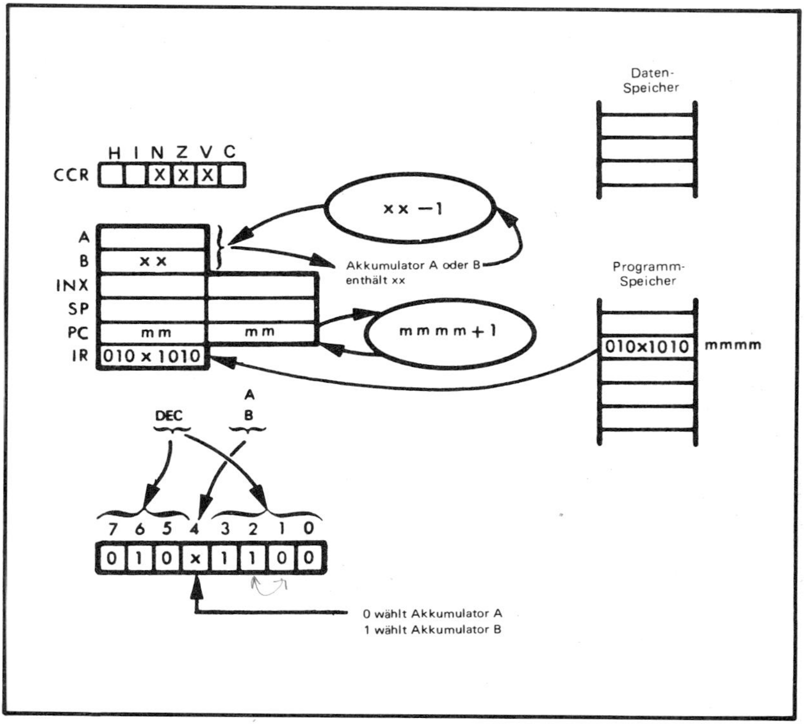

Subtrahiere 1 vom Inhalt des spezifizierten Akkumulators. Der Akkumulator B enthalte angenommen $3A_{16}$. Nach Ausführung des Befehls:

DEC B

wird der Akkumulator B den Inhalt 39_{16} besitzen:

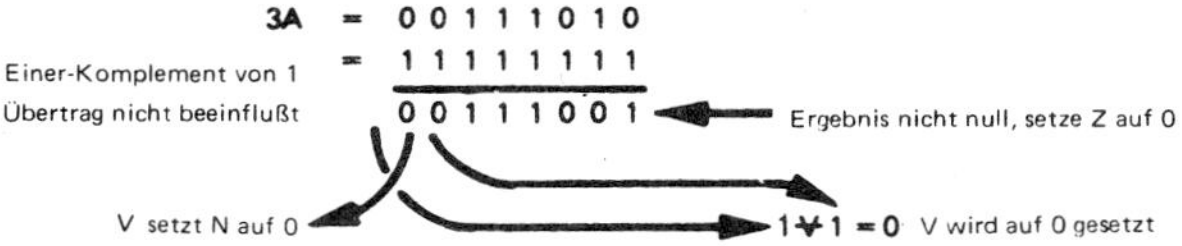

Der DEC-Befehl bietet zwei Speicher-Adressierarten:

1) Erweitert

2) Indiziert

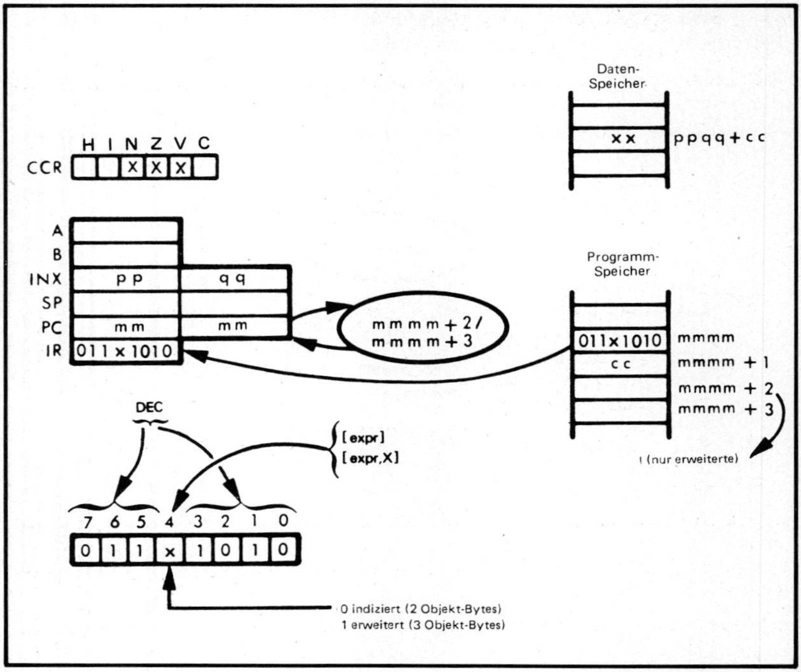

Dekrementiere den Inhalt des spezifizierten Speicherbytes.

Wenn angenommen xx = $A5_{16}$, ppqq = 0100_{16} und cc = $0A_{16}$ ist, dann wird nach Ausführung des Befehls:

DEC $0A,X

der Inhalt des Speicherplatzes $010A_{16}$ auf $A4_{16}$ geändert:

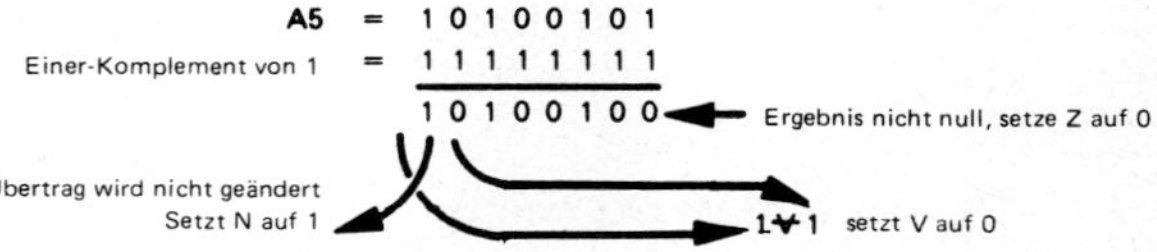

DES – DECREMENT STACK POINTER
(Dekrementiere Stapelzeiger)

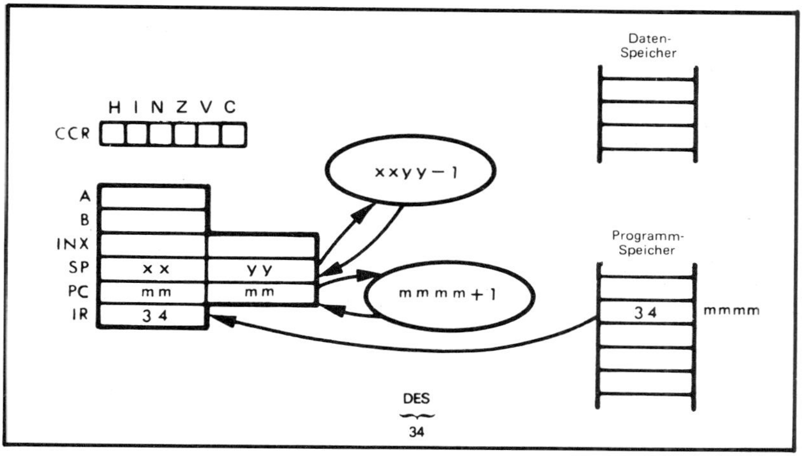

Subtrahiere 1 vom 16-Bit-Wert im Stapelzeiger. Keine anderen Register oder Bedingungscodes werden beeinflußt.

Der Stapelzeiger enthalte angenommen $2F7A_{16}$. Nach Ausführung des Befehls:

DES

wird der Stapelzeiger $2F79_{16}$ enthalten.

DEX – DECREMENT INDEX REGISTER
(Dekrementiere Indexregister)

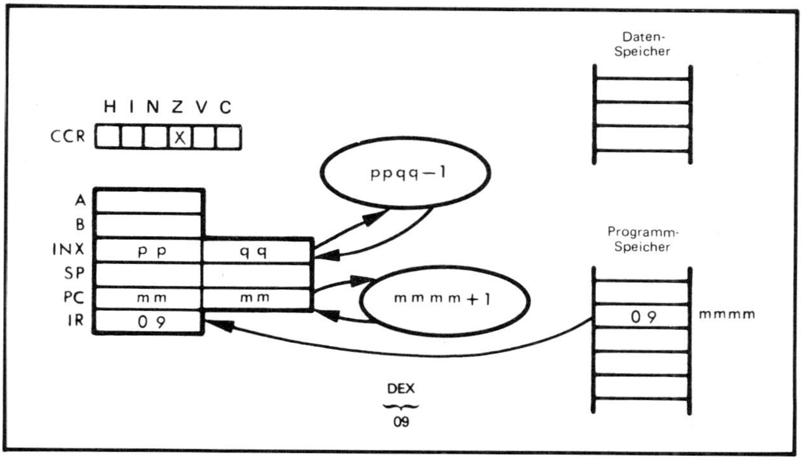

Subtrahiere 1 vom 16-Bit-Wert im Indexregister. Der Null-Status wird auf 1 gesetzt, wenn das 16-Bit-Ergebnis 0 ist.

Das Indexregister enthalte angenommen $310C_{16}$. Nach der Ausführung des Befehls:

DEX

wird das Indexregister $310B_{16}$ enthalten und der Null-Status wird auf 0 gesetzt.

EOR – EXCLUSIVE-OR ACCUMULATOR WITH MEMORY
(Exklusiv-ODERiere Akkumulator mit Speicher)

Der Inhalt des Akkumulators A oder B wird mit dem Inhalt des ausgewählten Speicherbytes in einer Exklusiv-ODER-Funktion verknüpft. Dieser Befehl bietet die gleichen Speicher-Adressiermöglichkeiten wie der ADC-Befehl und wird unter Verwendung der unmittelbaren Adressierung gezeigt. Für die anderen Adressier-Arten siehe den ADC-Befehl.

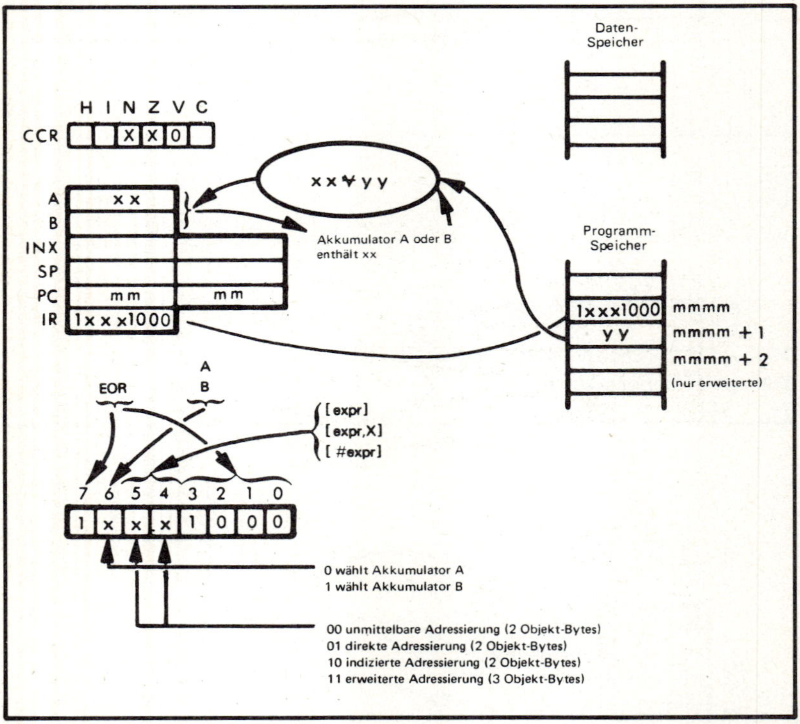

Exklusiv-ODERiere den Inhalt des spezifizierten Akkumulators mit dem Inhalt des ausgewählten Speicherplatzes, wobei beide Operanden als einfache Binärdaten behandelt werden.

Es sei angenommen xx = $E3_{16}$ und yy = $A0_{16}$. Nach der Ausführung des Befehls:

EOR A #$A0

wird der Akkumulator A den Inhalt 43_{16} besitzen:

```
E3 = 1 1 1 0 0 0 1 1
A0 = 1 0 1 0 0 0 0 0
     ---------------
     0 1 0 0 0 0 1 1
```

Übertrag wird nicht beeinflußt

Ergebnis nicht null, setzt Z auf 0

V setzt N auf 0

Überlauf wird gelöscht

EOR wird zum Testen von Änderungen im Bit-Zustand verwendet.

INC – INCREMENT ACCUMULATOR OR MEMORY (Inkrementiere Akkumulator oder Speicher)

Dieser Befehl inkrementiert den spezifizierten Akkumulator oder ein gewähltes Speicherbyte.

Zuerst werde die Inkrementierung eines Akkumulators betrachtet:

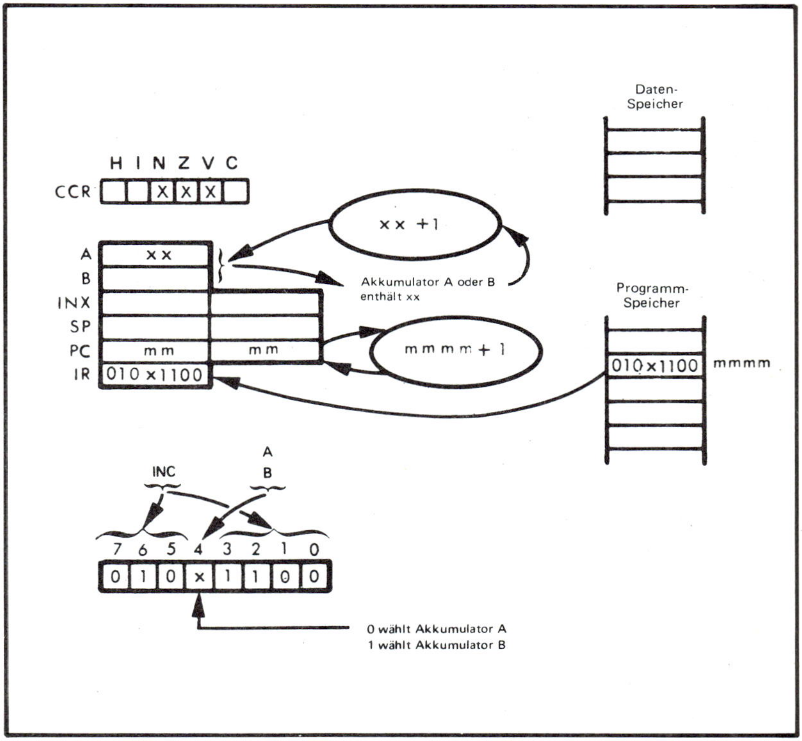

Addiere 1 zum ausgewählten Akkumulator. Es sei angenommen xx = $3A_{16}$. Nach der Ausführung des Befehls:

INC A

wird der Akkumulator A den Wert $3B_{16}$ enthalten.

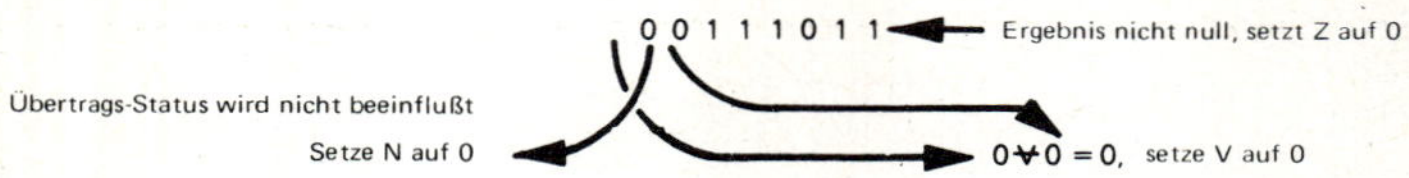

Der INC-Befehl bietet zwei Speicher-Adressierarten:

1) Erweitert
2) Indiziert

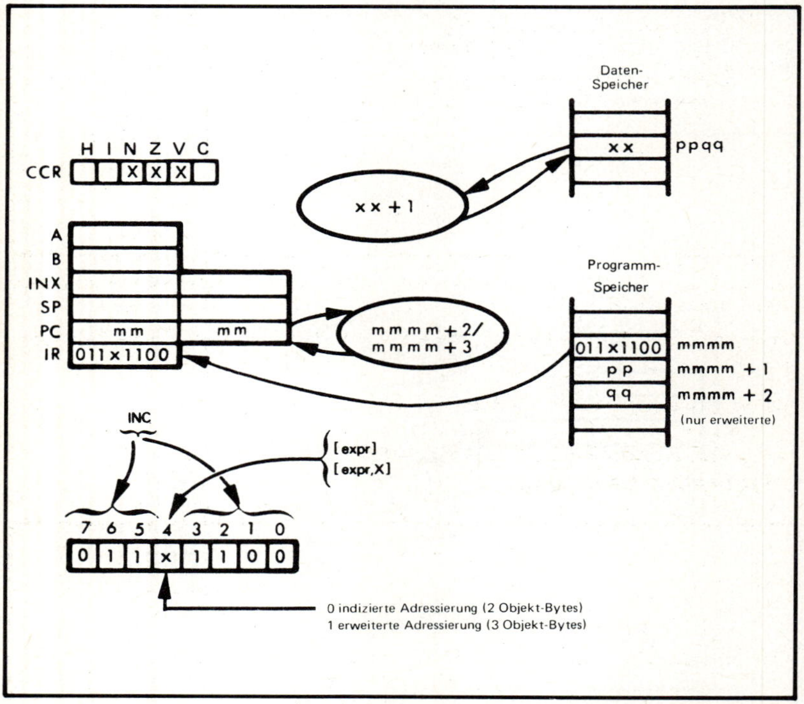

Inkrementiere das gewählte Speicherbyte.

Wenn pp = 01_{16}, qq = $A2_{16}$ und xx = $C0_{16}$, dann wird nach der Ausführung des Befehls:

```
INC          $01A2
```

der Inhalt des Speicherplatzes $01A2_{16}$ auf $C1_{16}$ inkrementiert.

Der INC-Befehl kann auch für einen Zähler in einer Vielzahl von Anwendungen eingesetzt werden, z.B. Zählen des Auftretens eines Vorganges oder als iterativer Zähler, der bestimmt, wie oft eine Aufgabe auszuführen ist.

INS – INCREMENT STACK POINTER
(Inkrementiere Stapelzeiger)

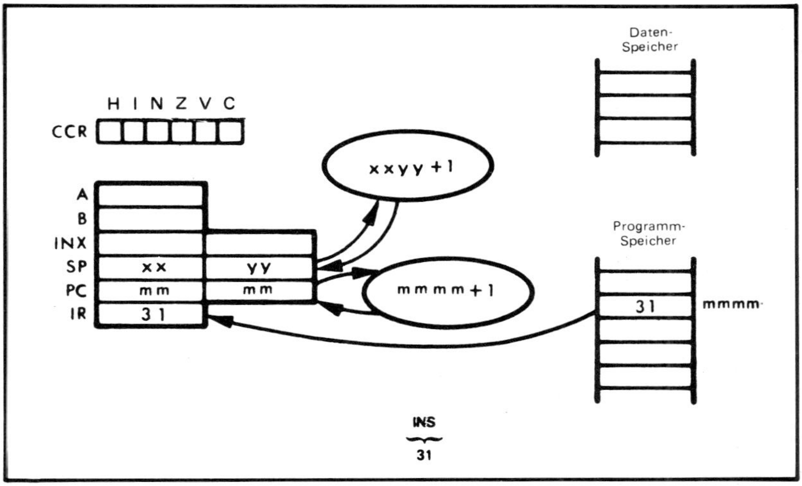

Addiere 1 zum 16-Bit-Wert im Stapelzeiger. Keine anderen Register oder Bedingungscodes werden beeinflußt.

Angenommen, der Stapelzeiger enthält $2F7A_{16}$. Nach der Ausführung des Befehls:

INS

wird der Stapelzeiger $2F7B_{16}$ enthalten.

INX – INCREMENT INDEX REGISTER
(Inkrementiere Indexregister)

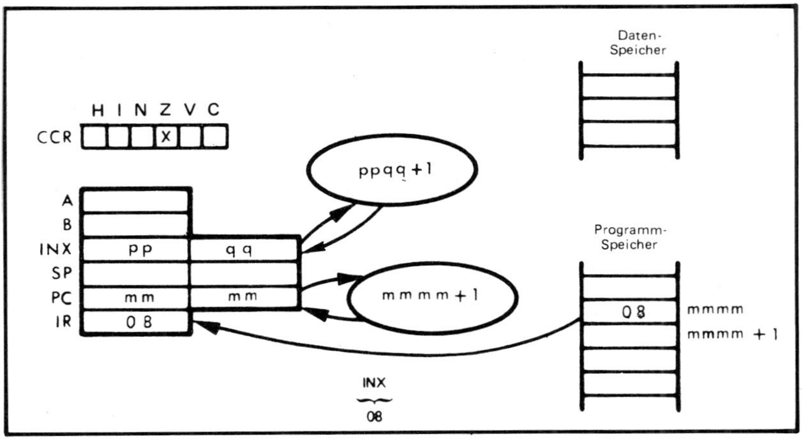

Addiere 1 zum 16-Bit-Wert im Indexregister. Der Null-Status wird auf 1 gesetzt, wenn das 16-Bit-Resultat 0 ist.

Das Indexregister enthält beispielsweise $310C_{16}$. Nach der Ausführung des Befehls:

INX

wird das Indexregister $310D_{16}$ enthalten.

JMP – JUMP VIA INDEXED OR EXTENDED ADDRESSING
(Springe über indizierte oder erweiterte Adressierung)

Dieser Befehl wird unter Verwendung der indizierten Adressierung gezeigt:

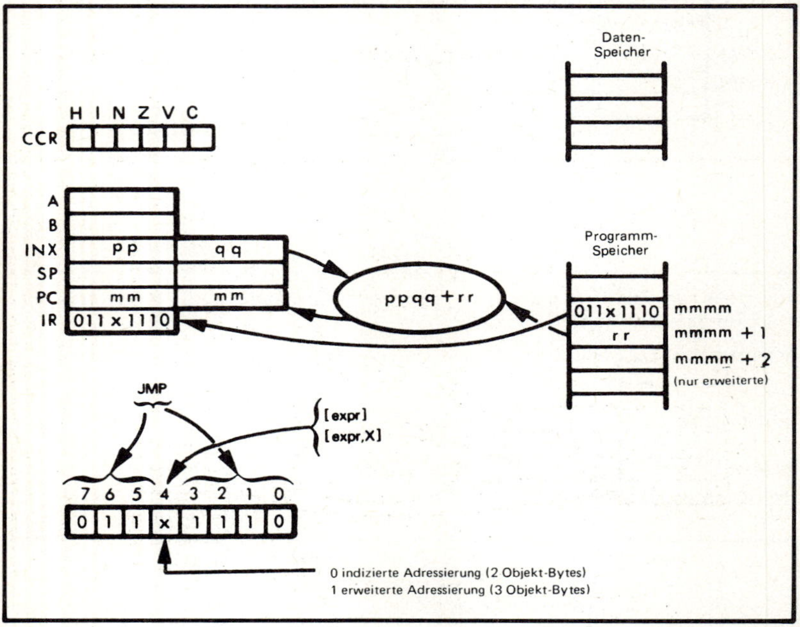

Springe zu dem Befehl, der durch den Operanden durch Laden der Adresse des gewählten Speicherbytes in den Befehlszähler spezifiziert wird.

Betrachten wir folgende Befehls-Sequenz:

```
        LDX     #JPTBL
        JMP     2,X
        .
        .
        .
JPTBL   BRA     NEWDATA
        BRA     PROCESSDATA
        BRA     FLAGDATA
```

Wenn das Indexregister die Adresse von JPTBL enthält, dann wird der JMP-Befehl einen indizierten relativen Sprung zu JPTBL ausführen. In diesem Fall würde der nach dem Befehl:

JMP 2,X

ausgeführte Befehl BRA PROCESSDATA sein.

Der JMP-Befehl verwendet jedoch häufiger die erweiterte Adressierung. In diesem Fall wird das zweite Byte des Befehls in das höhere Byte des Befehlszählers geladen, und das dritte Byte des Befehls wird in das niedrige Byte des Befehlszählers geladen. Die Befehls-Ausführung wird bei dieser Adresse fortgesetzt.

JSR – JUMP TO SUBROUTINE USING INDEXED OR EXTENDED ADRESSING

(Springe zu Unterprogramm unter Verwendung indizierter oder erweiterter Adressierung)

Dieser Befehl wird unter Verwendung der erweiterten Adressierung gezeigt:

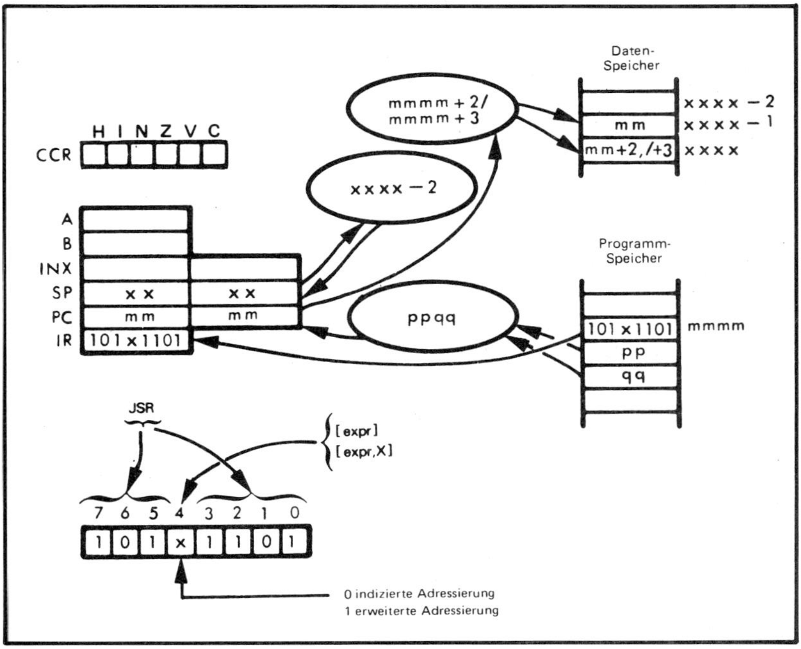

Der Befehlszähler wird um 3 inkrementiert (wenn erweiterte Adressierung verwendet wird), oder um 2 (wenn indizierte Adressierung verwendet wird) und wird dann auf den Stapel gebracht (pushed). Der Stapelzeiger wird so eingerichtet, daß er zur nächsten leeren Stelle im Stapel zeigt. (Diese Funktionen sind beim BSR-Befehl detailliert beschrieben.) Die Adresse des gewählten Speicherbytes wird dann in den Befehlszähler gespeichert. Die Ausführung wird von diesem Punkt an fortgesetzt.

Es werde die folgende Befehls-Sequenz betrachtet:

```
         JSR          SUBR
         AND          #$7F
         -
         -
         -
SUBR     ABA
```

Nachdem der JSR-Befehl ausgeführt wurde, wird die Adresse des AND-Befehls auf die Spitze des Stapels gerettet. Der ABA-Befehl wird als nächster Befehl ausgeführt.

LDA – LOAD ACCUMULATOR FROM MEMORY (Lade Akkumulator vom Speicher)

Lade den Inhalt des gewählten Speicherbytes in den spezifizierten Akkumulator. Dieser Befehl bietet die gleichen Speicher-Adressiermöglichkeiten wie der ADC-Befehl und wird unter Verwendung der indizierten Adressierung gezeigt. Für die anderen Adressier-Arten siehe ADC-Befehl.

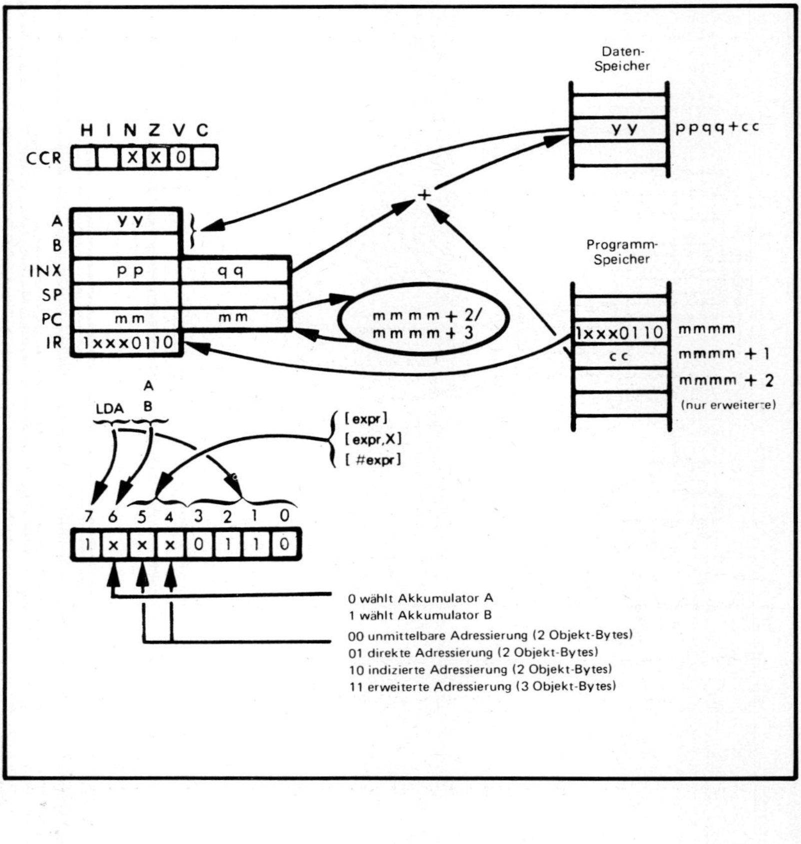

Lade den Inhalt des gewählten Speicherbytes in den spezifizierten Akkumulator.

Angenommen, das Indexregister enthält 0800_{16} und cc = 43_{16}. Wenn der Speicherplatz 0843_{16} den Wert AA_{16} enthält, dann wird nach Ausführung des Befehls:

```
LDA A        $43,X
```

der Akkumulator A den Wert AA_{16} enthalten:

LDS – LOAD STACK POINTER
(Lade Stapelzeiger)

Lade den Inhalt zweier gewählter Speicherplätze in den Stapelzeiger. Dieser Befehl bietet die gleichen Speicher-Adressiermöglichkeiten wie der ADC-Befehl und wird unter Verwendung der unmittelbaren Adressierung gezeigt. Beispiele für die anderen Adressier-Arten sind bei der Besprechung des ADC-Befehls zu finden:

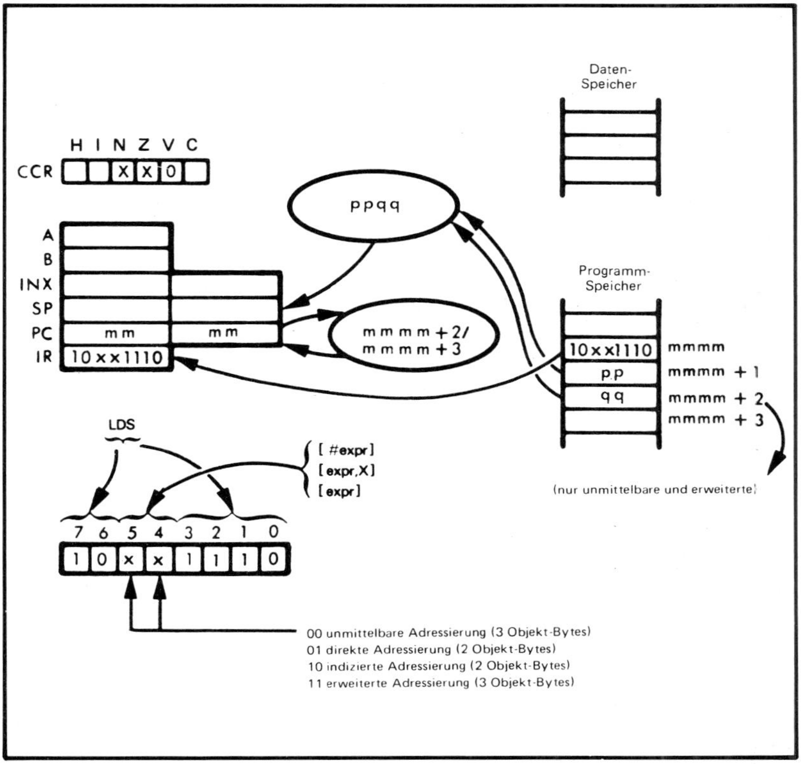

Lade den Inhalt des gewählten Speicherbytes in das hochwertige Byte des Stapelzeigers. Lade den Inhalt des Speicherbytes, das dem gewählten Speicherbyte unmittelbar folgt, in das niedrige Byte des Stapelzeigers. Setze den Negativ-Status, wenn das höchstwertige Bit des Stapelzeigers gesetzt ist. Setze den Null-Status, wenn alle 16 geladenen Bits 0 sind. Lösche das Überlauf-Flag.

Angenommen pp = 14_{16} und qq = 00_{16}. Nach der Ausführung des Befehls:

LDS #$1400

wird der Stapelzeiger den Wert 1400_{16} enthalten.

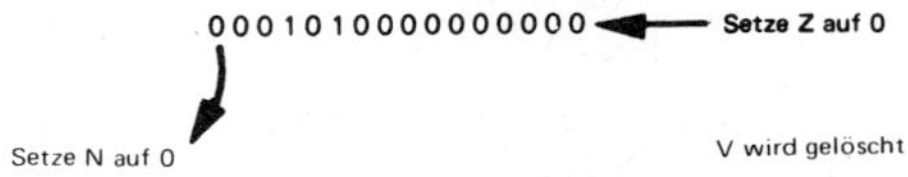

LDX – LOAD INDEX REGISTER
(Lade Indexregister)

Lade den Inhalt zweier gewählter Speicherplätze in das Indexregister. Dieser Befehl bietet die gleichen Adressiermöglichkeiten des Speichers wie der ADC-Befehl und wird unter Verwendung der direkten Adressierung gezeigt. Für die anderen Adressier-Arten siehe Beschreibung des ADC-Befehls:

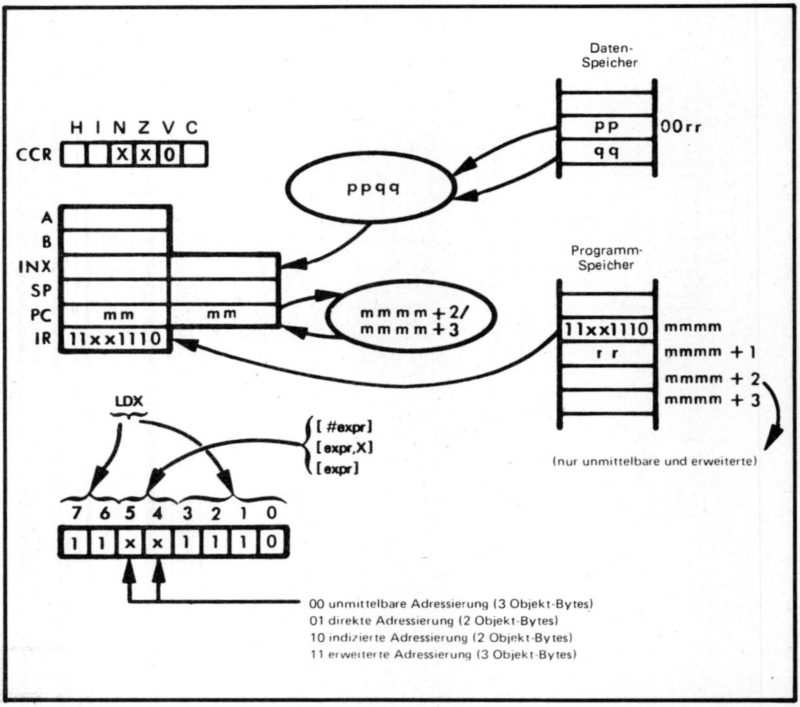

Lade den Inhalt des gewählten Speicherbytes in das hohe Byte des Indexregisters. Lade den Inhalt des Speicherbytes, das unmittelbar auf das gewählte Speicherbyte folgt, in das niedrige Byte des Indexregisters. Setze den Negativ-Status, wenn das höchstwertige Bit des Indesregisters gesetzt ist. Setze den Null-Status, wenn alle 16 Bits des Indexregisters auf 0 gesetzt sind. Der Überlauf-Status wird auf 0 gelöscht.

Angenommen, rr = 90_{16}, pp = 01_{16} und qq = 00_{16}. Die Ausführung des Befehls:

LDX $90

wird 0100_{16} in das Indexregister laden.

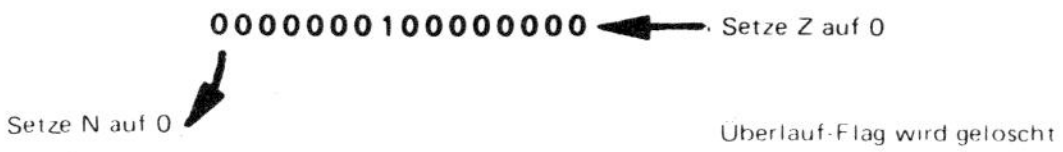

LSR – LOGICAL RIGHT SHIFT OF ACCUMULATOR OR MEMORY
(Logische Rechts-Verschiebung des Akkumulators oder Speichers)

Dieser Befehl führt eine logische Rechts-Verschiebung um 1 Bit des spezifizierten Akkumulators oder ausgewählten Speicherbytes aus:

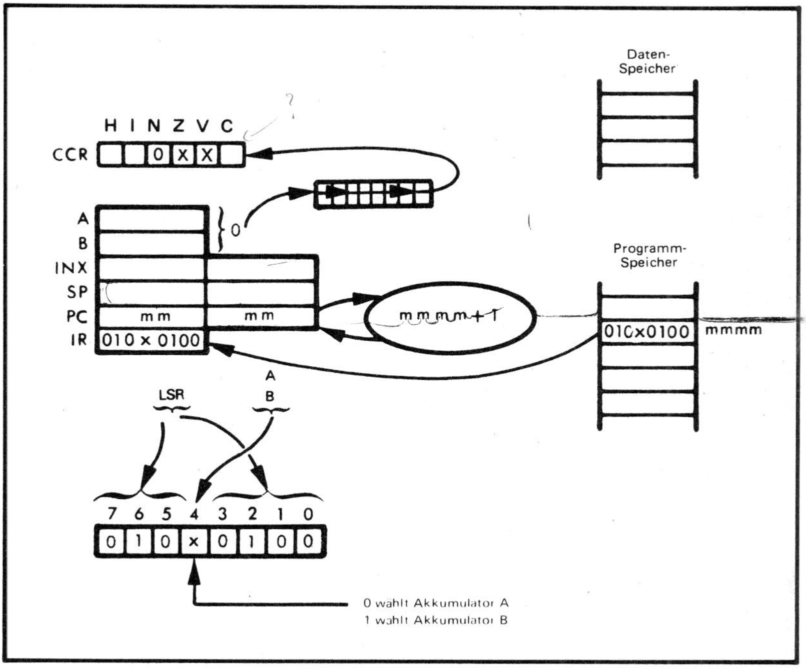

Verschiebe den Inhalt des gewählten Akkumulators um 1 Bit nach rechts. Verschiebe das niederwertige Bit in den Übertrags-Status. Schiebe eine 0 in das hochwertige Bit.

Angenommen, der Akkumulator B enthält $7A_{16}$. Nach der Ausführung des Befehls:

LSR B

wird der Akkumulator B den Wert 3D enthalten und der Übertrags-Status wird auf 0 gesetzt.

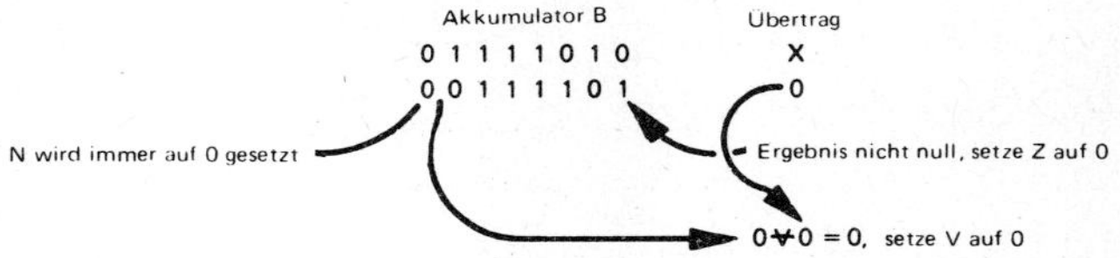

Zwei Möglichkeiten der Speicher-Adressierung sind beim LSR-Befehl verfügbar: indiziert und erweitert.

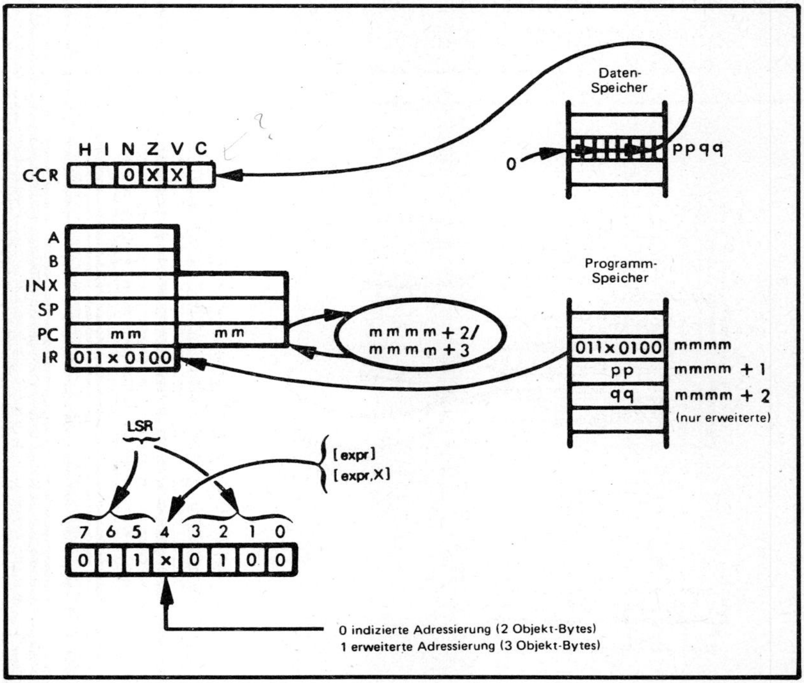

Schiebe den Inhalt des gewählten Speicherplatzes logisch um 1 Bit nach rechts.

Es sei angenommen pp = 04_{16}, qq = FA_{16} und der Inhalt des Speicherplatzes $04FA_{16}$ sei $0D_{16}$. Nach der Ausführung des Befehls:

LSR $04FA

wird der Übertrags-Status 1 sein, und der Inhalt des Speicherplatzes $04FA_{16}$ wird gleich 06_{16} sein.

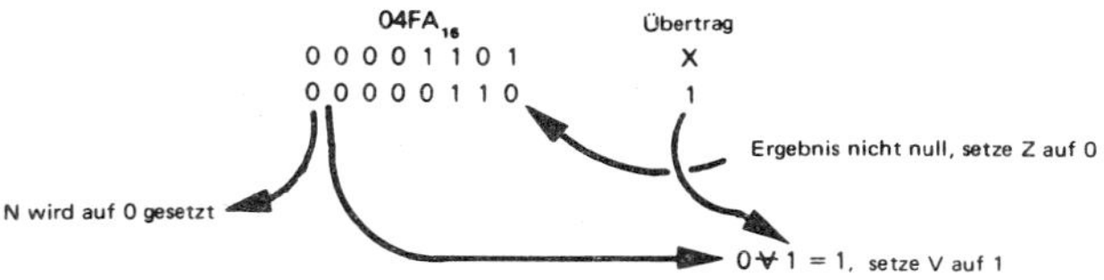

NEG – NEGATE ACCUMULATOR OR MEMORY
(Negiere Akkumulator oder Speicher)

Dieser Befehl negiert den spezifizierten Akkumulator oder das ausgewählte Speicherbyte, indem der Inhalt des Akkumulators oder des Speicherbytes durch das Zweier-Komplement seines Inhalts ersetzt wird.

Als erstes werde die Negierung eines Akkumulators betrachtet:

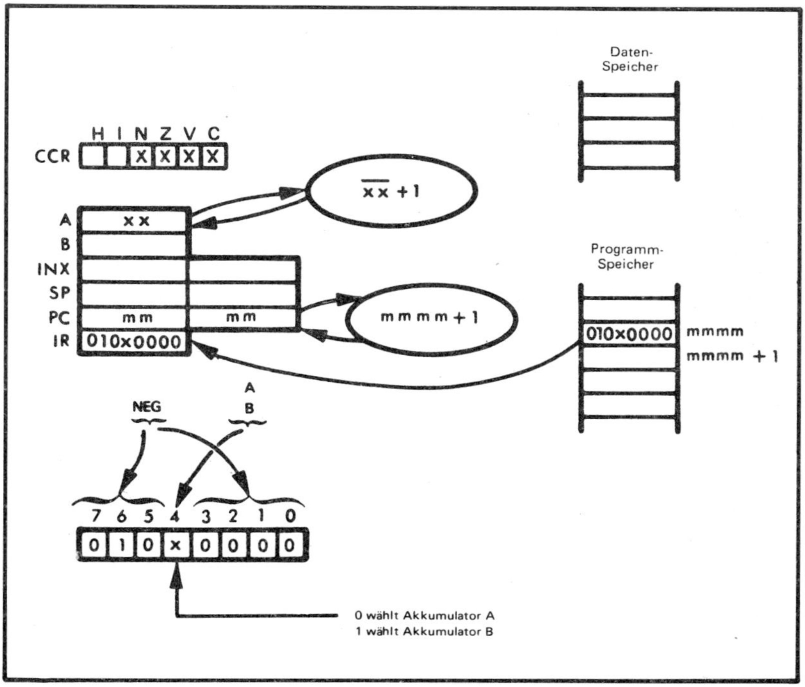

Negiere den Inhalt des spezifizierten Akkumulators, indem das Einer-Komplement des Inhalts des spezifizierten Akkumulators gebildet wird und 1 zum Ergebnis addiert wird.

Der Akkumulator A enthält angenommen $3A_{16}$. Nachdem der Befehl:

NEG A

ausgeführt wurde, wird der Akkumulator A den Wert $C6_{16}$ enthalten:

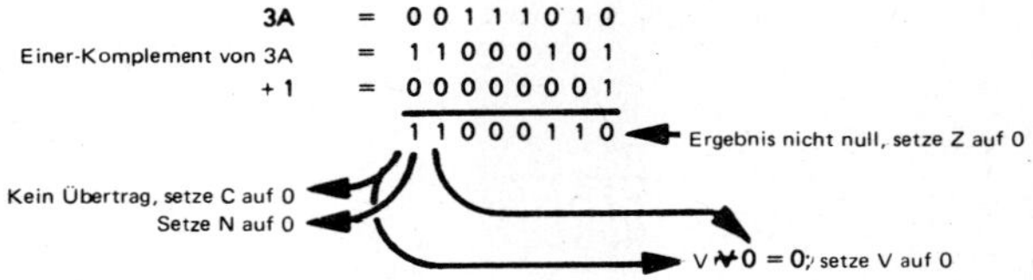

Der NEG-Befehl bietet zwei Speicher-Adressiermöglichkeiten:

1) Erweitert
2) Indiziert

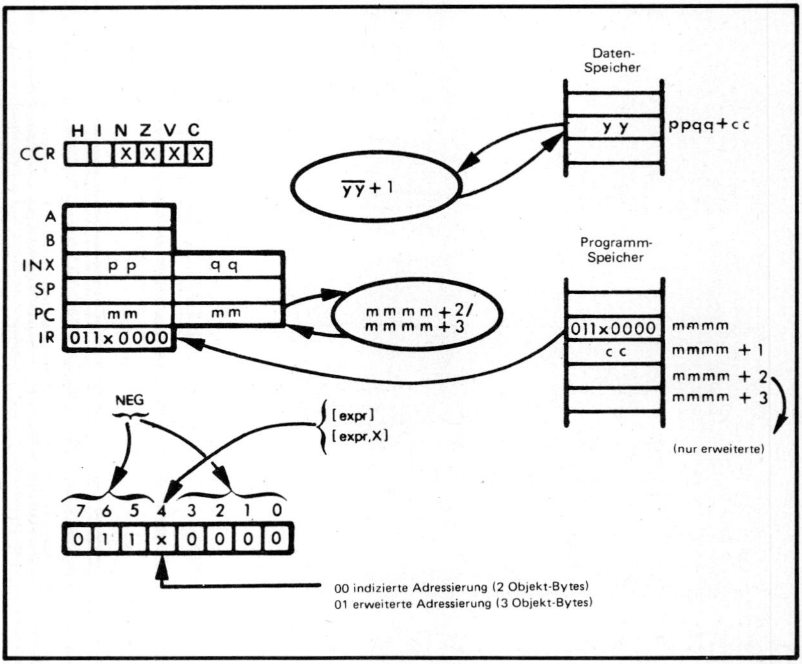

Der Inhalt des Indexregisters sei angenommen 0100_{16}, cc = $1D_{16}$ und der Speicherplatz $011D_{16}$ enthalte AA_{16}. Nach der Ausführung des Befehls:

NEG $1D,X

wird der Speicherplatz $011D_{16}$ auf 56_{16} geändert.

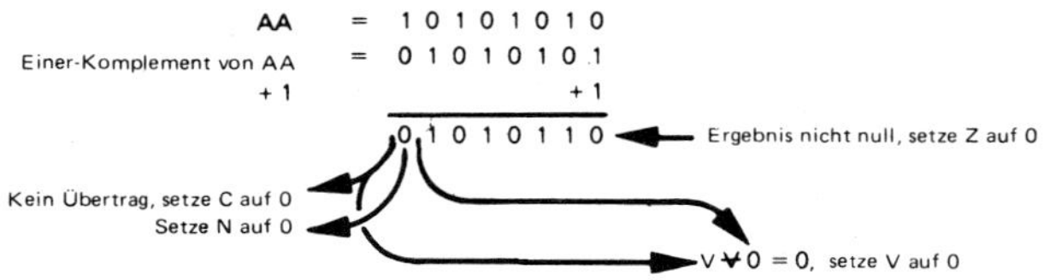

NOP – NO OPERATION
(Keine Operation)

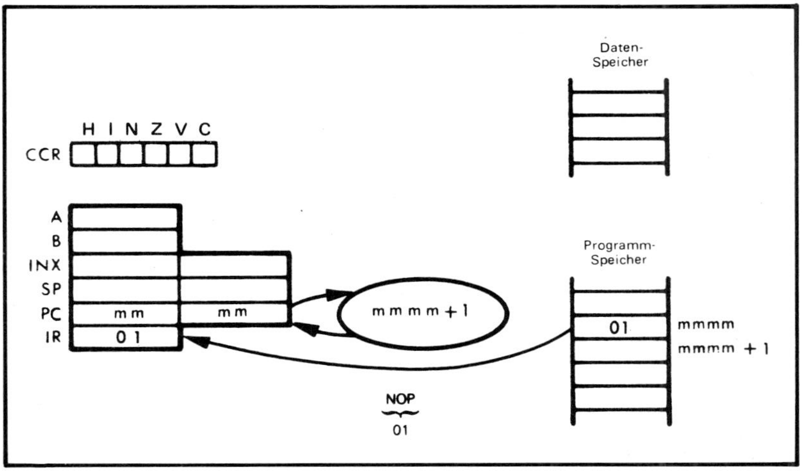

Dies ist ein Ein-Byte-Befehl, der keine Operation ausführt, mit der Ausnahme, daß der Befehlszähler inkrementiert wird. Diesen Befehl gibt es aus zwei Gründen:

1) Der NOP-Befehl gestattet uns, einem Objektprogramm-Byte eine Markierung zu geben:

   HERE NOP

2) Zur Fein-Einstellung von Verzögerungszeiten. Jeder NOP-Befehl addiert zwei Zyklen zu einer Verzögerung.

NOP ist ein sehr nützlicher und häufig verwendeter Befehl.

ORA – OR ACCUMULATOR WITH MEMORY
(ODERiere Akkumulator mit Speicher)

Dieser Befehl verbindet den Inhalt des Akkumulators A oder B mit dem Inhalt des gewählten Speicherbytes mit einer ODER-Verknüpfung. Dieser Befehl bietet die gleichen Speicher-Adressiermöglichkeiten wie der ADC-Befehl und wird unter Verwendung der erweiterten Adressierung gezeigt. Für Beispiele der anderen Adressier-Arten siehe Beschreibung des ADC-Befehls.

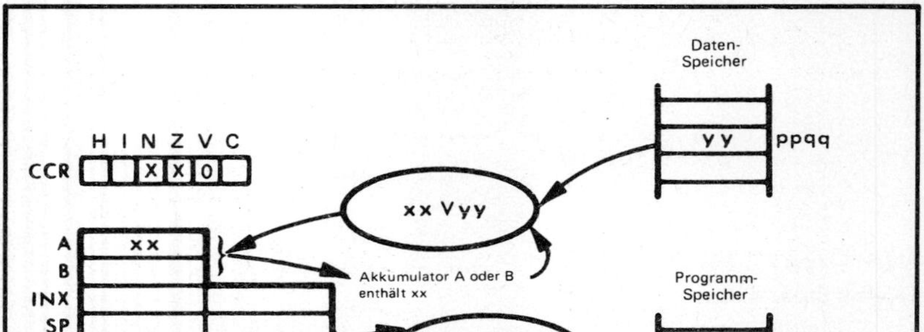

ODERiere den Inhalt des spezifizierten Akkumulators mit dem Inhalt des gewählten Speicherplatzes, wobei beide Operanden als einfache Binärdaten zu behandeln sind.

Es sei angenommen pp = 16_{16}, qq = 23_{16}, xx = $E3_{16}$ und yy = AB_{16}. Nach der Ausführung des Befehls:

ORA A $1623

wird der Akkumulator A den Wert EB_{16} enthalten:

```
E3 = 1 1 1 0 0 0 1 1
AB = 1 0 1 0 1 0 1 1
     ---------------
     1 1 1 0 1 0 1 1  <- Ergebnis nicht null, setze Z auf 0
Setzt N auf 0
                         V wird gelöscht
```

Es handelt sich um einen logischen Befehl. Er wird häufig verwendet, um Bits auf "Ein" zu schalten. Beispielsweise wird der Befehl:

ORA A #$80

das hochwertige Bit im Akkumulator A unbedingt auf 1 setzen.

PSH – PUSH ACCUMULATOR ONTO STACK
(Bringe Akkumulator in den Stapel)

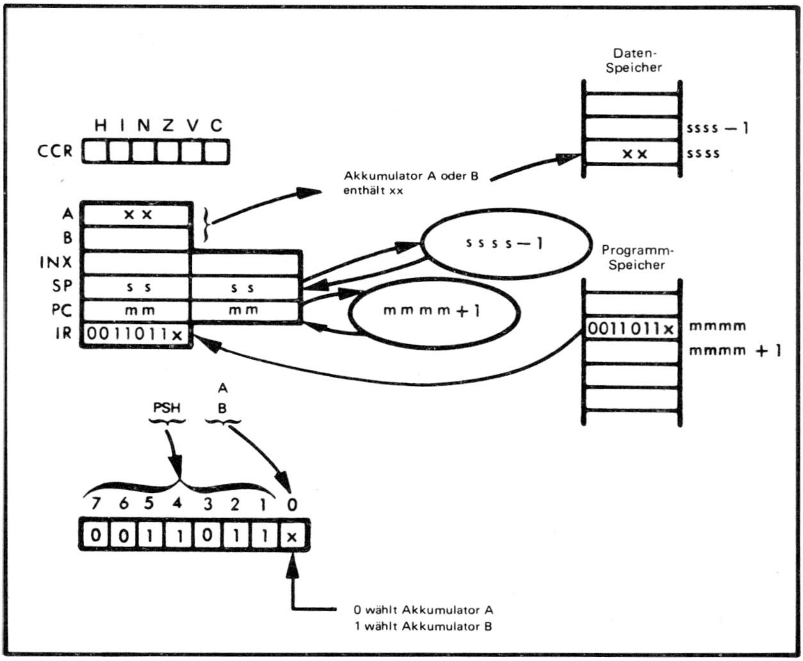

Bringe den Inhalt des gewählten Akkumulators auf die Spitze des Stapels. Der Stapelzeiger wird dann um 1 dekrementiert. Andere Register oder Status werden nicht beeinflußt.

Angenommen, der Akkumulator A enthält den Wert $3A_{16}$ und der Stapelzeiger enthält $2AF7_{16}$. Nach der Ausführung des Befehls:

PSH A

wird der Wert $3A_{16}$ in den Speicherplatz $2AF7_{16}$ gespeichert worden sein und der Stapelzeiger wird auf $2AF6_{16}$ geändert.

Der PSH-Befehl wird am häufigsten verwendet, um den Inhalt des Akkumulators zu retten, beispielsweise vor der Bedienung einer Unterbrechung.

PUL – PULL DATA FROM STACK
(Hole Daten vom Stapel)

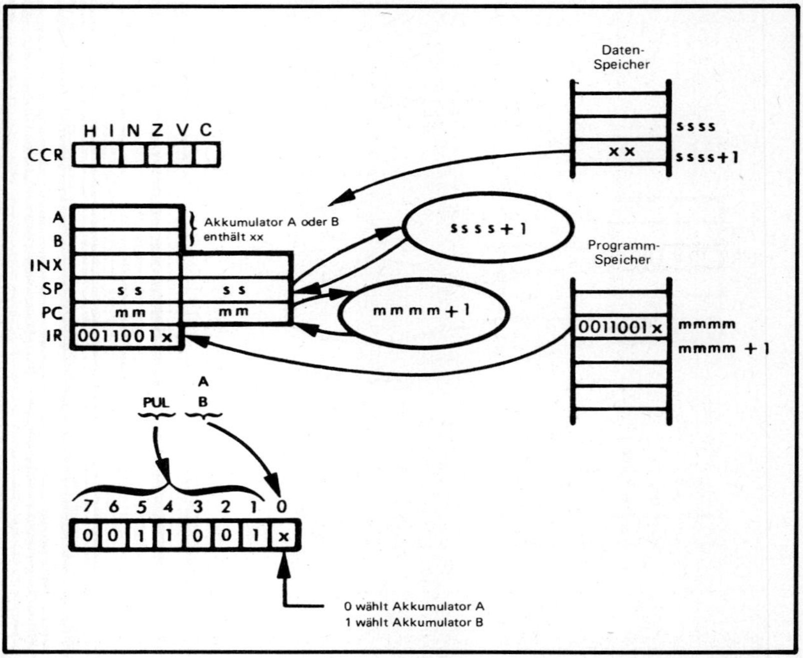

Inkrementiere den Stapelzeiger; dann hole das oberste Byte vom Stapel in den gewählten Akkumulator. Es werden keine anderen Register oder Status beeinflußt.

Der Stapelzeiger enthält angenommen $2AF6_{16}$, und der Speicherplatz $2AF7_{16}$ enthalte CE_{16}. Nach der Ausführung des Befehls:

PUL B

wird der Akkumulator B den Wert CE_{16} und der Stapelzeiger $2AF7_{16}$ enthalten.

Der PUL-Befehl wird am häufigsten zur Wiederherstellung des Inhalts des Akkumulators verwendet, der auf den Stapel gerettet wurde, beispielsweise nach der Bedienung einer Unterbrechung.

ROL – ROTATE ACCUMULATOR OR MEMORY LEFT THROUGH CARRY
(Rotiere Akkumulator oder Speicher nach links durch den Übertrag)

Dieser Befehl verschiebt den Inhalt des spezifizierten Akkumulators oder ausgewählten Speicherbytes um 1 Bit nach links "ringförmig" durch den Übertrag.

Als erstes betrachten wir die Rotation bei einem Akkumulator:

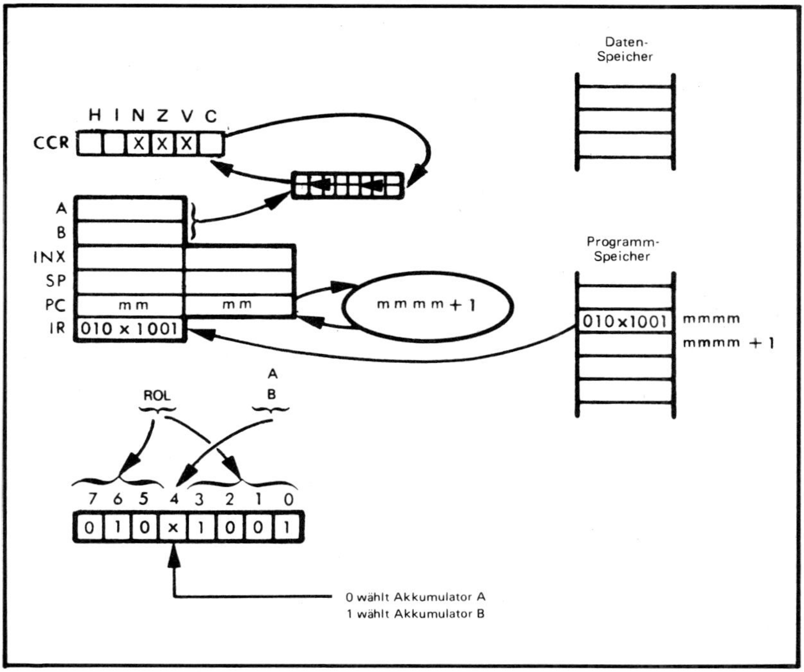

Rotiere den Inhalt des gewählten Akkumulators nach links um 1 Bit durch den Übertrags-Status.

Der Akkumulator A enthält angenommen $7A_{16}$, und der Übertrags-Status wird auf 1 gesetzt. Nach der Ausführung des Befehls:

ROL A

wird der Akkumulator A den Inhalt $F5_{16}$ enthalten, und der Übertrags-Status wird auf 0 gesetzt sein.

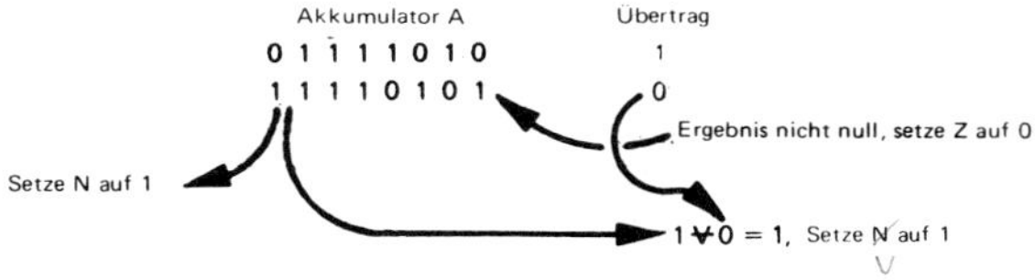

Der ROL-Befehl ermöglicht zwei Arten der Speicher-Adressierung:

1) Erweitert

2) Indiziert

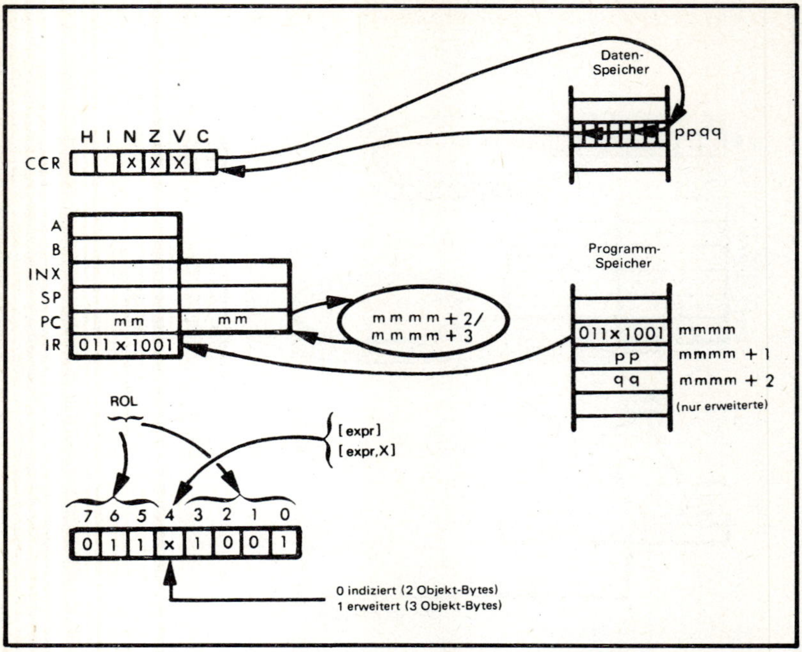

Rotiere das gewählte Speicherbyte nach links um ein Bit durch den Übertrags-Status.

Es sei angenommen pp = 14_{16}, qq = 03_{16}, der Inhalt des Speicherplatzes 1403_{16} sei $2E_{16}$ und der Übertrags-Status gleich 0. Nach der Ausführung eines Befehls:

```
        ROL          $1403
```

wird der Speicherplatz 1403_{16} den Wert $5C_{16}$ enthalten:

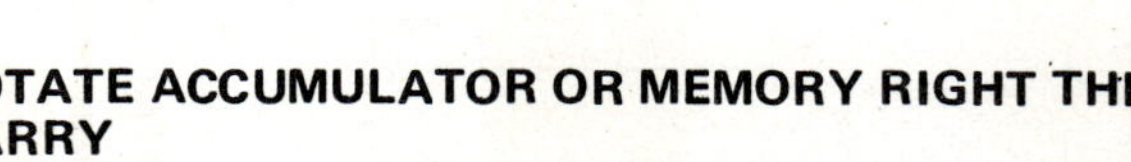

ROR – ROTATE ACCUMULATOR OR MEMORY RIGHT THROUGH CARRY

(Rotiere Akkumulator oder Speicher rechts durch den Übertrag)

Dieser Befehl verschiebt den Inhalt des spezifizierten Akkumulators oder eines gewählten Speicherbytes um 1 Bit nach rechts "ringförmig" durch den Übertrag.

Als erstes betrachten wir die Rotation bei einem Akkumulator:

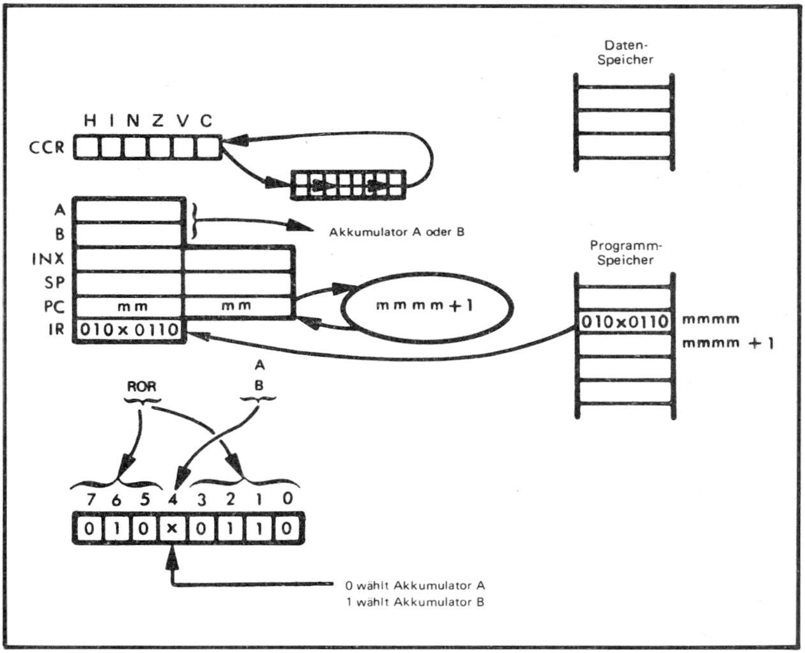

Rotiere den Inhalt des gewählten Akkumulators um 1 Bit nach rechts durch den Übertrags-Status.

Der Akkumulator B enthält angenommen den Wert $7A_{16}$, und der Übertrags-Status ist auf 1 gesetzt. Die Ausführung des Befehls:

ROR B

wird folgende Resultate ergeben: Der Akkumulator B wird BD_{16} enthalten, und der Übertrags-Status wird 0 sein.

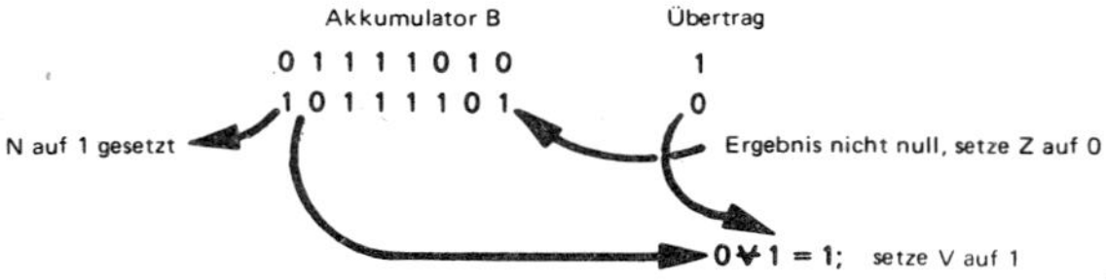

Der ROR-Befehl besitzt zwei Möglichkeiten der Speicher-Adressierung:

1) Erweitert
2) Indiziert

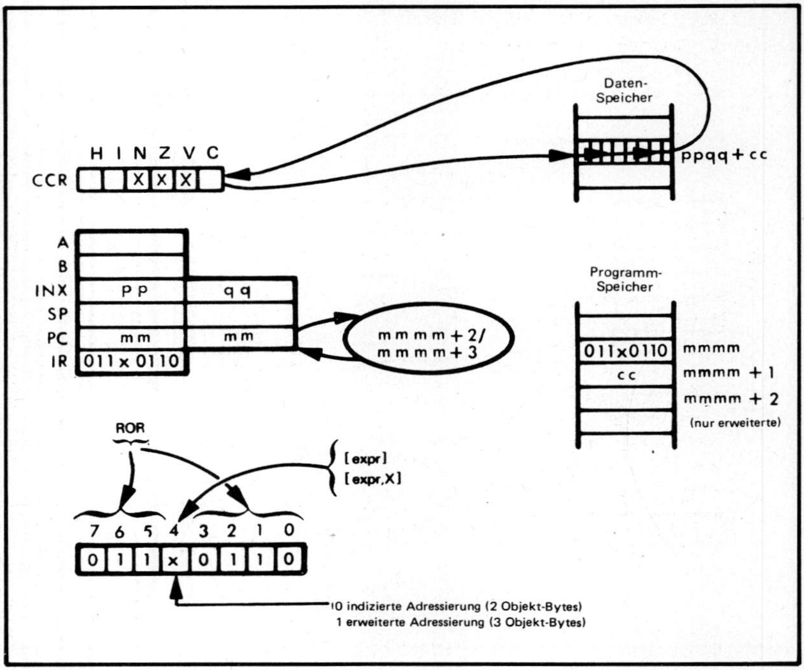

Es sei angenommen cc = 14_{16}, der Inhalt des Indexregisters sei 0100_{16} und der Inhalt des Speicherplatzes 0114_{16} sei ED_{16} und der Übertrags-Status gleich 1. Nach der Ausführung eines Befehls:

```
ROR        $14,X
```

wird der Übertrag 1 sein, und der Speicherplatz 0114_{16} wird den Wert $F6_{16}$ enthalten.

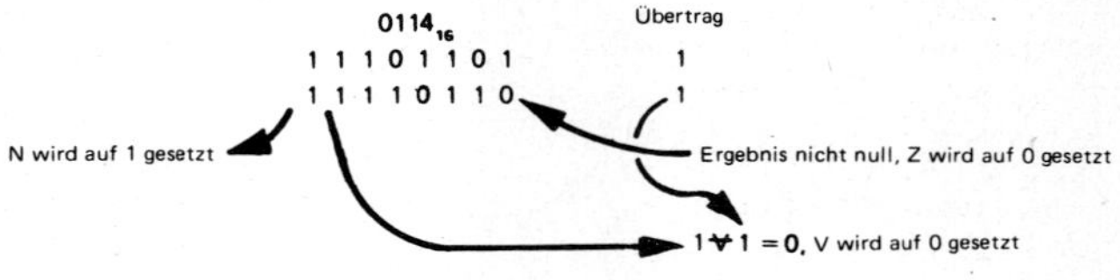

RTI – RETURN FROM INTERRUPT
(Kehre aus Unterbrechung zurück)

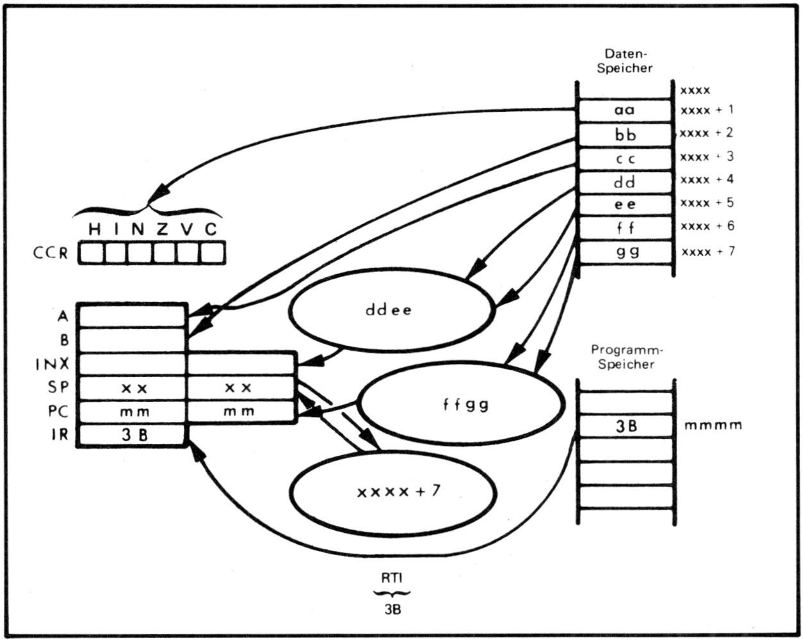

Das Bedingungscode-Register, die Akkumulatoren, das Indexregister und der Befehlszähler besitzen Datenwerte, die vom Stapel geholt wurden. Die Register und die zugehörigen Speicherplätze auf dem Stapel, die in die Register geholt wurden, sind folgende:

Speicherplatz (SP ist xxxx beim Beginn der Befehlsausführung)	Register
xxxx + 1 (Bits 5 - 0)	Bedienungscode-Register
xxxx + 2	Akkumulator B
xxxx + 3	Akkumulator A
xxxx + 4	Höheres Byte des Indexregisters
xxxx + 5	Niedriges Byte des Indexregisters
xxxx + 6	Hohes Byte des Befehlszählers
xxxx + 7	Niedriges Byte des Befehlszählers

Die Ausführung beginnt bei der Adresse, die in den Befehlszähler geholt wurde.

Angenommen, der Stapelzeiger enthält $100F_{16}$, aa = CB_{16}, bb = 14_{16}, cc = 00_{16}, dd = 01_{16}, ee = 00_{16}, ff = 09_{16} und qq = $A2_{16}$. Nach der Ausführung des Befehls:

RTI

wird der Akkumulator A den Wert 00_{16} enthalten, Akkumulator B den Wert 14_{16}, das Indexregister 0100_{16}, der Stapelzeiger wird 1016_{16} enthalten, und der Inhalt des

Befehlszählers wird $09A2_{16}$ sein (dies ist die Adresse, bei der die Befehlsausführung fortgesetzt wird.) Zusätzlich wird das Bedingungscode-Register wie folgt aussehen:

	H	I	N	Z	V	C
CB = 11	0	0	1	0	1	1

Man beachte, daß das Bit der Unterbrechungsmaske gesetzt oder gelöscht wird, abhängig von seinem Wert zu dem Zeitpunkt, in dem das Bedingungscode-Register (CCR = Condition Code Register) auf den Stapel gebracht wurde.

RTS – RETURN FROM SUBROUTINE
(Kehre aus Unterprogramm zurück)

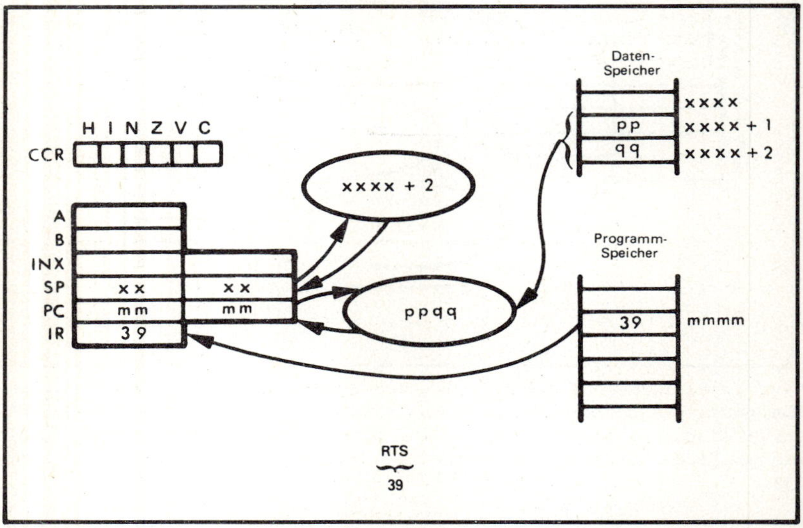

Bringe den Inhalt der beiden obersten Stapelbytes zum Befehlszähler. Diese beiden Bytes liefern die Adresse des nächsten auszuführenden Befehls. Der vorhergehende Inhalt des Befehlszählers geht verloren. Inkrementiere den Stapelzeiger um 2 zur Adressierung der nächsten Stapelspitze.

Jedes Unterprogramm muß als letztes einen Rückkehr-Befehl enthalten. Dies ist der letzte innerhalb des Unterprogramms ausgeführte Befehl und bewirkt eine Rückkehr zum rufenden Programm.

Für eine ausführliche Beschreibung der Ausführung des RTS-Befehls siehe Kapitel 5.

SBA – SUBTRACT ACCUMULATORS
(Subtrahiere Akkumulatoren)

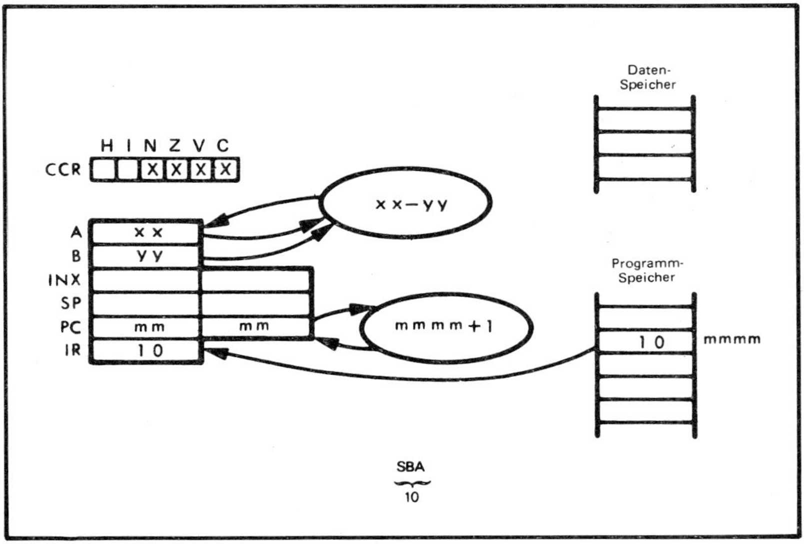

Subtrahiere den Inhalt des Akkumulators B vom Inhalt des Akkumulators A.

Es sei angenommen xx = $3A_{16}$ und yy = $7C_{16}$. Nach der Ausführung des Befehls:

SBA

wird der Akkumulator A den Wert BE_{16} und der Akkumulator B den Wert $7C_{16}$ enthalten.

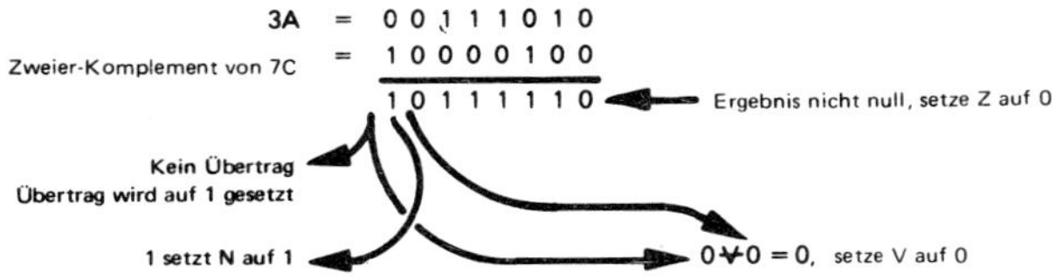

Man beachte, daß der sich ergebende Übertrag komplementiert wird.

SBC – SUBTRACT MEMORY FROM ACCUMULATOR WITH BORROW
(Subtrahiere Speicher vom Akkumulator mit (negativem) Übertrag)

Subtrahiere den Inhalt des gewählten Speicherbytes vom spezifizierten Akkumulator. Dieser Befehl bietet die gleichen Möglichkeiten der Speicher-Adressierung wie der ADC-Befehl, und wird unter Verwendung der unmittelbaren Adressierung gezeigt. Für Beispiele der anderen verfügbaren Adressier-Arten siehe ADC-Befehl:

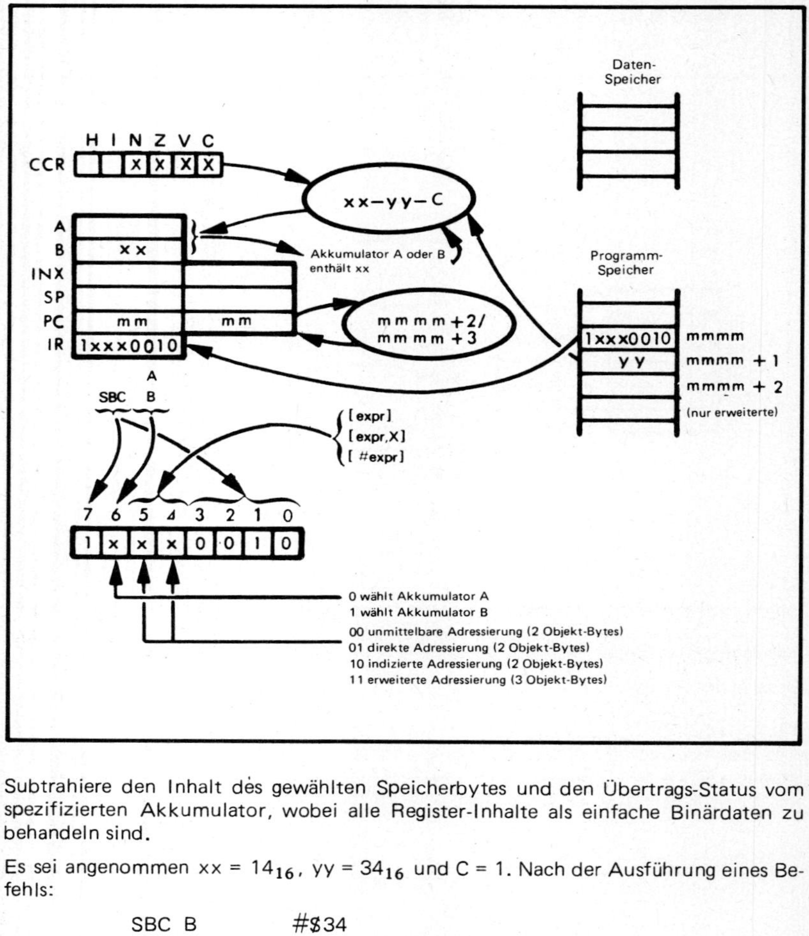

Subtrahiere den Inhalt des gewählten Speicherbytes und den Übertrags-Status vom spezifizierten Akkumulator, wobei alle Register-Inhalte als einfache Binärdaten zu behandeln sind.

Es sei angenommen xx = 14_{16}, yy = 34_{16} und C = 1. Nach der Ausführung eines Befehls:

SBC B #$34

würde der Inhalt des Akkumulators B auf den Wert DF_{16} geändert:

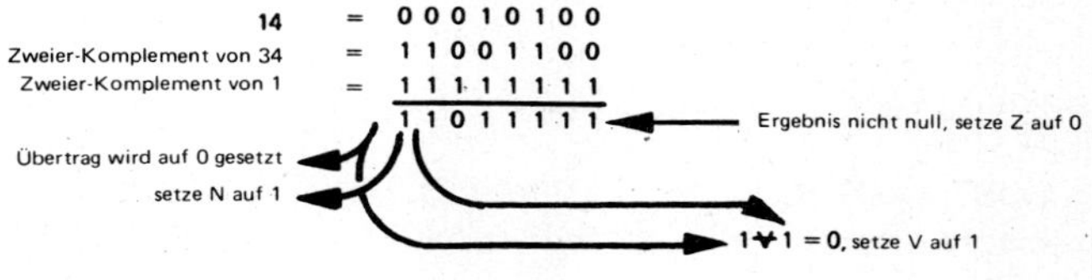

Man beachte, daß der sich ergebende Übertrag komplementiert wird.

Der SBC-Befehl wird häufig bei Multibyte-Subtraktionen verwendet, nachdem das niederwertige Byte unter Verwendung des SUB-Befehls verarbeitet wurde.

SEC – SET CARRY
(Setze Übertrag)

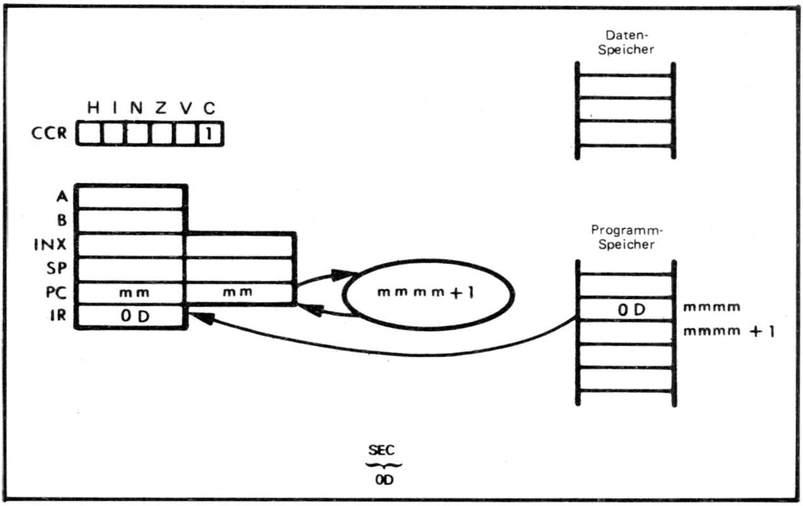

Wenn der SEC-Befehl ausgeführt wird, wird der Übertrags-Status auf 1 gesetzt, unabhängig von seinem vorausgehenden Wert. Es werden keine anderen Status oder Register-Inhalte beeinflußt.

SEI – SET INTERRUPT MASK
(Setze Unterbrechungsmaske)

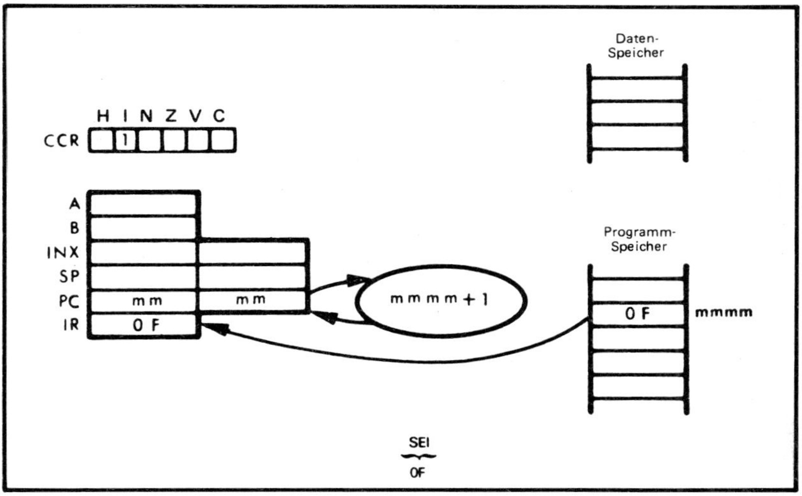

Nachdem dieser Befehl ausgeführt wurde, wird der Mikroprozessor gesperrt und bedient keine Unterbrechungen. Er fährt mit der Ausführung von Befehlen fort, ohne auf Unterbrechungen zu reagieren, bis der Unterbrechungs-Status gelöscht wird. Nicht-maskierbare Unterbrechungen werden bedient, unabhängig vom Zustand des Unterbrechungsmasken-Bits.

Mit Ausnahme des Unterbrechungsmasken-Bits im Bedingungscode-Register werden keine anderen Register oder Status geändert.

SEV – SET OVERFLOW STATUS
(Setze Überlauf-Status)

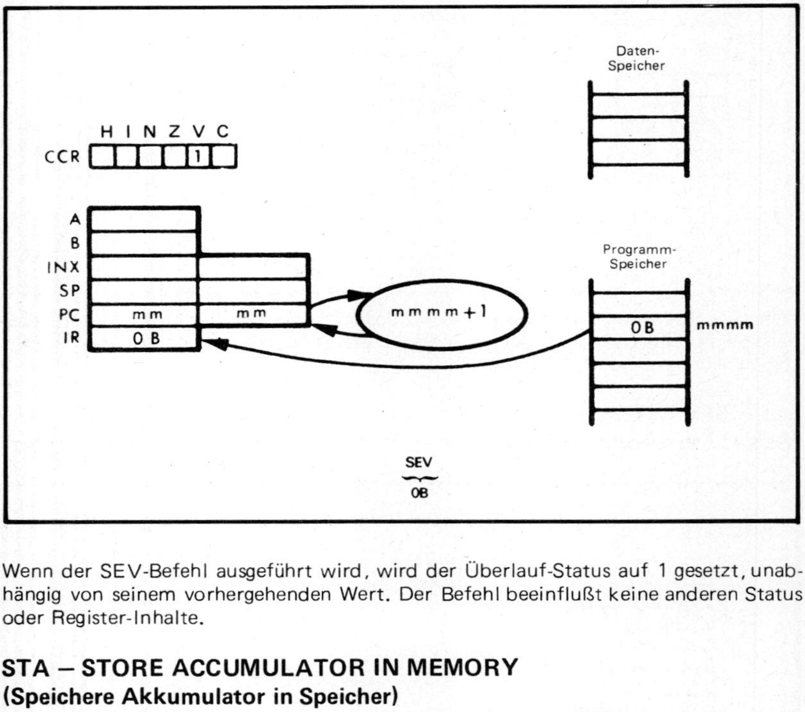

Wenn der SEV-Befehl ausgeführt wird, wird der Überlauf-Status auf 1 gesetzt, unabhängig von seinem vorhergehenden Wert. Der Befehl beeinflußt keine anderen Status oder Register-Inhalte.

STA – STORE ACCUMULATOR IN MEMORY
(Speichere Akkumulator in Speicher)

Speichere den Inhalt des gewählten Akkumulators in den ausgewählten Speicherplatz. Dieser Befehl bietet die gleichen Adressiermöglichkeiten wie der ADC-Befehl, mit der Ausnahme, daß eine unmittelbare Adressierung nicht verfügbar ist. Dieser Befehl wird unter Verwendung der erweiterten Adressierung gezeigt. Für die Besprechung und ein Beispiel der indizierten und direkten Adressierung siehe ADC-Befehl.

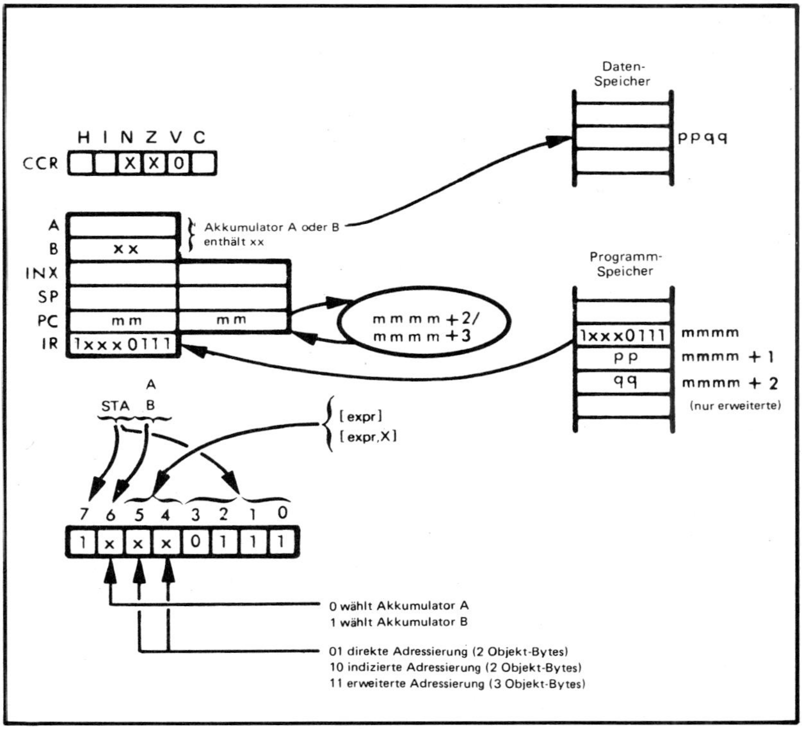

Speichere den spezifizierten Akkumulator in den Speicher.

Angenommen xx = 63_{16}, pp = 05_{16}, qq = $3A_{16}$. Nach der Ausführung des Befehls:

STA B $053A

wird der Inhalt des Speicherplatzes $053A_{16}$ den Wert 63_{16} haben.

STS – STORE STACK POINTER
(Speichere Stapelzeiger)

Speichere den Inhalt des Stapelzeigers in zwei aufeinanderfolgende Speicherplätze. Wie beim STA-Befehl bietet dieser Befehl die Möglichkeit der direkten, indizierten und erweiterten Adressierung. Dieser Befehl wird unter Verwendung der direkten Adressierung gezeigt. Für eine Besprechung der indizierten und erweiterten Adressierung siehe ADC-Befehl.

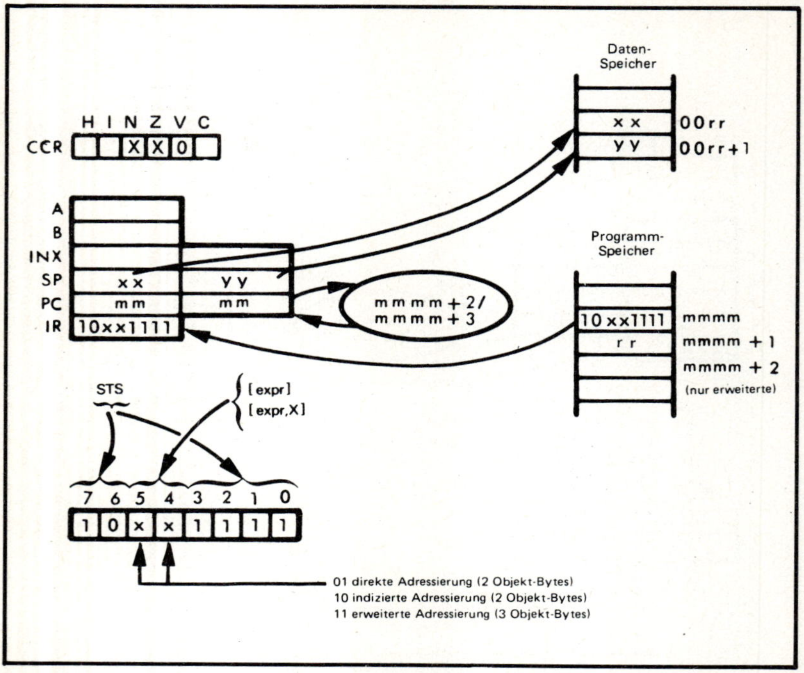

Speichere das höhere Byte des Stapelzeigers in das gewählte Speicherbyte. Speichere das niedrige Byte des Stapelzeigers in das Speicherbyte, das unmittelbar auf die gewählte Speicherstelle folgt.

Es sei angenommen, daß der Inhalt des Stapelzeigers gleich $28FF_{16}$ und rr = 80_{16} ist. Nach Ausführung des Befehls:

STS

wird der Speicherplatz 0080_{16} den Wert 28_{16} enthalten und der Speicherplatz 81_{16} wird FF_{16} enthalten.

STX – STORE INDEX REGISTER
(Speichere Indexregister)

Speichere den Inhalt des Indexregisters in zwei aufeinanderfolgende Speicherplätze. Wie beim STA-Befehl bietet dieser Befehl keine unmittelbare Adressierung, jedoch die drei anderen Möglichkeiten für den Speicher-Zugriff: Direkt, indiziert und erweitert. Dieser Befehl wird unter Verwendung der erweiterten Adressierung gezeigt. Für eine Besprechung der direkten und indizierten Adressierung siehe ADC-Befehl.

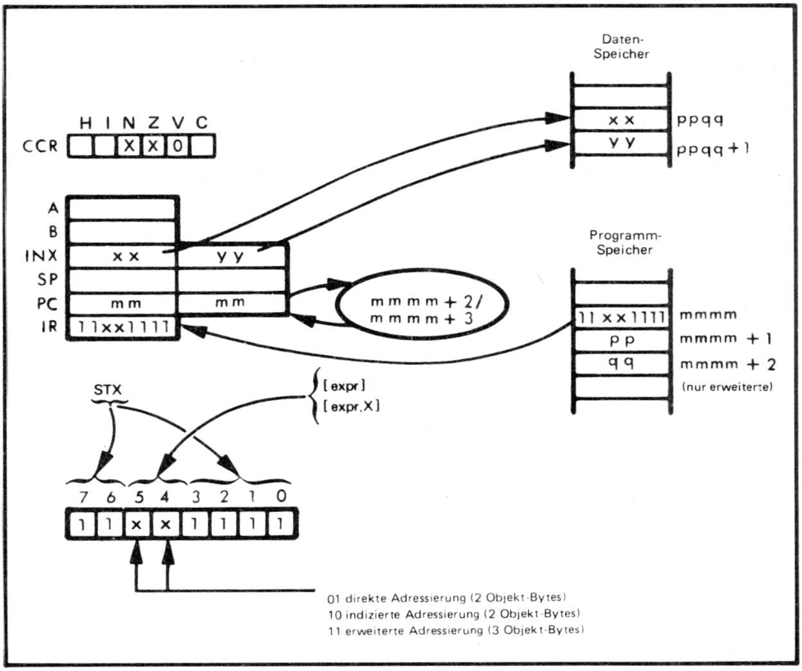

Speichere das höhere Byte des Indexregisters in das ausgewählte Speicherbyte. Speichere das niedrige Byte des Indexregisters in das Speicherbyte, das unmittelbar auf den ausgewählten Speicherplatz folgt.

Es sei angenommen, daß der Inhalt des Indexregisters 0100_{16}, pp = 14_{16} und qq = 30_{16} ist. Nach der Ausführung des Befehls:

STX

wird der Speicherplatz 1430_{16} den Wert 01_{16}, und 1431_{16} den Wert 00_{16} enthalten.

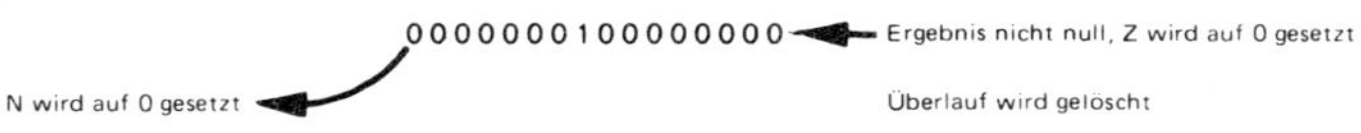

SUB – SUBTRACT MEMORY FROM ACCUMULATOR
(Subtrahiere Speicher vom Akkumulator)

Subtrahiere den Inhalt des gewählten Speicherbytes vom Inhalt des Akkumulators. Dieser Befehl bietet die gleichen Möglichkeiten der Speicher-Adressierung wie der ADC-Befehl und wird unter Verwendung der direkten Adressierung gezeigt. Für Beispiele der anderen Adressier-Arten siehe Beschreibung des ADC-Befehls.

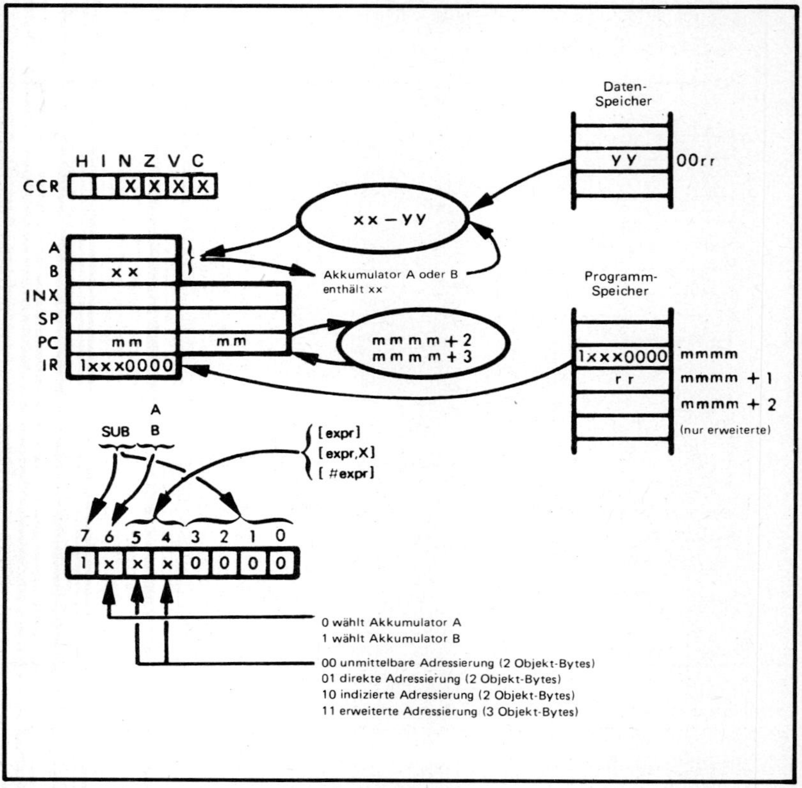

Subtrahiere den Inhalt des gewählten Speicherbytes vom Inhalt des spezifizierten Akkumulators, wobei beide Operanden als einfache Binärdaten zu behandeln sind.

Angenommen xx = $E3_{16}$, yy = $A0_{16}$ und rr = 31_{16}. Nach Ausführung des Befehls:

SUB B $31

wird der Inhalt des Akkumulators B den Wert 43_{16} besitzen.

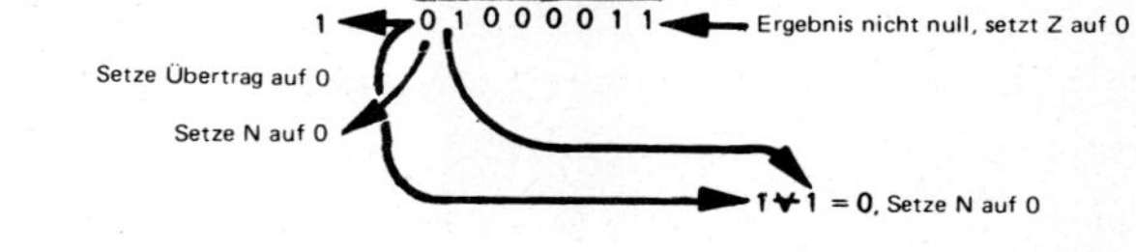

Der SUB-Befehl wird zur Ausführung von Ein-Byte-Subtraktionen verwendet, oder für das niederwertige Byte in Multibyte-Subtraktionen.

SWI – SOFTWARE INTERRUPT
(Software-Unterbrechung)

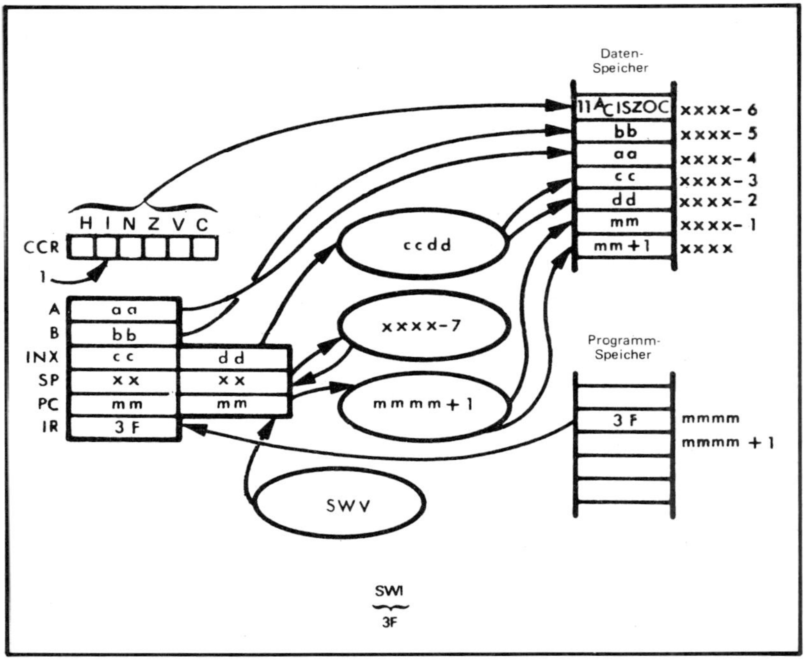

Der Befehlszähler wird um 1 erhöht, dann wird der Befehlszähler, das Indexregister, die Akkumulatoren A und B und das Bedingungscode-Register auf den Stapel gebracht. Die Register und die zugehörigen Speicherplätze, in die diese geladen werden, sind anschließend gezeigt:

Speicherplatz (SP ist xxxx bei Beginn der Befehlsausführung)	Register
xxxx	Niedriges Byte des Befehlszählers
xxxx - 1	Hohes Byte des Befehlszählers
xxxx - 2	Niedriges Byte des Indexregisters
xxxx - 3	Hohes Byte des Indexregisters
xxxx - 4	Akkumulator A
xxxx - 5	Akkumulator B
xxxx - 6	Bedingungscode-Register

Das Unterbrechungsmasken-Bit wird dann auf 1 gesetzt. Dies sperrt die Unterbrechungs-Servicemöglichkeiten des MC6800, d.h. der Prozessor wird nicht auf eine Unterbrechung von einem peripheren Baustein reagieren. Der Inhalt des SWV (Software Interrupt Pointer = Software-Unterbrechungszeiger) wird dann in den Befehlszähler geladen.

Der SWI-Befehl kann für eine Vielzahl von Funktionen verwendet werden. Die Adresse des Eintrittspunktes für eine Gruppe von System-Unterprogrammen oder die

Adresse des Eintrittspunktes für ein Platten-Betriebssystem oder die Adresse irgendeines Software-Paketes könnte in den Software-Unterbrechungszeiger eingesetzt werden. Durch Ausführung eines SWI-Befehls kann in jedes dieser verschiedenen Software-Systeme eingetreten werden. Für weitere Informationen über den SWI-Befehl siehe Kapiel 9 in "An Introduction To Microcomputers: Volume II Some Real Microprocessors".

TAB – MOVE FROM ACCUMULATOR A TO ACCUMULATOR B
(Transferiere von Akkumulator A zu Akkumulator B)

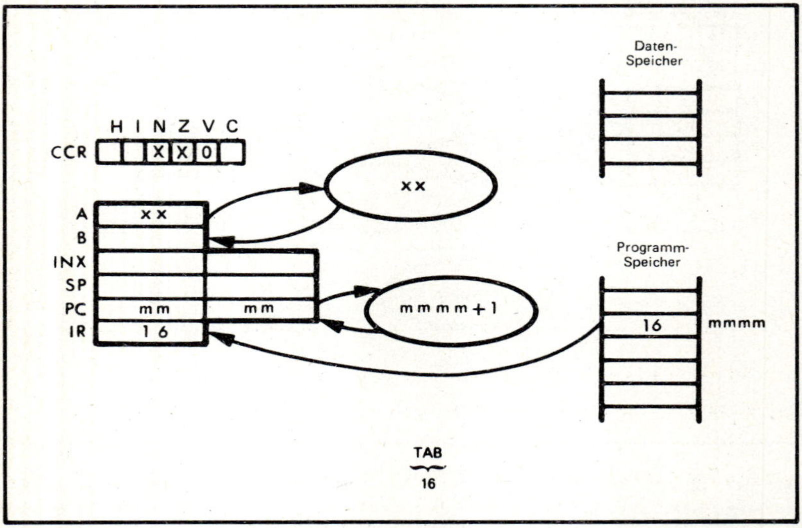

Transferiere den Inhalt des Akkumulators A zum Akkumulator B. Setze Negativ- und Null-Status entsprechend. Lösche den Überlauf-Status.

Angenommen xx = 00_{16}. Nach Ausführung des Befehls:

TAB

werden die Akkumulatoren A und B den Wert 0 enthalten.

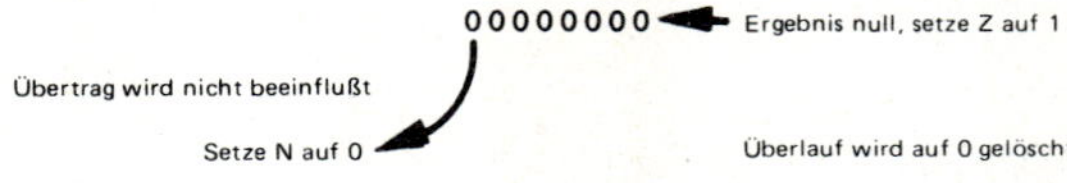

TAP – MOVE FROM ACCUMULATOR A TO CCR
(Transferiere vom Akkumulator A zum Bedingungscode-Register)

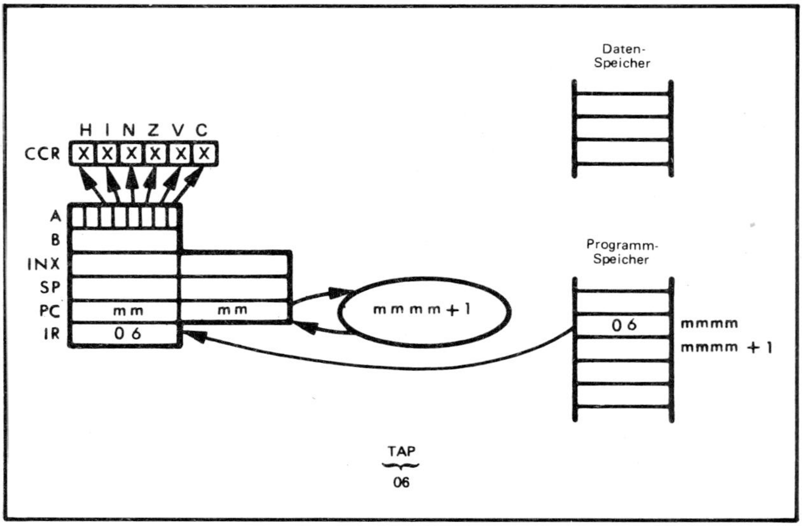

Transferiere Bits 0 - 5 im Akkumulator A in das Bedingungscode-Register.

Der Akkumulator A enthält angenommen CA_{16}. Nach Ausführung des Befehls:

TAP

wird das Bedingungscode-Register (CCR) wie folgt gesetzt sein:

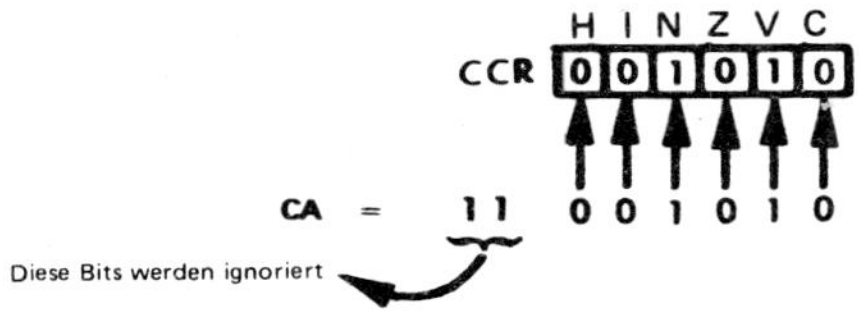

TBA – MOVE FROM ACCUMULATOR B TO ACCUMULATOR A
(Transferiere vom Akkumulator B zum Akkumulator A)

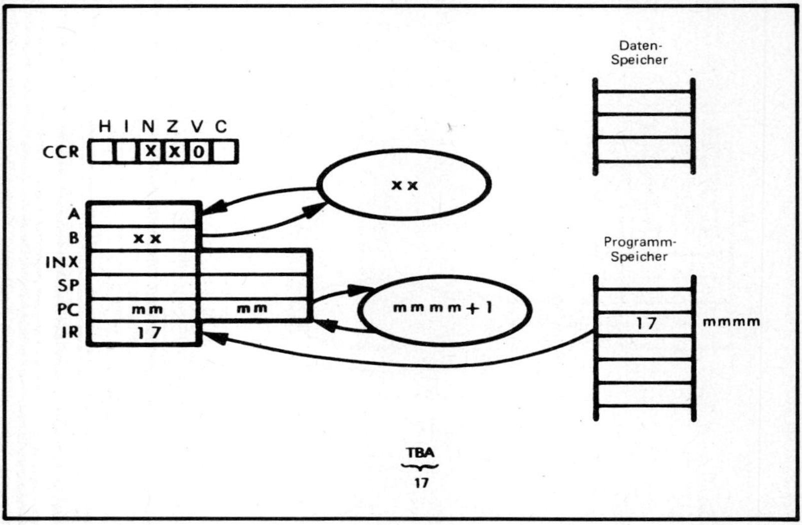

Transferiere den Inhalt des Akkumulators B zum Akkumulator A. Setze den Negativ- und Null-Status entsprechend. Lösche den Überlauf-Status.

Angenommen xx = $C3_{16}$. Nach Ausführung des Befehls:

TBA

werden die Akkumulatoren A und B den Wert $C3_{16}$ enthalten.

TPA – MOVE CCR TO ACCUMULATOR A
(Transferiere Bedingungscode-Register zum Akkumulator A)

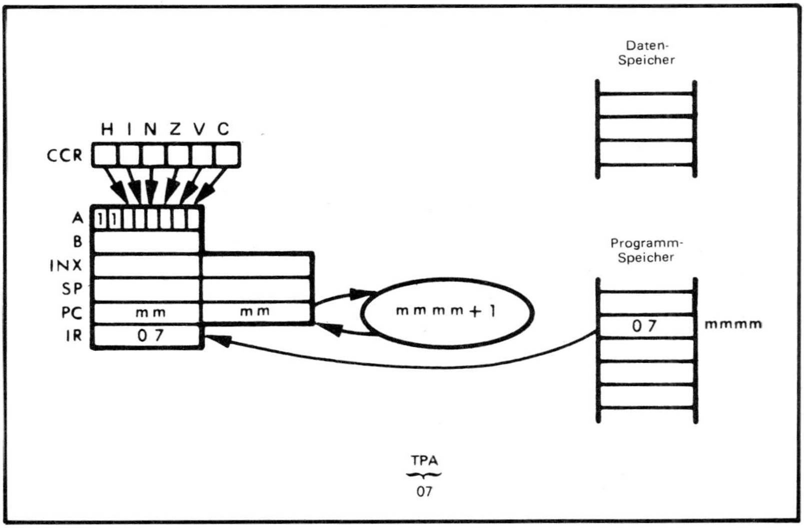

Transferiere den Inhalt des Bedingungscode-Registers (CCR = Condition Code Register) in den Akkumulator A, Bits 0 - 5. Setze die Bits 6 und 7 des Akkumulators A auf 1.

Das CCR war angenommen in folgendem Zustand:

N und C sind 1.
H, I, Z und V sind 0.

Nach Ausführung des Befehls:

TPA

wird der Akkumulator A den Wert $C9_{16}$ enthalten.

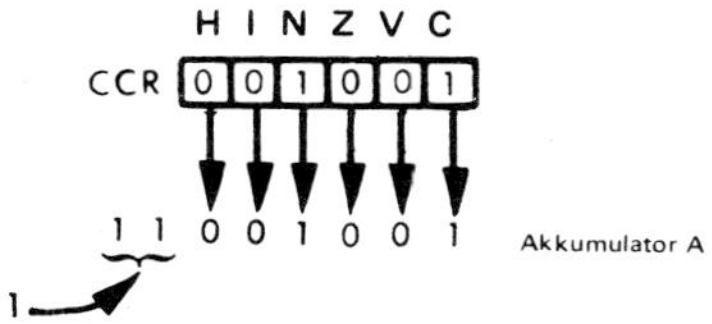

Der Akkumulator A ist das einzige Register, das beeinflußt wurde. Es wird kein Status geändert.

TST – TEST THE CONTENTS OF ACCUMULATOR OR MEMORY (Teste den Inhalt des Akkumulators oder Speichers)

Setze das Negativ- und Null-Flag entsprechend dem Inhalt des spezifizierten Akkumulators oder des gewählten Speicher-Bytes.

Als erstes betrachten wir das Testen eines Akkumulators:

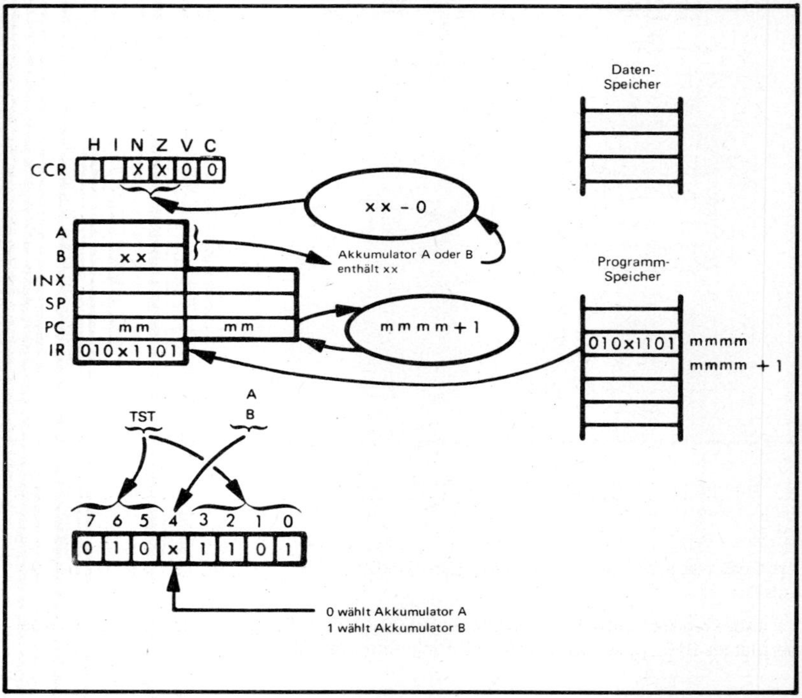

Setze das Negativ- und Null-Flag entsprechend dem Ergebnis einer Subtraktion 00_{16} vom Akkumulator A oder B. Lösche das Überlauf- und Übertrags-Flag.

Angenommen xx = 31_{16}. Nach Ausführung eines Befehls:

TST B

werden der Negativ-, Null-, Überlauf- und Übertrags-Status 0 sein.

TST bietet zwei Möglichkeiten für den Speicher-Zugriff: Indiziert und erweitert.

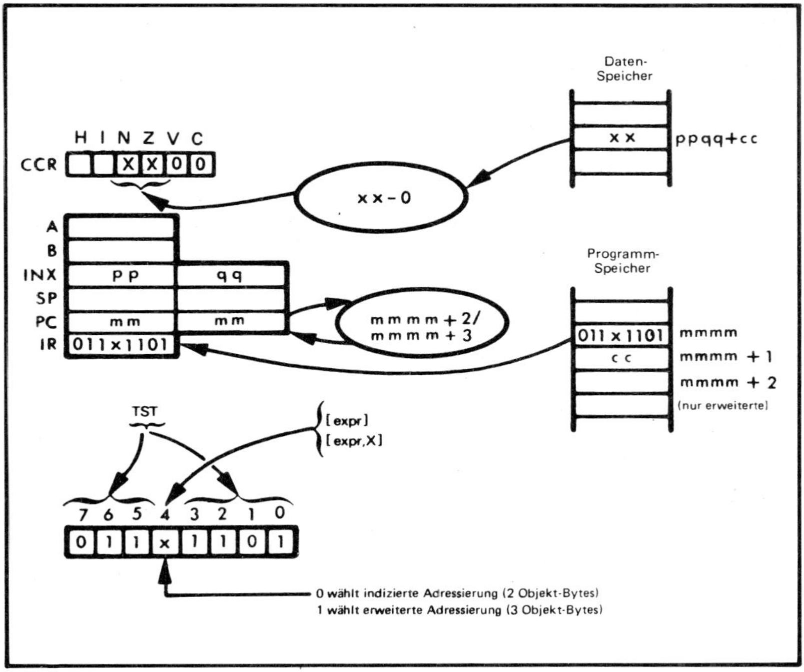

Teste das gewählte Speicherbyte durch Subtrahieren von 00_{16} von seinem Inhalt. Setze das Negativ- und Null-Flag entsprechend, und lösche den Überlauf- und Übertrags-Status.

Das Indexregister enthält angenommen 0100_{16}, cc = 02_{16} und der Inhalt des Speicherplatzes 0102_{16} sei 00. Die Ausführung eines Befehls:

TST 2,X

würde das Negativ-, Überlauf- und Übertrags-Flag auf 0 setzen und das Null-Flag auf 1.

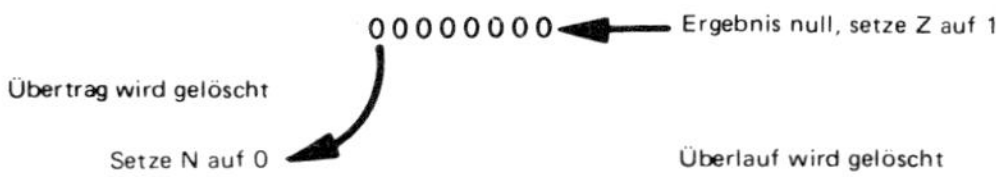

TSX – MOVE FROM STACK POINTER TO INDEX REGISTER
(Transferiere vom Stapelzeiger zum Indexregister)

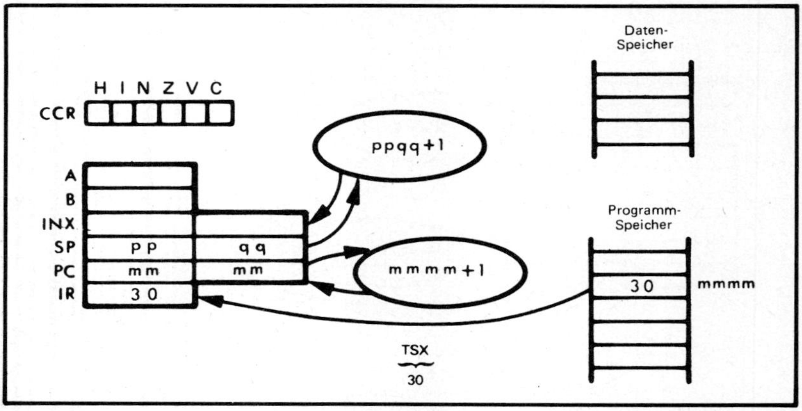

Transferiere den Inhalt des Stapelzeigers zum Indexregister und inkrementiere um 1.

Angenommen ppqq ist $2AF7_{16}$. Nach der Ausführung des Befehls:

TSX

wird das Indexregister den Wert $2AF8_{16}$ enthalten.

Der Grund hierfür, daß das Indexregister mit dem Inhalt des Stapelzeigers plus 1 geladen wird, besteht darin, daß es dem Indexregister gestattet wird, direkt zum unteren Ende des Stapels zu zeigen. Erinnern wir uns daran, daß der MC6800 ein Dekrementieren nach dem Schreiben und ein Inkrementieren vor dem Lesen des Stapels ausführt.

Es werden keine anderen Register oder Status beeinflußt.

TXS – MOVE FROM INDEX REGISTER TO STACK POINTER
(Transferiere vom Indexregister zum Stapelzeiger)

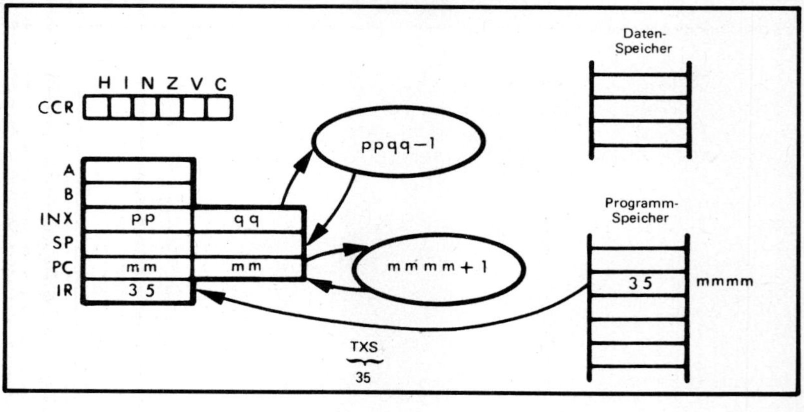

Transferiere den Inhalt des Indexregisters zum Stapelzeiger und dekrementiere um 1.

Angenommen ppqq = $2AF8_{16}$. Nach der Ausführung des Befehls:

TXS

wird der Stapelzeiger den Wert $2AF7_{16}$ enthalten.

Es werden keine anderen Register oder Status beeinflußt.

WAI – WAIT FOR INTERRUPT
(Warte auf Unterbrechung)

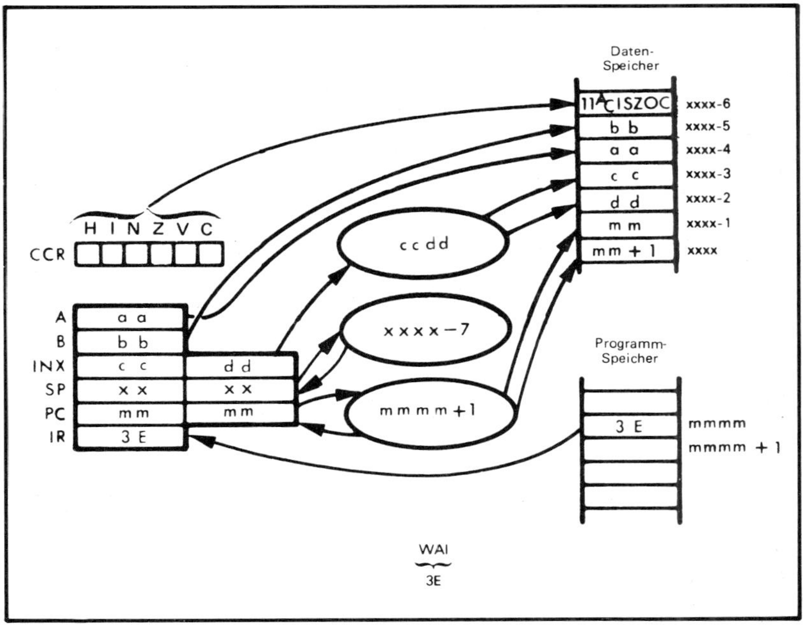

Der Befehlszähler wird um 1 inkrementiert, dann wird der Befehlszähler, das Indexregister, die Akkumulatoren A und B, und das Bedingungscode-Register (CCR) auf den Stapel gebracht. Die Register und die entsprechenden Speicherplätze, in die sie gebracht werden, sind anschließend gezeigt:

Speicherplatz (SP ist xxxx beim Beginn der Befehlsausführung)	Register
xxxx	Niedriges Byte des Befehlszählers
xxxx - 1	Hohes Byte des Befehlszählers
xxxx - 2	Niedriges Byte des Indexregisters
xxxx - 3	Hohes Byte des Indexregisters
xxxx - 4	Akkumulator A
xxxx - 5	Akkumulator B
xxxx - 6	Bedingungscode-Register

Nachdem der Status des Systems auf den Stapel gerettet wurde, wird die Ausführung angehalten, bis ein peripherer Baustein eine Unterbrechung anfordert. Wenn eine Unterbrechung angefordert wird, wird das Unterbrechungsmasken-Bit auf 1 gesetzt und es wird ein Sprung zu der Adresse ausgeführt, die im normalen externen Unterbrechungs-Vektor enthalten ist. Siehe Kapitel 9 von "An Introduction to Microcomputers: Volume II – Some Real Microprocessors" für weitere Informationen über den WAI-Befehl.

ASSEMBLER-VEREINBARUNGEN FÜR DEN MOTOROLA 6800

Der Standard-Assembler ist von den Herstellern des 6800 erhältlich, sowie auf den wichtigen Time-Sharing-Netzwerken verfügbar. Er ist auch in den meisten Entwicklungs-Systemen enthalten. Cross-Assembler-Versionen sind für die meisten großen Computer und für zahlreiche Minicomputer erhältlich.

FELD-AUFBAU DES ASSEMBLERS

Die Befehle in Assemblersprache haben den Standard-Feldaufbau (siehe Bild 2-1). Die erforderlichen Begrenzungszeichen sind:

1) Ein Zwischenraum nach einer Marke. Beachten Sie, daß alle Marken in Spalte 1 beginnen müssen.
2) Ein Zwischenraum nach dem Operationscode. Die Akkumulator-Bestimmung, falls erforderlich, kann zum Operationscode ohne Zwischenraum hinzugefügt werden, z.B. ADDA für "Addiere zum Akkumulator A".
3) Ein X im Operandenfeld zeigt die Indizierung an.
4) Ein Zwischenraum vor einem Kommentar, der auf der gleichen Zeile wie ein Befehl aufscheint, und ein Sternchen am Beginn einer Zeile ohne einen Operationscode.

```
START   LDAA    1000    GET LENGTH
        LDX     2300
        WAI
```

MARKIERUNGEN (Labels)

Der Assembler gestattet oft nur sechs Zeichen in Markierungen. Das erste Zeichen muß ein Buchstabe sein, während darauffolgende Zeichen Buchstaben oder Ziffern sein können. Die Einzelzeichen A, B und X sind für die beiden Akkumulatoren und das Indexregister reserviert.

PSEUDO-OPERATIONEN

Der Assembler besitzt folgende Pseudo-Operationen:

END - End of Program (Ende des Programms)
EQU - Equate (Wertzuweisung für Symbol)
FCB - Form Constant Byte (Speicherplatzbelegung mit 8-Bit-Operanden)
FCC - Form Constant Characters (Speicherplatzbelegung mit ASCII-Zeichenketten)

FDB - Form Double Constant (Speicherplatzbelegung mit 16-Bit-Operanden)
ORG - Origin (Setzen des Befehlszählers)
RMB - Reserve Memory Bytes (Reservierung von Speicherplätzen)

FCB, FCC, FDB PSEUDO-OPERATIONEN

FCB, FCC und FDB sind Daten-Pseudo-Operationen, die zur Plazierung von Daten in ein ROM verwendet werden. FCB wird für 8-Bit-Daten verwendet, FCC für 7-Bit-ASCII-Zeichen (MSB ist Null) und FDB für 16-Bit-Daten oder Adressen. FDB speichert 16-Bit-Daten oder Adressen in zwei aufeinanderfolgenden Bytes, mit den acht höchstwertigen Bits in das erste Wort (niedrigere Adresse).

Beispiele:

```
ADDR     FDB     $3165
```

ergibt in (ADDR) = 31 und (ADDR+1) = 65 (hexadezimal)

```
TCONV    FCB     32
```

Diese Pseudo-Operation plaziert die Zahl 32 in das nächste Byte des ROMs und weist den Namen TCONV der Adresse dieses Bytes zu.

```
ERROR    FCC     /ERROR/
```

Diese Pseudo-Operation plaziert die 7-Bit-ASCII-Zeichen E, R, R, O und R in die nächsten fünf Bytes des ROMs und weist den Namen ERROR der Adresse des ersten Bytes zu.

Ein einzelnes Zeichen (nicht gerade /) kann zur Einrahmung des ASCII-Textes verwendet werden. Eine Alternative ist das Spezifizieren der Anzahl der Zeichen im Operandenfeld. Zum Beispiel:

```
ERROR    FCC     5,ERROR
```

Wir wollen immer die erste gezeigte Form verwenden, d.h. die Form mit dem Schrägstrich.

```
OPERS    FDB     FADD,FSUB,FMUL,FDIV
```

Diese Pseudo-Operation plaziert die Adressen FADD, FSUB, FMUL und FDIV in die nächsten acht Speicherbytes und weist den Namen OPERS der Adresse des ersten Bytes zu.

RMB ist die Reserve-Pseudo-Operation, die zur Zuweisung von Speicherplätzen im RAM verwendet wird. Sie weist eine spezifizierte Anzahl von Bytes zu.

EQU ist die Equate- oder Define-Pseudo-Operation und wird zur Definition von Namen verwendet.

ORG-PSEUDO-OPERATION

ORG ist die Standard-Origin-Pseudo-Operation. Programme für den 6800 besitzen gewöhnlich mehrere Origins. Diese werden wie folgt verwendet:

1) Um das Löschen und die Unterbrechungs-Service-Adressen zu spezifizieren. Diese Adressen müssen in die höchsten Speicher-Adressen im System plaziert werden (gewöhnlich $FFF8_{16}$ bis $FFFF_{16}$).

2) Zur Spezifizierung der Start-Adressen der tatsächlichen Lösch- und Unterbrechungs-Serviceroutinen. Diese Routinen selbst können überall im Speicher plaziert werden.

3) Zur Spezifizierung der Start-Adressen des Hauptprogramms.

4) Zur Spezifizierung der Start-Adressen von Unterprogrammen.

5) Zur Festlegung von Bereichen des RAM-Speichers.

6) Zur Festlegung eines Bereiches für den RAM-Stapel.

7) Zur Spezifizierung von Adressen, die für E/A-Ports und spezielle Funktionen verwendet werden.

Beispiele:

```
RESET    EQU    $3800
         ORG    $FFFE
         FDB    RESET
         ORG    RESET
```

Anmerkung: $ bedeutet "hexadezimal"

Diese Sequenz plaziert die Reset-Befehls-Sequenz in den Speicher, beginnend bei der Adresse 3800 und plaziert diese Adresse in die Speicherplätze (Adressen FFFE und FFFF), von denen die CPU des 6800 die Reset-Adressen wiedergewinnt.

Die Befehls-Sequenz, die hierauf folgt, wird in den Speicher beginnend beim Speicherplatz $C000_{16}$ gespeichert.

```
MAIN     EQU    $C000
         ORG    MAIN
```

END markiert einfach das Ende des Programms in Assemblersprache.

MARKIERUNGEN MIT PSEUDO-OPERATIONEN

Diese Regeln und Empfehlungen für Markierungen mit Pseudo-Operationen des 6800 sind folgende:

1) EQU erfordert eine Markierung, da sein Zweck die Definition der Bedeutung dieser Markierung ist.

2) FCB, FCC, FDB und RMB besitzen gewöhnlich Markierungen.

3) ORG und END sollten keine Markierungen haben, da die Bedeutung derartiger Markierungen unklar ist.

ADRESSEN

Der 6800 Assembler von Motorola gestattet den Eintritt in ein Adressenfeld in einer der folgenden Formen:

ZAHLEN UND ZEICHEN IN ADRESSENFELDERN

1) Dezimal (der Standardfall)
Beispiel: 1247

2) Hexadezimal (muß beginnen mit $)
Beispiel: $CE00

3) Oktal (muß beginnen mit @)
Beispiel: @1247

4) Binär (muß beginnen mit %)
Beispiel: %11100011

5) ASCII (einzelnes Zeichen, dem ein Apostroph vorausgeht)
Beispiel: 'H

6) Als eine Versetzung vom Befehlszähler (*)
Beispiel: *+7

Die verschiedenen Adressier-Arten des 6800 werden wie folgt unterschieden:

ADRESSIER-ARTEN

Direkt oder erweitert sind die Standard-Adressierarten (der Assembler wählt "direkt", wenn die Adresse kleiner ist als 256, und andernfalls "erweitert".

für unmittelbare Adressierung (geht den Daten voraus).

X für indiziert (folgt der Versetzung). X allein entspricht 0,X.

ARITHMETISCHE AUSDRÜCKE DES ASSEMBLERS

Der Assembler gestattet auch Ausdrücke im Adressenfeld. Diese Ausdrücke bestehen aus Zahlen und Namen, die durch arithmetische Operatoren +, –, * (Multiplikation) oder / (ganzzahlige Division). Der Assembler prüft die Ausdrücke von links nach rechts. Es sind weder Klammern zulässig, noch besteht irgendeine Rangfolge der Operationen. Gebrochene Ergebnisse werden gekürzt.

Es ist zu empfehlen, daß man Ausdrücke innerhalb der Adressenfelder – wenn immer möglich – vermeidet. Wenn man eine Adresse berechnen muß, so sollte jeder unklare Ausdruck kommentiert werden und man sollte sicher sein, daß die Auswertung der Ausdrücke niemals ein Ergebnis liefert, das zu groß für seine letztliche Anwendung ist.

ANDERE ASSEMBLER-EIGENSCHAFTEN

Der Standard 6800-Assembler hat weder eine bedingte Assemblier-Möglichkeit noch eine Makro-Möglichkeit. Einige 6800-Assembler haben eine oder zwei dieser Möglichkeiten, und man sollte die Beschreibung dem entsprechenden Handbuch entnehmen. Es werden weiterhin keine dieser Möglichkeiten verwendet oder hierauf bezogen, obwohl beide sehr bequem sein können.

Kapitel 4
Einfache Programme

Der einzige Weg zum Erlernen der Programmierung in Assemblersprache ist das Schreiben von Assemblersprachen-Programmen. Dies soll während der nächsten sechs Kapitel, die Beispiele für typische Mikrocomputer-Aufgaben enthalten, geschehen. Aufgaben am Ende jeden Kapitels enthalten Variationen der Beispiele, die im entsprechenden Kapitel behandelt wurden. Man sollte versuchen, diese Beispiele auf einem Mikrocomputer-System mit dem 6800 laufen zu lassen, um sich zu vergewissern, daß man den in dem Kapitel behandelten Stoff auch verstanden hat.

In diesem Kapitel beginnen wir mit einigen sehr einfachen Programmen.

ALLGEMEINES FORMAT DER BEISPIELE

BEISPIEL-FORMAT

Jedes Programm enthält folgende Teile:

1) Einen Titel, der die Aufgabe allgemein beschreibt.
2) Eine Angabe des Zweckes, wobei die spezielle Aufgabe beschrieben wird, die das Programm ausführt, sowie die verwendeten Speicherplätze.
3) Ein Programmbeispiel, das die Eingabedaten und die Ergebnisse zeigt.
4) Ein Flußdiagramm, wenn die Programmlogik komplex ist.
5) Eine Auflistung des Programms in Form des Quellprogramms oder in Assemblersprache.
6) Die Auflistung des Objektprogramms oder des Programms in hexadezimaler Maschinensprache.
7) Erklärende Anmerkungen, mit denen die Befehle und die in dem Programm verwendeten Verfahren besprochen werden.

Die Aufgaben am Ende des Kapitels sind ähnlich aufgebaut wie die Beispiele. Die Aufgaben sollten auf einem Mikrocomputer-System mit dem 6800 programmiert werden, wobei die Beispiele als Richtlinie dienen.

Das Quellprogramm in den Beispielen ist wie folgt aufgebaut:

RICHTLINIEN FÜR BEISPIELE

1) Es wird die Standard-Assembler-Schreibweise des Motorola 6800 verwendet, wie in Kapitel 3 zusammengefaßt wurde.
2) Die Form, in der Daten und Adressen aufscheinen, sind mehr nach ihrer Deutlichkeit ausgewählt, anstatt nach ihrer Folgerichtigkeit. Wir verwenden hexadezimale Zahlen für Speicheradressen, Befehlscodes und BCD-Daten. Für numerische Konstanten werden Dezimalzahlen verwendet, Binärzahlen für logische Masken und ASCII für Zeichen.
3) Auf häufig verwendete Befehle und Programmier-Techniken wird besonderer Wert gelegt.
4) Die Beispiele illustrieren die Aufgaben, die Mikroprozessoren in der Kommunikation, Instrumentation, Computertechnik, Bürogeräten und in industriellen und militärischen Anwendungen ausführen.
5) Es sind detaillierte Kommentare enthalten.
6) Auf einfache und deutliche Struktur wird besonderer Wert gelegt, die Programme sind jedoch so effizient wie möglich innerhalb dieser Richtlinie. Die Anmer-

kungen beschreiben häufig effizientere Verfahren.

7) Die Programme verwenden konsequente Speicher-Zuweisungen. Jedes Programm beginnt mit dem Speicherplatz 0 und endet mit dem Befehl Software-Unterbrechung (SWI), der im Allgemeinen die Steuerung dem Mikrocomputer-Monitor zurückgibt. Wenn Ihr Mikrocomputer keinen Monitor besitzt, sollte das Programm mit einem Befehl für eine endlose Schleife enden, wie etwa

```
HERE    BRA    HERE
```

Verwenden Sie das Bedienungshandbuch für Ihren Mikrocomputer zur Bestimmung der erforderlichen Speicher-Zuweisungen und den Abschlußbefehl für Ihr spezielles System.

Wenn Sie die Aufgaben am Ende jedes Kapitels angehen, versuchen Sie innerhalb folgender Richtlinien zu arbeiten:

PROGRAMMIER-RICHTLINIEN

1) Kommentieren Sie jedes Programm so, daß andere es verstehen können. Die Kommentare können kurz und ungrammatisch sein. Sie sollten den Zweck eines Abschnittes oder Befehls im Programm erklären. Kommentare sollten nicht die Arbeitsweise von Befehlen beschreiben, derartige Beschreibungen sind in den Handbüchern enthalten. Man braucht nicht jede Anweisung kommentieren oder erklären, wenn diese offensichtlich sind. Man kann dem Format der Beispiele folgen, braucht jedoch nicht so sehr ins Detail zu gehen.

2) Bevorzugen Sie Klarheit, Einfachheit und einen guten Aufbau der Programme. Wenn auch Programme möglichst effizient sein sollten, so ist es jedoch nicht unbedingt erforderlich, ein einzelnes Wort oder einen Programmspeicherplatz oder einige wenige Mikrosekunden einzusparen.

3) Machen Sie Programme einigermaßen allgemein, verwenden Sie nicht Parameter (wie etwa die Nummer eines Elements in einer Anordnung) mit festen Konstanten (wie etwa π oder ASCII C).

4) Nehmen Sie niemals feste Anfangswerte für Parameter an, d.h. verwenden Sie einen Befehl zum Laden eines Anfangswertes in einen Parameter.

5) Verwenden Sie Assembler-Schreibweise, wie sie in den Beispielen gezeigt wird und in Kapitel 3 definiert wurde.

6) Verwenden Sie hexadezimale Schreibweise für Adressen. Verwenden Sie die deutlichste Form für Daten.

7) Wenn Ihr Mikrocomputer es gestattet, beginnen Sie alle Programme im Speicherplatz 0 und verwenden Sie Speicherplätze beginnend mit 0040 für Daten und zeitweilige Speicherung. Andernfalls richten Sie äquivalente Adressen für Ihren Mikrocomputer ein und verwenden Sie diese konsequent. Die Einzelheiten entnehmen Sie Ihrem Handbuch.

8) Verwenden Sie bedeutungsvolle Namen für Marken und Variable. Zum Beispiel SUM oder CHECK anstatt X, Y oder Z.

9) Führen Sie jedes Programm auf Ihrem Mikrocomputer aus. Es gibt keinen anderen Weg sich zu vergewissern, daß Ihr Programm korrekt ist. Es wurden bei jeder Aufgabe Daten als Beispiele vorgesehen. Vergewissern Sie sich, daß das Programm auch für spezielle Fälle arbeitet.

Wir wollen nun einige nützliche Informationen zusammenfassen, an die man sich beim Schreiben von Programmen erinnern soll.

VERWENDUNG DER AKKUMULATOREN

In nahezu allen Verarbeitungs-Befehlen (z.B. Add, Subtract, AND OR) verwenden Sie einen der beiden Akkumulatoren. In den meisten Fällen werden Sie Daten in den Akkumulator mit LDAA oder LDAB laden. Sie werden in den meisten Fällen das Ergebnis (vom Akkumulator) in den Speicher mit STAA oder STAB speichern.

VERWENDUNG DER DIREKTEN ADRESSIERUNG

Daten, auf die häufig zugegriffen wird, sollten auf die Nullseite (page zero) des Speichers plaziert werden (Adressen 0000 bis 00FF). Auf diese Daten kann dann mit direkten Einwort-Adressen zugegriffen werden. Beachten Sie jedoch, daß Befehle mit einzelnen Operanden, wie Löschen, Dekrementieren, Inkrementieren, Verschieben und Testen eine volle erweiterte Zweiwort-Adresse benötigen, auch wenn der Speicherplatz sich auf der Nullseite befindet.

PROGRAMM-BEISPIEL

Einerkomplement

Zweck: Komplementiere logisch den Inhalt des Speicherplatzes 0040 und plaziere das Ergebnis in den Speicherplatz 0041.

Beispiel:

```
           (0040) = 6A
Ergebnis:  (0041) = 95
```

Quellprogramm:

```
LDAA   $40    HOLE DATEN
COMA          EINERKOMPLEMENT
STA    $41    ERGEBNIS SPEICHERN
SWI
```

Objektprogramm:

Speicher-Adresse (Hex)	Speicher-Inhalt (Hex)	Befehl (Mnemonik)
0000	96 40	LDAA $40
0002	43	COMA
0003	97 41	STAA $41
0005	3F	SWI

LDAA (Load Accumulator A) und STAA (Store Accumulator A) benötigen eine Adresse zur Bestimmung der Quelle oder des Bestimmungsortes der Daten. Da die in diesem Beispiel verwendeten Adressen auf Seite Null sind (d.h. die acht höchstwertigen Bits sind alle null) kann die direkte Form des Befehls mit der Adresse im nächsten Wort verwendet werden. Die führenden Nullen werden unterdrückt (die Adresse ist in Wirklichkeit 0040), so wie sie im Alltagsleben verwendet werden (wir sagen "sechzig Pfennig" anstatt von "Null Mark und sechzig Pfennig").

COMA (Complement Accumulator A) ist ein Einwort-Befehl, der jedes Bit des Akkumulators A invertiert. Er ersetzt jede Null durch eine Eins und jede Eins durch eine Null, so wie eine Reihe von Inverter-Gattern.

SWI (Software Interrupt) wird zum Beenden aller Beispiele verwendet.

8-Bit-Addition

Zweck: Addiere den Inhalt der Speicherplätze 0040 und 0041, und plaziere das Ergebnis in den Speicherplatz 0042.

Beispiel:

(0040) = 38
(0041) = 2B
Ergebnis: (0042) = 63

Quellprogramm:

```
LDAA  $40   HOLEN DES ERSTEN OPERANDEN
ADDA  $41   ADDIERE ZWEITEN OPERANDEN
STAA  $42   SPEICHERE ERGEBNIS
SWI
```

Objektprogramm:

Speicher-Adresse (Hex)	Speicher-Inhalt (Hex)	Befehl (Mnemonik)
0000	96 40	LDAA $40
0002	9B 41	ADDA $41
0004	97 42	STAA $42
0006	3F	SWI

Es wird die direkte Form aller Befehle verwendet, da sich sämtliche Adressen auf der Nullseite befinden.

ADDA beeinflußt das Übertrags-Bit, LDAA und STAA jedoch nicht. Nur arithmetische Befehle (Add, Subtract, Compare etc.) ändern den Übertrag.

LDAA und ADDA beeinflussen den Inhalt des Speichers nicht. STAA ändert den Inhalt des adressierten Speicherplatzes, beeinflußt jedoch nicht den Inhalt des Akkumulators.

Verschieben um ein Bit nach links

Zweck: Verschiebe den Inhalt des Speicherplatzes 0040 um ein Bit nach links und plaziere das Ergebnis in den Speicherplatz 0041. Lösche die leere Bit-Position.

Beispiel:

(0040) = 6F
Ergebnis: (0041) = DE

Quellprogramm:

```
LDAB  $40   DATEN HOLEN
ASLB        LINKS-VERSCHIEBEN
STAB  $41   ERGEBNIS SPEICHERN
```

Objektprogramm:

Speicher-Adresse (Hex)	Speicher-Inhalt (Hex)	Befehl (Mnemonik)	
0000	96 40	LDAA	$40
0002	84 0F	ANDA	#%00001111
0004	97 41	STAA	$41
0006	3F	SWI	

Die Akkumulatoren A und B sind praktisch austauschbar, so daß die meisten Befehle einen von beiden verwenden können. Beachten Sie jedoch, daß die Befehle ABA (Add Accumulators) und SBA (Subtract Accumulators) ihre Ergebnisse in den Akkumulator A speichern.

ASLB verschiebt den Akkumulator B um ein Bit nach links und löscht das niedrigstwertige Bit. Das höchstwertige Bit gelangt in den Übertrag. Das Ergebnis ist das Zweifache der ursprünglichen Daten (warum?).

Maskieren der höchstwertigen vier Bits

Zweck: Plaziere die niedrigstwertigen vier Bits des Speicherplatzes 0040 in die niedrigstwertigen vier Bits des Speicherplatzes 0041. Lösche die höchstwertigen vier Bits des Speicherplatzes 0041.

Beispiel:

(0040) = 3D
Ergebnis: (0041) = 0D

Quellprogramm:

```
LDAA   $40          DATEN HOLEN
ANDA   #%00001111   MASKIERE DIE VIER MSBs
STAA   $41          SPEICHERE ERGEBNIS
SWI
```

Anmerkung:
bedeutet unmittelbare Adressierung und % bedeutet binäre Konstante in der Standard-Assembler-Schreibweise des 6800.

Objektprogramm:

Speicher-Adresse (Hex)	Speicher-Inhalt (Hex)	Befehl (Mnemonik)	
0000	96 40	LDAA	$40
0002	84 0F	ANDA	#%00001111
0004	97 41	STAA	$41
0006	3F	SWI	

ANDA #%00001111 UNDiert logisch den Inhalt des Akkumulators mit der Zahl 0F (hex), nicht den Inhalt des Speicherplatzes 000F. Unmittelbare Adressierung (angezeigt durch #) bedeutet, daß die tatsächlichen Daten, nicht die Adresse der Daten, im Befehl enthalten ist.

Die Maske (00001111) wird in binär geschrieben, um ihre Funktion für den Leser deutlicher zu machen. Binäre Schreibweise für Masken ist im allgemeinen deutlicher als hexadezimale Schreibweise, obwohl die Ergebnisse die gleichen sind. Hexadezimale Schreibweise sollte für Masken verwendet werden, die länger als acht Bits sind. Die Kommentare sollten die Maskier-Operation erklären.

Löschen eines Speicherplatzes

Zweck: Lösche den Speicherplatz 0040.

Quellprogramm:

```
        CLR     $40     LÖSCHE SPEICHERPLATZ 40
```

Objektprogramm:

Speicher-Adresse (Hex)	Speicher-Inhalt (Hex)	Befehl (Mnemonik)
0000	7F 0040	CLR $40
0003	3F	SWI

CLR kann für jeden Speicherplatz angewendet werden, es ist jedoch eine vollständige 16-Bit-Adresse erforderlich (d.h. 0040 anstatt nur 40). Natürlich arbeitet der Prozessor nicht wirklich direkt auf den Speicher. Er erzeugt intern Nullen und speichert sie in den Speicherplatz.

CLR löscht das Übertrags-, Negativ- und Überlauf-Flag und setzt das Null-Flag.

Zerlegung eines Wortes

Zweck: Teile den Inhalt des Speicherplatzes 0040 in zwei 4-Bit-Abschnitte auf und speichere sie in die Speicherplätze 0041 und 0042. Plaziere die vier höchstwertigen Bits des Speicherplatzes 0040 in die vier niedrigstwertigen Bit-Positionen des Speicherplatzes 0041. Plaziere die vier niedrigstwertigen Bits des Speicherplatzes 0040 in die vier niedrigstwertigen Bit-Positionen des Speicherplatzes 0042. Lösche die vier höchstwertigen Bit-Positionen der Speicherplätze 0041 und 0042.

Beispiel:

```
                 (0040) = 3F
      Ergebnis:  (0041) = 03
                 (0042) = 0F
```

Quellprogramm:

```
        LDAA    $40          DATEN HOLEN
        ANDA    #%00001111   MASKIERE DIE VIER MSBs
        STAA    $42          RETTE  NIEDRIGSTWERTIGE  DEZIMAL-
                                STELLE
        LDAA    $40          SPEICHERE DATEN ZURÜCK
        LSRA                 VERSCHIEBE DIE VIER MSBs ZU
        LSRA                    DEN NIEDRIGSTWERTIGEN
        LSRA                    POSITIONEN UND LÖSCHE MSBs
        LSRA
        STA     $41          RETTE HÖCHSTWERTIGE HEXADEZI-
                                MALSTELLE
        SWI
```

Objektprogramm:

Speicher-Adresse (Hex)	Speicher-Inhalt (Hex)		Befehl (Mnemonik)	
0000	96	40	LDAA	$40
0002	84	0F	ANDA	#%00001111
0004	97	42	STAA	$42
0006	96	40	LDAA	$40
0008	44		LSRA	
0009	44		LSRA	
000A	44		LSRA	
000B	44		LSRA	
000C	97	41	STAA	$41
000E	3F		SWI	

Eine logische Verschiebung um vier Positionen erfordert vier Ausführungen des LSR-Befehls.

Jeder LSR-Befehl löscht das höchstwertige Bit des Ergebnisses. Daher werden die vier höchstwertigen Bits des Akkumulators alle gelöscht, wenn LSRA viermal ausgeführt wurde.

Finden der Größeren von zwei Zahlen

Zweck: Plaziere den größeren Inhalt der Speicherplätze 0040 und 0041 in den Speicherplatz 0042. Nimm an, daß der Inhalt der Speicherplätze 0040 und 0041 Binärzahlen ohne Vorzeichen sind.

Beispiel:

a.		(0040)	=	3F
		(0041)	=	2B
	Resultat:	(0042)	=	3F
b.		(0040)	=	75
		(0041)	=	A8
	Resultat:	(0042)	=	A8

Quellprogramm:

```
        LDAA   $40     HOLEN DES ERSTEN OPERANDEN
        CMPA   $41
        BHI    STRES   ERSETZE DURCH DEN ZWEITEN OPERANDEN,
        LDAA   $41         WENN DER ZWEITE GRÖSSER IST;
STRES   STAA   $42     SPEICHERE GRÖSSEREN OPERANDEN
        SWI
```

Objektprogramm:

Speicher-Adresse (Hex)	Speicher-Inhalt (Hex)		Befehl (Mnemonik)		
0000	96	40		LDAA	$40
0002	91	41		CMPA	$41
0004	22	02		BHI	STRES
0006	96	41		LDAA	$41
0008	97	42	STRES	STAA	$42
000A	3F			SWI	

CMPA $41 subtrahiert den Inhalt des Speicherplatzes 0041 vom Inhalt des Akkumulators, speichert das Ergebnis jedoch nicht irgendwohin. Der Befehl wird ausschließlich zum Setzen der Flags verwendet.

CMPA beeinflußt die Flags wie folgt:

1) N ist 1, wenn das höchstwertige Bit des Ergebnisses der Subtraktion 1 ist, andernfalls 0.

2) Z ist 1, wenn das Ergebnis der Subtraktion 0 ist, andernfalls 0.

3) V ist 1, wenn das Ergebnis einen Zweierkomplement-Überlauf bewirken würde, andernfalls 0.

4) C ist 1, wenn die Subtraktion ein Borgen vom höchstwertigen Bit des Ergebnisses erfordern würde, andernfalls 0.

Beachten Sie folgende Fälle:

1) Wenn die Operanden gleich sind, so ist Z = 1. Wenn sie nicht gleich sind, so ist Z = 0.

2) Wenn der Inhalt des Akkumulators größer oder gleich wie der Inhalt der anderen Adresse ist (vorausgesetzt, daß beide Binärzahlen ohne Vorzeichen sind), so ist C = 0, da dann kein Borgen erforderlich wäre. Andernfalls ist C = 1.

Alle Befehle des 6800 für eine bedingte Verzweigung verwenden die relative Adressierung, bei der das zweite Wort des Befehls eine 8-Bit-Zweierkomplement-Zahl ist, die die CPU zur Adresse des nächsten Befehls addiert, um die Ziel-Adresse zu finden. In diesem Beispiel ist die relative Versetzung gleich 0008 (Ziel-Adresse) - 0006 (Adresse, die unmittelbar der Verzweigung folgt) oder 02.

BHI bewirkt eine Verzweigung, wenn der Inhalt des Akkumulators größer ist als der Inhalt des Speicherplatzes 0041, d.h. wenn C = 0 (Ergebnis nicht negativ) und Z = 0 (Ergebnis nicht Null).

STRES ist eine Marke, ein Name, die der Programmierer einer Speicherstelle zuweist. Die Marke macht den Bestimmungsort der Verzweigung deutlicher, speziell wenn relative Adressierung verwendet wird. Der Assembler berechnet die erforderliche Versetzung. Die Verwendung einer Marke ist zu empfehlen, um vor allem die Versetzung zu spezifizieren (d.h. BHI*+2), da die Befehle des 6800 unterschiedliche Länge besitzen. Man kann deshalb leicht einen Fehler bei der Bestimmung einer Versetzung machen.

16-Bit-Addition

Zweck: Addiere die 16-Bit-Zahl in den Speicherplätzen 0040 und 0041 zur 16-Bit-Zahl in den Speicherplätzen 0042 und 0043. Die höchstwertigen acht Bits befinden sich in den Speicherplätzen 0040 und 0042. Speichere das Ergebnis in die Speicherplätze 0044 und 0045, mit den höchstwertigen Bits in 0044.

Beispiel:

	(0040)	=	67
	(0041)	=	2A
	(0042)	=	14
	(0043)	=	F8
Resultat:	672A + 14F8 = 7C22		
	(0044)	=	7C
	(0045)	=	22

Quellprogramm:

LDAA	$41	
ADDA	$43	ADDIERE DIE NIEDRIGSTWERTIGEN BITS
STAA	$45	
LDAA	$40	
ADCA	$42	ADDIERE DIE HÖCHSTWERTIGEN BITS MIT ÜBERTRAG
STAA	$44	
SWI		

Objektprogramm:

Speicher-Adresse (Hex)	Speicher-Inhalt (Hex)	Befehl (Mnemonik)
0000	96 41	LDAA $41
0002	9B 43	ADDA $43
0004	97 45	STAA $45
0006	96 40	LDAA $40
0008	99 42	ADCA $42
000A	97 44	STAA $44
000C	3F	SWI

ADCA $42 addiert den Inhalt des Akkumulators A zum Inhalt des Speicherplatzes 0042, plus dem Inhalt des Übertrags-Bits (C). Der Übertrag aus der Addition der niedrigstwertigen 8 Bits ist daher in der Addition der höherwertigen 8 Bits enthalten.

Der Mikroprozessor 6801 besitzt spezielle Befehle für das Laden und Speichern des Doppel-Akkumulators (A und B), indem er 16 Bits zu diesem addiert, oder 16 Bits von ihm subtrahiert.

Tabelle der Quadrate

Zweck: Berechne das Quadrat des Inhalts des Speicherplatzes 0041 aus einer Tabelle und plaziere ihn in den Speicherplatz 0042. Es wird angenommen, daß der Speicherplatz 0041 eine Zahl zwischen 0 und einschließlich 7 enthält ($0 \leqslant (41) \leqslant 7$).

Diese Tabelle besetzt die Speicherplätze 0050 bis 0057.

Speicher-Adresse (Hex)	Eingabe	
	(Hex)	(Dezimal)
0050	00	0 (0^2)
0051	01	1 (1^2)
0052	04	4 (2^2)
0053	09	9 (3^2)
0054	10	16 (4^2)
0055	19	25 (5^2)
0056	24	36 (6^2)
0057	31	49 (7^2)

Beispiel:

a. (0041) = 03
Resultat: (0042) = 09

b. (0041) = 06
Resultat: (0042) = 24

Quellprogramm:

```
CLR     $40     SETZE DIE 8 HÖCHSTWERTIGEN BITS AUF
                   NULL
LDX     $40     TRANSFERIERE DATEN ZUM INDEXREGISTER
LDAA    $50,X   GREIFE AUF QUADRAT-TABELLE ZU
STAA    $42     SPEICHERE ERGEBNIS
SWI
```

Objektprogramm:

Speicher-Adresse (Hex)	Speicher-Inhalt (Hex)	Befehl (Mnemonik)
0000	7F 0040	CLR $40
0003	DE 40	LDX $40
0005	A6 50	LDAA $50,X
0007	97 42	STAA $42
0009	3F	SWI

Es ist zu beachten, daß der Programmierer auch die Tabelle der Quadrate in den Speicher bringen muß (die Pseudo-Operation FCB des Assemblers wird dies durchführen).

Der Speicherplatz 0040 wird gelöscht, so daß die höchstwertigen Bits des Indexregisters null sein werden, wenn sie aufeinanderfolgend von den Speicherplätzen 0040 und 0041 geladen werden. Man darf niemals annehmen, daß ein Speicherplatz null enthält, nur weil man ihn gerade verwendet hat.

LDX$40 lädt das Indexregister mit dem Inhalt der Speicherplätze 0040 und 0041. Der Inhalt des Speicherplatzes 0040 wird in die acht höchstwertigen Bits des Indexregisters plaziert, und der Inhalt des Speicherplatzes 0041 wird in die acht höchstwertigen Bits des Indexregisters gebracht. Man muß sich immer daran erinnern, daß das Indexregister 16 Bits lang ist.

Indizierte Adressierung bedeutet, daß die von dem Befehl verwendete tatsächliche Adresse die Summe der Adresse ist, die durch den Befehl gegeben ist und dem Inhalt des Indexregisters. Daher ist LDAA $50,X (,X zeigt indizierte Adressierung in der Assemblersprache des 6800 an) gleich ist mit LDAA $50 + (X), oder 53 wenn (X) = 3. In diesem Fall enthält das Indexregister die zu quadrierende Zahl, und die Adresse, die mit diesem Befehl gegeben wird, ist die Start-Adresse der Tabelle der Quadrate. Obwohl der 6800 ein 8-Bit-Prozessor ist, hat er viele Befehle, die 16 Bits handhaben. Diese sind vor allem zur Handhabung von Adressen gedacht, die 16 Bits lang sein müssen, um zu einer entsprechenden Anzahl von Speicherplätzen zu gelangen.

Typische Befehle sind:

LDX — Lade das 16-Bit-Indexregister vom Speicher
STX — Speichere das 16-Bit-Indexregister in den Speicher

DEX – Subtrahiere 1 vom Indexregister

INX – Addiere 1 zum Indexregister

CPX – Vergleiche das 16-Bit-Indexregister mit einer anderen 16-Bit-Zahl, d.h. führe eine 16-Bit-Subtraktion aus und ändere die Flags, aber speichere das Ergebnis nicht anderweitig. Das Z-(Null)Bit kann für eine Verzweigung verwendet werden.

Natürlich verarbeitet die CPU nur 8 Bits gleichzeitig. Die 16-Bit-Befehle geben der CPU Anweisungen für zwei Zyklen anstatt einem.

Arithmetische Vorgänge, die ein Mikroprozessor nicht direkt mit einigen wenigen Befehlen ausführen kann, werden häufig am besten mit Nachschlage-Tabellen ausgeführt. Nachschlage-Tabellen (lookup tables) enthalten einfach alle möglichen Antworten für eine Aufgabe. Sie sind so organisiert, daß die Lösung einer speziellen Aufgabe leicht gefunden werden kann. Die arithmetische Aufgabe wird nun zu einer Zugriff-Aufgabe . . . wie kann man die richtige Antwort aus der Tabelle erhalten? Wir müssen zwei Dinge wissen . . . die Lage oder Position der Antwort in der Tabelle (genannt der Index) und die Basis- oder Start-Adresse der Tabelle. Die Adresse der Antwort ist dann die Basis-Adresse plus dem Index.

Die Basis-Adresse ist natürlich eine feste Zahl für eine bestimmte Tabelle. Wie kann man nun den Index bestimmen? In einfachen Fällen, bei denen nur kurze Daten verwendet werden, kann man die Tabelle so organisieren, daß die Daten den Index darstellen. In der Tabelle der Quadrate enthält der "nullte" Eintritt in die Tabelle Null zum Quadrat, der erste Eintritt Eins zum Quadrat etc. In komplexeren Fällen, bei denen eine größere Vielfalt von Eingangswerten vorhanden ist, oder wo verschiedene Arten von Daten vorkommen (z.B. Wurzeln einer quadratischen Gleichung oder Anzahl der Permutationen) muß man kompliziertere Verfahren zur Bestimmung der Indizes verwenden.

Der grundlegende Vorteil bei der Verwendung einer Tabelle liegt in der Einsparung der Zeit, wobei jedoch mehr Speicherplätze benötigt werden. Tabellen sind schneller, da keine Berechnungen erforderlich sind und einfacher, da keine mathematischen Methoden abgeleitet und getestet werden müssen. Tabellen können jedoch viel Platz im Speicher belegen, wenn der Bereich der Eingangsdaten groß ist. Man kann häufig die Größe einer Tabelle verringern, indem man die Genauigkeit der Ergebnisse reduziert, durch Skalieren der Eingangsdaten, oder einer geschickten Organisation der Tabelle. Tabellen werden häufig zur Berechnung transzendenter und trigonometrischer Funktionen verwendet, zur Linearisierung von Eingangswerten, zur Umwandlung von Codes und zur Ausführung anderer mathematischer Aufgaben.

16-Bit-Einerkomplement

Zweck: Plaziere das Einerkomplement der 16-Bit-Zahl in den Speicherplätzen 0040 und 0041 in die Speicherplätze 0042 und 0043. Die höchstwertigen Bytes befinden sich in den Speicherplätzen 0040 und 0042.

Beispiel:

	(0040)	=	67
	(0041)	=	E2
Resultat:	(0042)	=	98
	(0043)	=	1D

Das Einerkomplement invertiert jedes Bit der ursprünglichen Zahl. Die Summe der ursprünglichen Zahl und ihres Einerkomplements wird immer aus lauter 1-Bits bestehen.

Quellprogramm:

```
LDAA   $40   HOLEN DER 8 MSBs
COMA         KOMPLEMENTIERE MSBs
STAA   $42   SPEICHERE 8 MSBs DES KOMPLEMENTS
LDAA   $41   HOLEN DER 8 LSBs
COMA         KOMPLEMENTIERE LSBs
STAA   $43   SPEICHERE 8 LSBs DES KOMPLEMENTS
SWI
```

Objektprogramm:

Speicher-Adresse (Hex)	Speicher-Inhalt (Hex)	Befehl (Mnemonik)
0000	96 40	LDAA $40
0002	43	COMA
0003	97 42	STAA $42
0005	96 41	LDAA $41
0007	43	COMA
0008	97 43	STAA $43
000A	3F	SWI

Ungeachtet der 16-Bit-Befehle des 6800 muß man 8-Bit-Befehle verwenden, um die meisten arithmetischen und logischen Operationen auszuführen. Die 16-Bit-Befehle können jedoch zum Laden und Speichern von Daten und gelegentlich zur Ausführung einiger weniger arithmetischer Operationen mit 16 Bits, wie etwa die Addition oder Subtraktion von 1, verwendet werden.

Die Akkumulatoren sind mit einer gewissen Vorsicht zu behandeln. Es ist das alte Resultat irgendwo zu speichern, bevor man einen Akkumulator mit neuen Daten lädt.

AUFGABEN

1) Zweierkomplement

Zweck: Plaziere das Zweierkomplement des Inhalts des Speicherplatzes 0040 in den Speicherplatz 0041. Das Zweierkomplement ist das Einerkomplement plus eins.

Beispiel:

(0040) = 3E
Resultat: (0041) = C2

Die Summe der ursprünglichen Zahl und ihres Zweierkomplements ist null (versuchen Sie dieses Beispiel).

2) 8-Bit-Subtraktion

Zweck: Subtrahiere den Inhalt des Speicherplatzes 0041 vom Inhalt des Speicherplatzes 0040. Plaziere das Ergebnis in den Speicherplatz 0042.

Beispiel:

(0040) = 77
(0041) = 39
Resultat: (0042) = 3E

3) Verschiebe um zwei Bits nach links

Zweck: Verschiebe den Inhalt des Speicherplatzes 0040 nach links um zwei Bits und plaziere das Ergebnis in den Speicherplatz 0041. Lösche die beiden niedrigstwertigen Bit-Positionen.

Beispiel:

	(0040)	=	5D
Resultat:	(0041)	=	74

4) Maskiere die niedrigstwertigen vier Bits

Zweck: Plaziere die vier höchstwertigen Bits des Inhalts des Speicherplatzes 0040 in den Speicherplatz 0041. Lösche die vier niedrigstwertigen Bits des Speicherplatzes 0041.

Beispiel:

	(0040)	=	C4
Resultat:	(0041)	=	C0

5) Setze einen Speicherplatz auf Einsen

Zweck: Der Speicherplatz 0040 wird auf lauter Einsen (FF hex) gesetzt.

6) Wort-Zusammensetzung

Zweck: Kombiniere die vier niedrigstwertigen Bits der Speicherplätze 0040 und 0041 zu einem Wort und speichere dieses in den Speicherplatz 0042. Plaziere die vier niedrigstwertigen Bits des Speicherplatzes 0040 in die vier höchstwertigen Bit-Positionen des Speicherplatzes 0042. Plaziere die vier niedrigstwertigen Bits des Speicherplatzes 0041 in die vier niedrigstwertigen Bit-Positionen des Speicherplatzes 0042.

Beispiel:

	(0040)	=	6A
	(0041)	=	B3
Resultat:	(0042)	=	A3

7) Auffinden der kleineren von zwei Zahlen

Zweck: Plaziere den kleineren Inhalt der Speicherplätze 0040 und 0041 in den Speicherplatz 0042. Nimm an, daß 0040 und 0041 Binärzahlen ohne Vorzeichen enthalten.

Beispiel:

a.		(0040)	=	3F
		(0041)	=	2B
	Resultat:	(0042)	=	2B
b.		(0040)	=	75
		(0041)	=	A8
	Resultat:	(0042)	=	75

8) 24-Bit-Addition

Zweck: Addiere die 24-Bit-Zahl in den Speicherplätzen 0040, 0041 und 0042 zu der 24-Bit-Zahl in den Speicherplätzen 0043, 0044 und 0045. Die höchstwertigen 8 Bits befinden sich in den Speicherplätzen 0040 und 0043, die niedrigstwertigen 8 Bits in den Speicherplätzen 0042 und 0045. Speichere das Ergebnis in die Speicherplätze 0046, 0047 und 0048 mit den höchstwertigen Bits in 0048.

Beispiel:

	(0040)	=	35
	(0041)	=	67
	(0042)	=	2A
	(0043)	=	51
	(0044)	=	A4
	(0045)	=	F8
Resultat:	(0046)	=	87
	(0047)	=	0C
	(0048)	=	22

das heißt:

```
  35672A
 +51A4F8
 -------
  870C22
```

9) Summe der Quadrate

Zweck: Berechne die Quadrate des Inhalts der Speicherplätze 0041 und 0043 und addiere sie. Plaziere das Ergebnis in den Speicherplatz 0044. Nimm an, daß die Speicherplätze 0041 und 0043 Zahlen zwischen 0 und einschließlich 7 enthalten ($0 \leqslant (41) \leqslant 7$ und $0 \leqslant (43) \leqslant 7$). Verwende die Tabelle der Quadrate aus dem Beispiel "Tabelle der Quadrate".

Beispiel:

	(0041)	=	03
	(0043)	=	06
Resultat:	(0044)	=	2D

das heißt: $3^2 + 6^2 = 9 + 36$ (dezimal)
$= 45 = 2D$ (hex)

10) 16-Bit-Zweierkomplement

Zweck: Plaziere das Zweierkomplement der 16-Bit-Zahl in den Speicherplätzen 0040 und 0041 (höchstwertige Bits in 0040) in die Speicherplätze 0042 und 0043 (höchstwertige Bits in 0042).

Beispiele:

a.

	(0040)	=	00
	(0041)	=	58
Resultat:	(0042)	=	FF
	(0043)	=	A8

b.

	(0040)	=	72
	(0041)	=	00
Resultat:	(0042)	=	8E
	(0043)	=	00

Kapitel 5
Einfache Programm-Schleifen

Die Programmschleife zwingt die CPU zur Wiederholung einer Folge von Befehlen. Schleifen besitzen vier Abschnitte:

1) Der Start- oder Initialisierungs-Abschnitt, der den Anfangswert der Zähler, Adressenregister (Zeiger) und andere Variablen einrichtet.

2) Der Verarbeitungs-Abschnitt, in dem die tatsächliche Daten-Manipulation auftritt. Dieser Abschnitt verrichtet die eigentliche Arbeit.

3) Der Schleifen-Steuerabschnitt, der die Zähler und Zeiger für die nächste Wiederholung auf den entsprechenden Stand bringt.

4) Der Abschluß-Abschnitt, der die Ergebnisse analysiert und speichert.

Es ist zu beachten, daß der Computer die Abschnitte 1 und 4 einmal durchläuft, während dies bei den Abschnitten 2 und 3 mehrmals der Fall sein kann. Daher hängt die Ausführungszeit der Schleife im wesentlichen von der Ausführungszeit der Abschnitte 2 und 3 ab. Man wird daher trachten, daß die Abschnitte 2 und 3 so rasch wie möglich ausgeführt werden. Die Ausführungszeit der Abschnitte 1 und 4 sind dagegen zu vernachlässigen. Eine typische Programmschleife kann in einem Flußdiagramm gemäß Bild 5-1 dargestellt werden, oder es kann die Lage der Verarbeitungs- und Schleifensteuer-Abschnitte umgekehrt werden, wie in Bild 5-2 gezeigt wird. Der Verarbeitungs-Abschnitt in Bild 5-1 muß immer wenigstens einmal ausgeführt werden, während der Verarbeitungs-Abschnitt in Bild 5-2 auch überhaupt nicht ausgeführt werden muß. Bild 5-1 scheint natürlicher zu sein, jedoch Bild 5-2 ist häufig effizienter und vermeidet Probleme, falls keine Daten vorliegen (ein Schreckgespenst für Computer und ein häufiger Grund für verrückte Situationen, wenn ein Computer eine Rechnung von 0.00 DM eintreiben soll).

Die Struktur der Schleife kann zur Verarbeitung ganzer Datenblöcke verwendet werden. Um dies auszuführen, muß das Programm das Adressenregister (gewöhnlich das Indexregister) nach jeder Wiederholung inkrementieren, so daß das Adressenregister zum nächsten Element des Datenblocks zeigt. Die nächste Wiederholung wird dann die gleichen Operationen an den Daten in der nächsten Speicherstelle ausführen. Der Computer kann Blöcke beliebiger Länge mit dem gleichen Befehlssatz handhaben. Die indizierte Adressierung ist der Schlüssel zur Verarbeitung von Datenblöcken mit dem 6800, da er uns gestattet, die momentane Speicher-Adresse durch Änderung des Inhalts von Registern zu variieren. Man beachte, daß bei den anderen Adressier-Verfahren des 6800 die Adresse, von der die Daten geholt werden, vollständig durch den Befehl bestimmt wird (und daher festliegt, wenn der Programmspeicher ein Festwertspeicher ist).

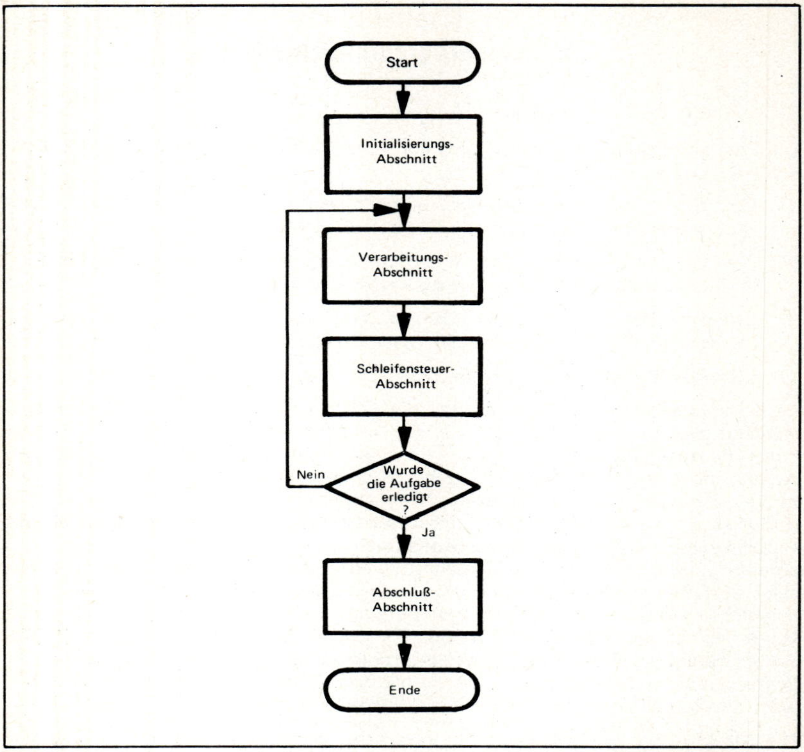

Bild 5-1. Flußdiagramm einer Programm-Schleife

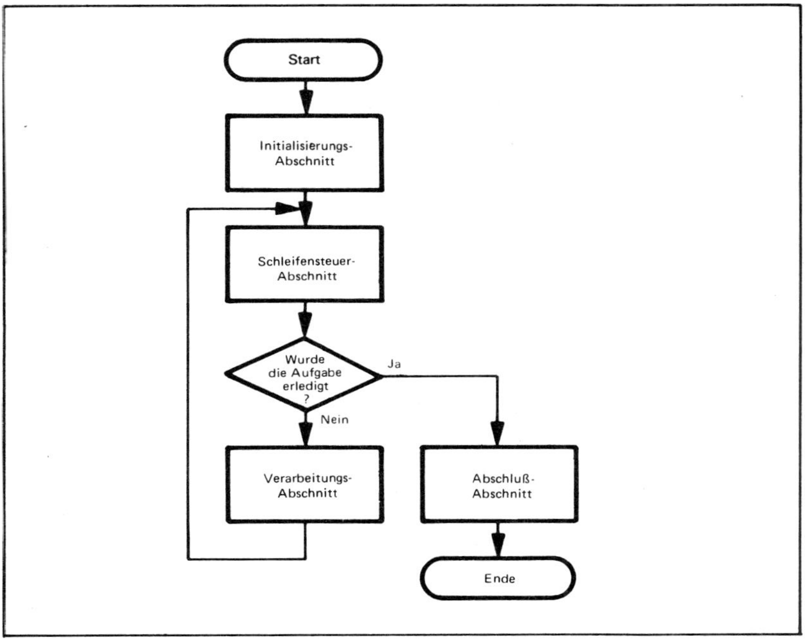

Bild 5-2. Eine Programm-Schleife, die null Wiederholungen gestattet

BEISPIELE

Summe von Daten

8-BIT-SUMMATION

Zweck: Berechne die Summe einer Serie von Zahlen. Die Länge der Serie ist im Speicherplatz 0041 enthalten und die Serie beginnt im Speicherplatz 0042. Speichere die Summe in den Speicherplatz 0040. Nimm an, daß die Summe eine 8-Bit-Zahl ist, so daß man Überträge ignorieren kann.

Beispiel:

	(0041)	=	03
	(0042)	=	28
	(0043)	=	55
	(0044)	=	26
Resultat:	(0040)	=	(0042)+(0043)+(0044)
		=	28+55+26
		=	A3

Es gibt drei Eingaben für die Summe, da (0041) = 03.

Flußdiagramm:

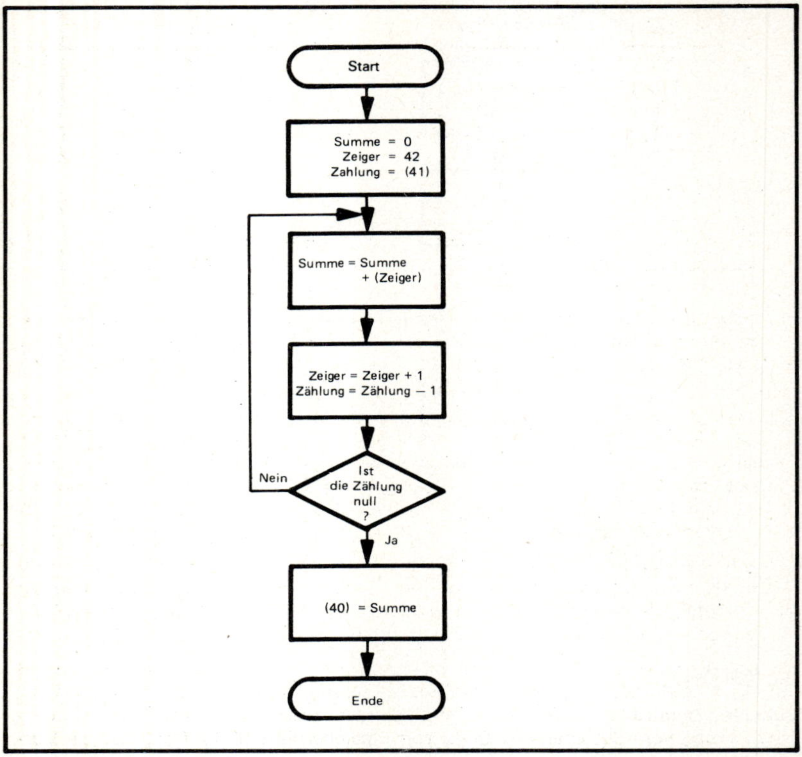

Anmerkung:
(Zeiger) ist der Inhalt des Speicherplatzes, der durch den Zeiger adressiert wird. Erinnern Sie sich daran, daß bei dem 6800 und ähnlichen Mikroprozessoren der Zeiger eine 16-Bit-Adresse ist, während (Zeiger) ein Datenbyte mit 8 Bits ist.

Quellprogramm:

```
        CLRA                 SUMME = NULL
        LDBA    $41          ZÄHLUNG = LÄNGE DER ANORDNUNG
        LDX     #$42         ZEIGE ZUM BEGINN DER ANORDNUNG
SUMD    ADDA    X            ADDIERE ZAHL ZUR SUMME
        INX
        DECB
        BNE     SUMD
        STAA    $40          SPEICHERE SUMME
        SWI
```

Objektprogramm:

Speicher-Adresse (Hex)	Speicher-Inhalt (Hex)		Befehl (Mnemonik)		
0000	4F			CLRA	
0001	D6	41		LDAB	$41
0003	CE	0042		LDX	#$42
0006	AB	00	SUMD	ADDA	X
0008	08			INX	
0009	5A			DECB	
000A	26	FA		BNE	SUMD
000C	97	40		STAA	$40
000E	3F			SWI	

Der Initialisierungs-Abschnitt des Programms besteht aus den ersten drei Befehlen, die den Summenzähler und die Datenzeiger auf ihre Anfangswerte setzen. Es ist zu beachten, daß LDX zwei 8-Bit-Worte des Speichers in das 16-Bit-Indexregister lädt (d.h. 0042 aus den Speicher-Adressen 0004 und 0005).

Der Verarbeitungs-Abschnitt des Programms ist der einzelne Befehl ADDA X, der den Inhalt des durch das Indexregister adressierten Speicherplatzes zum Inhalt des Akkumulators addiert. Dieser Befehl führt die tatsächliche Arbeit des Programms aus. Die effektive Adresse (d.h. die Adresse, von der die CPU die Daten bekommt) ist 0 + dem Inhalt des Indexregisters. Man kann die Null-Versetzung aus dem Assemblersprachen-Programm weglassen. ADDA X und ADDA 0,X sind äquivalent.

Der Schleifen-Steuerabschnitt des Programms besteht aus den Befehlen INX und DECB. INX bringt den Zähler auf den jeweils neuesten Stand, so daß die nächste Wiederholung die nächste Zahl zur Summe addiert. DECB dekrementiert den Zähler, der nun verfolgt, wie viele Wiederholungen noch auszuführen sind.

Der Befehl BNE bewirkt eine Verzweigung, wenn das Null-Flag 0 ist. Die Versetzung ist eine Zweierkomplement-Zahl und die Zählung beginnt von dem Speicherplatz, der unmittelbar dem BNE-Befehl folgt. In diesem Fall erfolgt der erforderliche Sprung vom Speicherplatz 000C zum Speicherplatz 0006. Daher ist die Versetzung:

$$\begin{array}{rcr} 0006 & = & 06 \\ -000C & & +F4 \\ \hline & & FA \end{array}$$

Wenn das Null-Flag 1 ist, führt die CPU den nächsten Befehl in der Sequenz aus (STAA $40). Da DECB der letzte Befehl vor BNE war, der das Null-Flag beeinflußte, bewirkt BNE SUMD einen Sprung zu SUMD, wenn DECB kein Null-Resultat erzeugt. Das heißt:

$$(PC) = \begin{cases} \text{SUMD wenn } (B) \neq 0 \\ (PC) + 2 \text{ wenn } (B) = 0 \end{cases}$$

(Die 2 wird durch den Zweiwort-Befehl BNE bewirkt.) Ein einzelner Befehl, der das Dekrementieren und den Sprung kombiniert, wäre eine wertvolle Ergänzung zum Befehlssatz des 6800.

Die meisten Computerschleifen zählen abwärts anstatt aufwärts, so daß das Null-Flag als Austritts-Bedingung dienen kann. Erinnern wir uns daran, daß das Null-Flag 1 ist, wenn das Ergebnis 0 war, und 0, wenn das Ergebnis nicht 0 war. Versuchen

Sie das Programm so neu zu schreiben, daß es aufwärts anstatt abwärts zählt. Welches Verfahren ist effizienter?

Die Reihenfolge der Befehle ist häufig sehr wichtig. DECB muß richtig vor BNE SUMD kommen, da andernfalls das Null-Ergebnis, das durch DECB gesetzt wurde, durch einen anderen Befehl geändert werden könnte. INX muß nach ADDA X kommen, sonst würde die erste zur Summe addierte Zahl der Inhalt des Speicherplatzes 0043 sein, anstatt des Inhalts des Speicherplatzes 0042.

16-Bit-Summe von Daten

Zweck: Berechne die Summe einer Serie von Zahlen. Die Länge der Serie befindet sich im Speicherplatz 0042 und die Serie selbst beginnt im Speicherplatz 0043. Speichere die Summe in den Speicherplätzen 0040 und 0041 (die acht höchstwertigen Bits in 0040).

Beispiel:

```
           (0042) = 03
           (0043) = C8
           (0044) = FA
           (0045) = 96
Resultat:  C8 + FA + 96 = 0258
           (0040) = 02
           (0041) = 58
```

Flußdiagramm:

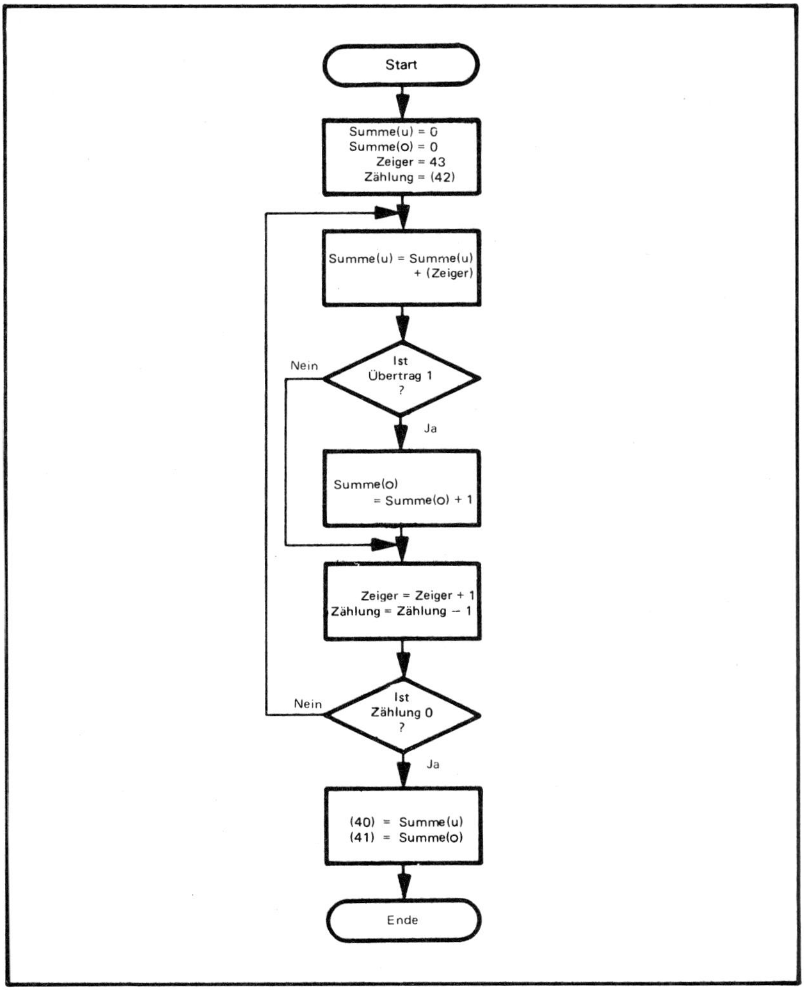

Quellprogramm:

```
        CLRA              MSBS DER SUMME = 0
        CLRB              LSBs DER SUMME = 0
        LDX    #$43       ZEIGER = START DER ANORDNUNG
SUMD    ADDB    X         SUMME = SUMME + DATEN
        ADCA   #0         UND ADDIERE MIT ÜBERTRAG
        INX
        DEC     $42
        BNE     SUMD
        STAA    $40       RETTE MSBs DER SUMME
        STAB    $41       RETTE LSBs DER SUMME
        SWI
```

Objektprogramm:

Speicher-Adresse (Hex)	Speicher-Inhalt (Hex)		Befehl (Mnemonik)		
0000	4F			CLRA	
0001	5F			CLRB	
0002	CE	0043		LDX	#$43
0005	EB	00	SUMD	ADDB	X
0007	89	00		ADCA	#0
0009	08			INX	
000A	7A	0042		DEC	$42
000D	26	F6		BNE	SUMD
000F	97	40		STAA	$40
0011	D7	41		STAB	$41
0013	3F			SWI	

Der Aufbau dieses Programms ist der gleiche wie der Aufbau des vorhergehenden. Die höchstwertigen Bits der Summe müssen nun initialisiert und gespeichert werden. Der Verarbeitungs-Abschnitt besteht aus den beiden Befehlen (ADDB X und ADCA #0).

Der Befehl ADCA #0 addiert den Übertrag und null zum Akkumulator A:

$$\begin{aligned}(A) &= (A) + 0 + \text{ÜBERTRAG}\\ & (A) + \text{ÜBERTRAG}\end{aligned}$$

Es ist keine Entscheidung über den Wert des Übertrags erforderlich.

Ein weiterer nützlicher Befehl in Schleifen ist CPX (vergleiche Indexregister), der eine 16-Bit-Zahl im Speicher von dem 16-Bit-Indexregister subtrahiert. Dieser Befehl könnte beispielsweise zur Steuerung der Anzahl der Wiederholungen verwendet werden.

Ein einzelner Befehl (zum Beispiel DEC $42) kann den Inhalt des Speicherplatzes dekrementieren, es ist jedoch eine volle 16-Bit-Adresse oder eine indizierte Versetzung erforderlich (keine direkte Adressierung auf Seite null).

Dies trifft für alle Befehle des 6800 mit einem einzelnen Operanden zu, wie etwa Verschieben, Löschen, Inkrementieren, Dekrementieren etc.

Anzahl der negativen Elemente

Zweck: Bestimme die Anzahl der negativen Elemente (höchstwertiges Bit = 1) in einem Block. Die Länge des Blocks befindet sich im Speicherplatz 0041 und der Block selbst beginnt im Speicherplatz 0042. Plaziere die Anzahl der negativen Elemente in den Speicherplatz 0040.

Beispiel:

	(0040)	=	06
	(0042)	=	68
	(0043)	=	F2
	(0044)	=	87
	(0045)	=	30
	(0046)	=	59
	(0047)	=	2A
Resultat:	(0040)	=	02, da 0043 und 0044 Zahlen mit einem MSB von 1 enthalten.

Flußdiagramm:

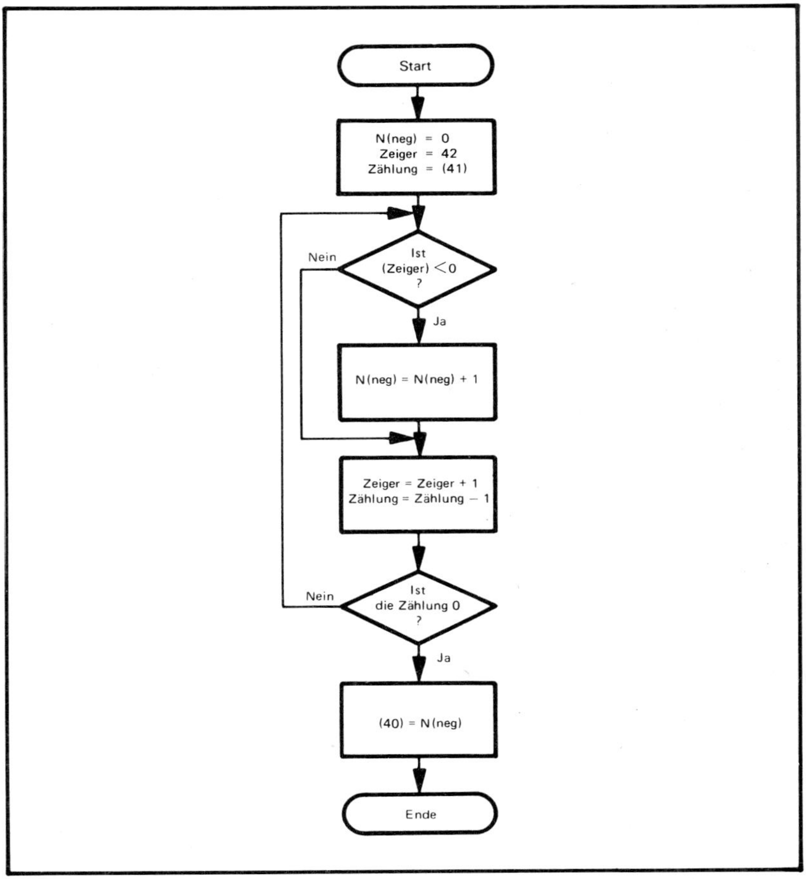

Quellprogramm:

```
        LDX    #$42     ZEIGE ZUR ERSTEN ZAHL
        CLRB            STARTE NEGATIVZÄHLUNG BEI NULL
CHKNEG  LDAA   X        IST DIE NÄCHSTE ZAHL NEGATIV?
        BPL    CHCNT
        INCB            JA, ADDIERE 1 ZUR NEGATIVZÄHLUNG
CHCNT   INX
        DEC    $41
        BNE    CHKNEG
        STAB   $40      RETTE NEGATIVZÄHLUNG
        SWI
```

Objektprogramm:

Speicher-Adresse (Hex)	Speicher-Inhalt (Hex)			Befehl (Mnemonik)	
0000	CE	0042		LDX	$42
0003	5F			CLRB	
0004	A6	00	CHKNEG	LDAA	X
0006	2A	01		BPL	CHCNT
0008	5C			INCB	
0009	08		CHCNT	INX	
000A	7A	0041		DEC	$41
000D	26	F5		BNE	CHKNEG
000F	D7	40		STAB	$40
0011	3F			SWI	

LDAA X ist das gleiche wie LDAA 0,X.

Wir könnten auch den Testbefehl (TST) zur Prüfung des Vorzeichens der Zahl im Speicher verwenden. Dies würde uns gestatten, den Akkumulator A als einen Zähler zu verwenden. Versuchen Sie, das Programm unter Verwendung von TST neu zu schreiben.

BPL (Branch if Plus = Verzweige wenn plus) bewirkt einen Sprung über die spezifizierte Anzahl von Speicherplätzen, wenn das Negativ-Bit null ist. Beachten Sie, daß der LDA-Befehl dieses Bit beeinflußt.

Die Versetzung für BPL wird vom ersten Speicherplatz berechnet, der dem Zweiwort-Befehl folgt. Hier ist die Versetzung einfach von 08 bis 09, oder einen Speicherplatz (d.h. der INCB-Befehl wird übersprungen, wenn das Negativ-Bit null ist). Das Negativ-Bit wird null sein, wenn das höchstwertige Bit der Daten, die vom Speicher durch den LDAA X-Befehl geladen werden, null ist.

Erinnern wir uns daran, daß Zahlen mit negativen Vorzeichen immer ein höchstwertiges Bit (Bit 7) von 1 besitzen. Alle negativen Zahlen sind tatsächlich größer (im Sinne einer Betrachtung ohne Vorzeichen) als positive Zahlen.

Finden des Maximums

Zweck: Finde das größte Element in einem Datenblock. Die Länge des Blocks befindet sich im Speicherplatz 0041 und der Block selbst beginnt im Speicherplatz 0042. Speichere das Maximum im Speicherplatz 0040. Nimm an, daß die Zahlen im Block 8-Bit-Binärzahlen ohne Vorzeichen sind.

Beispiel:

	(0041)	=	05
	(0042)	=	67
	(0043)	=	79
	(0044)	=	15
	(0045)	=	E3
	(0046)	=	72
Resultat:	(0040)	=	E3, da dies die größte der fünf Zahlen ohne Vorzeichen ist.

Quellprogramm:

```
        LDAB  $41     ZÄHLUNG HOLEN
        CLRA          MAXIMUM = NULL (KLEINSTMÖGLICHER
                      WERT)
        LDX   #$42    ZEIGE ZUR ERSTEN EINGABE
MAXM    CMPA  X       IST MAXIMUM GRÖSSER ALS MOMENTANE
                      EINGABE?
        BCC   NOCHG   JA, HALTE MAXIMUM
        LDAA  X       NEIN, ERSETZE MAXIMUM DURCH MOMEN-
                      TANE EINGABE
NOCHG   INX
        DECB
        BNE   MAXM
        STAA  $40     RETTE MAXIMUM
        SWI
```

Flußdiagramm:

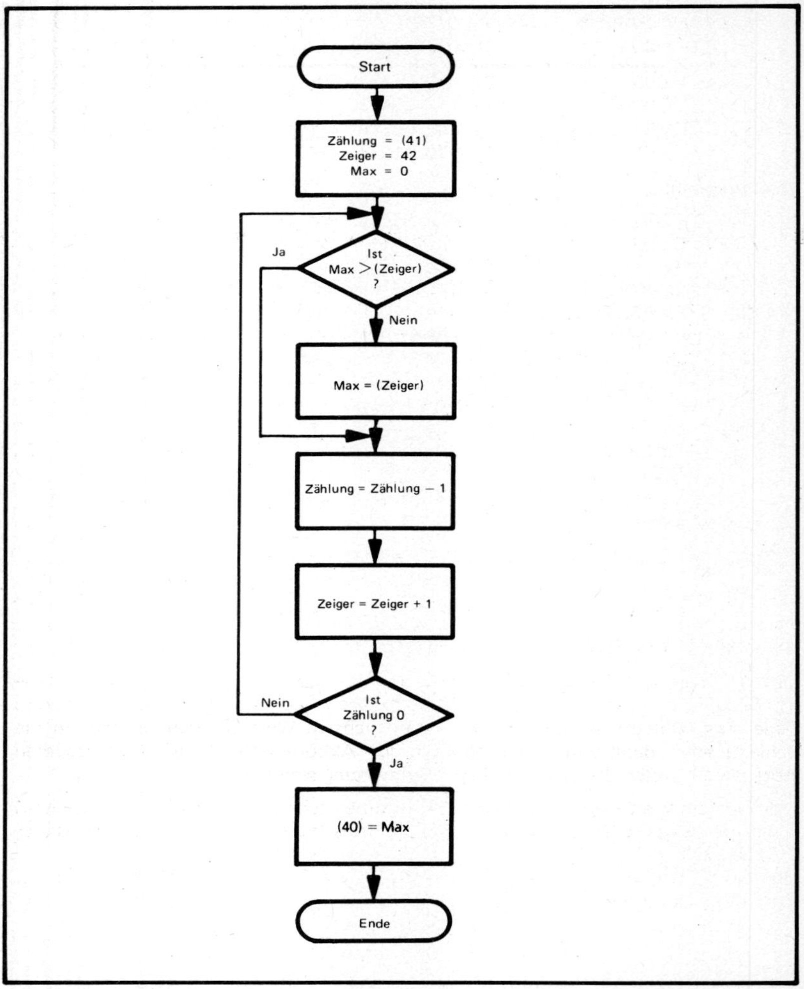

Objektprogramm:

Speicher-Adresse (Hex)	Speicher-Inhalt (Hex)		Befehl (Mnemonik)		
0000	D6	41		LDAB	$41
0002	4F			CLRA	
0003	CE	0042		LDX	#$42
0006	A1	00	MAXM	CMPA	X
0008	24	02		BCC	NOCHG
000A	A6	00		LDAA	X
000C	08		NOCHG	INX	
000D	5A			DECB	
000E	26	F6		BNE	MAXM
0010	97	40		STAA	$40
0012	3F			SWI	

Die relative Versetzung für BCC NOCHG ist:

```
  000C
 -000A
 -----
    02
```

Die relative Versetzung für BNE MAXM ist:

```
  0006  =   06
 -0010     +F0
 -----     ---
            F6
```

Die ersten drei Bytes dieses Programms bilden den Initialisierungs-Abschnitt.

Dieses Programm benützt die Tatsache, daß null die kleinste 8-Bit-Binärzahl ohne Vorzeichen ist. Wenn man das Register, das den Maximalwert enthält (in diesem Falle Akkumulator A) auf den kleinstmöglichsten Wert vor dem Eintritt in die Schleife setzt, dann wird das Programm den Akkumulator A auf einen größeren Wert setzen, außer alle Elemente in der Anordnung sind Nullen.

Das Programm arbeitet ordnungsgemäß, wenn es zwei Elemente gibt, jedoch nicht, wenn nur eines oder überhaupt keines vorliegt. Warum? Wie könnte man dieses Problem lösen?
Der Befehl CMPA X setzt das Übertrags-Flag wie folgt (ELEMENT ist der Inhalt der Adresse im Indexregister und MAX ist der Inhalt des Akkumulators A):

Übertrag = 1 wenn ELEMENT $>$ MAX
Übertrag = 0 wenn ELEMENT $\leqslant$ MAX

Wenn Übertrag = 0, geht das Programm weiter zu NOCHG und ändert das Maximum nicht. Wenn Übertrag = 1, ersetzt das Programm das alte Maximum mit dem momentanen Element durch Ausführung des Befehls LDAA X.

Das Programm arbeitet nicht, wenn man Zahlen mit Vorzeichen hat, da negative Zahlen scheinbar größer aussehen, als positive. Das Problem ist etwas verzwickt, da ein Überlauf bewirken kann, daß das Ergebnis scheinbar das falsche Vorzeichen besitzt. Der 6800 besitzt spezielle Verzweigungsbefehle BGT, BGE, BLE und BLT, die den Überlauf richtig verarbeiten. Erinnern wir uns daran, daß ein Überlauf auftritt, wenn die Größe eines Ergebnisses sein Vorzeichen-Bit beeinflußt.

Justierung einer gebrochenen Binärzahl

Zweck: Verschiebe den Inhalt des Speicherplatzes 0040 nach links, bis das höchstwertige Bit der Zahl 1 ist. Speichere das Ergebnis in den Speicherplatz 0041 und die Anzahl der erforderlichen Links-Verschiebungen in den Speicherplatz 0042. Wenn der Inhalt des Speicherplatzes 0040 null ist, lösche sowohl 0041 wie 0042.

Anmerkung:
Dieser Vorgang entspricht der Umwandlung einer Zahl in Exponential-Schreibweise.
Zum Beispiel:

$$0.0057 = 5.7 \times 10^{-3}$$

Beispiele:

a.		(0040)	=	22
	Resultat:	(0041)	=	88
		(0042)	=	02
b.		(0040)	=	01
	Resultat:	(0041)	=	80
		(0042)	=	07
c.		(0040)	=	CB
	Resultat:	(0041)	=	CB
		(0042)	=	00
d.		(0040)	=	00
	Resultat:	(0041)	=	00
		(0042)	=	00

Flußdiagramm:

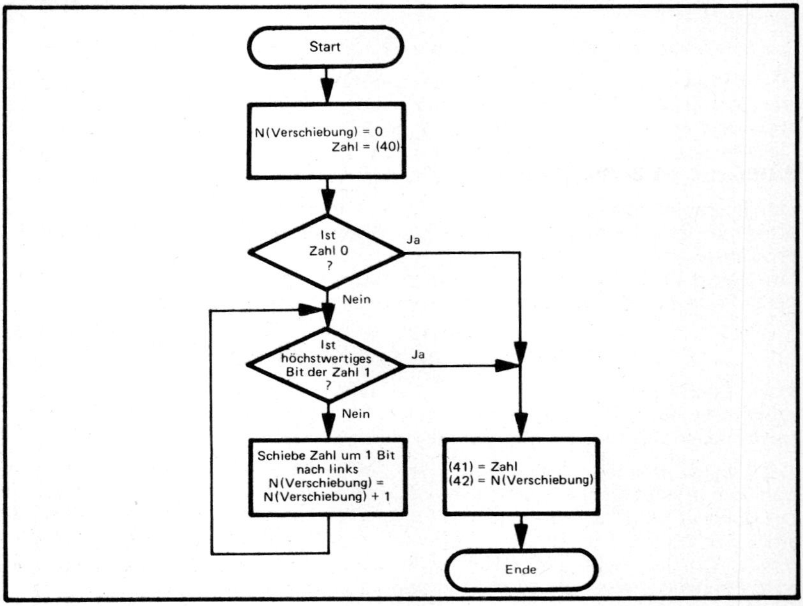

Quellprogramm:

```
         CLRB               ANZAHL DER VERSCHIEBUNGEN = 0
         LDAA   $40         HOLEN DER DATEN
         BEQ    DONE        DURCH, WENN DATEN NULL
CHKMS    BMI    DONE        DURCH, WENN MSB = 1
         INCB               ADDIERE 1 ZUR ANZAHL DER VERSCHIE-
                            BUNGEN
         ASLA               SCHIEBE DATEN UM 1 BIT NACH LINKS
         BRA    CHKMS
DONE     STAA   $41         RETTE JUSTIERTE DATEN
         STAB   $42         RETTE ANZAHL DER VERSCHIEBUNGEN
         SWI
```

Objektprogramm:

Speicher-Adresse (Hex)	Speicher-Inhalt (Hex)		Befehl (Mnemonik)		
0000	5F			CLRB	
0001	96	40		LDAA	$40
0003	27	06		BEQ	DONE
0005	2B	04	CHKMS	BMI	DONE
0007	5C			INCB	
0008	48			ASLA	
0009	20	FA		BRA	CHKMS
000B	97	41	DONE	STAA	$41
000D	97	42		STAB	$42
000F	3F			SWI	

Die relativen Versetzungen sind:

```
BEQ    DONE      000B
                -0005
                 ----
                   06

BMI    DONE      000B
                -0007
                 ----
                   04

BRA    CHKMS     0005  =   05
                -000B     +F5
                 ----     ---
                           FA
```

ASL, arithmetische Linksverschiebung, verschiebt den Inhalt der spezifizierten Adresse um ein Bit nach links und löscht das niedrigstwertige Bit. Das höchstwertige Bit der spezifizierten Adresse gelangt in den Übertrag. Der alte Übertrag geht verloren.

ASLA ist äquivalent zur Addition der Zahl im Akkumulator A zu sich selbst. Das Ergebnis ist natürlich das doppelte der ursprünglichen Zahl (versuchen Sie es!).

BMI DONE bewirkt einen Sprung zum Speicherplatz DONE, wenn das Negativ-Bit 1 ist. Diese Bedingung kann bedeuten, daß das letzte Ergebnis eine negative Zahl war, oder kann einfach bedeuten, daß ihr höchstwertiges Bit 1 war, der Computer liefert nur die Ergebnisse. Der Programmierer muß für die Interpretation sorgen.

Es gibt einen unwesentlichen BRA-Befehl, BRA CHKMS, in diesem Programm. Können Sie die Anfangsbedingungen so ändern, daß dieser Befehl überflüssig ist?

Aufgaben

1) Prüfsumme von Daten

Zweck: Berechne die Prüfsumme einer Serie von Zahlen. Die Länge der Serie befindet sich im Speicherplatz 0041 und die Serie selbst beginnt im Speicherplatz 0042. Speichere die Prüfsumme im Speicherplatz 0040. Die Prüfsumme wird durch Exklusiv-ODERieren aller Zahlen der Serie gebildet.

Anmerkung:
Derartige Prüfsummen werden häufig bei Lochstreifen- und Kassetten-Systemen verwendet, um sicherzustellen, daß die Daten ordnungsgemäß gelesen wurden. Die berechnete Prüfsumme wird mit einer anderen verglichen, die mit den Daten gespeichert sind. Wenn die beiden Prüfsummen nicht übereinstimmen, wird das System gewöhnlich entweder dem Operator einen Fehler melden oder die Daten nochmals automatisch lesen.

Beispiel:

```
           (0041) = 03
           (0042) = 28
           (0043) = 55
           (0044) = 26
Resultat:  (0040) = (0042) ⊕ (0043) ⊕ (0044)
                  = 28 ⊕ 55 ⊕ 26
                  = 0 0 1 0 1 0 0 0
                  ⊕ 0 1 0 1 0 1 0 1
                    ---------------
                    0 1 1 1 1 1 0 1
                  ⊕ 0 0 1 0 0 1 1 0
                    ---------------
                    0 1 0 1 1 0 1 1
                  = 5B
```

2) Summe von 16-Bit-Daten

Zweck: Berechne die Summe einer Serie von 16-Bit-Zahlen. Die Länge der Serie befindet sich im Speicherplatz 0042 und die Serie selbst beginnt im Speicherplatz 0043. Speichere die Summe in den Speicherplätzen 0040 und 0041 (die acht höchstwertigen Bits in 0040). Jede 16-Bit-Zahl belegt zwei Speicherplätze, mit den acht höchstwertigen Bits in der niedrigeren Adresse. Nimm an, daß die Summe in 16 Bits Platz findet.

Beispiel:

```
           (0042) = 03
           (0043) = 28
           (0044) = F1
           (0045) = 30
           (0046) = 1A
           (0047) = 4B
           (0048) = 89
Resultat:  28F1 + 301A + 4B89 = 4A94
           (0040) = A4
           (0041) = 94
```

3) Anzahl der Nullen, positiven und negativen Zahlen

Zweck: Bestimme die Anzahl der Nullen, positiven (höchstwertiges Bit null, jedoch die gesamte Zahl keine Nullen) und negativen (höchstwertiges Bit eins) Elemente in einem Block. Die Länge des Blocks befindet sich im Speicherplatz 0043 und der Block selbst beginnt in Speicherplatz 0044. Plaziere die Anzahl der negativen Elemente in den Speicherplatz 0040, die Anzahl der Null-Elemente in den Speicherplatz 0041, und die Anzahl der positiven Elemente in den Speicherplatz 0042.

Beispiel:

(0043) = 06
(0044) = 68
(0045) = F2
(0046) = 87
(0047) = 00
(0048) = 59
(0049) = 2A

Resultat: 2 negativ, 1 Null und 3 positiv
(0040) = 02
(0041) = 01
(0042) = 03

4) Finden des Minimums

Zweck: Finde das kleinste Element in einem Datenblock. Die Länge des Blocks befindet sich im Speicherplatz 0041 und der Block selbst beginnt im Speicherplatz 0042. Speichere das Minimum in den Speicherplatz 0040. Nimm an, daß die Zahlen in dem Block 8-Bit-Binärzahlen ohne Vorzeichen sind.

Beispiel:

(0041) = 05
(0042) = 67
(0043) = 79
(0044) = 15
(0045) = E3
(0046) = 72

Resultat: (0040) = 15, da dies die kleinste der fünf Zahlen ohne Vorzeichen ist.

5) Zähle 1-Bits

Zweck: Bestimme, wieviele Bits im Speicherplatz 0040 gleich Eins sind und plaziere das Ergebnis in den Speicherplatz 0041.

Beispiele:

(0040) = 3B = 00111011

Resultat: (0041) = 05

Kapitel 6
Zeichencodierte Daten

Mikroprozessoren verarbeiten häufig zeichencodierte Daten. Nicht nur Tastaturen, Fernschreiber, Kommunikationsgeräte, Anzeigen und Computer-Terminals erwarten oder liefern zeichencodierte Daten. Auch zahlreiche Instrumente, Test-Systeme und Steuergeräte benötigen Daten in dieser Form. Der am häufigsten verwendete Code ist ASCII. Baudot und EBCDIC findet man seltener. Wir wollen annehmen, daß alle unsere zeichencodierten Daten in der Form von 7-Bit-ASCII vorliegen, wobei das höchstwertige Bit 0 ist (siehe Tabelle 6-1).

HANDHABUNG VON DATEN IN ASCII

Einige Grundlagen zur Handhabung von ASCII-codierten Daten sind:

1) Die Codes für die Zahlen und Buchstaben bilden geordnete Untersequenzen. Die Codes für die Dezimalzahlen sind hexadezimal 30 bis 39, so daß man eine Umwandlung zwischen dezimal und ASCII mit einem einfachen additiven Faktor durchführen kann. Die Codes für die Großbuchstaben sind hexadezimal 41 bis 5A, so daß man eine alphabetische Anordnung durch Sortieren der Daten mit steigender numerischer Ordnung erhalten kann.

2) Der Computer macht keinen Unterschied zwischen druckenden und nicht druckenden Zeichen. Diese Unterscheidung wird nur durch die E/A-Bausteine getroffen.

3) Ein ASCII-Baustein wird nur ASCII-Daten verarbeiten. Um eine 7 auf einem ASCII-Drucker auszudrucken, muß der Mikroprozessor hexadezimal 37 zum Drucker senden. Hexadezimal 07 ist das Zeichen für die "Klingel". Ähnlich wird der Mikroprozessor das Zeichen 9 von einer ASCII-Tastatur als hexadezimal 39 empfangen. Hexadezimal 09 ist das Tabulator-Zeichen.

4) Einige ASCII-Bausteine verwenden nicht den vollen Zeichensatz. Beispielsweise können Steuerzeichen und Kleinbuchstaben ignoriert oder als Zwischenräume oder Fragezeichen gedruckt werden.

5) Einige häufig verwendete ASCII-Zeichen sind:

   $0A_{16}$ = line feed (LF = Zeilenvorschub)

   $0D_{16}$ = carriage return CR (Wagenrücklauf)

   20_{16} = space (Zwischenraum)

   $3F_{16}$ = ?

   $7F_{16}$ = delete character (Löschzeichen)

<table>
<tr><th>Hex MSD / Hex LSD</th><th>0</th><th>1</th><th>2</th><th>3</th><th>4</th><th>5</th><th>6</th><th>7</th></tr>
<tr><td>0</td><td>NUL</td><td>DLE</td><td>SP</td><td>0</td><td>@</td><td>P</td><td>'</td><td>p</td></tr>
<tr><td>1</td><td>SOH</td><td>DC1</td><td>!</td><td>1</td><td>A</td><td>Q</td><td>a</td><td>q</td></tr>
<tr><td>2</td><td>STX</td><td>DC2</td><td>"</td><td>2</td><td>B</td><td>R</td><td>b</td><td>r</td></tr>
<tr><td>3</td><td>ETX</td><td>DC3</td><td>#</td><td>3</td><td>C</td><td>S</td><td>c</td><td>s</td></tr>
<tr><td>4</td><td>EOT</td><td>DC4</td><td>$</td><td>4</td><td>D</td><td>T</td><td>d</td><td>t</td></tr>
<tr><td>5</td><td>ENQ</td><td>NAK</td><td>%</td><td>5</td><td>E</td><td>U</td><td>e</td><td>u</td></tr>
<tr><td>6</td><td>ACK</td><td>SYN</td><td>&</td><td>6</td><td>F</td><td>V</td><td>f</td><td>v</td></tr>
<tr><td>7</td><td>BEL</td><td>ETB</td><td>`</td><td>7</td><td>G</td><td>W</td><td>g</td><td>w</td></tr>
<tr><td>8</td><td>BS</td><td>CAN</td><td>(</td><td>8</td><td>H</td><td>X</td><td>h</td><td>x</td></tr>
<tr><td>9</td><td>HT</td><td>EM</td><td>)</td><td>9</td><td>I</td><td>Y</td><td>i</td><td>y</td></tr>
<tr><td>A</td><td>LF</td><td>SUB</td><td>*</td><td>:</td><td>J</td><td>Z</td><td>j</td><td>z</td></tr>
<tr><td>B</td><td>VT</td><td>ESC</td><td>+</td><td>;</td><td>K</td><td>[</td><td>k</td><td>{</td></tr>
<tr><td>C</td><td>FF</td><td>FS</td><td>,</td><td><</td><td>L</td><td>\</td><td>l</td><td>|</td></tr>
<tr><td>D</td><td>CR</td><td>GS</td><td>-</td><td>=</td><td>M</td><td>]</td><td>m</td><td>}</td></tr>
<tr><td>E</td><td>SO</td><td>RS</td><td>.</td><td>></td><td>N</td><td>Λ</td><td>n</td><td>~</td></tr>
<tr><td>F</td><td>SI</td><td>US</td><td>/</td><td>?</td><td>O</td><td>—</td><td>o</td><td>DEL</td></tr>
</table>

Tabelle 6-1 Hex-ASCII-Tabelle

BEISPIELE

Länge einer Zeichenreihe

Zweck: Bestimme die Länge einer Reihe (oder Kette) von ASCII-Zeichen (7 Bits mit einem höchstwertigen Bit 0). Die Reihe beginnt im Speicherplatz 0041. Das Ende der Reihe wird durch ein Wagenrücklauf-Zeichen ('CR', hex 0D) markiert. Plaziere die Länge der Reihe (ausschließlich des Wagenrücklaufs) im Speicherplatz 0040.

Beispiele:

a. (0041) = 0D
Ergebnis: (0040) = 00, da das erste Zeichen ein Wagenrücklauf ist.

b. (0041) = 52 'R'
(0042) = 41 'A'
(0043) = 54 'T'
(0044) = 48 'H'
(0045) = 45 'E'
(0046) = 52 'R'
(0047) = 0D CR
Ergebnis: (0040) = 06

Flußdiagramm:

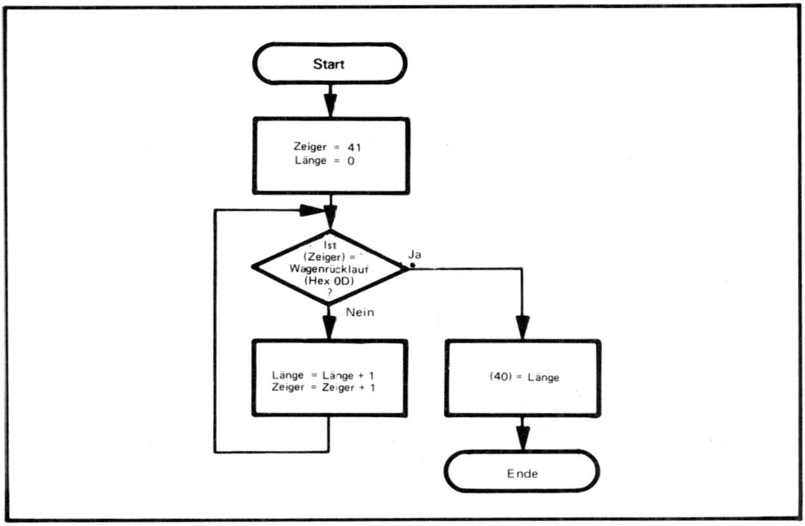

Quellprogramm:

```
         CLRB                LÄNGE DER REIHE = NULL
         LDX      #$41       ZEIGER = BEGINN DER REIHE
         LDAA     #$0D       HOLE DEN ASCII-WAGENRÜCKLAUF
                                FÜR VERGLEICH
CHKCR    CMPA     X          IST DAS ZEICHEN EIN WAGENRÜCKLAUF?
         BEQ      DONE       JA, ENDE DER REIHE
         INCB                NEIN, ADDIERE 1 ZUR REIHENLÄNGE
         INX
         BRA      CHKCR      VERSUCHE NÄCHSTES ZEICHEN
DONE     STAB     $40        BEWAHRE REIHENLÄNGE AUF
         SWI
```

Objektprogramm:

Speicher-Adresse (Hex)	Speicher-Inhalt (Hex)		Befehl (Mnemonik)		
0000	5F			CLRB	
0001	CE	0041		LDX	#$41
0004	86	0D		LDAA	#$0D
0006	A1	00	CHKCR	CMPA	X
0008	27	04		BEQ	DONE
000A	5C			INCB	
000B	08			INX	
000C	20	F8		BRA	CHKCR
000E	D7	40	DONE	STAB	$40
0010	3F			SWI	

Der Wagenrücklauf (CR) ist nur ein weiteres ASCII-Zeichen (hex 0D), soweit es den Computer betrifft. Die Tatsache, daß der Ausgangs-Baustein den Wagenrücklauf als Steuerzeichen anstatt als Druckzeichen behandelt, beeinflußt den Computer nicht.

Der Vergleichs-Befehl CMPA setzt die Flags, als ob eine Subtraktion ausgeführt worden wäre, läßt jedoch das Zeichen für den Wagenrücklauf für spätere Vergleiche im Akkumulator A. Das Z-Flag wird wie folgt beeinflußt:

Z = 1 wenn das Zeichen in der Reihe ein Wagenrücklauf ist

Z = 0 wenn es kein Wagenrücklauf ist

Der Befehl INCB addiert 1 zum Reihenlängen-Zähler im Akkumulator B. CLRB initialisiert diesen Zähler auf 0, bevor die Schleife beginnt. Erinnern Sie sich daran, Variable zu initialisieren, bevor sie in einer Schleife verwendet werden.

Diese Schleife begrenzt nicht, da kein Zähler auf null dekrementiert wird. Der Computer wird einfach mit der Prüfung von Zeichen fortfahren, bis er einen Wagenrücklauf findet. Man muß eine maximale Zählung in eine Schleife wie dieser plazieren, um Probleme mit fehlerhaften Reihen, die keinen Wagenrücklauf enthalten, zu vermeiden. Was würde geschehen, wenn das Programmbeispiel mit einer derartigen Reihe verwendet würde?

Man beachte, daß man durch Neuanordnung der Logik und Änderung der Anfangsbedingungen dieses Programm verkürzen und die Ausführungszeit verringern kann. Wenn wir das Flußdiagramm so anordnen, daß das Programm den Zähler und den Zeiger inkrementiert, bevor es nach dem Wagenrücklauf Ausschau hält, ist nur ein Sprungbefehl anstelle von zweien erforderlich. Das neue Flußdiagramm und das Programm sieht dann folgendermaßen aus:

Flußdiagramm:

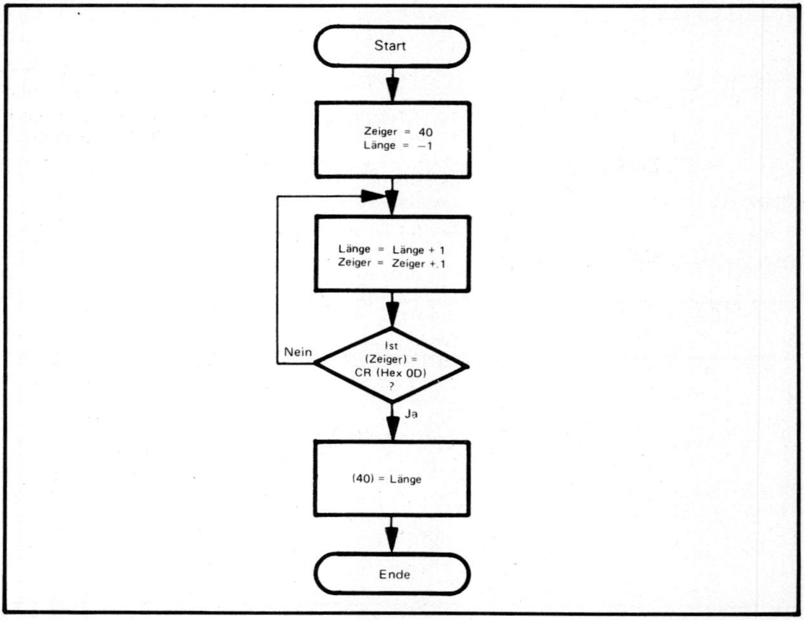

Quellprogramm:

```
        LDX     #$40     ZEIGER = BYTE VOR DER REIHE
        LDAB    #-1      LÄNGE DER REIHE = -1
        LDAA    #$0D     HOLE DEN ASCII-WAGENRÜCKLAUF
                            FÜR VERGLEICH
CHKCR   INX
        INCB             ADDIERE 1 ZUR REIHENLÄNGE
        CMPA    X        IST DAS ZEICHEN EIN WAGENRÜCKLAUF?
        BNE     CHKCR    NEIN, VERSUCHE NÄCHSTES ZEICHEN
        STAB    $ 40     JA, BEWAHRE ZEICHENLÄNGE AUF
        SWI
```

Objektprogramm:

Speicher-Adresse (Hex)	Speicher-Inhalt (Hex)			Befehl (Mnemonik)	
0000	CE	0040		LDX	#$40
0003	C6	FF		LDAB	#-1
0005	86	0D		LDAA	#$0D
0007	08		CHKCR	INX	
0008	5C			INCB	
0009	A1	00		CMPA	X
000B	26	FA		BNE	CHKCR
000D	D7	40		STAB	$40
000F	3F			SWI	

Suchen des ersten Nicht-Zwischenraum-Zeichens

Zweck: Absuchen einer Reihe von ASCII-Zeichen (7 Bits mit höchstwertigem Bit 0) nach einem Nicht-Zwischenraum-Zeichen. Die Reihe beginnt im Speicherplatz 0042. Plaziere die Adresse des ersten Nicht-Zwischenraum-Zeichens in die Speicherplätze 0040 und 0041 (höchstwertige Bits in 0040). Ein Zwischenraum-Zeichen ist hexadezimal 20 in ASCII.

Beispiel:

a.

	(0042)	=	37 ASCII 7
Ergebnis:	(0040)	=	00
	(0041)	=	42, da der Speicherplatz 0042 ein Nicht-Zwischenraum-Zeichen enthält.

b.

	(0042)	=	20 SP
	(0043)	=	20 SP
	(0044)	=	20 SP
	(0045)	=	46 F
	(0046)	=	20 SP
Ergebnis:	(0040)	=	00
	(0041)	=	45, da die vorausgehenden Speicherplätze lauter Zwischenräume enthalten.

Flußdiagramm:

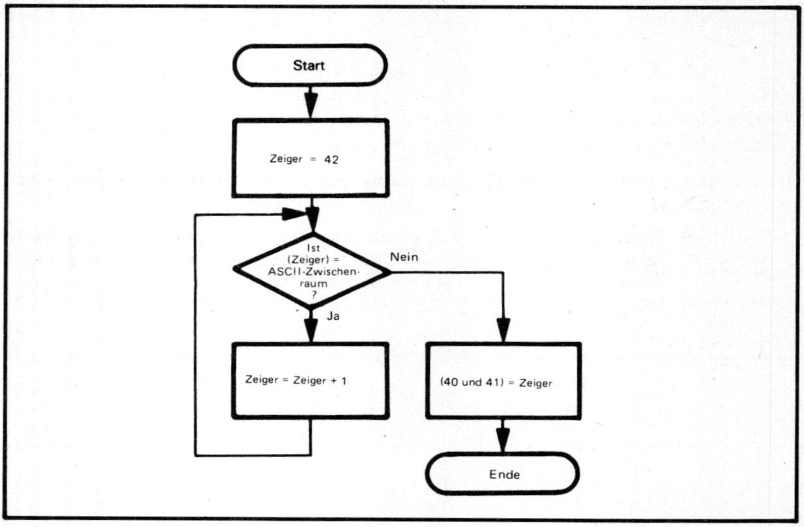

Quellprogramm:

```
        LDX     #$42     ZEIGER = BEGINN DER REIHE
        LDAA    #$20     HOLE ASCII-ZWISCHENRAUM
                         FÜR VERGLEICH
CHBLK   CMPA    X        IST DAS ZEICHEN EIN ZWISCHENRAUM?
        BNE     DONE     NEIN, WEITER
        INX
        BRA     CHBLK    JA, PRÜFE NÄCHSTES ZEICHEN
DONE    STX     $40      BEWAHRE ADRESSE DES ERSTEN NICHT-
                            ZWISCHENRAUM-ZEICHENS AUF
        SWI
```

Objektprogramm:

Speicher-Adresse (Hex)	Speicher-Inhalt (Hex)		Befehl (Mnemonik)	
0000	CE 0042		LDX	#$42
0003	86 20		LDAA	#$20
0005	A1 00	CHBLK	CMPA	X
0007	26 03		BNE	DONE
0009	08		INX	
000A	20 F9		BRA	CHBLK
000C	DF 40	DONE	STX	$40
000E	3F		SWI	

Das Aufsuchen von Zwischenräumen in Reihen ist eine häufig vorkommende Aufgabe. Zwischenräume werden oft aus Reihen entfernt, wenn sie einfach nur zur Erhöhung der Lesbarkeit oder für spezielle Formate verwendet werden. Es ist eine offensichtliche Verschwendung, Extra-Zwischenräume zu speichern und deren Beginn und Ende zu übertragen, speziell wenn man für die Übertragungszeit und für den Speicherraum zahlen muß. Daten- und Programmeingabe ist jedoch wesentlich einfacher, wenn Extra-Zwischenräume toleriert werden. Mikrocomputer werden häufig in Situationen ähnlich dieser verwendet, um die Form von Daten zwischen von Menschen leicht lesbarer Form und vom Computer und Übertragungsleitungen wirtschaftlich zu handhabenden Formen umzuwandeln.

Der Computer behandelt den Zwischenraum-Code (hexadezimal 20) so wie jedes andere Zeichen.

Der Befehl STX speichert den Inhalt des Indexregisters (höchstwertige Bits zuerst) in die spezifizierte Adresse und die nächsthöhere Adresse. Daher speichert STX $40 das 16-Bit-Indexregister in die Speicherplätze 0040 und 0041. Beachten Sie, daß STX eine 8-Bit-Adresse auf der Nullseite verwenden kann.

Wiederum können wir, wenn wir die Anfangsbedingungen ändern, daß der Schleifen-Steuerungsabschnitt dem Verarbeitungsabschnitt vorausgeht, die Anzahl der Bytes im Programm und die Ausführungszeit der Schleife verringern. Das neu angeordnete Flußdiagramm sieht folgendermaßen aus:

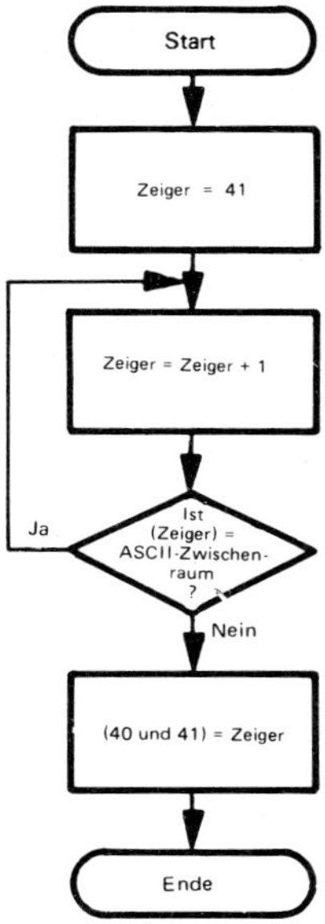

Quellprogramm:

```
        LDX     #$41     ZEIGE ZUM BYTE VOR DER REIHE
        LDAA    #$20     HOLE ASCII-ZWISCHENRAUM
                           FÜR VERGLEICH
CHBLK   INX
        CMPA    X        IST DAS ZEICHEN EIN ZWISCHENRAUM ?
        BEQ     CHBLK    JA, SETZE DIE PRÜFUNG DER ZEICHEN
                           FORT
        STX     $40      NEIN, BEWAHRE ADRESSE DES ERSTEN
                           NICHT-ZWISCHENRAUMZEICHENS AUF
        SWI
```

Objektprogramm:

Speicher-Adresse (Hex)	Speicher-Inhalt (Hex)			Befehl (Mnemonik)	
0000	CE	0041		LDX	#$41
0003	86	20		LDAA	#$20
0005	08		CHBLK	INX	
0006	A1	00		CMPA	X
0008	27	FB		BEQ	CHBLK
000A	DF	40		STX	$40
000C	3F			SWI	

Ersetzen führender Nullen durch Zwischenräume

Zweck: Änderung einer Reihe von ASCII-Dezimalzeichen durch Ersetzen aller führenden Nullen durch Zwischenräume. Die Reihe beginnt im Speicherplatz 0041. Es werde angenommen, sie bestünde zur Gänze aus ASCII-codierten Dezimalzahlen. Die Länge der Reihe befindet sich im Speicherplatz 0040.

Beispiel:

a.
```
            (0040) = 02
            (0041) = 36   ASCII 6
```

Das Programm läßt die Reihe unverändert, da die führende Ziffer nicht null ist.

b.
```
            (0040) = 08
            (0041) = 30   ASCII 0
            (0042) = 30   ASCII 0
            (0043) = 38   ASCII 8
Ergebnis:   (0041) = 20   ASCII SP
            (0042) = 20   ASCII SP
```

Die beiden führenden ASCII-Nullen wurden durch ASCII-Zwischenräume ersetzt.

Quellprogramm:

```
        LDAA    #'0       HOLE ASCII-NULL FÜR VER-
                             GLEICH
        LDAB    #$20      HOLE ASCII-ZWISCHENRAUM
                             FÜR SPEICHERUNG
        LDX     #$40      ZEIGER = BEGINN DER ANORDNUNG
CHKZ    CMPA    X         IST DAS ELEMENT EIN ASCII-NULL ?
        BNE     DONE      NEIN, WEITER ZU DONE
        STAB    X         JA, ERSETZE NULL DURCH ZWISCHEN-
                             RAUM
        INX
        DEC     $40
        BNE     CHKZ
DONE    SWI
```

Ein Apostroph vor einem Zeichen zeigt ASCII an.

Flußdiagramm:

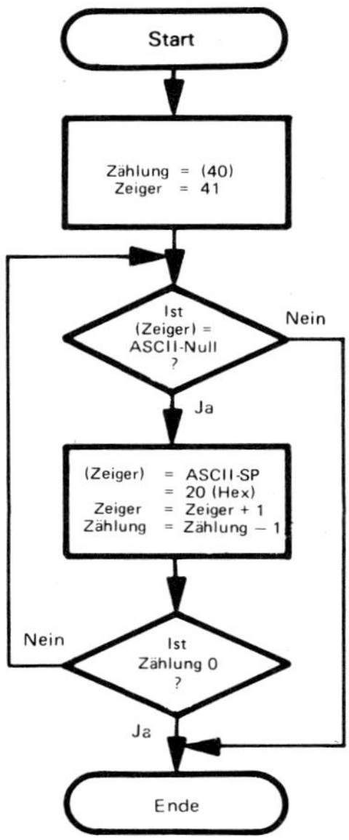

Objektprogramm

Speicher-Adresse (Hex)	Speicher-Inhalt (Hex)			Befehl (Mnemonik)	
0000	86	30		LDAA	#'0
0002	C6	20		LDAB	#$20
0004	CE	0041		LDX	#$41
0007	A1	00	CHKZ	CMPA	X
0009	26	08		BNE	DONE
000B	E7	00		STAB	X
000D	08			INX	
000E	7A	0040		DEC	$40
0011	26	F4		BNE	CHKZ
0013	3F		DONE	SWI	

Man wird häufig dezimale Reihen aufbereiten wollen, bevor sie gedruckt oder dargestellt werden, um ihr Aussehen zu verbessern. Häufig vorkommende Aufbereitungs-Aufgaben beinhalten das Eliminieren von führenden Nullen, Überprüfung von Zahlen, Addieren von Vorzeichen oder anderer Identifizierungsmarken und Abrundung. Offensichtlich können gedruckte Zahlen wie 0006 oder $27.34382 verwirrend und ermüdend sein.

Hier besitzt die Schleife zwei Ausgänge, einen wenn der Prozessor eine Ziffer findet, die nicht Null ist, und den anderen, wenn er die gesamte Reihe überprüft hat.

Man kann ein einzelnes ASCII-Zeichen in ein Assemblersprachen-Programm des 6800 plazieren, indem man ein Apostroph (') voranstellt. Man kann eine Reihe von ASCII-Zeichen in einen Programmspeicher plazieren, indem man die Pseudo-Operation FCC (Form Constant Characters) auf dem 6800-Assembler verwendet. Einer der folgenden Formen ist verwendbar:

Marke	Operationscode	Operand
EMSG	FCC	5,ERROR
EMSG	FCC	/ERROR/

Bei der ersten Form spezifiziert die Zahl, wieviele Zeichen in der Reihe enthalten sind. Sie wird von einem Komma gefolgt. Bei der zweiten Form kann ein Einzelzeichen-Begrenzer den Beginn und das Ende einer Reihe kennzeichnen.

Es wird angenommen, daß alle Ziffern in einer Reihe in ASCII vorliegen. Das heißt, die Ziffern sind hexadezimal 30 bis 39, anstatt der gewöhnlichen Dezimalzahlen 0 bis 9. Die Umwandlung von dezimal in ASCII besteht einfach in der Addition von hexadezimal 30 zur Dezimalziffer.

Man muß jedoch beim Auslöschen führender Nullen sorgfältig vorgehen, damit eine Null zurückbleibt, falls alle Stellen null sind. Wie würde man dies ausführen?

Beachten Sie, daß jede ASCII-Stelle acht Bits benötigt, verglichen mit vier für eine BCD-Stelle. Deshalb ist ASCII ein aufwendiges Format, wenn man numerische Daten speichert oder überträgt.

Addition gerader Parität zu ASCII-Zeichen

Zweck: Addiere gerade Parität zu einer Reihe von 7-Bit-ASCII-Zeichen. Die Länge der Reihe befindet sich im Speicherplatz 0040, und die Reihe selbst beginnt in Speicherplatz 0041. Plaziere gerade Parität in das höchstwertige Bit jedes Zeichens, indem das höchstwertige Bit auf 1 gesetzt wird, wenn dies für eine Gesamtzahl von 1-Bits im Wort eine gerade Zahl ergibt.

Flußdiagramm:

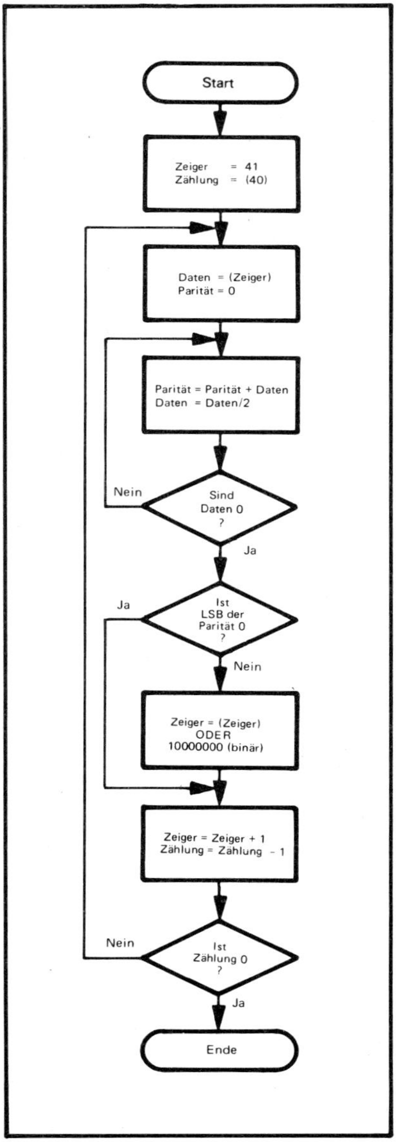

Beispiel:

	(0040)	=	06
	(0041)	=	31
	(0042)	=	32
	(0043)	=	33
	(0044)	=	34
	(0045)	=	35
	(0046)	=	36
Ergebnis:	(0041)	=	B1
	(0042)	=	B2
	(0043)	=	33
	(0044)	=	B4
	(0045)	=	35
	(0046)	=	36

Quellprogramm:

```
        LDX     #$41          ZEIGER = BEGINN DES DATEN-
                                BLOCKS
GTDATA  LDAB    X             DATEN VOM BLOCK HOLEN
        CLRA                  PARITÄT = NULL
CALPAR  ABA                   PARITÄT = PARITÄT + DATEN
        LSRB                  VERSCHIEBE DATEN UM 1 BIT
                                NACH RECHTS
        BNE     CALPAR
        LSRA                  BRINGE PARITÄT ZUM ÜBERTRAG
        BCC     CHCNT         WEITER, WENN PARITÄT BEREITS
                                GERADE
        LDAA    #%10000000    MACHE PARITÄT GERADE DURCH
                                SETZEN VON MSB
        ORAA    X
        STAA    X
CHCNT   INX
        DEC     $40
        BNE     GTDATA
        SWI
```

Objektprogramm:

Speicher-Adresse (Hex)	Speicher-Inhalt (Hex)		Befehl (Mnemonik)		
0000	CE	0041		LDX	#$41
0003	E6	00	GTDATA	LDAB	X
0005	4F			CLRA	
0006	1B		CALPAR	ABA	
0007	54			LSRB	
0008	26	FC		BNE	CALPAR
000A	44			LSRA	
000B	24	06		BCC	CHCNT
000D	86	80		LDAA	#%10000000
000F	AA	00		ORAA	X
0011	A7	00		STAA	X
0013	08		CHCNT	INX	
0014	7A	0040		DEC	$40
0017	26	EA		BNE	GTDATA
0019	3F			SWI	

Die Parität wird häufig zu ASCII-Zeichen addiert, bevor sie auf verrauschten Kommunikationsleitungen übertragen werden, um eine einfache Fehlerprüf-Möglichkeit zu liefern. Die Parität stellt alle Einzelbit-Fehler fest, erlaubt jedoch keine Fehlerkorrektur. Das heißt, man weiß, daß ein Fehler aufgetreten ist, wenn die Parität falsch ist, man kann jedoch nicht angeben, welches Bit verändert wird.

Der Vorgang für die Berechnung der Parität besteht im Zusammen-Addieren aller Bits und Feststellen, ob das Ergebnis gerade oder ungerade ist. Dies bestimmt, ob die Anzahl der 1-Bits in den Daten gerade oder ungerade ist.

LSR löscht das höchstwertige Bit der zu verschiebenden Zahl. Daher wird das Ergebnis einer Serie von LSR-Befehlen eventuell null sein, unabhängig vom ursprünglichen Wert der Zahl (versuchen Sie es).

Die folgende Sequenz nach BNE CALPAR wird ebenfalls arbeiten (warum ?).

```
LSRA          VERSCHIEBE PARITÄT ZUM ÜBERTRAG
RORB          VERSCHIEBE IN MSB VON B
ORAB    X     BRINGE IN MSB DER DATEN
STAB    X
```

Erinnern wir uns daran, daß B an diesem Punkt null enthalten mußte, sonst würde der Befehl BNE CALPAR eine Verzweigung bewirkt haben.

Die logische ODERierung eines Bits mit 1 ergibt ein Ergebnis von eins, unabhängig vom ursprünglichen Wert des Bits.

Übereinstimmung von Bitmustern

Zweck: Vergleiche zwei Reihen von ASCII-Zeichen, um festzustellen, ob sie gleich sind. Die Länge der Reihen befindet sich im Speicherplatz 0041. Eine Reihe beginnt im Speicherplatz 0042 und die andere im Speicherplatz 0052. Wenn die beiden Reihen übereinstimmen, lösche Speicherplatz 0040. Andernfalls setze Speicherplatz 0040 auf FF hex (alles Einsen).

Beispiel:

a.		(0040)	=	03	
		(0042)	=	43	'C'
		(0043)	=	41	'A'
		(0044)	=	54	'T'
		(0052)	=	43	'C'
		(0053)	=	41	'A'
		(0054)	=	54	'T'
	Ergebnis:	(0040)	=	00, da die beiden Reihen gleich sind.	
b.		(0041)	=	03	
		(0042)	=	52	'R'
		(0043)	=	41	'A'
		(0044)	=	54	'T'
		(0052)	=	43	'C'
		(0053)	=	41	'A'
		(0054)	=	54	'T'
	Ergebnis:	(0040)	=	FF, da sich die ersten Zeichen in der Reihe unterscheiden.	

Anmerkung: Der Vorgang für das Suchen nach Übereinstimmung endet, sobald die CPU einen Unterschied findet. Der Rest der Reihen muß nicht überprüft werden.

Flußdiagramm:

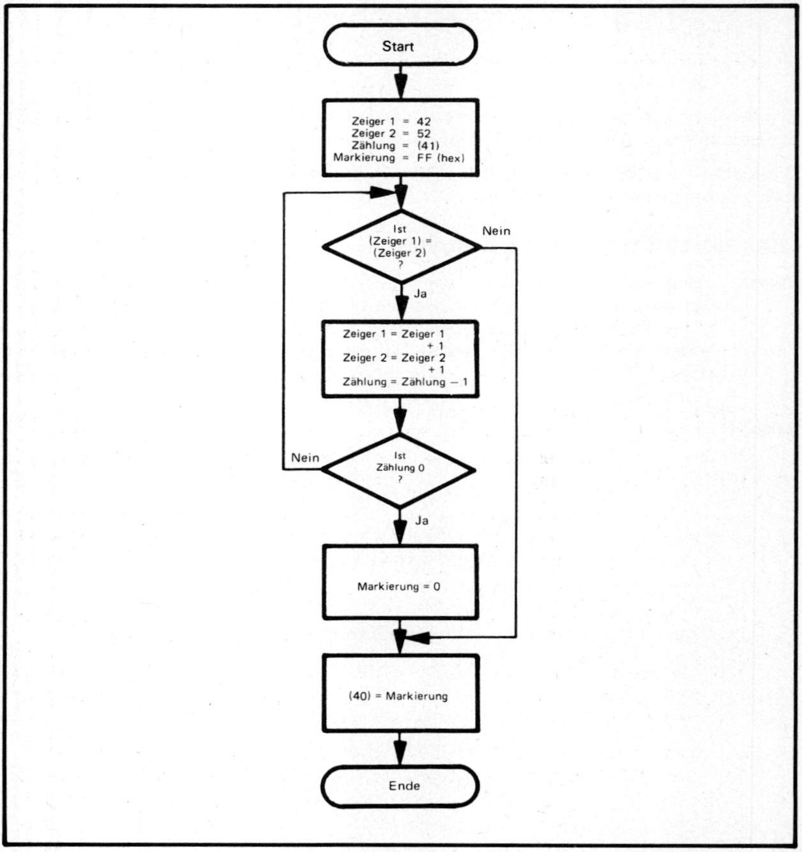

Quellprogramm:

```
        LDAA    #$FF
        STAA    #$40     MARKE = FF HEX FÜR UNGLEICHHEIT
        LDAB    $41      ZÄHLUNG = LÄNGE DER REIHEN
        LDX     #$42     PUNKT FÜR DEN BEGINN DER REIHEN
PATTC   LDAA    X        HOLE ELEMENT VON REIHE 1
        CMPA    $10,X    IST ES GLEICH WIE DAS ELEMENT VON
                            REIHE 2 ?
        BNE     DONE     NEIN, KEINE ÜBEREINSTIMMUNG
        INX
        DECB             ALLE ZEICHEN GEPRÜFT ?
        BNE     PATTC    NEIN, PRÜFE NÄCHSTE ZEICHEN
        CLR     $40      JA, MARKE = 0 FÜR GLEICHHEIT
DONE    SWI
```

Objektprogramm:

Speicher-Adresse (Hex)	Speicher-Inhalt (Hex)		Befehl (Mnemonik)	
0000	86 FF		LDAA	#$FF
0002	97 40		STAA	$40
0004	D6 41		LDAB	$41
0006	CE 0042		LDX	#$42
0009	A6 00	PATTC	LDAA	X
000B	A1 10		CMPA	$10,X
000D	26 07		BNE	DONE
000F	08		INX	
0010	5A		DECB	
0011	26 F6		BNE	PATTC
0013	7F 0040		CLR	$40
0016	3F	DONE	SWI	

Die Feststellung der Übereinstimmung von Reihen aus ASCII-Zeichen ist ein wesentlicher Teil für das Suchen von Kommandos, Feststellung von Namen, Identifizierung von Variablen oder Operationscodes in Assemblern und Kompilierern, Finden von Dateien und zahlreicher anderer Aufgaben.

Das Indexregister wird zum Zugriff auf beide Reihen verwendet, nur die Versetzungen sind verschieden. Dieses Verfahren würde jedoch nicht arbeiten, wenn die Reihen im Speicher um mehr als 255 Speicherplätze getrennt sind, da die Versetzung nur 8 Bits lang ist.

Der Befehl CMPA $10,X vergleicht den Akkumulator A mit dem Inhalt des Speicherplatzes, dessen Adresse 10 (hex) plus dem Inhalt des Indexregisters ist.

Man kann den Befehl COM (Einerkomplement) zum Komplementieren des Inhalts eines Speicherplatzes verwenden, es sind jedoch keine kurzen direkten Adressen gestattet, wie etwa mit Clear, Shift, etc.

Dieses Programm könnte den Vorteil benützen, daß Akkumulator B null enthält, nachdem alle Zeichen geprüft wurden. Andernfalls würde die Ausführung des Befehls BNE PATTC eine Verzweigung bewirken. Deshalb können wir Akkumulator B in den Speicherplatz 0040 (STAB $40) speichern, um anzuzeigen, daß eine Übereinstimmung gefunden wurde. Eine andere Möglichkeit ist INC $40. Welche würden Sie bevorzugen und weshalb ?

AUFGABEN

1) Länge einer Fernschreib-Nachricht

Zweck: Bestimme die Länge einer ASCII-Nachricht. Alle Zeichen sind 7-Bit-ASCII mit MSB = 0. Die Reihe von Zeichen, in der die Nachricht eingebettet ist, beginnt im Speicherplatz 0041. Die Nachricht selbst beginnt mit einem ASCII-STX-Zeichen (hex 02) und endet mit ETX (hex 03). Plaziere die Länge der Nachricht (die Anzahl der Zeichen zwischen dem STX und dem ETX, jedoch ausschließlich der beiden) in den Speicherplatz 0040.

Beispiel:

	(0041)	=	40	
	(0042)	=	02	STX
	(0043)	=	47	'G'
	(0044)	=	4F	'O'
	(0045)	=	03	ETX
Ergebnis:	(0040)	=	02, da es zwei Zeichen zwischen dem STX im Speicherplatz 0042 und ETX im Speicherplatz 0045 gibt.	

2) Suchen des letzten Nicht-Zwischenraum-Zeichens

Zweck: Absuchen einer Reihe von ASCII-Zeichen nach dem letzten Nicht-Zwischenraum-Zeichen. Die Reihe beginnt im Speicherplatz 0042 und endet mit einem Wagenrücklauf-Zeichen (hex 0D). Plaziere die Adresse des letzten Nicht-Zwischenraum-Zeichens in die Speicherplätze 0040 und 0041 (höchstwertiges Bit in 0040).

Beispiel:

a.		(0042)	=	37	'7'
		(0043)	=	0D	CR
	Ergebnis:	(0040)	=	00	
		(0041)	=	42, da das letzte (und einzige) Nicht-Zwischenraum-Zeichen in Speicherplatz 0042 liegt.	
b.		(0042)	=	41	'A'
		(0043)	=	20	SP
		(0044)	=	48	'H'
		(0045)	=	41	'A'
		(0046)	=	54	'T'
		(0047)	=	20	SP
		(0048)	=	20	SP
		(0049)	=	0D	CR
	Ergebnis:	(0040)	=	00	
		(0041)	=	46	

3) Abrunden von dezimalen Reihen in ganzzahlige Form

Zweck: Aufbereiten einer Reihe von ASCII-Dezimalzeichen, indem alle Ziffern rechts vom Dezimalpunkt durch ASCII-Zwischenräume (hex 20) ersetzt werden. Die Reihe beginnt im Speicherplatz 0041, und es wird angenommen, daß sie zur Gänze aus ASCII-codierten Dezimalziffern sowie einem möglichen Dezimalpunkt (hex 2E) bestehen. Die Länge der Reihe befindet sich im Speicherplatz 0040. Wenn kein Dezimalpunkt in der Reihe auftritt, so kann angenommen werden, daß der Dezimalpunkt ganz am rechten Ende liegt.

Beispiel:

a.		(0040)	=	04	
		(0041)	=	37	'7'
		(0042)	=	2E	'.'
		(0043)	=	38	'8'
		(0044)	=	31	'1'
	Ergebnis:	(0041)	=	37	'7'
		(0042)	=	2E	'.'
		(0043)	=	20	SP
		(0044)	=	20	SP

b. (0040) = 03

	(0041	=	26	'6'
	(0042)	=	37	'7'
	(0043)	=	31	'1'
Ergebnis:			Unverändert, da angenommen wird, daß die Zahl 671 ist.	

4) Prüfen auf gerade Parität in ASCII-Zeichen

Zweck: Prüfen auf gerade Parität in einer Reihe von ASCII-Zeichen. Die Länge der Reihe liegt im Speicherplatz 0041 und die Reihe selbst beginnt im Speicherplatz 0042. Wenn die Parität aller Zeichen in der Reihe korrekt ist, lösche Speicherplatz 0040. Andernfalls plaziere FF hex (alles Einsen) in den Speicherplatz 0040.

Beispiele:

a.	(0041)	=	03
	(0042)	=	B1
	(0043)	=	B2
	(0044)	=	33
Ergebnis:	(0040)	=	00, da alle Zeichen gerade Parität haben.
b.	(0041)	=	03
	(0042)	=	B1
	(0043)	=	B6
	(0044)	=	33
Ergebnis:	(0040)	=	FF, da die Zeichen im Speicherplatz 0042 nicht gerade Parität besitzen.

5) Vergleich von Reihen

Zweck: Vergleiche zwei Reihen von ASCII-Zeichen, um festzustellen, welche größer ist (das heißt welche der anderen in "alphabetischer" Reihenfolge folgt). Die Länge der Reihen befindet sich im Speicherplatz 0041. Eine Reihe beginnt im Speicherplatz 0042 und die andere im Speicherplatz 0052. Wenn die Reihe, die im Speicherplatz 0042 beginnt, größer oder gleich wie die andere Reihe ist, lösche Speicherplatz 0040. Andernfalls setze Speicherplatz 0040 auf FF hex (alles Einsen).

Beispiel:

a.	(0041)	=	03	
	(0042)	=	43	'C'
	(0043)	=	41	'A'
	(0044)	=	54	'T'
	(0052)	=	42	'B'
	(0053)	=	41	'A'
	(0054)	=	54	'T'
Ergebnis:	(0040)	=	00, da CAT "größer" als BAT ist.	
b.	(0041)	=	03	
	(0042)	=	44	'D'
	(0043)	=	4F	'O'
	(0044)	=	47	'G'
	(0052)	=	44	'D'
	(0053)	=	4F	'O'
	(0054)	=	47	'G'

	Ergebnis:	(0040)	=	00, da die beiden Reihen gleich sind.
c.		(0041)	=	03
		(0042)	=	43 'C'
		(0043)	=	41 'A'
		(0044)	=	54 'T'
		(0052)	=	43 'C'
		(0053)	=	55 'U'
		(0054)	=	54 'T'
	Ergebnis:	(0040)	=	FF, da CUT "größer" als CAT ist.

Kapitel 7
Code-Umwandlung

Code-Umwandlung ist eine ständig vorkommende Aufgabe für Mikroprozessoren. Periphere Geräte liefern Daten in ASCII, BCD oder zahlreichen speziellen Codes. Der Computer muß diese Daten in binär oder dezimal umwandeln, um sie weiter verarbeiten zu können. Ausgangs-Bausteine benötigen Daten in ASCII, BCD, 7-Segment oder in anderen Codes. Daher muß der Computer die Ergebnisse in eine geeignete Form umwandeln, nachdem die Verarbeitung beendet ist. Einige Code-Umwandlungen sind sehr einfach mit der Hardware auszuführen, beispielsweise gibt es standardisierte integrierte Schaltungen für die Umwandlung von BCD in Sieben-Segment. Universelle asynchrone Sender/Empfänger (Universal Asynchronous Receiver/Transmitters = UARTs) wandeln Daten zwischen ASCII und Fernschreiber-Formaten um. Für das Programm können jedoch noch zahlreiche Aufgaben für die Umwandlung verbleiben.

BEISPIELE

Hexadezimal in ASCII

Zweck: Umwandlung des Inhaltes des Speicherplatzes 0040 in ein ASCII-Zeichen. Der Speicherplatz 0040 enthält eine einzelne hexadezimale Stelle (die vier höchstwertigen Bits sind null). Speichere das ASCII-Zeichen in den Speicherplatz 0041.

Beispiele:

a.		(0040)	=	0C	
	Ergebnis:	(0041)	=	43	'C'
b.		(0040)	=	06	
	Ergebnis:	(0041)	=	36	'6'

Flußdiagramm:

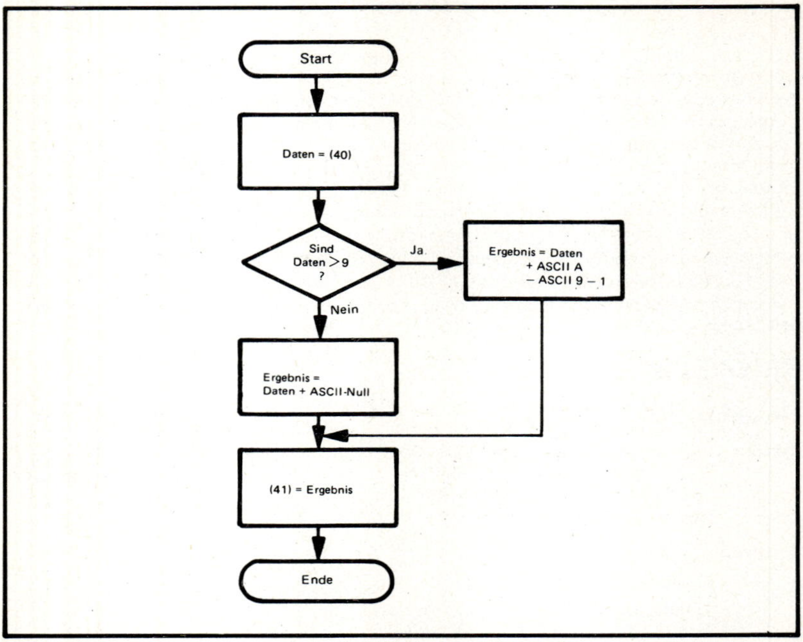

Quellprogramm:

```
        LDAA    $40         DATEN HOLEN
        CMPA    #9          SIND DIE DATEN 9 ODER KLEINER?
        BLS     ASCZ
        ADDA    #'A-'9-1    NEIN, ADDIERE VERSETZUNG FÜR
                              BUCHSTABEN
ASCZ    ADDA    #'0         WANDLE DATEN IN ASCII UM
        STAA    $41         SPEICHERE ASCII-DATEN
        SWI
```

Objektprogramm:

Speicher-Adresse (Hex)	Speicher-Inhalt (Hex)		Befehl (Mnemonik)	
0000	96 40		LDAA	$40
0002	81 09		CMPA	#9
0004	23 02		BLS	ASCZ
0006	8B 07		ADDA	#'A-'9-1
0008	8B 30	ASCZ	ADDA	#'0
000A	97 41		STAA	$41
000C	3F		SWI	

Der grundlegende Gedanke in diesem Programm besteht in der Addition von ASCII 0 zu allen hexadezimalen Ziffern. Diese Addition wandelt die Dezimalziffern korrekt um. Es besteht jedoch ein Unterschied zwischen ASCII 9 (39 hex) und ASCII A (41 hex), der berücksichtigt werden muß. Dieser Unterschied muß zu den nicht-dezimalen Ziffern addiert werden, das heißt, A, B, C, D, E und F. Dies wird durch den ADDA-Befehl durchgeführt, der die Versetzung 'A-'9-1 zum Inhalt des Akkumulators A addiert. Können Sie erklären, weshalb die Versetzung gleich 'A-'9-1 ist?

Beachten Sie, daß die Additions-Faktoren in das Assemblersprachen-Programm in ASCII-Form plaziert werden (ein einzelnes Fragezeichen geht einem ASCII-Zeichen voraus). Die Versetzung für die Buchstaben wird als arithmetischer Ausdruck belassen. Der Zweck der Faktoren wird hierbei in der Auflistung der Assemblersprache so deutlich wie möglich gemacht. Die zusätzliche Assemblierungszeit ist sehr klein im Vergleich zum Gewinn an Deutlichkeit.

Diese Routine kann in einer Vielzahl von Programmen verwendet werden. Zum Beispiel müssen Monitorprogramme hexadezimale Ziffern in ASCII umwandeln, um den Inhalt von Speicherplätzen in hexadezimal auf einem ASCII-Drucker oder auf einem Bildschirm anzuzeigen.

Eine andere (raschere) Umwandlungs-Methode, die überhaupt keine bedingten Sprünge benötigt, stellt das folgende Programm dar, das von Allison in der Zeitschrift Computer magazine[1] beschrieben wurde.

```
LDAA    $40     HOLE HEXADEZIMALE STELLE
ADDA    #$ 90   ADDIERE DEZIMAL 90 IN BCD
DAA
ADCA    #$40    ADDIERE DEZIMAL 40 IN BCD + ÜBERTRAG
DAA
STAA    $41     SPEICHERE ASCII-STELLE
SWI
```

Versuchen Sie dieses Programm mit einigen Ziffern. Können Sie erklären, wie es arbeitet?

Dezimal in Sieben-Segment

Zweck: Wandle den Inhalt des Speicherplatzes 0041 in einen Sieben-Segment-Code im Speicherplatz 0042 um. Wenn der Speicherplatz 0041 keine

Ziffer	Code
0	3F
1	06
2	5B
3	4F
4	66
5	6D
6	7D
7	07
8	7F
9	6F

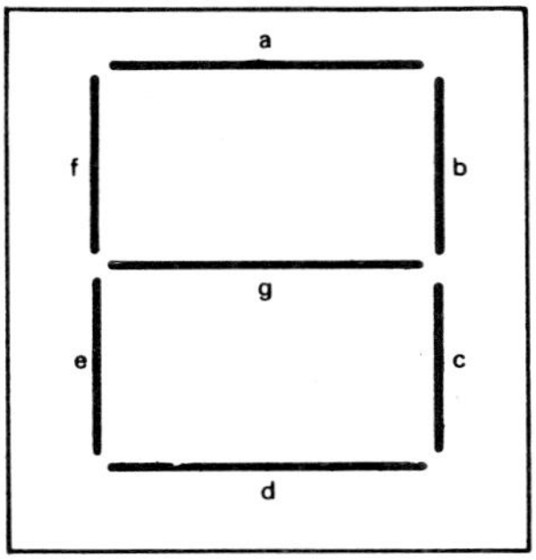

Bild 7-1. Sieben-Segment-Anordnung

einzelne Dezimalziffer enthält, lösche Speicherplatz 0042.

Sieben-Segment-Tabelle: Die folgende Tabelle kann zur Umwandlung von Dezimalzahlen in den Sieben-Segment-Code verwendet werden. Der Sieben-Segment-Code ist so organisiert, daß das höchstwertige Bit immer null ist, gefolgt vom Code (1 = ein, 0 = aus) für die Segmente g, f, e, d, c, b und a (siehe Bild 7-1).

Beachten Sie, daß die Tabelle 7D für 6 anstatt 7C (oberer Querbalken ausgeschaltet) verwendet, um Verwechslung mit dem kleinen b zu vermeiden, und 6F für 9 anstatt 67 (unterer Querbalken aus), jedoch aus keinem bestimmten Grund.

Beispiele:

a.		(0041)	=	03
	Ergebnis:	(0042)	=	4F
b.		(0041)	=	28
	Ergebnis:	(0042)	=	00

Flußdiagramm:

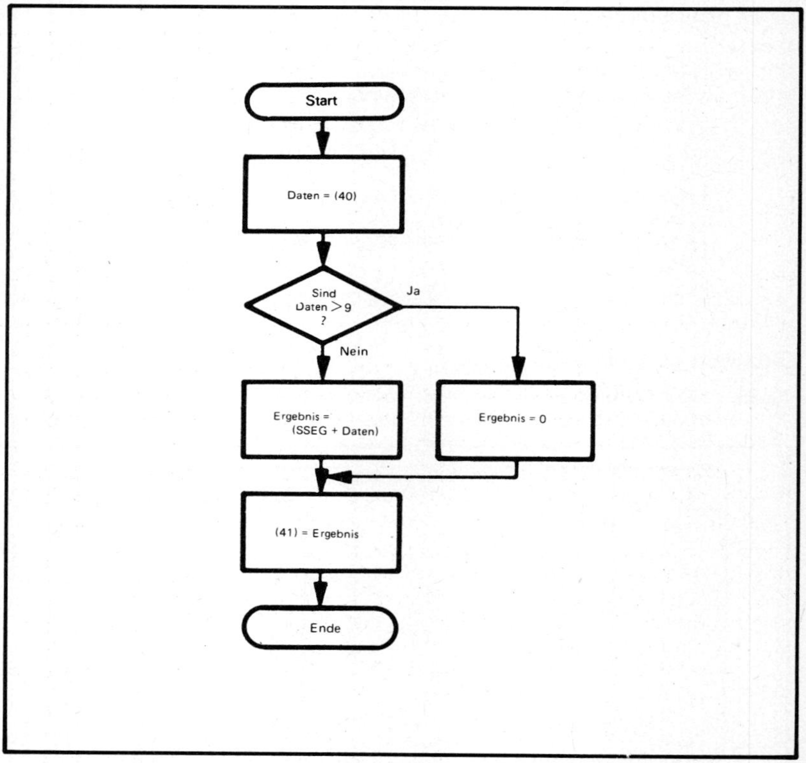

Beachten Sie, daß die Addition der Basis-Adresse SSEG mit dem Index (Daten) die Adresse ergibt, welche die Antwort enthält.

Quellprogramm:

```
        CLR     $42        FEHLERCODE SCHALTET DIE ANZEIGE AB
        CLR     $40        MSBS DER TABELLEN-ADRESSE = 0
        LDAA    $41        HOLE DATEN
        CMPA    #9         SIND DIE DATEN GRÖSSER ALS 9?
        BHI     DONE       JA, FEHLERCODE FÜR ANZEIGE FREIGEBEN
        LDX     $40        FESTE TABELLENVERSETZUNG HOLEN
        LDAA    SSEG,X     DATEN IN SIEBEN-SEGMENTCODE UMWAN-
                             DELN
        STAA    $42        SIEBEN-SEGMENTCODE AUFBEWAHREN
DONE    SWI
SSEG    FCB     $3F, $06, $58, $4F, $66
        FCB     $6D, $7D, $07, $7F, $6F
```

Objektprogramm:

Speicher-Adresse (Hex)	Speicher-Inhalt (Hex)		Befehl (Mnemonik)		
0000	7F	0042		CLR	$42
0003	7F	0040		CLR	$40
0006	96	41		LDAA	$41
0008	81	09		CMPA	#9
000A	22	06		BHI	DONE
000C	DE	40		LDX	$40
000E	A6	13		LDAA	SSEG,X
0010	97	42		STAA	$42
0012	3F		DONE	SWI	
0013	3F	06 5B 4F 66	SSEG	FCB	$3F,$06,$5B,$4F,$66
0018	6D	7D 07 7F 6F		FCB	$6D,$7D,$07,$7F,$6F

Für Code-Umwandlungen werden häufig Tabellen verwendet, die wesentlich komplexer als das vorhergehende Beispiel sind. Derartige Tabellen enthalten typisch alle Ergebnisse, die entsprechend der Eingangsdaten organisiert sind (die erste Eingabe ist der Code, der der Zahl Null entspricht).

Sieben-Segment-Anzeigen liefern gut lesbare Formen für die Dezimalziffern und einige wenige Buchstaben sowie andere Zeichen. Rechnerartige Sieben-Segment-Anzeigen sind preisgünstig, leicht zu kombinieren und benötigen wenig Leistung.

Der indizierte Lade-Befehl addiert den Index (die darzustellende Ziffer) zur Basis-Adresse der Sieben-Segment-Tabelle, um die Adresse des gewünschten Codes zu erhalten. Beachten Sie, daß das 16-Bit-Indexregister die Daten als seine acht niedrigstwertigen Bits enthält und die höchstwertigen Bits der Start-Adresse der Tabelle als seine acht höchstwertigen Bits. Diese Anordnung ist nötig, da die mit dem Befehl verknüpfte Versetzung nur acht Bits lang ist und daher nur die acht niedrigstwertigen Bits der Start-Adresse der Tabelle enthalten kann.

Eine leere Anzeige (Code 00) zeigt einen Fehler an.

Die Assemblersprachen-Pseudo-Operation FCB (Form Constant Byte) plaziert konstante Daten in den Programmspeicher. Derartige Daten können Tabellen, Überschriften, Fehler-Mitteilungen, Informations-Mitteilungen, Formatier-Zeichen,

Grenzwerte etc. enthalten. Die einer Pseudo-Operation FCB zugeteilte Marke wird dem Wert der Adresse zugewiesen, in die das erste Byte der Daten plaziert wird.

Der Assembler plaziert einfach die Daten für die Tabelle in den Speicher. Beachten Sie, daß eine einzelne Pseudo-Operation FCB zahlreiche Speicherplätze füllen kann.

Ein etwas allgemeineres Programm würde die Plazierung der Tabelle an beliebiger Stelle im Speicher gestatten. Wenn die Tabellen-Adresse SSEGM (8 MSBs) und SSEGL (8 LSBs) ist, so muß der Befehl CLR $40 ersetzt werden durch

```
        LDAA    #SSEGM      HOLE MSBS DER TABELLEN-
                                ADRESSE
        STAA    $40
```

Weshalb ist diese Änderung erforderlich?

ASCII in dezimal

Zweck: Wandle den Inhalt des Speicherplatzes 0040 von einem ASCII-Zeichen in eine Dezimalziffer um und speichere das Ergebnis in den Speicherplatz 0041. Wenn der Inhalt des Speicherplatzes 0040 nicht die ASCII-Darstellung einer Dezimalziffer ist, setze den Inhalt des Speicherplatzes 0041 auf FF (hex).

Beispiele:

a. (0040) = 37 (ASCII 7)
   Ergebnis: (0041) = 07

b. (0040) = 55
   Ergebnis: (0041) = FF

Flußdiagramm:

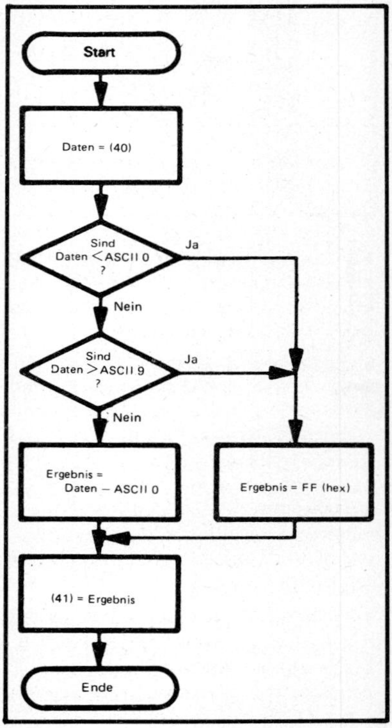

Quellprogramm:

```
        LDAB    #$FF      MARKIERUNG = FF FÜR FEHLER
        LDAA    $40
        SUBA    #'0       SUBTRAHIERE ASCII-NULL
        BCS     STDEC     KEINE ZIFFER WENN DAS RESULTAT
                            NEGATIV IST
        CMPA    #9        VERGLEICHE REST MIT 9
        BHI     STDEC     KEINE ZIFFER, WENN GRÖSSER ALS 9
        TAB               ZIFFER ZUR MARKEIRUNG
STDEC   STAB    $41       BEWAHRE ZIFFER FÜR FEHLERCODE AUF
        SWI
```

Anmerkung: ' bedeutet ASCII-Zeichen in Assemblersprache des 6800.

Objektprogramm:

Speicher-Adresse (Hex)	Speicher-Inhalt (Hex)			Befehl (Mnemonik)	
0000	C6	FF		LDAB	#FF
0002	96	40		LDAA	$40
0004	80	30		SUBA	#'0
0006	25	05		BCS	STDEC
0008	81	09		CMPA	#9
000A	22	01		BHI	STDEC
000C	16			TAB	
000D	D7	41	STDEC	STAB	$41
000F	3F			SWI	

Dieses Programm verarbeitet ASCII-codierte Zeichen so wie gewöhnliche Zahlen. Beachten Sie, daß die Dezimalziffern und die Buchstaben Gruppen von aufeinanderfolgenden Codes bilden. Reihen (Strings) von Buchstaben (wie Namen) können in alphabetischer Reihenfolge geordnet werden, indem ihre ASCII-Darstellungen mit steigender numerischer Ordnung (ASCII B = ASCII A + 1, beispielsweise) plaziert werden.

Das Subtrahieren von ASCII 0 (30 hex) von einer ASCII-Dezimalziffer ergibt die BCD-Darstellung dieser Ziffer.

Der Befehl BHI (Branch-on-Higher = Verzweige wenn höher) bewirkt eine Verzweigung, wenn sowohl das Übertrags- als auch das Nullbit gleich null ist. Dies würde auftreten, wenn der Akkumulator-Inhalt größer als der andere Operand in einem Vergleichsbefehl ist, und wenn beide als Binärzahlen ohne Vorzeichen (weder Überlauf noch Vorzeichen enthalten) betrachtet werden. BHI und BCC unterscheiden sich nur darin, was geschieht, wenn das Ergebnis eines Vergleichs null ist – BCC bewirkt eine Verzweigung, während BHI dies nicht tut.

Eine Umwandlung ASCII in dezimal ist erforderlich, wenn Dezimalzahlen von einem ASCII-Baustein, wie einem Fernschreiber oder einem Bildschirm-Terminal, eingegeben werden.

Der grundlegende Gedanke dieses Programms besteht in der Feststellung, ob das Zeichen zwischen ASCII 0 und ASCII 9 (einschließlich) liegt. Wenn dies der Fall ist, so ist es eine ASCII-Dezimalziffer, da die Ziffern eine Sequenz bilden. Sie kann dann einfach in dezimal umgewandelt werden, indem hex 30 (ASCII 0) subtrahiert wird. Zum Beispiel: ASCII 7 – ASCII 0 = 7 – 0 = 7.

Beachten Sie, daß ein Vergleich mittels einer tatsächlichen Subtraktion (SUBA #0) ausgeführt wird, da die Subtraktion zur Umwandlung von ASCII in dezimal erforderlich ist.

Der andere Vergleich wird mittels einer implizierten Subtraktion (CMP #9) durchgeführt, da das endgültige Ergebnis nun im Akkumulator liegt, wenn die Ursprungszahl gültig ist.

BCD in binär

Zweck: Wandle zwei BCD-Stellen in den Speicherplätzen 0040 und 0041 in eine Binärzahl im Speicherplatz 0042 um. Die höchstwertige BCD-Stelle liegt im Speicherplatz 0040.

Beispiele:

a.

	(0040)	=	02
	(0041)	=	09
Ergebnis:	(0042)	=	1D (hex) = 29 (dezimal)

b.

	(0040)	=	07
	(0041)	=	01
Ergebnis:	(0042)	=	47 (hex) = 71 (dezimal)

Anmerkung: Es wird kein Flußdiagramm angegeben, da das Programm die höchstwertige Stelle mit 10 multipliziert, indem es einfach die Formel 10 x = 8 x + 2 x verwendet. Die Multiplikation mit 2 erfordert eine arithmetische Links-Verschiebung und die Multiplikation mit 8 benötigt drei derartige Verschiebungen.

Quellprogramm:

```
        LDAA    $40     HOLE HÖCHSTWERTIGE STELLE
        ASLA            MULTIPLIZIERE MSD MIT 2
        TAB             BEWAHRE DOPPELTES MSD AUF
        ASLA            MULTIPLIZIERE MSD MIT 8
        ASLA
        ABA             ADDIERE DOPPELTES MSD UM DAS ZEHN-
                          FACHE MSD ZU ERHALTEN
        ADDA    $41     ADDIERE NIEDRIGSTWERTIGE STELLE
        STAA    $42     SPEICHERE BINÄRES ÄQUIVALENT
        SWI
```

Objektprogramm:

Speicher-Adresse (Hex)	Speicher-Inhalt (Hex)	Befehl (Mnemonik)
0000	96 40	LDAA $40
0002	48	ASLA
0003	16	TAB
0004	48	ASLA
0005	48	ASLA
0006	1B	ABA
0007	9B 41	ADDA $41
0009	97 42	STAA $42
000B	3F	SWI

BCD-Eingaben werden in binär umgewandelt, um Speicherplatz zu sparen und Berechnungen zu vereinfachen. Die Umwandlung kann jedoch einige Vorteile der binären Speicherung und Arithmetik aufheben.

Der Grundgedanke dieses Programms liegt darin, die Multiplikation durch arithmetische Links-Verschiebungen zu ersetzen. Verschiebungen erfolgen schneller und benötigen weniger Programmspeicher als eine volle Software-Multiplikation. Jede arithmetische Links-Verschiebung ist gleich einer Multiplikation mit 2. Ähnlich ist eine arithmetische Rechts-Verschiebung äquivalent mit einer Division durch 2. Wie würden Sie eine arithmetische Links-Verschiebung für eine Multiplikation mit 16, 12, oder 7 verwenden?

BCD-Zahlen benötigen etwa 20 % mehr Speicher als Binärzahlen. Die Darstellung von 0 bis 999 benötigt 3 BCD-Stellen (12 Bits) und 10 Bits in binär (da $2^{10} = 1024 \sim 1000$).

Umwandlung einer Binärzahl in eine ASCII-Reihe

Zweck: Wandle die 8-Bit-Binärzahl im Speicherplatz 0041 in acht ASCII-Zeichen (entweder ASCII 0 oder ASCII 1) in den Speicherplätzen 0042 bis 0049 (das höchstwertige Bit liegt in 0042) um.

Beispiel:

	(0041)	=	D2 =	11010010
Ergebnis:	(0042)	=	31	'1'
	(0043)	=	31	'1'
	(0044)	=	30	'0'
	(0045)	=	31	'1'
	(0046)	=	30	'0'
	(0047)	=	30	'0'
	(0048)	=	30	'1'
	(0049)	=	30	'0'

Flußdiagramm:

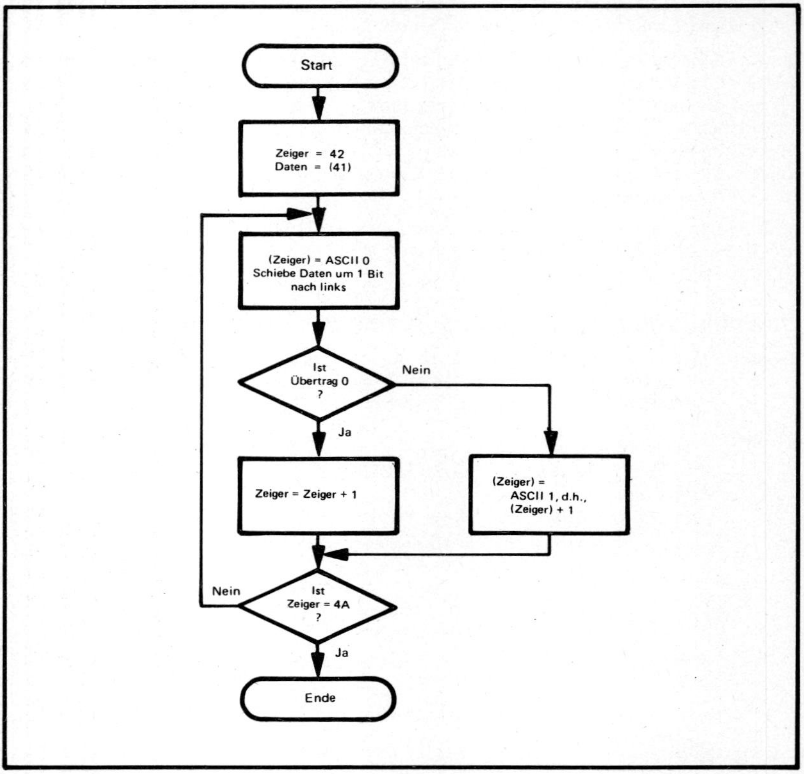

Quellprogramm:

```
        LDAB    #'0     HOLE ASCII NULL UM ES IN DIE REIHE
                          ZU SPEICHER
        LDAA    $41     DATEN HOLEN
        LDX     #$42    ZEIGER = BEGINN DER ASCII-REIHE
CONV    STAB    X       BRINGE ASCII NULL IN DIE REIHE
        ASLA            SCHIEBE DATEN NACH LINKS
        BCC     COUNT   IST DAS NÄCHSTE BIT 1 ?
        INC     X       JA, ERZEUGE DAS REIHEN-ELEMENT ASCII
                          EINS
COUNT   INX
        CPX     #$4A    PRÜFE, OB UMWANDLUNG ABGESCHLOS-
                          SEN
        BNE     CONV
        SWI
```

Objektprogramm:

Speicher-Adresse (Hex)	Speicher-Inhalt (Hex)		Befehl (Mnemonik)	
0000	C6 30		LDAB	#'0
0002	96 41		LDAA	$41
0004	CE 0042		LDX	#$42
0007	E7 00	CONV	STAB	X
0009	48		ASLA	
000A	24 02		BCC	COUNT
000C	6C 00		INC	X
000E	08	COUNT	INX	
000F	8C 004A		CPX	#$4A
0012	26 F3		BNE	CONV
0014	3F		SWI	

Die ASCII-Ziffern bilden eine Sequenz, deshalb ist ASCII 1 – ASCII 0 = 1.

Der Befehl CPX (Compare Index Register = Vergleiche Indexregister) vergleicht 16-Bit-Größen. Das Null-Flag sollte als Sprung-Bedingung verwendet werden. Die anderen Flags werden auf dem Prozessor 6800 nicht entsprechend gesetzt, jedoch auf dem 6801.

Der INC-Befehl benötigt nur eine 8-Bit-Versetzung, wenn indizierte Adressierung verwendet wird, obwohl direkte Adressen mit 8 Bits nicht erlaubt sind. Beachten Sie sorgfältig den Unterschied zwischen INC X, der 1 zu einer 8-Bit-Zahl im Speicher addiert (die Adresse befindet sich im Indexregister) und INX, der 1 zum 16-Bit-Indexregister addiert.

Eine Umwandlung binär in ASCII ist nötig, wenn Zahlen in Binärform auf einem ASCII-Baustein ausgedruckt werden.

Die Umwandlung in ASCII beinhaltet einfach die Addition von ASCII 0 (hex 30).

Aufgaben

1) ASCII in hexadezimal

Zweck: Wandle den Inhalt des Speicherplatzes 0040 in eine Hexadezimalzahl um und speichere das Ergebnis in den Speicherplatz 0041. Angenommen, der Speicherplatz 0040 enthält die ASCII-Darstellung einer Hexadezimalziffer (7 Bits mit MSB 0).

Beispiele:

a. (0040) = 43 'C'
Ergebnis: (0041) = 0C

b. (0040) = 36 '6'
Ergebnis: (0041) = 06

2) Sieben-Segment in dezimal

Zweck: Wandle den Inhalt des Speicherplatzes 0040 von einem Sieben-Segment-Code in eine Dezimalzahl im Speicherplatz 0041 um. Wenn der Speicherplatz 0040 keinen gültigen Sieben-Segment-Code enthält, setze Speicherplatz 0041 auf FF (hex). Verwende die Sieben-Segment-Tabelle, die bei dem Beispiel über die Umwandlung dezimal in Sieben-Segment angegeben wurde und versuche die Codes in Übereinstimmung zu bringen.

Beispiele:

a.		(0040)	=	4F
	Ergebnis:	(0041)	=	03
b.		(0040)	=	28
	Ergebnis:	(0041)	=	FF

3) Dezimal in ASCII

Zweck: Wandle den Inhalt des Speicherplatzes 0040 von einer Dezimalziffer in ein ASCII-Zeichen um und speichere das Ergebnis in den Speicherplatz 0041. Wenn die Zahl im Speicherplatz 0040 keine Dezimalziffer ist, setze den Inhalt des Speicherplatzes 0041 auf ein ASCII-Leerzeichen (20 hex).

Beispiele:

a.		(0040)	=	07	
	Ergebnis:	(0041)	=	37	('7')
b.		(0040)	=	55	
	Ergebnis:	(0041)	=	20	('SP')

4) Binär in BCD

Zweck: Wandle den Inhalt des Speicherplatzes 0040 in zwei Dezimalstellen im Speicherplatz 0041 und 0042 um (höchstwertige Stelle in 0041). Die Zahl im Speicherplatz 0040 besitzt kein Vorzeichen und ist kleiner als 100.

Beispiele:

a.		(0040)	=	1D (29 dezimal)
	Ergebnis:	(0041)	=	02
		(0042)	=	09
b.		(0040)	=	47 (71 dezimal)
	Ergebnis:	(0041)	=	07
		(0042)	=	01

5) Binärzahl in ASCII-Reihe

Zweck: Wandle die acht ASCII-Zeichen in den Speicherplätzen 0042 bis 0049 in eine 8-Bit-Binärzahl im Speicherplatz 0041 um (das höchstwertige Bit liegt in 0042). Lösche den Speicherplatz 0040, wenn alle ASCII-Zeichen entweder ASCII 1 oder ASCII 0 und setze anderenfalls auf FF.

Beispiele:

a.		(0042)	=	31	'1'
		(0043)	=	31	'1'
		(0044)	=	30	'0'
		(0045)	=	31	'1'
		(0046)	=	30	'0'
		(0047)	=	30	'0'
		(0048)	=	31	'1'
		(0049)	=	30	'0'
	Ergebnis:	(0041)	=	D2	
		(0040)	=	00	
b.		(0045)	=	37	'7'
	Ergebnis:	(0040)	=	FF	

LITERATUR

[1]Allison, D.R., "A Design Philosophie for Microcomputer Architectures". Computer, Februar 1977, Seite 35 - 41. Ein außerordentlich empfehlenswerter Artikel.

Kapitel 8
Arithmetische Aufgaben

Die meisten arithmetischen Aufgaben bei Mikroprozessor-Anwendungen bestehen in der Verarbeitung von Binär- oder Dezimalzahlen, die aus mehreren Worten bestehen. Eine Dezimal-Korrektur (decimal adjust) oder einige andere Hilfsmittel zur Ausführung dezimaler Arithmetik ist häufig der einzige arithmetische Befehl, der neben der grundlegenden Addition und Subtraktion vorgesehen ist. Andere arithmetische Operationen muß man mit Befehlssequenzen ausführen.

Binär-Arithmetik mit mehrfacher Genauigkeit erfordert einfache Wiederholungen der grundlegenden Einwort-Befehle. Die Transfers des Übertrags-Bits zwischen den Worten, Addition mit Übertrag und Subtraktion mit Übertrag verwenden die Information von den vorhergehenden arithmetischen Operationen. Man muß sorgfältig darauf achten, den Übertrag zu löschen, bevor man die ersten Worte bearbeitet (offensichtlich gibt es keinen Übertrag in, oder Ausleihen von den niedrigstwertigen Bits).

Die Dezimal-Arithmetik ist eine so häufige Aufgabe für Mikroprozessoren, daß die meisten spezielle Befehle für diesen Zweck besitzen. Diese Befehle können entweder dezimale Operationen direkt ausführen oder die Ergebnisse von binären Operationen in die entsprechende Dezimalform anordnen. Die Dezimal-Arithmetik ist wesentlich in Anwendungen wie Registrierkassen, Rechner, Auftrags-Eingabesysteme und Bank-Terminals.

Man kann Multiplikation und Division als eine Serie von Additionen und Subtraktionen ausführen. Operationen an Doppelworten sind erforderlich, da eine Multiplikation ein Ergebnis liefert, das doppelt so lang wie die Operanden sind, während ähnlich eine Division die Länge des Ergebnisses verringert. Multiplikationen und Divisionen benötigen viel Zeit, wenn sie von der Software ausgeführt werden, da hierfür wiederholte arithmetische und Schiebe-Operationen erforderlich sind. Natürlich ist eine Multiplikation oder Division durch eine Potenz von 2 sehr einfach, da derartige Operationen mit einer entsprechenden Anzahl von arithmetischen Rechts- oder Links-Verschiebungen ausgeführt werden können.

BEISPIELE

Addition mit mehrfacher Genauigkeit

Zweck: Addiere zwei Binärzahlen aus mehreren Worten. Die Länge der Zahlen (in Bytes) befindet sich im Speicherplatz 0040, die Zahl selbst beginnt (niedrigswertige Bits zuerst) entsprechend in den Speicherplätzen 0041 und 0051, und die Summe ersetzt die Zahl, die im Speicherplatz 0041 beginnt.

Beispiel:

	(0040)	=	04
	(0041)	=	C3
	(0042)	=	A7
	(0043)	=	5B
	(0044)	=	2F
	(0051)	=	B8
	(0052)	=	35
	(0053)	=	DF
	(0054)	=	14
Ergebnis:	(0041)	=	7B
	(0042)	=	DD
	(0043)	=	3A
	(0044)	=	44

das heißt:

```
  2F5BA7C3
+ 14DF35B8
----------
  443ADD7B
```

Flußdiagramm:

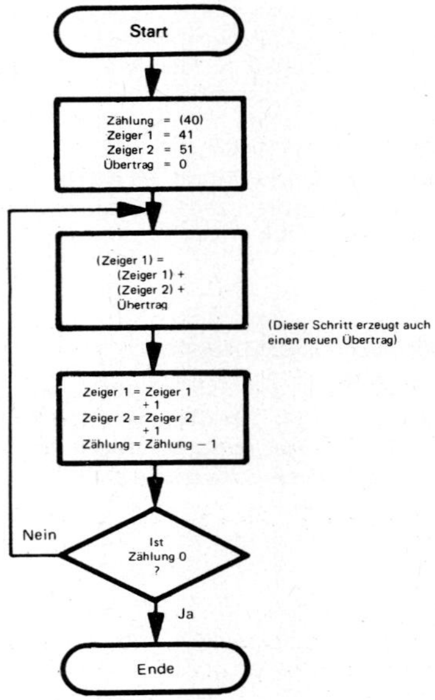

Quellprogramm:

```
        LDAB    $40       ZÄHLUNG = LÄNGE DER ZAHLEN
                              (IN BYTES)
        CLC               BEGINNE ÜBERTRAG BEI NULL
        LDX     #$41      ZEIGE ZU DEN ERSTEN BITS IN DEN
                              ZAHLEN
MPADD   LDAA    X         HOLE 8 BITS DER ERSTEN ZAHL
        ADCA    S10,X     ADDIERE 8 BITS DER ZWEITEN ZAHL
        STAA    X         SPEICHERE SUMME IN ERSTE ZAHL
        INX
        DECB
        BNE     MPADD
        SWI
```

Objektprogramm:

Speicher-Adresse (Hex)	Speicher-Inhalt (Hex)		Befehl (Mnemonik)		
0000	D6	40		LDAB	$40
0002	0C			CLC	
0003	CE	0041		LDX	#$41
0006	A6	00	MPADD	LDAA	X
0008	A9	10		ADCA	$10,X
000A	A7	00		STAA	X
000C	08			INX	
000D	5A			DECB	
000E	26	F6		BNE	MPADD
0010	3F			SWI	

Die relative Adresse für BNE MPADD ist

$$\begin{array}{r} 06 \\ -10 \\ \hline \end{array} = \begin{array}{r} 06 \\ +F0 \\ \hline F6 \end{array}$$

Der Befehl CLC löscht das Übertrags-Bit. Der Übertrag muß gelöscht werden, da bei der Addition der niedrigstwertigen Bytes kein Übertrag enthalten sein kann.

Der Befehl ADC, ADD WITH CARRY, enthält den Übertrag von den vorhergehenden Worten der Addition. ADC ist der einzige Befehl in der Schleife, der den Übertrag beeinflußt. Erinnern Sie sich daran, daß weder INX noch DEC dies tut.

Die beiden Reihen müssen weniger als 256 Speicherplätze voneinander entfernt sein, so daß eine indizierte Versetzung von 8 Bits den Abstand zwischen ihnen ausdrücken kann.

DEZIMALE GENAUIGKEIT IN BINÄR

Dieses Verfahren kann Binärzahlen jeder Länge addieren. Beachten Sie, daß zehn binäre Bits drei dezimalen Stellen entsprechen, da $2^{10} = 1024 \sim 1000$. So kann man die Anzahl der erforderlichen Bits berechnen, um eine bestimmte Genauigkeit in Dezimalzahlen anzugeben. Zum Beispiel benötigt eine zwölfstellige Dezimalziffer

$$12 \times \frac{10}{3} = 40 \text{ Bits}$$

Dezimale Addition

Zweck: Addiere zwei Dezimal(BCD)-Zahlen aus mehreren Worten. Die Länge der Zahlen befindet sich im Speicherplatz 0040, die Zahlen selbst beginnen (niedrigstwertige Bits zuerst) entsprechend in den Speicherplätzen 0041 und 0051, und die Summe ersetzt die Zahl, die im Speicherplatz 0041 beginnt.

Beispiel:

(0040) = 04

(0041) = 85
(0042) = 19
(0043) = 70
(0044) = 36

(0051) = 59
(0052) = 34
(0053) = 66
(0054) = 12

Ergebnis: (0041) = 44
(0042) = 54
(0043) = 36
(0044) = 49

das heißt:

```
  36701985
+ 12663459
----------
  49365444
```

Flußdiagramm:

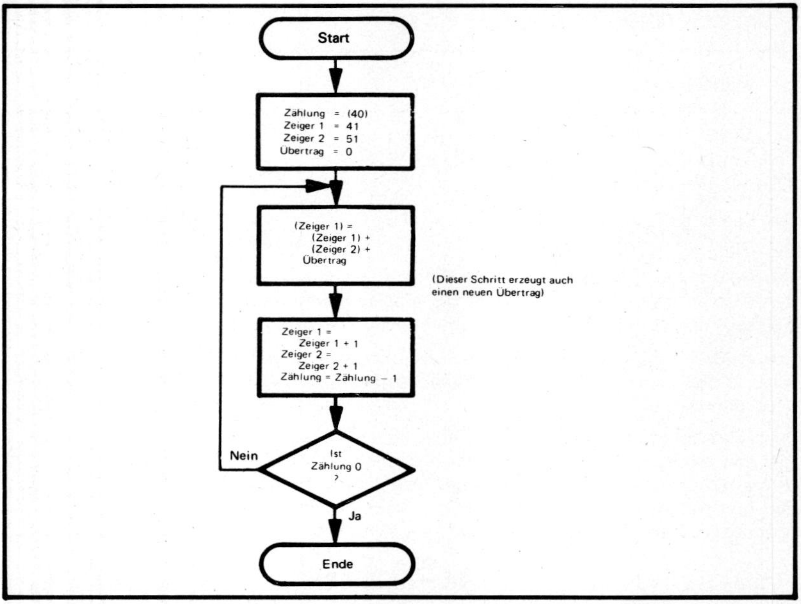

Quellprogramm:

```
      LDAB   $40      ZÄHLUNG = LÄNGE DER REIHEN
                         (IN BYTES)
      CLC             BEGINNE ÜBERTRAG BEI NULL
      LDX    #$41     ZEIGE ZUR ERSTEN STELLE IN DER REIHE
DCADD LDAA   X        HOLE ZWEI STELLEN DER ERSTEN
                         REIHE
      ADCA   S10,X    ADDIERE ZWEI STELLEN DER ZWEITEN
                         REIHE
      DAA             ORDNE DEZIMAL AN
      STAA   X        SPEICHERE SUMME IN ERSTE REIHE
      INX
      DECB
      BNE    DCADD
      SWI
```

Objektprogramm:

Speicher-Adresse (Hex)	Speicher-Inhalt (Hex)		Befehl (Mnemonik)		
0000	D6	40		LDAB	$40
0002	0C			CLC	
0003	CE	0041		LDX	#$41
0006	A6	00	DCADD	LDAA	X
0008	A9	10		ADCA	
000A	19			DAA	
000B	A7	00		STAA	X
000D	08			INX	
000E	5A			DECB	
000F	26	F5		BNE	DCADD
0011	3F			SWI	

DEZIMALE ANORDNUNG

Der Befehl "Ordne dezimal an" (DAA = Dezimal Adjust) verwendet die Übertrags (C)- und Halb-Übertrags (H)-Bits, um folgende Situationen zu berichtigen:

1) Die Summe zweier Ziffern liegt zwischen 10 und einschließlich 15. In diesem Fall muß sechs zur Summe addiert werden, um das richtige Ergebnis zu liefern, d.h.:

```
     0101    (5)
   + 1000    (8)
   ------
     1101    (D)
   + 0110
   ------
0001 0011    (BCD 13, das korrekt ist)
```

2) Die Summe von zwei Ziffern ist 16 oder größer. In diesem Fall ist das Ergebnis eine richtige BCD-Zahl, jedoch sechs weniger, als es sein sollte, d.h.:

```
     1000      (8)
   + 1001      (9)
   ------
0001 0001      (BCD 11)
   + 0110
   ------
0001 0111      (BCD 17, das korrekt ist)
```

Sechs muß in beiden Fällen addiert werden. Jedoch kann Fall 1 durch die Tatsache erkannt werden, daß die Summe keine BCD-Ziffer ist. Sie liegt zwischen 10 und 15 (oder A und F hexadezimal). Fall 2 kann nur durch die Tatsache erkannt werden, daß der Übertrag (höchstwertige Stelle) oder Halb-Übertrag (niedrigstwertige Stelle) auf 1 gesetzt wurde, da das Ergebnis eine gültige BCD-Zahl ist. DAA ist der einzige Befehl, der den Halb-Übertrag verwendet.
Beachten Sie, daß DAA nur mit dem Akkumulator A arbeitet.

Dieses Verfahren kann Dezimal(BCD)-Zahlen jeder Länge verarbeiten. Hier sind vier binäre Bits für jede Dezimalstelle erforderlich, so daß 12 x 4 = 48 Bits eine zwölfstellige Genauigkeit erfordert, im Gegensatz zu 40 Bits im binären Fall. Dies sind sechs 8-Bit-Worte anstatt fünf. Das dezimale Verfahren dauert auch etwas länger je Wort, infolge des zusätzlichen DAA-Befehls.

8-Bit-Binärmultiplikation

Zweck: Multipliziere die 8-Bit-Zahl ohne Vorzeichen im Speicherplatz 0041 mit der 8-Bit-Zahl ohne Vorzeichen im Speicherplatz 0040. Plaziere die acht höchstwertigen Bits des Ergebnisses in den Speicherplatz 0042 und die acht niedrigstwertigen Bits in den Speicherplatz 0043.

Beispiele:

a.

	(0040)	= 03
	(0041)	= 05
Ergebnis:	(0042)	= 00
	(0043)	= 0F

oder in dezimal, 3 x 5 = 15

b.

	(0040)	= 6F
	(0041)	= 61
Ergebnis:	(0042)	= 2A
	(0043)	= 0F

oder 111 x 97 = 10.767

Man kann eine Multiplikation auf einem Computer auf die gleiche Weise ausführen, wie man es manuell bei einer langen Multiplikation macht. Da es sich um Binärzahlen handelt, besteht die einzige Aufgabe darin, mit 0 oder 1 zu multiplizieren. Die Multiplikation mit null ergibt offensichtlich null als Ergebnis, während eine Multiplikation mit eins die gleiche Zahl ergibt, mit der man begonnen hat (dem Multiplikator). Daher kann jeder Schritt in einer Binär-Multiplikation auf die folgende Operation reduziert werden:

Wenn das momentane Bit im Multiplikator 1 ist, addiere den Multiplikanden zum Teilprodukt.

MULTIPLIKATIONS-ALGORITHMUS

Das einzige verbleibende Problem besteht darin, daß man alles zu jeder Zeit korrekt gruppiert. Die folgenden Operationen führen diese Aufgabe aus:

1) Verschiebe Multiplikator um ein Bit nach links, so daß das zu prüfende Bit in den Übertrag plaziert wird.

2) Verschiebe Produkt um ein Bit nach links, so daß die nächste Addition korrekt angeordnet ist.

Der vollständige Vorgang für eine Binär-Multiplikation ist wie folgt:

Schritt 1 — Initialisierung
Produkt = 0
Zähler = 8

Schritt 2 — Schiebe Produkt so, daß es richtig angeordnet ist
Produkt = 2 x Produkt (LSB = 0)

Schritt 3 — Schiebe Multiplikator so, daß das Bit in den Übertrag gelangt
Multiplikator = 2 x Multiplikator

Schritt 4 — Addiere Multiplikand zum Produkt, wenn der Übertrag 1 ist
Wenn Übertrag = 1, Produkt = Produkt + Multiplikand

Schritt 5 — Dekrementiere Zähler und prüfe auf null
Zähler = Zähler − 1
Wenn Zähler ≠ 0, gehe zu Schritt 2

Im Falle des Beispiels b, in dem der Multiplikator 61 (hex) und der Multiplikand 6F (hex) ist, arbeitet das Verfahren wie folgt:

Initialisierung:

Produkt	0000
Multiplikator	61
Multiplikand	6F
Zähler	08

Nach der ersten Wiederholung der Schritte 2 - 5:

Produkt	0000
Multiplikator	C2
Multiplikand	6F
Zähler	07
Übertrag vom Multiplikator	0

Nach der zweiten Wiederholung:

Produkt	006F
Multiplikator	84
Multiplikand	6F
Zähler	06
Übertrag vom Multiplikator	1

Nach der dritten Wiederholung:

Produkt	014D
Multiplikator	08
Multiplikand	6F
Zähler	05
Übertrag vom Multiplikator	1

Nach der vierten Wiederholung:

Produkt	029A
Multiplikator	10
Multiplikand	6F
Zähler	04
Übertrag vom Multiplikator	0

Nach der fünften Wiederholung:

Produkt	0534
Multiplikator	20
Multiplikand	6F
Zähler	03
Übertrag vom Multiplikator	0

Nach der sechsten Wiederholung:

Produkt	0A68
Multiplikator	40
Multiplikand	6F
Zähler	02
Übertrag vom Multiplikator	0

Nach der siebten Wiederholung:

Produkt	14D0
Multiplikator	80
Multiplikand	6F
Zähler	01
Übertrag vom Multiplikator	0

Nach der achten Wiederholung:

Produkt	2A0F
Multiplikator	00
Multiplikand	6F
Zähler	00
Übertrag vom Multiplikator	1

Flußdiagramm:

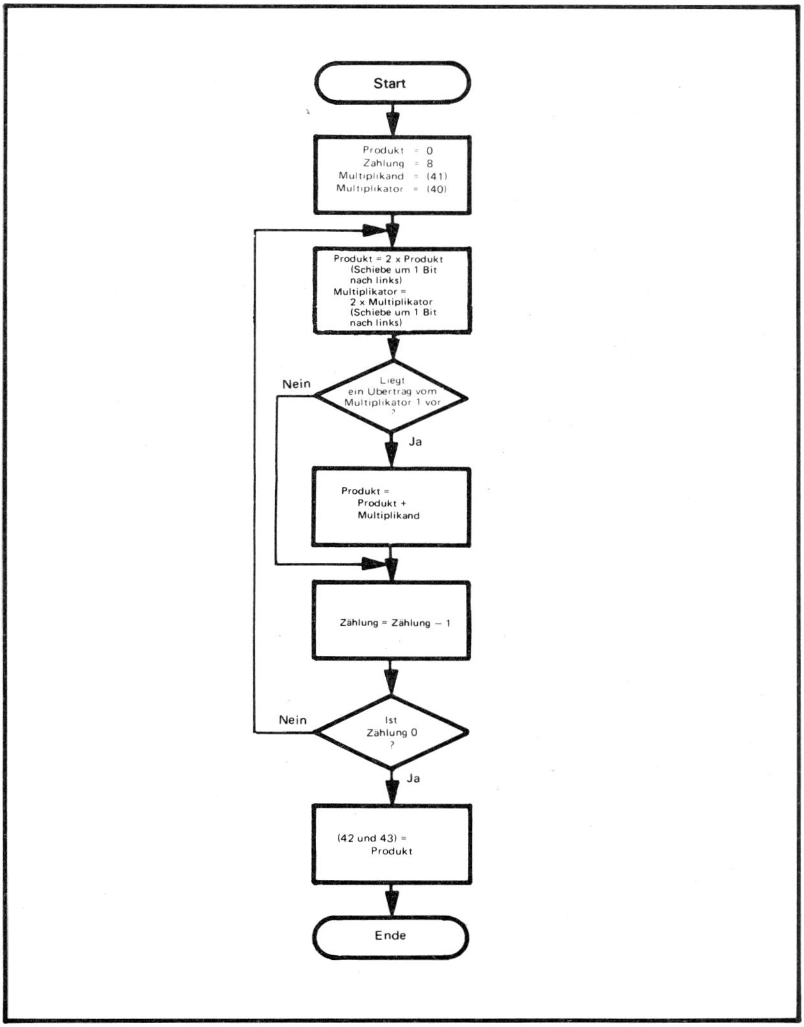

Quellprogramm:

```
         CLRA              PRODUKT MSB = NULL
         CLRB              PRODUKT LSB = NULL
         LDX    #8         ANZAHL DER BITS IM MULTIPLIKATOR = 8
SHIFT    ASLB              VERSCHIEBE PRODUKT UM EIN BIT NACH
                             LINKS
         ROLA
         ASL    $40        VERSCHIEBE MULTIPLIKATOR NACH LINKS
         BCC    DECR         UM DAS NÄCHSTE BIT ZU PRÜFEN
         ADDB   $41        ADDIERE MULTIPLIKAND ZUM PRODUKT,
         ADCA   #0           WENN ÜBERTRAG 1 IST
DECR     DEX
         BNE    SHIFT      SCHLEIFE, BIS 8 BITS ABGEARBEITET SIND
         STAA   $42        SPEICHERE ERGEBNIS
         STAB   $43
         SWI
```

Objektprogramm:

Speicher-Adresse (Hex)	Speicher-Inhalt (Hex)			Befehl (Mnemonik)	
0000	4F			CLRA	
0001	5F			CLRB	
0002	CE	0008		LDX	#8
0005	58		SHIFT	ASLB	
0006	49			ROLA	
0007	78	0040		ASL	$40
000A	24	04		BCC	DECR
000C	DB	41		ADDB	$41
000E	89	00		ADCA	#0
0010	09		DECR	DEX	
0011	26	F2		BNE	SHIFT
0013	97	42		STAA	$42
0015	D7	43		STAB	$43
0017	3F			SWI	

Neben seiner offensichtlichen Verwendung in Rechnern und Registrierkassen ist die Multiplikation ein wesentlicher Teil aller Signalverarbeitungs- und Steuer-Algorithmen. Die Geschwindigkeit, mit der Multiplikationen ausgeführt werden können, bestimmen die Nützlichkeit einer CPU in der Prozeß-Steuerung, Signal-Erkennung und Signal-Analyse.

Dieser Algorithmus benötigt zwischen 190 und 230 Mikrosekunden, um auf einem 6800 mit einem 1 MHz-Takt zu multiplizieren. Die genaue Zeit hängt von der Anzahl der 1-Bits im Multiplikator ab. Andere Algorithmen können die durchschnittliche Zeit etwas verringern, jedoch werden 250 Mikrosekunden für eine Software-Multiplikation typisch sein.

Das Indexregister wird als ein Zähler verwendet, da es nicht anderweitig im Programm benötigt wird. Der DEX-Befehl dekrementiert den Inhalt des Indexregisters. Ein Speicherplatz könnte auch als Zähler dienen.

Der Befehl ASL $40 verschiebt den Inhalt des Speicherplatzes 0040 um ein Bit nach links, plaziert das höchstwertige Bit in den Übertrag und löscht das niedrigstwertige Bit.

Der Befehl ADDB $41 addiert den Multiplikanden zum Produkt. Der Befehl ADCA #0 addiert den Übertrag von jener 8-Bit-Addition zu den höchstwertigen 8 Bits des Produktes (im Akkumulator A). ADCA #0 resultiert in

(A) = (A) + 0 + (Übertrag)
= (A) + (Übertrag)

Die Befehle ASLB und ROLA arbeiten zusammen für eine arithmetische Linksverschiebung mit 16 Bits des Produktes in den Akkumulatoren A und B (MSBs in A). Ähnlich ergeben LSRA und RORB eine logische Rechtsverschiebung mit 16 Bits und ASRA und RORB eine arithmetische Rechtsverschiebung mit 16 Bits. Man kann auch die gleichen Sequenzen zur Verschiebung des Inhaltes zweier Speicherplätze als 16-Bit-Zahl verwenden.

Andere Verfahren für die Ausführung der Multiplikation, Division und anderer arithmetischer Aufgaben werden besprochen in:

LITERATUR ÜBER MULTIPLIKATION

Geist, D.J., "MOS Processor Picks Up Speed with Bipolar Multipliers". ***Electronics,*** July 7, 1977, pp. 113 - 115.

Mick, J.R., and J. Springer, "Single-chip Multiplier Expands Digital Role in Signal Processing", ***Electronics,*** May 13, 1976, pp 103 - 108.

Parasuraman, B. "Hardware Multiplication Techniques for Microprocessor Systems", ***Computer Design,*** April 1977, pp. 75 - 82.

Tao, T.F. et al., "Applications of Microprocessors in Control Problems", Proceedings of the 1977 Joint Automatic Control Conference, San Francisco, CA., June 22 - 24, 1977.

Waser, S., and A. Peterson, "Real-time Processing Gains Ground with Fast Digital Multiplier", ***Electronics,*** September 29, 1977, pp. 93 - 99.

Weissberger, A.J., and T. Toal, "Tough Mathematical Tasks Are Child's Play for Number Cruncher", ***Electronics,*** February 17, 1977, pp. 102 - 107.

8-Bit-Binär-Division

Zweck: Dividiere die 8-Bit-Zahl ohne Vorzeichen im Speicherplatz 0040 durch die 8-Bit-Zahl ohne Vorzeichen im Speicherplatz 0041. Speichere den Quotienten im Speicherplatz 0042 und den Rest im Speicherplatz 0043.

Beispiele:

a.		(0040)	=	00	(64 dezimal)
		(0041)	=	08	
	Ergebnis:	(0042)	=	08	
		(0043)	=	00	
		oder, in dezimal 64/8 = 8			
b.		(0040)	=	FF	(255 dezimal)
		(0041)	=	17	(23 dezimal)
	Ergebnis:	(0042)	=	0B	(11 dezimal)
		(0043)	=	02	(2 dezimal)
		das heißt: 255/23 = 11 mit einem Rest von 2			

Man kann eine Division mit einem Computer genau so ausführen, wie man es mit Bleistift und Papier machen würde, das heißt durch die versuchsweise Verwendung von Subtraktionen. Da es sich um Binärzahlen handelt, besteht die einzige Frage darin, ob der Divisor von dem subtrahiert werden kann, was vom Dividenden übrig gelassen wurde. Jeder Schritt in einer Binär-Division kann auf folgende Operationen reduziert werden:

DIVISIONS-ALGORITHMUS

> Wenn der Divisor von den acht höchstwertigen Bits des Dividenden ohne ein Ausleihen subtrahiert werden kann, ist das entsprechende Bit im Quotienten 1. Andernfalls ist es 0.

Das einzige verbleibende Problem liegt im richtigen Anordnen des Dividenden und Quotienten. Man kann dies vor jeder versuchsweisen Subtraktion durch logische Linksverschiebung (um ein Bit) des Dividenden und Quotienten ausführen. Dividend und Quotient können sich ein 16-Bit-Register teilen, da das Verfahren ein Bit des Dividenden zur gleichen Zeit löscht, in der es ein Bit des Quotienten bestimmt. Der 8-Bit-Dividend wird anfangs auf 16 Bits erweitert, indem acht führende Null-Bits addiert werden.

Der vollständige Vorgang für binäre Divisionen ist:

Schritt 1 — Initialisierung
Quotient = 0
Zählung = 8

Schritt 2 — Schiebe Dividenden und Quotienten so, daß sie entsprechend angeordnet sind.
Dividend = 2 x Quotient
Quotient = 2 x Quotient

Schritt 3 — Führe Subtraktion versuchsweise aus. Wenn kein Übertrag, addiere 1 zum Quotienten.
Wenn 8 MSBs des Dividenden ≥ Division, dann sind die MBS des Dividenden = MSBs des Dividenden — Divisor, Quotient = Quotient + 1.

Schritt 4 — Dekrementiere Zähler und prüfe auf null
Zählung = Zählung - 1
wenn Zählung ≠ 0, gehe zu Schritt 2
Rest = 8 MBSs des Dividenden

Im Falle des Beispieles b, in dem der Dividend FF (hex) und der Divisor 17 (hex) ist, arbeitet das Verfahren wie folgt:

Initialisierung:

Dividend	00FF
Divisor	17
Quotient	00
Zählung	08

Nach der ersten Wiederholung der Schritte 2 - 4: (Beachten Sie, daß der Dividend vor der versuchsweisen Subtraktion verschoben wird).

Dividend	01FF
Divisor	17
Quotient	00
Zählung	07

Nach der zweiten Wiederholung von Schritt 2 - 4:

Dividend	03FC
Divisor	17
Quotient	00
Zählung	06

Nach der dritten Wiederholung:

Dividend	07F8
Divisor	17
Quotient	00
Zählung	05

Nach der vierten Wiederholung:

Dividend	0FF0
Divisor	17
Quotient	00
Zählung	04

Nach der fünften Wiederholung:

Dividend	08E0
Divisor	7
Quotient	01
Zählung	03

Nach der sechsten Wiederholung:

Dividend	11C0
Divisor	17
Quotient	02
Zählung	02

Nach der siebten Wiederholung:

Dividend	0C80
Divisor	17
Quotient	05
Zählung	01

Nach der achten Wiederholung:

Dividend	0200
Divisor	17
Quotient	0B
Zählung	00

Daher ist der Quotient 0B und der Rest 02.

Flußdiagramm:

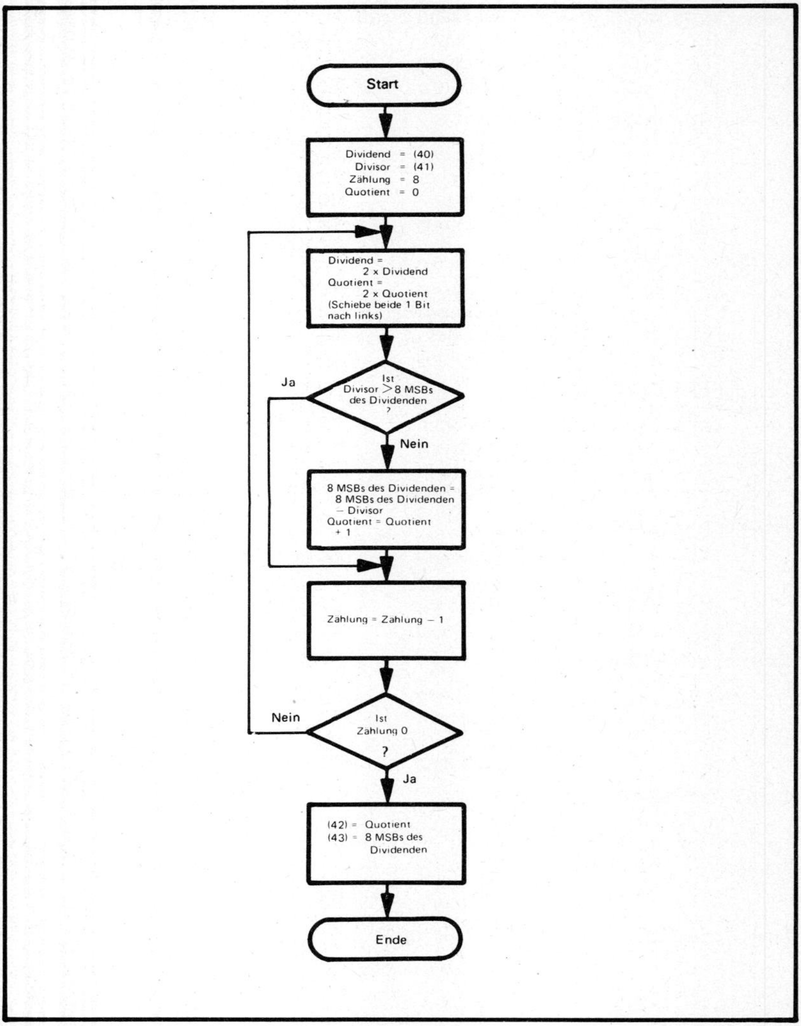

Quellprogramm:

```
         LDA    #8       ANZAHL DER BITS IM DIVISOR
         CLRA            HOLE DIVIDEND
         LDAB   $40
DIVIDE   ASLB            VERSCHIEBE DIVIDEND, QUOTIENT
         ROLA
         CMPA   $41      HAT DIE VERSUCHSWEISE SUBTRAKTION
                           ERFOLG?
         BCS    CHKCNT
         SUBA   $41      JA, SUBTRAHIERE UND SETZE BIT IN
                         QUOTIENTEN
         INCB
CHKCNT   DEX
         BNE    DIVIDE
         STAB   $42      SPEICHERE QUOTIENT
         STAA   $43      SPEICHERE REST
         SWI
```

Objektprogramm:

Speicher-Adresse (Hex)	Speicher-Inhalt (Hex)		Befehl (Mnemonik)		
0000	CE	0008		LDX	#8
0003	4F			CLRA	
0004	D6	41		LDAB	$40
0006	58		DIVIDE	ASLB	
0007	49			ROLA	
0008	91	42		CMPA	$41
000A	25	03		BCS	CHKCNT
000C	90	42		SUBA	$41
000E	5C			INCB	
000F	09		CHKCNT	DEX	
0010	26	F4		BNE	DIVIDE
0012	D7	42		STAB	$42
0014	97	43		STAA	$43
0016	3F			SWI	

Die Division wird in Rechnern, Terminals, bei der Prüfung von Übertragungsfeldern, Steuer-Algorithmen und zahlreichen anderen Anwendungen eingesetzt.

Der Algorithmus benötigt zwischen 170 und 210 Mikrosekunden, um eine Division auf einem 6800 mit einer Taktfrequenz von 1 MHz auszuführen. Die genaue Zeit hängt von der Anzahl der 1-Bits im Quotienten ab. Andere Algorithmen können die durchschnittliche Zeit etwas verringern, jedoch 200 Mikrosekunden sind typisch für eine Software-Division.

Die Befehle ASLB und ROLA ergeben zusammen eine arithmetische Links-Verschiebung mit 16 Bits der Akkumulatoren A und B (MSBs in A).

Eine 8-Bit-Subtraktion ist erforderlich, da es keinen einfachen Weg für eine 16-Bit-Subtraktion oder Vergleich gibt.

Die Akkumulatoren A und B beinhalten sowohl den Dividenden als auch den Quotienten. Der Quotient ersetzt einfach den Dividenden im Akkumulator B, während der Dividend logisch nach links verschoben wird.

Selbst-prüfende Zahlen
("Double Add Double Mod 10")

Zweck: Berechne eine Prüfsummen-Ziffer von einer Reihe von BCD-Ziffern. Die Länge der Reihe der Ziffern (Anzahl der Worte) befindet sich im Speicherplatz 0041. Die Ziffernreihe (2 BCD-Ziffern in einem Wort) beginnt im Speicherplatz 0042. Berechne die Prüfsummen-Ziffer mit dem sogenannten "Double Add Double Mod 10"-Verfahren und speichere diese in den Speicherplatz 0040. (Siehe J.R. Herr "Selfchecking Number Systems". *Computer Design,* Juni 1974 Seite 85 - 91).

Das Verfahren "Double Add Double Mod 10" arbeitet wie folgt:

1) Lösche zu Beginn die Prüfsumme.
2) Multipliziere die führende Stelle mit 2 und addiere das Ergebnis zur Prüfsumme.
3) Addiere die nächste Stelle zur Prüfsumme.
4) Setze den abwechselnden Vorgang fort, bis alle Stellen verwendet wurden.
5) Die niedrigstwertige Stelle der Prüfsumme ist die selbstprüfende Ziffer.

Selbstprüfende Ziffern werden gewöhnlich zur Identifizierung von Zahlen auf Kreditkarten, Inventur-Etiketten, Gepäck, Paketen etc. addiert, wenn sie von Computersystemen verarbeitet werden. Sie können auch in Routine-Mitteilungen, Identifizierungs-Dateien und anderen Anwendungen eingesetzt werden. Der Zweck der Ziffern besteht in einer Minimisierung von Eingabe-Fehlern, wie etwa vertauschte Stellen (69 anstatt 96), verschobene Ziffern (7260 anstatt 3726), Abweichungen von Ziffern um 1 (65 anstatt 64), etc. Man kann die selbstprüfenden Zahlen automatisch auf Richtigkeit der Eingabe überprüfen und man kann zahlreiche Fehler sofort eliminieren.

Die Analyse der selbst-prüfenden Methode ist ziemlich komplex. Beispielsweise wird eine glatte Prüfsumme Vertauschungs-Fehler nicht finden ($4 + 9 = 9 + 4$). Der Algorithmus für das "Double Add Double Mod 10" wird einfache Vertauschungsfehler feststellen ($2 \times 4 + 9 = 17 \neq 2 \times 9 + 4$), wird jedoch einige Fehler nicht aufdecken, wie etwa Vertauschungen bei einer geraden Anzahl von Stellen (367 anstatt 763). Trotzdem wird dieses Verfahren zahlreiche allgemeine Fehler finden! Der Wert dieser Methode hängt davon ab, welche Fehler er feststellen wird und von der Wahrscheinlichkeit, mit der spezielle Fehler in einer Anwendung auftreten.

Beispielsweise wird das Ergebnis bei einer Reihe von Ziffern

549321

folgendes sein:

$$\text{Prüfsumme} = 5 \times 2 + 4 + 9 \times 2 + 3 + 2 \times 2 + 1 = 40$$

Selbstprüfende Ziffer = 0 (niedrigstwertige Stelle der Prüfsumme)

Beachten Sie, daß eine fehlerhafte Eingabe wie 543921 eine unterschiedliche selbstprüfende Stelle (4) erzeugen würde, jedoch fehlerhafte Eingaben wie 049321 oder 945321 nicht festgestellt würden.

Beispiele:

a.

	(0041)	=	03
	(0042)	=	36
	(0043)	=	68
	(0044)	=	51
Ergebnis:	Prüfsumme = 3 x 2 + 6 + 6 x 2 + 8 + 5 x 2 + 1 = 43		
	(0040)	=	03

b.

	(0041)	=	04
	(0042)	=	50
	(0043)	=	29
	(0044)	=	16
	(0045)	=	83
Ergebnis:	Prüfsumme = 5 x 2 + 0 + 2 x 2 + 9 + 1 x 2 + 6 + 8 x 2 + 3 = 50		
	(0040)	=	00

Flußdiagramm:

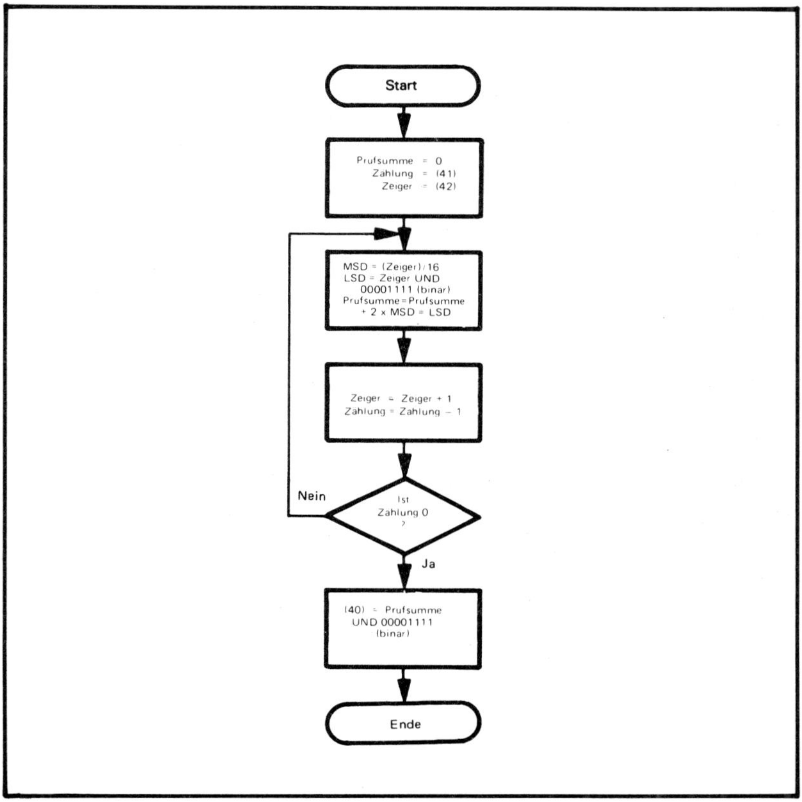

Quellprogramm:

```
        LDX     #$42        ZEIGE ZUM BEGINN DER REIHE
        CLR     $42         PRÜFSUMME = 0
CHKDIG  LDAA    X
        LSRA                HOLE MSD DURCH 4 LOGISCHE
                               VERSCHIEBUNGEN
        LSRA
        LSRA
        LSRA
        TAB                 DOPPELTES MSD
        ABA
        DAA                 DEZIMAL ANORDNEN
        LDAB    X
        ANDB    #%00001111  MSD MASKIEREN
        ABA                 ADDIERE LSD ZUM ZWEIFACHEN
                               MSD
        DAA
        ADDA    $40         ADDIERE LSD + ZWEIMAL MSD ZUR
                               ALTEN PRÜFSUMMEN-ZIFFER
        DAA
        STAA    $40
        INX
        DEC     $41         ZÄHLE LÄNGE DER ZAHL IN BYTES
        BNE     CHKDIG
        ANDA    #%00001111  MASKIERE MSD
        STAA    $40         BEWAHRE SELBSTPRÜFENDE ZIFFER
                               AUF
        SWI
```

Objektprogramm:

Speicher-Adresse (Hex)	Speicher-Inhalt (Hex)			Befehl (Mnemonik)	
0000	CE	0042		LDX	#$42
0003	7F	0040		CLR	$40
0006	A6	00	CHKDIG	LDAA	X
0008	44			LSRA	
0009	44			LSRA	
000A	44			LSRA	
000B	44			LSRA	
000C	16			TAB	
000D	1B			ABA	
000E	19			DAA	
000F	E6	00		LDAB	X
0011	C4	0F		ANDB	#%00001111
0013	1B			ABA	
0014	19			DAA	
0015	9B	40		ADDA	$40
0017	19			DAA	
0018	97	40		STAA	$40
001A	08			INX	
001B	7A	0041		DEC	$41
001E	26	E6		BNE	CHKDIG
0020	84	0F		ANDA	#%00001111
0022	97	40		STAA	$40
0024	3F			SWI	

Die Ziffern werden durch Verschieben und Maskieren entfernt. Vier logische Rechts-Verschiebungen sind erforderlich, um die höchstwertige Stelle zu separieren.

Eine dezimale Anordnung (DAA) muß jeder Addition folgen, um das richtige dezimale Ergebnis zu liefern. Ein einzelner DAA nach einer Serie von Additionen wird nicht funktionieren (versuchen Sie es!). Vergessen Sie nicht, daß DAA nur mit dem Akkumulator A arbeitet.

Es gibt kein Problem mit Überträgen von der dezimalen Summe, da das Verfahren nur die niedrigstwertige Stelle der Prüfsumme in irgendeiner Weise verwendet.

VERDOPPELN UND HALBIEREN VON BINÄRZAHLEN

Man kann eine Dezimalzahl verdoppeln (in A), indem man sie zu sich selbst addiert und dann eine dezimale Anordnung ausführt:

```
TAB
ABA     DOPPELTE ZAHL
DAA     DAS ERGEBNIS DEZIMAL ANORDNEN
```

Man kann nicht ASLA verwenden, da dieser Befehl den Halb-Übertrag nicht beeinflußt (nur ADD und Add With Carry beeinflussen dieses Bit).

Man kann eine Dezimalzahl durch 2 dividieren, indem man sie einfach nach rechts logisch verschiebt und dann 3 von jeder Stelle subtrahiert, die 8 oder größer ist (da 10 BCD gleich ist 16 binär). Das folgende Programm dividiert eine Dezimalzahl im Speicherplatz 0040 durch 2 und plaziert das Ergebnis in den Speicherplatz 0041:

```
        LDAA   $40    HOLE DEZIMALZAHL
        LSRA          DIVIDIERE DURCH 2 IN BINÄR
        CMPA   #8     IST DIE NIEDRIGSTWERTIGE STELLE 8
                        ODER GRÖSSER ?
        BCC    DONE
        SUBA   #3     JA, SUBTRAHIERE 3 FÜR EINE DEZIMALE
                        KORREKTUR.
DONE    STAA   $41    SPEICHERE ERGEBNIS
        SWI
```

Versuchen Sie dieses Programm und das Verfahren an den Dezimalzahlen 28, 30 und 37. Haben Sie verstanden wie es arbeitet?

BINÄRE AUFRUNDUNG

Aufrunden ist einfach, ob die Zahlen in binär oder dezimal vorliegen. Eine Binärzahl kann wie folgt aufgerundet werden:

> Wenn das höchstwertige Bit, das zu unterdrücken ist, 1 ist, so addiere 1 zu den verbleibenden Bits. Andernfalls lasse die verbleibenden Bits unverändert.

Diese Regel arbeitet, da 1 in der Mitte zwischen 0 und 01 in binär liegt, so wie 5 in der Mitte bei Dezimalzahlen (Beachten Sie, daß 0,5 dezimal = 0,1 binär).

Daher wird das folgende Programm eine 16-Bit-Zahl in den Speicherplätzen 0040 und 0041 (MSBs in 0040) auf eine 8-Bit-Zahl im Speicherplatz 0040 aufrunden:

```
        TST    $41    IST DAS MSB DES EXTRABYTE 1 ?
        BPL    DONE
        INC    $40    JA, RUNDE ES AUF
DONE    SWI
```

Wenn die Zahl größer ist als 16 Bits, muß die Aufrundung durch die anderen Bytes hindurch, wenn nötig erfolgen.

DEZIMALE AUFRUNDUNG

Dezimale Aufrundung ist etwas schwierig, da der Übergangspunkt nun BCD 50 ist und die Aufrundung ein dezimales Ergebnis liefern muß. Die Regel ist:

> Wenn die höchstwertige Ziffer, die zu unterdrücken ist, gleich 5 oder größer ist, addiere 1 zu den verbleibenden Stellen.

Das folgende Programm wird eine vierstellige BCD-Zahl in den Speicherplätzen 0040 und 0041 (MSDs in 0040) auf eine zweistellige BCD-Zahl im Speicherplatz 0040 aufrunden:

```
        LDAA   $41    IST DAS ZU UNTERDRÜCKENDE BYTE
                        50 ODER MEHR ?
        CMPA   #$50
        BCS    DONE
        LDAA   $40    JA, RUNDE MSDS AUF
        ADDA   #1
        DAA           MACHE MSDS DEZIMAL
        STAA   $40
DONE    SWI
```

Erinnern Sie sich daran, daß man den INC-Befehl nicht zur Addition von 1 verwenden kann, da er das H-Bit nicht beeinflußt (das durch eine frühere Operation gesetzt worden sein könnte). Wiederum muß, falls erforderlich, bei längeren Zahlen die Aufrundung durch die höherwertigen Stellen hindurch erfolgen.

AUFGABEN

1) Subtraktion mit mehrfacher Genauigkeit

Zweck: Subtrahiere eine Mehrwort-Zahl von einer anderen. Die Länge der Zahlen befindet sich im Speicherplatz 0040, die Zahlen selbst beginnen (niedrigstwertige Bits zuerst) in den Speicherplätzen 0041 und 0051, und die Differenz ersetzt die Zahl, die im Speicherplatz 0041 beginnt. Subtrahiere die Zahl, die in 0051 beginnt von der Zahl, die in 0041 beginnt.

Beispiel:

	(0040)	=	04
	(0041)	=	C3
	(0042)	=	A7
	(0043)	=	5B
	(0044)	=	2F
	(0051)	=	B8
	(0052)	=	35
	(0035)	=	DF
	(0054)	=	14
Ergebnis:	(0041)	=	0B
	(0042)	=	72
	(0043)	=	7C
	(0044)	=	1A

das heißt:

```
    2F5BA7C3
  + 14DF35B8
  ----------
    1A7C720B
```

2) Dezimale Subtraktion

Zweck: Subtrahiere eine Mehrwort-Dezimalzahl (BCD) von einer anderen. Die Länge der Zahlen befindet sich in Speicherplatz 0040, die Zahlen selbst starten (niedrigstwertige Bits zuerst) entsprechend in den Speicherplätzen 0041 und 0051, und die Differenz ersetzt die Zahl, die im Speicherplatz 0041 beginnt. Subtrahiere die Zahl, die in 0051 beginnt, von der Zahl, die in 0041 beginnt.

Beispiel:

	(0040)	=	04
	(0041)	=	85
	(0042)	=	19
	(0043)	=	70
	(0044)	=	36
	(0051)	=	59
	(0052)	=	34
	(0053)	=	66
	(0054)	=	12
Ergebnis:	(0041)	=	26
	(0042)	=	85
	(0043)	=	03
	(0044)	=	24

das heißt:

$$\begin{array}{r} 36701985 \\ -\ 12663459 \\ \hline 24038526 \end{array}$$

Hinweis: $X - Y = X + 99 - Y + \overline{\text{Ausleihen}}$

Hierbei sind X und Y zwei Ziffern der Reihe und BORROW ist das Ausleihen von den niedrigstwertigen Stellen. Die Berechnung von 99-Y ist kein Problem, da jede Dezimalzahl von 99 ohne ein Ausleihen subtrahiert werden kann. Aber erinnern Sie sich daran, daß die Rolle des Übertrags entgegengesetzt von der sonst üblichen ist (warum?).

3) Binär-Multiplikation 8 Bit mal 16 Bit

Zweck: Multipliziere die 16-Bit-Zahl ohne Vorzeichen in den Speicherplätzen 0040 und 0041 (höchstwertige Bits in 0040) mit der 8-Bit-Zahl ohne Vorzeichen im Speicherplatz 0042. Speichere das Ergebnis in die Speicherplätze 0043 bis 0045, mit den höchstwertigen Bits im Speicherplatz 0043.

Beispiele:

a.		(0040)	=	00	
		(0041)	=	03	
		(0042)	=	05	
	Ergebnis:	(0043)	=	00	
		(0044)	=	00	
		(0045)	=	0F	
	das heißt:			3 x 5 = 15	
b.		(0040)	=	72	(29,295 dezimal)
		(0041)	=	6F	
		(0042)	=	61	(97 dezimal)
	Ergebnis:	(0043)	=	2B	
		(0044)	=	5C	
		(0045)	=	0F	
	das heißt:			29,295 x 97 = 2,841,615	

4) Binäre Division mit Vorzeichen

Zweck: Dividiere die 16-Bit-Binärzahl mit Vorzeichen in den Speicherplätzen 0040 und 0041 (höchstwertige Bits in 0040) durch die 8-Bit-Zahl mit Vorzeichen im Speicherplatz 0042. Die Zahlen sind normiert, so daß die Größe des Speicherplatzes 0040 (d.h. der Quotient) eine 8-Bit-Zahl ist. Speichere den Quotienten (mit Vorzeichen) in den Speicherplatz 0043 und den Rest (immer positiv) in den Speicherplatz 0044.

Beispiele:

a.		(0040)	=	FF	(–64)
		(0041)	=	C0	
		(0042)	=	08	
	Ergebnis:	(0043)	=	F8	(–8) Quotient
		(0044)	=	00	(0) Rest
b.		(0040)	=	ED	(–4717)
		(0041)	=	93	
		(0042)	=	47	(71 dezimal)
	Ergebnis:	(0043)	=	BD	(–67 dezimal)
		(0044)	=	28	(+40 dezimal)

Hinweis: Bestimme das Vorzeichen des Ergebnisses, führe eine Division ohne Vorzeichen aus, und korrigiere den Quotienten und den Rest entsprechend.

5) Selbstprüfende Zahlen (Aligned 1, 3, 7 Mod 10)

Zweck: Berechne eine Prüfsummen-Ziffer aus einer Reihe von BCD-Ziffern. Die Länge der Reihe der Ziffern (Anzahl der Worte) befindet sich im Speicherplatz 0041. Die Ziffernreihe (2 BCD-Stellen in einem Wort) beginnt im Speicherplatz 0042. Berechne die Prüfsummen-Ziffer mit dem Verfahren "Aligned 1, 3, 7 Mod 10" und speichere sie in den Speicherplatz 0040.

Das Verfahren "Aligned 1, 3, 7 Mod 10" arbeitet wie folgt:

1) Lösche zu Beginn die Prüfsumme.
2) Addiere die führende Stelle zur Prüfsumme.
3) Multipliziere die nächste Stelle mit 3 und addiere das Ergebnis zur Prüfsumme.
4) Multipliziere die nächste Stelle mit 7 und addiere das Ergebnis zur Prüfsumme.
5) Setze das Verfahren fort (Schritt 2 bis 4) bis alle Stellen verwendet wurden.
6) Die selbstprüfende Ziffer ist die niedrigstwertige Stelle der Prüfsumme.

Beispielsweise, wenn die Ziffernreihe

549321

lautet, wird das Ergebnis sein:

Prüfsumme = 5 + 3 x 4 + 7 x 9 + 3 + 3 x 2 + 7 x 1 = 96
Selbstprüfende Ziffer = 6

Beispiele:

a.

(0041) = 03
(0042) = 36
(0043) = 68
(0044) = 51

Ergebnis: Prüfsumme = 3 + 3 x 6 + 7 x 6 + 8 + 3 x 5 + 7 x 1 = 93
(0040) = 03

b.

(0041) = 04
(0042) = 50
(0043) = 29
(0044) = 16
(0045) = 83

Ergebnis: Prüfsumme = 5 + 3 x 0 + 7 x 2 + 9 + 3 x 1 + 7 x 6 + 8 + 3 x 3
(0040) = 00

Hinweis: Beachten Sie bitte, daß 7 = 2 x 3 + 1 und 3 = 2 x 1 + 1, so daß die Formel $M_i = 2 \times M_{i-1} + 1$ verwendet werden kann, um den nächsten Multiplikationsfaktor zu berechnen.

Kapitel 9
Tabellen und Listen

Tabellen und Listen sind zwei der grundlegenden Datenstrukturen, die bei allen Computern verwendet werden. Wir haben bereits Tabellen gesehen, die zur Ausführung von Code-Umwandlungen und arithmetischen Aufgaben eingesetzt wurden. Tabellen können auch zur Identifizierung und Ausführung von Kommandos und Befehlen, zur Linearisierung von Daten, für den Zugriff auf Dateien oder Aufzeichnungen, Definition der Bedeutung von Tasten oder Schaltern und zur Auswahl von Befehls-Sequenzen verwendet werden. Listen sind gewöhnlich weniger strukturiert als Tabellen. Listen können Aufgaben enthalten, die der Prozessor ausführen muß, Nachrichten oder Daten, die der Prozessor aufzeichnen muß, oder Bedingungen, die sich geändert haben oder überwacht werden sollten. Tabellen sind ein einfaches Hilfsmittel für die Bildung von Entscheidungen oder Lösung von Aufgaben, da keine Berechnungen oder logische Funktionen erforderlich sind. Die Aufgabe wird dann auf die Organisation der Tabelle reduziert, damit die entsprechende Eingabe leicht zu finden ist. Listen gestatten die Ausführung von Sequenzen von Aufgaben, die Vorbereitung mehrerer Resultate und den Aufbau voneinander abhängiger Dateien (oder Daten-Basen). Die Aufgaben beinhalten auch etwa das Hinzufügen von Elementen zu einer Liste oder die Entfernung von Elementen hiervon.

BEISPIELE

Hinzufügen einer Eingabe zu einer Liste

Zweck: Addiere den Inhalt des Speicherplatzes 0040 zu einer Liste, wenn er noch nicht in der Liste vorliegt. Die Länge der Liste befindet sich im Speicherplatz 0041 und die Liste selbst beginnt im Speicherplatz 0042.

Beispiele:

a.

	(0040)	=	6B
	(0041)	=	04
	(0042)	=	37
	(0043)	=	61
	(0044)	=	38
	(0045)	=	1D
Ergebnis:	(0041)	=	05
	(0046)	=	6B

Die Eingabe wird zur Liste addiert, da sie noch nicht vorliegt. Die Länge der Liste wird um 1 erhöht.

b.

	(0040)	=	6B
	(0041)	=	04
	(0042)	=	37
	(0043)	=	6B
	(0044)	=	38
	(0045)	=	1D

Ergebnis: Keine Änderung, da die Eingabe bereits in der Liste vorhanden ist.

Flußdiagramm:

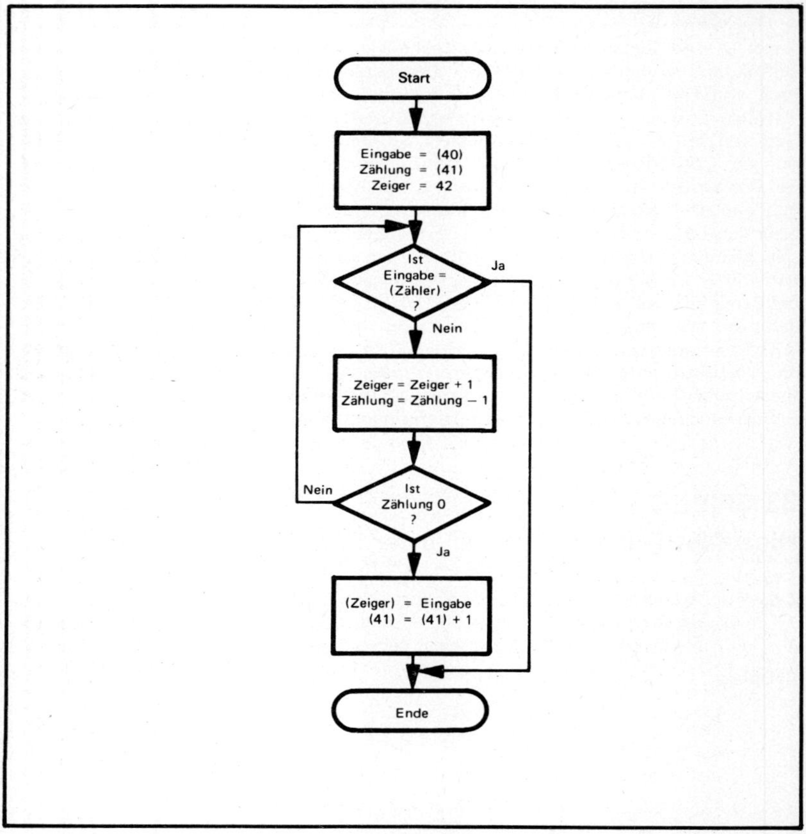

Quellprogramm:

```
        LDX     #$42    ZEIGE ZUM BEGINN DER LISTE
        LDAB    $41     ZÄHLUNG = LÄNGE DER LISTE
        LDAA    $40     HOLE EINGABE
SRLST   CMPA    X       IST DIE EINGABE = ELEMENT IN LISTE ?
        BEQ     DONE    JA, ZU DONE
        INX
        DECB            ALLE EINGABEN GEPRÜFT ?
        BNE     SRLST   NEIN, WEITERSUCHEN
        STAA    X       JA, ADDIERE EINGABE ZUR LISTE
        INC     $41     ADDIERE 1 ZUR LISTENLANGE
DONE    SWI
```

Objektprogramm:

Speicher-Adresse (Hex)	Speicher-Inhalt (Hex)		Befehl (Mnemonik)	
0000	CE 0042		LDX	#$42
0003	D6 41		LDAB	$41
0005	96 40		LDAA	$40
0007	A1 00	SRLST	CMPA	X
0009	27 09		BEQ	DONE
000B	08		INX	
000C	5A		DECB	
000D	26 F8		BNE	SRLST
000F	A7 00		STAA	X
0011	7C 0041		INC	$41
0014	3F	DONE	SWI	

HASHING

Diese Methode der Addition von Elementen ist offensichtlich sehr ineffizient, wenn die Liste lang ist. Wir könnten das Verfahren verbessern, indem wir das Suchen auf einen Teil der Liste beschränken oder die Liste entsprechend anordnen. Wir könnten das Suchen auch begrenzen, indem wir die Eingabe verwenden, um einen Startpunkt in der Liste zu erhalten. Dieses Verfahren wird "Hashing" (deutsch etwa "Zerhacken") genannt und ähnelt sehr der Auswahl einer Startseite in einem Wörterbuch oder Telefonbuch mit dem ersten Buchstaben einer Eingabe. Wir könnten die Liste nach ihren numerischen Werten anordnen. Der Suchvorgang sollte dann enden, wenn die Listenwerte unter der Eingabe liegen (größer oder kleiner, abhängig von der verwendeten Ordnungstechnik). Eine neue Eingabe müßte entsprechend eingesetzt werden, und alle anderen Eingaben müßten in der Liste nach unten verschoben werden.
Das Programm könnte so umgebaut werden, daß zwei Tabellen verwendet werden. Eine Tabelle könnte einen Startpunkt in der anderen Tabelle liefern. Zum Beispiel könnte der Suchpunkt auf der höchst- oder niedrigstwertigen 4-Bit-Ziffer in der Eingabe basieren.

Das Programm arbeitet nicht, wenn die Länge der Liste null wäre (was geschieht?). Wir können dieses Problem vermeiden, indem wir anfangs die Länge der Liste prüfen. Der Initialisierungs-Vorgang wäre dann

```
        LDAB    $41      ZÄHLUNG = LÄNGE DER LISTE
        BEQ     ADELM    ADDIERE EINGABE ZUR LISTE, WENN DIE
                           LÄNGE NULL IST
        •
        •
        •
ADELM   STAA    X        JA, ADDIERE EINGABE ZUR LISTE
        •
        •
        •
```

Anders als bei einigen Prozessoren wird das Null-Bit des 6800 durch Transfer-Befehle wie Laden und Speichern beeinflußt.

Wenn jede Eingabe länger als ein Wort wäre, so wäre ein Programm erforderlich, das die Bitmuster in Übereinstimmung bringt. Das Programm müßte zur nächsten Eingabe weitergehen, wenn keine Übereinstimmung auftritt, das heißt, über den letzten Teil der momentanen Eingabe springen, sobald eine Nicht-Übereinstimmung gefunden wurde.

Prüfen einer geordneten Liste

Zweck: Prüfe den Inhalt des Speicherplatzes 0041 um festzustellen, ob es eine geordnete Liste ist. Die Länge der Liste liegt im Speicherplatz 0042, die Liste selbst beginnt im Speicherplatz 0043 und besteht aus Binärzahlen ohne Vorzeichen in steigender Reihenfolge. Wenn der Inhalt des Speicherplatzes 0041 in der Liste liegt, lösche Speicherplatz 0040. Andernfalls, setze Speicherplatz 0040 auf FF (hex).

Beispiele:

a.		(0041)	=	6B
		(0042)	=	04
		(0043)	=	37
		(0044)	=	55
		(0045)	=	7D
		(0046)	=	A1
	Ergebnis:	(0040)	=	FF, da sich 6B nicht in der Liste befindet
b.		(0041)	=	6B
		(0042)	=	04
		(0043)	=	37
		(0044)	=	55
		(0045)	=	6B
		(0046)	=	A1
	Ergebnis:	(0040)	=	00, da sich 6B in der Liste befindet

Flußdiagramm:

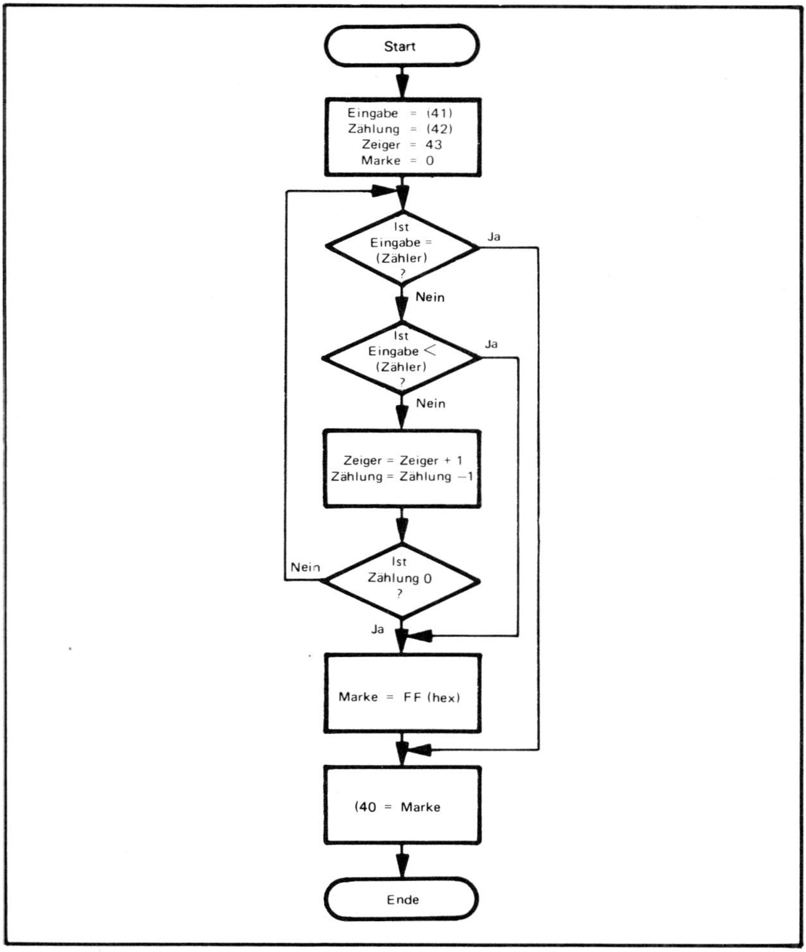

Der Suchvorgang ist etwas unterschiedlich, da hier die Elemente geordnet sind. Sobald wir ein Element finden, das größer als die Eingabe ist, so ist der Suchvorgang beendet, da nachfolgende Elemente größer sein werden. Sie können ein Beispiel versuchen, um sich zu überzeugen, daß das Verfahren arbeitet.

SUCH-METHODEN

Wie bei der vorhergehenden Aufgabe könnte eine Tabelle oder ein anderes Verfahren einen guten Startpunkt wählen, um das Suchen zu beschleunigen. Ein Verfahren bestünde im Starten in der Mitte und im Bestimmen, in welcher Hälfte der Liste die Eingabe war, dann die Hälfte in Hälften zu teilen etc. Dieses Verfahren wird binäres Suchen genannt, da es den verbleibenden Rest jedesmal in die Hälfte teilt. Knuth beschreibt ein anderes Suchverfahren in seinem Buch ***The Art of Computer Programming, Volume***

III: Sorting and Searching, Addison-Wesley, Reading Mass, 1978. Knuth hat auch das Suchen und "Hashing" in einer etwas elementareren Weise in einem Artikel beschrieben: "Algorithms" (siehe April 1977 von ***Scientific American).***

Quellprogramm:

```
        CLR    $40      MARKIERE ELEMENT WIE IN DER LISTE
        LDX    #$43     ZEIGE ZUM BEGINN DER LISTE
        LDAB   $42      ZÄHLUNG = LÄNGE DER LISTE
        LDAA   $41      HOLE EINGABE
SRLST   CMPA   X        IST EINGABE = ELEMENT IN DER LISTE?
        BEQ    DONE     JA, ZU DONE
        BCS    NOTIN    EINGABE NICHT IN DER LISTE, WENN ELE-
                           MENT GRÖSSER
        INX
        DECB
        BNE    SRLST    ALLE ELEMENTE GEPRÜFT?
NOTIN   COM    $40      JA, MARKIERE ELEMENT ALS NICHT IN DER
                           LISTE ENTHALTEN
DONE    SWI
```

Objektprogramm:

Speicher-Adresse (Hex)	Speicher-Inhalt (Hex)		Befehl (Mnemonik)		
0000	7F	0040		CLR	$40
0003	CE	0043		LDX	#$43
0006	D6	42		LDAB	$42
0008	96	41		LDAA	$41
000A	A1	00	SRLST	CMPA	X
000C	27	09		BEQ	DONE
000E	25	04		BCS	NOTIN
0010	08			INX	
0011	5A			DECB	
0012	26	F6		BNE	SRLST
0014	73	0040	NOTIN	COM	$40
0017	3F		DONE	SWI	

Dieser Algorithmus ist ein wenig langsamer, als jener in dem Beispiel, das in "Hinzufügen einer Eingabe zu einer Liste" angegeben wurde, infolge des zusätzlichen bedingten Sprunges (BCS NOTIN). Die durchschnittliche Ausführungszeit für dieses einfache Suchverfahren steigt linear mit der Länge der Liste an, während die durchschnittliche Ausführungszeit für einen binären Suchvorgang logarithmisch ansteigt. Wenn zum Beispiel die Länge der Liste doppelt so groß ist, so benötigt das einfache Verfahren doppelt so lang, wie der Durchschnitt, während das binäre Suchen nur eine zusätzliche Wiederholung erfordert.

Entfernen eines Elementes von einer Warteschlange

Zweck: Plaziere die Adresse des ersten Elementes (Kopf) einer Warteschlange in die Speicherplätze 0040 und 0041 (MSBs in 0040) und bringe die Warteschlange auf den neuesten Stand um das Element zu entfernen. Die Speicherplätze 0042 und 0043 enthalten die Adresse der Spitze der Warteschlange (MSBs in 0042). Jedes Element in der Schlange ist zwei Bytes lang und enthält die Adresse des nächsten 2-Byte-Elementes in der Schlange. Das letzte Element in der Warteschlange enthält null, um anzuzeigen, daß es kein weiteres Element gibt.

Warteschlangen werden zum Speichern von Daten in der Reihenfolge verwendet, in der sie gebraucht werden, oder Aufgaben in der Reihenfolge, in der sie ausgeführt werden. Die Warteschlange besitzt eine "Zuerst-ein, Zuerst-aus"-Datenstruktur. d.h. Elemente werden von der Warteschlange in der gleichen Reihenfolge entfernt, in der sie eingegeben wurden. Betriebs-Systeme plazieren Aufgaben in Warteschlangen, so daß sie in der entsprechenden Reihenfolge ausgeführt werden. E/A-Treiber transferieren Daten zu oder von Warteschlangen, so daß sie übertragen oder in der entsprechenden Reihenfolge verarbeitet werden. Puffer können ebenfalls in Warteschlangen angeordnet werden, so daß der nächste verfügbare Puffer leicht gefunden werden kann und jene, die ausgegeben wurden, leicht zum jeweils verfügbaren Speicher hinzugefügt werden können. Warteschlangen können auch zur Aneinander-Reihung von Anforderungen für Speicherung, zeitliche Steuerung oder E/A verwendet werden, so daß diese in der korrekten Reihenfolge befriedigt werden können.

Bespiele:

a.		(0042)	=	00	Adresse des ersten Elementes in der Warteschlange
		(0043)	=	46	
		(0046)	=	00	Adresse des zweiten Elementes in der Warteschlange
		(0047)	=	4D	
		(004D)	=	00	Ende der Warteschlange
		(004E)	=	00	
	Ergebnis:	(0040)	=	00	Adresse des aus der Warteschlange entfernten Elementes
		(0041)	=	46	
		(0042)	=	00	Adresse des neuen ersten Elementes in der Warteschlange
		(0043)	=	4D	
b.		(0042)	=	00	Leere Warteschlange
		(0043)	=	00	
	Ergebnis:	(0040)	=	00	Kein Element von der Warteschlange verfügbar
		(0041)	=	00	

Flußdiagramm:

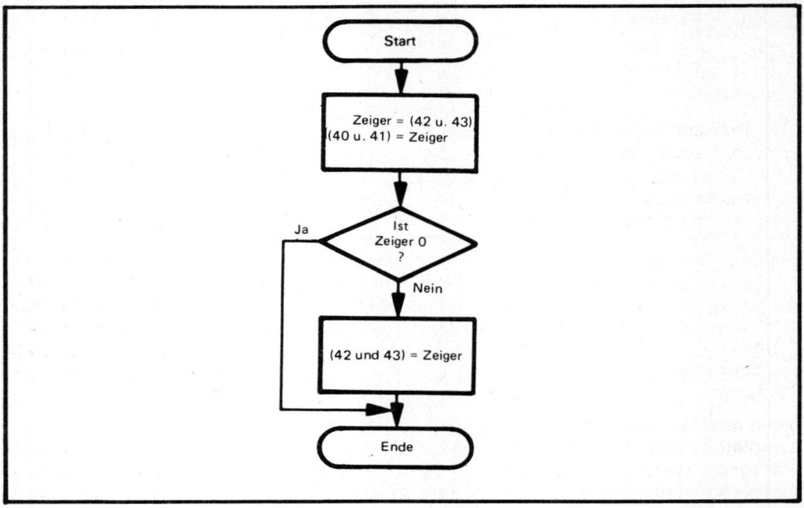

Quellprogramm:

```
        LDX    $42    ADRESSE DES KOPFES DER WARTESCHLANGE
                         HOLEN
        STX    $40    ENTFERNE KOPF DER WARTESCHLANGE
        BEQ    DONE   ZU DONE, WENN WARTESCHLANGE LEER WAR
        LDX    X      ADRESSE DES NÄCHSTEN ELEMENTES IN DER
                         SCHLANGE ERHALTEN
        STX    $42    BRINGE ELEMENT ZUM KOPF DER SCHLANGE
DONE    SWI
```

Objektprogramm:

Speicher-Adresse (Hex)	Speicher-Inhalt (Hex)		Befehl (Mnemonik)	
0000	DE 42		LDX	$42
0002	DF 40		STX	$40
0004	27 04		BEQ	DONE
0006	EE 00		LDX	X
0008	DF 42		STX	$42
000A	3F	DONE	SWI	

Mit dem Anordnen in Warteschlangen kann man Listen verarbeiten, die sich nicht in aufeinanderfolgenden Speicherplätzen befinden. Jedes Element muß die Adresse des nächsten Elementes enthalten. Derartige Listen gestatten einem Anwender, Variable zu ändern oder Definitionen in ein Programm einzufügen. Hierfür ist zusätzlicher Speicherplatz erforderlich, jedoch können die Elemente leicht hinzugefügt oder entfernt werden.

Beachten Sie die Verwendung des 16-Bit-Befehls LDX des 6800. LDX mit direkter oder indizierter Adressierung lädt das Indexregister mit dem Inhalt der spezifizierten Adresse und der nächsten darauf folgenden Adresse. LDX ist daher ideal für die Handhabung indirekter Adressen, da er eine ganze 16-Bit-Adresse vom Speicher holt. Dies ist bei Warteschlangen und Sprungtabellen sehr nützlich, sowie bei der Verarbeitung von 16-Bit-Daten.

Ein Problem besteht darin, daß der Befehl LDX X den vorhergehenden Inhalt des Indexregisters zerstört. Daher muß dieser Inhalt irgendwo aufbewahrt werden, wenn man ein Zurückgehen benötigt oder ein anderes Element von einer Anordnung oder Tabelle erhalten will. Ein weiteres Indexregister wäre eine gute Ergänzung zur Architektur des 6800.

Es kann sehr nützlich sein, Zeiger an beiden Enden der Warteschlange einzurichten, anstatt nur an deren Kopf. Die Datenstruktur kann dann entweder in einer "Zuerst-ein-, Zuerst-aus"-Weise oder in einer "Zuletzt-ein-, Zuerst-aus"-Weise verwendet werden, abhängig davon, ob neue Elemente zum Kopf oder zum Schwanz der Warteschlange hinzugefügt werden. Wie würden Sie das Programmbeispiel ändern, damit der Speicherplatz 0044 und 0045 die Adresse des letzten Elementes (Schwanz) der Warteschlange enthält?

Wenn es keine Elemente in der Warteschlange gibt, so löscht das Programm die Speicherplätze 0040 und 0041. Ein Programm, das ein Element aus der Warteschlange anfordert, würde dann jene Speicherplätze zu prüfen haben, um festzustellen, ob die Anfrage erledigt wurde. Können Sie sich andere Arten vorstellen, mit denen diese Information zu erhalten ist?

8-Bit-Sortierung

Zweck: Sortiere eine Anordnung von Binärzahlen ohne Vorzeichen in abnehmender Reihenfolge. Die Länge der Anordnung liegt im Speicherplatz 0040.

Beispiel:

	(0040)	=	06
	(0041)	=	2A
	(0042)	=	B5
	(0043)	=	60
	(0044)	=	3F
	(0045)	=	D1
	(0046)	=	19
Ergebnis:	(0041)	=	D1
	(0042)	=	B5
	(0043)	=	60
	(0044)	=	3F
	(0045)	=	2A
	(0046)	=	19

Eine einfache Sortier-Technik arbeitet folgendermaßen:

EINFACHER SORTIER-ALGORITHMUS

Schritt 1) Setze ein Flag INTER.

Schritt 2) Prüfe jedes aufeinanderfolgende Paar von Zahlen in der Anordnung. Wenn sich hiervon welche nicht in der Reihenfolge befinden, tausche sie aus und lösche INTER.

Schritt 3) Wenn INTER = 0, nachdem die gesamte Anordnung geprüft wurde, gehe zu Schritt 1 zurück.

INTER wird gelöscht, wenn irgendein aufeinanderfolgendes Paar von Zahlen nicht in der Reihenfolge liegt. Daher befindet sich, wenn INTER = 1 am Ende eines Durchlaufes durch die gesamte Anordnung, diese Anordnung in der richtigen Reihenfolge.

Dieses Sortier-Verfahren wird als "Bubble sort" (deutsch etwa "stufenweise Sortierung") bezeichnet. Der Algorithmus ist leicht auszuführen. Es sollten jedoch andere Sortier-Verfahren untersucht werden, wenn lange Listen zu sortieren sind und die Geschwindigkeit von Bedeutung ist.

Diese Technik arbeitet in einem einfachen Fall wie folgt. Nehmen wir an, daß wir eine Reihe in abnehmender Reihenfolge sortieren wollen. Die Reihe besitzt vier Elemente — 12, 03, 15, 08.

1. Wiederholung:

Schritt 1) INTER = 1

Schritt 2) Abschließende Reihenfolge der Reihe ist:
12
15
08
03
da das zweite Paar (03, 15) ausgetauscht wurde und ebenso das dritte Paar (03, 08). INTER = 0.

2. Wiederholung:

Schritt 1) INTER = 1

Schritt 2) Abschließende Anordnung der Reihe ist:
15
12
08
03
da das erste Paar (12, 15) ausgetauscht wurde, INTER = 0.

3. Wiederholung:

Schritt 1) INTER = 1

Schritt 2) Die Elemente befinden sich bereits in der richtigen Reihenfolge, so daß keine Vertauschungen erforderlich sind und INTER gleich eins bleibt.

Flußdiagramm:

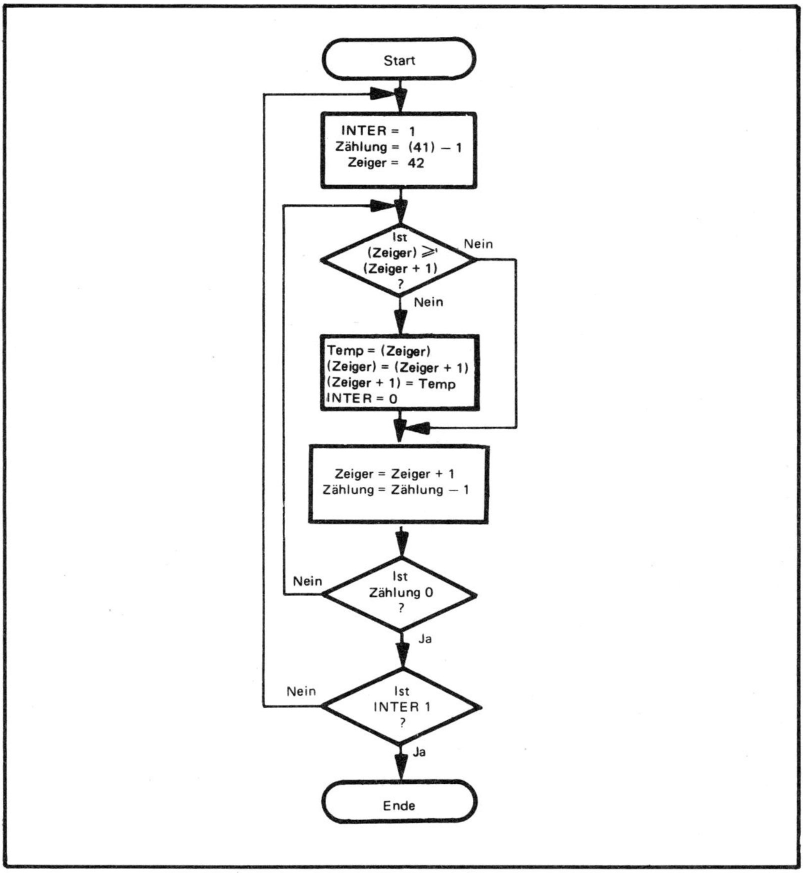

Quellprogramm:

```
SORT   LDAA  #1      AUSTAUSCH-FLAG = 1 (INTER)
       STAA  $40
       LDAA  $41     ORDNE REIHENLÄNGE IN ANZAHL DER PAARE
       DECA
       LDX   #$42    ZEIGE ZUM BEGINN DER REIHE
PASS   LDAB  X
       CMPB  1,X     IST DAS PAAR DER ELEMENTE IN DER REIHEN-
                        FOLGE?
       BLS   COUNT   JA, VERSUCHE NÄCHSTES PAAR
       CLR   $40     NEIN, LÖSCHE AUSTAUSCH-FLAG
       PSHA          BEWAHRE REIHENZÄHLER AUF
       LDAA  1,X     TAUSCHE ELEMENTE AUS, WENN NICHT IN DER
                        REIHENFOLGE
```

```
        STAB   1,X
        STAA   X
        PULA          SPEICHERE REIHENZÄHLER ZURÜCK
COUNT   INX
        DECA          ZÄHLE ABWÄRTS FÜR EINEN DURCHLAUF
        BNE    PASS
        TST    $40    WAREN ALLE ELEMENTE IN DER REIHEN-
                        FOLGE?
        BEQ    SORT   NEIN, GEHE WIEDER DURCH DIE REIHE
        SWI
```

Objektprogramm:

Speicher-Adresse (Hex)	Speicher-Inhalt (Hex)		Befehl (Mnemonik)		
0000	86	01	SORT	LDAA	#1
0002	97	40		STAA	$40
0004	96	41		LDAA	$41
0006	4A			DECA	
0007	CE	0042		LDX	#$42
000A	E6	00	PASS	LDAB	X
000C	E1	01		CMPB	1,X
000E	24	0B		BCC	COUNT
0010	7F	0040		CLR	$40
0013	36			PSHA	
0014	A6	01		LDAA	1,X
0016	E7	01		STAB	1,X
0018	A7	00		STAA	X
001A	32			PUL	A
001B	08		COUNT	INX	
001C	4A			DECA	
001D	26	EB		BNE	PASS
001F	7D	0040		TST	$40
0022	27	DC		BEQ	SORT
0024	3F			SWI	

Vor dem Beginn jedes Sortier-Durchlaufes müssen wir sorgfältig den Zähler, Zeiger und das Austausch-Flag reinitialisieren.

ANDERE SORTIER-VERFAHREN

Es gibt zahlreiche Sortier-Algorithmen, die sich sehr stark in ihrer Effizienz unterscheiden. Knuth beschreibt in dem früher erwähnten Buch einige hiervon ***(The Art of Computer programming, Volume III: Sorting and Searching).*** Sortier- und Such-Algorithmen sind auch besprochen in K.A. Schember's und J.R. Rumsey's "Minimal Storage Sorting and Searching Techniques for RAM Applications, ***I Computer,*** Juni 1977, Seite 92 - 100.

Das Programm muß den Zähler um 1 verringern, da die Zahl der aufeinanderfolgenden Paare um 1 kleiner ist, als die Anzahl der Elemente (das letzte Element hat keinen Nachfolger).

Indizierung ist hier sehr bequem, da sich das Programm auf Elemente in den Paaren mit der gleichen Adresse im Indexregister, jedoch mit unterschiedlichen Versetzungen, beziehen kann.

Verwendung einer geordneten Sprungtabelle

Zweck: Verwende den Inhalt des Speicherplatzes 0041 als einen Index zu einer Sprungtabelle, beginnend im Speicherplatz 0042. Jede Eingabe in die Sprungtabelle enthält eine 16-Bit-Adresse mit den MSBs im ersten Wort. Das Programm sollte die Steuerung zu der Adresse mit dem entsprechenden Index transferieren, d.h. wenn der Index 6 ist, springt das Programm zur Adressen-Eingabe Nr. 6 in der Tabelle.

Beispiel:

(0041) = 02
(0042) = 00
(0043) = 48
(0044) = 00
(0045) = 4C
(0046) = 00
(0047) = 50
(0048) = 00
(0049) = 54

Ergebnis: (PC) = 0050, da dies die Eingabe Nr. 2 (beginnend bei null) in die Sprungtabelle ist.

Flußdiagramm:

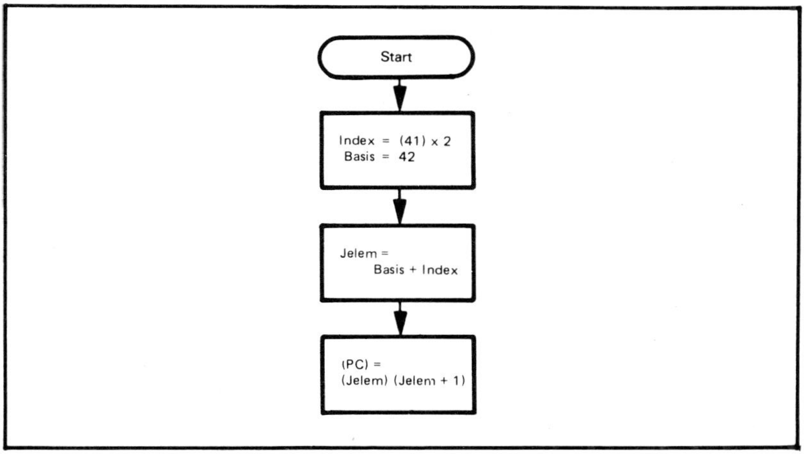

Das letzte Kästchen resultiert in einem Transfer der Steuerung zur Adresse, die aus der Tabelle erhalten wird.

Quellprogramm:

```
CLR   $40      MSBS DER SPRUNGTABELLEN-ADRESSE = 0
ASL   $41      INDEX = DATEN MAL ZWEI
LDX   $40      OFFSET-ADRESSE HOLEN
LDX   $42,X    ADRESSE VON DER SPRUNGTABELLE
                  HOLEN
JMP   X        UND ZU DIESER SPRINGEN
```

Objektprogramm:

Speicher-Adresse (Hex)	Speicher-Inhalt (Hex)	Befehl (Mnemonik)	
0000	7F 0040	CLR	$40
0003	78 0041	ASL	$41
0006	DE 40	LDX	$40
0008	EE 42	LDX	$42,X
000A	6E 00	JMP	X

Sprungtabellen sind in Situationen sehr nützlich, in denen eine von mehreren Routinen ausgewählt werden muß. Derartige Situationen treten beim Decodieren von Kommandos, Auswahl von Testprogrammen, Wahl unterschiedlicher Methoden oder der Auswahl einer E/A-Konfiguration auf.

Die Sprungtabelle ersetzt eine ganze Serie von bedingten Sprung-Operationen. Das Programm, das auf die Sprungtabelle zugreift, könnte zum Zugriff auf mehrere unterschiedliche Tabellen verwendet werden, indem einfach die Start-Adressen geändert werden.

Die Daten müssen mit zwei multipliziert werden, um den richtigen Index zu ergeben, da jede Eingabe in die Sprungtabelle eine Zweiwort-Adresse ist.

Im allgemeinen muß das Indexregister die acht höchstwertigen Bits der Start-Adresse der Sprungtabelle und die Daten enthalten, das heißt, wenn die Sprungtabelle an der angegebenen Adresse mit JTABU (8 MSBs) und JTABL (8 LSBs) beginnt, würde das Zugriffsprogramm folgendermaßen aussehen:

```
LDAA  #JTABU
STAA  $40       MSBS DER SPRUNGTABELLEN-ADRESSE
                  HOLEN
ASL   $41       INDEX = DATEN MAL ZWEI
LDX   $40       ERHALTEN DER VERSETZUNGS-ADRESSE
LDX   JTABL,X   ADRESSE VON DER SPRUNGTABELLE
                  HOLEN
JMP   X         UND ZU DIESER SPRINGEN
```

Der Befehl LDX holt eine ganze 16-Bit-Adresse und plaziert sie in das Indexregister.

Es ist keine Abschluß-Operation erforderlich, da JMP X die Steuerung zu der Adresse in der Sprungtabelle transferiert.

Es gibt zusätzliche Beispiele für die Verwendung von Sprungtabellen in L.A. Leventhal's "Cut Your Processor's Computation Time", ***Electronic Design,*** August 16, 1977, Seite 82 - 89, und in Kapitel 7 bei J.B. Peatman's, ***Microcomputer-Based Design,*** McGraw-Hill, New York, 1977.

AUFGABEN

1) Entfernen einer Eingabe aus einer Liste

Zweck: Entferne den Inhalt des Speicherplatzes 0040 aus einer Liste, wenn dieser vorliegt. Die Länge der Liste befindet sich im Speicherplatz 0041 und die Liste selbst beginnt im Speicherplatz 0042. Bringe die Eingaben unter die eine, die um eine Stelle nach oben bewegt wurde, und verringere die Länge der Liste um 1.

Beispiel:

a.

	(0040) = 6B	
	(0041) = 04	
	(0042) = 37	
	(0043) = 61	
	(0044) = 28	
	(0045) = 1D	
Ergebnis:	Keine Änderung, da sich die Eingabe nicht in der Liste befindet.	

b.

	(0040) = 6B
	(0041) = 04
	(0042) = 37
	(0043) = 6B
	(0044) = 28
	(0045) = 1D
Ergebnis:	(0041) = 03
	(0043) = 28
	(0044) = 1D

Die Eingabe wird aus der Liste entfernt, und die eine unterhalb wird um eine Position nach oben verschoben. Die Länge der Liste wird um 1 verringert.

2) Hinzufügen einer Eingabe zu einer geordneten Liste

Zweck: Plaziere den Inhalt des Speicherplatzes 0041 in eine geordnete Liste wenn sie nicht bereits vorhanden ist. Die Länge der Liste liegt im Speicherplatz 0042, und die Liste selbst beginnt im Speicherplatz 0043, die Binärzahlen ohne Vorzeichen in steigender Reihenfolge enthält. Plaziere die neue Eingabe in die richtige Position in der Liste, ordne die Elemente unter dieser an, und erhöhe die Länge der Liste um 1.

Beispiele:

a.

	(0041) = 6B
	(0042) = 04
	(0043) = 37
	(0044) = 55
	(0045) = 7D
	(0046) = A1
Ergebnis:	(0042) = 05
	(0045) = 6B
	(0046) = 7D
	(0047) = A1

b.

	(0041) = 6B
	(0042) = 04
	(0043) = 37
	(0044) = 55
	(0045) = 6B
	(0046) = A1

Das Ergebnis besteht darin, daß keine Änderung erfolgt, da die Eingabe bereits in der Liste vorhanden ist.

3) Addieren eines Elementes zu einer Warteschlange

Zweck: Addiere die Adresse in den Speicherplätzen 0040 und 0041 (MSBs in 0040) zu einer Warteschlange. Die Adresse des ersten Elementes der Schlange liegt in den Speicherplätzen 0042 und 0043 (MSBs in 0042). Jedes Element in der Schlange enthält entweder die Adresse des nächsten Elementes in der Schlange oder null, wenn es kein nächstes Element gibt. Alle Adressen sind 16 Bits lang, mit den höchstwertigen Bits im ersten Wort des Elementes. Das neue Element gelangt zum Ende der Schlange. Seine Adresse wird in dem Element liegen, das am Ende der Schlange lag und wird null enthalten, um anzuzeigen, daß es nun das Ende der Warteschlange ist.

Beispiel:

	(0040)	=	00	Neues Element, das der Warteschlange hinzuzufügen ist
	(0041)	=	4D	
	(0042)	=	00	Zeiger zum Kopf der Warteschlange
	(0043)	=	46	
	(0046)	=	00	Letztes Element in der Warteschlange
	(0047)	=	00	
Ergebnis:	(0046)	=	00	Altes letztes Element zeigt zum neuen letzten Element
	(0047)	=	4D	
	(004D)	=	00	Neues letztes Element in der Warteschlange
	(004E)	=	00	

Wie würden Sie ein Element zur Warteschlange hinzufügen, wenn die Speicherplätze 0043 und 0044 die Adresse des Schwanzes der Warteschlange enthalten würden?

4) 16-Bit-Sortierung

Zweck: Sortiere eine Reihe von 16-Bit-Binärzahlen ohne Vorzeichen in absteigender Reihenfolge. Die Länge der Reihe befindet sich im Speicherplatz 0040 und die Reihe selbst beginnt im Speicherplatz 0041. Jede 16-Bit-Zahl wird mit den höchstwertigen Bits im ersten Worf gespeichert.

Beispiel:

	(0040)	=	03
	(0041)	=	19
	(0042)	=	D1
	(0043)	=	3F
	(0044)	=	60
	(0045)	=	B5
	(0046)	=	2A
Ergebnis:	(0041)	=	B5
	(0042)	=	2A
	(0043)	=	3F
	(0044)	=	60
	(0045)	=	19
	(0046)	=	D1

Die Zahlen sind B52A, 3F60, und 19D1.

5) Verwendung einer Sprungtabelle mit einem Schlüssel

Zweck: Verwende den Inhalt des Speicherplatzes 0040 als Schlüssel zu einer Sprungtabelle, die im Speicherplatz 0041 beginnt. Jede Eingabe in die Sprungtabelle enthält einen 8-Bit-Schlüsselwert, gefolgt von einer 16-Bit-Adresse (MSBs im ersten Wort), zu der das Programm die Steuerung transferieren sollte, wenn der Schlüssel gleich dem Schlüsselwert ist.

Beispiel:

	(0040)	=	38
	(0041)	=	32
	(0042)	=	00
	(0043)	=	4B
	(0044)	=	35
	(0045)	=	00
	(0046)	=	4D
	(0047)	=	38
	(0048)	=	00
	(0049)	=	4F
Ergebnis:	(PC)	=	004F, da die Adresse mit dem Schlüsselwert 38 übereinstimmt.

Kapitel 10
Unterprogramme

Keines der bisher gezeigten Beispiele stellt ein Programm für sich selbst dar. Die meisten realen Programme führen eine Serie von Aufgaben aus, und viele von ihnen können gleich sein oder gemeinsam in unterschiedlichen Programmen vorkommen. Wir benötigen daher einen Weg, um diese Aufgaben einmal zu formulieren und sie dann bequem in verschiedenen Teilen des momentanen Programmes und in anderen Programmen verfügbar zu machen.

UNTERPROGRAMM-BIBLIOTHEK

Die Standard-Methode besteht darin, Unterprogramme zu schreiben, die spezielle Aufgaben ausführen. Die sich ergebenden Sequenzen von Befehlen können einmal geschrieben, getestet und dann wiederholt verwendet werden. Sie können eine Unterprogramm-Bibliothek bilden, die dokumentierte Lösungen für allgemeine Probleme liefert.

UNTERPROGRAMM-BEFEHLE

Die meisten Mikroprozessoren besitzen spezielle Befehle für die Übergabe der Steuerung an Unterprogramme und Zurückgeben der Steuerung zum Hauptprogramm. Wir beziehen uns häufig auf den speziellen Befehl, der die Steuerung einem Unterprogramm mittels Aufruf (Call), Springe-zu-Unterprogramm (Jump to Subroutine), Springe-und-markiere-Stelle (Jump and Mark place) oder Springe-und-verbinde (Jump and Link) übergibt. Der spezielle Befehl, der die Steuerung dem Hauptprogramm zurückgibt, wird gewöhnlich Rückkehr (Return) genannt. Beim Mikroprozessor 6800 bewahrt der Befehl "Springe zu Unterprogramm" (JSR = Jump to Subroutine) oder "Verzweige zu Unterprogramm" (BSR = Branch to Subroutine) den alten Wert des Befehlszählers im RAM-Stapel auf, bevor er die Start-Adresse des Unterprogramms in den Befehlszähler plaziert. Der Befehl "Kehre von Unterprogramm zurück" (RTS = Return from Subroutine) holt den alten Wert vom Stapel und legt ihn zurück in den Befehlszähler. Der Zweck besteht im Transfer der Programmsteuerung, zuerst zum Unterprogramm und dann zurück zum Hauptprogramm. Natürlich kann das Unterprogramm selbst die Steuerung an ein weiteres Unterprogramm abgeben, usw.

Um wirklich von Nutzen zu sein, muß ein Unterprogramm universell ausgelegt werden. Eine Routine, die nur eine spezialisierte Aufgabe ausführen kann, wie etwa das Suchen eines bestimmten Buchstabens in einer Eingangsreihe von fester Länge, wird nicht sehr nützlich sein. Wenn andererseits das Unterprogramm jeden Buchstaben in einer Reihe beliebiger Länge aufsuchen kann, so wird dies wesentlich nützlicher sein. Wir nennen die Daten oder Adressen, die dem Unterprogramm Abänderungen gestatten, "Parameter". Ein wesentlicher Teil beim Schreiben von Unterprogrammen besteht in der Entscheidung, welche Variablen Parameter sein sollen.

ÜBERGABE VON PARAMETERN

Ein Problem besteht im Transferieren der Parameter in das Unterprogramm. Dieser Vorgang wird die "Übergabe von Parametern" (passing parameters) genannt. Das einfachste Verfahren besteht für das Hauptprogramm darin, die Parameter in Register zu plazieren. Dann kann das Unterprogramm einfach annehmen, daß sich die Parameter dort befinden. Natürlich ist diese Technik durch die Anzahl der verfügbaren Register begrenzt. Die Parameter können jedoch so wie Daten adressiert werden. Beispielsweise könnte eine Sortier-Routine mit der Start-Adresse einer Reihe im Indexregister beginnen.

Wenn mehrere Parameter vorliegen, sind andere Verfahren erforderlich. Eine Möglichkeit besteht in der Verwendung des Stapels. Das Hauptprogramm kann die Parameter in den Stapel plazieren und das Unterprogramm kann sie von dort zurückgewinnen. Die Vorteile dieses Verfahrens liegen darin, daß der Stapel praktisch eine unbegrenzte Größe besitzt, und daß Daten im Stapel nicht verloren gehen, wenn der Stapel erneut verwendet wird. Der Nachteil ist darin zu sehen, daß wenige Befehle des 6800 den Stapel benützen und der Befehl "Springe zu Unterprogramm" ebenfalls die Rückkehr-Adresse in den Stapel speichert. Ein anderes Verfahren besteht in der Verwendung eines Speicherbereichs für Parameter. Das Hauptprogramm kann die Adresse dieses Bereichs in das Indexregister plazieren, und das Unterprogramm kann die Daten, falls nötig, von dort zurückgewinnen. Dieses Verfahren ist jedoch mühsam, wenn die Parameter selbst Adressen sind.

VERSCHIEBUNG

Manchmal muß ein Unterprogramm spezielle Eigenschaft besitzen. Ein Unterprogramm ist verschiebbar (relocatable), wenn es überall im Speicher plaziert werden kann. Man kann ein derartiges Programm leicht verwenden, unabhängig von der Plazierung anderer Programme oder der Anordnung des Speichers. Ein völlig verschiebbares Programm kann keine absoluten Adressen verwenden. Alle Adressen müssen relativ zum Start des Programms sein. Ein verschiebbarer Lader muß verwendet werden, um das Programm in den Speicher zu plazieren. Der Lader wird das Programm nach anderen Programmen starten und die Start-Adresse oder Verschiebungs-Konstante zu allen Adressen in dem Programm addieren.

WIEDEREINTRITTS-UNTERPROGRAMM

In ein Unterprogramm kann erneut eingetreten werden (es ist "re-entrant"), wenn es durch das Unterbrechungsprogramm unterbrochen werden und in das Unterprogramm eingetreten werden kann. Die Möglichkeit des Wieder-Eintretens ist wichtig für Standard-Unterprogramme in einem System, das auf Unterbrechungen basiert. Andernfalls kann die Unterbrechungs-Service-Routine die Standard-Unterprogramme nicht verwenden, ohne daß Fehler entstehen. Mikroprozessor-Unterprogramme sind leicht derartig auszubilden, da der Ruf-Befehl den Stapel verwendet, und dieses Verfahren ergibt den Wiedereintritt automatisch. Die einzig bleibende Forderung ist die, daß das Unterprogramm die Register und den Stapel verwendet, anstatt fester Speicherplätze für zeitweiliges Speichern. Dies ist ein wenig mühsam, kann jedoch, falls nötig, ausgeführt werden.

Ein Unterprogramm ist rekursiv, wenn es sich selbst aufruft. In ein derartiges Unterprogramm muß natürlich auch wieder eingetreten werden können. Rekursive Unterprogramme sind jedoch in Mikroprozessor-Anwendungen nicht gebräuchlich.

Die meisten Programme bestehen aus einem Hauptprogramm und mehreren Unterprogrammen. Dies ist vorteilhaft, da man erprobte Routinen verwenden, sowie andere Unterprogramme separat auf Fehler untersuchen und testen kann. Man muß jedoch sorgfältig bei der ordnungsgemäßen Verwendung der Unterprogramme vorgehen und sich daran erinnern, welche genauen Einflüsse sie auf Register und Speicherplätze haben.

UNTERPROGRAMM-DOKUMENTATION

DOKUMENTATION VON UNTERPROGRAMMEN

Auflistung von Unterprogrammen müssen genügend Information liefern, so daß Anwender die interne Struktur der Unterprogramme nicht prüfen müssen. Zu diesen notwendigen Spezifikationen gehören:

* Eine Beschreibung des Zweckes des Unterprogramms

* Eine Liste der Parameter
* Verwendete Register und Speicherplätze
* Ein Beispiel

Wenn diese Richtlinien befolgt werden, wird das Unterprogramm leicht zu verwenden sein.

BEISPIELE

Wichtige Anmerkung: Alle folgenden Beispiele reservieren einen Speicherbereich für den RAM-Stapel, wobei der Monitor-Stapelzeiger aufbewahrt und wiederhergestellt wird. Wir haben die Adresse 0058 als Startpunkt für den Stapel, und die Adressen 003E und 003F für die Speicherung des Monitor-Stapelzeigers verwendet. Sie werden es wahrscheinlich vorziehen, den Stapelbereich zu verwenden, der durch den Monitor in Ihrem Mikrocomputer zugewiesen wurde. Sie werden auch ständig die Adressen zu ersetzen haben, die für Ihre Anordnung am günstigsten ist. Sie sollten das Handbuch Ihres Mikrocomputers zu Rate ziehen, um zu bestimmen, welche Änderungen erforderlich sind.

Hexadezimal in ASCII

Zweck: Wandle den Inhalt des Akkumulators A in ein ASCII-Zeichen um. Plaziere das Ergebnis in den Akkumulator A. Angenommen, der Akkumulator A enthält eine einzelne hexadezimale Ziffer.

Beispiele:

a.		(A)	=	0C	
	Ergebnis:	(A)	=	43	'C'
b.		(A)	=	06	
	Ergebnis:	(A)	=	36	'6'

Flußdiagramm:

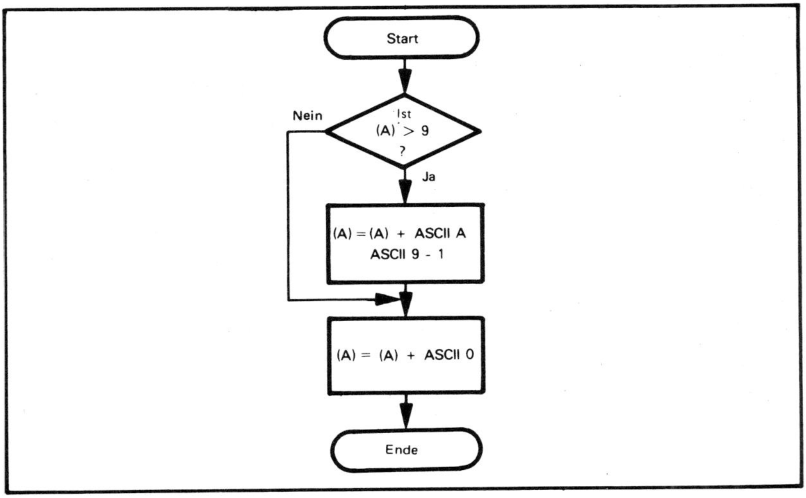

Das Aufruf-Programm beginnt den Stapel im Speicherplatz 0058, erhält die Daten vom Speicherplatz 0040, ruft das Umwandlungs-Unterprogramm auf und speichert das Ergebnis in den Speicherplatz 0041.

```
        ORG     0
        STS     $3E       BEWAHRE MONITOR-STAPELZEICHEN AUF
        LDS     #$58      STARTE STAPEL BEIM SPEICHERPLATZ 0058
        LDAA    $40       HOLE DATEN
        JSR     ASDEC     WANDLE IN ASCII UM
        STAA    $41       SPEICHERE ERGEBNIS
        LDS     $3E       SPEICHERE MONITOR-STAPELZEIGER
                          ZURÜCK
        SWI
```

Das Unterprogramm wandelt eine hexadezimale Ziffer in ASCII um.

```
        ORG     $20
ASDEC   CMPA    #9        SIND DIE DATEN 9 ODER KLEINER?
        BLS     ASCZ
        ADDA    #'A-'9-1  NEIN, ADDIERE OFFSET FÜR BUCHSTABEN
ASCZ    ADDA    #'0       WANDLE DATEN IN ASCII UM
        RTS
```

Unterprogramm-Dokumentation:

```
*
*UNTERPROGRAMM ASDEC
*
*ZWECK: ASDEC WANDELT EINE HEXADEZIMAL-STELLE IM AKKUMULA-
*   TOR A IN EINE ASCII-ZIFFER IM AKKUMULATOR A UM
*ANFANGSBEDINGUNGEN: HEX-ZIFFER IN A
*
*ENDBEDINGUNGEN: ASCII-ZEICHEN IN A
*
*VERWENDETE REGISTER: A
*
*BEISPIEL
*   ANFANGSBEDINGUNGEN: 6 IN AKKUMULATOR A
*   ENDBEDINGUNGEN: ASCII 6 (HEX 36)
*        IM AKKUMULATOR A
*
```

Objektprogramm:

Speicher-Adresse (Hex)	Speicher-Inhalt (Hex)			Befehl (Mnemonik)	
0000	9F	3E		STS	$3E
0002	8E	0058		LDS	#$58
0005	96	40		LDAA	$40
0007	BD	0020		JSR	ASDEC
000A	97	41		STAA	$41
000C	9E	3E		LDS	$3E
000E	3F			SWI	
0020	81	09	ASDEC	CMPA	#9
0022	23	02		BLS	ASCZ
0024	8B	07		ADDA	#'A-'9-1
0026	8B	30	ASCZ	ADDA	#'0
0028	39			RTS	

Der alte Wert des Stapelzeigers muß allgemein aufbewahrt und wieder hergestellt werden, so daß SWI die Steuerung richtig zum Monitor zurückgibt. Man braucht sich um den Stapelzeiger nicht besonders zu kümmern, wenn der Monitor dies automatisch ausführt.

Der Befehl LDS #$58 beginnt den Stapel im Speicherplatz 0058. Erinnern Sie sich daran, daß der Stapel nach unten wächst (zu niedrigeren Adressen). Wir plazieren gewöhnlich den Stapel am Ende des RAMs, so daß er andere zeitweilige Speicherplätze nicht stört.

Der Befehl "Springe zu Unterprogramm" (JRS) plaziert die Start-Adresse des Unterprogramms (0020) in den Befehlszähler und bewahrt somit den momentanen Stand des Befehlszählers (000A) im Stapel auf. Der Vorgang sieht folgendermaßen aus:

Schritt 1) Rette LSBs des momentanen Befehlszähler-Standes in den Stapelzeiger, dekrementiere Stapelzeiger.

Schritt 2) Rette MSBs des momentanen Befehlszähler-Standes in den Stapel, dekrementiere Stapelzeiger.

Beachten Sie, daß der Stapelzeiger immer die Adresse des nächsten leeren Speicherplatzes enthält.

Das Ergebnis in diesem Fall ist:

(0058)	=	0A
(0057)	=	00
(SP)	=	0056

Erinnern Sie sich daran, daß der gerettete Wert der Wert des Befehlszählers ist, nachdem der Prozessor den ganzen JSR-Befehl vom Speicher geholt hat. Beachten Sie ferner, daß die Adresse in ihrer gewöhnlichen 6800-Form mit den höchstwertigen Bits in den niedrigeren der beiden Adressen endet.

Der Befehl "Kehre von Unterprogramm zurück" (RTS = Return from Subroutine) plaziert den Inhalt der unteren (niedrigsten) beiden Speicherplätze des Stapels in den Befehlszähler.

Schritt 1) Inkrementiere Stapelzeiger, bringe acht Bits vom Stapel zu den MSBs des Befehlszählers.

Schritt 2) Inkrementiere Stapelzeiger, bringe acht Bits vom Stapel zu den LSBs des Befehlszählers.

Das Ergebnis in diesem Fall ist:

PC	=	(0057 und 0058)
	=	000A
(SP)	=	0058

Dieses Unterprogramm besitzt einen einzelnen Parameter und erzeugt ein einziges Ergebnis. Ein Akkumulator ist der naheliegende Platz, in dem beide zu plazieren sind.

Das Aufruf-Programm enthält drei Schritte: Plazieren der Daten in den Akkumulator, Aufrufen des Unterprogramms und Speichern des Ergebnisses. Die gesamte Initialisierung muß hierbei auch den Stapel in den entsprechenden Speicherbereich plazieren.

In das Unterprogramm kann wieder eingetreten werden (re-entrant), da es keinen Datenspeicher verwendet. Es ist auch verschiebbar (relocatable), da die Adresse

ASCZ relativ ist. BSR (Branch to Subroutine = Verzweige zu Unterprogramm) würde das aufrufende Programm und das Unterprogramm verschiebbar machen.

Beachten Sie, daß der Ruf-Befehl in einer Ausführung von vier oder fünf Befehlen resultiert und hierbei 13 oder 15 Taktzyklen benötigt. Ein Unterprogramm-Aufruf kann daher in einer längeren Ausführungszeit resultieren, auch wenn es so aussieht, als ob er nur ein einzelner Befehl im Programm wäre.

Wenn Sie planen, den Stapel für Parameter zu verwenden, so erinnern Sie sich daran, daß JSR die Rückkehr-Adresse an die Spitze des Stapels plaziert. Man kann INS zweimal ausführen, um die letzte Rückkehr-Adresse zurückzuerhalten, man muß sich jedoch erinnern, daß der Stapelzeiger vor der Rückkehr korrekt eingerichtet wird. Man kann auch den Befehl TSX verwenden, der den Stapelzeiger plus 1 (das heißt die Adresse des ersten besetzten Speicherplatzes) zum Indexregister transferiert. Nun beginnen die Parameter an dem Speicherplatz mit der Versetzung 2 (0 und 1 enthalten die 16-Bit-Rückkehr-Adresse).

Länge einer Zeichenreihe

Zweck: Bestimme die Länge einer Reihe von ASCII-Zeichen. Die Start-Adresse der Reihe befindet sich im Indexregister. Das Ende der Reihe wird durch ein Wagenrücklauf-Zeichen (hex 0D) markiert. Plaziere die Länge der Reihe (ausschließlich des Wagenrücklaufs) in den Akkumulator B.

Beispiele:

a.		(X)	=	43	
		(0043)	=	0D	
	Ergebnis:	(B)	=	00	
b.		(X)	=	0043	
		(0043)	=	52	'R'
		(0044)	=	41	'A'
		(0045)	=	54	'T'
		(0046)	=	48	'H'
		(0047)	=	45	'E'
		(0048)	=	52	'R'
		(0049)	=	0D	CR
	Ergebnis:	(B)	=	06	

Flußdiagramm:

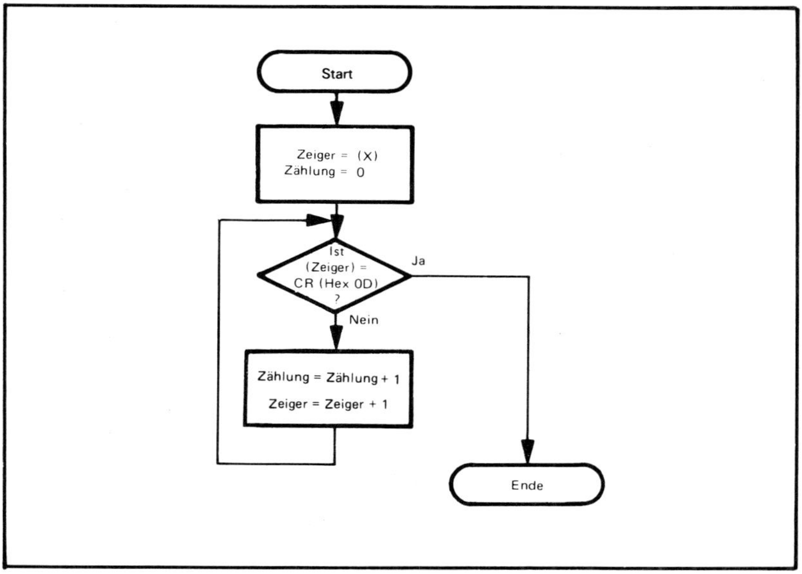

Quellprogramm:

Das Aufruf-Programm startet den Stapel im Speicherplatz 0058, holt die Start-Adresse von den Speicherplätzen 0040 und 0041, ruft das Unterprogramm für die Reihenlänge auf und speichert das Ergebnis in den Speicherplatz 0042.

```
        ORG     0
        STS     $3E       BEWAHRE MONITOR-STAPELZEIGER AUF
        LDS     #$58      STARTE STAPEL IM SPEICHERPLATZ 0058
        LDX     $40       HOLE START-ADRESSE DER REIHE
        JSR     STLEN     BESTIMME REIHENLÄNGE
        STAB    $42       SPEICHERE REIHENLÄNGE
        LDS     $3E       SPEICHERE MONITOR-STAPELZEIGER
                            ZURÜCK
        SWI
```

Das Unterprogramm bestimmt die Länge einer Reihe von ASCII-Zeichen und plaziert die Länge in den Akkumulator B.

```
        ORG     $20
STLEN   CLRB              REIHENLÄNGE = 0
        LDAA    #$0D      HOLE 'CR' (WAGENRÜCKLAUF)
                            FÜR DEN VERGLEICH
CHKCR   CMPA    X         IST DAS ZEICHEN 'CR'?
        BEQ     DONE      JA, ENDE DER REIHE
        INCB              NEIN, ADDIERE 1 ZUR REIHENLÄNGE
        INX
        BRA     CHKCR
DONE    RTS
```

Unterprogramm-Dokumentation:

```
*
*UNTERPROGRAMM STLEN
*
*ZWECK: STLEN BESTIMMT DIE LÄNGE EINER REIHE (ANZAHL DER ZEI-
*  CHEN VOR EINEM WAGENRÜCKLAUF)
*
*ANFANGSBEDINGUNGEN: START-ADRESSE DER REIHE IM INDEX-
*  REGISTER
*
*ENDBEDINGUNGEN: ANZAHL DER ZEICHEN IN B
*
*VERWENDETE REGISTER: A, B, X
*
*BEISPIEL:
*  ANFANGSBEDINGUNGEN: (X) = 42
*      (0042) = 4D, (0043) = 41, (0044) = 4E, (0045) = 00
*  ENDBEDINGUNGEN: (B) = 03
```

Objektprogramm:

	Speicher-Adresse (Hex)	Speicher-Inhalt (Hex)	Befehl (Mnemonik)	
1)	Aufrufendes Programm			
	0000	9F 3E	STS	$3E
	0002	8E 0058	LDS	#$58
	0005	DE 40	LDX	$40
	0007	BD 0020	JSR	STLEN
	000A	D7 42	STAB	$42
	000C	9E 3E	LDS	$3E
	000E	3F	SWI	

2) Unterprogramm

```
0020    5F          STLEN   CLRB
0021    86  0D              LDAA    #$0D
0023    A1  00      CHKCR   CMPA    X
0025    27  04              BEQ     DONE
0027    5C                  INCB
0028    08                  INX
0029    20  F8              BRA     CHKCR
002B    39          DONE    RTS
```

Dieses Unterprogramm besitzt einen einzelnen Parameter, der eine Adresse ist: Das Indexregister ist offensichtlich der Platz, in den diese zu plazieren ist. Das Ergebnis wird in den Akkumulator B zurückgelegt.

Das aufrufende Programm enthält drei Schritte: Plazieren der Start-Adresse der Reihe in das Indexregister, Aufrufen des Unterprogramms und Speichern des Ergebnisses. Die gesamte Initialisierung muß auch den Stapel in den entsprechenden Speicherbereich plazieren.

In das Unterprogramm kann wieder eingetreten werden, da es keine festen Speicher-Adressen für die Speicherung besitzt.

Wie würden Sie das Aufruf-Programm und das Unterprogramm neu anordnen, um den unbedingten Sprung im Unterprogramm zu eliminieren?

Das Unterprogramm ändert die Adresse im Indexregister, sowie den Inhalt beider Akkumulatoren. Der Programmierer muß daher darauf achten, daß die im Akkumulator A gespeicherten Daten verloren gehen. Die verwendeten Register müssen ein Teil der Unterprogramm-Dokumentation sein. Eine Alternative wäre das Aufbewahren des alten Register-Inhalts im Stapel und das anschließende Zurückspeichern, dies bedeutet jedoch zusätzliche Zeit und Speicher.

Hinzufügen gerader Parität zu ASCII-Zeichen

Zweck: Addiere gerade Parität zu einer Reihe von 7-Bit-ASCII-Zeichen. Die Länge der Reihe befindet sich im Akkumulator B und die Start-Adresse der Reihe im Indexregister. Plaziere gerade Parität in das höchstwertige Bit jedes Zeichens, das heißt, setze das höchstwertige Bit auf 1, um die Gesamtzahl der 1-Bits im Wort gerade zu machen.

Beispiel:

	(B)	=	6
	(X)	=	0041
	(0041)	=	31
	(0042)	=	32
	(0043)	=	33
	(0044)	=	34
	(0045)	=	35
	(0046)	=	36
Ergebnis:	(0041)	=	B1
	(0042)	=	B2
	(0043)	=	33
	(0044)	=	B4
	(0045)	=	35
	(0046)	=	36

Flußdiagramm:

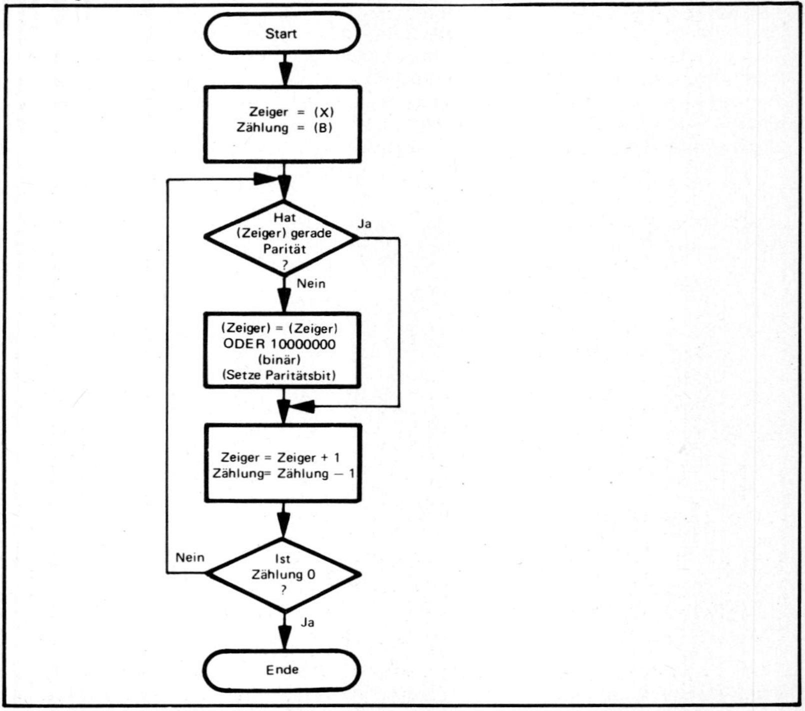

Quellprogramm:

Das Aufruf-Programm startet den Stapel im Speicherplatz 0058, setzt die Start-Adresse auf 0041, erhält die Länge der Reihe vom Speicherplatz 0040 und ruft das Unterprogramm für die gerade Parität auf.

```
        ORG   0
        STS   $3E     BEWAHRE MONITOR-STAPELZEIGER AUF
        LDS   #$58    STARTE STAPEL IM SPEICHERPLATZ 0058
        LDX   #$41    HOLE STARTADRESSE DER REIHE
        LDAB  $40     HOLE REIHENLÄNGE
        JSR   EPAR    ADDIERE GERADE PARITÄT ZUR REIHE
        LDS   $3E     SPEICHERE MONITOR-STAPELZEIGER
                         ZURÜCK
        SWI
```

Das Unterprogramm addiert gerade Parität zu einer Reihe von ASCII-Zeichen.

```
        ORG   $20
EPAR    PSHB          BEWAHRE ZÄHLUNG AUF
        CLRA          PARITÄT = 0
        LDAB  X       HOLE ZEICHEN VON DER REIHE
CHPAR   ABA           ADDIERE BIT ZUR PARITÄT
        LSRB          PRÜFE NÄCHSTES BIT
        BNE   CHPAR   ERLEDIGT, WENN VERBLEIBENDE BITS NULL
        RORA          BRINGE PARITÄT ZUM ÜBERTRAG
        RORB          BRINGE PARITÄT ZUM MSB
        ORAB  X       ADDIERE PARITÄT ZUM ZEICHEN
        STAB  X
        INX
        PULB          SPEICHERE ZÄHLUNG ZURÜCK
        DECB
        BNE   EPAR
        RTS
```

Unterprogramm-Dokumentation

```
*
*UNTERPROGRAMM EPAR
*
*ZWECK: EPAR ADDIERT GERADE PARITÄT ZU EINER REIHE VON
   7-BIT-ASCII-ZEICHEN
*
*ANFANGSBEDINGUNGEN: START-ADRESSE DER REIHE IM INDEX-
*  REGISTER, LÄNGE DER REIHE IM AKKUMULATOR B
*
*ENDBEDINGUNGEN: GERADE PARITÄT IM MSB JEDES ZEICHENS
*
*VERWENDETE REGISTER: A, B, X
*
*BEISPIEL
*  ANFANGSBEDINGUNGEN: (X) = 0041
*      (B) = 2, (0041) = 32, (0042) = 33
*  ENDBEDINGUNGEN: (0041) = B2, (0042) = 33
```

Dieses Unterprogramm besitzt zwei Parameter, eine Adresse und eine Zahl. Das Indexregister wird zur Übergabe der Adresse, und Akkumulator B zur Übergabe der

Zahl verwendet. Es werden keine bestimmten Ergebnisse zurückgegeben, da das Unterprogramm nur das MSB jedes Zeichens in der Reihe beeinflußt.

Das Aufruf-Programm muß die Start-Adresse der Reihe in das Indexregister und die Länge der Reihe in den Akkumulator B plazieren, bevor die Steuerung dem Unterprogramm übergeben wird.

Das Unterprogramm ändert die Werte in den Registern A, B und X und verwendet den Stapel für die zeitweilige Speicherung. Es kann in dieses wieder eingetreten werden, da es keine festen Adressen für zeitweiliges Speichern verwendet. PSHB bewahrt den Stand des Zählers im Speicher auf, und PULB holt diesen zurück, wenn die Parität berechnet wurde. Wenn Sie den Stapel für zeitweilige Speicherung verwenden, so vergewissern Sie sich, daß keine Wege durch das Programm zufällig Daten im Speicher zurücklassen.

Objektprogramm:

	Speicher-Adresse (Hex)	Speicher-Inhalt (Hex)			Befehl (Mnemonik)	
1)	Aufrufendes Programm					
	0000	9F	3E		STS	$3E
	0002	8E	0058		LDS	#$58
	0005	CE	0041		LDX	#$41
	0008	D6	40		LDAB	$40
	000A	BD	0020		JSR	EPAR
	000D	9E	3E		LDS	$3E
	000F	3F			SWI	
2)	Unterprogramm					
	0020	37		EPAR	PSHB	
	0021	4F			CLRA	
	0022	E6	00		LDAB	X
	0024	1B		CHPAR	ABA	
	0025	54			LSRB	
	0026	26	FC		BNE	CHPAR
	0028	46			RORA	
	0029	56			RORB	
	002A	EA	00		ORAB	X
	002C	E7	00		STAB	X
	002E	08			INX	
	002F	33			PULB	
	0030	5A			DECB	
	0031	26	ED		BNE	EPAR
	0033	39			RTS	

Übereinstimmung von Mustern

Zweck: Vergleiche zwei Reihen von ASCII-Zeichen, um festzustellen, ob sie gleich sind. Die Länge der Reihen befindet sich im Akkumulator A. Die Start-Adresse einer Reihe liegt in den Speicherplätzen 0042 und 0043. Die Start-Adresse der anderen liegt in den Speicherplätzen 0044 und 0045. Wenn die beiden Reihen übereinstimmen, lösche Akkumulator B. Andernfalls setze Akkumulator B auf FF hex.

Beispiel:

a.		(A)	=	03	
		(0042)	=	00	
		(0043)	=	46	
		(0044)	=	00	
		(0045)	=	4A	
		(0046)	=	43	'C'
		(0047)	=	42	'A'
		(0048)	=	54	'T'
		(004A)	=	43	'C'
		(004B)	=	41	'A'
		(004C)	=	54	'T'
	Ergebnis:	(B)	=	00, da die Reihen gleich sind	
b.		(A)	=	03	
		(0042)	=	00	
		(0043)	=	46	
		(0044)	=	00	
		(0045)	=	4A	
		(0046)	=	52	'R'
		(0047)	=	41	'A'
		(0048)	=	54	'T'
		(004A)	=	43	'C'
		(004B)	=	41	'A'
		(004C)	=	54	'T'
	Ergebnis:	(B)	=	FF, da sich die ersten Zeichen unterscheiden	

Flußdiagramm:

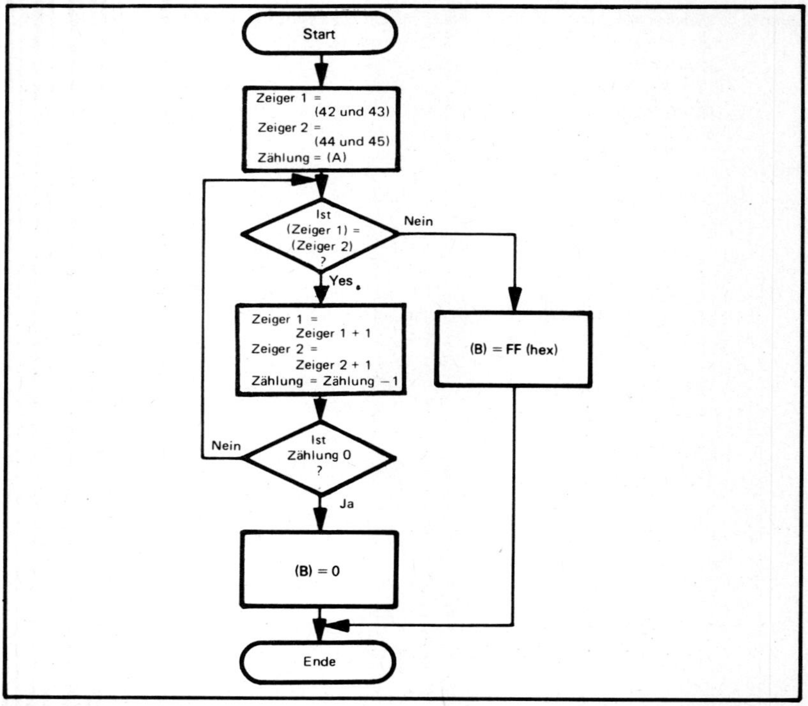

Quellprogramm:

Das aufrufende Programm beginnt den Stapel im Speicherplatz 0058, plaziert die Start-Adressen der Reihen in die Speicherplätze 0042, 0043 und 0044 und 0045, bekommt die Reihenlänge vom Speicherplatz 0040, ruft das Unterprogramm für die Muster-Übereinstimmung auf und plaziert das Ergebnis in den Speicherplatz 0041.

```
ORG     0
STS     $3E      BEWAHRE MONITOR-STAPELZEICHEN AUF
LDS     #$58     STARTE STAPEL IM SPEICHERPLATZ 0058
LDX     #$46     HOLE STARTADRESSE VON
                   REIHE 1
STX     $42
LDX     #$4A     HOLE STARTADRESSE VON
                   REIHE 2
STX     $44
LDAB    $40      HOLE REIHENLÄNGE
JSR     PMTCH
STAB    $41      BEWAHRE ÜBEREINSTIMMUNGS-INDIKATOR
                   AUF
LDS     $3E      SPEICHERE MONITOR-STAPELZEIGER
                   ZURÜCK
SWI
```

Das Unterprogramm bestimmt, ob die beiden Reihen übereinstimmen.

```
         ORG    $20
PMTCH    LDX    $42      HOLE ELEMENT VON REIHE 1
         LDAA   X
         INX
         STX    $42
         LDX    $44
         CMPA   X        IST ES GLEICH WIE ELEMENT IN REIHE 2?
         BNE    DONE     NEIN, KEINE ÜBEREINSTIMMUNG
         INX
         STX    $44
         DECB            VOLLSTÄNDIGE ÜBEREINSTIMMUNG?
         BNE    PMTCH    NEIN, VERGLEICHE WEITER
         RTS             JA, MARKIERUNG = 0 FÜR ÜBEREIN-
                            STIMMUNG
DONE     LDAB   #$FF     MARKIERUNG = FF FÜR KEINE ÜBEREIN-
                            STIMMUNG
         RTS
```

Unterprogramm-Dokumentation:

```
*
*UNTERPROGRAMM PMTCH (PATTERN MATCH)
*
*ZWECK: PMTCH BESTIMMT, OB ZWEI REIHEN ÄQUIVALENT SIND
*
*ANFANGSBEDINGUNGEN: STARTADRESSE DER REIHEN IN 0042 UND
*   0043, 0044 UND 0045. LÄNGE DER REIHEN IM AKKUMULATOR A
*
*ENDBEDINGUNGEN: 0 IN B, WENN REIHEN ÜBEREINSTIMMEN, ANDERN-
*   FALLS FF IN B
*
*VERWENDETE REGISTER: A, B, X
*
*VERWENDETE SPEICHERPLÄTZE: 0042 BIS 0045
*
*BEISPIEL
*   ANFANGSBEDINGUNGEN: (0042 UND 0043) = 0046, (0044 UND 0045)
*       = 004A, (A) = 2, (0046) = 36, (0047) = 39, (004A) = 36, (0048) = 39
*   ENDBEDINGUNGEN: (B) = 0
*
```

Objektprogramm:

Speicher-Adresse (Hex)	Speicher-Inhalt (Hex)			Befehl (Mnemonik)	
1) Aufrufendes Programm					
0000	9E	3E		STS	$3E
0002	8E	0058		LDS	#$58
0005	CE	0046		LDX	#$46
0008	DF	42		STX	$42
000A	CE	004A		LDX	#$4A
000D	DF	44		STX	$44
000F	D6	40		LDAB	$40
0011	BD	0020		JSR	PMTCH
0014	D7	41		STAB	$41
0016	9E	3E		LDS	$3E
0018	3F			SWI	
2) Unterprogramm					
0020	DE	42	PMTCH	LDX	$42
0022	A6	00		LDAA	X
0024	08			INX	
0025	DF	42		STX	$42
0027	DE	44		LDX	$44
0029	A1	00		CMPA	X
002B	26	07		BNE	DONE
002D	08			INX	
002E	DF	44		STX	$44
0030	5A			DECB	
0031	26	ED		BNE	PMTCH
0033	39			RTS	
0034	C6	FF	DONE	LDAB	#$FF
0036	39			RTS	

Dieses Unterprogramm hat drei Parameter: Die beiden Start-Adressen und die Länge der Reihen. Offensichtlich können zwei Start-Adressen nicht in ein Indexregister passen. Ein weiteres Indexregister wäre sehr bequem.

Dieses Unterprogramm, wie das vorausgehende, ändert alle Flags. Sie sollten im allgemeinen annehmen, daß Unterprogramm-Aufrufe die Flags ändern, außer es ist anderweitig speziell festgelegt. Wenn das Hauptprogramm die alten Flags benötigt, müssen sie im Stapel aufbewahrt werden (die Sequenz TPA, PSHA wird die Flags retten und PULA, TAP wird sie zurückspeichern).

In das Unterprogramm kann nicht wieder eingetreten werden, da es feste Adressen für die Speicherung verwendet. Versuchen Sie, eine "re-entrant"-Version zu schreiben.

Offensichtlich werden Unterprogramme wesentlich komplizierter, sobald die Zahl der Parameter die Anzahl der Register überschreitet.

Beachten Sie, daß dieses Unterprogramm zwei Austrittspunkte hat (das heißt, zwei RTS-Befehle).

Addition mit mehrfacher Genauigkeit

Zweck: Addiere zwei Mehrwort-Binärzahlen. Die Länge der Zahlen (in Worten) befindet sich im Akkumulator B, die Start-Adresse der Zahlen in den Speicherplätzen 0042 und 0043, 0044 und 0045, und die Start-Adresse des Ergebnisses befindet sich in den Speicherplätzen 0046 und 0047. Alle Zahlen beginnen mit den niedrigstwertigen Bits.

Beispiele:

	(B)	=	04
	(0042 und 0043)	=	0048
	(0044 und 0045)	=	004C
	(0046 und 0047)	=	0050
	(0048)	=	C3
	(0049)	=	A7
	(004A)	=	5B
	(004B)	=	2F
	(004C)	=	B8
	(004D)	=	35
	(004E)	=	DF
	(004F)	=	14
Ergebnis:	(0050)	=	7B
	(0051)	=	DD
	(0052)	=	3A
	(0053)	=	44

d.h.

```
2F5BA7C3
14DF35B8
--------
443ADD7B
```

Flußdiagramm:

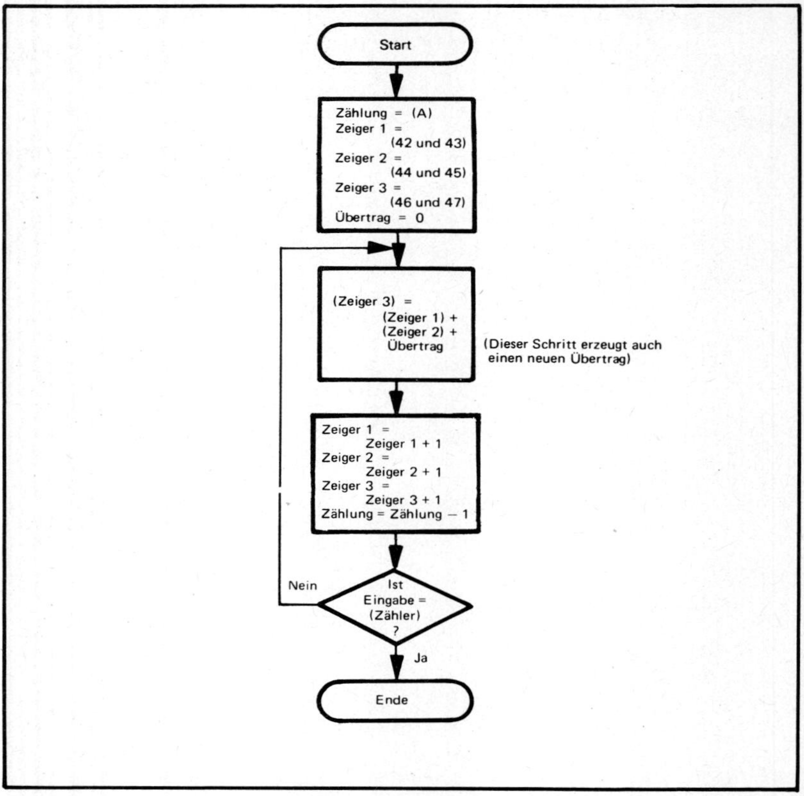

Quellprogramm:

Das Aufruf-Programm beginnt den Stapel im Speicherplatz 0058, setzt die Start-Adressen der verschiedenen Zahlen entsprechend auf 0046, 004C und 0050, holt die Länge der Zahlen vom Speicherplatz 0040 und ruft das Unterprogramm für die Addition mit mehrfacher Genauigkeit auf.

```
        ORG     0
        STS     $3E       BEWAHRE MONITOR-STAPELZEIGER AUF
        LDS     #$58      STARTE STAPEL IM SPEICHERPLATZ 0058
        LDX     #$48      HOLE STARTADRESSE DER
                             ERSTEN ZAHL
        STX     $42
        LDX     #$4C      HOLE STARTADRESSE DER
                             ZWEITEN ZAHL
        STX     $44
        LDX     #$50      HOLE STARTADRESSE DES
                             ERGEBNISSES
        STX     $46
        LDAB    $40       HOLE LÄNGE DER ZAHLEN
        JSR     MPADD
        LDS     $3E       SPEICHERE MONITOR-STAPELZEIGER
                             ZURÜCK
        SWI
```

Das Unterprogramm führt die Binär-Addition mit mehrfacher Genauigkeit aus.

```
        ORG     $20
MPADD   CLC               LÖSCHE ÜBERTRAG BEI BEGINN
MP1     LDX     $42
        LDAA    X         HOLE WORT VON DER ERSTEN ZAHL
                             ZAHL
        INX
        STX     $42
        LDX     $44
        ADCA    X         ADDIERE WORT VON DER ZWEITEN ZAHL
        INX
        STX     $44
        LDX     $46
        STAA    X         SPEICHERE RESULTAT
        INX
        STX     $46
        DECB
        BNE     MP1
        RTS
```

Unterprogramm-Dokumentation:

```
*
*UNTERPROGRAMM MPADD (MULTI PRECISION ADDITION)
*
*ZWECK: MPADD ADDIERT ZWEI MEHRWORT-BINÄRZAHLEN
*
*ANFANGSBEDINGUNGEN: STARTADRESSEN DER ZAHLEN IN 0042 UND
*  0043, 0044 UND 0045
*  STARTADRESSEN DES ERGEBNISSES IN 0046 UND 0047
*  LÄNGE DER ZAHLEN IN B
```

```
*
*VERWENDETE REGISTER: ALLE
*VERWENDETE SPEICHERPLÄTZE: 0042 BIS 0047
*
*BEISPIEL:
*  ANFANGSBEDINGUNGEN: (0042) UND 0043) = 0048, (0044 UND 0045) =
*     004C, (0046 UND 0047) = 0050, (B) = 2, (0048) = C3, (0049) = A7, (004C)
*     = B8, (004D) = 35
*  ENDBEDINGUNGEN: (0050) = 7B, (0051) = DD
*
```

Objektprogramm:

Speicher-Adresse (Hex)	Speicher-Inhalt (Hex)			Befehl (Mnemonik)	
1) Aufrufendes Programm					
0000	9F	3E		STS	$3E
0002	8E	0058		LDS	#$58
0005	CE	0048		LDX	#$48
0008	DF	42		STX	$42
000A	CE	004C		LDX	#$4C
000D	DF	44		STX	$44
000F	CE	0050		LDX	#$50
0012	DF	46		STX	$46
0014	D6	40		LDAB	$40
0016	BD	0020		JSR	MPADD
0019	9E	3E		LDS	$3E
001B	3F			SWI	
2) Unterprogramm					
0020	0C		MPADD	CLC	
0021	DE	42	MP1	LDX	$42
0023	A6	00		LDAA	X
0025	08			INX	
0026	DF	42		STX	$42
0028	DE	44		LDX	$44
002A	A9	00		ADCA	X
002C	08			INX	
002D	DF	44		STX	$44
002F	DE	46		LDX	$46
0031	A7	00		STAA	X
0033	08			INX	
0034	DF	46		STX	$46
0036	5A			DECB	
0037	26	E8		BNE	MP1
0039	39			RTS	

In dieses Unterprogramm kann nicht wieder eingetreten werden, da es feste Adressen für die Speicherung verwendet. Wie würden Sie eine "re-entrant"-Version schreiben?

AUFGABEN

Beachten Sie, daß Sie sowohl das Aufruf-Programm für das Beispiel, als auch ein entsprechend dokumentiertes Unterprogramm schreiben sollen.

1) ASCII in Hexadezimal

Zweck: Wandle den Inhalt des Akkumulators A von der ASCII-Darstellung einer Hexadezimal-Ziffer in die tatsächliche Ziffer um. Plaziere das Ergebnis in den Akkumulator A.

Beispiele:

a.		(A)	=	43	'C'
	Ergebnis:	(A)	=	0C	
b.		(A)	=	36	'6'
	Ergebnis:	(A)	=	06	

2) Länge einer Fernschreib-Nachricht

Zweck: Bestimme die Länge einer ASCII-codierten Fernschreib-Nachricht. Die Start-Adresse der Zeichenreihe, in der die Nachricht eingebettet ist, liegt im Indexregister. Die Nachricht selbst beginnt mit einem ASCII-Zeichen STX (hex 02) und endet mit ASCII-ETX (hex 03). Plaziere die Länge der Nachricht (die Anzahl der Zeichen zwischen dem STX und dem ETX) in den Akkumulator B.

Beispiel:

	(X)	=	0041	
	(0041)	=	49	
	(0042)	=	02	STX
	(0043)	=	47	'G'
	(0044)	=	4F	'O'
	(0045)	=	03	ETX
Ergebnis:	(B)	=	02	

3) Prüfen der geraden Parität in ASCII-Zeichen

Zweck: Prüfe die gerade Parität einer Reihe von ASCII-Zeichen. Die Länge der Reihe befindet sich im Akkumulator A und die Start-Adresse der Reihe im Indexregister. Wenn die Parität aller Zeichen der Reihe korrekt ist, lösche Akkumulator B, andernfalls setze Akkumulator B auf FF hex (alles Einsen).

Beispiele:

a.		(A)	=	03
		(X)	=	0042
		(0042)	=	B1
		(0043)	=	B2
		(0044)	=	33
	Ergebnis:	(B)	=	00, da alle Zeichen gerade Parität besitzen
b.		(A)	=	03
		(X)	=	0042
		(0042)	=	B1
		(0043)	=	B6
		(0044)	=	33
	Ergebnis:	(B)	=	FF, da das Zeichen im Speicherplatz 0043 keine gerade Parität besitzt.

4) Vergleich von Reihen

Zweck: Vergleiche zwei Reihen von ASCII-Zeichen um festzustellen, welche größer ist (d.h. welche der anderen in "alphabetischer" Reihenfolge folgt). Die Länge der Reihen befindet sich im Akkumulator A, die Start-Adresse der Reihe 1 im Speicherplatz 0042 und 0043, und die Start-Adresse der Reihe 2 im Speicherplatz 0044 und 0045. Wenn Reihe 1 größer oder gleich als Reihe 2 ist, lösche Akkumulator B. Andernfalls setze Akkumulator B auf FF hex (alles Einsen).

Beispiele:

a.	(A)	=	03	
	(0042 und 0043)	=	0046	
	(0044 und 0045)	=	004A	
	(0046)	=	43	'C'
	(0047)	=	41	'A'
	(0048)	=	54	'T'
	(004A)	=	42	'B'
	(004B)	=	41	'A'
	(004C)	=	54	'T'
Ergebnis:	(B)	=	00, da CAT "größer" als BAT ist.	
b.	(A)	=	03	
	(0042 und 0043)	=	0046	
	(0044 und 0045)	=	004A	
	(0046)	=	44	'D'
	(0047)	=	4F	'O'
	(0048)	=	47	'G'
	(004A)	=	44	'D'
	(004B)	=	4F	'O'
	(004C)	=	47	'G'
Ergebnis:	(B)	=	00, da die beiden Reihen gleich sind.	
c.	(A)	=	03	
	(0042 und 0043)	=	0046	
	(0046 und 0045)	=	004A	
	(0046)	=	43	'C'
	(0047)	=	41	'A'
	(0048)	=	54	'T'
	(004A)	=	43	'C'
	(004B)	=	55	'U'
	(004C)	=	54	'T'
Ergebnis:	(B)	=	FF, da CUT "größer" als CAT ist.	

5) Dezimale Subtraktion

Zweck: Subtrahiere eine Mehrwort-Dezimalzahl (BCD) von einer anderen. Die Länge der Zahlen (in Bytes) befindet sich im Akkumulator A und die Start-Adressen der Zahlen in den Speicherplätzen 0042 und 0043, 0044 und 0045. Subtrahiere die Zahl mit der Start-Adresse in 0044 und 0045 von der mit der Start-Adresse in 0042 und 0043. Die Start-Adresse des Ergebnisses befindet sich in den Speicherplätzen 0046 und 0047. Alle Zahlen beginnen mit den niedrigstwertigen Ziffern. Das Vorzeichen des Ergebnisses wird in den Akkumulator B zurückgelegt — null, wenn das Resultat positiv ist, FF (hex), wenn es negativ ist.

Beispiel:

	(A)	=	04
	(0042 und 0043)	=	0048
	(0044 und 0045)	=	004C
	(0046 und 0047)	=	0050
	(0048)	=	85
	(0049)	=	19
	(004A)	=	70
	(004B)	=	36
	(004C)	=	59
	(004D)	=	34
	(004E)	=	66
	(004F)	=	12
Ergebnis:	(B)	=	00 (positives Ergebnis)
	(0050)	=	26
	(0051)	=	85
	(0052)	=	03
	(0053)	=	24

d.h.

$$\begin{array}{r} 36701985 \\ -\,12663459 \\ \hline +\,24038526 \end{array}$$

Kapitel 11
Eingabe/Ausgabe

Es gibt zwei Probleme bei der Entwicklung von Eingabe-/Ausgabe-Anordnungen: Ein Problem besteht darin, wie periphere Bausteine an den Computer anzupassen sind und Daten, Status und Steuersignale übertragen können. Das andere besteht im Adressieren der E/A-Bausteine, so daß die CPU einen speziellen hiervon für den Datentransfer auswählen kann. Das erste Problem ist offensichtlich sowohl komplexer als auch interessanter. Wir wollen daher das Anpassen (Interfacing) von peripheren Geräten hier besprechen und die Adressierung einem mehr hardware-orientierten Buch überlassen.

E/A UND SPEICHER

Theoretisch ist der Transfer von Daten von oder zu einem E/A-Baustein ähnlich dem Transfer von Daten zu oder von einem Speicher. In der Tat können wir den Speicher wie jeden beliebigen anderen E/A-Baustein ansehen. Der Speicher unterscheidet sich jedoch von E/A-Bausteinen aus folgenden Gründen:

1) Er arbeitet meistens mit der gleichen Geschwindigkeit wie der Prozessor.

2) Er verwendet die gleiche Art von binären Spannungssignalen wie die CPU. Die einzigen Schaltungen, die gewöhnlich zur Anpassung des Speichers an die CPU benötigt werden sind Treiber, Empfänger und Pegelwandler.

3) Er benötigt keine speziellen Formate oder irgendwelche Steuersignale außer einem Schreib-/Lese-Impuls.

4) Er speichert automatisch die ihm zugesandten Daten.

5) Die Wortlänge ist die gleiche wie die des Computers.

Die meisten E/A-Bausteine besitzen nicht derart bequeme Eigenschaften. Sie können bei Geschwindigkeiten arbeiten, die wesentlich niedriger als die des Prozessors sind. Zum Beispiel kann ein Fernschreiber nur 10 Zeichen pro Sekunde übertragen, während ein langsamer Prozessor 10.000 Zeichen pro Sekunde transferieren kann. Der Bereich der Geschwindigkeiten ist also sehr breit, Sensoren können eine Ablesung pro Minute liefern, während Video-Anzeigen oder Floppy-Disks 250.000 Bits pro Sekunde übertragen können. Ferner benötigen E/A-Bausteine des öfteren kontinuierliche Signale (Motoren oder Thermometer), brauchen eher Strom statt Spannungen (Fernschreiber), oder Spannungen, die wesentlich andere Pegel als die Signale, die der Prozessor verwendet (Gas-Entladungs-Anzeigen). E/A-Bausteine können auch spezielle Formate, Übertragungs-Prozeduren oder Steuersignale benötigen. Ihre Wortlänge kann wesentlich kürzer oder wesentlich länger als die Wortlänge des Computers sein. Alle diese Variationen bedeuten, daß die Entwicklung von E/A-Anordnungen schwierig ist und wenige allgemeine Prinzipien besitzt. Jeder periphere Baustein besitzt seine eigenen speziellen Anpassungs-Probleme.

E/A-KATEGORIEN

Wir können jedoch eine allgemeine Beschreibung von Bausteinen und Interfacing-Methoden geben. Wir können die Bausteine grob in drei Kategorien einteilen, basierend auf ihren Datengeschwindigkeiten:

1) Langsame Bausteine, die ihren Zustand nicht mehr als einmal pro Sekunde ändern. Die Änderung ihrer Zustände dauert typisch Millisekunden oder länger. Derartige Bausteine umfassen Leuchtanzeigen, Schalter, Relais und zahlreiche mechanische Sensoren und Betätigungsglieder.

2) Bausteine mit mittlerer Geschwindigkeit, die Daten mit Geschwindigkeiten von 1 bis 10.000 Bits pro Sekunde übertragen. Derartige Bausteine umfassen

Tastaturen, Drucker, Kartenleser, Lochstreifen-Leser und Stanzer, Kassetten, gewöhnliche Übertragungsleitungen und zahlreiche analoge Datenerfassungs-Systeme.

3) Schnelle Bausteine, die Daten mit Geschwindigkeiten über 10.000 Bits pro Sekunde übertragen. Derartige Bausteine umfassen Magnetbänder, Magnetplatten, schnelle Zeilendrucker, Kommunikationsleitungen für hohe Geschwindigkeiten und Video-Anzeigen.

ANPASSUNG VON LANGSAMEN BAUSTEINEN

Die Anpassung von langsamen Bausteinen ist einfach. Es sind wenige Steuerbausteine erforderlich, mit Ausnahme für das Multiplexen, das heißt, die Bedienung mehrerer Bausteine von einem Port, wie in den Bildern 11-1 bis 11-4 gezeigt ist. Die Eingangsdaten von langsamen Bausteinen müssen nicht zwischengespeichert werden, da sie während langer Zeitintervalle stabil bleiben. Ausgangsdaten müssen natürlich zwischengespeichert werden. Das einzige Problem bei der Eingabe sind die Übergänge, die auftreten, während der Computer die Daten liest. Monostabile Vibratoren, kreuzgekoppelte Zwischenspeicher, oder Software-Verzögerungsroutinen können die Spannungssprünge glätten.
Ein einzelner Port kann mehrere langsame Bausteine bedienen. Bild 11-1 zeigt einen Demultiplexer, der automatisch die nächsten Ausgangsdaten zum nächsten Baustein dirigiert, indem er die Ausgabe-Operationen zählt. Bild 11-2 zeigt einen Steuerport, der Auswahl-Signale zu einem Demultiplexer liefert. Die Ausgangsdaten können hier in jeder beliebigen Reihenfolge kommen, es ist jedoch ein zusätzlicher Ausgabebefehl erforderlich, um den Zustand des Steuerports zu ändern. Ausgangs-Demultiplexer werden gewöhnlich zur Steuerung mehrerer Anzeigen vom gleichen Ausgangsport verwendet. Die Bilder 11-3 und 11-4 zeigen die gleichen Alternativen für einen Eingangs-Multiplexer.

Beachten Sie den Unterschied zwischen Eingabe und Ausgabe bei langsamen Bausteinen:

1) Eingangsdaten müssen nicht zwischengespeichert werden, da der Eingangs-Baustein die Daten für eine außerordentlich lange Zeit aufbewahrt, verglichen mit der bei Computern üblichen Zeiten. Ausgangsdaten müssen zwischengespeichert werden, da der Ausgangs-Baustein nicht auf Daten reagieren wird, die nur während einiger weniger CPU-Taktzyklen vorliegen.

2) Eingangs-Spannungssprünge können infolge ihrer Dauer Probleme verursachen. Kurze Ausgangs-Spannungssprünge bewirken keine Probleme, da die Ausgangs-Bausteine langsam reagieren.

3) Die wichtigsten Einschränkungen bei der Eingabe sind die Reaktionszeit und die Empfindlichkeit. Die wesentlichsten Einschränkungen bei der Ausgabe sind die Reaktionszeit und Erkennbarkeit.

Bausteine mit mittlerer Geschwindigkeit müssen auf irgendeine Weise mit dem Prozessor-Takt synchronisiert werden. Die CPU kann nicht einfach diese Bausteine so behandeln, als ob sie ihre Daten für immer behalten oder Daten zu jeder Zeit empfangen könnten. Stattdessen muß die CPU imstande sein zu bestimmen, wann ein Baustein neue Daten eingegeben hat oder wann er bereit ist, Ausgangsdaten zu empfangen. Sie muß auch eine Möglichkeit besitzen, einem Ausgangs-Baustein mitzuteilen, daß neue Daten verfügbar sind.

QUITTIERUNG

Das standardisierte, nicht getaktete Verfahren ist die Quittierung (Handshake). Hier zeigt der Sender dem Empfänger die Verfügbarkeit von Daten an und überträgt dann die Daten. Der Empfänger vervollständigt die Quittierung, indem er den Empfang der Daten bestätigt. Der Empfänger kann die Situation steuern, indem er anfangs Daten anfordert oder indem er seine Bereitschaft zum Empfang von Daten anzeigt. Der Sender schickt dann die

Daten und vervollständigt die Quittierung durch Anzeige, daß die Daten verfügbar sind. In jedem Fall weiß der Sender, daß der Transfer erfolgreich abgeschlossen wurde und der Empfänger weiß, wann die Daten verfügbar sind.

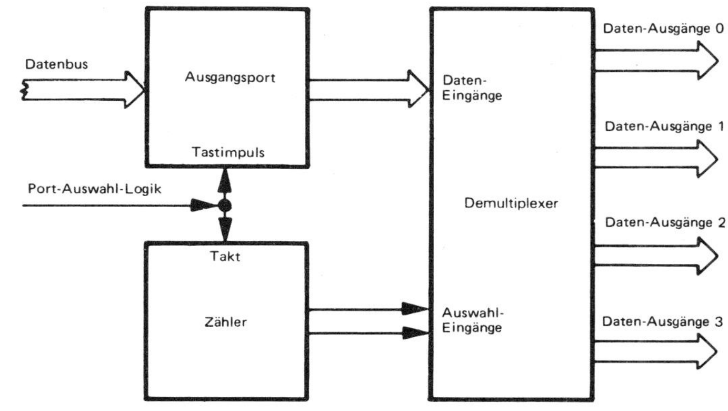

Der Zähler steuert, wohin der Demultiplexer die Daten sendet.

Bild 11-1. Ein Ausgangs-Demultiplexer, gesteuert durch einen Zähler

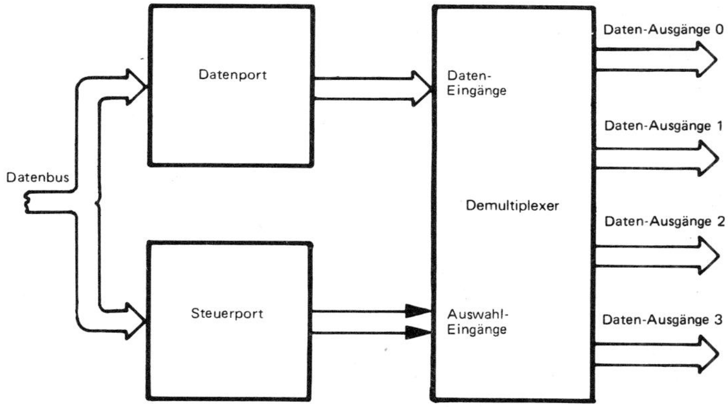

Die CPU sendet die Steuerinformation zum Steuerport. Dieser Port bestimmt, wohin der Demultiplexer die Daten sendet

Bild 11-2. Ein Ausgangs-Demultiplexer, gesteuert durch einen Port

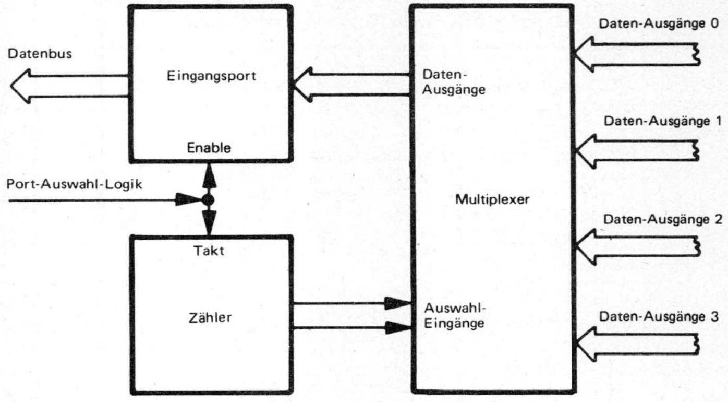

Der Zähler steuert, welcher Eingang den Multiplexer zum Eingangsport legt.

Bild 11-3. Ein Eingangs-Multiplexer, gesteuert durch einen Zähler

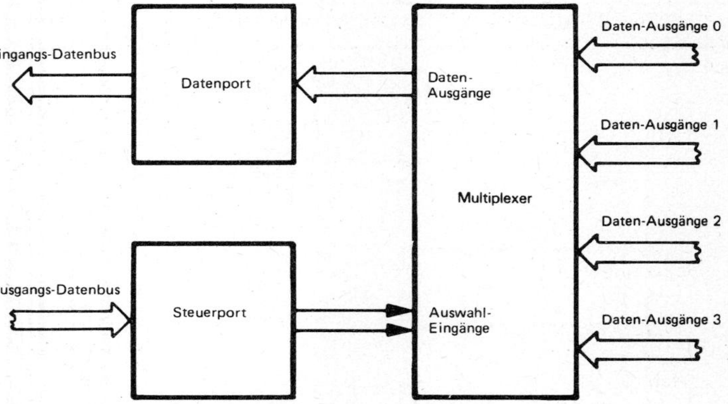

Die Steuerinformation, die die CPU zum Steuerport sendet (mit einer Ausgabe-Operation) bestimmt, welchen Eingang der Multiplexer zum Datenport führt.

Bild 11-4. Ein Eingangs-Multiplexer, gesteuert durch einen Port

Die Bilder 11-5 und 11-6 zeigen typische Eingabe- und Ausgabe-Operationen, die das Quittierungs-Verfahren verwenden. Das Verfahren, bei dem die CPU die Bereitschaft des peripheren Bausteines vor dem Transfer der Daten prüft, wird "polling"

(„Sendeabruf") genannt. Offensichtlich kann das "polling" einen großen Teil der Prozessorzeit belegen, wenn mehrere E/A-Bausteine vorhanden sind. Es gibt mehrere Arten, wie die Quittierungs-Signale zur Verfügung gestellt werden.
Einige hiervon sind:

- Separate bestimmte E/A-Leitungen. Der Prozessor kann diese als zusätzliche E/A-Ports handhaben oder durch spezielle Leitungen oder Unterbrechungen. Der Prozessor 6800 besitzt keine seriellen E/A-Leitungen, der periphere Interface-Adapter 6820 jedoch verfügt über diese.
- Spezielle Muster auf den E/A-Leitungen. Diese können einfache Start- und Stop-Bits oder ganze Zeichen oder Zeichengruppen sein. Die Muster müssen leicht vom Hintergrund-Rauschen oder inaktiven Zuständen zu unterscheiden sein.

TAST-IMPULS

Wir nennen häufig eine separate E/A-Leitung, die die Verfügbarkeit von Daten oder das Auftreten einer Übertragung anzeigt, eine "Tastleitung" (Strobe). Eine Tastleitung kann beispielsweise Daten in einen Zwischenspeicher takten oder Daten von einem Puffer holen.

Zahlreiche periphere Bausteine transferieren Daten in gleichmäßigen Intervallen, das heißt synchron. Das einzige Problem besteht im Starten des Vorgangs, indem die erste Eingabe richtig angeordnet wird oder die erste Ausgabe markiert wird. In einigen Fällen liefert der periphere Baustein ein Takt-Signal, von dem der Prozessor Informationen für die zeitliche Steuerung erhalten kann.

VERRINGERUNG VON ÜBERTRAGUNGS-FEHLERN

Übertragungsfehler sind ein Problem bei Bausteinen mit mittlerer Geschwindigkeit. Mehrere Verfahren können die Wahrscheinlichkeit derartiger Fehler verringern. Sie beinhalten:

- Abtasten der Eingangsdaten in der Mitte des Übertragungs-Intervalls, um Rand-Effekte zu vermeiden. Das heißt, einen Abstand zu den Enden halten, bei denen sich die Daten ändern.
- Abtasten jeder Eingabe mehrere Male und Verwendung einer Majoritäts-Logik, wie etwa "Best three out of five".[1] (etwa "Die besten drei aus fünf").
- Erzeugung und Prüfung der Parität. Ein zusätzliches Bit wird verwendet, das die Zahl der 1-Bits in den korrekten Daten gerade oder ungerade macht.
- Verwendung anderer Fehlerprüf- und Korrekturcodes, wie etwa Prüfsumme, LRC (longitudinal reduncy check = longitudinale Redundenz-Prüfung) und CRC (cyclic redundance check = Zyklische Redundenz-Prüfung).[2]

DIREKTER SPEICHERZUGRIFF

Bausteine mit hoher Geschwindigkeit, die mehr als 10.000 Bits pro Sekunde übertragen, benötigen spezielle Verfahren. Die allgemeine Technik besteht im Aufbau eines speziellen Steuergerätes, das Daten direkt zwischen dem Speicher und dem E/A-Baustein transferiert. Dieser Vorgang wird direkter Speicherzugriff (DMA = direct memory access) genannt. Das DMA-Steuergerät muß die CPU von den Bussen fernhalten, Adressen und Steuersignale für den Speicher liefern und die Daten transferieren. Ein derartiges Steuergerät ist ziemlich komplex und besteht gewöhnlich aus 50 bis 100 Chips, obwohl nunmehr LSI-Bausteine erhältlich sind. Beispielsweise ist der DMA-Kontroller 6844 für Mikrocomputer mit dem 6800 in dem Buch ***An Introduction to Microcomputers, Volume II – Some Real Products*** beschrieben. Die CPU muß anfangs die Adresse und den Datenzähler in das Steuergerät laden, so daß das Steuergerät weiß, wo es zu beginnen hat und wieviel zu übertragen ist.

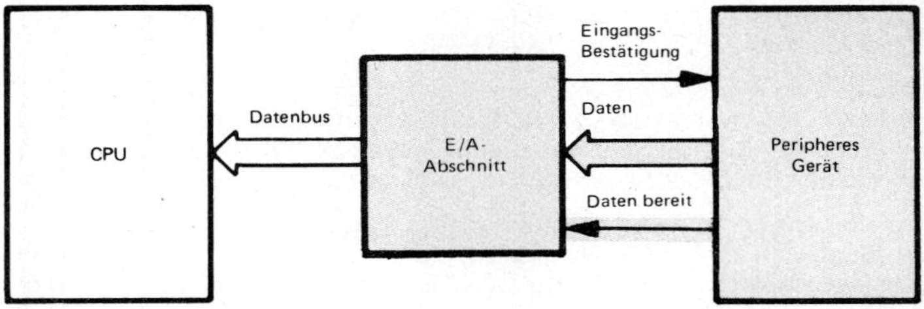

a) Das periphere Gerät liefert Daten und das Signal "Daten bereit" zum E/A-Abschnitt des Computers.

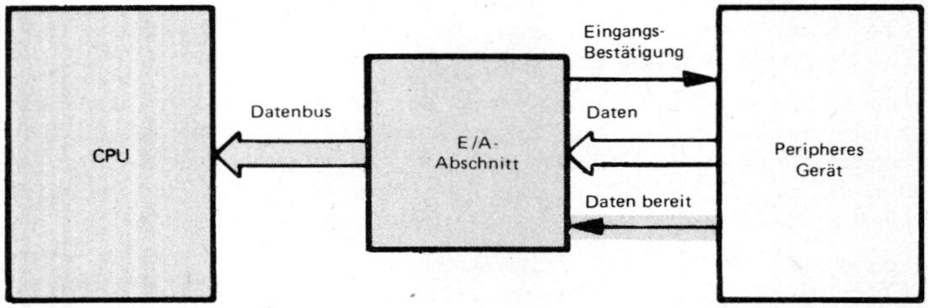

b) Die CPU liest das Signal "Daten bereit" vom E/A-Abschnitt (dies kann eine Hardware-Unterbrechungs-Verbindung sein).

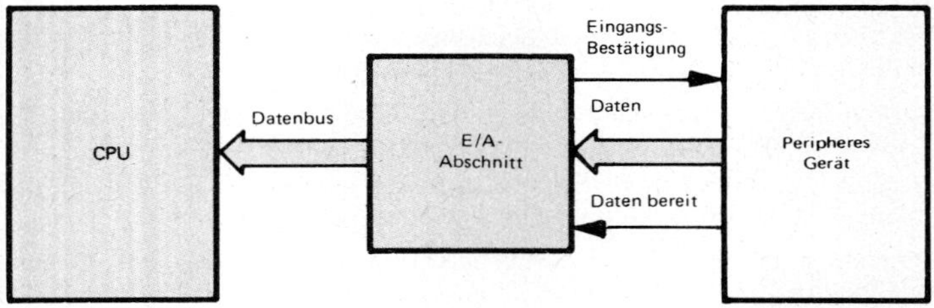

c) Die CPU liest die Daten vom E/A-Abschnitt.

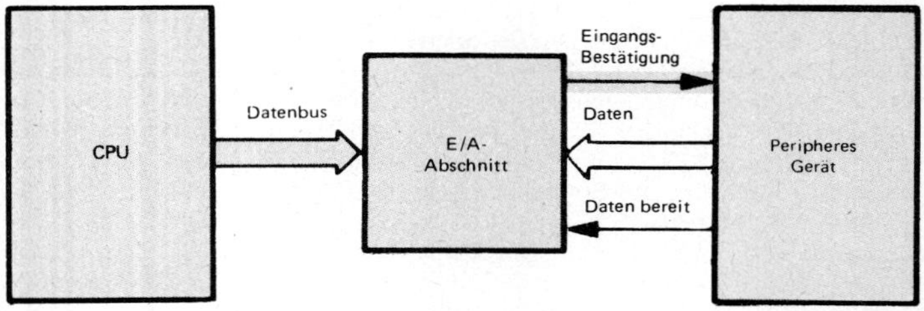

d) Die CPU sendet das Signal "Eingabe-Bestätigung" zum E/A-Abschnitt, der dann ein Signal "Eingabe-Bestätigung" zum peripheren Gerät liefert (dies kann eine Hardware-Verbindung sein).

Bild 11-5. Eine Eingabe-Quittierung

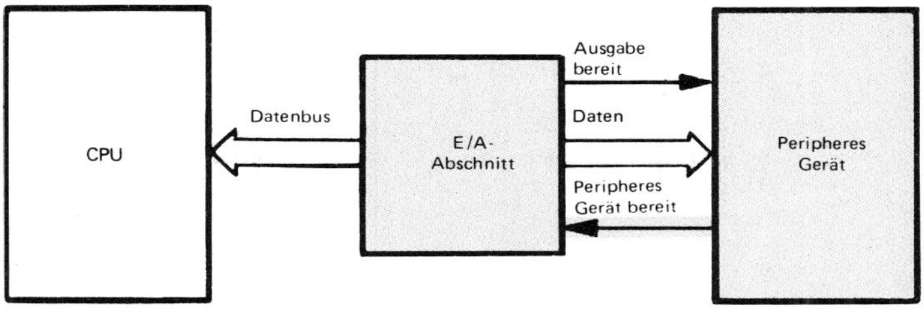

a) Peripheres Gerät liefert ein Signal "Peripheres Gerät bereit" zum E/A-Abschnitt des Computers.

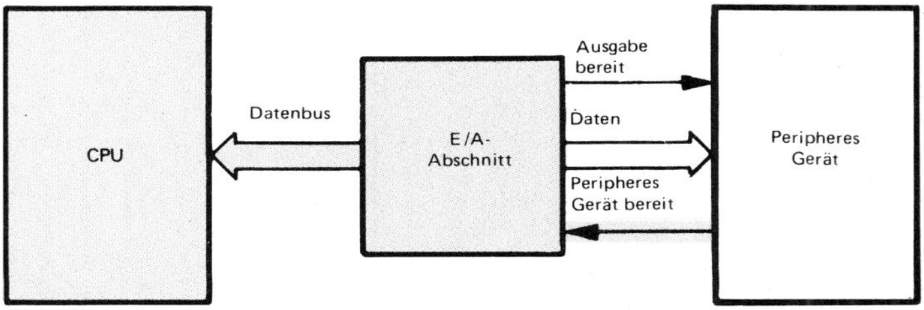

b) Die CPU liest das Signal "Peripheres Gerät bereit" vom E/A-Abschnitt (dies kann eine Hardware-Unterbrechungs-Verbindung sein).

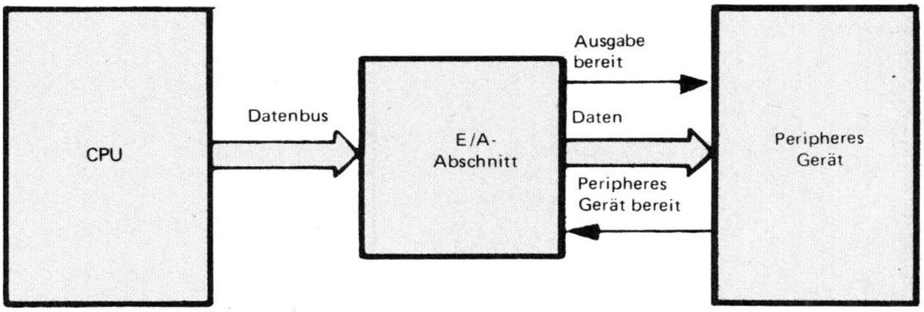

c) Die CPU sendet Daten zum peripheren Gerät.

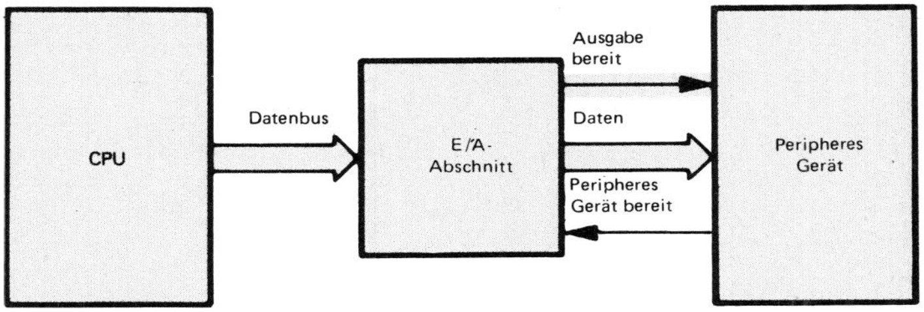

d) Die CPU sendet das Signal "Ausgabe bereit" zum peripheren Gerät (dies kann eine Hardware-Verbindung sein).

Bild 11-6. Eine Ausgabe-Quittierung

ZEIT-INTERVALLE (VERZÖGERUNGEN)

VERWENDUNG VON ZEIT-INTERVALLEN

Ein Problem, dem wir während der Besprechung der Eingabe/Ausgabe begegnen werden, ist die Erzeugung von Zeit-Intervallen mit bestimmten Längen. Derartige Zeit-Intervalle sind erforderlich, um mechanische Schalter zu entprellen (um ihre unregelmäßigen Spannungssprünge zu glätten), Impulse mit speziellen Längen und Frequenzen für Anzeigen zu liefern, sowie zeitliche Steuerung für Bausteine zu liefern, die Daten regulär transferieren (beispielsweise einem Fernschreiber, der ein Bit alle 9,1 ms sendet oder empfängt).

METHODEN FÜR DIE ERZEUGUNG VON ZEIT-INTERVALLEN

Wir können Zeit-Intervalle auf verschiedene Arten erzeugen:

1) Mit Hardware mit monostabilen Multivibratoren. Diese Bausteine erzeugen einen einzelnen Impuls fester Länge, als Antwort auf einen Eingangs-Impuls.

2) Mit einer Kombination von Hardware und Software mit einem flexiblen, programmierbaren Zeitgeber, wie etwa dem programmierbaren Zeitgeber 6840 für Mikrocomputer mit dem 6800, wie in dem Buch ***An Introduction to Microcomputers: Volume II — Some Real Products.*** Der 6840 kann Zeit-Intervalle unterschiedlicher Länge mit einer Vielzahl von Start- und Abschlußbedingungen liefern.[3]

3) Mit der Software durch Verzögerungs-Routinen. Diese Routinen verwenden den Prozessor als Zähler. Dies ist möglich, da der Prozessor einen stabilen Referenz-Takt besitzt, wobei jedoch offensichtlich der Prozessor nicht wirtschaftlich verwendet wird. Diese Verzögerungs-Routinen benötigen jedoch keine zusätzliche Hardware und verwenden Prozessor-Zeit, die sonst ungenutzt wäre.

AUSWAHL EINER METHODE FÜR DIE ZEITLICHE STEUERUNG

Die Auswahl eines dieser drei Verfahren hängt von ihrer Anwendung ab. Das Software-Verfahren ist preisgünstig, kann jedoch den Prozessor überlasten. Die programmierbaren Zeitgeber sind relativ teuer, aber leicht anzupassen und imstande, zahlreiche komplexe Aufgaben für die zeitliche Steuerung zu handhaben.

VERZÖGERUNGS-ROUTINEN

GRUNDLEGENDE SOFTWARE-VERZÖGERUNG

Eine einfache Verzögerungs-Routine arbeitet wie folgt:

Schritt 1) Lade ein Register mit einem speziellen Wert.

Schritt 2) Dekrementiere das Register.

Schritt 3) Wenn das Ergebnis von Schritt 2 nicht null ist, wiederhole Schritt 2.

Diese Routine macht nichts weiter, als Zeit benötigen. Der Betrag der verwendeten Zeit hängt von der Ausführungszeit der verschiedenen Befehle ab. Die maximale Länge der Verzögerung ist durch die Größe des Registers begrenzt. Die gesamte Routine kann jedoch in eine ähnliche Routine plaziert werden, die ein weiteres Register verwendet, usw.

TRANSPARENTE VERZÖGERUNGS-ROUTINE

Das erste der folgenden Beispiele verwendet die beiden Akkumulatoren, um Verzögerungen bis zu 255 ms zu liefern. Sie können den Inhalt der Akkumulatoren im Speicher aufbewahren und sie danach zurückspeichern, so daß die Routine "transparent" für das aufrufende Programm ist. Das zweite Beispiel verwendet das Indexregister, um eine Verzögerung von 1 ms zu liefern. Hier können Sie das Indexregister in speziellen Speicherplätzen aufbewahren, da es keinen einfachen Weg zum Transfer des Inhalts des Indexregisters zum oder vom Stapel gibt.

BEISPIELE

Verzögerungsprogramm unter Verwendung der Akkumulatoren

Zweck: Das Programm liefert eine Verzögerung von 1 ms mal dem Inhalt von Akkumulator B.

Flußdiagramm:

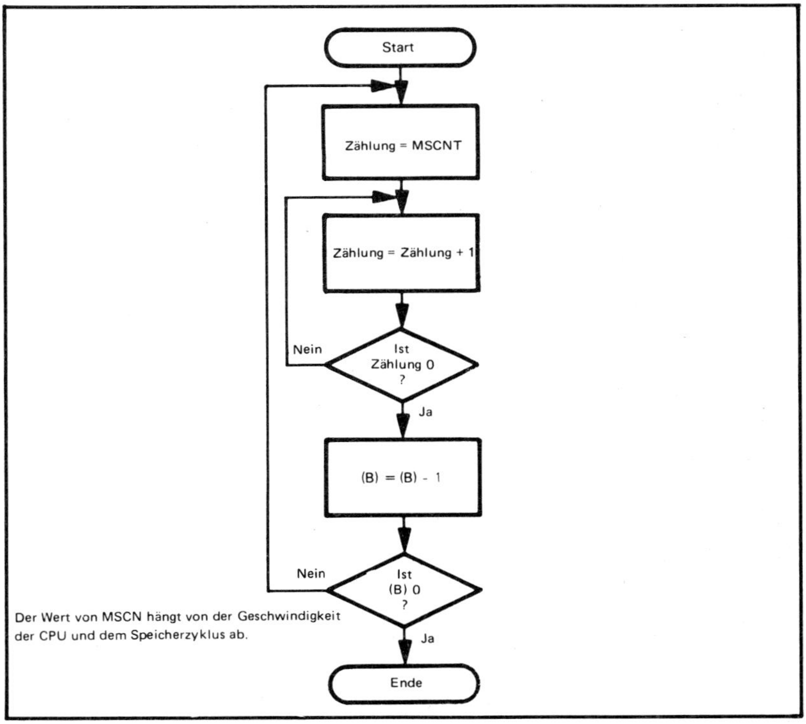

Quellprogramm:

```
DELAY     LDAA    #MSCNT    HOLE DIE ZÄHLUNG FÜR 1 MS-VERZÖ-
                              GERUNG
DELAY1    DECA              ZÄHLUNG = ZÄHLUNG –1
          BNE     DELAY1    SETZE.FORT BIS ZÄHLUNG = 0
          DECB              ANZAHL DER MS = ANZAHL DER MS-1
          BNE     DELAY     SETZE FORT BIS ANZAHL DER MS = 0
          RTS
```

Objektprogramm:

Speicher-Inhalt (Hex)	Speicher-Inhalt (Hex)		Befehl (Mnemonik)		
0030	86	MSCNT	DELAY	LDAA	#MSCNT
0032	4A		DELAY1	DECA	
0033	26	FD		BNE	DELAY1
0035	5A			DECB	
0036	26	F8		BNE	DELAY
0038	39			RTS	

Befehl		Anzahl der Ausführungen
LDAA	#MSCNT	(B)
DECA		(B) X MSCNT
BNE	DLY1	(B) X MSCNT
DECB		(B)
BNE	DELAY	(B)
RTS		1

Die gesamte verwendete Zeit sollte gleich (B) x 1 ms sein. Wenn der Speicher mit voller Geschwindigkeit arbeitet, so benötigen die Befehle die folgende Anzahl von Taktzyklen:

LDAA #	2
DECA oder DECB	2
BNE	4

Wenn die Befehle JSR oder BSR und RTS ignoriert werden, (die nur einmal auftreten) so benötigt das Programm

$$(B) \times (8 + 6 \times MSCNT)$$

Taktzyklen. Um daher die Verzögerung 1 ms lang zu machen ist:

$$8 + 6 \times MSCNT = N_C$$

wobei N_C die Anzahl der Taktzyklen pro Millisekunde ist. Bei einer Standard-Taktrate des 6800 von 1 MHz ist $N_C = 1000$, so daß:

$$6 \times MSCNT = 992$$

MSCNT = 165 (hex A5) bei einer
Taktrate von 1 MHz des 6800

Verzögerungsprogramm unter Verwendung des Indexregisters

Zweck: Dieses Programm verwendet das Indexregister, um eine Verzögerung von 1 ms zu liefern.

6800 VERZÖGERUNGS-SCHLEIFEN-KONSTANTE

Flußdiagramm:

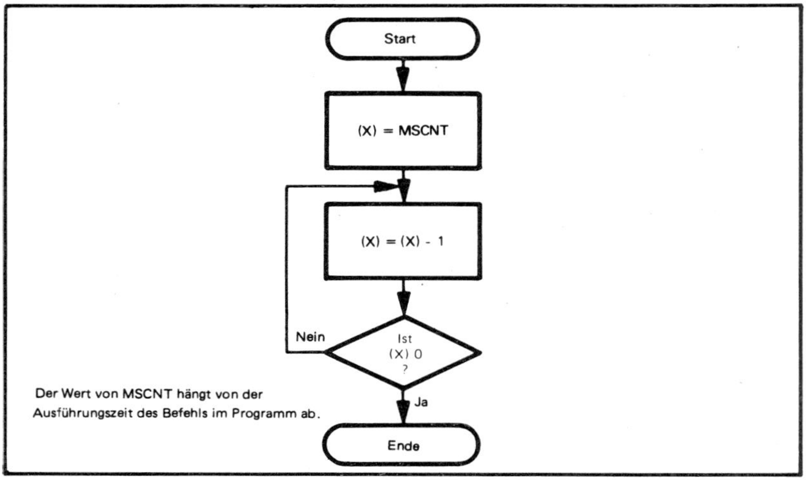

Quellprogramm:

```
DELAY   LDX   #MSCNT   HOLE DIE ZÄHLUNG FÜR 1 MS-VERZÖ-
                          GERUNG
DLY     DEX            ZÄHLUNG = ZÄHLUNG –1
        BNE   DLY      SETZE FORT BIS ZÄHLUNG = 0
        RTS
```

Objektprogramm:

Speicher-Adresse (Hex)	Speicher-Inhalt (Hex)		Befehl (Mnemonik)		
0030	CE	MSCNT	DELAY	LDX	#MSCNT
0033	09		DLY	DEX	
0034	26	FD		BNE	DLY
0036	39			RTS	

Erinnern Sie sich daran, daß MSCNT eine 16-Bit-Zahl ist.

Zeit-Budget:

Befehl	Anzahl der Ausführungen	Anzahl der Taktzyklen
LDX #	1	3
DEX	MSCNT	4
BNE	MSCNT	4

Bei Ignorieren der Befehle JSR oder BSR und RTS benötigt das Programm

$$3 + 8 \times \text{MSCNT} = N_C$$

wobei N_C die Anzahl der Taktzyklen pro Millisekunde ist. Bei einer Taktrate von 1 MHz, $N_C = 1000$, ist daher

$$8 \times \text{MSCNT} = 997$$

$$\text{MSCNT} = 124 \text{ (hex 007C)}$$

DER PERIPHERE INTERFACE-ADAPTER (PIA) 6820

Das wesentliche Element in den meisten Eingabe-/Ausgabe-Schaltungen des 6800 ist der periphere Interface-Adapter (oder PIA) 6820. Dieser Baustein kombiniert Zwischenspeicher, Puffer, Flip-Flops und andere Logikschaltungen, die für den Quittierungsbetrieb und andere einfache Interface-Techniken erforderlich sind. Der PIA enthält zahlreiche Logik-Verbindungen, bestimmte Schaltungsgruppen, die entsprechend dem Inhalt zweier programmierbarer Register ausgewählt werden können, das Datenrichtungs-Register (Data Direction Register) und das Steuerregister (Control Register).

Bild 11-7 zeigt das Blockschaltbild eines PIA. Der Baustein enthält zwei nahezu identische 8-Bit-Ports: A, der gewöhnlich als Eingangs-Port dient, und B, der gewöhnlich als Ausgangs-Port arbeitet. Jeder Port enthält:

PIA-REGISTER UND STEUERLEITUNGEN

Ein Daten- oder Peripherie-Register, das entweder Eingangs- oder Ausgangs-Daten aufbewahrt. Dieses Register arbeitet im Speicherbetrieb, wenn es für eine Ausgabe verwendet wird, jedoch nicht im Speicherbetrieb, wenn es für eine Eingabe dient.

Ein Daten-Richtungsregister. Die Bits in diesem Register bestimmen, ob die entsprechenden Datenregister-Bits (und Anschlüsse) Eingänge (0) oder Ausgänge (1) sind.

Ein Steuer-Register, das die Status-Signale aufbewahrt, die für den Quittierungsbetrieb erforderlich sind, sowie andere Bits, die die Logik-Verbindungen innerhalb der PIA auswählen.

Zwei Steuerleitungen, die durch die Steuer-Register kontrolliert werden. Diese Leitungen können für die Quittierungs-Signale verwendet werden, wie in den Bildern 11-5 und 11-6 gezeigt ist.

Die Bedeutung der Bits im Datenregister und den Steuerregistern beziehen sich auf die entsprechende Hardware und sind völlig willkürlich, soweit es den Programmierer für die Assemblersprache betrjfft. Man muß sie entweder im Gedächtnis behalten oder kann sie in den entsprechenden Tabellen (Tabellen 11-2 bis 11-6) nachschlagen.

PIA-ADRESSEN

Jeder PIA belegt vier Speicher-Adressen. Die RS (Register Select = Registerauswahl)-Leitungen wählen eines der vier Register aus, wie in Tabelle 11-1 beschrieben ist. Da es in jedem PIA sechs Register gibt (zwei periphere, zwei Datenrichtungs-Register und zwei Steuer-Register), ist ein weiteres Bit für die Adressierung erforderlich. Bit 2 jedes Steuer-Registers bestimmt, ob sich die andere Adresse auf dieser Seite auf das Datenrichtungs-Register (0) oder das Peripherie-Register (1) bezieht. Diese gemeinsame Verwendung einer externen Adresse bedeutet, daß:

1) Ein Programm das Bit im Steuer-Register ändern muß, um das Register zu verwenden, das momentan nicht adressiert wird.

2) Der Programmierer muß den Inhalt des Steuer-Registers kennen um zu wissen, welches Register adressiert wird. RESET löscht das Steuer-Register und daher die Adressen im Datenrichtungs-Register.

Tabelle 11-1 zeigt auch einen bequemen Weg, wie die verschiedenen Register im PIA adressiert werden können. Wenn, was gewöhnlich der Fall ist, die Register-Auswahlleitungen zu den entsprechenden niedrigstwertigen Adressenleitungen (RS0 zu A0 und RS1 zu A1) geführt werden, kann der Programmierer die Adresse des peripheren Registers A in das Indexregister plazieren und sich auf alle anderen Register mit entsprechenden Versetzungen (Offsets) beziehen.

Tabelle 11-1. Adressierung der internen Register des 6820

Adressen-Leitungen RS1	Adressen-Leitungen RS0	Steuer-Register-Bit CRA-2	Steuer-Register-Bit CRB-2	Gewähltes Register	Versetzungs-Adresse (Index-Register) = Adresse des peripheren Registers A)
0	0	1	X	Peripheres Register A	0
0	0	0	X	Daten-Richtungs-Register A	0
0	1	X	X	Steuer-Register A	1
1	0	X	1	Peripheres Register B	2
1	0	X	0	Daten-Richtungs-Register B	2
1	1	X	X	Steuer-Register B	3

X = Entweder 0 oder 1

Tabelle 11-2. Organisation der PIA-Steuer-Register (Gefälligkeit von Motorola)

	7	6	5	4	3	2	1	0
CRA	IRQA1	IRQA2	CA2-Steuerung			DDRB-Zugriff	CB1-Steuerung	
CRB	IRQB1	IRQB2	CB2-Steuerung			DDRA-Zugriff	CA1-Steuerung	

Tabelle 11-3. Steuerung der Unterbrechungs-Eingänge CA1 und CA2

CRA-1 (CRB-1)	CRA-0 (CRB-0)	Unterbrechungs-Eingang CA1 (CB1)	Unterbrechungs-Flag CRA-7 (CRB-7)	MPU-Unterbrechungs-Anforderung IRQA (IRQB)
0	0	↓ Aktiv	High gesetzt bei ↓ von CA1 (CB1)	Freigegeben — $\overline{IRQ}$ bleibt High
0	1	↓ Aktiv	High gesetzt bei ↑ von CA1 (CB1)	Geht auf Low, wenn das Unterbrechungs-Flag-Bit CRA-7 (CRB-7) auf High geht
1	0	↑ Aktiv	High gesetzt bei ↑ von CA1 (CB1)	Freigegeben — $\overline{IRQ}$ bleibt High
1	1	↑ Aktiv	High gesetzt bei ↓ von CA1 (CB1)	Geht auf Low, wenn das Unterbrechungs-Flag-Bit CRA-7 (CRB-7) auf High geht

Anmerkungen:

1. ↑ zeigt einen positiven Übergang an (Low auf High)
2. ↓ zeigt einen negativen Übergang an (High auf Low)
3. Das Unterbrechungs-Flag-Bit CRA-7 wird durch ein MPU-Lesen des Datenregisters A gelöscht, und CBR-7 wird durch ein MPU-Lesen des Datenregisters B gelöscht.
4. Wenn CRA-0 (CRB-0) beim Auftreten einer Unterbrechung Low ist (Unterbrechung gesperrt) und später auf High gebracht wird, tritt $\overline{IRQA}$ ($\overline{IRQB}$) auf, nachdem CRA-0 (CRB-0) auf "Eins" geschrieben wurde.

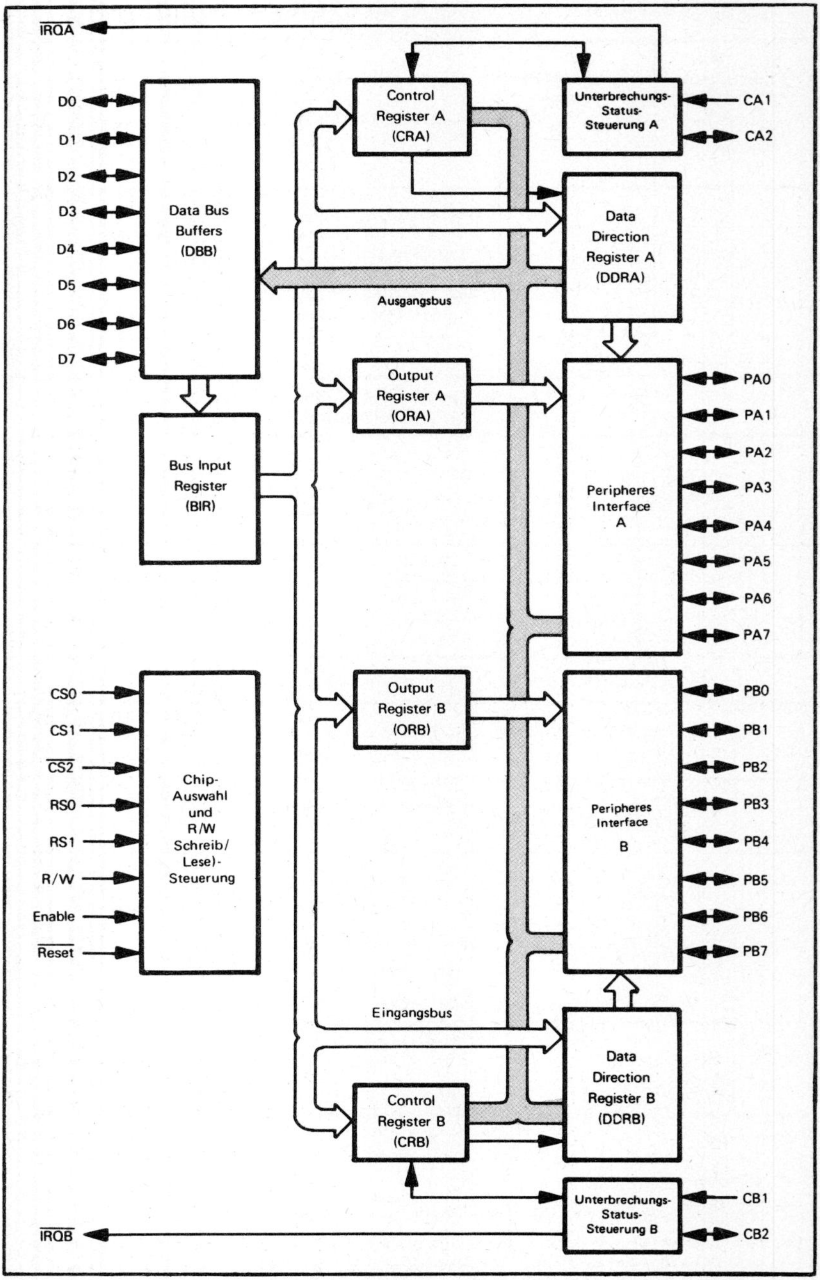

Bild 11-7. Blockschaltbild des Peripheren Interface-Adapters 6820

Tabelle 11-4. Steuerung von CA2 und CB2 als Unterbrechungs-Eingänge (CRA5 (CRB5) ist Low)

CRA-5 (CRB-5)	CRA-4 (CRB-4)	CRA-3 (CRB-3)	Unterbrechungs-Flag CRA-7 (CRB-7)	Unterbrechungs-Eingang CA1 (CB1)	MPU-Unterbrechungs-Anforderung $\overline{IRQA}$ ($\overline{IRQB}$)
0	0	0	↓ Aktiv	High gesetzt bei ↓ von CA1 (CB1)	Freigegeben – $\overline{IRQ}$ bleibt High
0	0	1	↓ Aktiv	High gesetzt bei ↓ von CA1 (CB1)	Geht auf Low, wenn das Unterbrechungs-Flag-Bit CRA6 (CRB-6) auf High geht
0	1	0	↑ Aktiv	High gesetzt bei ↑ von CA1 (CB1)	Freigegeben – $\overline{IRQ}$ bleibt High
0	1	1	↑ Aktiv	High gesetzt bei ↑ von CA1 (CB1)	Geht auf Low, wenn das Unterbrechungs-Flag-Bit CRA6 (CRB-6) auf High geht

Anmerkungen:

1. ↑ zeigt einen positiven Übergang an (Low auf High)
2. ↓ zeigt einen negativen Übergang an (High auf Low)
3. Das Unterbrechungs-Flag-Bit CRA-6 wird durch ein MPU-Lesen des Datenregisters A gelöscht, und CBR-6 wird durch ein MPU-Lesen des Datenregisters B gelöscht.
4. Wenn CRA-3 (CRB-3) beim Auftreten einer Unterbrechung Low ist (Unterbrechung gesperrt) und später auf High gebracht wird, tritt $\overline{IRQA}$ (IRQB) auf, nachdem CRA-3 (CRB-3) auf "Eins" geschrieben wurde.

PIA-STEUER-REGISTER

STEUER-REGISTER-BITS DES PIA

Tabelle 11-2 zeigt die Organisation der PIA-Steuer-Register. Wir können den allgemeinen Zweck jedes Bits wie folgt beschreiben:

Bit 7: Status-Bit, gesetzt durch Übergänge auf der Steuerleitung 1 und gelöscht durch Lesen des Peripherie-(Daten)-Registers.

Bit 6: Gleich wie Bit 7 mit Ausnahme, daß es durch Übergänge auf der Steuerleitung 2 gesetzt wird.

Bit 5: Bestimmt, ob die Steuerleitung 2 ein Eingang (0) oder Ausgang (1) ist.

Bit 4: Eingang Steuerleitung 2: Bestimmt, ob Bit 6 durch High-auf-Low-Übergänge (0) oder Low-auf-High-Übergänge (1) auf der Steuerleitung 2 gesetzt wird.
Ausgang Steuerleitung 2: Bestimmt, ob Steuerleitung 2 ein Impuls (0) oder ein Pegel (1) ist.

Bit 3: Eingang Steuerleitung 2: Wenn 1, gibt Unterbrechungs-Ausgang von Bit 6 frei.
Ausgang Steuerleitung 2: Bestimmt Endbedingung für Impuls (0 = Quittierungs-Bestätigung, dauert bis zum nächsten Übergang auf der Steuerleitung 1, 1 = kurzer Tast-Impuls, der einen Taktzyklus dauert) oder Wert des Pegels.

Bit 2: Wählt Datenrichtungs-Register (0) oder Datenregister (1) aus.

Bit 1: Bestimmt, ob Bit 7 durch High-auf-Low-Übergänge (0) oder Low-auf-High-Übergänge (1) auf der Steuerleitung 1 gesetzt wird.

Bit 0: Wenn 1, gibt Unterbrechungs-Ausgang von Bit 7 des Steuer-Registers frei.

Die Tabellen 11-3 bis 11-6 beschreiben die Bits detaillierter. Da E normalerweise zum $\phi 2$-Takt geführt wird, kann man den "E"-Impuls als "Takt-Impuls" interpretieren.

Tabelle 11-5. Steuerung von CB2 als Ausgang (CRB5 ist High)

CRB-5	CRB-4	CRB-3	CB2	
			Gelöscht	Gesetzt
1	0	0	Low beim positiven Übergang des ersten E-Impulses, der einer MPU-Schreib-Operation des "B"-Daten-Registers folgt.	High, wenn das Unterbrechungs-Flag-Bit durch einen aktiven Übergang des CB1-Signals gesetzt wird.
1	0	1	Low beim positiven Übergang des ersten E-Impulses nach einer MPU-Schreib-Operation des "B" Datenregisters.	High an der positiven Flanke des ersten "E"-Impulses, der einem "E"-Impuls folgt, der auftrat, während das Teil nicht gewählt war.
1	1	0	Low, wenn CRB-3 auf Low geht, als Ergebnis eines MPU-Schreibens in das Steuer-Register "B".	Immer so lang, wie CRB-3 Low ist. Wird bei einem MPU-Schreiben in das Steuer-Register "B" auf High gehen, das CRB-3 auf "Eins" ändert.
1	1	1	Immer High, so lange CRB-3 High ist. Wird gelöscht, wenn ein MPU-Schreiben des Steuer-Registers "B" in einem Löschen von CRB-3 auf "null" resultiert.	High, wenn CRB-3 auf High geht, als Ergebnis eines MPU-Schreibens in das Steuer-Register "B".

Tabelle 11-6. Steuerung von CA2 als Ausgang (CRA5 ist High)

CRA-5	CRA-4	CRA-3	CA2	
			Gelöscht	Gesetzt
1	0	0	Low bei einem negativen Übergang von E nach einer MPU-Lese-Operation der "A"-Daten.	High, wenn das Unterbrechungs-Flag-Bit CRA-7 durch einen aktiven Übergang des CA1-Signals gesetzt wird.
1	0	1	Low bei einem negativen Übergang von E nach einer MPU-Lese-Operation der "A"-Daten.	High bei der negativen Flanke des ersten "E"-Impulses, der während der Zeit auftritt, in der keine Auswahl vorliegt.
1	1	0	Low, wenn CRA-3 auf Low geht, als Ergebnis eines MPU-Schreibens zum Steuer-Register "A".	Immer Low, so lange CRA-3 Low ist. Wird auf High gehen bei einem MPU-Schreiben zum Steuer-Register "A", das CRA-3 auf "Eins" ändert.
1	1	1	Immer High, so lange CRA-3 High ist. Wird bei einem MPU-Schreiben zum Steuer-Register "A" gelöscht, das CRA-3 auf "Null" löscht.	High, wenn CRA-3 auf High als Ergebnis eines MPU-Schreibens zum Steuer-Register "A" geht.

KONFIGURIEREN DES PIA

Das Programm muß die Logik-Verbindungen in dem PIA auswählen, bevor dieser verwendet wird. Diese Auswahl (oder Konfiguration) ist gewöhnlich ein Teil der Start-Routine. Die Schritte bei der Konfiguration sind:

SCHRITTE BEI DER KONFIGURIERUNG EINES PIA

1) Adressiere das Datenrichtungs-Register durch Löschen von Bit 2 des Steuer-Registers. Da das Reset-Signal alle internen Register löscht, ist dieser Schritt in der Gesamt-Startroutine nicht notwendig.

2) Stelle die Richtungen der E/A-Anschlüsse durch Laden des Datenrichtungs-Registers ein.

3) Wähle die erforderlichen Logik-Verbindungen im PIA durch Laden des Steuer-Registers aus. Setze Bit 2 des Steuer-Registers, um das Datenregister zu adressieren.

Schritt 1 kann wie folgt ausgeführt werden:

```
        CLR     PIACR           LÖSCHE PIA-STEUERREGISTER
```

oder

```
        LDAA    PIACR
        ANDA    #%11111011      WÄHLE DATENRICHTUNGS-REGISTER
        STAA    PIACR
```

Sobald das Programm Schritt 1 ausgeführt hat, ist Schritt 2 einfach eine Angelegenheit des Löschens jedes Eingangs-Bits und das Setzen jedes Ausgangs-Bits im Datenrichtungs-Register. Einige einfache Beispiele sind:

```
        CLR     PIADDR          ALLE LEITUNGEN EINGÄNGE
        LDAA    #$FF            ALLE LEITUNGEN AUSGÄNGE
        STAA    PIADDR
        LDAA    #$F0            SETZE LEITUNGEN 4-7 ALS AUSGÄNGE
                                    0-3 ALS EINGÄNGE
        STAA    PIADDR
```

Schritt 3 ist offensichtlich der schwierigste Teil der Konfiguration, da es die Auswahl der Logik-Verbindungen in der PIA beinhaltet. Man muß sich hierbei an einige Punkte erinnern:

1) Bit 6 und 7 des Steuer-Registers werden durch Übergänge auf den Steuerleitungen gesetzt und durch Lesen des Datenregisters gelöscht. Man kann diese Bits **nicht** durch Schreiben von Daten in das Steuer-Register setzen.

2) Bit 2 des Steuer-Registers muß gesetzt werden, um das Datenregister zu adressieren.

3) Bit 1 bestimmt, welche Impuls-Flanke Bit 7 setzen wird. Bit 1 ist 0, für einen High-auf-Low-Übergang. Bit 1 ist 1, für einen Low-auf-High-Übergang.

4) Bit 0 ist die Unterbrechungs-Freigabe für Steuerleitung 1. Erinnern wir uns daran, daß es zur Freigabe von Unterbrechungen gesetzt werden muß, im Gegensatz zum Unterbrechungs-Bit des 6800, das zur Freigabe von Unterbrechungen gelöscht werden muß. Kapitel 12 beschreibt Unterbrechungen detaillierter.

5) Bit 5 muß gesetzt werden, wenn Steuerleitung 2 ein Ausgang sein soll. Die Bits 3 und 4 bestimmen dann, wie die Steuerleitung 2 arbeitet. Erinnern wir uns daran, daß die Seiten A und B differieren, da die Seite A nur einen Lese-Impuls erzeugen kann, während die Seite B nur einen Schreib-Impuls bilden kann. Sobald die Impuls-Option gewählt wurde, folgen die Impulse automatisch jedem Lesen des Datenregisters A oder Schreiben des Datenregisters B. Man muß jede Seite jedes PIA im Startprogramm konfigurieren.

BEISPIELE FÜR DIE PIA-KONFIGURATION

PIA-KONFIGURATIONS-BEISPIELE

1) Ein einfacher Eingangs-Port ohne Steuerleitungen:

```
CLR     PIACR         LÖSCHE STEUER-
                        REGISTER
CLR     PIADDR        ALLE LEITUNGEN
                        EINGÄNGE
LDAA    #%00000100
STAA    PIACR         WÄHLE DATENREGISTER
```

Bit 2 des Steuer-Registers muß gesetzt werden, um das Datenregister zu adressieren. Die gleiche Sequenz kann verwendet werden, wenn eine High-auf-Low-Flanke auf der Steuerleitung 1 ein Daten-Bereit (Data Ready) oder Peripherie-Bereit (Peripheral Ready) anzeigt.

2) Ein einfacher Ausgangs-Port ohne Steuerleitungen

```
CLR     PIACR         LÖSCHE STEUER-REGISTER
LDAA    #$FF          ALLE LEITUNGEN AUSGÄNGE
STAA    PIADDR
LDAA    #%00000100
STAA    PIACR         WÄHLE DATENREGISTER
```

3) Ein Eingangs-Port mit einem Low-auf-High-Übergang:

```
CLR     PIACR         LÖSCHE STEUER-REGISTER
CLR     PIADDR        ALLE LEITUNGEN EINGÄNGE
LDAA    #%00000110    TASTE AKTIV LOW-AUF-HIGH
STAA    PIACR         WÄHLE DATENREGISTER
```

Bit 1 = 1 um Low-auf-High-Übergänge auf der Steuerleitung 1 festzustellen.

4) Ein Ausgangs-Port mit einem kurzen "Daten-Bereit"-Impuls:

```
CLR     PISCR         LÖSCHE STEUER-REGISTER
LDAA                  ALLE LEITUNGEN AUSGÄNGE
STAA    PIADDR
LDAA    #%00101100    STEUERLEITUNG 2 = KURZER TAST-
                        IMPULS
STAA    PIACR         WÄHLE DATENREGISTER
```

Bit 5 = 1, um die Steuerleitung 2 zu einem Ausgang zu machen, Bit 4 = 1, um einen Impuls zu erzeugen, und Bit 2 = 1, um einen kurzen aktiven Impuls (eine Taktperiode lang) zu bilden. Der Tast-Impuls wird automatisch jedem Befehl folgen, der Daten in die B-Seite des PIA schreibt. Zum Beispiel wird der Befehl

```
STAA    PIADRB
```

sowohl Daten transferieren, als auch einen Tast-Impuls bewirken. Die A-Seite jedoch wird einen Tast-Impuls nur nach einer Lese-Operation erzeugen. Die Sequenz

```
STAA    PIADRA        DATEN SCHREIBEN
LDAA    PIADRA        TAST-IMPULS ERZEUGEN
```

wird sowohl Daten transferieren als auch einen Tast-Impuls bewirken. Der LDAA-Befehl ist ein "Leer-Lesen" (dummy read). Er hat keinen anderen Einfluß, als den Tast-Impuls zu bewirken (und einige Zeit zu verwenden). Andere Befehle neben LDAA könnten ebenfalls verwendet werden (zählen Sie einige auf).

5) Ein Eingangs-Port mit einem Bestätigungs-Impuls für einen Quittierungs-Eingang:

```
CLR     PIACR         LÖSCHE STEUER-REGISTER
CLR     PIADDR        ALLE LEITUNGEN EINGÄNGE
```

```
LDAA   #%00100100   STEUERLEITUNG 2 = QUITTIERUNGS-
                      BESTÄTIGUNG
STAA   PIACR        WÄHLE DATENREGISTER
```

Bit 5 = 1, um die Steuerleitung 2 zu einem Ausgang zu machen, Bit 4 = 0 für einen Impuls, und Bit 3 = 0, um eine Quittierung mit aktiv Low zu bilden, die Low bis zum nächsten aktiven Übergang auf der Steuerleitung 1 bleibt. Der Bestätigung wird automatisch eine Lese-Operation auf der A-Seite des PIA folgen. Zum Beispiel wird der Befehl

```
LDAA   PIADRA
```

sowohl die Daten lesen, wie auch die Bestätigung bewirken. Die B-Seite wird jedoch eine Bestätigung nur nach einer Schreib-Operation erzeugen. Die Sequenz

```
LDAA   PIADRB       DATEN LESEN
STAA   PIADRB       BESTÄTIGUNG ERZEUGEN
```

wird sowohl die Daten lesen, als auch eine Bestätigung erzeugen. Der STAA-Befehl ist ein "dummy write". Er hat keinen anderen Effekt, als die Bestätigung zu erzeugen (und einige Zeit zu verwenden). Beachten Sie, daß die Reihenfolge der Sequenz gegenüber dem vorhergehenden Beispiel umgekehrt wurde.

6) Ein Ausgangs-Port mit einem gespeicherten Null-Kontroll-Bit (gespeicherten seriellen Ausgang oder Pegel-Ausgang):

```
CLR    PIACR        LÖSCHE STEUER-REGISTER
LDAA   #$FF         ALLE LEITUNGEN AUSGÄNGE
STAA   PIADDR
LDAA   #%00110100   STEUERLEITUNG 2 = GESPEICHERTE
                      NULL
STAA   PIACR
```

Bit 5 = 1, um die Steuerleitung 2 zu einem Ausgang zu machen, Bit 4 = 1, um einen Pegel oder ein gespeichertes Bit zu bilden, und Bit 3 = 0, um den Pegel null zu machen. Dieses Bit wird nicht durch die Operationen mit dem Datenregister beeinflußt. Sein Wert kann durch Ändern des Wertes von Bit 3 verändert werden, das heißt:

```
LDAA   PIACR
ORAA   #%00001000   MACHE PEGEL EINS
STAA   PIACR
LDAA   PIACR
ANDA   #%11110111   MACHE PEGEL NULL
STAA   PIACR
```

Man kann diese Konfiguration verwenden, um Tast-Impulse mit aktiv High zu erzeugen oder Impulse zu liefern, bei denen die Länge durch die Software gesteuert wird.

VERWENDUNG DER PIA ZUM TRANSFERIEREN VON DATEN

PIA-EINGABE AUSGABE

Sobald der PIA konfiguriert wurde, kann man seine Datenregister wie jeden anderen Speicherplatz verwenden. Die einfachsten Befehle für den Datentransfer sind:

"Lade Akkumulator" transferiert 8 Datenbits von dem spezifizierten Eingangs-Anschlüssen zu einem Akkumulator.

"Speichere Akkumulator" transferiert 8 Datenbits von einem Akkumulator zu den spezifizierten Ausgangs-Anschlüssen.

Man muß sehr sorgfältig in Situationen vorgehen, bei denen Eingangs- und Ausgangs-Ports sich nicht wie Speicherplätze verhalten. Beispielsweise hat es häufig keinen Sinn, Daten in Eingangs-Ports zu schreiben oder Daten von Ausgangs-Ports zu lesen. Besonders sorgfältig muß man vorgehen, wenn der Eingangs-Port nicht zwischengespeichert ist oder wenn der Ausgangs-Port nicht gepuffert ist.

Andere Befehle, die Daten zu oder vom Speicher transferieren, können auch als E/A-Befehle dienen. Typische Beispiele sind:

"Clear" plaziert Nullen in einen Satz von Ausgangs-Anschlüssen.

"Test" setzt die Flags entsprechend der Werte eines Satzes von Eingangs-Anschlüssen.

"Compare" setzt die Flags, als ob sie Werte eines Satzes von Eingangs-Anschlüssen wären, die vom Inhalt eines Akkumulators subtrahiert wurden.

Hier muß man sich auch die physikalischen Grenzen der E/A-Ports vor Augen halten. Besonders sorgfältig muß man bei Befehlen wie Teste, Verschiebe, Komplementiere, Inkrementiere und Dekrementiere sein, die sowohl Lese- wie Schreibzyklen beinhalten.

Man kann die Bedeutung einer sorgfältigen Dokumentation nicht nachdrücklich genug betonen. Häufig können komplexe E/A-Transfers in Befehlen versteckt sein, die keine offensichtlichen Funktionen besitzen. Man muß den Zweck derartiger Befehle sehr sorgfältig beschreiben. Beispielsweise könnte jemand versucht sein, die "dummy read"- und "write"-Operationen, die früher erwähnt wurden, zu entfernen, da sie scheinbar keine Funktion besitzen.

PIA-STATUS-BITS

Bit 7 des PIA-Steuer-Registers dient häufig als Status-Bit, wie etwa "Data Ready" oder "Peripheral Ready". Man kann ihre Werte mit einer der folgenden Sequenzen überprüfen:

```
        LDAA    PIACR     IST READY-FLAG 1 ?
        BMI     DEVRDY    JA, BAUSTEIN BEREIT

        TST     PIACR     IST READY-FLAG 1 ?
        BMI     DEVRDY    JA, BAUSTEIN BEREIT
```

Beachten Sie, daß man den Schiebe-Befehl nicht verwenden sollte, da er den Inhalt des Steuer-Registers verändern wird (warum?). Das folgende Programm wird darauf warten, daß das Ready-Flag auf High geht:

```
WAITR   LDAA    PIACR     IST READY-FLAG 1 ?
        BPL     WAITR     NEIN, WARTE
```

Wie würden Sie diese Programme ändern, so daß sie das Bit 6 anstatt des Bit 7 prüfen?

Der einzige Weg zum Löschen von Bit 7 (oder Bit 6) ist das Lesen des Datenregisters. Ein "dummy read" wird erforderlich sein, wenn eine Lese-Operation normalerweise nicht Teil der Reaktion auf das gesetzte Bit ist. Wenn der Port für Ausgabe verwendet wird, so wird die Sequenz

```
        STAA    PIADR         SENDE DATEN
        LDAA    PIADR         LÖSCHE LESE-FLAG
```

diese Aufgabe erfüllen. Beachten Sie, daß hier das "dummy read" auf jeder Seite des PIA erforderlich ist. Der Testbefehl kann auch den Tast-Impuls ohne irgendwelchen anderen Änderungen löschen, mit Ausnahme der Bedingungscodes. Seien Sie besonders sorgfältig in Fällen, bei denen die CPU nicht bereit für die Eingabe von Daten ist, oder keine Ausgangsdaten zu senden hat.

BEISPIELE

Eine Taste

Zweck: Die Anpassung einer einzelnen Taste an einen Mikroprozessor 6800. Die Taste ist ein mechanischer Schalter, der einen einzelnen Logikpegel durch einen geschlossenen Kontakt liefert, wenn die Taste betätigt wird.

Bild 11-8 zeigt die erforderliche Schaltung für die Anpassung der Taste. Sie verwendet ein Bit eines PIA 6820, der als Puffer arbeitet. Es ist keine Zwischenspeicherung erforderlich, da die Taste für mehrere CPU-Zyklen geschlossen bleibt. Das Drücken der Taste erdet das Eingangs-Bit des PIA. Der Pullup-Widerstand sichert, daß das Eingangs-Bit 1 ist, wenn die Taste nicht gedrückt ist.

Programmierbeispiele:

Wir wollen zwei Aufgaben mit dieser Schaltung ausführen. Diese sind:

1) Setze einen Speicherplatz, basierend auf den Zustand der Taste.

2) Zähle, wie oft die Taste gedrückt wurde.

Aufgabe 1: Setze Speicherplatz 0040 auf 1, wenn die Taste nicht gedrückt wird, und auf 0, wenn sie gedrückt wird.

Beispiele:

1) Taste offen (nicht gedrückt)
Ergebnis: (0040) = 01

2) Taste geschlossen (gedrückt)
Ergebnis (0040) = 00

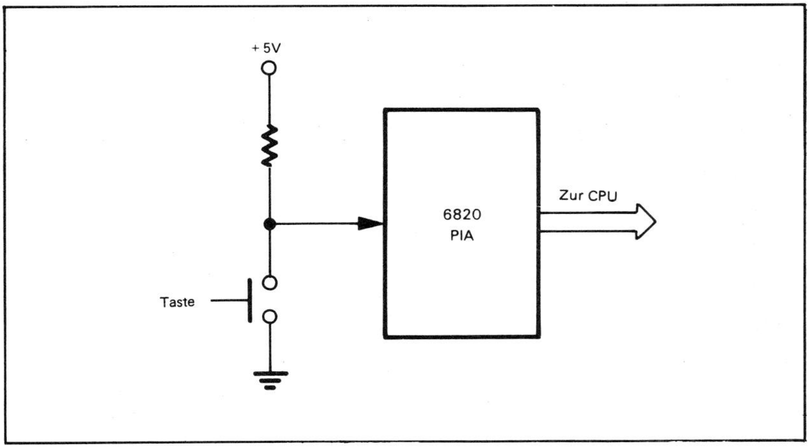

Bild 11-8. Eine Tasten-Schaltung

Flußdiagramm

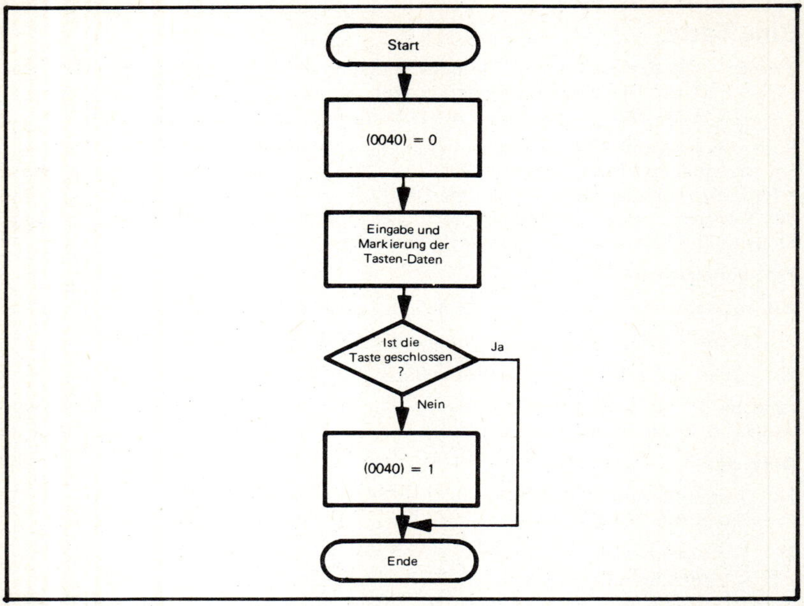

Quellprogramm:

```
        CLR     PIACR         LÖSCHE STEUER-REGISTER
        CLR     PIADDRA       ALLE LEITUNGEN EINGÄNGE
        LDAA    #%00000100    WÄHLE DATENREGISTER
        STAA    PIACR
        CLR     #$40          MARKE = 0
        LDAA    PIADRA        LIES TASTENPOSITION
        ANDA    #MASK         IST DIE TASTE GESCHLOSSEN (0)?
        BEQ     DONE          JA, ZU DONE
        INC     $40           NEIN, MARKE = 1
DONE    SWI
```

Objektprogramm:

Speicher-Adresse (Hex)	Speicher-Inhalt (Hex)			Befehl (Mnemonik)	
0000	7F	PIACRA		CLR	PIACRA
0003	7F	PIADDRA		CLR	PIADDRA
0006	86	04		LDAA	#%00000100
0008	B7	PIACRA		STAA	PIACRA
000B	7F	0040		CLR	$40
000E	B6	PIADRA		LDAA	PIADRA
0011	84	MASK		ANDA	#MASK
0013	27	03		BEQ	DONE
0015	7C	0040		INC	$40
0018	3F		DONE	SWI	

Die Adressen PIACRA, PIADDRA und PIADRA hängen davon ab, wie der PIA in unserem Mikrocomputer verbunden ist. Die Steuerleitungen des PIA werden in diesem Beispiel nicht verwendet.

MASK hängt von dem Bit ab, mit dem die Taste verbunden ist. Es besitzt eine Eins in der Tastenposition und sonst Nullen.

Tasten-Position (Bit-Nummer)	Maske	
	Binär	Hexadezimal
0	00000001	01
1	00000010	02
2	00000100	04
3	00001000	08
4	00010000	10
5	00100000	20
6	01000000	40
7	10000000	80

Wenn die Taste mit dem Datenbit 7 verbunden ist, ist kein Maskier-Befehl erforderlich, um den Zustand der Taste zu bestimmen:

```
        LDAA    PIADRA          LIES TASTENPOSITION
        BPL     DONE            ZU DONE, WENN DIE TASTE
                                   GESCHLOSSEN
```

Der TST-Befehl könnte ebenfalls verwendet werden.

Wenn die Taste mit den Bits 0 oder 6 verbunden ist, kann eine Schiebe-Befehl den Zustand der Taste wie folgt bestimmen:

```
    BIT 6
        ASL     PIADRA          IST DIE TASTE GESCHLOSSEN (0)?
        BPL     DONE            JA, ZU DONE
    BIT 7
        LSR     PIADRA          IST DIE TASTE GESCHLOSSEN (0)?
        BCC     DONE            JA, ZU DONE
```

ROL (Bit 6) oder ROR (Bit 0) könnte ebenfalls verwendet werden. Ändert sich der Inhalt des Datenregisters des PIA tatsächlich? Erklären Sie Ihre Anwort.

Aufgabe 2: Zählen der Anzahl der Tasten-Betätigung im Speicherplatz 0040.

Beispiel:

Das Drücken der Taste zehnmal nach dem Start des Programms sollte ergeben:

(0040) = 0A

ENTPRELLEN DURCH SOFTWARE

Anmerkung: Um zu zählen, wie oft die Taste betätigt wurde, muß man sich vergewissern, daß jedes Schließen des Tasten-Kontaktes auch tatsächlich einen einzelnen Spannungssprung erzeugt. Nicht jedes Schließen eines mechanischen Tasten-Kontaktes erzeugt auch tatsächlich einen einzelnen Spannungssprung, da die mechanischen Kontakte prellen, bevor sie ihre endgültige Lage erreichen. Man kann einen monostabilen Multivibrator verwenden, um das Prellen zu eliminieren oder man kann dies mittels der Software erledigen.

TASTEN-ENTPRELLUNG

Das Programm kann die Taste entprellen, indem es nach dem Schließen der Taste wartet. Die erforderliche Verzögerung wird Entprellzeit genannt und ist Teil der Spezifikationen der Taste. Sie ist typisch einige wenige Millisekunden lang. Das Programm sollte die Taste während dieser Periode nicht prüfen, da Fehler infolge des Prellens der Taste entstehen könnten. Das Programm kann entweder in eine Verzögerungs-Routine eintreten, ähnlich der vorher beschriebenen, oder es kann einfach andere Aufgaben während dieses bestimmten Zeitintervalls ausführen.

Auch nach der Entprellung muß das Programm noch warten, bis der momentan geschlossene Kontakt wieder geöffnet wird, bevor es nach weiteren Tasten-Betätigungen Ausschau hält. Dieses Verfahren vermeidet eine doppelte Zählung. Das folgende Programm verwendet eine Software-Verzögerung von 10 ms, um die Tasten zu entprellen. Man kann auf Wunsch versuchen, die Verzögerung zu variieren oder sie ganz eliminieren um festzustellen, was geschieht. Um dieses Programm ablaufen zu lassen, muß man das Verzögerungs-Unterprogramm in den Speicher einbringen, beginnend beim Speicherplatz 0030.

Flußdiagramm:

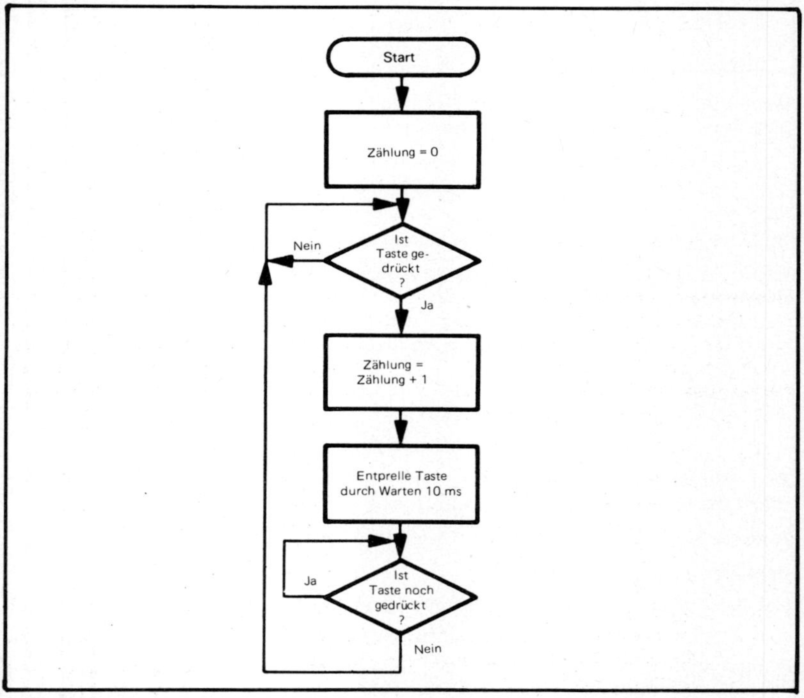

Quellprogramm:

```
        CLR     PIACRA          LÖSCHE STEUER-REGISTER
        CLR     PIADDR          ALLE LEITUNGEN EINGÄNGE
        LDAA    #%00000100      WÄHLE DATENREGISTER
        STAA    PIACRA
        CLR     $40             ZÄHLUNG = 0
CHKCL   LDAA    PIADRA
        ANDA    #MASK           IST DIE TASTE GEDRÜCKT (0)?
        BNE     CHKCL           NEIN, WARTE BIS DIES DER FALL IST
```

```
        INC     $40        JA, ZÄHLUNG = ZÄHLUNG + 1
        LDAB    #10
        JSR     DELAY      WARTE 10 MS FÜR ENTPRELLEN
CHKOP   LDAA    PIADRA
        ANDA    #MASK      IST DIE TASTE NOCH IMMER
                              GEDRÜCKT (0)?
        BEQ     CHKOPN     JA, WARTE AUF LOSLASSEN
        BRA     CHKCLO     NEIN, HALTE NACH NÄCHSTER
                              BETÄTIGUNG AUSSCHAU
```

Objektprogramm:

Speicher-Adresse (Hex)	Speicher-Inhalt (Hex)			Befehl (Mnemonik)	
0000	7F	PIACRA		CLR	PIACRA
0003	7F	PIADDRA		CLR	PIADDRA
0006	86	04		LDAA	#%00000100
0008	B7	PIACRA		STAA	PIACRA
000B	7F	0040		CLR	$40
000E	B6	PIADRA	CHKCLO	LDAA	PIADRA
0011	84	MASK		ANDA	#MASK
0013	26	F9		BNE	CHKCLO
0015	7C	0040		INC	$40
0018	C6	0A		LDAB	#10
001A	BD	0030		JSR	DELAY
001D	B6	PIADRA	CHKOPN	LDAA	PIADRA
0020	84	MASK		ANDA	#MASK
0022	27	F9		BEQ	CHKOPN
0024	20	E8		BRA	CHKCLO

Die drei Befehle, die mit der Markierung CHKOPN beginnen, werden zum Warten verwendet, bis die Taste wieder losgelassen wird. Wenn der PIA so adressiert ist, wie in der letzten Spalte der Tabelle 11-1 gezeigt ist, kann das Indexregister mit der Adresse des Peripherie-Registers geladen werden, und der Befehl, der den PIA anspricht, kann wie folgt modifiziert werden:

Original		**Ersatz**	
		(X) = PIADRA	
CLR	PIACRA	CLR	1.X
CLR	PIADDRA	CLR	X
STAA	PIACRA	STAA	1.X
LDAA	PIADRA	LDAA	X

Ein Kippschalter

Zweck: Anpassung eines einpoligen Kippschalters mit zwei Stellungen an einen Mikroprozessor 6800. Der Kippschalter ist ein mechanischer Baustein, der in einer von zwei möglichen Stellungen liegt.

ENTPRELLUNG MIT KREUZ-GEKOPPELTEN NAND-GATTERN

Bild 11-9 zeigt die Schaltung, die zur Anpassung des Schalters erforderlich ist. Wie bei der Taste verwendet der Schalter ein Bit des PIA 6820, das als adressierbarer Puffer dient. Anders als bei der Taste kann der Schalter in einer der beiden Positionen belassen werden. Typische Programm-Aufgaben sind das Bestimmen der Schalter-Position und die Feststellung, ob sich die Position geändert hat. Es kann entweder ein monostabiler Multivibrator mit einer Impulslänge von einigen Millisekunden oder ein Paar kreuz-gekoppelter NAND-Gatter (siehe Bild 11-10) verwendet werden, um einen mechanischen Schalter zu entprellen.

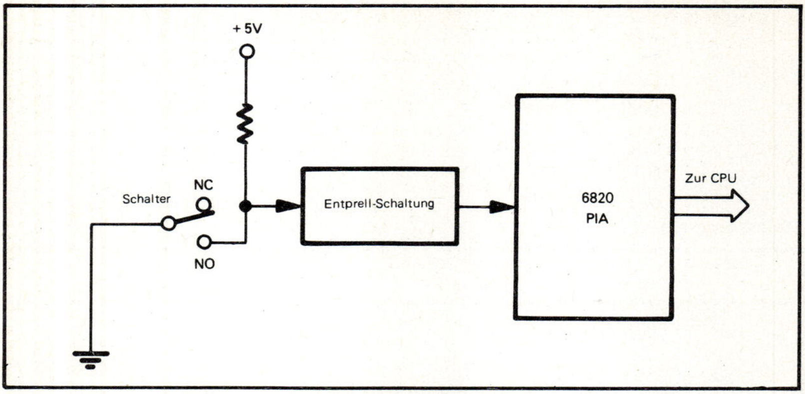

Bild 11-9. Eine Schaltung für einen Kippschalter

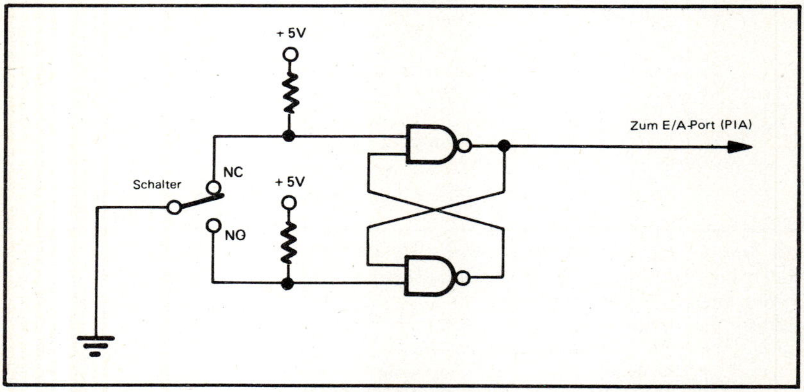

Bild 11-10. Eine Entprell-Schaltung mit kreuzgekoppelten NAND-Gattern

Die Schaltungen werden einen einzelnen Spannungssprung oder Impuls infolge der Änderung der Schalterposition erzeugen, auch wenn der Schalter prellt, bevor er sich in seiner neuen Position befindet.

Programmbeispiele:

Wir wollen zwei Aufgaben unter Verwendung dieser Schaltung ausführen. Diese sind:

1) Setze einen Speicherplatz auf eins, wenn der Schalter geschlossen ist.

2) Setze einen Speicherplatz auf eins, wenn sich der Zustand des Schalters ändert.

Aufgabe 1: Warten auf das Schließen des Schalters.

Der Speicherplatz 0040 ist null bis der Schalter geschlossen wird und wird dann auf eins gesetzt. Das heißt, der Prozessor löscht den Speicherplatz 0040, wartet auf das Schließen des Schalters und setzt dann den Speicherplatz 0040 auf eins. Der Schalter könnte als Run/$\overline{\text{Halt}}$ markiert werden, da der Prozessor nicht weiterläuft, bis der Schalter geschlossen wird.

Flußdiagramm:

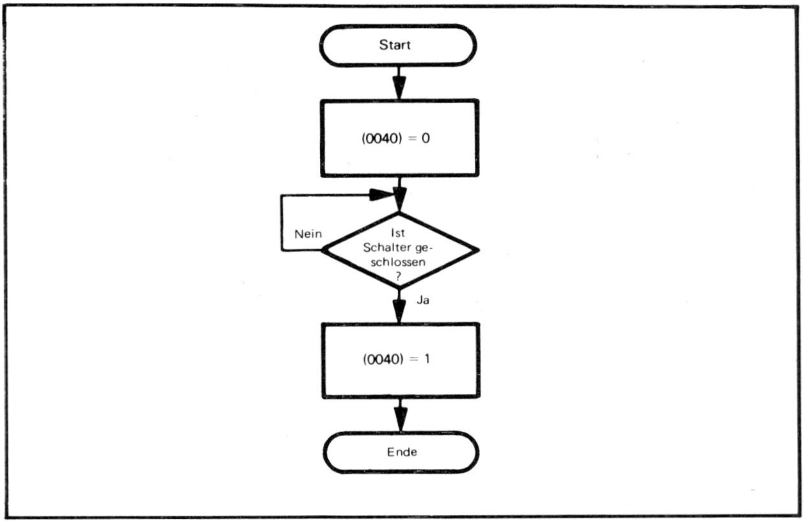

Quellprogramm:

```
        CLR    PIACRA       LÖSCHE STEUER-REGISTER
        CLR    PIADDRA      ALLE LEITUNGEN EINGÄNGE
        LDAA   #%00000100   WÄHLE DATENREGISTER
        STAA   PIACRA
        CLR    $40          MARKE = 0
WAITCL  LDAA   PIADRA       LIES SCHALTERSTELLUNG
        ANDA   #MASK        IST DER SCHALTER GESCHLOSSEN
                              (0) ?
        BNE    WAITCL       NEIN, WARTE
        INC    $40          JA, MARKE = 1
        SWI
```

Objektprogramm:

Speicher-Adresse (Hex)	Speicher-Inhalt (Hex)		Befehl (Mnemonik)		
0000	7F	PIACRA		CLR	PIACRA
0003	7F	PIADDRA		CLR	PIADDRA
0006	86	04		LDAA	#%00000100
0008	B7	PIACRA		STAA	PIACRA
000B	7F	0040		CLR	$40
000E	B6	PIADRA	WAITCL	LDAA	PIADRA
0011	84	MASK		ANDA	#MASK
0013	26	F9		BNE	WAITCL
0015	7C	0040		INC	$40
0018	3F			SWI	

Aufgabe 2: Warten auf Änderung der Schalterstellung.

Der Speicherplatz 0040 verbleibt null, bis sich die Schalterstellung ändert. Das heißt, der Prozessor wartet bis zur Änderung der Schalterstellung, und setzt dann den Speicherplatz 0040 auf eins.

Quellprogramm:

```
        CLR    PIACRA       LÖSCHE STEUER-REGISTER
        CLR    PIADDRA      ALLE LEITUNGEN EINGÄNGE
        LDAA   #%00000100   WÄHLE DATENREGISTER
        STAA   PIACRA
        CLR    $40          MARKE = 0
        LDAA   PIADRA       HOLE ALTE SCHALTERSTELLUNG
        ANDA   #MASK
SEARCH  LDAB   PIADRA       HOLE NEUE SCHALTERSTELLUNG
        ANDB   #MASK
        CBA                 SIND DIE NEUE UND DIE ALTE
                               STELLUNG GLEICH?
        BEQ    SEARCH       JA, WARTE
        INC    $40          NEIN, MARKE = 1
        SWI
```

Flußdiagramm:

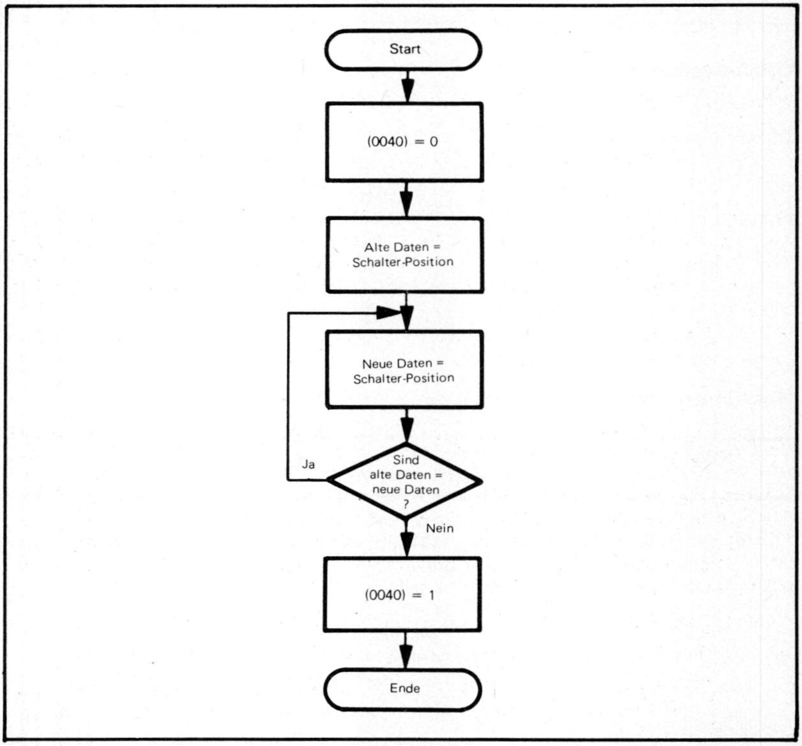

Objektprogramm:

Speicher-Adresse (Hex)	Speicher-Inhalt (Hex)			Befehl (Mnemonik)	
0000	7F	PIACRA		CLR	PIACRA
0003	7F	PIADDRA		CLR	PIADDRA
0006	86	04		LDAA	#%00000100
0008	B7	PIACRA		STAA	PIACRA
000B	7F	0040		CLR	$40
000E	B6	PIADRA		LDAA	PIADRA
0011	84	MASK		ANDA	#MASK
0013	F6	PIADRA	SEARCH	LDAB	PIADRA
0016	C4	MASK		ANDB	#MASK
0018	11			CBA	
0019	27	F8		BEQ	SEARCH
001B	7C	0040		INC	$40
001E	3F			SWI	

Eine Subtraktion oder Exklusiv-ODER-Operation könnte den Vergleich (Compare) im Programm ersetzen. Jeder dieser Befehle würde jedoch den Inhalt des Akkumulators ändern. Die Exklusiv-ODER-Operation wäre sehr nützlich, wenn mehrere Schalter mit dem gleichen PIA verbunden wären, da es ein Bit für jeden Schalter erzeugen würde, der seinen Zustand geändert hat. Wie würden Sie dieses Programm neu schreiben, damit der Schalter durch die Software entprellt wird?

Ein Schalter mit mehreren Stellungen (Drehschalter, Wahlschalter, oder Daumenrad-Schalter)

Zweck: Anpassung eines Schalters mit mehreren Stellen an einen Mikroprozessor 6800. Die Leitung, die der Schalterposition entspricht, wird geerdet, während die anderen Leitungen High sind (logisch 1).

Bild 11-11 zeigt die erforderliche Schaltung zur Anpassung eines achtstelligen Schalters. Der Schalter verwendet alle acht Datenbits einer Seite eines PIA 6820. Typische Aufgaben sind das Bestimmen der Schalterposition und Prüfung, ob sich diese Stellung geändert hat oder nicht. Es müssen zwei spezielle Situationen verarbeitet werden:

1) Der Schalter befindet sich zeitweise zwischen den Positionen, so daß keine Leitungen geerdet sind.

2) Der Schalter hat seine endgültige Lage noch nicht erreicht.

Die erste dieser beiden Möglichkeiten kann durch Warten verarbeitet werden, bis die Eingänge nicht alles Einsen sind, d.h., bis eine Schalterleitung geerdet ist. Wir können die zweite Möglichkeit durch neuerliches Prüfen der Schalter nach einer Verzögerung (etwa 1 oder 2 Sekunden) verarbeiten und die Eingaben nur akzeptieren, wenn sie gleich bleiben. Diese Verzögerung wird gewöhnlich die Empfindlichkeit des Systems gegenüber den Schaltern nicht beeinflussen. Wir können auch einen anderen Schalter (einen Lade-Schalter) verwenden, um dem Prozessor mitzuteilen, wann der Wahlschalter gelesen werden sollte.

Programmierbeispiele:

Wir wollen zwei Aufgaben für die Schaltung in Bild 11-11 lösen. Diese sind:

a) Beobachten des Schalters, bis er sich in einer endgültigen Position befindet, dann die Position bestimmen und ihren Binärwert in einen Speicherplatz ablegen.

b) Warten auf die Änderung der Schalterposition, dann die neue Position in einen Speicherplatz ablegen.

Wenn sich der Schalter in einer bestimmten Lage befindet, so wird die Leitung von dieser Position über die gemeinsame Leitung geerdet. Pullup-Widerstände sind gewöhnlich an allen Eingangsleitungen erforderlich, um Probleme zu vermeiden, die durch Rauschen verursacht werden.

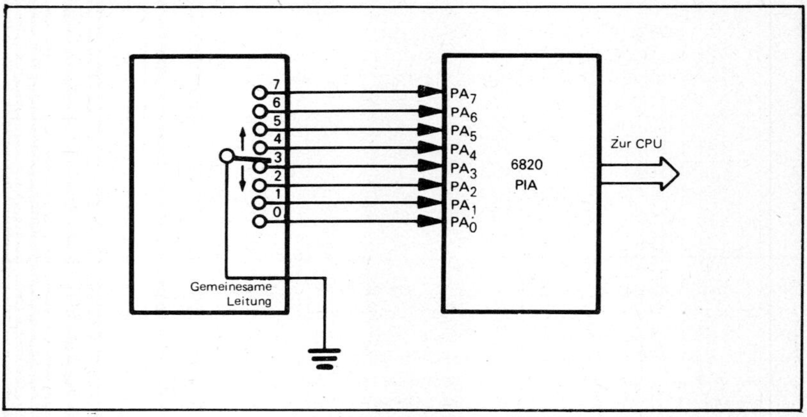

Bild 11-11. Schalter mit mehreren Stellungen

ASSEMBLERSPRACHEN-PROGRAMME

BEISPIELE

Bestimmen einer Schalterposition

Zweck: Das Programm wartet, bis sich der Schalter in einer endgültigen Position befindet und plaziert dann die Nummer dieser Position in den Speicherplatz 0040.

Anmerkung: Die folgende Tabelle gibt den Zusammenhang zwischen dem Dateneingang und der Schalterposition:

Tabelle 11-7. Daten-Eingang gegen Schalter-Position

Schalter-Position	Daten-Eingang	
	Binär	Hexadezimal
0	11111110	FE
1	11111101	FD
2	11111011	FB
3	11110111	F7
4	11101111	EF
5	11011111	DF
6	10111111	BF
7	01111111	7F

Dieses Schema ist nicht sehr effizient, da es acht Bits benötigt, um zwischen acht verschiedenen Positionen zu unterscheiden.

VERWENDUNG EINES TTL-CODIERERS

Ein TTL- oder MOS-Codierer könnte die Anzahl der benötigten Bits verringern. Bild 11-12 zeigt eine Schaltung, die den TTL-8-zu-3-Codierer 74LS148 verwendet. Wir verbinden die Schalter-Ausgänge in umgekehrter Reihenfolge, da der Baustein 74LS148 Eingänge und Ausgänge besitzt, die aktiv Low sind. Der Ausgang der Codierschaltung ist eine 3-Bit-Darstellung der Schalterposition. Zahlreiche Schalter besitzen derartige Codierer, so daß sie automatisch ein codiertes Ausgangssignal liefern, das gewöhnlich aus einer BCD-Ziffer (in negativer Logik) besteht.

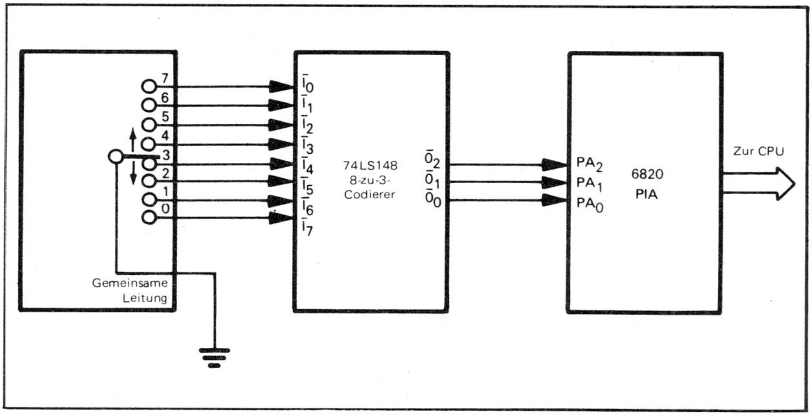

Bild 11-12. Ein Schalter mit mehreren Stellungen und einem Codierer

Der Codierer erzeugt Ausgangssignale, die aktiv Low sind, so daß beispielsweise die Schalterstellung 5, die mit dem Eingang 2 verbunden ist, ein Ausgangssignal von 2 in negativer Logik (oder 5 in positiver Logik) erzeugt. Sie können die doppelte Negation selbst überprüfen.

Flußdiagramm:

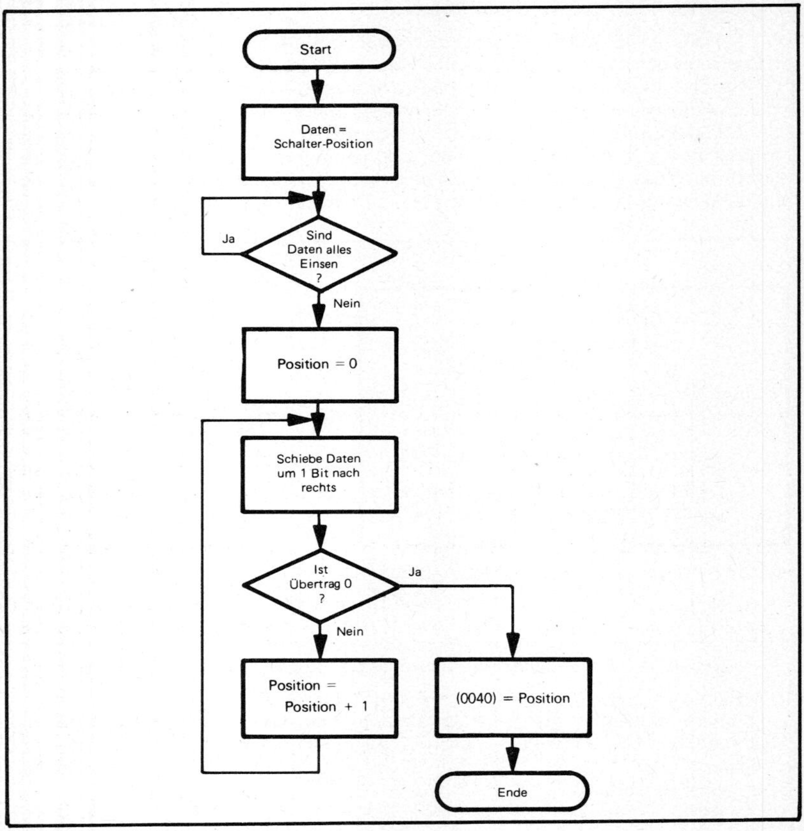

Quellprogramm:

```
        CLR    PIACRA      LÖSCHE STEUER-REGISTER
        CLR    PIADDRA     ALLE LEITUNGEN EINGÄNGE
        LDAA   #%00000100  WÄHLE DATENREGISTER
        STAA   PIACRA
CHKSW   LDAA   PIADRA
        CMPA   #$FF        BEFINDET SICH DER SCHALTER IN
                              EINER POSITION ?
        BEQ    CHKSW       NEIN, WARTE AUF EINE SCHALTER-
                              STELLUNG
        CLRB               POSITION = 0
CHKPOS  RORA               IST DAS NÄCHSTE BIT EINE GEERDETE
                              POSITION ?
        BCC    DONE        JA, SCHALTERSTELLUNG GEFUNDEN
        INCB               NEIN, POSITION = POSITION + 1
        BRA    CHKPOS
DONE    STAB   $40         SPEICHERE SCHALTERSTELLUNG
        SWI
```

Objektprogramm:

Speicher-Adresse (Hex)	Speicher-Inhalt (Hex)		Befehl (Mnemonik)		
0000	7F	PIACRA		CLR	PIACRA
0003	7F	PIADDRA		CLR	PIADDRA
0006	86	04		LDAA	#%00000100
0008	B7	PIACRA		STAA	PIACRA
000B	B6	PIADRA	CHKSW	LDAA	PIADRA
000E	81	FF		CMPA	#$FF
0010	27	F9		BEQ	CHKSW
0012	5F			CLRB	
0013	46		CHKPOS	RORA	
0014	24	03		BCC	DONE
0016	5C			INCB	
0017	20	FA		BRA	CHKPOS
0019	D7	40	DONE	STAB	$40
001B	3F			SWI	

Nehmen Sie an, daß ein fehlerhafter Schalter oder ein defekter PIA immer ein Ausgangssignal liefern würde, das FF_{16} ist. Wie könnten Sie dieses Programm abändern, so daß dieser Fehler festgestellt würde?

Es gibt einen unbedingten Sprung, BRA CHKPOS im Quellprogramm. Können Sie die Anfangsbedingungen so umstellen, daß dieser Befehl eliminiert wird?

Dieses Beispiel nimmt an, daß der Schalter mittels Hardware entprellt wurde. Wie würden Sie das Programm ändern, damit die Entprellung durch die Software erfolgt?

Warten auf eine Änderung der Schalterposition

Zweck: Das Programm wartet auf eine Änderung der Schalterposition und plaziert die neue Position (decodiert) in den Speicherplatz 0040. Das Programm wartet, bis der Schalter seine neue Lage erreicht.

Flußdiagramm:

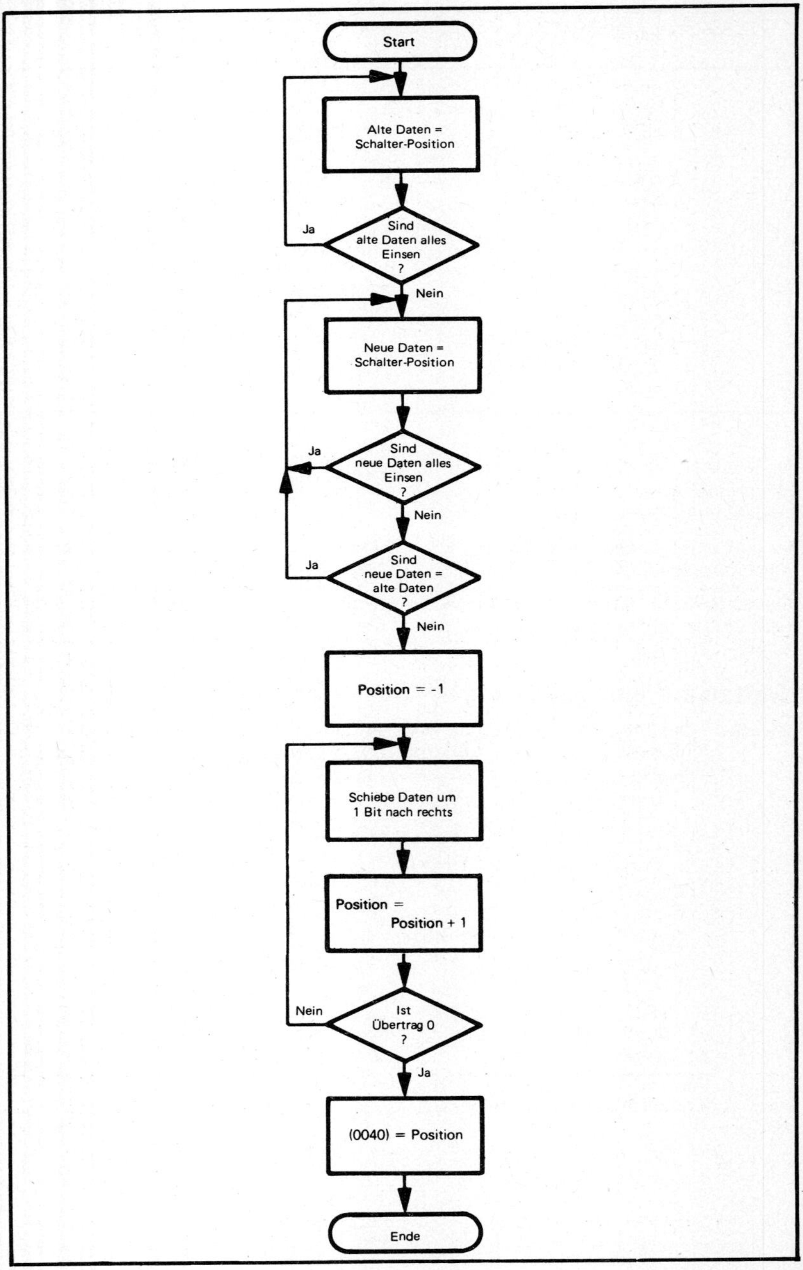

Quellprogramm:

```
        CLR    PIACRA       LÖSCHE STEUER-REGISTER
        CLR    PIADDR       ALLE LEITUNGEN EINGÄNGE
        LDAA   #%00000100   WÄHLE DATENREGISTER
        STAA   PIACRA
CHK1ST  LDAA   PIADRA       HOLE SCHALTERDATEN
        CMPA   #$FF         BEFINDET SICH DER SCHALTER IN
                              EINER POSITION ?
        BEQ    CHK1ST       NEIN, WARTE AUF DIE POSITION
CHK2ND  LDAB   PIADRA       HOLE NEUE SCHALTERDATEN
        CMPB   #$FF         BEFINDET SICH DER SCHALTER IN
                              EINER POSITION ?
        BEQ    CHK2ND       NEIN, WARTE AUF POSITION
        CBA                 IST DIE POSITION DIE GLEICHE WIE
                              VORHER ?
        BEQ    CHK2ND       JA, WARTE AUF EINE ÄNDERUNG
        LDAA   #$FF         POSITION = –1
CHKPOS  RORB                IST DAS NÄCHSTE BIT EINE GEERDETE
                              POSITION ?
        INCA                POSITION = POSITION + 1
        BCS    CHKPOS       NEIN, HALTE WEITER AUSSCHAU
                              NACH GEERDETER POSITION
        STAA   $40          SPEICHERE SCHALTERPOSITION
        SWI
```

Objektprogramm:

Speicher-Adresse (Hex)	Speicher-Inhalt (Hex)		Befehl (Mnemonik)		
0000	7F	PIACRA		CLR	PIACRA
0003	7F	PIADDRA		CLR	PIADDRA
0006	86	04		LDAA	#%00000100
0008	B7	PIACRA		STAA	PIACRA
000B	B6	PIADRA	CHK1ST	LDAA	PIADRA
000E	81	FF		CMPA	#$FF
0010	27	F9		BEQ	CHK1ST
0012	F6	PIADRA	CHK2ND	LDAB	PIADRA
0015	C1	FF		CMPB	#$FF
0017	27	F9		BEQ	CHK2ND
0019	11			CBA	
001A	27	F6		BEQ	CHK2ND
001C	86	FF		LDAA	#$FF
001E	56		CHKPOS	RORB	
001F	4C			INCA	
0020	25	FC		BCS	CHKPOS
0022	97	40		STAA	$40
0024	3F			SWI	

Eine andere Methode zur Bestimmung, ob sich der Schalter in einer Position befindet ist:

```
CHKSW   INC    PIADRA
        BEW    CHKSW
```

Wie arbeitet diese? Was geschieht mit den Eingangsdaten?

Eine einzelne LED

Zweck: Anpassung einer einzelnen licht-emittierenden Diode an einen Mikroprozessor 6800. Die LED kann so angeordnet werden, daß sie entweder durch eine Null oder eine Eins eingeschaltet wird.

LED-STEUERUNGEN

Bild 11-13 zeigt die Schaltung, die zur Anpassung einer LED erforderlich ist. Die LED leuchtet, wenn ihre Anode positiv gegenüber ihrer Kathode ist (Bild 11-13a). Daher kann man die LED entweder durch Erden der Kathode zum Leuchten bringen, wobei der Computer eine Eins an die Anode liefert (Bild 11-13b) oder durch Verbinden der Anode mit +5 Volt, wobei der Computer eine Null an die Kathode liefert (Bild 11-13c). Die Steuerung der Kathode ist die am häufigsten angewandte Lösung. Die LED ist am hellsten, wenn sie mit einem gepulsten Strom von etwa 10 bis 50 mA gespeist wird, der einige hundertmal pro Sekunde zugeführt wird. LEDs besitzen eine sehr kurze Einschaltzeit (im Mikrosekunden-Bereich), so daß sie sehr gut für Multiplexen (der Betrieb mehrerer LEDs von einem einzelnen Port) geeignet sind. LED-Schaltungen benötigen gewöhnlich periphere Bausteine oder Transistor-Treiber und strom-begrenzende Widerstände. MOS-Schaltungen können normalerweise LEDs nicht direkt steuern und sie hell genug zum Leuchten bringen.

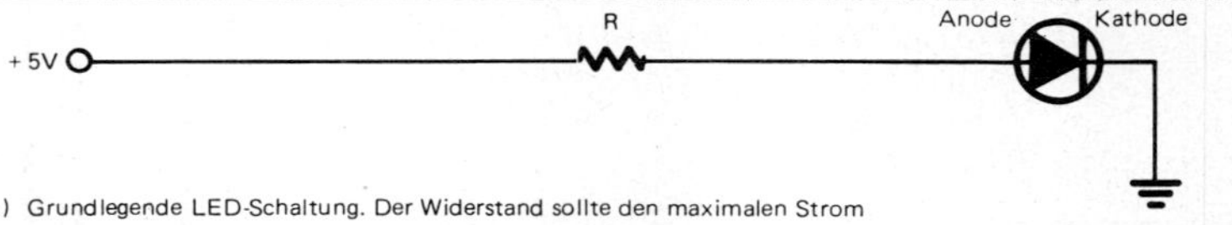

a) Grundlegende LED-Schaltung. Der Widerstand sollte den maximalen Strom auf 50 mA begrenzen und den mittleren Strom auf 10 mA.

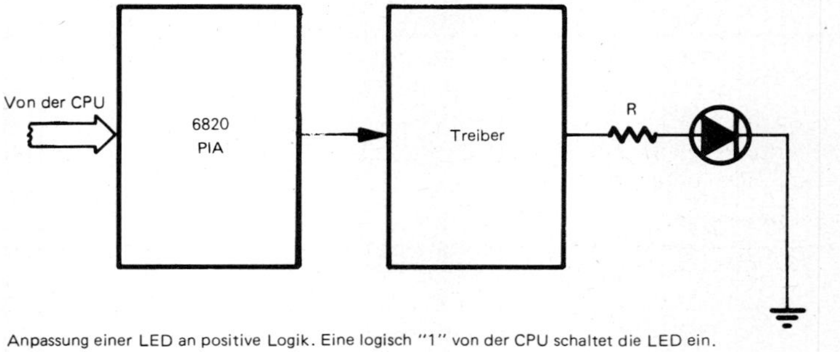

b) Anpassung einer LED an positive Logik. Eine logisch "1" von der CPU schaltet die LED ein.

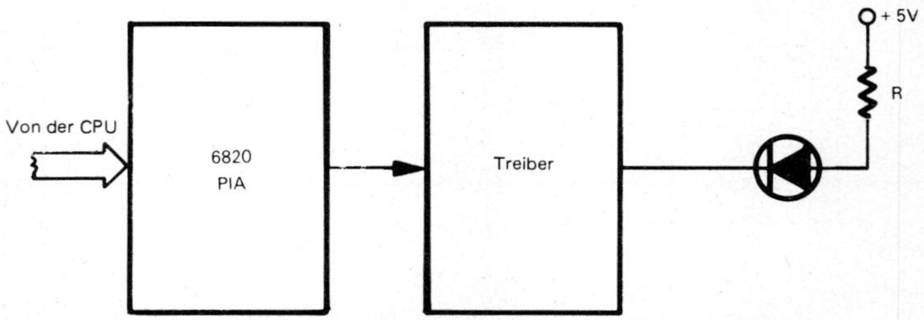

c) Anpassung einer LED an negative Logik. Eine logisch "0" von der CPU schaltet die LED ein. Der Treiber oder die CPU kann die Logikpegel umkehren.

Bild 11-13. Anpassung einer LED

Anmerkung: Der PIA besitzt einen Ausgangs-Zwischenspeicher, jedoch keinen Eingangs-Zwischenspeicher. Erinnern Sie sich daran, daß die B-Seite des PIA gepuffert ist, so daß die Ausgangsdaten korrekt gelesen werden können, unabhängig von der Belastung auf den Leitungen. Die A-Seite ist nicht gepuffert. Der MOS-PIA kann (im besten Falle) einen Strom von 1,6 mA aufnehmen und daher LEDs nicht direkt betreiben.

Ein- und Ausschalten einer LED

Zweck: Das Programm schaltet eine einzelne LED entweder ein oder aus. Sende ein logisch 1 zur LED (schalte eine positive Anzeige ein oder eine negative Anzeige aus).

Quellprogramm:

(anfängliches Einstellen der Daten)

```
        CLR     PIACRB          LÖSCHE STEUER-REGISTER
        LDAA    #$FF            ALLE LEITUNGEN AUSGÄNGE
        STAA    PIADDRB
L       LDAA    #%00000100      ZUGRIFF AUF DAS DATENREGISTER
        STAA    PIACRB
        LDAA    #MASKP          HOLE DATEN FÜR LED
        STAA    PIADRB          UND SENDE SIE ZUR LED
        SWI
```

Es wird die B-Seite der PIA verwendet, da diese gepuffert ist. Die CPU kann deshalb die Daten vom Ausgangsport lesen.

(Daten auf den neuesten Stand bringen)

```
        LDAA    PIADRB          HOLE ALTE DATEN
        ORAA    #MASKP          SCHALTE LED-BIT EIN
        STAA    PIADRB          SENDE DATEN ZUR LED
        SWI
```

MASKP hat ein 1-Bit in der LED-Position und andernfalls Nullen. Eine logische ODERierung mit MASKP beeinflußt die anderen Bit-Positionen nicht, die Bits für andere LEDs enthalten können.

Objektprogramm:

Speicher-Adresse (Hex)	Speicher-Inhalt (Hex)		Befehl (Mnemonik)	
	(von anfänglichen Daten)			
0000	7F	PIACRB	CLR	PIACRB
0003	86	FF	LDAA	#$FF
0005	B7	PIADDRB	STAA	PIADDRB
0008	86	04	LDAA	#%00000100
000A	B7	PIACRB	STAA	PIACRB
000D	86	MASKP	LDAA	#MASKP
000F	B7	PIADRB	STAA	PIADRB
0012	3F		SWI	
	(Daten auf dem neuesten Stand)			
0013	B6	PIADRB	LDAA	PIADRB
0016	8A	MASKP	ORAA	#MASKP
0018	B7	PIADRB	STAA	PIADRB
001B	3F		SWI	

Sende eine logische Null zur LED (Abschalten einer positiven Anzeige oder Einschalten einer negativen Anzeige).

Die Unterschiede sind, daß MASKP durch sein logisches Komplement MASKN ersetzt werden muß, und ORAA #MASP muß durch ANDA #MASKN ersetzt werden.

MASKN hat ein Null-Bit in der LED-Position und andernfalls Einsen. Logische UNDierung mit MASKN beeinflußt die anderen Bit-Positionen nicht.

7-Segment-LED-Anzeige

Zweck: Anpassung einer 7-Segment-LED-Anzeige an einen Mikroprozessor 6800. Diese Anzeige kann entweder eine gemeinsame Anode (negative Logik) oder eine gemeinsame Kathode (positive Logik) besitzen.

ANZEIGE MIT GEMEINSAMER ANODE ODER MIT GEMEINSAMER KATHODE

Bild 11-14 zeigt die Schaltung, die zur Anpassung einer 7-Segment-Anzeige erforderlich ist. Jedes Segment kann ein, zwei oder mehr LEDs besitzen, die in der gleichen Weise angeordnet sind. Es gibt zwei Möglichkeiten für die Verbindung der LEDs. Bei einer Anordnung werden alle Kathoden gemeinsam an Masse geführt (siehe Bild 11-15a). Dies ist eine Anzeige mit "gemeinsamer Kathode", und eine logische Eins an einer Anode bringt dieses Segment zum Leuchten. Bei der anderen Möglichkeit werden alle Anoden gemeinsam an eine positive Betriebsspannung geführt (s. Bild 11-15b). Dies ist eine Anzeige mit "gemeinsamer Anode", und eine logische Null an einer Kathode läßt dieses Segment leuchten. Daher verwendet die Anzeige mit gemeinsamer Kathode positive Logik und die Anzeige mit gemeinsamer Anode negative Logik. Jede Anzeige benötigt entsprechende Treiber und Widerstände.

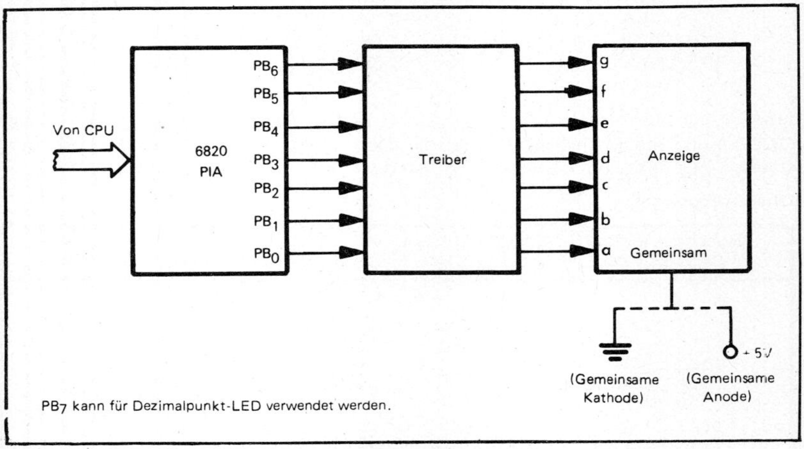

Bild 11-14. Anschluß einer Sieben-Segment-Anzeige

Die gemeinsame Leitung von der Anzeige wird entweder an Masse oder an +5 Volt gelegt. Die Anzeige-Segmente werden gewöhnlich folgendermaßen bezeichnet:

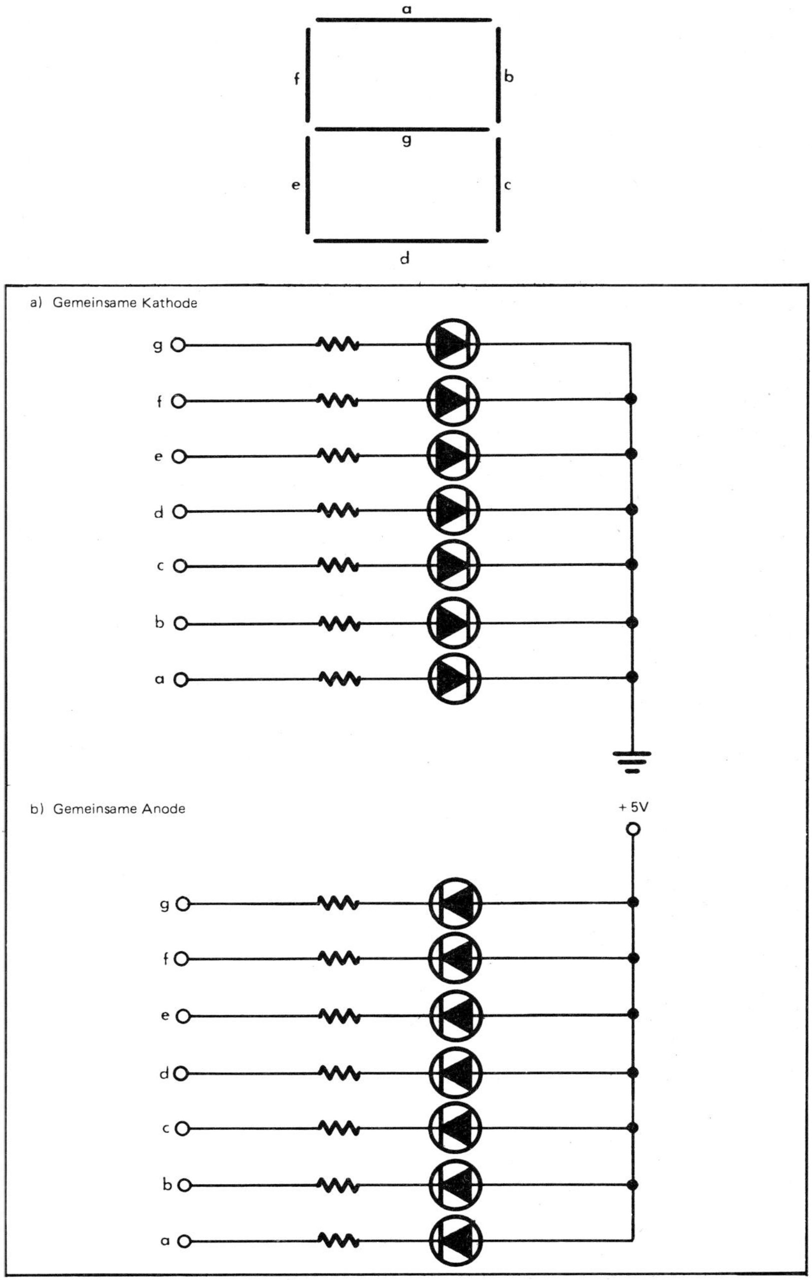

Bild 11-15. Aufbau und Anordnung von Sieben-Segment-Anzeigen

7-SEGMENT-DARSTELLUNG

Anmerkung: Die 7-Segment-Anzeige ist weit verbreitet, da sie die kleinste Anzahl von getrennt gesteuerten Segmenten enthält, die eine gut erkennbare Darstellung aller Dezimalzahlen liefert (siehe Bild 11-16 und Tabelle 11-8). Mit 7-Segment-Anzeigen kann man auch einige Buchstaben und andere Zeichen erzeugen (siehe Tabelle 11-8). Bessere Darstellungen benötigen eine wesentlich größere Anzahl von Segmenten und aufwendigere Schaltungen. Da 7-Segment-Anzeigen so populär sind, sind preisgünstige Decoder/Treiber für 7-Segment-Anzeigen in großem Umfang verfügbar. Der populärste Baustein ist der Treiber für gemeinsame Anoden 7447 und der Treiber für gemeinsame Kathoden 7448. Diese Bausteine besitzen Eingänge für Lampen-Tests (mit denen alle Segmente eingeschaltet werden) und Austast-Eingänge und Ausgänge (für das Ausblenden von führenden oder nachstehenden Nullen).

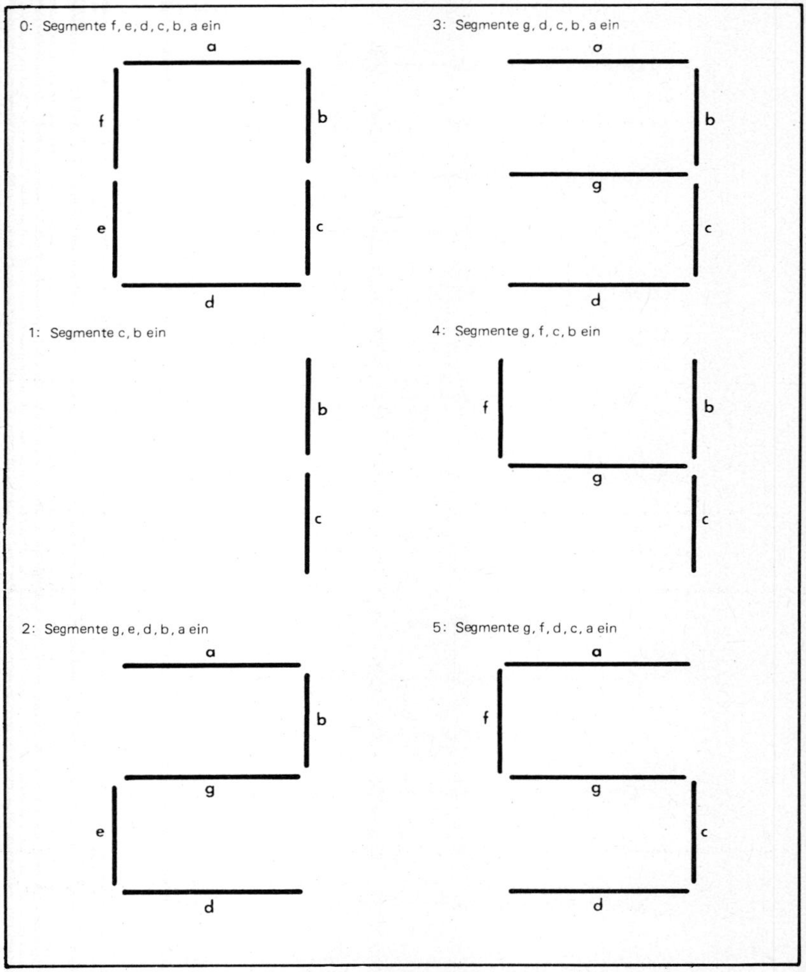

Bild 11-16. Sieben-Segment-Darstellungen von Dezimalziffern

6: Segmente g, f, e, d, c, a ein

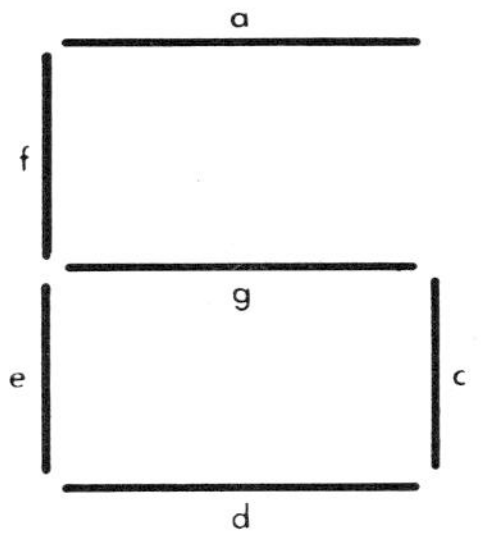

Beachten Sie, daß die andere Darstellung mit a = aus für den Kleinbuchstaben 'b' reserviert sein kann.

7: Segmente c, b, a ein

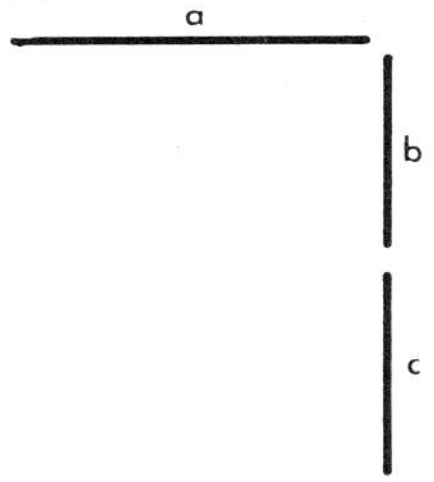

8: Segmente g, f, e, d, c, b, a ein

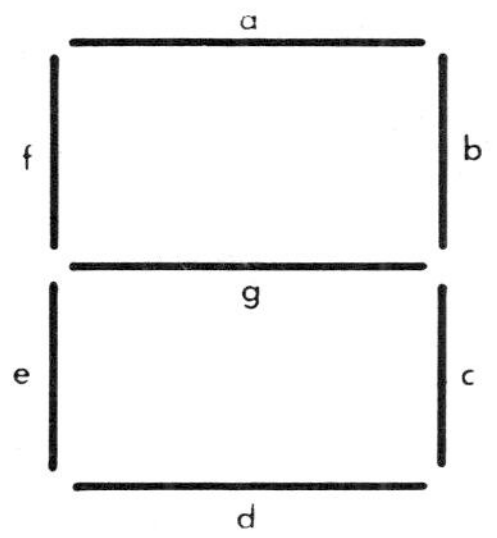

Dies entspricht auch dem Lampentest.

9: Segmente g, f, c, b, a ein

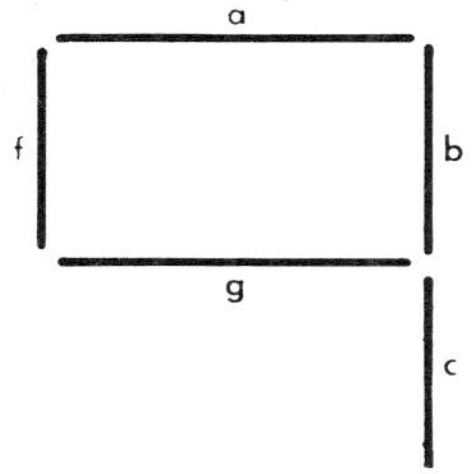

Bei einer anderen Version ist auch d eingeschaltet.

Bild 11-16. Sieben-Segment-Darstellung von Dezimalziffern (Fortsetzung)

Tabelle 11-8. Sieben-Segment-Darstellung von Dezimalzahlen

Zahl	Hexadezimale Darstellung	
	Gemeinsame Kathode	Gemeinsame Anode
0	3F	40
1	06	79
2	5B	24
3	4F	30
4	66	19
5	6D	12
6	7D	02
7	07	78
8	7F	00
9	67	18

Bit 7 ist immer null und die anderen sind g, f, e, d, c, b und a in absteigender Reihenfolge der Signifikanz.

Großbuchstaben

Buchstabe	Hexadezimal-Darstellung	
	Gemeinsame Kathode	Gemeinsame Anode
A	77	08
C	39	46
E	79	06
F	71	0E
H	76	09
I	06	79
J	1E	61
L	38	47
O	3F	40
P	73	0C
U	3E	41
Y	66	19

Kleinbuchstaben und spezielle Zeichen

Zeichen	Hexidezimal-Darstellung	
	Gemeinsame Kathode	Gemeinsame Anode
b	7C	03
c	58	27
d	5E	21
h	74	0B
n	54	2B
o	5C	23
r	50	2F
u	1C	63
-	40	3F
?	53	2C

Tabelle 11-9. Sieben-Segment-Darstellung von Buchstaben und Symbolen

Programmierbeispiel

Zweck: Anzeige des Inhalts des Speicherplatzes 0041 auf einer 7-Segment-Anzeige, wenn er eine Dezimalziffer enthält. Andernfalls Anzeige austasten:

Beispiele:

a) (0041) = 05
Resultat ist 5 auf der Anzeige

b) (0041) = 66
Das Resultat ist eine dunkel getastete Anzeige.

Flußdiagramm:

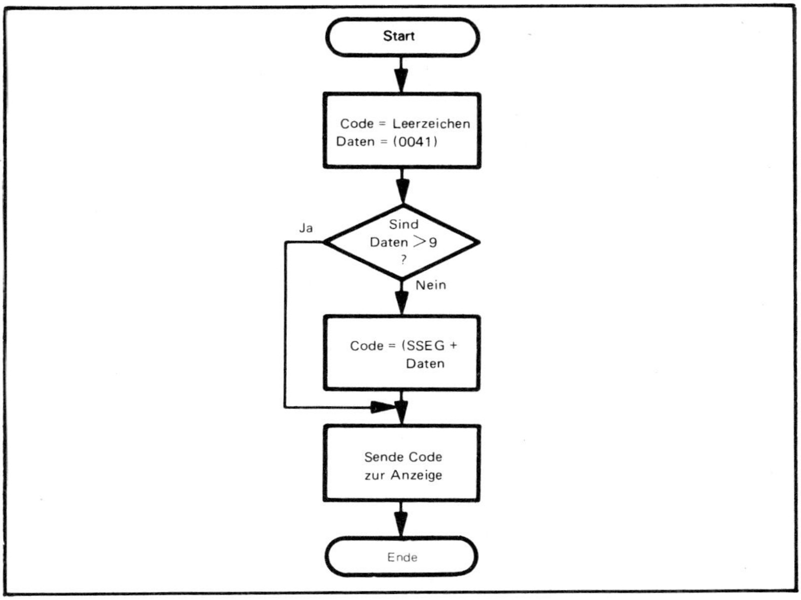

Quellprogramm:

```
        CLR     PIACRB          LÖSCHE STEUER-REGISTER
        LDAA    #$FF            ALLE LEITUNGEN EINGÄNGE
        STAA    PIADDRB
        LDAA    #%00000100      AUF DATENREGISTER ZUGREIFEN
        STAA    PIADRB
        LDAB    #BLANK          HOLEN DES AUSTAST(BLANK)-CODES
        LDAA    $41             DATEN HOLEN
        CMPA    #9              SIND DATEN GRÖSSER ALS 9?
        BHI     DSPLY           JA, ANZEIGE DUNKEL TASTEN
        CLR     $40
        LDX     $40             HOLEN DER VERSETZUNGS-ADRESSE
                                   FÜR TABELLE
        LDAB    SSEG,X          HOLE 7-SEGMENT-CODE
DSPLY   STAB    PIADRB          CODE ZUR ANZEIGE
        SWI
```

BLANK ist 00 für eine Anzeige mit gemeinsamer Kathode, FF für eine Anzeige mit gemeinsamer Anode. Ein weiteres Verfahren bestünde darin, den BLANK-Code an das Ende der Tabelle zu legen und alle ungeeigneten Daten durch 10 ersetzen, d.h.

```
        LDAA    #10
        CMPA    $41             SIND DATEN 10 ODER MEHR?
        BHI     CNVRT           NEIN, GEHE ZUR UMWANDLUNG IN
                                   7-SEGMENT
        STAA    $41             JA, BRINGE DATEN IN INDEX FÜR
                                   BLANK-CODE
CNVRT   CLR     $40             HOLE MSBS DER BASIS-ADRESSE
```

Die Tabelle SSEG ist entweder eine Darstellung der Dezimalziffern für gemeinsame Kathode oder gemeinsame Anode aus Tabelle 11-8.

Objektprogramm:

Speicher-Adresse (Hex)	Speicher-Inhalt (Hex)			Befehl (Mnemonik)	
0000	7F	PIACRB		CLR	PIACRB
0003	86	FF		LDAA	#$FF
0005	B7	PIADDRB		STAA	PIADDRB
0008	86	04		LDAA	#%00000100
000A	B7	PIADRB		STAA	PIADRB
000D	C6	BLANK		LDAB	#BLANK
000F	96	41		LDAA	$41
0011	81	09		CMPA	#9
0013	22	07		BHI	DSPLY
0015	7F	0040		CLR	$40
0018	DE	40		LDX	$40
001A	E6	20		LDAB	SSEG,X
001C	F7	PIADRB	DSPLY	STAB	PIADRB
001F	7F			SWI	
0020-0029			SSEG		

Etwas allgemeiner gilt, wenn die Tabelle in der Adresse liegt, die durch SSEGM (8 MSBs) und SSEGL (8 LSBs) gegeben ist, muß man CLR S40 ersetzen durch

```
LDAB    #SSEGM        HOLE 8 MSBS DER BASIS-ADRESSE
STAB    $40
```

und LDAB SSEG,X durch

```
LDAB    SSEGL,X       HOLE 7-SEGMENT-CODE
```

Mehrere Anzeigen können gemultiplext werden, wie in Bild 11-17 gezeigt ist. Ein kurzer Tastimpuls auf der Steuerleitung CB2 taktet den Zähler und leitet die Daten zur nächsten Anzeige. RESET startet den Dezimal-Zähler bei 9, so daß die erste Ausgabe-Operation den Zähler löscht und die Daten zur ersten Anzeige führt.

Das folgende Programm verwendet die Verzögerungs-Routine zum Tasten jeder der zehn Anzeigen mit gemeinsamer.Kathode während der Dauer von 1 ms.

Programmierbeispiel

Zweck: Zeige den Inhalt der Speicherplätze 0040 bis 0049 auf zehn 7-Segment-Anzeigen an, die durch einen Zähler und einen Decoder gemultiplext werden.

Beispiel:

(0040) = 66
(0041) = 3F
(0042) = 7F
(0043) = 7F
(0044) = 06
(0045) = 5B
(0046) = 07
(0047) = 4F
(0048) = 6D
(0049) = 7D
Anzeige liest 4088127356

Quellprogramm:

```
CLR     PIACRB        LÖSCHE STEUER-REGISTER
LDAA    #$FF          ALLE LEITUNGEN AUSGÄNGE
STAA    PIADDRB
```

```
        LDAA    #%00101100      MACHE CB2 ZU EINEM KURZEN
                                   TAKTIMPULS
        STAA    PIACRB
SCAN    LDX     #$40            ZEIGE ZUM BEGINN DER DATEN
        LDAB    #10             ANZAHL DER ANZEIGEN = 10
DSPLY   LDAA    X               HOLE DATEN FÜR EINE ANZEIGE
        STAA    PIADRB          SENDE SIE ZUR ANZEIGE
        JSR     DELAY           WARTE 1 MS
        INX
        DECB                    ZÄHLE ANZEIGEN
        BNE     DSPLY
        BRA     SCAN            STARTE WEITERE ABTASTUNG
                                   (SCAN)
```

Das Steuer-Register Bit 5 = 1, um CB2 zu einem Ausgang zu machen, Bit 4 = 0, um einen Impuls zu bilden und Bit 3 = 1, um einen kurzen Austast-Impuls zu erzeugen.

Objektprogramm:

Speicher-Adresse (Hex)	Speicher-Inhalt (Hex)			Befehl (Mnemonik)	
0000	7F	PIACRB		CLR	PIACRB
0003	86	FF		LDAA	#$FF
0005	B7	PIADDRB		STAA	PIADDRB
0008	86	2C		LDAA	#%00101100
000A	B7	PIACRB		STAA	PIACRB
000D	CE	0040	SCAN	LDX	#$40
0010	C6	0A		LDAB	#10
0012	A6	00	DSPLY	LDAA	X
0014	B7	PIADRB		STAA	PIADRB
0017	BD	0030		JSR	DELAY
001A	08			INX	
001B	5A			DECB	
001C	26	F4		BNE	DSPLY
001E	20	ED		BRA	SCAN

AUFGABEN

1) Eine Ein-/Aus-Taste

Zweck: Jedes Schließen der Taste komplementiert (invertiert) alle Bits im Speicherplatz 0040. Der Speicherplatz enthält anfangs null. Das Programm sollte die Taste kontinuierlich prüfen und den Speicherplatz 0040 bei jedem Schließen komplementieren. Man kann stattdessen einen Anzeige-Ausgangsport komplementieren, damit die Ergebnisse leichter zu sehen sind.

Beispiel:

Der Speicherplatz 0040 enthält anfangs null.

Das erste Schließen der Taste ändert den Inhalt des Speicherplatzes 0040 in FF (hex), der zweite ändert ihn zurück auf null, der dritte auf FF (hex), etc. Es werde angenommen, daß die Taste durch Hardware entprellt wird. Wie könnten Sie Entprellen in Ihr Programm aufnehmen?

2) Entprellen eines Schalters durch Software

Zweck: Entprellen eines mechanischen Schalters durch Warten, bis zwei Lesungen, die eine Entprellzeit voneinander entfernt sind, das gleiche Ergebnis liefern. Es werde angenommen, daß die Entprellzeit (in ms) sich im Speicherplatz 0040 befindet, und die Schalterstellung im Speicherplatz 0041 plaziert wird.

Beispiel:

(0040) = 03 bewirkt, daß das Programm 3 ms zwischen den Lesungen wartet.

3) Steuerung für einen Drehschalter

Zweck: Ein weiterer Schalter dient als Ladeschalter für einen nicht-codierten Drehschalter mit vier Stellungen. Die CPU wartet, bis der Ladeschalter geschlossen (0) ist, und liest dann die Stellung des Drehschalters. Dieses Verfahren gestattet dem Operator das Drehen des Drehschalters in seine Endposition, bevor die CPU versucht ihn zu lesen. Das Programm sollte die Position des Drehschalters in den Speicherplatz 0040 plazieren. Der Ladeschalter ist mit Software zu entprellen.

Beispiel:

Bringe Drehschalter in Position 2. Schließe Ladeschalter.

Ergebnis: (0040) = 02

4) Darstellung der Schalterpositionen auf Lampen

Zweck: Bei einem Satz von acht Schaltern sollte deren Position durch acht LEDs dargestellt werden. Das heißt, wenn die Schalter geschlossen (0) sind, sollte die LED eingeschaltet sein. Andernfalls sollte die LED ausgeschaltet sein. Es werde angenommen, daß der Ausgangs-Port der CPU mit den Kathoden der LEDs verbunden ist.

Beispiel:

SCHALTER	0	GESCHLOSSEN
SCHALTER	1	OFFEN
SCHALTER	2	GESCHLOSSEN
SCHALTER	3	OFFEN
SCHALTER	4	OFFEN
SCHALTER	5	GESCHLOSSEN
SCHALTER	6	GESCHLOSSEN
SCHALTER	7	OFFEN

Ergebnis:

LED	0	EIN
LED	1	AUS
LED	2	EIN
LED	3	AUS
LED	4	AUS
LED	5	EIN
LED	6	EIN
LED	7	AUS

Wie würden Sie das Programm ändern, damit ein Schalter, der mit Bit 7 der Seite A der PIA Nr. 2 verbunden ist, bestimmt, ob die Anzeigen aktiv sind oder nicht (das heißt, wenn der Steuerschalter geschlossen ist, geben die mit Seite B verbundenen Anzeigen den Zustand der mit Seite A verbundenen Schalter wieder. Wenn der Steuerschalter offen ist, sind die Anzeigen immer abgeschaltet)? Ein Steuerschalter ist nützlich, wenn die Anzeigen den Bedienenden stören können, wie etwa in einem Flugzeug.

Wie würden Sie das Programm ändern, damit der Steuerschalter eine Ein-/Aus-Taste ist? Das heißt, jedes Schließen kehrt den vorhergehenden Zustand der Anzeigen um. Es werde angenommen, daß die Anzeigen im aktiven Zustand beginnen und daß das Programm die Taste prüft und entprellt, bevor es Daten zu den Anzeigen schickt. Wie würden Sie Ihr Programm ändern, wenn der Steuerschalter mit einer PIA-Steuerleitung verbunden wäre?

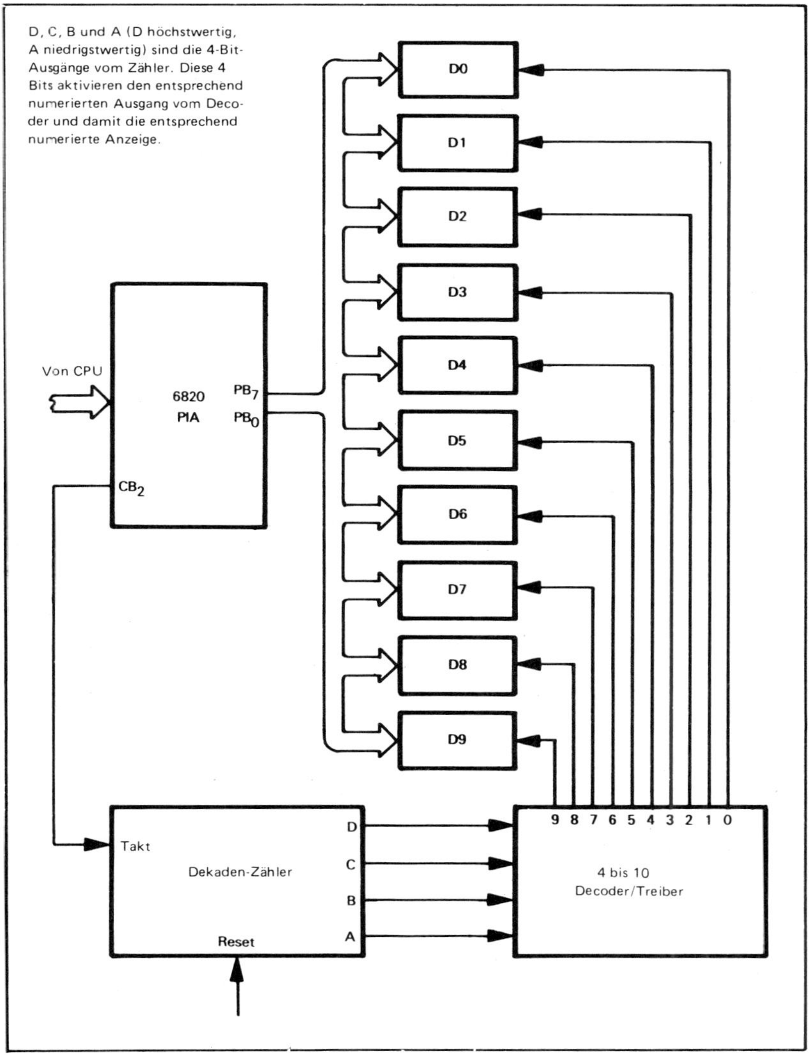

Bild 11-17. Gemultiplexte Sieben-Segment-Anzeigen

5) Zählung auf einer 7-Segment-Anzeige

Zweck: Das Programm sollte von 0 bis 9 kontinuierlich auf einer 7-Segment-Anzeige zählen, beginnend mit null.

Hinweis: Versuchen Sie unterschiedliche Längen für die zeitliche Steuerung der Anzeigen und beachten Sie, was geschieht. Wann wird die Anzeige sichtbar? Was geschieht, wenn die Anzeige während eines Teiles der Zeit ausgetastet wird?

KOMPLEXERE E/A-BAUSTEINE

Komplexere E/A-Bausteine unterscheiden sich von einfachen Tastaturen, Schaltern und Anzeigen in folgendem:

1) Sie transferieren Daten mit höheren Geschwindigkeiten.

2) Sie können ihren eigenen internen Takt und eigene zeitliche Steuerung besitzen.

3) Sie erzeugen eine Status-Information und benötigen Steuer-Informationen, und transferieren Daten.

Infolge ihrer höheren Datenraten muß man diese E/A-Bausteine entsprechend handhaben. Wenn der Prozessor nicht den geeigneten Service liefert, kann das System Eingangsdaten vermissen oder falsche Ausgangsdaten erzeugen. Man arbeitet daher unter wesentlich exakteren Einschränkungen, als dies bei einfacheren Bausteinen der Fall ist. Unterbrechungen sind ein bequemens Verfahren für die Handhabung von komplexen E/A-Bausteinen, die wir in Kapitel 12 sehen werden.

SYNCHRONISATION MIT E/A BAUSTEINEN

Periphere Geräte wie Tastaturen, Fernschreiber, Kassetten und Floppy-Disks erzeugen ihre eigene interne zeitliche Steuerung. Diese Bausteine liefern Ströme von Daten, getrennt durch spezielle zeitliche Intervalle. Der Computer muß die anfängliche Eingabe- oder Ausgabe-Operation mit dem peripheren Takt synchronisieren und dann die entsprechenden Intervalle zwischen aufeinanderfolgenden Operationen liefern. Eine einfache Verzögerungs-Schleife, wie die früher gezeigte, kann die Zeit-Intervalle erzeugen. Die Synchronisation kann eine oder mehrere der folgenden Verfahren benötigen:

1) Das Ausschau-Halten nach einem Übergang auf einer Takt- oder Tastleitung, die vom peripheren Baustein für die zeitliche Steuerung zur Verfügung gestellt wird. Das einfachste Verfahren besteht darin, den Tast-Impuls an eine PIA-Steuerleitung zu führen und auf eine Änderung in dem entsprechenden Bit des PIA-Steuerregisters zu achten.

2) Auffinden der Mitte des Zeit-Intervalles, während die Daten stabil sind. Man sollte es vorziehen, den Wert der Daten in der Mitte des Impulses zu bestimmen, anstatt an ihren Flanken, an denen die Daten sich ändern können. Das Auffinden der Mitte erfordert eine Verzögerung der Hälfte eines Übertragungs-Intervalles (Bit-Zeit) nach der Flanke. Das Abtasten (Sampeln) der Daten in der Mitte bedeutet auch, daß kleine zeitliche Fehler nur wenig Einfluß die Genauigkeit des Empfangs haben.

3) Erkennen eines speziellen Startcodes. Dies ist leicht, wenn der Code aus einem einzelnen Bit besteht, oder wenn wir einige zeitliche Informationen besitzen. Das Verfahren ist komplexer, wenn der Code lang ist und zu jeder Zeit beginnen könnte. Es wird ein Verschieben erforderlich sein um zu bestimmen, wo der Sender seine Bits, Zeichen oder Nachrichten startet (dies wird auch häufig ein Suchen nach der richtigen "Rahmung" (Framing) genannt.

4) Wiederholtes Abtasten der Daten. Dies verringert die Wahrscheinlichkeit des Empfangs falscher Daten auf verrauschten Leitungen. Eine Maioritäts-Logik (wie etwa "best 3 out 5" oder "5 out of 8") kann zur Feststellung des tatsächlichen Datenwertes verwendet werden.

Der Empfang ist natürlich wesentlich schwieriger als das Senden, da die peripheren Geräte den Empfang steuern und der Computer die zeitlichen Informationen interpretieren muß, die durch den peripheren Baustein erzeugt werden. Bei der Sendung liefert der Computer die entsprechende zeitliche Steuerung und Formatierung für einen speziellen peripheren Baustein.

STEUER- UND STATUS-INFORMATIONEN

Periphere Bausteine können andere Informationen neben den Daten und der zeitlichen Steuerung benötigen oder liefern. Wir bezeichnen die anderen Informationen, die vom Computer gesendet werden, als "Steuer-Informationen". Sie können die Art der Operation, Start oder Stop des Vorgangs, Taktregister, Freigabe-Puffer wählen, ebenso Formate oder das Übertragungs-Protokoll, Anzeigen für den Operator liefern, Operationen zählen oder die Art und die Priorität einer Operation identifizieren. Wir nennen andere Informationen, die von den peripheren Bausteinen gesendet werden, "Status-Informationen". Sie können die Art der Operation, die Bereitschaft der Bausteine, das Vorhandensein von Fehlerbedingungen, das Format des verwendeten Protokolls und andere Zustände oder Bedingungen anzeigen.

Der Computer verarbeitet Steuer- und Status-Informationen ebenso wie Daten. Diese Informationen ändern sich selten, obwohl aktuelle Daten mit hoher Geschwindigkeit übertragen werden können. Die Steuer- oder Status-Informationen können einzelne Bits, Ziffern, Worte oder Mehrfach-Worte sein. Häufig werden einzelne Bits und kurze Felder kombiniert und von einem einzelnen Eingangs- oder Ausgangsport verarbeitet.

Die Kombination von Status- und Steuer-Informationen in Bytes verringert die tatsächliche Anzahl der E/A-Port-Adressen, die von den peripheren Bausteinen benötigt werden.

Die Kombination bedeutet jedoch, daß individuelle Status-Eingangs-Bits getrennt interpretiert und Steuer-Ausgangs-Bits getrennt bestimmt werden müssen. Die Verfahren für die Trennung der Status-Bits und das Setzen oder Rücksetzen der Steuer-Bits sind folgende:

TRENNUNG DER STATUS-INFORMATIONEN

Trennung der Status-Bits

Schritt 1) Lies Status-Daten vom peripheren Baustein.

Schritt 2) UNDiere logisch mit einer Maske (die Maske hat Einsen in Bit-Positionen, die geprüft werden müssen, andernfalls Nullen).

Schritt 3) Schiebe die getrennten Bits in die niedrigstwertigen Bit-Positionen.

Schritt 3 ist überflüssig, wenn das Feld aus einem einzelnen Bit besteht, da das Null-Flag das Komplement dieses Bits nach dem Schritt 2 enthalten wird (versuchen Sie es!). Ein Schiebe- oder Ladebefehl kann Schritt 2 ersetzen, wenn das Feld ein einzelnes Bit ist und die niedrigstwertige, höchstwertige oder nächst-höchstwertige Bit-Position belegt. Diese Positionen werden oft für die am häufigsten verwendete Status-Information reserviert. Sie sollten versuchen, die erforderlichen Befehls-Sequenzen für den Prozessor 6800 zu schreiben.

KOMBINIEREN VON STEUER-INFORMATIONEN

Setzen und Löschen von Steuer-Bits

Schritt 1) Lies vorhergehende Steuer-Informationen.

Schritt 2) UNDiere logisch mit einer Maske, um Bits zu löschen (die Maske besitzt Nullen in Bit-Positionen die zulöschen sind, andernfalls Einsen).

Schritt 3) ODERiere logisch mit einer Maske, um die Bits zu setzen (die Maske besitzt Einsen in Bit-Positionen die zu löschen sind, andernfalls Nullen).

Schritt 4) Sende neue Steuer-Information zum peripheren Baustein.

Hier ist das Verfahren wiederum einfacher, wenn das Feld aus einem einzelnen Bit besteht und eine Position am Ende des Wortes belegt.

1) Ein 3-Bit-Feld in den Bit-Positionen 2 bis 4 des PIA-Datenregisters ist ein Eichfaktor. Plaziere diesen Faktor in den Akkumulator A.

```
*
* LIES STATUSDATEN VOM EINGANGSPORT
*
* LDA     PIADR         LIES STATUSDATEN
*
* MASKIERE UNERWÜNSCHTE BITS WEG UND VERSCHIEBE
*
  ANDA    #%00011100    MASKIERE EICHFAKTOR
  LSRA                  VERSCHIEBE ZWEIMAL ZUR NORMIERUNG
  LSRA
```

2) Akkumulator A enthält ein 2-Bit-Feld, das in die Bit-Positionen 3 und 4 eines PIA-Datenregisters plaziert werden muß.

```
*
* BRINGE DATEN ZU FELD-POSITIONEN
*
  ASLA                  SCHIEBE DATEN ZU BIT-POSITIONEN 3
                            UND 4
  ASLA
  ASLA
  ANDA    #%00011000    LÖSCHE ANDERE DATENBITS
*
* KOMBINIERE NEUE FELD-POSITIONEN MIT ANDEREN DATEN
*
  ORAA    PIADR         KOMBINIERE NEUE DATEN MIT ALTEN
  STAA    PIADR         GIB KOMBINIERTE DATEN AUS
```

DOKUMENTATION DES STATUS- UND STEUER- TRANSFERS

Die Dokumentation ist ein ernstes Problem bei der Handhabung von Steuer- und Status-Informationen. Die Bedeutung von Status-Eingaben oder Steuer-Ausgaben sind selten offensichtlich. Der Programmierer sollte deutlich den Zweck der Eingabe- und Ausgabe mit Kommentaren wie folgt anzeigen "PRÜFE, WENN LESER EINGESCHALTET IST", "WÄHLE GERADE PARITÄT", oder "AKTIVIERE BITGESCHWINDIGKEITS-ZÄHLER" Die logischen und Verschiebe-Befehle wären andernfalls sehr schwierig zu merken, zu verstehen oder fehlerfrei zu machen.

BEISPIELE

Eine nicht-codierte Tastatur

Zweck: Erkennen des Schließens einer Taste von einer nicht-codierten 3 x 3-Tastatur und Plazieren der Zahl der Taste, die gedrückt wurde, in den Akkumulator B.

Tastaturen sind im allgemeinen Anordnungen von Schaltern (siehe Bild 11-18). Eine kleine Anzahl von Tasten ist am leichtesten zu handhaben, wenn jede Taste getrennt mit einem Bit eines Eingangsports verbunden ist. Die Anpassung der Tastatur ist dann die gleiche, wie die Anpassung eines Satzes von Schaltern.

MATRIX-TASTATUR

Tastaturen mit mehr als acht Tasten benötigen mehr als einen Eingangsport und daher Multibyte-Operationen. Dies ist besonders unrationell, wenn die Tasten logisch getrennt sind, wie in einem Rechner oder einem Terminal, bei denen der Anwender nur eine Taste zur gleichen Zeit betätigt. Die Anzahl der erforderlichen Eingangsleitungen kann verringert werden, indem die Tasten in Form einer Matrix verbunden werden, wie in Bild 11-19 gezeigt ist. Nun stellt jede Taste eine Potential-Verbindung zwischen einer Zeile (oder Reihe) und einer Spalte dar. Die Tastatur-Matrix benötigt n + m externe Leitungen, wobei n die Anzahl der Zeilen und m die Anzahl der Spalten ist. Im Vergleich hierzu benötigt man n x m externe Leitungen, wenn jede Taste getrennt wäre. Die Tabelle 11-10 vergleicht die Anzahl von Tasten, die von typischen Konfigurationen benötigt werden.

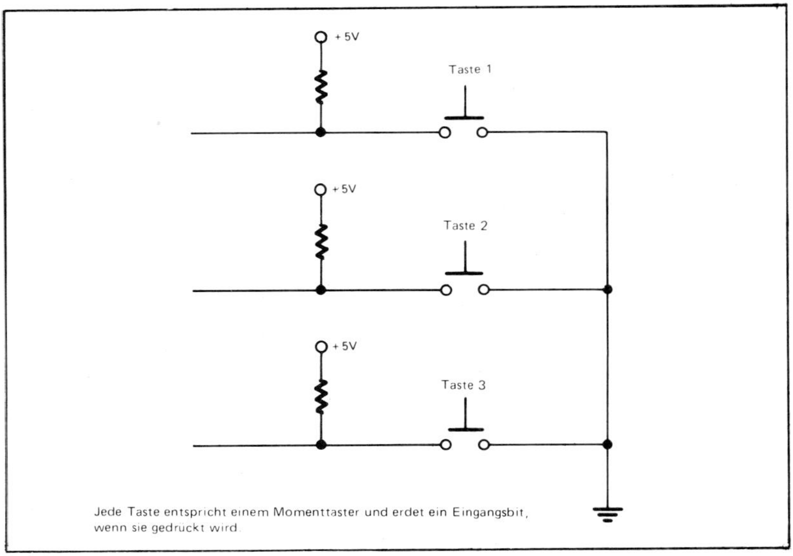

Bild 11-18. Eine kleine Tastatur

TASTATUR-ABTASTUNG

Ein Programm kann bestimmen, welche Taste gedrückt wurde, indem sie die externen Leitungen von der Matrix verwendet. Das gebräuchliche Verfahren ist eine "Tastatur-Abtastung". Wir erden Zeile 0 und prüfen die Spalten-Leitungen. Wenn irgendwelche Leitungen geerdet sind, so wurde eine Taste in dieser Zeile betätigt, wodurch eine Verbindung zwischen Zeile und Spalte bewirkt wurde. Wir können bestimmen welche Taste gedrückt wurde, indem wir feststellen, welche Spalten-Leitung geerdet ist, das heißt, welches Bit des Eingangsports 0 ist. Wenn keine Spalten-Leitung geerdet ist, so gehen wir zur Zeile 2 weiter und wiederholen die Abtastung. Man sieht, daß man feststellen kann, ob irgendwelche Tasten gedrückt wurden, indem alle Zeilen gleichzeitig geerdet und die Spalten geprüft werden.

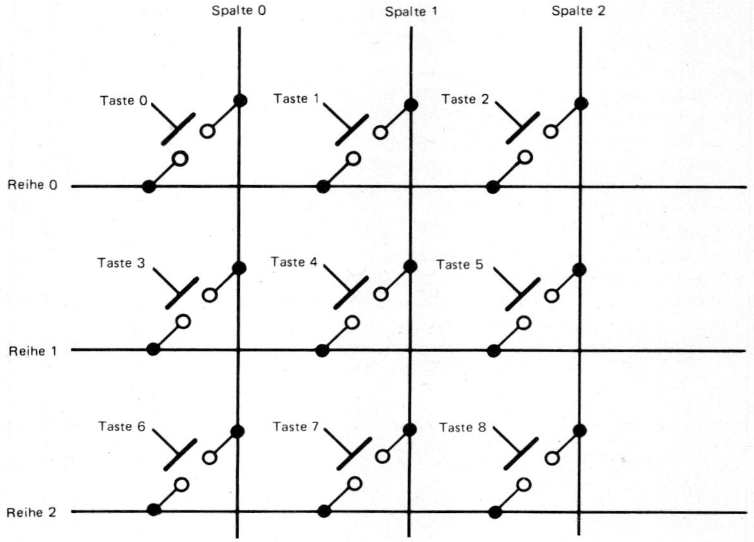

**Nun dient jede Taste zur Verbindung einer Reihe mit einer Spalte.
Beispielsweise verbindet Taste 4 die Reihe 1 mit Spalte 1.**

Bild 11-19. Eine Tastatur-Matrix

Tabelle 11-10. Vergleich zwischen unabhängigen Verbindungen und Matrix-Verbindungen für Tastaturen

Tastatur-Größe	Anzahl der Zeilen mit Matrix-Verbindungen	Anzahl der Zeilen mit unabhängigen Verbindungen
3 x 3	9	6
4 x 4	16	8
4 x 6	24	10
5 x 5	25	10
6 x 6	36	12
6 x 8	48	14
8 x 8	64	16

Die Tastatur-Abtastung erfordert, daß die Zeilen-Leitungen zu einem Ausgangsport geführt werden und die Spalten-Leitungen zu einem Eingangsport. Bild 11-20 zeigt die Anordnung. Die CPU kann eine spezielle Zeile erden, indem sie eine Null in das entsprechende Bit des Ausgangsports plaziert und Einsen in die anderen Bits.

Die CPU kann den Zustand der speziellen Spalte bestimmen, indem sie das entsprechende Bit des Eingangsports prüft.

Aufgabe 1: Warten bis eine Taste gedrückt wird.

Das Verfahren ist folgendes:

1) Erde alle Zeilen durch Löschen der Ausgangs-Bits.

2) Hole die Spalten-Eingaben durch Lesen des Eingangsports.

3) Kehre zu Schritt 1 zurück, wenn alle Spalten-Eingaben Einsen sind.

Flußdiagramm:

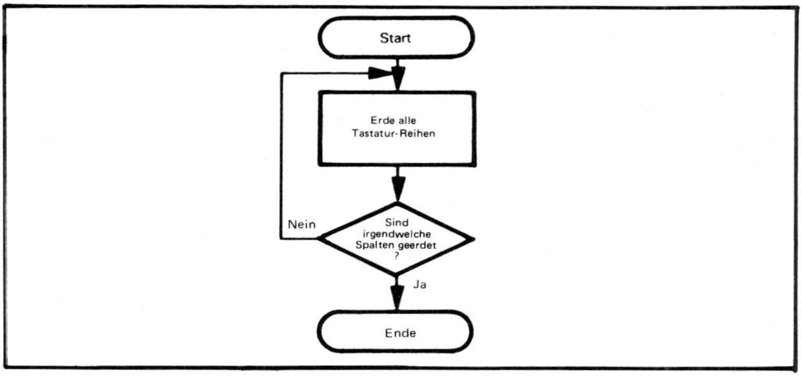

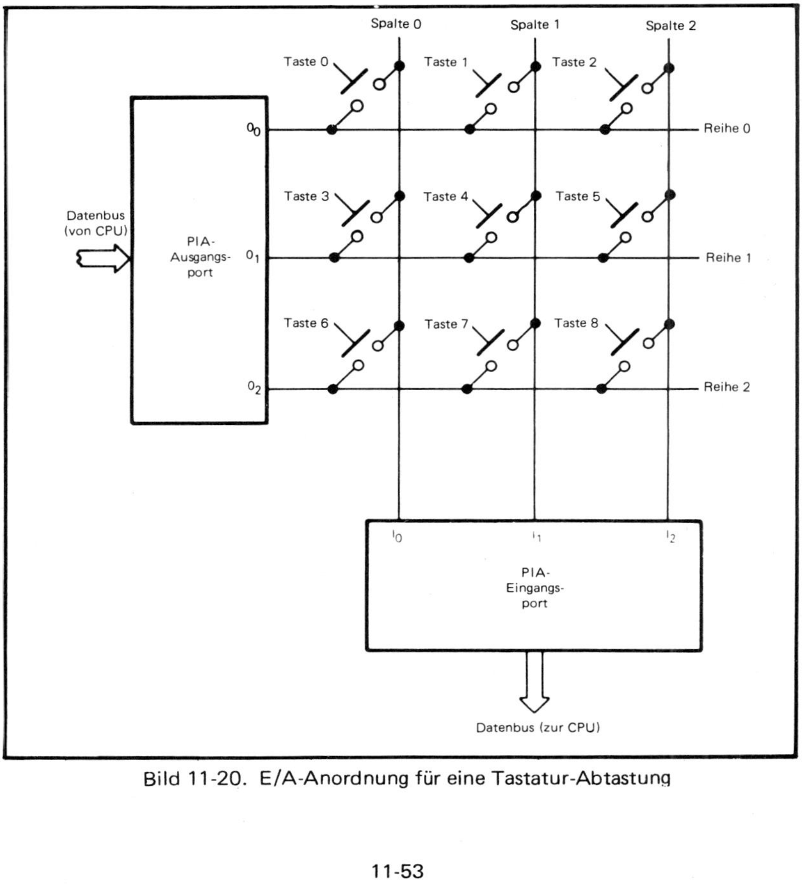

Bild 11-20. E/A-Anordnung für eine Tastatur-Abtastung

Quellprogramm:

```
      CLR   PIACRA       LÖSCHE STEUER-REGISTER
      CLR   PIACRB
      CLR   PIADDRA      MACHE A-SEITE DER PIA ZU
                            EINGÄNGEN
      LDAA  #$FF         MACHE B-SEITE DER PIA ZU
                            AUSGÄNGEN
      STAA  PIADDRB
      LDAA  #%00000100   GREIFE AUF DATENREGISTER ZU
      STAA  PIACRA
      STAA  PIACRB
      CLR   PIADRB       ERDE ALLE TASTATUR-ZEILEN
WAITK LDAA  PIADRA       HOLE SPALTEN-DATEN DER TASTATUR
      ANDA  #%00000111   MASKIERE SPALTEN-BITS
      CMPA  #%00000111   SIND IRGENDWELCHE SPALTEN
                            GEERDET ?
      BEQ   WAITK        NEIN, WARTE BIS ES BEI EINER DER
                         FALL IST
      SWI
```

Objektprogramm:

Speicher-Adresse (Hex)	Speicher-Inhalt (Hex)		Befehl (Mnemonik)		
0000	7F	PIACRA		CLR	PIACRA
0003	7F	PIACRB		CLR	PIACRB
0006	7F	PIADDRA		CLR	PIADDRA
0009	86	FF		LDAA	#$FF
000B	B7	PIADDRB		STAA	PIADDRB
000E	86	04		LDAA	#%00000100
0010	B7	PIACRA		STAA	PIACRA
0013	B7	PIACRB		STAA	PIACRB
0016	7F	PIADRB		CLR	PIADRB
0019	B6	PIADRA	WAITK	LDAA	PIADRA
001C	84	07		ANDA	#%00000111
001E	81	07		CMPA	#%00000111
0020	27	F7		BEQ	WAITK
0022	3F			SWI	

Seite B des PIA ist der Tastatur-Ausgangsport und Seite A ist der Eingangsport.

Das Ausmaskieren aller außer der Spalten-Bits beseitigt jegliche Probleme, die durch die Zustände der unbenützten Eingangsleitungen entstehen könnten.

Wir könnten die Routine verallgemeinern, indem wir den Ausgang und die Maskier-Muster angeben:

```
ALLGND  EQU  %11111000
ALLOPN  EQU  %00000111
```

Diese Bezeichnungen könnten dann im tatsächlichen Programm verwendet werden. Eine andere Tastatur würde nur eine Änderung der Definitionen und eine Neu-Assemblierung erfordern.

Natürlich ist nur eine Seite der PIA für eine 3 x 3- oder 4 x 4-Tastatur erforderlich. Versuchen Sie das Programm neu zu schreiben, so daß es nur die Seite A verwendet.

Sie können dieses Programm um fünf Bytes verkürzen, indem Sie die indizierte Adressierung für den Zugriff auf die PIA verwenden. Versuchen Sie das Programm auf diese Weise neu zu schreiben.

Aufgabe 2: Identifizierung einer Tasten-Betätigung durch Plazieren der Nummer der Taste in den Akkumulator B.

Das Verfahren sieht folgendermaßen aus:

1) Setze Tastennummer auf —1, Tastatur-Ausgangsport auf lauter Einsen mit Ausnahme einer Null in Bit 0, und den Zeilenzähler auf die Anzahl der Zeilen.
2) Hole die Spalten-Eingänge durch Lesen des Eingangsports.
3) Wenn irgendwelche Spalten-Eingänge null sind, gehe zu Schritt 7 weiter.
4) Addiere die Anzahl der Spalten zur Tasten-Nummer, um die nächste Zeile zu erreichen.
5) Bringe den Inhalt des Ausgangsports auf den neuesten Stand durch Verschieben des Null-Bits um eine Stelle nach links.
6) Dekrementiere Zeilenzähler. Gehe zu Schritt 2, falls irgendwelche Zeilen nicht abgetastet wurden, andernfalls gehe zu Schritt 9.
7) Addiere 1 zur Tastennummer. Verschiebe Spalten-Eingaben um ein Bit nach rechts.
8) Wenn Übertrag = 1, kehre zu Schritt 7 zurück.
9) Ende des Programms.

Flußdiagramm:

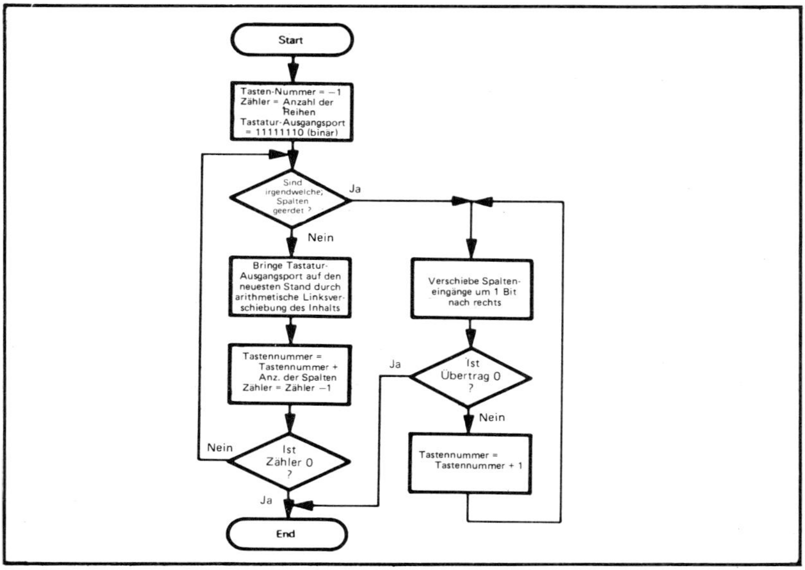

Quellprogramm:

```
CLR     PIACRA     LÖSCHE STEUER-REGISTER
CLR     PIACRB
CLR     PIADRA     MACHE A-SEITE DER PIA ZU
                      EINGÄNGEN
LDAB    #$FF       TASTENNUMMER = —1
STAB    PIADRB     MACHE B-SEITE DES PIA ZU
                      AUSGÄNGEN
```

```
         LDAA   #%00000100    ZUGRIFF AUF DATENREGISTER
         STAA   PIACRA
         STAA   PIACRB
         LDAA   #%11111110    STARTE DURCH ERDEN VON ZEILE
                                NULL
         STAA   PIADRB
         LDAA   #3            ZÄHLER = ANZAHL DER ZEILEN
         STAA   $40
FROW     LDAA   PIADRA        HOLE SPALTEN-EINGABEN
         ANDA   #%00000111    MASKIERE SPALTEN-BITS AUS
         CMPA   #%00000111    SIND IRGENDWELCHE SPALTEN
                                GEERDET ?
         BNE    FCOL          JA, BESTIMME WELCHE
         ADDB   #3            NEIN, TASTENNUMMER = TASTEN-
                                NUMMER + ANZAHL DER SPALTEN
         ASL    PIADRB        BRINGE ABTAST-MUSTER FÜR NÄCHSTE
                                ZEILE AUF DEN NEUESTEN STAND
         DEC    $40           WURDEN ALLE ZEILEN ABGETASTET ?
         BNE    FROW          NEIN, TASTE NÄCHSTE AB
         SWI
FCOL     INCB                 TASTENNUMMER = TASTENNUMMER + 1
         LSRA                 IST DIESE SPALTE GEERDET ?
         BCS    FCOL          NEIN, PRÜFE NÄCHSTE
         SWI
```

Objektprogramm:

Speicher-Adresse (Hex)	Speicher-Inhalt (Hex)		Befehl (Mnemonik)		
0000	7F	PIACRA		CLR	PIACRA
0003	7F	PIACRB		CLR	PIACRB
0006	7F	PIADRA		CLR	PIADRA
0009	C6	FF		LDAB	#$FF
000B	F7	PIADRB		STAB	PIADRB
000E	86	04		LDAA	#%00000100
0010	B7	PIACRA		STAA	PIACRA
0013	B7	PIACRB		STAA	PIACRB
0016	86	FE		LDAA	#%11111110
0018	B7	PIADRB		STAA	PIADRB
001B	86	03		LDAA	#3
001D	97	40		STAA	$40
001F	B6	PIADRA	FROW	LDAA	PIADRA
0022	84	07		ANDA	#%00000111
0024	81	07		CMPA	#%00000111
0026	26	0B		BNE	FCOL
0028	CB	03		ADDB	#3
002A	78	PIADRB		ASL	PIADRB
002D	7A	0040		DEC	$40
0030	26	ED		BNE	FROW
0032	3F			SWI	
0033	5C		FCOL	INCB	
0034	44			LSRA	
0035	25	FC		BCS	FCOL
0037	3F			SWI	

Jedesmal, wenn eine Zeilen-Abtastung ohne Ergebnis bleibt, müssen wir die Anzahl der Spalten zur Tastennummer addieren, um die übrigen Reihen abzutasten (versuchen Sie es auf der Tastatur in Bild 11-20).

Dieses Programm kann verallgemeinert werden, indem die Anzahl der Zeilen, die Anzahl der Spalten und die Maskier-Muster in bezeichneter Parameter mit EQU-Pseudo-Operationen umgewandelt werden.

Ein anderer Weg besteht in der Verwendung der bidirektionalen Möglichkeiten des PIA. Dieses Verfahren ist auf Seite 5-8 des Applikations-Handbuches des Motorola 6800 beschrieben.

Was ist das Ergebnis des Programms, wenn keine Tasten gedrückt wurden? Ändern Sie das Programm so, daß die Abtastung in diesem Fall neuerlich gestartet wird.

Eine codierte Tastatur

Zweck: Holen der Daten, wenn sie von einer codierten Tastatur verfügbar sind, die einen Impuls zusammen mit jedem Daten-Transfer liefert.

Eine codierte Tastatur liefert einen eindeutigen Code für jede Taste. Sie besitzt interne Elektronik, die die Abtastung und Identifizierung des vorhergehenden Beispiels ausführt. Man hat die Wahl zwischen der einfacheren Software, die von der codierten Tastatur benötigt wird und den niedrigeren Hardware-Kosten der nicht codierten Tastatur.

Codierte Tastaturen können Dioden-Matrizen verwenden, TTL-Codierer oder MOS-Codierer. Die Codes können ASCII, EBCDIC oder ein sonstiger Code sein. Die Codierschaltungen enthalten häufig PROMs.

Die Codierschaltung kann mehr ausführen, als nur das Schließen der Tasten codieren. Sie kann auch die Tasten entprellen und das "Rollover", das Problem der gleichzeitigen Betätigung von mehreren Tasten zur gleichen Zeit, verarbeiten. Bekannte Verfahren für die Handhabung des Rollover beinhalten das "2-Key-Rollover", wobei zwei Tastenbetätigungen (jedoch nicht mehr) zur gleichen Zeit in getrennte Betätigungen aufgelöst werden, sowie das "n-Key-Rollover", wobei jede Anzahl von Tastenbetätigungen zur gleichen Zeit in getrenntes Schließen der Tasten aufgelöst wird.

Eine codierte Tastatur liefert auch einen Impuls mit jedem Datentransfer. Dieser Impuls identifiziert ein neues Schließen einer Taste. Bild 11-21 zeigt das Interface zwischen einer codierten Tastatur und dem Mikroprozessor 6800. Der Tastatur-Impuls wird in Bit 7 des PIA-Steuerregisters zwischengespeichert. Bit 1 des Steuer-Registers bestimmt, welche Flanke des Impulses von dem PIA erkannt wird.

Beachten Sie, daß der PIA einen seriellen, flankenempfindlichen zwischengespeicherten Statusport, sowie einen Datenport enthält. Er enthält ferner einen Inverter, der zur Handhabung von Impulsen jeder Polarität verwendet werden kann (Steuer-Register-Bit 1 = 0 zur Erkennung eines High-auf-Low-Übergangs). Der PIA kann mehrere einfache Schaltelemente ersetzen. Der Entwickler kann Korrekturen durchführen, indem er den Inhalt des Steuer-Registers (in Software) ändert, bevor er einen Aufbau neu entwirft. Zum Beispiel benötigt die Änderung der aktiven Flanke nur die Änderung eines einzelnen Programm-Bits, während es andernfalls zusätzliche Schalt-Elemente und eine neue Verdrahtung erfordern würde.

Aufgabe: Warte auf einen Impuls mit aktiv Low auf der Steuerleitung CA1 und plaziere dann die Daten vom Datenregister in den Akkumulator A.

Beachten Sie, daß das Lesen der Daten vom Datenregister das Status-Bit löscht (diese Schaltung ist Teil des PIA 6820).

Flußdiagramm

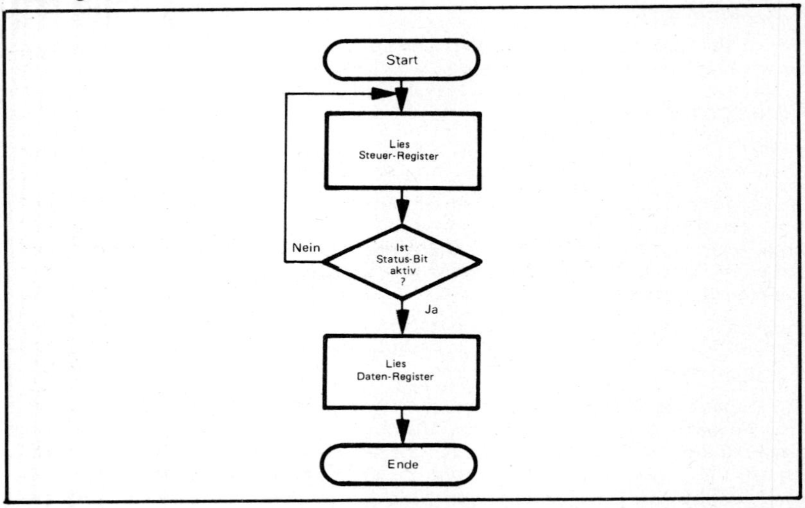

Die Hardware muß die Steuerleitung in einem logischen Eins-Zustand halten, während $\overline{RESET}$ aktiv ist um zu verhindern, daß die Status-Flags zufällig gesetzt werden. Ein anfängliches Lesen des Datenregisters in der Start-Routine kann zum Löschen der Status-Flags verwendet werden.[4]

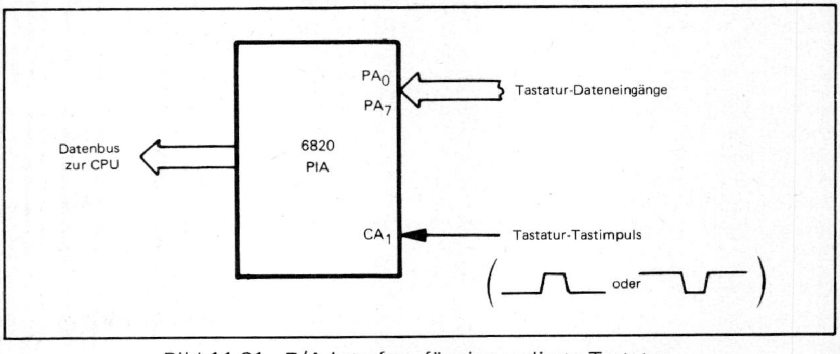

Bild 11-21. E/A-Interface für eine codierte Tastatur

Quellprogramm:

```
        CLR     PIACRA      LÖSCHE STEUER-REGISTER
        CLR     PIADDRA     MACHE DATENLEITUNGEN ZU
                              EINGÄNGEN
```

```
        LDAA   #%00000100   ZUGRIFF AUF DATENREGISTER
        STAA   PIACRA
KBWAIT  LDAA   PIACRA       LIEGEN NEUE TASTATUR-DATEN VOR
        BPL    KBWAIT       NEIN, WARTE BIS DIES DER FALL IST
        LDAA   PIADRA       JA, HOLE DATEN
        SWI
```

Objektprogramm:

Speicher-Adresse (Hex)	Speicher-Inhalt (Hex)		Befehl (Mnemonik)		
0000	7F	PIACRA		CLR	PIACRA
0003	7F	PIADDRA		CLR	PIADDRA
0006	86	04		LDAA	#%00000100
0008	B7	PIACRA		STAA	PIACRA
000B	B6	PIACRA	KBWAIT	LDAA	PIACRA
000E	2A	FB		BPL	KBWAIT
0010	B6	PIADRA		LDAA	PIADRA
0013	3F			SWI	

Um zu veranlassen, daß das Status-Bit auf einen Low-auf-High-Übergang auf CAI reagiert, können Sie einfach LDAA #%00000100 durch LDAA #%00000110 ersetzen.

Zeigen Sie, daß das Lesen des Datenregisters das Status-Bit löscht. Hinweis: Retten Sie den Inhalt des Steuer-Registers in den Speicher, bevor der Befehl LDAA PIADRA ausgeführt wird. Was geschieht, wenn man LDAA durch STAA ersetzt? Wie ist es mit TST, CLR, COM, ADD? Erinnern Sie sich daran, daß das Schreiben in das Datenregister das Status-Bit nicht löscht. Ebenso nicht das Schreiben in das Steuer-Register. Was geschieht, wenn Sie LDAA PIADRA durch STAA PIACRA ersetzen?

Ein Digital-Analog-Wandler

Zweck: Senden von Daten zu einem 8-Bit-Digital-Analog-Wandler, der eine Zwischenspeicher-Freigabe mit aktiv-Low besitzt.

Digital-Analog-Wandler erzeugen ein kontinuierliches Signal, das von Motoren, Spulen, Relais, Stellgliedern und anderen elektrischen und mechanischen Ausgangs-Bausteinen benötigt wird. Typische Wandler bestehen aus Schaltern und Widerstands-Ketten mit den entsprechenden Widerstands-Werten. In der Regel muß man eine Referenz-Spannung vorsehen, sowie andere digitale und analoge Schaltungen, obwohl vollständige Einheiten nunmehr preisgünstig zur Verfügung stehen.[5]

Bild 11-22 beschreibt den 8-Bit-D/A-Wandler Signetics NE5018, der auf dem Chip einen parallelen Dateneingangs-Zwischenspeicher mit 8 Bits enthält. Ein niedriger Pegel auf dem $\overline{LE}$-Eingang (Latch Enable) taktet die Eingangsdaten in die Zwischenspeicher, wo sie verbleiben, nachdem $\overline{LE}$ wieder auf High gegangen ist.

Bild 11-23 zeigt die Anpassung des Bausteins an ein 6800-System. Beachten Sie, daß die B-Seite des PIA automatisch einen Impuls mit aktiv Low erzeugt, der zum Einspeichern der Daten in den Wandler erforderlich ist. CB2 dient als ein Signal für "Ausgang Bereit" (Output Ready). Erinnern Sie sich daran, daß CB2 auf Low beim Freigabe-Impuls geht, der einer Schreib-Operation beim Datenregister der B-Seite folgt und auf Low bis zum nächsten Freigabe-Impuls verbleibt (siehe Tabelle 11-5). Die Steuerregister-Bits sind:

Bit 5 = 1, um CB2 zu einem Ausgang zu machen

Bit 4 = 0, um CB2 zu einem Impuls zu machen

Bit 3 = 1, um CB2 zu einem kurzen "Output Ready"-Impuls zu machen

Beachten Sie, daß der PIA einen Ausgabe-Zwischenspeicher enthält. Die Daten bleiben daher während und nach der Umwandlung stabil. Der Wandler benötigt typisch einige wenige Mikrosekunden, um ein analoges Ausgangssignal zu erzeugen.

In Anwendungen, in denen 8 Bits-Auflösung nicht ausreichen, können 10- bis 16-Bit-Wandler verwendet werden. Eine zusätzliche Port-Logik ist erforderlich, um alle Datenbits zu verarbeiten. Einige Wandler liefern einen Teil dieser Logik.

Der PIA dient sowohl als paralleler Port, wie auch als serieller Steuerport. CB2 ist ein Impuls, der einen Takt-Zyklus nach dem Einspeichern der Daten in den PIA dauert. Dieser Impuls ist lang genug, um die Erfordernisse des Konverters NE5018 zu erfüllen (typisch 400 ns).

Aufgabe: Sende Daten vom Speicherplatz 0040 zum Wandler.

Flußdiagramm:

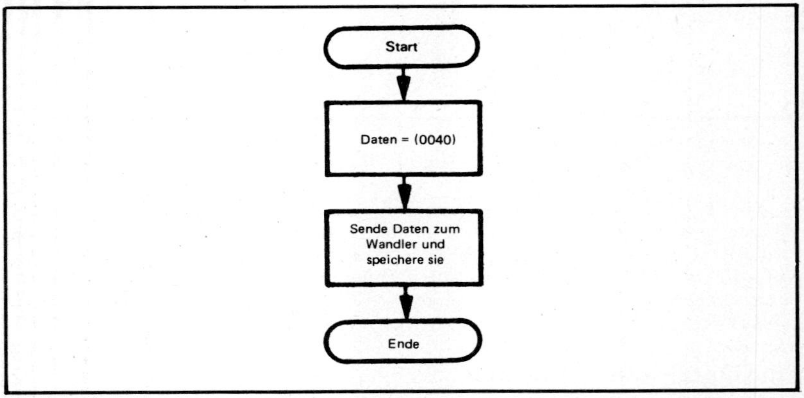

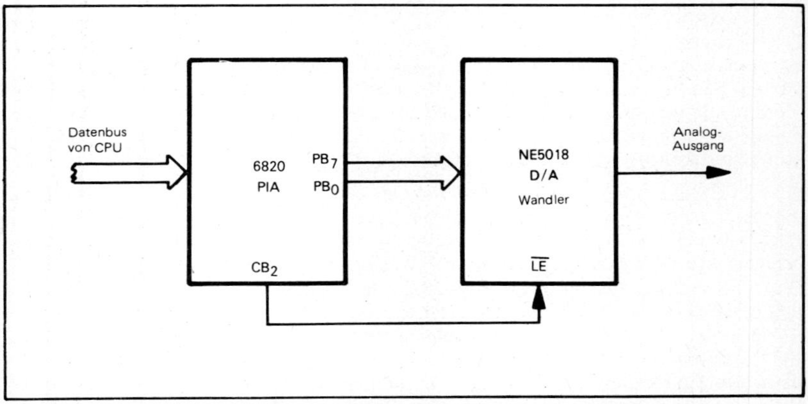

Bild 11-23. Interface für einen 8-Bit-Digital/Analog-Wandler

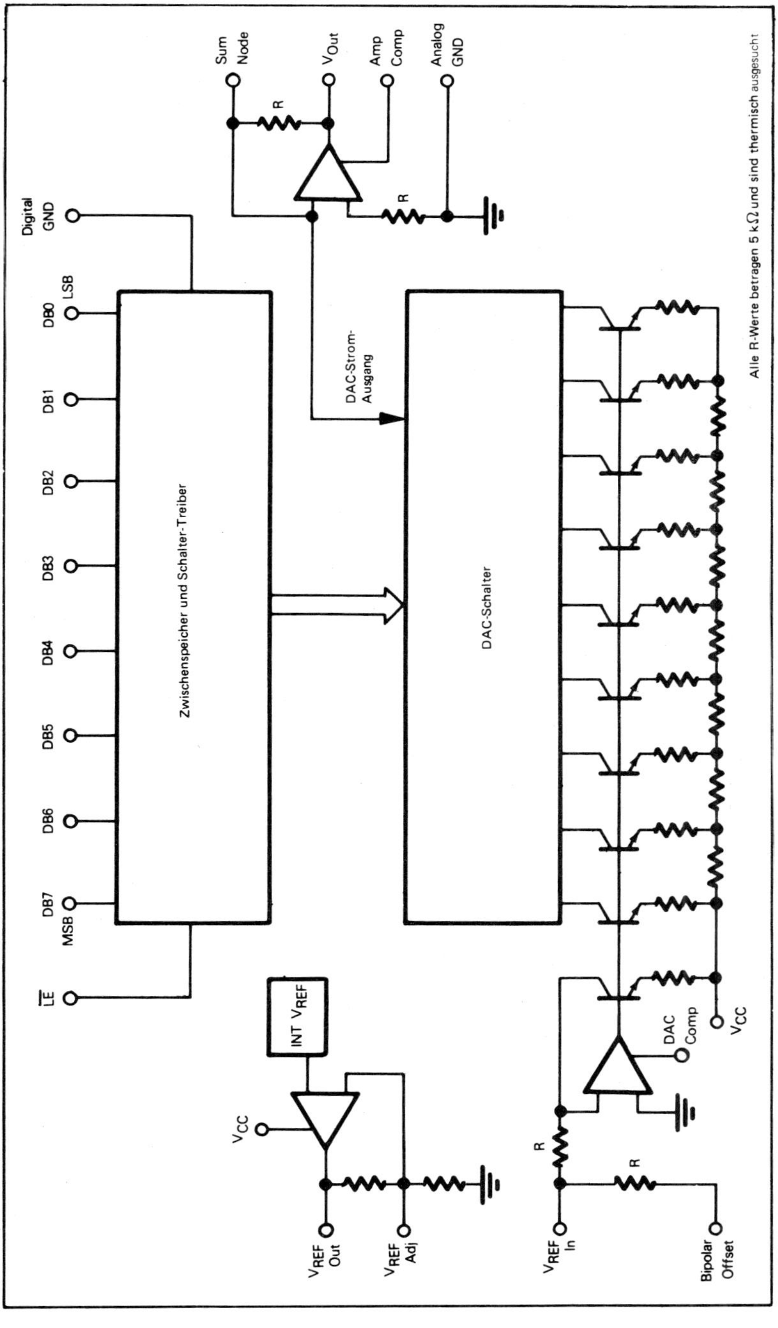

Bild 11-22. Signetics D/A-Wandler NE5018

```
CLR     PIACRB        LÖSCHE ALLE STEUER-REGISTER
LDAA    #$FF          MACHE ALLE LEITUNGEN ZU
                        EINGÄNGEN
STAA    PIADDRB
LDAA    #%00101100    ZUGRIFF AUF DATENREGISTER,
                        MACHE AUSGANGSLEITUNGEN ZU
                        EINEM KURZEN IMPULS
STAA    PIACRB
LDAB    $40           DATEN HOLEN
STAB    PIADRB        SENDE DATEN ZUM DA-WANDLER
                        UND ZWISCHENSPEICHER
SWI
```

Objektprogramm:

Speicher-Adresse (Hex)	Speicher-Inhalt (Hex)		Befehl (Mnemonik)	
0000	7F	PIACRB	CLR	PIACRB
0003	86	FF	LDAA	#$FF
0005	B7	PIADDRB	STAA	PIADDRB
0008	86	2C	LDAA	#%00101100
000A	B7	PIACRB	STAA	PIACRB
000D	D6	40	LDAB	$40
000F	F7	PIADRB	STAB	PIADRB
0012	3F		SWI	

Wir könnten den Pegel-Ausgang von CB2 verwenden, wenn das Zwischenspeicher-Freigabesignal aktiv High wäre. Dieser Impuls würde leicht die Längen-Anforderung erfüllen, da er mehrere Befehlszyklen dauern würde. Das Programm würde dann folgendermaßen aussehen:

```
CLR     PIACRB        LÖSCHE STEUER-REGISTER
LDAA    #$FF          MACHE ALLE LEITUNGEN ZU
                        AUSGÄNGEN
STAA    PIADDRB
LDAA    #%00110100    MACHE CB2 ZU EINEM DAUER-IMPULS
STAA    PIACRB
LDAB    $40           DATEN HOLEN
STAB    PIADRB        SENDE DATEN ZUM DA-WANDLER-
                        AUSGANGSPORT
LDAA    #%00111100    ÖFFNE DA-WANDLER-ZWISCHEN-
                        SPEICHER (FREIGABE HIGH)
STAA    PIACRB
LDAA    #%00110100    SPEICHERE DATEN (FREIGABE LOW)
SWI
```

Ein Inverter-Gatter könnte auch einen Impuls mit aktiv High liefern. Beachten Sie, wieviel mehr Befehle erforderlich sind, um den Pegel-Ausgang zu verwenden.

Der CB2-Impuls von dem Baustein 6820 kann als ein "Byte Out" oder anderes Steuersignal verwendet werden, da das Schreiben der Daten in den Port ihn aktiviert. Beachten Sie jedoch, daß der Impuls ein ziemlich kurzer Tast-Impuls ist, der nur einen Takt-Zyklus lang dauert.

Ein Analog-Digital-Wandler

Zweck: Hole Daten von einem Analog-Digital-Wandler mit 8 Bits, der einen Impuls "Starte Umwandlung" (Initiate Conversion) benötigt, um den Umwandlungsprozeß in Gang zu setzen und eine Leitung "Data Valid" (Daten gültig) besitzt um den Abschluß des Vorganges anzuzeigen, sowie die Verfügbarkeit gültiger Daten.

Analog-Digital-Wandler verarbeiten das kontinuierliche Signal, das von verschiedenen Arten von Sensoren und Wandlern erzeugt wird. Der Konverter erzeugt das digitale Ausgangssignal, das vom Computer benötigt wird.

Eine Form eines Analog-Digital-Wandlers ist der Baustein für die sukzessive Approximation, der einen direkten 1-Bit-Vergleich während jedes Takt-Zyklus ausführt. Derartige Konverter sind schnell, besitzen jedoch eine geringe Rausch-Unempfindlichkeit. Die integrierten Dual-Slope-Konverter sind eine weitere Art der Analog-Digital-Wandler. Diese Bausteine benötigen mehr Zeit, sind jedoch nicht so empfindlich gegen Rauschen. Es werden auch andere Verfahren, wie etwa die schrittweise Ladungs-Kompensation verwendet.

Analog-Digital-Wandler benötigen gewöhnlich einige externe analoge und digitale Schaltungen. Vollständige Einheiten sind nach und nach preisgünstig erhältlich.

Bild 11-24 zeigt den A/D-Konverter mit 8 Bits 8703 von Teledyne Semiconductor. Der Baustein erhält einen Zwischenspeicher für das Ausgangssignal und Tristate-Datenausgänge. Ein Impuls am Eingang für die Initialisierung der Umwandlung startet die Konversion des Analog-Eingangs. Nach etwa zwei Millisekunden gelangt das Resultat zu den Ausgangs-Zwischenspeichern und der Ausgang "Data Valid" zeigt dies an, indem er zuerst auf Low und dann auf High schaltet. Die Daten werden aus den Zwischenspeichern gelesen, indem eine 0 auf den $\overline{\text{ENABLE}}$-Eingang gelegt wird.

Bild 11-25 zeigt das Interface für den Prozessor 6800 und den Konverter8703.[6] (Siehe auch D. Guzeman, "Marry Your µP to Monolithic A/Ds", ***Electronic Design,*** Januar 18, 1977, Seite 82-86). CA2 wird zur Erzeugung des Impulses für die Initiierung der Umwandlung (aktiv High) verwendet. CA1 dient für das "Data Valid"-Signal (Data Valid geht von Low auf High, wenn die Umwandlung abgeschlossen ist und die Daten verfügbar sind). Erinnern Sie sich daran, daß der PIA keinen Eingangs-Zwischenspeicher besitzt, so daß entweder der Wandler die Daten aufbewahren muß oder ein separater Zwischenspeicher erforderlich ist. Die wichtige Flanke auf der Data Valid-Leitung ist die ansteigende Flanke, die den Abschluß der Umwandlung anzeigt.

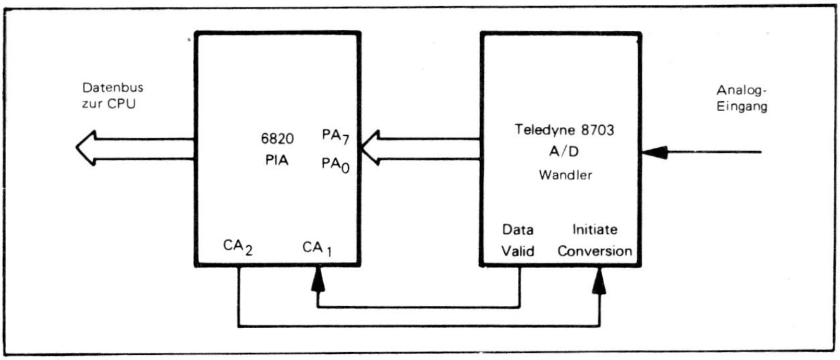

Bild 11-25. Interface für einen 8-Bit-A/D-Wandler

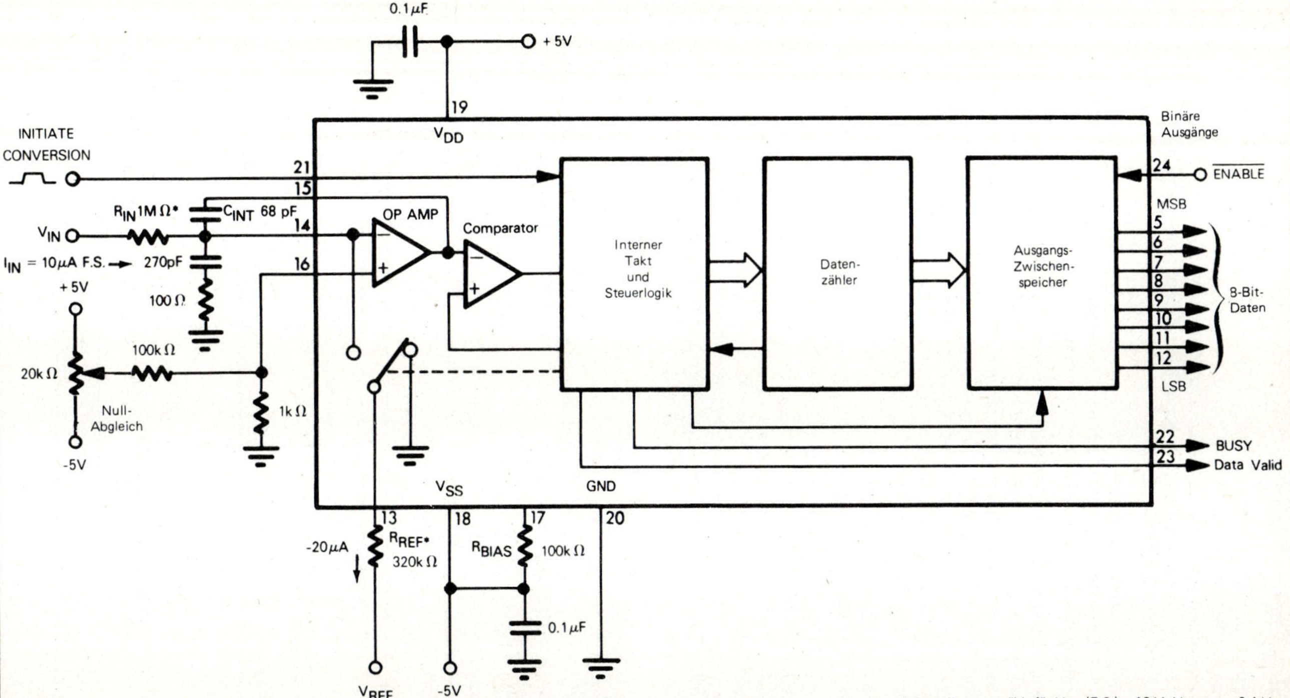

* Bauteile ausgewählt für V_{IN} (F.S.) = 10 V, V_{REF} = –6,4 V

Bild 11-24. Teledyne 8703 A/D-Wandler

Aufgabe: Starte den Umwandlungsprozeß, warte auf "Data Valid", um auf Low und dann auf High zu gehen, und lies dann die Daten und speichere sie in den Speicherplatz 0040.

Flußdiagramm:

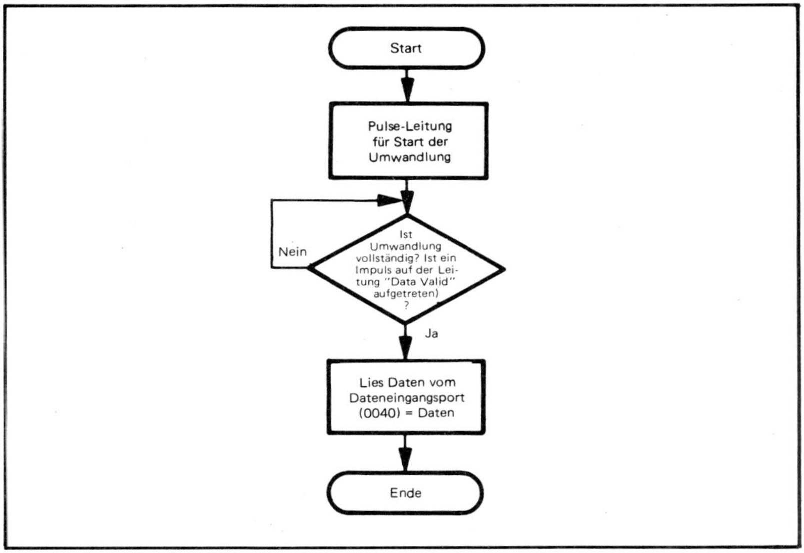

Sie sollten ein anfängliches Lesen des Datenregisters in der Start-Routine einschließen, um anfangs die Status-Flags zu löschen.

Beachten Sie, daß hier der PIA als ein paralleler Datenport, ein serieller Status-Port und als serieller Steuer-Port dient.

Quellprogramm:

```
        CLR    PIACRA       LÖSCHE STEUER-REGISTER
        CLR    PIADDRA      MACHE DATENLEITUNGEN ZU
                               EINGÄNGEN
        LDAA   #%00110110   INITIERE UMWANDLUNG EINES
                               PEGELS. DATEN GÜLTIG BEI AKTIV
                               LOW-AUF-HIGH
        STAA   PIACRA
        LDAB   #%00111110
        STAB   PIACRA       SENDE "INITIALISIERUNG FÜR UM-
                               WANDLUNG" HIGH
        STAA   PIACRA       SENDE "INITIALISIERUNG FÜR UM-
                               WANDLUNG" LOW
WTBSY   LDAA   PIACRA       SIND DATEN GÜLTIG ?
        BPL    WTBSY        NEIN, WARTE
        LDAA   PIADRA       JA, HOLE DATEN VON KONVERTER
        STAA   $40          BEWAHRE KONVERTER-DATEN AUF
        SWI
```

Objektprogramm:

Speicher-Adresse (Hex)	Speicher-Inhalt (Hex)			Befehl (Mnemonik)	
0000	7F	PIACRA		CLR	PIACRA
0003	7F	PIADDRA		CLR	PIADDRA
0006	86	36		LDAA	#%00110110
0008	B7	PIACRA		STAA	PIACRA
000B	C6	3E		LDAB	#%00111110
000D	F7	PIACRA		STAB	PIACRA
0010	B7	PIACRA		STAA	PIACRA
0013	B6	PIACRA	WTBSY	LDAA	PIACRA
0016	2A	FB		BPL	WTBSY
0018	B6	PIADRA		LDAA	PIADRA
001B	97	40		STAA	$40
001D	3F			SWI	

Dieses Programm würde weniger Speicherplatz benötigen, jedoch mehr Zeit, wenn das Indexregister zur Adressierung des PIA verwendet würde. Warum würde es mehr Zeit benötigen? Versuchen Sie das Programm unter Verwendung des Indexregisters neu zu schreiben.

Die PIA-Steuerregister-Bits sind:

Bit 5 = 1, um CA2 zu einem Ausgang zu machen

Bit 4 = 1, um CA2 zu einem Pegel zu machen

Bit 3 = Wert des Pegels an CA2

Bit 1 = 1, um Bit 7 bei einem Low-auf-High-Übergang auf der Data-Valid-Leitung zu setzen.

Beachten Sie, daß "Data Valid" High ist mit Ausnahme von etwa 5 μs vor dem Ende der Umwandlung. Es kehrt zu einem hohen Pegel zurück, wenn die Umwandlung abgeschlossen ist und neue Daten von den Zwischenspeichern verfügbar sind. Eine Verzögerungs-Routine entsprechender Länge (länger als die maximale garantierte Umwandlungszeit) könnte die Prüfung des Status-Bits ersetzen.

Ein Fernschreiber (TTY = Teletypewriter)

TTY-INTERFACE

Zweck: Transferiere Daten zu und von einem seriellen Standard-Fernschreiber mit 10 Zeichen pro Sekunde.

Im allgemeinen transferieren Fernschreiber Daten in einem asynchronen seriellen Betrieb. Das Verfahren ist folgendes:

STANDARD-TTY ZEICHEN-FORMAT

1) Die Leitung ist normalerweise im Ein-Zustand.
2) Ein Start-Bit (Null-Bit) geht jedem Zeichen voraus.
3) Das Zeichen liegt gewöhnlich im 7-Bit-ASCII vor, wobei das niedrigstwertige Bit zuerst gesendet wird.
4) Das höchstwertige Bit ist ein Paritäts-Bit, das gerade, ungerade oder fest auf eins oder null liegen kann.
5) Zwei Stop-Bits (logisch eins) folgen jedem Zeichen.

Bild 11-26 zeigt das Format. Beachten Sie, daß jedes Zeichen die Übertragung von elf Bits erfordert, von denen nur sieben Informationen enthalten. Da die Daten-Geschwindigkeit 10 Zeichen pro Sekunde beträgt, ist die Bit-Rate gleich 10 x 11 oder 110 Baud. Jedes Bit besitzt daher eine Breite von 1/110 einer Sekunde, oder 9,1 Millisekunden. Diese Breite ist ein Durchschnitt. Die Fernschreiber übertragen nicht mit beliebiger Genauigkeit.

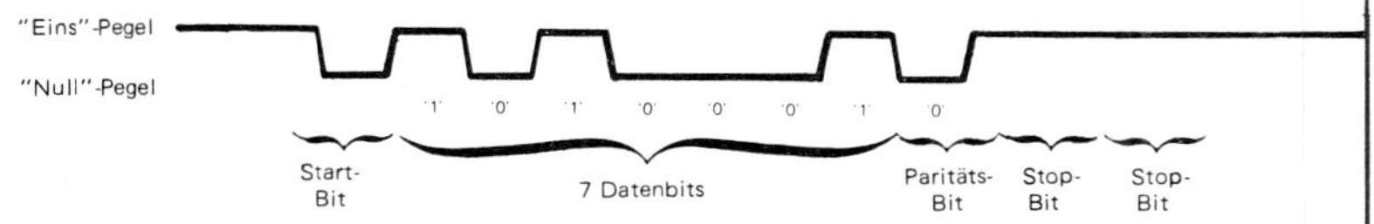

Das Zeichen ist ein ASCII "E" mit ungerader Parität (45 hex)

Erinnern Sie sich daran, daß die Reihenfolge bei der Übertragung lautet: Start-Bit ('0'), Bit 0, Bit 1, Bit 2, Bit 3, Bit 4, Bit 5, Bit 6, Paritäts-Bit, Stop-Bit ('1').

Bild 11-26. Datenformat für Fernschreiber

Damit ein Fernschreiber ordnungsgemäß mit einem Computer kommuniziert, sind folgende Verfahren erforderlich:

TTY-EMPFANGS-BETRIEB

Empfang (Flußdiagramm in Bild 11-27):

Schritt 1) Halte nach einem Start-Bit (einer logischen Null) auf der Datenleitung Ausschau.

Schritt 2) Zentriere den Empfang durch Warten für die Dauer eines halben Bits, oder 4,25 Millisekunden.

Schritt 3) Hole die Datenbits, wobei für die Zeit eines Bits für jedes einzelne gewartet wird. Fasse die Datenbits in ein Wort zusammen, indem zuerst das Bit zum Übertrag geschoben wird und dann die Daten mit dem Übertrag zirkular verschoben werden. Erinnern Sie sich daran, daß das niedrigstwertige Bit zuerst empfangen wird.

Schritt 4) Erzeugen Sie die empfangene Parität und prüfen Sie diese gegenüber der gesendeten Parität. Wenn keine Übereinstimmung vorhanden ist, zeige einen "Paritätsfehler" an.

Schritt 5) Hole die Stop-Bits (warten für die Zeit eines Bits zwischen den Eingängen). Wenn sie nicht korrekt sind (wenn beide Stop-Bits nicht eins sind) zeige einen "Rahmungsfehler" an.

Aufgabe: Hole Daten von einem Fernschreiber über Bit 7 des PIA-Datenports und plaziere die Daten in den Speicherplatz 0040. Für das Verfahren siehe Bild 11-27.

Quellprogramm:

TTY-EMPFANGS-PROGRAMM

(Es werde angenommen, daß der serielle Port Bit 7 des PIA ist und daß keine Parität oder Rahmung erforderlich ist).

```
        CLR    PIACRA      LÖSCHE STEUER-REGISTER
        CLR    PIADDRA     MACHE DATENLEITUNGEN ZU
                             EINGÄNGEN
        LDAA   #%00000100  GREIFE AUF DATENREGISTER ZU
        STAA   PIACRA
WAITS   LDAA   PIACRA      IST EIN STARTBIT VORHANDEN ?
        BMI    WAITS       NEIN, WARTE
        JSR    DLY2        JA, VERZÖGERE FÜR DIE ZEIT EINES
                             HALBEN BITS ZUR ZENTRIERUNG
        LDAA   #%10000000  ZÄHLE MIT BIT IM MSB
TTYRCV  JSR    DELAY       WARTE FÜR DIE ZEIT EINES BITS
        ROL    PIADRA      HOLE DATENBIT
        RORA               ADDIERE ZUM DATENWORT
        BCC    TTYRCV      SETZE FORT, WENN ZÄHLBIT NICHT
                             IM ÜBERTRAG
        STAA   $40
        SWI
```

(Verzögerungsprogramm)

```
DLY2    LDX   #$0238    ZÄHLE FÜR DIE DAUER VON 4,55 MS
        BRA   DLY
DELAY   LDX   #$0470    ZÄHLE FÜR DIE DAUER VON 9,1 MS
        DEX
        BNE   DLY
        RTS
```

Erinnern Sie sich daran, daß Bit 0 der Daten zuerst empfangen werden.

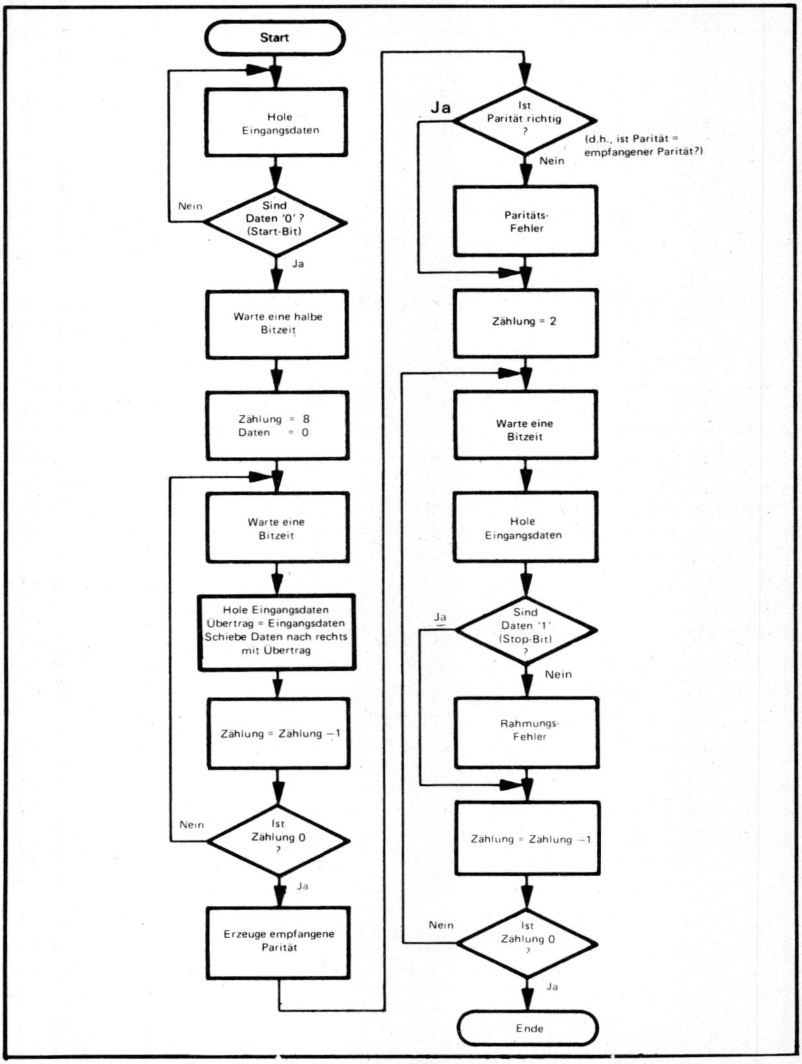

Bild 11-27. Flußdiagramm für Empfangs-Verfahren

Objektprogramm:

Speicher-Adresse (Hex)	Speicher-Inhalt (Hex)		Befehl (Mnemonik)		
0000	7F	PIACRA		CLR	PIACRA
0003	7F	PIADDRA		CLR	PIADDRA
0006	86	04		LDAA	#%00000100
0008	B7	PIACRA		STAA	PIACRA
000B	B6	PIADRA	WAITS	LDAA	PIADRA
000E	2B	FB		BMI	WAITS
0010	BD	0030		JSR	DLY2
0013	86	80		LDAA	#%10000000
0015	BD	0035	TTYRCV	JSR	DELAY
0018	79	PIADRA		ROL	PIADRA
001B	46			RORA	
001C	24	F7		BCC	TTYRCV
001E	97	40		STAA	$40
0020	3F			SWI	
0030	CE	0238	DLY2	LDX	#$0238
0033	20	03		BRA	DLY
0035	CE	0470	DELAY	LDX	#$0470
0038	09		DLY	DEX	
0039	26	FD		BNE	DLY
003B	39			RTS	

Dieses Programm nimmt an, daß der Stapel für Unterprogramm-Aufrufe verwendet werden kann. Entweder muß der Monitor den Stapelzeiger initialisieren oder man muß den Stapelzeiger so initialisieren, wie in Kapitel 10 gezeigt wurde.

Die Konstanten für die Verzögerungs-Routine wurden berechnet, wie früher in diesem Kapitel gezeigt wurde. Sie können versuchen, sie selbst zu bestimmen. Die Verzögerungen müssen nicht zu genau sein, da der Empfang zentriert ist, die Nachrichten kurz sind, die Datenrate niedrig ist und der Fernschreiber selbst keine sehr hohe Genauigkeit besitzt.

Wie würden Sie dieses Programm erweitern, um die beiden Stop-Bits zu prüfen? Sie müssen beide eins sein, oder es ist ein Rahmungsfehler aufgetreten.

Wie würden Sie dieses Programm erweitern, um die Parität zu prüfen? Hinweis: Lösche Akkumulator B beim Start und exklusiv-ODERiere die empfangenen Daten mit dem Inhalt von 8 nach der Zeit für ein einzelnes Bit.

Senden (Flußdiagramm in Bild 11-28):

TTY-SENDE-BETRIEB

Schritt 1) Sende ein Start-Bit (d.h. eine logische Eins).

Schritt 2) Sende die sieben Datenbits, beginnend mit dem niedrigstwertigen Bit.

Schritt 3) Erzeuge und sende das Paritäts-Bit.

Schritt 4) Sende zwei Stop-Bits (d.h. logische Einsen).

Die Übertragungs-Routine muß für die Zeit eines Bits zwischen jeder Operation warten.

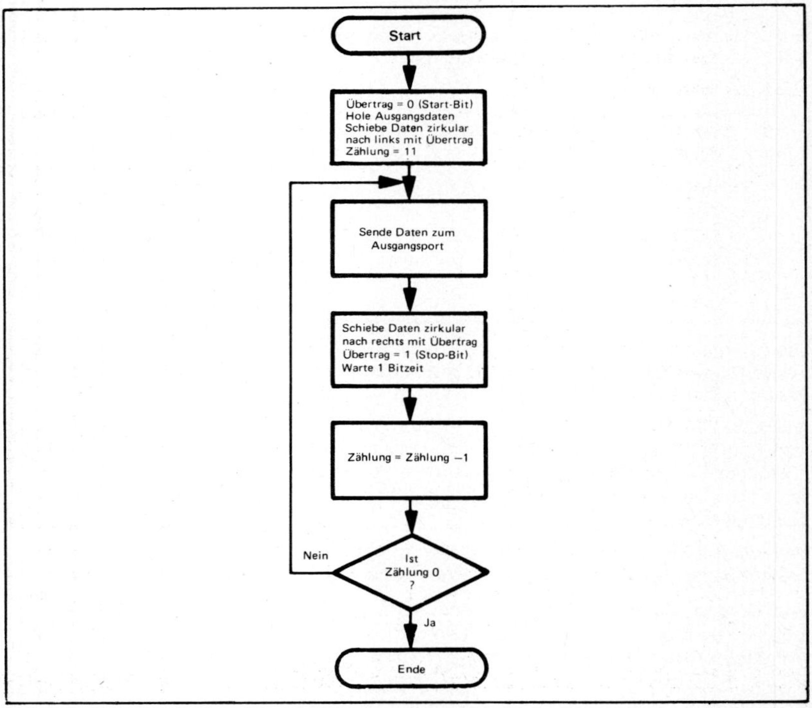

Bild 11-28. Flußdiagramm für Sende-Verfahren

Aufgabe: Sende Daten zu einem Fernschreiber über Bit 0 des PIA-Datenports (siehe Verfahren in Bild 11-28). Die Daten befinden sich im Speicherplatz 0040.

Quellprogramm:

TTY SENDE - PROGRAMM

(Es werde angenommen, daß keine Parität erzeugt werden muß).

```
CLR    PIACRA       LÖSCHE STEUER-REGISTER
LDAA   #$FF         MACHE DATENLEITUNGEN ZU
                      AUSGÄNGEN
STAA   PIADDRA
LDAA   #%00000100   ZUGRIFF AUF DATENREGISTER
STAA   PIACRA
```

```
        LDAA   $40        DATEN HOLEN
        LDAB   #11        11 BITS IM ZEICHEN
        CLR    PIADRA     SENDE STARTBIT
TTYTX   JSR    DELAY      WARTE WÄHREND DER ZEIT EINES
                              BITS
        SEC               STOP-BIT = 1
        RORA              HOLE NÄCHSTES BIT DES ZEICHENS
        ROL    PIADRA     SENDE ZU TTY
        DECB
        BNE    TTYTX
        SWI
```

Das DELAY-Unterprogramm ist das gleiche wie vorher. Erinnern Sie sich daran, daß Bit 0 der Daten zuerst gesendet werden muß.

Objektprogramm:

Speicher-Adresse (Hex)	Speicher-Inhalt (Hex)			Befehl (Mnemonik)	
0000	7F	PIACRA		CLR	PIACRA
0003	86	FF		LDAA	#$FF
0005	B7	PIADDRA		STAA	PIADDRA
0008	86	04		LDAA	#%00000100
000B	B7	PIACRA		STAA	PIACRA
000D	96	40		LDAA	$40
000F	C6	0B		LDAB	#11
0011	7F	PIADRA		CLR	PIADRA
0014	BD	0030	TTYTX	JSR	DELAY
0017	0D			SEC	
0018	46			RORA	
0019	79	PIADRA		ROL	PIADRA
001C	5A			DECB	
001D	26	F5		BNE	TTYTX
001F	3F			SWI	

CLR PIADRA löscht alle Bits im Datenregister und erzeugt dann ein Start-Bit. In tatsächlichen Anwendungen werden Sie finden, daß es erforderlich ist, eine Eins auf die Fernschreibleitung nach jeder Konfiguration zu plazieren, da die Leitung im Eins-Zustand sein sollte, wenn keine Daten gesendet werden.

Jedes Zeichen besteht aus 11 Bits, beginnend mit einem Start-Bit (Null) und endend mit zwei Stop-Bits (Einsen).

Wie würden Sie dieses Programm zur Erzeugung der Parität erweitern? Hinweis: Addiere alle Bits in der niedrigstwertigen Bit-Position zusammen:

```
        CLRA              PARITÄT = NULL
        LDAB   $40        DATEN HOLEN

CPAR    ABA               ADDIERE NÄCHSTES BIT ZUR PARITÄT
        LSRB
        BNE    CPAR
```

Weshalb arbeitet dieses Verfahren? Versuchen Sie es an einigen Beispielen. Dieses Programm erzeugt gerade Parität. Wie würden Sie ungerade Parität erzeugen?

UART

Diese Verfahren sind so gebräuchlich jedoch komplex, um einen speziellen LSI-Baustein zu rechtfertigen: Den UART,[7] oder Universal Asynchronous Receiver/Transmitter (Universeller asynchroner Empfänger/Sender). Der UART wird das Empfangs-Verfahren durchführen und Daten in paralleler Form, sowie das Data-Ready-Signal liefern. Es wird auch Daten in paralleler Form aufnehmen, das Sende-Verfahren ausführen und ein "Peripheral Ready"-Signal liefern, wenn es weitere Daten verarbeiten kann. UARTs besitzen zahlreiche andere Eigenschaften, einschließlich:

1) Die Fähigkeit, unterschiedliche Bitlängen zu verarbeiten (gewöhnlich 5 bis 8), wahlweise Parität und die Anzahl der Stop-Bits (gewöhnlich 1, 1-1/2 und 2).

2) Anzeigen für Rahmungsfehler, Paritätsfehler und "Überlauf-Fehler" (Fehler durch das Lesen eines Zeichens, bevor ein anderes empfangen wird).

3) Kompatibilität mit RS-232[8], d.h. ein Ausgangs-Signal "Sende-Anforderung" (RTS = Request to Send) das die Anwesenheit von Daten zum Kommunikationsgerät anzeigt und ein Eingangs-Signal "Sende-Bereitschaft" (CTS = Clear to Send), das als Antwort auf RTS die Bereitschaft des Kommunikationsgerätes anzeigt. Es können auch Vorkehrungen für andere RS-232-Signale vorhanden sein, wie "Received Signal Quality", "Data Set Ready" oder "Data Terminal Ready".

4) Tristate-Ausgänge und Steuer-Kompatibilität mit einem Mikroprozessor.

5) Takt-Optionen, die dem UART gestatten, die ankommenden Daten mehrere Male abzutasten, um falsche Start-Bits und andere Fehler festzustellen.

6) Unterbrechungs-Möglichkeiten und Steuerungen.

UARTs dienen als vier parallele Ports: Ein Eingangs-Datenport, ein Ausgangs-Datenport, ein Eingangs-Statusport und ein Ausgangs-Steuerport. Die Status-Bits enthalten Fehleranzeigen, sowie Bereit-Flags (Ready Flags). Die Steuer-Bits wählen verschiedene Optionen aus. UARTs sind preisgünstig (10,– bis 100,– DM, abhängig von ihren Eigenschaften) und leicht zu verwenden.

Der asynchrone Kommunikations-Interface-Adapter 6850 (ACIA)

ACIA–REGISTER

Der ACIA 6850 oder asynchrone Kommunikations-Interface-Adapter (siehe Bild 11-29) ist ein UART, der speziell für die Verwendung in Mikrocomputer-Systemen mit dem 6800 entwickelt wurde. Er belegt zwei Speicher-Adressen und enthält zwei Nur-Lese-Register (empfangene Daten und Status) und zwei Nur-Schreib-Register (gesendete Daten und Steuerung). Die Tabellen 11-11 und 11-12 beschreiben den Inhalt dieser Register.

SPEZIELLE EIGENSCHAFTEN DES ACIA

Beachten Sie die folgenden speziellen Eigenschaften des ACIA:

1) Lese- und Schreib-Zyklen adressieren physikalisch bestimmte Register. Deshalb kann man die ACIA-Register nicht als Adressen für Befehle wie "Inkrementiere", "Dekrementiere" oder "Verschiebe" verwenden, die sowohl Lese- wie Schreibzyklen enthalten.

2) Das ACIA-Steuerregister kann nicht von der CPU gelesen werden. Man muß eine Kopie des Steuerregisters im Speicher aufbewahren, wenn das Programm seinen Wert benötigt.

3) Der ACIA besitzt keinen RESET-Eingang. Er kann nur durch das Plazieren von Einsen in die Steuerregister-Bits 0 und 1 gelöscht werden. Dieses Verfahren (genannt MASTER RESET) ist erforderlich, bevor der ACIA eingesetzt wird, um zu vermeiden, daß er ein zufälliges Start-Zeichen besitzt.

4) Die RS-232-Signale sind alle aktiv Low. Request-to-Send (RTS) sollte insbesonders auf High gebracht werden, um es inaktiv zu machen, wenn es nicht in Verwendung steht.

5) Der ACIA benötigt einen externen Takt. Gewöhnlich werden 1760 Hz zugeführt und die Betriebsart ÷ 16 (Steuerregister-Bit 1 = 0, Bit 0 = 1) verwendet. Der ACIA wird den Takt zur Zentrierung des Empfangs verwenden, um falsche Start-Bits zu vermeiden, die durch Rauschen auf den Leitungen verursacht werden könnten.

6) Das Data-Ready-Flag (Empfangsdaten-Register voll oder RDRF) ist Bit 0 des Status-Registers. Das Peripheral-Ready-Flag (Sendedaten-Register leer oder TDRE) ist Bit 1 des Status-Registers.

Aufgabe: Empfange Daten von einem Fernschreiber über einen ACIA und plaziere die Daten in den Speicherplatz 0040.

Quellprogramm:

```
        LDAA   #%00000011   MASTER RESET FÜR ACIA
        STAA   ACIACR
        LDAA   #%01000101   KONFIGURIERE ACIA FÜR TTY MIT
                              UNGERADER PARITÄT
        STAA   ACIACR
WAITD   LDAA   ACIASR       HOLE ACIA-STATUS
        LSRA                WURDEN DATEN EMPFANGEN ?
        BCC    WAITD        NEIN, WARTE
        LDAA   ACIADR       HOLE DATEN
        STAA   $40          UND BEWAHRE SIE AUF
        SWI
```

Objektprogramm:

Speicher-Adresse (Hex)	Speicher-Inhalt (Hex)		Befehl (Mnemonik)		
0000	86	03		LDAA	#%00000011
0002	B7	ACIACR		STAA	ACIACR
0005	86	45		LDAA	#%01000101
0007	B7	ACIACR		STAA	ACIACR
000A	B6	ACIASR	WAITD	LDAA	ACIASR
000D	44			LSRA	
000E	24	FA		BCC	WAITD
0010	B6	ACIADR		LDAA	ACIADR
0013	97	40		STAA	$40
0015	3F			SWI	

Das Programm muß den ACIA anfangs löschen, indem es Einsen in die Steuerregister-Bits 0 und 1 plaziert. Der ACIA besitzt kein internes Löschen beim Einschalten der Betriebsspannung, das den ACIA in dem Reset-Status hält, bis der "Master-Reset" zugeführt wird.

Datenbus Zeilen-Nummer	Puffer-Adresse			
	$RS \cdot \overline{R/W}$ Sendedaten-Register	$RS \cdot R/W$ Empfangsdaten-Register	$\overline{RS} \cdot \overline{R/W}$ Steuer-Register	$\overline{RS} \cdot R/W$ Empfangsdaten-Register
	Nur Schreiben	Nur Lesen	Nur Schreiben	Nur Lesen
0	Data Bit 0*	Data Bit 0	Counter Divide Select 1 (CR0)	Receive Data Register Full (RDRF)
1	Data Bit 1	Data Bit 1	Counter Divide Select 2 (CR1)	Transmit Data Register Empty (TDRE)
2	Data Bit 2	Data Bit 2	Word Select 1 (CR2)	Data Carrier Detect ($\overline{DCD}$)
3	Data Bit 3	Data Bit 3	Word Select 2 (CR3)	Clear-to-Send ($\overline{CTS}$)
4	Data Bit 4	Data Bit 4	Word Select 3 (CR4)	Framing Error (FE)
5	Data Bit 5	Data Bit 5	Transmit Control 1 (CR5)	Receiver Overrun (OVRN)
6	Data Bit 6	Data Bit 6	Transmit Control 2 (CR6)	Parity Error (PE)
7	Data Bit 7***	Data Bit 7**	Receive Interrupt Enable (CR7)	Interrupt Request (IRQ)

* Führendes Bit = LSB = Bit 0
** Datenbit wird null in der Betriebsart 7 Bit plus Parität sein
*** Datenbit ist "beliebig" in der Betriebsart 7 Bit plus Parität

Tabelle 11-11. Definition des Inhalts der ACIA-Register

BEISPIEL FÜR ACIA-KONFIGURATION

Dieses Programm konfiguriert das ACIA-Steuerregister wie folgt:

Bit 7 = 0, um die Empfänger-Unterbrechung zu sperren

Bit 6 = 1, um Request-to-Send ($\overline{RTS}$) High (inaktiv) zu machen

Bit 5 = 0, um die Sender-Unterbrechung zu sperren

Bit 4 = 0, für 7-Bit-Worte

Bit 3 = 0, Bit 2 = 1 für ungerade Parität mit zwei Stop-Bits

Bit 1 = 0, Bit 0 = 1 für Takt dividiert durch 16 (es müssen 1760 Hz zugeführt werden)

CR6	CR5	Funktion
0	0	$\overline{RTS}$ = Low. Sende-Unterbrechung gesperrt.
0	1	$\overline{RTS}$ = Low. Sende-Unterbrechung freigegeben.
1	0	$\overline{RTS}$ = High. Sende-Unterbrechung gesperrt.
1	1	$\overline{RTS}$ = Low. Sendet ein Signal für eine Unterbrechung auf dem Sende-Datenausgang. Sende-Unterbrechung gesperrt.

CR4	CR3	CR2	Funktion
0	0	0	7 Bits + Gerade Parität + 2 Stop-Bits
0	0	1	7 Bits + Ungerade Parität + 2 Stop-Bits
0	1	0	7 Bits + Gerade Parität + 1 Stop-Bit
0	1	1	7 Bits + Ungerade Parität + 1 Stop-Bit
1	0	0	8 Bits + 2 Stop-Bits
1	0	1	8 Bits + 1 Stop-Bit
1	1	0	8 Bits + Gerade Parität + 1 Stop-Bit
1	1	1	8 Bits + Ungerade Parität + 1 Stop-Bit

CR1	CR0	Function
0	0	÷ 1
0	1	÷ 16
1	0	÷ 64
1	1	Haupt-Reset

Tabelle 11-12. Bedeutung der ACIA-Steuerregister-Bits

Das empfangene Daten-Statusbit ist Statusregister-Bit 0. Was würde geschehen, wenn wir versuchen

```
        LDAA    ACIASR
        LSRA
```

durch den Einzelbefehl

```
        LSR     ACIASR
```

zu ersetzen?

Erinnern wir uns daran, daß sich die Status- und Steuerregister eine Adresse teilen, jedoch physikalisch voneinander getrennt sind.

Versuchen Sie eine Fehlerprüf-Routine in das Programm einzufügen. Setze:

(0041) = 0, wenn keine Fehler auftraten
= 1, wenn ein Paritätsfehler auftrat (Statusregister-Bit 6 = 1)
= 2, wenn ein Überlauf-Fehler auftrat (Statusregister-Bit 5 = 1)
= 3, wenn ein Rahmungsfehler auftrat (Statusregister-Bit 4 = 1)

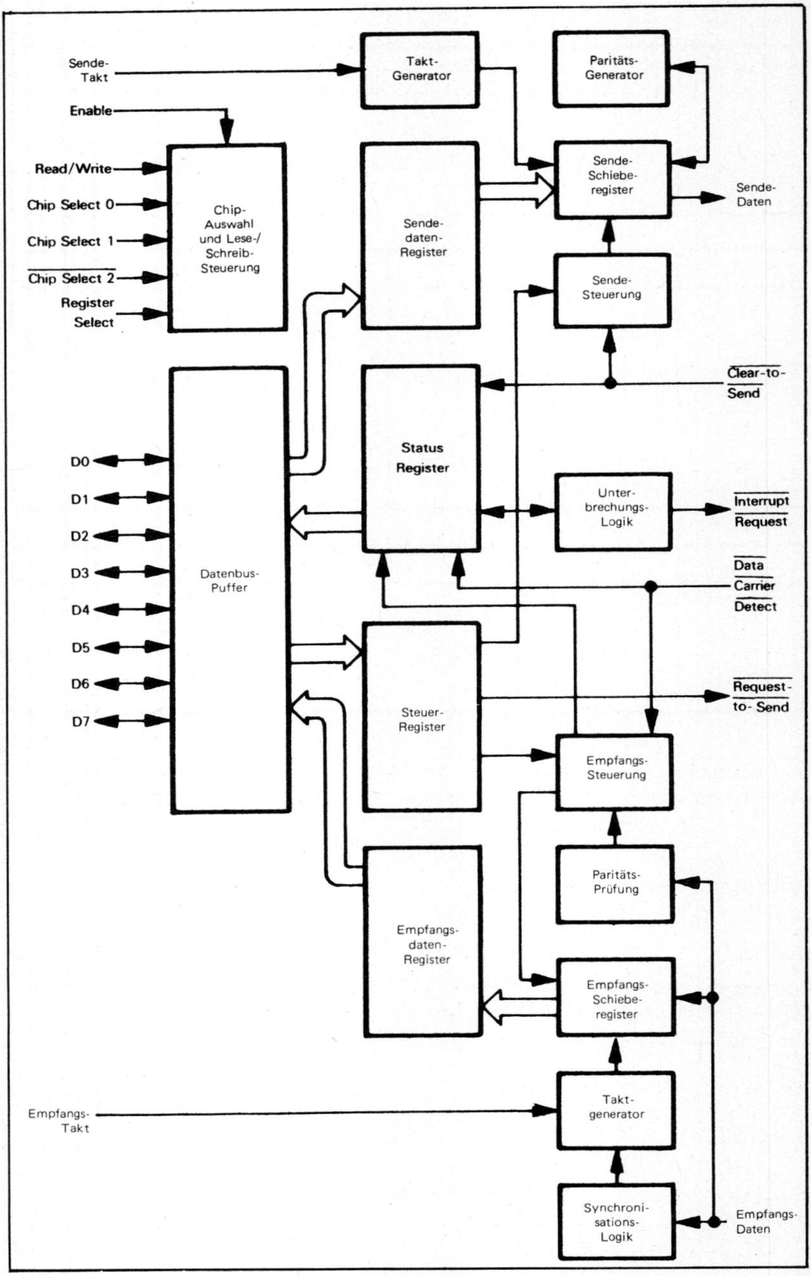

Bild 11-29. Blockschaltbild der ACIA 6850

ADRESSIERUNG EINES ACIA

Das Indexregister kann verwendet werden, um bei der Adressierung eines ACIA zu helfen. Wenn die Adresse des Steuer- und Status-Registers in das Indexregister geladen wird, können die Datenregister mit einer Versetzung von 1 angesprochen werden. Die Änderungen sind:

Alt		Neu (X) = ACIACR	
STAA	ACIACR	STAA	X
LDAA	ACIASR	LDAA	X
LDAA	ACIADR	LDAA	1,X

Aufgabe: Sende Daten vom Speicherplatz 0040 zu einem Fernschreiber über einen ACIA.

Quellprogramm:

```
        LDAA   #%00000011   MASTER-RESET FÜR ACIA
        STAA   ACIACR
        LDAA   #%01000101   KONFIGURIERE ACIA FÜR TTY MIT
                              UNGERADER PARITÄT
        STAA   ACIACR
        LDAA   #%00000010
WAITR   BITA   ACIASR       IST DER ACIA BEREIT ?
        BEQ    WAITR        NEIN, WARTE
        LDAA   $40          JA, HOLE DATEN
        STAA   ACIADR       UND SENDE SIE
        SWI
```

Objektprogramm:

Speicher-Adresse (Hex)	Speicher-Inhalt (Hex)		Befehl (Mnemonik)		
0000	86	03		LDAA	#%00000011
0002	B7	ACIACR		STAA	ACIACR
0005	86	45		LDAA	#%01000101
0007	B7	ACIACR		STAA	ACIACR
000A	86	02		LDAA	#%00000010
000C	B5	ACIASR	WAITR	BITA	ACIASR
000F	27	FB		BEQ	WAITR
0011	96	40		LDAA	$40
0013	B7	ACIADR		STAA	ACIADR
0016	3F			SWI	

Das Sender-Statusbit ist das Statusregister-Bit 1. Wie könnten Sie das Empfangsprogramm modifizieren, um den Bit-Test-Befehl zu verwenden?

Standard-Interfaces

STANDARD-INTERFACES

Andere Standard-Interfaces neben der TTY-Stromschleife und RS-232 können ebenfalls verwendet werden, um periphere Geräte mit dem Mikrocomputer zu verbinden. Einige bekannte sind:

1) Die seriellen Interfaces RS449, RS422 und RS423.[9]

2) Der parallele universelle Interface-Bus mit acht Bits, auch bekannt als IEEE-488 oder Hewlett-Packard Interface-Bus (HPIB).[10]

3) Der Hobby-Computerbus oder Altair/Imsai-Bus S-100.[11] Dies ist ebenfalls ein 8-Bit-Bus.

4) Der Intel-Multibus.[12] Dies ist ein weiterer 8-Bit-Bus, der jedoch erweitert werden kann, so daß er 16 Bits parallel verarbeitet.

AUFGABEN

1) Trennung von Tastenbetätigungen von einer nicht codierten Tastatur

Zweck: Das Programm sollte Eingaben von einer nicht codierten 3 x 3-Tastatur lesen und sie in eine Anordnung plazieren. Die Anzahl der erforderlichen Eingaben befinden sich im Speicherplatz 0040 und die Anordnung beginnt im Speicherplatz 0041.

Trennen Sie eine Tastenbetätigung von der nächsten, indem Sie auf das Ende der momentanen Tastenbetätigung warten. Vergessen Sie nicht, die Tastatur zu entprellen (dies kann einfach ein Warten von1 ms sein).

Beispiel:

(0040) = 04
Eingaben sind 7, 2, 2, 4

Ergebnis: (0041) = 07
(0042) = 02
(0043) = 02
(0044) = 04

2) Lesen eines Satzes von einer codierten Tastatur

Zweck: Das Programm sollte Eingaben von einer ASCII-Tastatur lesen (7 Bits mit einem Null-Paritätsbit) und es in eine Anordnung plazieren, bis es eine ASCII-Periode (hex 2E) empfängt. Die Anordnung beginnt im Speicherplatz 0040. Jede Eingabe ist durch einen Tast-Impuls markiert, wie in dem Beispiel "Eine codierte Tastatur".

Beispiel:

Eingaben sind H, E, L, L, O,.

Ergebnis: (0040) = 48 H
(0041) = 45 E
(0042) = 4C L
(0043) = 4C L
(0044) = 4F O
(0045) = 2E

3) Ein Rechteck-Generator mit variabler Amplitude

Zweck: Das Programm sollte eine Rechteck-Welle erzeugen, wie im nächsten Bild gezeigt ist, unter Verwendung eines D/A-Konverters. Der Speicherplatz 0040 enthält die geeichte Amplitude der Welle, der Speicherplatz 0041 die Länge eines Halbzyklus in Millisekunden, und der Speicherplatz 0042 die Anzahl der Zyklen.

Nehmen Sie an, daß eine digitale Ausgabe von 80_{16} zum Konverter in einem analogen Ausgangssignal von null Volt resultiert. Im allgemeinen ergibt eine digitale Ausgabe von D ein analoges Ausgangssignal von $(D\text{-}80)/80 \times -V_{REF}$ Volt.

(0040) = A0 (hex)
(0041) = 04
(0042) = 03

Ergebnis:

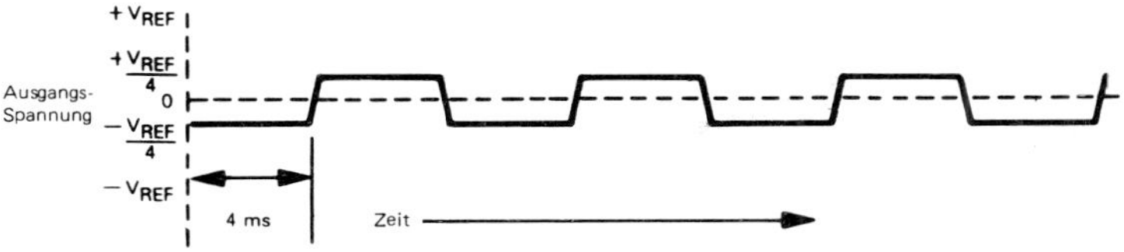

Die Basis-Spannung ist 80_{16} = 0 Volt. Die volle Skala beträgt $100_{16} = -V_{REF}$ Volt. Daher $A0_{16}$ = (A0-80)/80 X $-V_{REF} = -V_{REF}/4$.

Das Programm erzeugt 3 Impulse mit der Amplitude $V_{REF}/4$ mit einer halben Zyklus-Länge von 4 ms.

4) Mittelwert-Bildung von analogen Ablesungen

Zweck: Das Programm sollte vier Ablesungen von einem A/D-Wandler im Abstand von 10 Millisekunden entnehmen und den Mittelwert in den Speicherplatz 0040 legen. Es werde angenommen, daß der A/D-Wandler 100 Mikrosekunden für eine Umwandlung benötigt, so daß die Umwandlungszeit ignoriert werden kann.

Beispiel:

Ablesungen sind (hex) 86, 89, 81, 84
Ergebnis: (0040) = 85

5) Ein Terminal mit 30 Zeichen pro Sekunde

Zweck: Modifiziere die Sende- und Empfangs-Routinen für das Beispiel "Ein Fernschreiber", um ein Terminal mit 30 Zeichen/Sekunde zu steuern, das ASCII-Daten mit einem Stop-Bit und gerader Parität überträgt. Wie könnten Sie die Routinen schreiben, um jedes Terminal zu steuern, abhängig von einem Flag-Bit im Speicherplatz 0040. Das heißt, (0040) = 0 für das Terminal mit 30 Zeichen/Sekunde (0040) = 1 für das Terminal mit 10 Zeichen/Sekunde.

LITERATUR

1 Barnes, J., and V. Gregory, "Use Microprocessors to Enhance Performance with Noisy Data". ***EDN,*** August 20, 1976, Seite 71 - 72.

2 Swanson, R. "Understanding Cyclic Redundancy Codes", ***Computer Design*** November 1975, Seiten 93 - 99.

3 For the use of a bit-rate generator, see G. Nash, "Microprocessor Software Programs Bit-Rate Generator", ***EDN,*** August 20, 1977, Seiten 134 - 137.

4 J. Gilmore and R. Huntington, "Designing with the 6820 Peripheral Interface Adapter", ***Electronics,*** December 23, 1976, Seiten 85 - 86.

5 See, for example, A. Mrozowski, "Analog Output Chips Shrink A/D Conversion Software", ***Electronics,*** June 23, 1977, Seiten 130 - 133.

6 For more complete descriptions of the use of A/D converters with the 6800 processor, see:

D. Aldrige, "Analog-to-Digital Conversion Techniques with the M6800 Microprocessor System", Motorola Semiconductor Products Application Note AN-757, Motorola, Inc. Phoenix, AZ., 1975.

D. Fullagar et al., "Interfacing Data Converters and Microprocessors", ***Electronics,*** December 9, 1976, Seiten 81 - 89.

S. Kelly, "Low-Cost Data Acquisition Systems", ***Electronic Design,*** November 22, 1976, Seiten 152 - 157.

7 For a discussion of UARTs, see P. Rony et al., "The Bugbook IIa", E and L Instruments, Inc. 61 First Street, Derby, CT 06418; or D.G. Larsen et al., "INWAS: Interfacing with Asynchronous Serial Mode", ***IEEE Transaction on Industrial Electronics and Control Instrumentation,*** February 1977, S. 2 - 12.

8 You can find introductory descriptions of RS-232 in F.W. Etcheverry, "Binary Serial Interfaces", ***EDN,*** April 20, 1976, Seiten 40 - 43; and in G. Pickles, "Who's Afraid of RS-232?, Kilobaud, May 1977, Seiten 50 - 54.

9 D. Morris, "Revised Data Interface Standards", ***Electronic Design,*** September 1, 1977, Seiten 138 - 141.

10 J.B. Peatman, ***Microcomputer-Based Design,*** McGraw-Hill, New York, 1977.

S.C. Baunach, "An Example of an M6800-based GP1B Interface", ***EDN,*** September 20, 1977, Seiten 125 - 128.

A more detailed version of this article, complete with program listing and schematics, is available from Tektronix, Inc., Box 500, Beaverton, OR 97077.

11 D. Denney and J. Broom, "Why Not a Standard 100-Wire Bus Structure?", ***Computer,*** October 1976, Seiten 57 - 58.

M.L. Smith, "Build Your Own Interface", ***Kilobaud,*** June 1977, Seiten 22 - 28.

12 T. Rolander, "Intel Multibus Interfacing", Intel Application Note Ap-28, Intel Corporation, Santa Clara, CA, 1977.

KAPITEL 12
UNTERBRECHUNGEN

Unterbrechungen sind serielle Eingaben, die die CPU als Teil jedes Befehls-Zyklus prüft. Diese Eingaben gestatten der CPU auf Vorgänge mehr auf Hardware-Ebene zu reagieren, als auf Software-Ebene über das Prüfen von Status-Bits (polling = Abfragen). Unterbrechungen benötigen im allgemeinen mehr Hardware als eine gewöhnliche (programmierte) E/A, ergeben jedoch eine schnellere und direktere Reaktion. Es ist zu empfehlen, sich die Besprechung von Unterbrechungen in dem Standardwerk "Einführung in die Mikrocomputer-Technik" nochmals anzusehen.

BEGRÜNDUNG FÜR UNTERBRECHUNGEN

Weshalb verwendet man Unterbrechungen? Unterbrechungen gestatten es, die unmittelbare Aufmerksamkeit der CPU auf Vorgänge zu erlangen, wie etwa Alarm, Betriebsspannungs-Ausfall, das Einfügen von Zeit-Intervallen und periphere Bausteine, die über Daten verfügen oder bereit sind, Daten anzunehmen. Der Programmierer muß nicht erst dafür sorgen, daß die CPU Status-Bits mit Sequenzen prüft, die bedingte Verzweigungsbefehle enthalten. Ebenso braucht sich der Programmierer nicht um nicht vorhandene Vorgänge zu kümmern. Ein Unterbrechungs-System entspricht etwa einer Telefonklingel, sie läutet, wenn ein Anruf empfangen wird, so daß man den Hörer nicht laufend abnehmen muß um festzustellen, ob sich jemand in der Leitung befindet. Die CPU kann ihre normale Tätigkeit ausführen (und verschwendet dadurch weniger Zeit). Wenn irgend etwas geschieht, so macht sich die Unterbrechung bei der CPU bemerkbar und zwingt sie dazu, die Eingabe zu bedienen, bevor sie ihre normalen Operationen fortsetzt. Natürlich wird diese einfach Beschreibung wesentlich komplizierter (wie etwa das Schaltbrett eines Telefons), wenn es mehrere Unterbrechungen unterschiedlicher Wichtigkeit gibt, sowie Aufgaben, die nicht unterbrochen werden dürfen.

EIGENSCHAFTEN VON UNTERBRECHUNGS-SYSTEMEN

Die Ausführungen von Unterbrechungs-Systemen unterscheiden sich sehr stark. Unter den zu beantwortenden Fragen für die Charakterisierung eines speziellen Systems sind:

1. Wieviele Unterbrechungs-Eingänge gibt es?
2. Wie reagiert die CPU auf eine Unterbrechung?
3. Wie bestimmt die CPU die Quelle einer Unterbrechung, wenn die Anzahl der Quellen die Anzahl der Eingänge überschreitet?
4. Kann die CPU zwischen wichtigen und unwichtigen Unterbrechungen unterscheiden?
5. Wie und wann wird das Unterbrechungs-System freigegeben und gesperrt?

Es gibt zahlreiche unterschiedliche Antworten auf diese Fragen. Der Zweck aller dieser Ausführungen besteht jedoch darin, daß die CPU rasch auf Unterbrechungen reagiert und danach wieder ihre normale Tätigkeit aufnimmt.

Die Anzahl der Unterbrechungs-Eingänge auf dem CPU-Chip bestimmt die Anzahl der verschiedenen Reaktionen, die die CPU ohne zusätzliche Hardware oder Software erzeugen kann. Jeder Eingang kann eine unterschiedliche interne Reaktion bewirken. Unglücklicherweise besitzen die meisten Mikroprozessoren eine sehr kleine Anzahl (typisch 1 oder 2) getrennter Unterbrechungs-Eingänge.

Die eigentliche Reaktion der CPU auf eine Unterbrechung muß in einer Übergabe der Steuerung zur richtigen Unterbrechungs-Service-Routine sein und die Aufbewahrung des momentanen Wertes des Befehlszählers. Die CPU muß daher einen Befehl "Springe zu Unterprogramm" oder Aufrufbefehl mit dem Start der Unterbrechungs-Service-Routine an dieser Adresse ausführen. Diese Aktion wird die Rück-kehr-Adresse im Stapel aufbewahren und die Steuerung der Unterbrechungs-Service-Routine übergeben. Der Umfang der benötigten externen Hardware für diese Reaktion unterscheidet sich in hohem Maße. Einige CPUs erzeugen den Befehl und die Adresse intern. Andere benötigen externe Hardware um dies auszuführen. Die CPU kann nur einen unterschiedlichen Befehl oder Adresse für jeden separaten Eingang erzeugen.

ABFRAGEN

VEKTORISIEREN

Wenn die Anzahl der unterbrechenden Bausteine die Anzahl der Eingänge überschreitet, benötigt die CPU zusätzliche Hardware oder Software, um die Quelle der Unterbrechung zu identifizieren. Im einfachsten Fall kann die Software eine Abfrage-Routine (Polling-Routine) sein, die den Status der Bausteine prüft, von denen eine Unterbrechung zu erwarten ist. Der einzige Vorteil eines derartigen Systems gegenüber dem normalen Abfragen besteht darin, daß die CPU weiß, daß wenigstens ein Baustein aktiv ist. Die andere Lösung besteht aus zusätzlicher Hardware, um eine eindeutige Daten-Eingabe (oder "Vektor") für jede Quelle zu liefern. Die beiden Alternativen können auch gemischt verwendet werden. Die Vektoren können Gruppen von Eingängen identifizieren, von denen die CPU einen speziellen hiervon durch Abfragen (polling) identifizieren kann.

PRIORITÄT

Ein Unterbrechungs-System, das zwischen wichtigen und unwichtigen Unterbrechungen unterscheiden kann, wird ein "Prioritäts-Unterbrechungssystem" genannt. Interne Hardware kann so viele Prioritäts-Ebenen liefern, wie es Eingänge gibt. Externe Hardware kann zusätzliche Ebenen zur Verfügung stellen. Die externe Hardware läßt nicht zu, daß die Unterbrechung die CPU erreicht, außer ihre Priorität ist höher als der Inhalt des Prioritätsregisters. Ein Prioritäts-Unterbrechungssystem kann einen speziellen Weg für die Verarbeitung von Unterbrechungen mit niedriger Priorität erfordern, die während längerer Zeitperioden ignoriert werden können.

FREIGABE UND SPERRUNG VON UNTERBRECHUNGEN

Die meisten Unterbrechungs-Systeme können freigegeben oder gesperrt werden. In der Tat sperren die meisten CPUs automatisch Unterbrechungen, wenn ein RESET ausgeführt wird (so daß der Programmierer das Unterbrechungs-System konfigurieren kann) und bei der Annahme einer Unterbrechung (so daß die Unterbrechung nicht durch ihre eigene Unterbrechungs-Routine unterbrochen wird). Der Programmierer kann auch den Wunsch haben, Unterbrechungen zu sperren, während er Daten vorbereitet oder verarbeitet, eine zeitliche Steuerschleife ausführt, oder eine Mehr-Wort-Operation ausführt.

NICHT-MASKIERBARE UNTERBRECHUNG

Eine Unterbrechung, die nicht gesperrt werden kann (manchmal auch eine "nicht-maskierbare Unterbrechung" genannt) kann sehr nützlich sein, bei einem Betriebsspannungs-Ausfall zu warnen, ein Vorgang, der offensichtlich Vorrang vor allen anderen Aktivitäten besitzen muß.

NACHTEILE VON UNTERBRECHUNGEN

Die Vorteile von Unterbrechungen sind offensichtlich, es gibt jedoch auch Nachteile. Diese sind:

1. Unterbrechungs-Systeme können einen beträchtlichen Teil zusätzlicher Hardware benötigen.
2. Unterbrechungen benötigen noch Datentransfers unter der Programmsteuerung durch die CPU. Sie besitzt keine Geschwindigkeits-Vorteile wie etwa beim DMA.

3. Unterbrechungen sind zufällige Eingaben, die möglicherweise schwierig zu testen und fehlerfrei zu machen sind. Fehler können sporadisch auftreten und können daher sehr schwer zu finden sein (für eine Besprechung der Entwicklung mit Unterbrechungen siehe Baldridge R.L. "Interrupts Add Power, Complexity to microcomputer-system Design" EDN, August 5, 1977, Seite 67-73).

4. Unterbrechungen können einen beträchtlichen Aufwand erfordern, wenn zahlreiche Register-Inhalte aufbewahrt werden müssen und die Quelle durch Abfragen bestimmt werden muß.

6800-Unterbrechungs-System

6800 UNTERBRECHUNGS-EINGÄNGE

Die interne Reaktion des 6800 auf eine Unterbrechung ist etwas komplex. Das Unterbrechungs-System besteht aus:

1. Eine maskierbare Unterbrechung ($\overline{\text{IRQ}}$) mit aktivem Low und eine nicht-maskierbare Unterbrechung ($\overline{\text{NMI}}$) mit aktivem Low.

2. Ein Unterbrechungs-Sperr-Bit I (1 zum Sperren der maskierbaren Unterbrechung), das Bit 4 des Bedingungscode-Registers ist.

Der 6800 prüft den momentanen Status des Unterbrechungs-Systems am Ende jedes Befehls-Zyklus (siehe Bild 12-1 für ein Zustands-Diagramm). Wenn die Unterbrechung aktiv und freigegeben ist, so erfolgt folgende Reaktion:

1. Die CPU sperrt die maskierbare Unterbrechung ($\overline{\text{IRQ}}$). Das heißt, sie setzt Bit 4 (I) des Bedingungscode-Registers.

2. Die CPU bewahrt den Inhalt seiner Anwender-Register im Stapel auf. Bild 12-2 zeigt die Reihenfolge, in der die Register-Inhalte gerettet werden.

3. Die CPU holt eine Adresse von einem spezifizierten Paar von Speicher-Adressen und legt diese Adresse in den Befehlszähler. Tabelle 12-1 enthält das Adressen-Paar, das den verschiedenen Eingängen zugeordnet ist und den Software-Unterbrechungsbefehl.

SPEZIELLE EIGENSCHAFTEN DES UNTERBRECHUNGS-SYSTEMS DES 6800

Beachten Sie folgende spezielle Eigenschaften des Unterbrechungs-Systems des 6800:

1. Der 6800 rettet automatisch alle Anwender-Register auf den Stapel, einschließlich beider Akkumulatoren, dem Indexregister, dem Bedingungscode-Register und dem Befehlszähler. Erinnern Sie sich daran, daß das Bedingungscode-Register das Unterbrechungs (Sperr-)-Bit enthält.

2. Der 6800 liefert keine externen Signale um anzuzeigen, daß er eine Unterbrechung angenommen hat, mit Ausnahme der Adresse, die er auf den Adressenbus plaziert.

3. Der 6800 besitzt keine speziellen internen Vorrichtungen zur Bestimmung der Quelle einer Unterbrechung, wenn mehrere Quellen zum gleichen Eingang geführt werden.

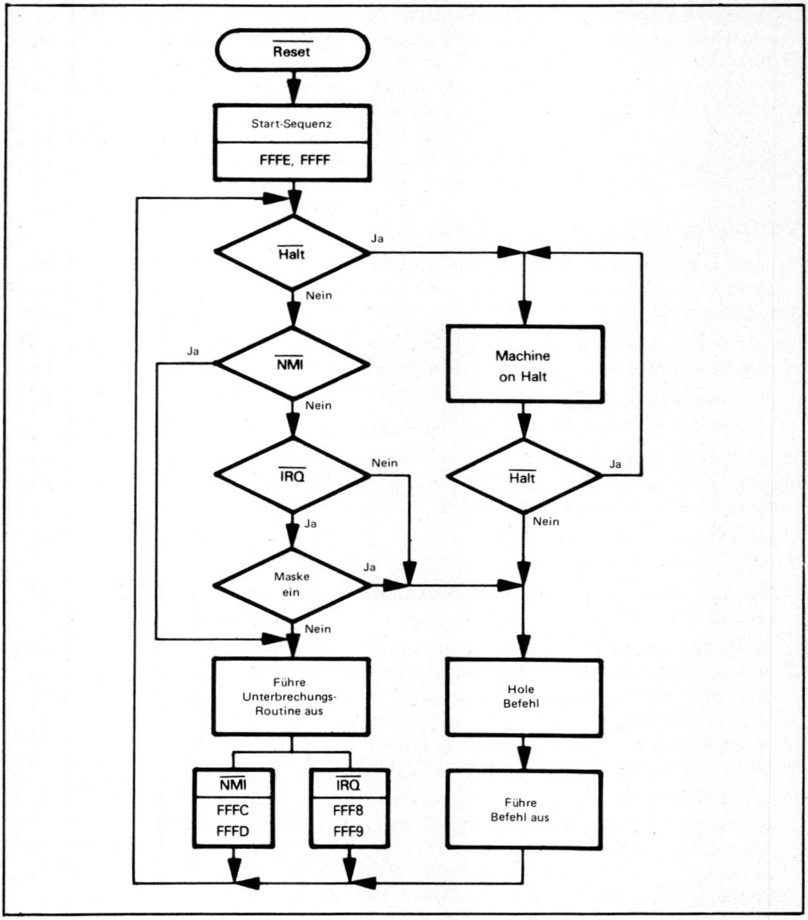

Quelle	Verwendete Adresse (Hex)
Reset ($\overline{RESET}$)	FFFE, FFFF
Nicht-maskierbare Unterbrechung ($\overline{NMI}$)	FFFC, FFFD
Software-Unterbrechungs-Befehl	FFFA, FFFB
Unterbrechungs-Anforderung ($\overline{IRQ}$)	FFF8, FFF9

Der 6800 besitzt folgende spezielle Befehle zur Manipulation seines Unterbrechungs-Systems:

1. CLI (Clear Interrupt Mask) löscht Bit 4 des Bedingungscode-Registers und gibt daher die maskierbare Unterbrechung frei.
2. SEI (Set Interrupt Mask) setzt Bit 4 des Bedingungscode-Registers und sperrt daher die maskierbare Unterbrechung.
3. SWI (Software Interrupt) sperrt die maskierbare Unterbrechung, rettet alle Anwender-Register auf den Stapel und plaziert den Inhalt der Adressen FFFA und FFFB in den Befehlszähler.
4. RTI (Return from Interrupt) speichert alle Anwender-Register vom Stapel zurück. Das Ergebnis ist, daß die alten Werte zum Befehlszähler, den Akkumulatoren, Indexregister und Bedingungscode-Register (einschließlich des Unterbrechungs-Bits) zurückgebracht werden.
5. WAI (Wait for Interrupt) rettet alle Register in den Stapel und wartet auf das Auftreten einer Unterbrechung, das heißt, WAI arbeitet wie ein Halt-Befehl, der die Register-Inhalte rettet.

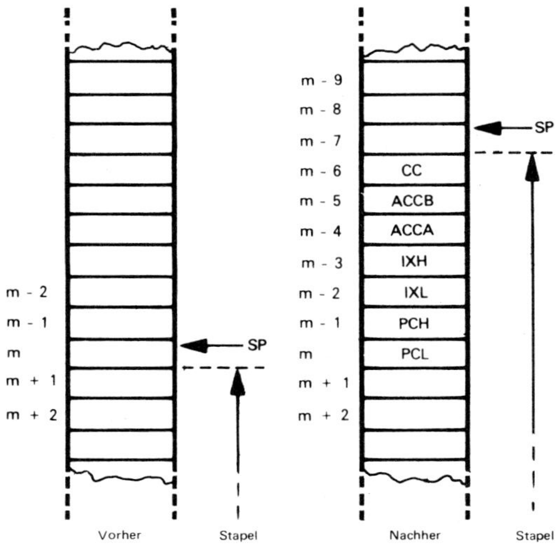

SP = Stack Pointer (Stapelzeiger)
CC = Condition Codes (Bedingungscode, auch Prozessor-Status-Byte genannt)
ACCB = Accumulator B (Akkumulator B)
ACCA = Accumulator A (Akkumulator A)
IXH = Index Register (Indexregister, hochwertige 8 Bits)
IXL = Index Register (Indexregister, niederwertige 8 Bits)
PCH = Program Counter (Befehlszähler, hochwertige 8 Bits)
PCL = Program Counter (Befehlszähler, niederwertige 8 Bits)

NICHT-MASKIERBARE UNTERBRECHUNG

Die nicht-maskierbare Unterbrechung ist ein flankensensitiver Eingang. Der Prozessor reagiert daher nur auf die Flanke eines Impulses auf dieser Leitung, und der Impuls wird seine eigene Unterbrechungs-Routine nicht unterbrechen. Nichtmaskierbare Unterbrechungen sind sehr nützlich bei Anwendungen, die auf den Ausfall der Stromversorgung reagieren müssen (d.h. sie müssen Daten in einen Speicher mit niedriger Leistungsaufnahme retten oder eine Reserve-Batterie zuschalten). Typische Anwendungen sind Kommunikationsgeräte, die Codes und Teil-Mitteilungen aufbewahren müssen, sowie Testgeräte, die teilweise abgeschlossen Tests verfolgen müssen. Wir werden die nicht-maskierbare Unterbrechung nicht weiter besprechen. Wir wollen annehmen, daß alle Unterbrechungs-Eingaben zu $\overline{IRQ}$ geführt wird.

PIA-Unterbrechungen

6820-PIA-UNTERBRECHUNGEN

Die meisten Unterbrechung-Systeme des 6800 verwenden PIAs 6820.Jede Seite des PIA besitzt folgende Eigenschaften zur Verwendung bei Unterbrechungen:

1. Einen Unterbrechungs-Eingang mit aktiv Low.
2. Unterbrechungs-Freigabebits (Bit 0 des Steuer-Registers für die Steuerleitung 1, Bit 3 für die Steuerleitung 2).
3. Unterbrechungs-Status-Bits (Bit 7 des Steuer-Registers für die Steuerleitung 1, Bit 6 für die Steuerleitung 2).

Die Bits 1 und 4 bestimmen, ob eine ansteigende Flanke (Übergang Low auf High) oder eine Rückflanke (Übergang High auf Low) auf der Steuerleitung eine Unterbrechung verursacht.

Beachten Sie daß:

1. Die PIA-Unterbrechungs-Freigabebits die entgegengesetzte Polarität des I-Bits des 6800 besitzen, d.h., sie müssen "1" sein, um eine Unterbrechung freizugeben.
2. $\overline{RESET}$ löscht die PIA-Steuerregister und sperrt daher alle Unterbrechungen.
3. Die CPU kann die Bits 6 und 7 des Steuer-Registers prüfen, um festzustellen, ob ein PIA eine Unterbrechung bereit hat. Sobald gesetzt, bleiben diese Bits in diesem Zustand, bis die CPU die PIA-Datenregister liest.
4. Der PIA wird sich an eine Unterbrechung erinnern, die auftritt, während PIA-Unterbrechungen gesperrt waren und wird ein Ausgangs-Signal liefern, sobald der PIA freigegeben wird.

ACIA-Unterbrechungen

6800-ACIA-UNTERBRECHUNGEN

Der ACIA-6850 kann ebenfalls als Quelle für Unterbrechungen dienen. Sie sollten folgende Eigenschaften des ACIA bei einem auf Unterbrechungen basierenden System beachten:

1. Die Sende-Unterbrechung (ACIA ist bereit für Daten) wird nur freigegeben, wenn das Steuerregister-Bit 6 = 0 und das Steuerregister-Bit 5 = 1.
2. Empfänger-Unterbrechung (ACIA hat neue Daten empfangen) wird nur freigegeben, wenn das Steuerregister-Bit 7 = 1.
3. Das Haupt-Reset beeinflußt die Unterbrechungs-Freigabe-Bits nicht.

4. Bit 7 des Statusregisters wird gesetzt, wenn eine Unterbrechung aufgetreten ist. Dieses Bit kann entweder durch Lesen von Daten vom ACIA oder durch Schreiben von Daten in den ACIA gelöscht werden.

6800-Abfrage-Unterbrechungssysteme

ABFRAGE-UNTERBRECHUNGEN

Die meisten Unterbrechungs-Systeme des 6800 müssen entweder den PIA und ACIA abfragen um zu bestimmen, welcher eine Unterbrechung bewirkt hat. Die Abfrage (polling)-Methode lautet:

1. Prüfe jeden PIA durch Prüfen der Bits 6 und 7:

```
LDAA   PIACRA   IST BIT 7 GESETZT?
BMI    INT1     JA, UNTERBRECHUNG 1
ASLA            IST BIT 6 GESETZT?
BMI    INT2     JA, UNTERBRECHUNG 2
```

2. Prüfe jeden ACIA durch Prüfen von Bit 7:

```
LDAA   ACIASR   IST BIT 7 GESETZT?
BMI    INTA     JA, UNTERBRECHUNG AKTIV
```

Die wichtigsten Eigenschaften eines Abfrage-Systems des 6800 sind:

1. Die erste geprüfte Unterbrechung besitzt die höchste Priorität, da die verbleibenden Unterbrechungen nicht geprüft werden, wenn die erste aktiv ist. Die zweite Unterbrechung besitzt die nächsthöhere Priorität usw.
2. Die Service-Routine muß die PIA-Unterbrechung löschen, indem sie die Datenregister liest, auch wenn das Lesen gar nicht notwendig ist. Der Test-Befehl (TST) kann zum Lesen der PIA-Datenregister verwendet werden, ohne die Akkumulatoren zu beeinflussen.

NACHTEILE DER ABFRAGE-UNTERBRECHUNGEN

Abfrage-Routinen sind gleichwertig, wenn es nur einige wenige Eingänge gibt. Sind jedoch mehrere Eingänge vorhanden, so sind die Abfrage-Routinen langsam und mühsam aus folgenden Gründen:

1. Die durchschnittliche Anzahl der Abfrage-Operationen steigt linear mit der Anzahl der Eingänge. Im Durchschnitt wird man natürlich nur die Hälfte der Eingänge abzufragen haben, bevor man den richtigen findet. Man kann die durchschnittliche Anzahl der Abfrage-Operationen etwas verringern, indem man die am häufigsten verwendeten Eingänge zuerst prüft.
2. PIA- und ACIA-Adressen sind selten aufeinanderfolgend oder im gleichen Abstand. Daher sind separate Befehle erforderlich, um jeden Eingang zu prüfen. Abfrage-Routinen sind deshalb schwierig zu erweitern. Es können Tabellen von E/A-Adressen verwendet werden, sind jedoch mühsam mit einem einzigen Indexregister zu handhaben.
3. Unterbrechungen, die zuerst abgefragt werden, können jene sperren, die später abgefragt werden, außer die Reihenfolge der Abfrage wird variiert. Jedoch das Fehlen aufeinanderfolgender Adressen machen ein Variieren der Reihenfolge der Abfrage sehr schwierig.

Vektorisierte Unterbrechungs-Systeme mit dem 6800

6800 VEKORISIERTE UNTERBRECHUNGEN

Das Problem des Abfragens in Systemen mit dem 6800 wurde durch spezielle Verfahren gelöst, entweder für eine bestimmte Anwendung oder Mikrocomputer (siehe z.B. J.G. Logan und P.S. Kraeger "Using a Microprocessor" Computer Design, September 1975, Seite 69-77). Der

Prioritäts-Unterbrechungs-Steuerbaustein 6828 ermöglicht ein vektorisiertes Unterbrechungssystem mit acht Ebenen. Dieser Baustein erkennt einfach die Adressen FFF8 und FFF9 (siehe Tabelle 12-1), wenn sie auf dem Adressenbus aufscheinen und ersetzt sie durch einen von acht Vektoren. Wir wollen diesen Baustein oder die vektorisierten Unterbrechungs-Systeme mit dem 6800 nicht weiter besprechen. Sie können eine Ausführung des Bausteines 6828 im Band 2 der "Introduction to Microcomputers" finden.

BEISPIELE

Eine Start-Unterbrechung

Zweck: Der Computer wartet auf das Auftreten einer PIA-Unterbrechung, bevor er mit tatsächlichen Operationen beginnt.

Zahlreiche Systeme verbleiben inaktiv, bis sie der Bedienende tatsächlich startet oder ein DATA-READY-Signal empfangen wird. Bei RESET müssen derartige Systeme den Stapelzeiger initialisieren, die Start-Unterbrechung freigeben und einen WAI-Befehl ausführen. Erinnern Sie sich daran, daß RESET die Prozessor-Unterbrechung sperrt, sowie alle PIA-Unterbrechungen. Im Flußdiagramm ist die Entscheidung, ob der Start aktiv ist, durch die Hardware ausgeführt (d.h., indem die CPU den Unterbrechungs-Eingang intern prüft) anstatt durch Software.

Flußdiagramm:

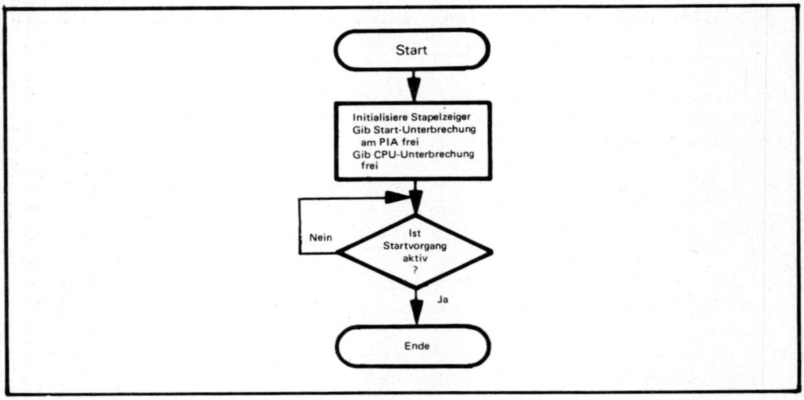

Quellprogramm:

Hauptprogramm:

```
        SEI                     SPERRE UNTERBRECHUNG
        STS     $3E             BEWAHRE MONITOR-STAPELZEIGER AUF
        LDS     #$58            INITIALISIERE ANWENDER-STAPELZEIGER
        LDAA    #%00000101
        STAA    PIACRA
        CLI                     GIB CPU-UNTERBRECHUNG FREI
        WAI                     UND WARTE
```

Unterbrechungs-Service-Routine:

```
        ORG     INTRP
        LDAA    PIADRA          LÖSCHE UNTERBRECHUNG
        LDS     $3E             SPEICHERE MONITOR-STAPELZEIGER
                                                    ZURÜCK
        SWI
```

Objektprogramm:

Speicher-Adresse (Hex)	Speicher-Inhalt (Hex)		Befehl (Mnemonik)	
Hauptprogramm				
0000	0F		SEI	
0001	9F	3E	STS	$3E
0003	8E	0058	LDS	#$58
0006	86	05	LDAA	#%00000101
0008	B7	PIACRA	STAA	PIACRA
000B	0E		CLI	
000C	3E		WAI	
Unterbrechungs-Serviceroutine				
INTRP	B6	PIADRA	LDAA	PIADRA
INTRP+3	9E	3E	LDS	$3E
INTRP+5	3F		SWI	

UNTERBRECHUNGEN BEI SPEZIELLEN MIKROCOMPUTERN

Die genaue Lage der Unterbrechungs-Service-Routine variiert mit dem Mikrocomputer. Wenn Ihr Mikrocumputer keinen Monitor besitzt, kann man eine beliebige Adresse in die Speicherplätze FFF8 und FFF9 plazieren (oder Speicherplätze, die diesen Adressen entsprechen). Man muß dann die Unterbrechungs-Routine an den Adressen starten, die man auswählt.

HANDHABUNG VON UNTERBRECHUNGEN DURCH MONITORE

Wenn Ihr Mikrocomputer-System ein Monitorprogramm besitzt, so wird der Monitor die Adressen FFF8 und FFF9 belegen. Diese Adressen werden entweder eine Start-Adresse enthalten, an der Sie Ihre Unterbrechungs-Service-Routine plazieren müssen, oder sie werden die Start-Adresse einer Routine enthalten, die Ihnen die Wahl der Start-Adresse der Unterbrechungs-Routine gestatten. Eine typische Monitor-Routine wäre:

```
MONINT  LDX   USRINT   HOLE ANWENDER-ADRESSE FÜR UN-
*                      TERBRECHUNGS-SERVICE-ROUTINE
        JMP   X        UND SPRINGE ZU IHR
```

Sie müssen dann die Adresse Ihrer Service-Routine in die Speicherplätze USRINT und USRINT+1 plazieren. Erinnern Sie sich daran, daß MONINT eine Adresse im Monitorprogramm ist und ihr Wert in den Adressen FFF8 und FFF9 liegt.

Sie können das Laden der Speicherplätze USRINT und USRINT+1 in Ihr Hauptprogramm einschließen:

```
        LDX   #INTRP   HOLE START-ADRESSE DER SERVICE-
                       ROUTINE
        STX   USRINT   SPEICHERE SIE BEI DER ANWENDER-
                       ADRESSE
```

Diese Befehle müssen der Freigabe der Unterbrechungen vorausgehen.

Wenn in das Programmbeispiel tatsächlich eingetreten würde, wären nur bei $\overline{\text{RESET}}$ die Befehle SEI und STS $3E überflüssig. Ferner würde der Befehl LDS $3E in der Service-Routine durch LDS USRSTK ersetzt.

Bei einigen Mikrocomputern mit dem 6800 könnten Sie nicht in der Lage sein, den WAI-Befehl zu verwenden. Der Grund hierfür ist, daß bei der Freigabe der PIAs mit VMA, diese keine Unterbrechungen annehmen werden, wenn VMA inaktiv ist (wie dies nach der Ausführung von WAI der Fall ist). Sie können dieses Problem umgehen, indem Sie WAI durch einen Befehl für eine endlose Schleife ersetzen:

```
HERE    BRA    HERE
```

Oder 20 gefolgt durch FE in hexadezimal.

Das Hauptprogramm gibt nur die Unterbrechung von dem Start-PIA frei. Beachten Sie, daß diese Unterbrechung freigegeben wird (durch Setzen von Bit 0 des PIA-Registers auf 1) bevor die CPU-Unterbrechung freigegeben wird (durch Löschen des I-Bits). Sie müssen auch den Stapelzeiger initialisieren, bevor Sie die CPU-Unterbrechung freigeben (warum?).

In diesem Beispiel sind die Werte, die die CPU 6800 in den Stapel speichert nicht verwendbar. Der einfachste Weg sie zu löschen besteht darin, die Start-Adresse des Stapels in den Stapelzeiger zurückzuspeichern.

Erinnern Sie sich daran, daß die Annahme einer Unterbrechung automatisch das Unterbrechungs-System sperrt. Dies gestattet der eigentlichen Start-Routine alle PIAs zu konfigurieren, sowie andere Unterbrechungs-Quellen, bevor die Unterbrechungen wieder freigegeben werden. Beachten Sie, daß Sie die Start-Unterbrechung in der Service-Routine löschen müssen (mit dem andernfalls nutzlosen Befehl LDAA PIADRA) oder sie würde neuerlich unterbrochen, sobald das Unterbrechungs-System wieder freigegeben ist.

Eine Tastatur-Unterbrechung

TASTATUR-UNTERBRECHUNG

Zweck: Der Computer wartet auf eine Tastatur-Unterbrechung und plaziert die Daten von der Tastatur in den Speicherplatz 0040.

Beispiel:

Tastatur-Daten = 06

Ergebnis: (0040) = 06

Flußdiagramm:

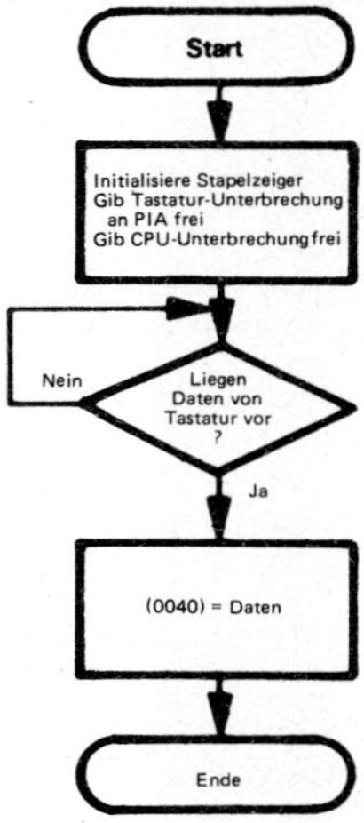

Quellprogramm:

Hauptprogramm:

```
        SEI                 SPERRE UNTERBRECHUNG
        STS    $3E          BEWAHRE MONITOR-STAPELZEIGER AUF
        LDS    #$58         INITIALISIERE ANWENDER-STAPELZEIGER
        CLR    PIACRA       LÖSCHE TASTATUR-PIA
        CLR    PIADRA       MACHE DATENLEITUNGEN ZU EINGÄNGEN
        LDAA   #%00000101   GIB TASTATUR-UNTERBRECHUNG AN PIA
                            FREI
        STAA   PIACRA
        CLI                 GIB CPU-UNTERBRECHUNG FREI
        WAI                 UND WARTE
```

Unterbrechungs-Service-Routine:

```
        ORG    INTRP
        LDAA   PIADRA       HOLE TASTATUR-DATEN
        STAA   $40          BEWAHRE TASTATUR-DATEN AUF
        LDS    $3E          SPEICHERE MONITOR-STAPELZEIGER ZU-
                            RÜCK
        SWI
```

Objektprogramm:

Speicher-Adresse (Hex)	Speicher-Inhalt (Hex)		Befehl (Mnemonik)	
Hauptprogramm				
0000	0F		SEI	
0001	9F	3E	STS	$3E
0003	8E	0058	LDS	#$58
0006	7F	PIACRA	CLR	PIACRA
0009	7F	PIADRA	CLR	PIADRA
000C	86	05	LDAA	#%00000101
000E	B7	PIACRA	STAA	PIACRA
0011	0E		CLI	
0012	3E		WAI	
Unterbrechungs-Serviceroutine				
INTRP	B6	PIADRA	LDAA	PIADRA
INTRP+3	97	40	STAA	$40
INTRP+5	9E	3E	LDS	$3E
INTRP+7	3F		SWI	

Sie müssen den PIA vollständig konfigurieren, bevor Sie die Unterbrechungen freigeben.

Beachten Sie, daß Sie die Register nicht verwenden können, um Daten von der Unterbrechungs-Service-Routine zum Hauptprogramm zu übertragen. Der Grund hierfür ist, daß RTI den alten Wert der Register zurückspeichert. Wenn Sie beispielsweise auf einen Nicht-Nullwert von der Tastatur warten wollten, so würde das neue Programm (nach der Konfiguration des PIA) sein:

```
          CLR    $40        MARKIERER = 0
          CLI               GIB CPU-UNTERBRECHUNG FREI
WAITNZ    LDAA   $40        GIBT ES NICHT-NULL-DATEN VON DER
                            TASTATUR?
```

```
        BEQ     WAITNZ      NEIN, WARTE
        LDS     $3E         SPEICHERE MONITOR-STAPELZEIGER
                            ZURÜCK
        SWI
```

oder (in hexadezimal):

Objektprogramm:

Speicher-Adresse (Hex)	Speicher-Inhalt (Hex)			Befehl (Mnemonik)	
0011	7F	0040		CLR	$40
0014	0E			CLI	
0015	96	40	WAITNZ	LDAA	$40
0017	27	FC		BEQ	WAITNZ
0019	9E	3E		LDS	$3E
001B	3F			SWI	

Die einzigen Änderungen in der Service-Routine sind ein RTI (3B) anstatt von SWI am Ende und die Entfernung des Befehls LDS $3E.

Beachten Sie die folgenden Eigenschaften dieses Programmes:

1. Der Speicherplatz 0040 wird zum Transfer von Ergebnissen von der Service-Routine zum Programm verwendet. Warum könnten Sie stattdessen nicht den Akkumulator A verwenden? Der Vorteil der 6800-Methode besteht darin, daß sie Ihnen die freie Verwendung der Register während der Unterbrechungs-Service-Routine gestattet. Dies ist wichtig, wenn die Register im Hauptprogramm verwendet werden.

2. RTI gibt automatisch die CPU-Unterbrechung wieder frei, da er den alten Wert des I-Bits (das null gewesen sein muß — — warum?) vom Stapel zurückspeichert.

3. Sie müssen den Speicherplatz 0040 löschen, bevor Sie in die Warteschleife eintreten. Macht dies etwas aus, wenn das Programm die Unterbrechung freigibt? Versuchen Sie einige andere Anordnungen.

FÜLLEN EINES PUFFERS ÜBER UNTERBRECHUNGEN

Die Unterbrechung könnte auch bewirken, daß Zeichen in ein Puffer eingegeben werden, bis ein "Wagenrücklauf" (carriage return) empfangen wird. Aber erinnern Sie sich daran, daß RTI alle Register vom Stapel zurückspeichert, so daß das Ändern der Register in der Service-Routine nicht ihre Werte im Hauptprogramm ändert. Ein mögliches Programm wäre:

Quellprogramm:

Hauptprogramm:

```
        SEI                 SPERRE UNTERBRECHUNG
        STS     $3E         BEWAHRE MONITOR-STAPELZEIGER
                            AUF
        LDS     #$58        INITIALISIERE  ANWENDER-STAPELZEI-
                            GER
        CLR     PIACRA      LÖSCHE TASTATUR-PIA
        CLR     PIADRA      MACHE DATENLEITUNGEN ZU EINGÄN-
                            GEN
        LDAA    #%00000101  GIB  TASTATUR-UNTERBRECHUNG  AN
                            PIA FREI
        STAA    PIACRA
        LDX     #$43        STARTE TASTATUR-PUFFERZEIGER
```

```
        STX     $41
        CLR     $40       LÖSCHE WAGENRÜCKLAUF-FLAG
        CLI               GIB CPU-UNTERBRECHUNG FREI
WAITCR  TST     $40       WARTE AUF CARRIAGE RETURN
        BEQ     WAITCR
        LDS     #$3E      SPEICHERE MONITOR-STAPELZEIGER
                          ZURÜCK
        SWI
```

Unterbrechung-Service-Routine:

```
        ORG     INTRP
        LDAA    PIADRA    HOLE TASTATUR-DATEN
        LDX     $41       HOLE TASTATUR-PUFFERZEIGER
        STAA    X         BEWAHRE TASTATUR-DATEN AUF
        INX               BRINGE PUFFERZEIGER AUF NEUESTEN
                          STAND
        STX     $41
        CMPA    #CR       SIND DIE DATEN EIN CARRIAGE RE-
                          TURN?
        BNE     ENDINT    NEIN, ENDE DER ROUTINE
        INC     $40       JA, SETZE CARRIAGE RETURN-FLAG
ENDINT  RTI
```

Der Speicherplatz 0040 enthält ein Flag, das gesetzt wird, wenn ein Wagenrücklauf-Zeichen empfangen wird. Die Speicherplätze 0041 und 0042 enthalten die Tastatur-Puffer-Zeiger. Der Speicherplatz 0043 ist die Start-Adresse des Tastatur-Puffers. Warum können Sie den Tastatur-Puffer-Zeiger in das Indexregister und das Wagenrücklauf-Flag nicht im Akkumulator B lassen?

DOPPELTE PUFFERUNG

Eine Alternative wäre das Füllen eines Puffers mit einer Unterbrechung, während das Hauptprogramm einen anderen verwendet. Dieses Verfahren wird "Doppelte Pufferung" genannt und benötigt eine gewisse Organisation zur Bestimmung, welches Puffer verfügbar ist und zur Markierung, wann ein Puffer leer oder voll wird.

Flußdiagramm:

Hauptprogramm:

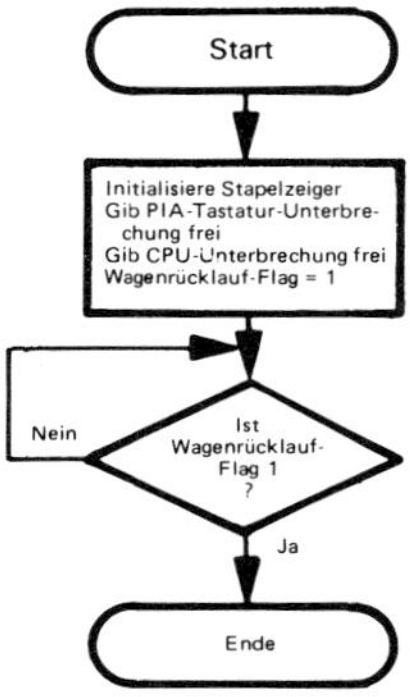

Unterbrechungs-Service-Routine:

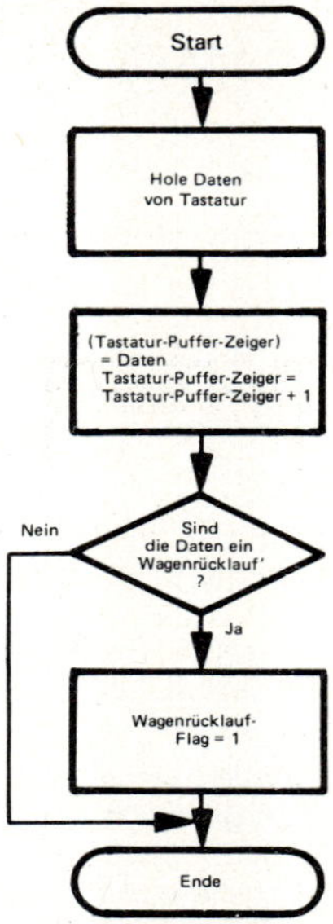

In einer realen Anwendung könnte die CPU andere Aufgaben zwischen Unterbrechung ausführen. Sie könnte zum Beispiel Editieren, Transferieren oder eine Zeile von einem Puffer übertragen, während die Unterbrechung das andere Puffer füllt.

Eine Drucker-Unterbrechung

Zweck: Der Computer wartet auf eine Drucker-Unterbrechung und sendet die Daten vom Speicherplatz 0040 zum Drucker.

Beispiel: (0040) = 51

Ergebnis: Der Drucker empfängt ein 51 (ASCII Q) wenn er bereit ist.

Quellprogramm:

Hauptprogramm:

```
SEI                   SPERRE UNTERBRECHUNG
STS     $3E           BEWAHRE MONITOR-STAPELZEIGER AUF
LDS     #$58          INITIALISIERE ANWENDER-STAPELZEIGER
CLR     PIACRB        LÖSCHE DRUCKER-PIA
LDAA    #$FF          MACHE DATENLEITUNGEN ZU AUSGÄN-
                      GEN
STAA    PIADRB
LDAA    #%00000101    GIB DRUCKER-UNTERBRECHUNG AN PIA
                      FREI
STAA    PIACRB
LDAA    $40           HOLE DATEN
CLI                   GIB CPU-UNTERBRECHUNG FREI
WAI                   UND WARTE
```

Unterbrechungs-Service-Routine:

```
        ORG     INTRP
        STAA    PIADRB    SENDE DATEN ZUM DRUCKER
        LDAA    PIADRB    LÖSCHE DRUCKER-UNTERBRECHUNG
        LDS     $3E       SPEICHERE MONITOR-STAPELZEIGER ZU-
                          RÜCK
        SWI
```

Flußdiagramm:

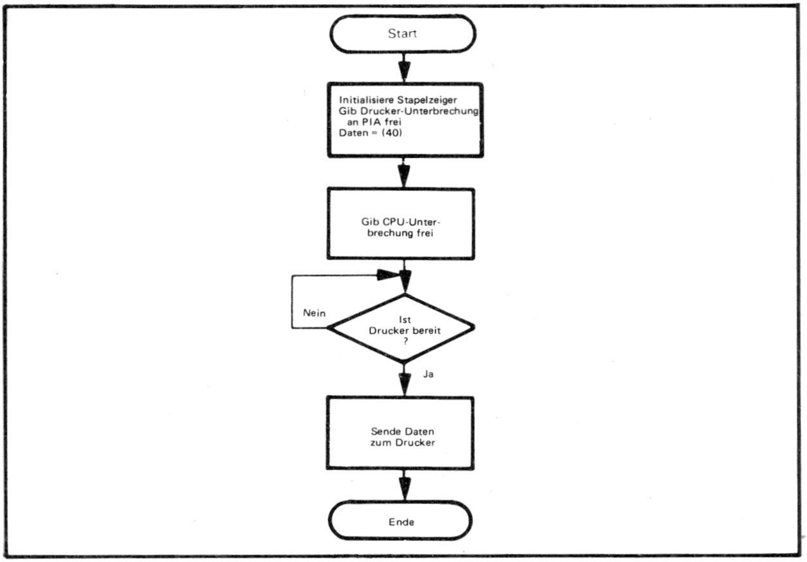

Objektprogramm:

Speicher-Adresse (Hex)	Speicher-Inhalt (Hex)		Befehl (Mnemonik)	
Hauptprogramm				
0000	0F		SEI	
0001	9F	3E	STS	$3E
0003	8E	0058	LDS	#$58
0006	7F	PIACRB	CLR	PIACRB
0009	86	FF	LDAA	#$FF
000B	B7	PIADRB	STAA	PIADRB
000E	86	05	LDAA	#%0000010
0010	B7	PIACRB	STAA	PIACRB
0013	96	40	LDAA	$40
0015	0E		CLI	
0016	3E		WAI	
Unterbrechungs-Serviceroutine				
INTRP	B7	PIADRB	STAA	PIADRB
INTRP+3	B6	PIADRB	LDAA	PIADRB
INTRP+6	9E	3E	LDS	$3E
INTRP+8	3F		SWI	

Sie können die Register zum Übertragen von Daten vom Hauptprogramm zur Unterbrechungs-Service-Routine verwenden. Obwohl der 6800 alle Anwender-Register in den Stapel rettet, ändert er nicht wirklich irgendwelche Werte, mit Ausnahme des I-Bits (von 0 auf 1 — — warum?) im Bedingungscode-Register.

In diesem Programm müssen Sie sehr sorgfältig beachten, wann die Unterbrechungen freigegeben werden. Wenn wir die Reihenfolge der Befehle CLI und LDAA $40 umkehren, würde eine Unterbrechung, die unmittelbar nach CLI erkannt werden würde, einen Fehler bewirken. Was würde die Service-Routine zum Drucker senden? Dieser Fehler könnte sehr schwierig aufzufinden sein, da er nur einen Einfluß auf derartig seltene Fälle haben würde, und zwar wenn eine Unterbrechung während der Ausführung von CLI auftritt. Solche zufälligen Fehler treten gewöhnlich im Unterbrechungs-System auf, da der Rest des Programms voraussehbar und wiederholbar ist.

Beachten Sie, daß die Unterbrechungs-Service-Routine einen Dummy-Lesebefehl (Blind-Lesebefehl) besitzt (LDAA PIADRB), der die Unterbrechung löscht. Was würde geschehen, wenn dieser Befehl weggelassen würde?

RESET löscht das Datenregister für den Start. Daher wird der Anfangswert der Ausgangsdaten null sein.

Erinnern Sie sich daran, daß Sie es nötig finden könnten, ein Dummy-Lesen am Beginn des Hauptprogramms zum Löschen eines Unterbrechungs-Bits einzufügen, das zufällig während RESET oder andernfalls gesetzt werden könnte. LDAA oder TST können als Dummy-Lesebefehl verwendet werden.

LEEREN EINES PUFFERS DURCH UNTERBRECHUNGEN

Hier könnten Sie wieder den Drucker zu einer Unterbrechung veranlassen, bis die CPU eine ganze Datenzeile, die mit einem Wagenrücklauf endet, übertragen hat. Ein mögliches Hauptprogramm und Service-Routine wäre:

Quellprogramm:

Hauptprogramm:

```
        SEI                SPERRE UNTERBRECHUNG
        STS   $3E          BEWAHRE MONITOR-STAPELZEIGER
                           AUF
        LDS   #$58         INITIALISIERE  ANWENDER-STAPELZEI-
                           GER
        CLR   PIACRB       LÖSCHE DRUCKER-PIA
        LDAA  #$FF         MACHE DATENLEITUNGEN ZU EINGÄN-
                           GEN
        STAA  PIADRB
        LDAA  #%00000101   GIB DRUCKER-UNTERBRECHUNG AN
                           PIA FREI
        STAA  PIACRB
        LDX   #$43         STARTE ZEIGER FÜR DRUCKER-PUFFER
        STX   $41
        CLR   $40          LÖSCHE WAGENRÜCKLAUF-FLAG
        CLI                GIB CPU-UNTERBRECHUNG FREI
WAITCR  TST   $40          WARTE BIS WAGENRÜCKLAUF
        BEQ   WAITCR
        LDS   $3E
        SWI
```

Unterbrechungs-Service-Routine:

```
        ORG     INTRP
        LDX     $41       HOLE ZEIGER FÜR DRUCKER-PUFFER
        LDAA    X         HOLE DRUCKER-DATEN
        STAA    PIADRB    SENDE DATEN ZUM DRUCKER
        INX               BRINGE PUFFER-ZEIGER AUF NEUE-
                          STEN STAND
        STX     $41
        CMPA    #CR       SIND DATEN EIN WAGENRÜCKLAUF?
        BNE     ENDINT    NEIN, ENDE DER ROUTINE
        INC     $40       JA, SETZE WAGENRÜCKLAUF-FLAG
ENDINT  RTI
```

Wiederum könnte doppelte Pufferung für E/A und Verarbeitung verwendet werden, falls diese zur gleichen Zeit auftreten, ohne jemals die CPU anzuhalten.

Eine Echtzeit-Takt-Unterbrechung

Zweck: Der Computer wartet auf eine Unterbrechung von einem Echtzeit-Takt.

ECHT-ZEIT-TAKT

Ein Echtzeit-Takt liefert einfach eine gleichmäßige Serie von Impulsen. Das Intervall zwischen den Impulsen kann als Zeitreferenz verwendet werden. Echtzeittakt-Unterbrechungen können gezählt werden, um jedes Vielfaches des grundlegenden Zeitintervalls zu geben. Ein Echtzeit-Takt kann durch Teilen des CPU-Taktes gebildet werden, durch einen separaten Zeitgeber oder einen programmierbaren Zeitgeber, wie der Baustein 6840 für Mikrocomputer mit dem 6800, oder durch Verwendung externer Quellen, wie etwa der Wechselspannungs-Netzfrequenz.

FREQUENZ EINES ECHT-ZEIT-TAKTES

Beachten Sie die Überlegungen bei der Bestimmung der Frequenz des Echtzeit-Taktes. Eine hohe Frequenz (etwa 10 kHz) gestattet die Erzeugung eines weiten Bereiches von Zeitintervallen mit hoher Genauigkeit. Andererseits kann der Aufwand beim Zählen von Echtzeittakt-Unterbrechungen beträchtlich sein, und die Zählungen werden rasch die Kapazität eines einzelnen 8-Bit-Registers oder Speicherplatzes übersteigen. Die Wahl der Frequenz hängt von der Genauigkeit und den zeitlichen Anforderungen Ihrer Anwendung ab. Der Taktgenerator kann natürlich zum Teil aus Hardware bestehen. Ein Zähler könnte die Hochfrequenz-Impulse zählen und den Prozessor nur gelegentlich unterbrechen.

SYNCHRONISATION MIT ECHTZEIT-TAKT

Ein Problem ist die Synchronisation von Operationen mit dem Echtzeit-Takt. Offensichtlich wird hier ein gewisser Einfluß auf die Genauigkeit des Zeitintervalles vorliegen, wenn die CPU die Messung zufällig während der Taktperiode beginnt, anstatt exakt am Anfang zu starten. Einige Möglichkeiten zur Synchronisation von Operationen sind:

1. Starten Sie die CPU und den Takt zusammen. RESET oder eine Start-Unterbrechung kann sowohl den Takt wie die CPU starten.
2. Gestatten Sie der CPU den Takt mittels Programmsteuerung zu starten und zu stoppen.
3. Verwenden Sie einen hochfrequenten Takt, so daß ein Fehler von weniger als einer Taktperiode klein sein wird.
4. Stellen Sie den Takt (indem Sie auf eine Flanke oder Unterbrechung warten) vor dem Starten der Messung.

PRIORITÄT EINER ECHTZEIT-UHR

Eine Echtzeittakt-Unterbrechung sollte eine sehr hohe Priorität besitzen, da die Genauigkeit der Zeitintervalle durch jede Verzögerung beim Bedienen der Unterbrechung beeinflußt wird. Die Praxis besteht gewöhnlich darin, dem Echtzeit-Takt die höchste Unterbrechungs-Priorität zu geben, mit Ausnahme für einen Betriebsspannungs-Ausfall. Die Unterbrechungs-Service-Routine des Taktes wird im allgemeinen extrem kurz gehalten, so daß sie andere CPU-Aktivitäten nicht stört.

a) Warten auf einen Echtzeit-Takt

Quellprogramm:

Hauptprogramm:

```
SEI                     SPERRE CPU-UNTERBRECHUNG
STS     $3E             BEWAHRE MONITOR-STAPELZEIGER AUF
LDS     #$58            INITIALISIERE ANWENDER-STAPELZEIGER
LDAA    #%00000101      GIB ECHTZEITTAKT-UNTERBRECHUNG
                        FREI
STAA    PIACRA
CLI                     GIB CPU-UNTERBRECHUNG FREI
WAI                     UND WARTE
```

Unterbrechungs-Service-Routine:

```
ORG     INTRP
LDAA    PIADRA          LÖSCHE ECHTZEITTAKT-UNTERBRECHUNG
LDS     $3E             SPEICHERE MONITOR-STAPELZEIGER ZU-
                        RÜCK
SWI
```

Objektprogramm:

Speicher-Adresse (Hex)	Speicher-Inhalt (Hex)		Befehl (Mnemonik)	
Hauptprogramm				
0000	0F		SEI	
0001	9F	3E	STS	$3E
0003	8E	0058	LDS	#$58
0006	86	05	LDAA	#%00000101
0008	B7	PIACRA	STAA	PIACRA
000B	0E		CLI	
000C	3E		WAI	
Unterbrechungs-Serviceroutine				
INTRP	B6	PIADRA	LDAA	PIADRA
INTRP+3	9E	3E	LDS	$3E
INTRP+5	3F		SWI	

Wenn Bit 1 des PIA-Steuerregisters gleich 0 ist, wird die Unterbrechung an der abfallenden Flanke des Taktes auftreten. Wenn dieses Bit 1 ist, wird die Unterbrechung an der ansteigenden Flanke des Taktes auftreten.

Der "Dummy-Read"-Befehl (LDAA PIADRA) in der Service-Routine ist erforderlich, um die Takt-Unterbrechung zu löschen.

b) Warten auf 10 Echtzeittakt-Unterbrechungen

Quellprogramm:

Hauptprogramm:

```
        SEI                     SPERRE CPU-UNTERBRECHUNG
        STS     $3E             BEWAHRE MONITOR-STAPELZEIGER
                                AUF
        LDS     #$58            INITIALISIERE ANWENDER-STAPELZEI-
                                GER
        LDAA    #%00000101      GIB ECHTZEITTAKT-PIA-UNTERBRE-
                                CHUNG FREI
        STAA    PIACRA
        CLR     $40             LÖSCHE ECHTZEITTAKT-ZÄHLER
        LDAA    #10             GEWÜNSCHTE ZÄHLUNG IST 10
        CLI                     GIB CPU-UNTERBRECHUNG FREI
WICNT   CMPA    $40             HAT DER TAKTZÄHLER 10 ERREICHT?
        BNE     WTCNT           NEIN, WARTE
        LDS     $3E             SPEICHERE MONITOR-STAPELZEIGER
                                ZURÜCK
        SWI
```

Unterbrechungs-Service-Routine:

```
        ORG     INTRP
        LDAA    PIADRA          LÖSCHE ECHTZEITTAKT-UNTERBRE-
                                CHUNG
        ING     $40             INKREMENTIERE ECHTZEITTAKT-ZÄH-
                                LER
        RTI
```

Objektprogramm:

Speicher-Adresse (Hex)	Speicher-Inhalt (Hex)		Befehl (Mnemonik)	
Hauptprogramm				
0000	0F		SEI	
0001	9F	3E	STS	$3E
0003	8E	0058	LDS	#$58
0006	86	05	LDAA	#%00000101
0008	B7	PIACRA	STAA	PIACRA
000B	0E		CLI	
000C	3E		WAI	
Unterbrechungs-Serviceroutine				
INTRP	B6	PIADRA	LDAA	PIADRA
INTRP+3	9E	3E	LDS	$3E
INTRP+5	3F		SWI	

Beachten Sie, daß Sie Daten nicht zurück zum Hauptprogramm in die Register transferieren können (z.B. könnten Sie nicht den Akkumulator A als Zähler anstatt des Speicherplatzes 0040 verwenden).

Der Kombinations-Chip 6846 (ROM-E/A-Zeitgeber) besitzt einen programmierbaren Intervall-Zeitgeber-Zähler mit 16 Bits, der zur Ausführung einer Vielzahl unterschiedlicher Zeit-Funtkionen verwendet werden kann.

AUFBEWAHRUNG DER ECHTZEIT

Eine Echtzeittakt-Unterbrechungsroutine kann Echtzeit in mehreren Speicherplätzen aufbewahren. Zum Beispiel verwendet die folgende Routine die Adressen 0040 bis 0043 wie folgt:

0040 - Hundertstel Sekunden
0041 - Sekunden
0042 - Minuten
0043 - Stunden

Flußdiagramm:

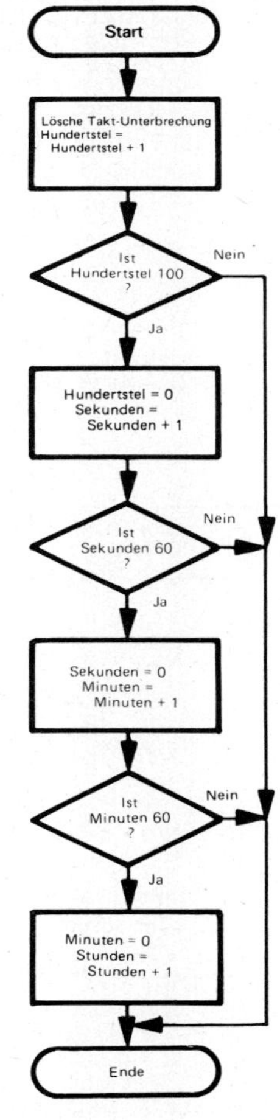

Wir nehmen an, daß die Routine durch einen 100 Hz-Takt getriggert wird.

Quellprogramm:

```
          ORG     INTRP
          LDAA    PIADRA    LÖSCHE TAKT-UNTERBRECHUNG
          LDX     #$40
          INC     X         BRINGE HUNDERTSTEL-SEKUNDEN AUF
                            LETZTEN STAND
          LDAA    #100      GIBT ES EINEN ÜBERTRAG ZU DEN SE-
                            KUNDEN?
          CMPA    X
          BNE     ENDINT    NEIN, ERLEDIGT
          CLR     X         JA, MACHE HUNDERTSTEL NULL
          INC     1,X       BRINGE SEKUNDEN ZU MINUTEN
          LDAA    #60       GIBT ES EINEN ÜBERTRAG?
          CMPA    1,X
          BNE     ENDINT    NEIN, ERLEDIGT
          CLR     1,X       JA, MACHE SEKUNDEN NULL
          INC     2,X       BRINGE MINUTEN ZU STUNDEN
          CMPA    2,X       GIBT ES EINEN ÜBERTRAG?
          BNE     ENDINT    NEIN, ERLEDIGT
          CLR     2,X       JA, MACHE MINUTEN NULL
          INC     3,X       BRINGE STUNDEN AUF DEN NEUESTEN
                            STAND
ENDINT    RTI
```

Nun könnte ein Warten von 300 ms im Hauptprogramm mit folgender Routine erzeugt werden:

```
          LDAA    $40       HOLE MOMENTANE ECHTZEIT
          ADDA    #30       GEWÜNSCHTE ZEIT IST 30 ZÄHLUNGEN
                            (HUNDERTSTEL VON SEKUNDEN SPÄ-
                            TER)
          CMPA    #100      MOD 100
          BCS     WAIT30
          SUBA    #100
WAIT30    CMPA    $40       WARTE BIS ZUR GEWÜNSCHTEN ZEIT
          BNE     WAIT30
```

Natürlich könnte das Programm andere Aufgaben ausführen und nur die abgelaufene Zeit gelegentlich prüfen. Wie würden Sie eine Verzögerung von 7 Sekunden erzeugen? 3 Minuten?

Manchmal werden Sie vielleicht wollen, daß die Zeit in ASCII oder Dezimalziffern vorliegt. Wie würden Sie das letzte Programm ändern, um diese Alternativen zu handhaben?

SPERREN VON UNTERBRECHUNGEN

Sie können die Takt-Unterbrechung (oder jede andere Unterbrechung) auf eine der folgenden Wege sperren, wenn sie nicht länger benötigt wird:

1. Durch Ausführung eines SEI-Befehles im Hauptprogramm. Dies sperrt das gesamte Unterbrechungs-System. Ein SEI-Befehl der Service-Routine hat keinen Einfluß, da RTI das alte I-Bit zurückspeichert. Tatsächlich wird die Unterbrechung während der Service-Routine auf jeden Fall gesperrt.
2. Durch Löschen von Bit 0 des PIA-Steuerregisters, entweder während der Service-Routine oder während des Hauptprogramms. Dies sperrt nur die Unterbrechung von einer Seite eines PIA.

3. Durch Setzen des Unterbrechungs-Bits im Stapel während der Service-Routine. Das folgende Programm würde diese Aufgabe ausführen (erinnern Sie sich daran, daß das Unterbrechungs-Bit das Bit 4 des Bedingungscode-Registers ist, und daß das Bedingungscode-Register die oberste Eingabe in den Stapel darstellt – siehe Bild 12-2):

```
PULA                  HOLE BEDINGUNGSCODE-REGISTER
ORAA   #%00010000     SETZE UNTERBRECHUNGS-BIT
PSHA                  BRINGE BEDINGUNGSCODE-REGISTER
                      ZUM STAPEL ZURÜCK
```

RTI wird dann eine Rückkehr zum Hauptprogramm bewirken, wobei das gesamte Unterbrechung-System gesperrt ist.

ÄNDERN DER REGISTERWERTE IM STAPEL

Etwas allgemeiner können Sie jeden Registerwert im Stapel leicht ändern, indem Sie den TSX-Befehl zum Transport der Adresse der ersten belegten Speicherstelle zum Indexregister verwenden. Nun kann auf die Register mit indizierten Versetzungen wie folgt zugegriffen werden:

Bedinungscode-Register	0,X
Akkumulator B	1,X
Akkumulator A	2,X
8 MSBs des Indexregisters	3,X
8 LSBs des Indexregisters	4,X
8 MSBs des Befehlszählers	5,X
8 LSBs des Befehlszählers	6,X

Zum Beispiel wird das folgende Programm den zurückgegebenen Wert des Akkumulators A um eins größer als den ursprünglichen Wert machen:

```
TSX                   ZUGRIFF ZUM STAPEL
INC    2,X            ADDIERE 1 ZUM "A"-WERT
```

Eine Fernschreiber-Unterbrechung

Zweck: Der Computer wartet auf zu empfangende Daten von einem Fernschreiber und speichert die Daten in den Speicherplatz 0040.

ACIA-UNTERBRECHUNGS-ROUTINE

1. Verwendung eines ACIA (7-Bit-Zeichen mit gerader Parität und zwei Stop-Bits).

Quellprogramm:

```
SEI                   SPERRE CPU-UNTERBRECHUNG
STS    $3E            BEWAHRE MONITOR-STAPELZEIGER AUF
LDS    #$58           INITIALISIERE ANWENDER-STAPELZEIGER
LDAA   #%00000011     HAUPT-LÖSCHEN DES ACIA
STAA   ACIACR
LDAA   #%11000101     GIB ACIA-UNTERBRECHUNG FREI
STAA   ACIACR
CLI                   GIB CPU-UNTERBRECHUNG FREI
WAI                   UND WARTE
ORG    INTRP
LDAA   ACIADR         HOLE DATEN VON ACIA
STAA   $40            UND BEWAHRE SIE AUF
LDS    $3E            SPEICHERE MONITOR-STAPELZEIGER ZU-
                      RÜCK
SWI
```

Objektprogramm:

Speicher-Adresse (Hex)	Speicher-Inhalt (Hex)		Befehl (Mnemonik)	
Hauptprogramm				
0000	0F		SEI	
0001	9F	3E	STS	$3E
0003	8E	0058	LDS	#$58
0006	86	03	LDAA	#%00000101
0008	B7	ACIACR	STAA	ACIACR
000B	86	C5	LDAA	#%11000101
000D	B7	ACIACR	STAA	ACIACR
0010	0E		CLI	
0011	3E		WAI	
Unterbrechungs-Serviceroutine				
INTRP	B6	ACIADR	LDAA	ACIADR
INTRP+3	97	40	STAA	$40
INTRP+5	9E	3E	LDS	$3E
INTRP+7	3F		SWI	

Erinnern Sie sich daran, daß der ACIA keinen RESET-Eingang besitzt, so daß ein "MASTER-RESET" (der die Steuerregister-Bits 0 und 1 beide "1" macht) erforderlich ist, bevor der ACIA verwendet wird. Die Konfiguration der ACIA-Steuerregister ist:

Bit 7 = 1, zur Freigabe der Empfangs-Unterbrechung
Bit 6 = 0, Bit 5 = 1 zur Sperrung der Senderunterbrechung und um RTS High (inaktiv) zu machen.
Bit 4 = 0, Bit 3 = 0, Bit 2 = 1, um 7-Bit-Daten mit gerader Parität und zwei Stop-Bits auszuwählen.
Bit 1 = 0, Bit 0 = 1 für ÷16 Takt (1760 Hz).

Um zu bestimmen, ob ein spezieller ACIA die Quelle einer Unterbrechung ist, muß die CPU das Unterbrechungs-Anforderungs-Bit, Bit 7 des Statusregisters, prüfen. Das Programm muß das Bit "Receive Data Register Full" (Statusregister-Bit 0) und das Bit "Transmitter Data Register Empty" (Statusregister-Bit 1) prüfen, um zwischen Empfangs- und Sende-Unterbrechung zu unterscheiden.

Entweder löscht das Lesen des Empfangsdaten-Registers oder das Schreiben in das Sendedaten-Register das ACIA-Unterbrechungs-Anforderungsbit.

START-BIT-UNTERBRECHUNG

2. Verwendung eines PIA (Empfangene Daten werden sowohl zum Datenbit 7 wie zur Steuerleitung 1 des PIA geführt).

Quellprogramm:

Hauptprogramm:

```
SEI                      SPERRE CPU-UNTERBRECHUNG
STS     #3E              BEWAHRE MONITOR-STAPELZEIGER AUF
LDS     #$58             INITIALISIERE ANWENDER-STAPELZEIGER
CLR     PIACRA           LÖSCHE STEUERREGISTER
CLR     PIADRA           MACHE DATENLEITUNGEN ZU EINGÄNGEN
LDAA    #%00000101       GIB TTY-PIA-UNTERBRECHUNG FREI
STAA    PIACRA
```

```
        CLI                    GIB CPU-UNTERBRECHUNG FREI
        WAI                    UND WARTE
        JSR     TTYRCV         HOLE DATEN VON TTY
        LDS     $3E            SPEICHERE MONITOR-STAPELZEIGER ZU-
                               RÜCK
        SWI
```

Unterbrechungs-Service-Routine:

```
        ORG     INTRP
        LDAA    PIADRA         LÖSCHE STARTBIT-UNTERBRECHUNG
        LDAA    #%00000100     SPERRE TTY-PIA-UNTERBRECHUNG
        STAA    PIACRA
        RTI
```

Objektprogramm:

Speicher-Adresse (Hex)	Speicher-Inhalt (Hex)		Befehl (Mnemonik)	
Hauptprogramm				
0000	0F		SEI	
0001	9F	3E	STS	$3E
0003	8E	0058	LDS	#$58
0006	7F	PIACRA	CLR	PIACRA
0009	7F	PIADDRA	CLR	PIADDRA
000C	86	05	LDAA	#%00000101
000E	B7	PIACRA	STAA	PIACRA
0011	0E		CLI	
0012	3E		WAI	
0013	BD	TTYRCV	JSR	TTYRCV
0016	9E	3E	LDS	$3E
0018	3F		SWI	
Unterbrechungs-Serviceroutine				
INTRP	B6	PIADRA	LDAA	PIADRA
INTRP+3	86	04	LDAA	#%00000100
INTRP+5	B7	PIACRA	STAA	PIACRA
INTRP+8	3B		RTI	

Das Unterprogramm TTYRCV ist die Fernschreiber-Empfangs-Routine, die im vorhergehenden Kapitel gezeigt wurde.

Die verwendete Flanke, die die Unterbrechung bewirkt, ist hier sehr wichtig. Der Übergang vom normalen "1"-Zustand zum "0"-Zustand muß die Unterbrechung bewirken, da dieser Übergang den Start der Übertragung kennzeichnet. Der "0"-auf "1"-Übergang wird nicht auftreten, bis ein Nicht-Null-Datenbit empfangen wird.

Die Service-Routine muß die PIA-Unterbrechung sperren, da sonst jeder "1"- auf "0"-Übergang im Zeichen eine Unterbrechung bewirken wird. Beachten Sie, daß die ignorierten Übergänge beim Lesen der Datenbits gelöscht werden. Natürlich müssen Sie die PIA-Unterbrechung wieder freigeben, nachdem das ganze Zeichen gelesen worden ist.

Allgemeine Service-Routinen

AUFGABEN FÜR ALLGEMEINE SERVICE-ROUTINEN

Allgemeinere Service-Routinen, die ein Teil eines vollständigen unterbrechungs-gesteuerten Systems sind, müssen folgende Aufgaben erfüllen:

1. Aufbewahren aller benötigten Daten im Stapel, so daß das unterbrochene Programm korrekt wiederaufgenommen werden kann. Erinnern Sie sich daran, daß der 6800 alle Register und Flags automatisch rettet.

   Beachten Sie, daß die PSH-Befehle des 6800 den Inhalt eines Akkumulators zum Stapel transferieren.

2. Einrichten der Priorität der Unterbrechung, vielleicht durch Schreiben der Priorität in ein externes Register. Der Rest des Unterbrechungs-Systemes kann dann wieder freigegeben werden. Erinnern Sie sich daran, daß Sie zum Wiederherstellen der korrekten alten Priorität diese in den Stapel bringen müssen, zusammen mit dem übrigen Status. Eine Kopie der momentanen Priorität muß im RAM aufbewahrt werden, wenn in das externe Register nur eingeschrieben werden kann.

3. Zurückspeichern der alten Priorität und anderer Daten vor der Rückkehr zum Unterbrechungsprogramm.

Die Service-Routine sollte transparent sein, soweit es das Unterbrechungsprogramm betrifft (d.h., es sollte keine zufälligen Effekte bewirken).

Jedes Standard-Unterprogramm, das von einer Unterbrechungs-Service-Routine verwendet wird, muß "re-entrant" sein, das heißt, es muß in dieses wieder eingetreten werden können. Wenn einige Unterprogramme nicht "re-entrant" gemacht werden können, muß die Unterbrechungs-Service-Routine verschiedene Versionen für ihre Verwendung besitzen.

Für einige praktische Beispiele für die Entwicklung von Systemen mit dem 6800 siehe:

Baunach, S.C., "An Example of an M6800-based GPIB Interface", ***EDN***, September 20, 1977, pp. 125-128.

Cannon, L.E., and P.S. Kreager, "Using a Microprocessor: a Real-Life Application. Part 2 - Software", ***Computer Design***, October 1975, pp. 81-89.

Fullager, D., et al., "Interfacing Data Converters and Microprocessors", ***Electronics***, December 8, 1976, pp. 81-89.

Hill, S.A. "Multiprocess Control Interface Makes Remote μP Command Possible", ***EDN***, February 5, 1976, pp. 87-89.

Holderby, W.S. "Designing a Microprocessor-based Terminal for Factory Data Collection", ***Computer Design***, March 1977, pp. 81-88.

Lange, A., "OPTACON Interface Permits the Blind to 'Read Digital Instruments", ***EDN***, February 5, 1976, pp. 84-86.

Logan, J.D., and P.S. Kreager, "Using a Microprocessor: a Real-Life Application. Part 1 - Hardware", ***Computer Design***, September 1975, pp. 69-77.

Moore, A., and M. Eidson, "Printer Control", Application Note avialable from Motorola Semicondutor Products. Phoenix, AZ.

AUFGABEN

1. Eine Test-Unterbrechung

Zweck: Der Computer wartet, bis eine PIA-Unterbrechung auftritt, dann führt er den endlosen Schleifenbefehl

```
HERE        BRA        HERE
```

aus, bis die nächste Unterbrechung auftritt.

2. Eine Tastatur-Unterbrechung

Zweck: Der Computer wartet auf eine vierstellige Eingabe von einer Tastatur und plaziert die Stellen in die Speicherplätze 0042 bis 0045 (die erste empfangene Stelle in 0042). Jede Eingabe einer Stelle bewirkt eine Unterbrechung. Die vierte Eingabe sollte ein Sperren der Tastatur-Unterbrechung ergeben.

Beispiel:

```
Tastatur-Daten  = 04,06,01,07
Ergebnis: (0042) = 04
          (0043) = 06
          (0044) = 01
          (0045) = 07
```

3. Eine Drucker-Unterbrechung

Zweck: Der Computer sendet vier Zeichen von den Speicherplätzen 0042 bis 0045 (beginnend mit 0042) zum Drucker. Jedes Zeichen wird durch eine Unterbrechung angefordert. Die vierte Übertragung sperrt auch die Drucker-Unterbrechung.

4. Eine Echtzeit-Takt-Unterbrechung

Zweck: Der Computer löscht anfangs den Speicherplatz 0040 und komplementiert dann den Speicherplatz 0040 jedesmal, wenn eine Echtzeittakt-Unterbrechung auftritt. Wie würden Sie das Programm ändern, so daß es den Speicherplatz 0040 nach jeweils zehn Unterbrechungen komplementiert? Wie würden Sie das Programm ändern, so daß es den Speicherplatz 0040 während zehn Taktperioden auf null läßt. FF (hex) für fünf Taktperioden und 80 weiter kontinuierlich? Sie könnten die Verwendung einer Anzeige wünschen, anstatt des Speicherplatzes 0040, so daß es leichter zu sehen ist.

5. Eine Fernschreiber-Unterbrechung

Zweck: Der Computer empfängt Daten von einem unterbrechenden ACIA und speichert die Zeichen in ein Puffer, beginnend im Speicherplatz 0042. Der Vorgang wird so lange fortgesetzt, bis der Computer einen "Wagenrücklauf" (0D hex) empfängt. Nehmen Sie an, daß die Zeichen 7-Bit-ASCII mit gerader Parität sind. Wie würden Sie Ihr Programm zur Verwendung eines PIA ändern? Nehmen Sie an, daß das Unterprogramm TTYRCV verfügbar ist, wie in dem vorhergehenden Beispiel. Schließen Sie den "Wagenrücklauf" als Abschluß-Zeichen in den Puffer mit ein.

KAPITEL 13
AUFGABEN-DEFINITION UND PROGRAMM-ENTWICKLUNG

Die Aufgaben der Software-Entwicklung

In den vorausgehenden Kapiteln haben wir uns auf das Schreiben kurzer Programme in Assemblersprache konzentriert. Wenn dies auch ein wesentlicher Punkt ist, so ist es nur ein kleiner Teil der gesamten Aufgabe der Software-Entwicklung. Obwohl das Schreiben von Assemblersprachen-Programmen für den Neuling eine Hauptaufgabe zu sein scheint, wird sie bald verhältnismäßig einfach. Sie sollten nunmehr mit den meisten der Standardmethoden für die Programmierung in Assemblersprache des Mikroprozessor 6800 vertraut sein. Die nächsten vier Kapitel werden beschreiben, wie man Aufgaben in Form von Programmen formuliert und wie man kurze Programme zusammenfügt, um ein arbeitendes System zu bilden.

STUFEN DER SOFTWARE-ENTWICKLUNG

Software-Entwicklung besteht aus mehreren Stufen. Bild 13-1 ist ein Flußdiagramm des Vorganges der Softwareentwicklung. Seine Stufen sind:

- Definition der Aufgabe
- Programm-Entwicklung
- Codierung
- Fehlersuche
- Testen
- Dokumentierung
- Wartung und Neu-Entwicklung

Jede dieser Stufen ist wichtig zum Aufbau eines funktionierenden Systems. Beachten Sie, daß die Codierung, das Schreiben von Programmen in einer Form, die der Computer versteht, nur eine von sieben Stufen darstellt.

RELATIVE BEDEUTUNG DER CODIERUNG

In der Tat ist die Codierung gewöhnlich die am einfachsten zu definierende und auszuführende Stufe. Die Regeln für das Schreiben von Computerprogrammen sind leicht zu erlernen. Sie variieren etwas von Computer zu Computer, jedoch die grundlegenden Techniken bleiben gleich. Wenige Software-Projekte geben Ärger infolge der Codierung. In der Tat ist die Codierung nicht der wichtigste Teil der Software-Entwicklung. Fachleute schätzen, daß ein Programmierer ein bis zehn voll fehlerfrei gemachte und dokumentierte Anweisungen pro Tag schreiben kann. Offensichtlich ist die bloße Codierung von ein bis zehn Anweisungen kaum eine Arbeit für einen ganzen Tag. Bei den meisten Software-Projekten benötigt die Codierung weniger als 25% der Zeit des Programmierers.

MESSEN DES FORTSCHRITTS IN DEN STUFEN

Die Messung des Fortschritts in den anderen Stufen ist schwierig. Man kann sagen, daß die Hälfte des Programmes geschrieben wurde, aber Sie können kaum sagen, daß die Hälfte der Fehler entfernt wurde oder die Hälfte der Aufgaben definiert wurde. Zeit-Tabellen für derartige Stufen wie Programm-Entwicklung, Fehlersuche und Testen sind schwierig herzustellen. Viele Tage oder Wochen voller Anstrengung können u. U. in keinem offensichtlichen Fortschritt resultieren. Ferner kann eine unvollständige Arbeit in einer Stufe später in schwerwiegenden Problemen resultieren. Zum Beispiel kann eine schlechte Aufgaben-Definition oder Programm-Entwicklung die Fehlersuche und das Testen sehr schwierig machen. In einer Stufe gesparte Zeit kann sehr viel Zeit in späteren Stufen kosten.

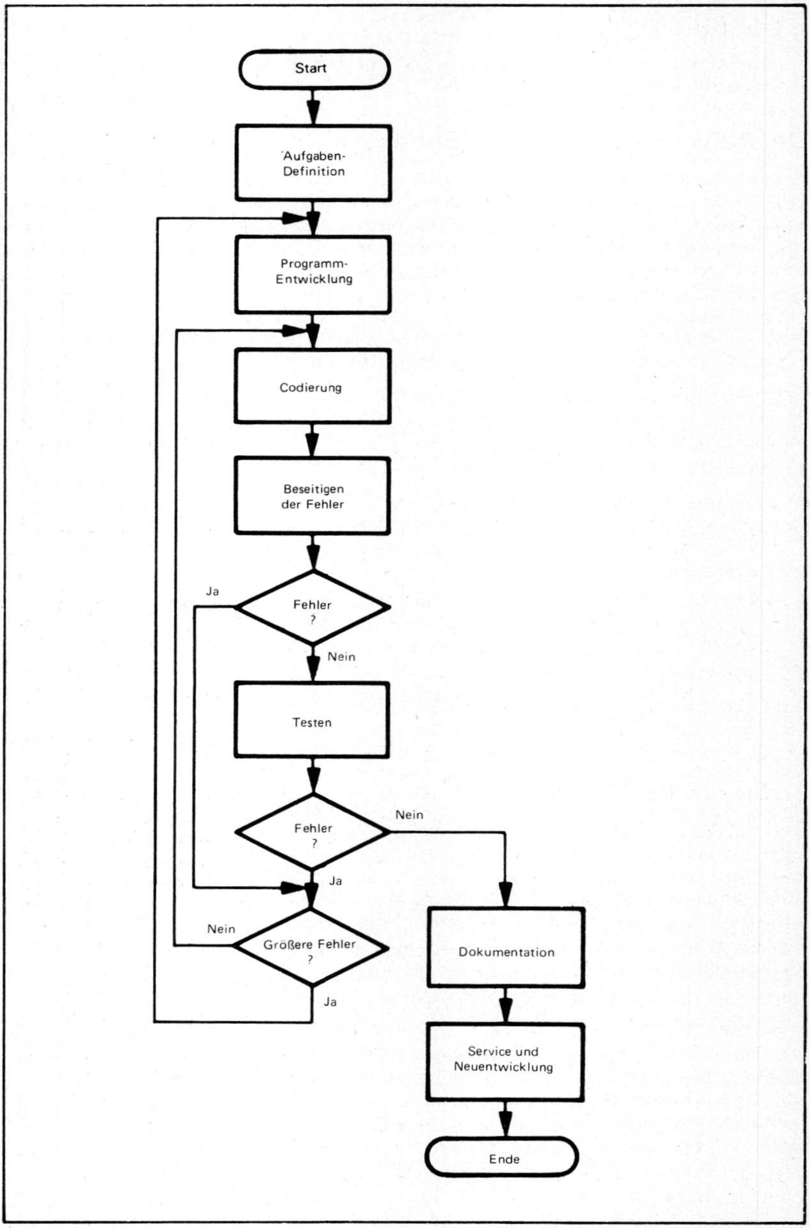

Bild 13-1. Flußdiagramm der Software-Entwicklung

Definition der Stufen

AUFGABEN-DEFINITION

Die Definition einer Aufgabe besteht in der Formulierung der Aufgabe in Ausdrücken der Forderungen, die an den Computer gestellt werden. Was ist zum Beispiel erforderlich, daß ein Computer ein Werkzeug steuert, eine Serie von elektrischen Tests ausführt, oder die Kommunikation zwischen einem zentralen Steuergerät und einem entfernt stehenden Instrument ausführt? Die Aufgaben-Definition erfordert, daß Sie die Form und die Geschwindigkeit der Eingaben und Ausgaben bestimmen, der erforderliche Umfang und die Geschwindigkeit der Verarbeitung und die Arten der möglichen Fehler und deren Beseitigung. Die Definition der Aufgabe setzt eine einigermaßen definierte Vorstellung des Aufbaues eines computer-gesteuerten Systems voraus und definiert die Aufgaben und Anforderungen an den Computer.

PROGRAMM-ENTWICKLUNG

Programm-Entwicklung stellt einen Umriß des Computerprogrammes dar, das die definierte Aufgabe ausführen wird. In dieser Entwicklungsstufe werden die Aufgaben auf eine Weise beschrieben, in der sie leicht in ein Programm umgesetzt werden können. Nützliche Techniken in dieser Stufe sind das Aufstellen eines Flußdiagrammes, strukturierte Programmierung, modulare Programmierung und das Verfahren der "schrittweisen Verfeinerung" (top-down design)

CODIERUNG

Codierung ist das Schreiben des Programmes in einer Form, die der Computer entweder direkt verstehen oder übersetzen kann. Die Form kann Maschinensprache, Assemblersprache oder eine höhere Programmiersprache sein.

FEHLERSUCHE

Fehlersuche und Fehlerbeseitigung (debugging), auch Programm-Überprüfung genannt, macht das Programm so, daß es entsprechend der Spezifikationen arbeitet. In dieser Stufe verwenden Sie Hilfsmittel wie Haltepunkte, Simulatoren, Logik-Analysatoren und In-Circuit-Emulatoren. Das Ende dieser Stufe ist schwer zu definieren, da sie niemals wissen, ob sie den letzten Fehler gefunden haben.

TESTEN

Testen, manchmal auch Programm-Gültigkeitsprüfung genannt, sichert, daß das Programm die Gesamt-Aufgaben des Systems korrekt ausführt. Der Entwickler verwendet Simulatoren, Prüfgeräte und verschiedene statistische Verfahren, um ein Maß für die Eigenschaften des Programmes zu erhalten.

DOKUMENTATION

Dokumentation ist die Beschreibung des Programmes in der geeigneten Form für Anwender und Servicepersonal. Dokumentation gestattet auch dem Entwickler eine Programm-Bibliothek aufzustellen, so daß später folgende Aufgaben wesentlich einfach sein werden. Flußdiagramme, Kommentare, Speicherpläne und eine Bibliothek bilden einige der Hilfsmittel, die bei der Dokumentation verwendet werden.

BETREUUNG UND NEU-ENTWICKLUNG

Betreuung und Neu-Entwicklung stellen die Wartung, Verbesserung und Erweiterung des Programmes dar. Natürlich muß der Entwickler bereit sein, Anwender-Probleme mit einem auf einem Computer basierenden Gerät zu handhaben. Es können hierzu Diagnostik-Verfahren oder Programme und andere Hilfsmittel erforderlich sein. Verbesserung oder Erweiterung des Programmes kann notwendig sein, um neue Anforderungen zu erfüllen oder neue Aufgaben zu erledigen.

Der Rest dieses Kapitels wird sich nur mit der Aufgaben-Definition und den Programm-Entwicklungsstufen befassen. Kapitel 14 wird die Fehlersuche und das Testen besprechen, und Kapitel 15 wird die Dokumentation, Erweiterung und Neu-Entwicklung behandeln. Wir werden alle Stufen in einigen einfachen System-Beispielen in Kapitel 16 zusammenfügen.

Aufgaben-Definition

Typische Mikroprozessor-Aufgaben erfordern eine gründliche Defintion. Zum Beispiel, was muß ein Programm ausführen, um eine Waage, eine Registrierkasse oder einen Signal-Genrator zu steuern? Offensichtlich bereitet es nicht wenig Mühe, allein die entsprechenden Aufgaben exakt zu definieren.

Definition der Eingaben

Wie sollen wir die Definition beginnen? Es ist naheliegend, mit den Eingaben anzufangen. Hierzu sollten wir eine Liste aller Eingangs-Signale aufstellen, die der Computer in dieser Anwendung empfängt.

Beispiele von Eingaben sind:

- Datenblöcke von Übertragungsleitungen
- Statusworte von peripheren Geräten
- Daten von A/D-Konvertern

FAKTOREN BEI EINGABEN

Dann können wir folgende Fragen über jedes Eingangs-Signal aufstellen:

1. In welcher Form liegt es vor, das heißt, welche Signale wird der Computer tatsächlich empfangen?
2. Wann ist das Eingangssignal verfügbar und wie weiß der Prozessor, daß es verfügbar ist? Muß der Prozessor das Eingangssignal mit einem Abtast-Signal anfordern? Besitzen die Eingangssignale ihren eigenen Takt?
3. Wie lange sind die Eingangssignale verfügbar?
4. Wie oft ändern sie sich und wie weiß der Prozessor, daß sie sich geändert haben?
5. Bestehen die Eingangssignale aus einer Sequenz oder einem Datenblock? Ist die Reihenfolge wichtig?
6. Was sollte geschehen, wenn die Daten Fehler enthalten? Diese können Übertragungsfehler enthalten, falsche Daten, falsche Reihenfolge, zusätzliche Daten etc.
7. Besitzt das Eingangssignal eine Beziehung zu anderen Eingangs- oder Ausgangs-Signalen?

Definition der Ausgangs-Signale

Der nächste Schritt besteht in der Definition der Ausgaben. Wir müssen alle Ausgangssignale auflisten, die der Computer erzeugen muß. Beispiele von Ausgangssignalen beinhalten:

- Datenblöcke zu Übertragungsleitungen
- Steuerworte zu peripheren Bausteinen
- Daten zu D/A-Wandlern

Dann können wir folgende Fragen über jedes Ausgangssignal stellen:

1. In welcher Form liegen sie vor, das heißt, welche Signale muß der Computer erzeugen?
2. Wann müssen sie verfügbar sein, und wie weiß der periphere Baustein, daß sie verfügbar sind?
3. Wie lange müssen sie verfügbar sein?
4. Wie oft müssen sie geändert werden und wie weiß der periphere Baustein, daß sie sich geändert haben?

5. Liegen die Ausgangssignale in einer bestimmten Reihenfolge vor? Ist die Reihenfolge wesentlich?

6. Was sollte geschehen, um Übertragungsfehler zu vermeiden oder Fehler von peripheren Bausteinen zu erkennen und zu berichtigen?

7. Besteht ein Zusammenhang mit anderen Eingangs- und Ausgangs-Signalen?

Verarbeitungs-Abschnitt

Zwischen dem Lesen von Eingangsdaten und dem Senden von Ausgangs-Resultaten liegt der Verarbeitungs-Abschnitt. Hier müssen wir exakt bestimmten, wie der Computer die Eingangsdaten verarbeiten muß. Die Fragen sind:

FAKTOREN DER VERARBEITUNG

1. Wie lautet das grundlegende Verfahren (Algorithmus) zur Umwandung von Eingangsdaten in Ausgangs-Ergebnisse?

2. Welche zeitlichen Beschränkungen liegen vor? Diese können Datengeschwindigkeit, Verzögerungszeiten, die Zeitkonstanten von Eingabe- und Ausgabe-Bausteinen enthalten etc.

3. Welche Speicher-Beschränkungen liegen vor? Bestehen Grenzen bei der Größe des Programmspeichers oder Datenspeichers, oder bei der Größe der Puffer?

4. Welche Standardprogramme oder Tabellen müssen verwendet werden? Welche Anforderungen bestehen an diese?

5. Welche speziellen Fälle existieren und wie sollte das Programm diese verarbeiten?

6. Wie genau müssen die Ergebnisse sein?

Verhalten bei Fehlern

Ein wichtiger Faktor in zahlreichen Anwendungen ist das Verhalten bei Fehlern. Natürlich muß der Entwickler Vorsorge treffen, um allgemeine Fehler aufzudecken und Fehlfunktionen zu erkennen. Hierzu sind vom Entwickler folgende Fragen zu stellen:

FEHLER-BETRACHTUNGEN

1. Welche Fehler könnten auftreten?

2. Welche Fehler sind am wahrscheinlichsten? Wenn das System von einer Person bedient wird, sind menschliche Fehler am häufigsten. Nach den menschlichen Fehlern treten am ehesten Übertragungsfehler auf, darauf folgen mechanische, elektrische, mathematische oder Verarbeitungsfehler.

3. Welche Fehler sind im System nicht sofort offensichtlich? Ein spezielles Problem ist das Auftreten von Fehlern, die vom System oder Bedienenden nicht als solche sofort erkennbar sind.

4. Wie kann sich das System von Fehlern mit einem minimalen Verlust von Zeit und Daten wieder erholen, und erkennen, daß ein Fehler aufgetreten ist?

5. Welche Fehler oder Fehlfunktionen verursachen das gleiche System-Verhalten? Wie können diese Fehler oder Fehlfunktionen für Diagnistikzwecke unterschieden werden?

6. Welche Fehler betreffen spezielle Systemverfahren? Zum Beispiel, erfordern Paritätsfehler ein Zurücksenden der Daten?

Eine andere Frage ist: Wie kann der Servicetechniker systematisch die Quelle einer Fehlfunktion finden, ohne ein entsprechender Spezialist zu sein? Hier können eingebaute Testprogramme (siehe zum Beispiel V.P. Srini, "Fault Diagnosis of Microprocessor Systems", Computer, Jänner 1977, Seite 60-65), spezielle Diagnostik- oder Kennzeichen-Analyse helfen. Für eine Beschreibung der Kennzeichen-Analyse (signature analysis) siehe G. Gordon und H-Nadig, "Hexadecimal Signatures Identify Trouble-sports in Microprocessor Systems", Electronics, März 3, 1977. Seite 89-96. Es gibt auch einen Applikationsbericht (Nr. 222) genannt: "A Designers Guide to Signature Analysis" von Hewlett-Packard.

Menschliche Fehler

WECHSELWIRKUNG MIT DEM BEDIENENDEN

Zahlreiche, auf Mikroprozessoren basierende Systeme beinhalten eine Wechselwirkung mit dem Menschen. Während des gesamten Entwicklungs-Vorganges müssen menschliche Faktoren für derartige Systeme in Betracht gezogen werden. Unter den Fragen, die ein Entwickler stellen muß, sind:

1. Welches Eingabe-Verfahren ist das natürlichste für einen Menschen?
2. Kann der Bedienende leicht feststellen, wie er die Eingabe-Operation beginnen, fortsetzen und beenden muß?
3. Wie wird der Bedienende über Prozedur-Fehler und Geräte-Fehlfunktionen informiert?
4. Welche Fehler wird der Bedienende am wahrscheinlichsten machen?
5. Wie erfährt der Bedienende, daß er Daten falsch eingegeben hat?
6. Liegen die Anzeigen in einer Form vor, die der Bedienende leicht lesen und verstehen kann?
7. Ist die Reaktion des Systems für den Bedienenden geeignet?
8. Ist das System leicht zu bedienen?
9. Gibt es geeignete Richtlinien für einen unerfahrenen Bedienenden?
10. Gibt es abgekürzte Verfahren und zusätzliche Optionen für den erfahrenen Bedienenden?
11. Kann der Bedienende immer den Zustand eines Systems nach Unterbrechungen bestimmen oder zurücksetzen?

Ein System so aufzubauen, daß es von Menschen leicht bedient werden kann, ist schwierig. Der Mikroprozessor kann das System leistungsfähiger, flexibler und vielseitiger machen. Der Entwickler muß jedoch die menschlichen Gesichtspunkte berücksichtigen, die den Nutzen und die Attraktivität eines Systems gewaltig erhöhen können, sowie die Produktivität des Bedienenden.

BEISPIELE

Reaktion auf einen Schalter

DEFINITION DES SCHALTERS- UND LAMPENSYSTEM

SCHALTER- UND LAMPEN-EINGANG

Bild 13-2 zeigt ein einfaches System, in dem das Eingangssignal von einem einfachen einpoligen Schalter (Schließer) kommt und das Ausgangssignal zu einer einzelnen LED-Anzeige führt. Als Reaktion auf ein Schliessen des Schalters schaltet der Prozessor die Anzeige eine Sekunde lang ein. Dieses System sollte leicht zu definieren sein.

Wir wollen zuerst das Eingangssignal und die Antwort auf jede der vorher aufgeworfenen Fragen darstellen:

1. Das Eingangs-Signal stellt ein einzelnes Bit dar, das entweder "0" (Schalter geschlossen) oder "1" (Schalter offen) ist.

2. Das Eingangssignal ist immer verfügbar und braucht nicht angefordert zu werden.

3. Das Eingangssignal ist für wenigstens mehrere Millisekunden nach dem Schliessen verfügbar.

4. Das Eingangssignal wird sich selten mehr als einmal innerhalb einiger Sekunden ändern. Der Prozessor muß das Prellen des Schalters handhaben können. Der Prozessor muß den Schalter überwachen, um zu bestimmen, wann er geschlossen ist.

5. Es gibt keine bestimmte Reihenfolge der Eingangssignale.

6. Die offensichtlichen Eingangsfehler sind ein Defekt des Schalters, Fehler in der Eingangs-Schaltung und der Fall, daß der Bedienende versucht, den Schalter zu schließen, bevor ein ausreichendes Zeit-Intervall verstrichen ist. Wir werden die Handhabung dieser Fehler später besprechen.

7. Das Eingangssignal hängt nicht von anderen Eingangs- oder Ausgangssignalen ab.

Der nächste Schritt in der Definition des Systems besteht im Untersuchen des Ausgangssignales. Die Antworten auf diese Fragen sind:

SCHALTER- UND LAMPEN-AUSGANGSSIGNALE

1. Das Ausgangssignal ist ein einzelnes Bit, das "0" zum Einschalten der Anzeige, "1" zum Ausschalten ist.

2. Es gibt keine zeitlichen Beschränkungen des Ausgangssignales. Der periphere Baustein braucht nicht über die Verfügbarkeit von Daten informiert zu werden.

3. Wenn die Anzeige eine LED ist, müssen die Daten nur für einige wenige Millisekunden mit einer Pulsfrequenz von etwa 100 mal pro Sekunde vorliegen. Der Betrachter wird eine kontinuierliche leuchtende Anzeige sehen.

4. Die Daten müssen sich nach einer Sekunde ändern (abschalten).

5. Es gibt keine Reihenfolge der Ausgangssignale.

6. Die möglichen Fehler des Ausgangssignales sind ein Defekt der Anzeige und ein Fehler in der Ausgangs-Schaltung.

7. Das Ausgangs-Signal hängt nur von dem Schalter-Eingangs-Signal und der Zeit ab.

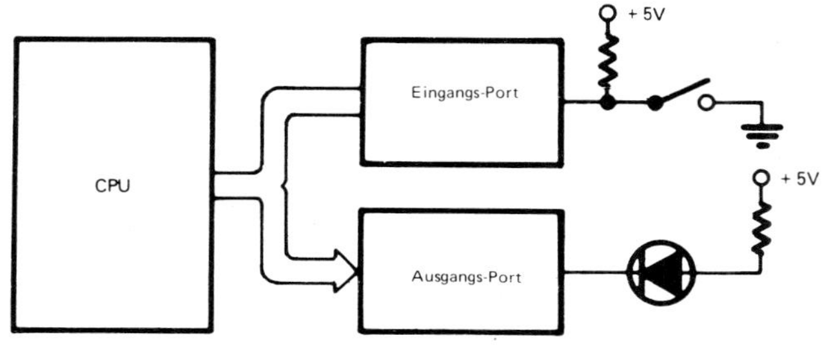

Das Schalter-Eingangssignal ist "1" wenn der Schalter offen ist, "0" wenn der Schalter geschlossen ist. Die CPU führt das Ausgangssignal der Kathode der LED zu. Eine "0" bringt die Anzeige zum Leuchten.

Bild 13-2. Das Schalter- und Lampen-System

Der Verarbeitungs-Abschnitt ist extrem einfach. Sobald der Schalter-Eingang logisch "0" wird, schaltet die CPU die Lampe (eine logische "0") eine Sekunde lang ein. Es bestehen keinerlei zeitliche oder Speicher-Beschränkungen.

HANDHABUNG VON SCHALTER- UND LAMPENFEHLERN

Sehen wir uns nun die möglichen Fehler und Fehlfunktionen an. Diese sind:

1. Ein weiteres Schließen des Schalters, bevor eine Sekunde verstrichen ist.
2. Schalter-Fehler.
3. Anzeige-Fehler.
4. Computer-Fehler.

Sicher ist der erste Fehler der wahrscheinlichste. Die einfachste Lösung besteht für den Prozessor darin, ein Schließen des Schalters zu ignorieren, bis eine Sekunde verstrichen ist. Diese kurze zeitliche Periode wird sicher für den Bedienenden schwer erkennbar sein. Ferner bedeutet das Ignorieren des Schalters während dieser Periode, daß keine Entprell-Schaltung oder Software hierfür erforderlich ist, da das System in keiner Weise auf das Prellen reagiert.

Offensichtlich können die drei letzten Fehler nicht vorhersehbare Ergebnisse liefern. Die Anzeige kann auf Ein bleiben, auf Aus, oder den Zustand willkürlich ändern. Einige mögliche Wege zur Isolierung des Fehlers würden sein:

1. Lampentest-Hardware zur Prüfung der Anzeige, d.h. eine Taste, die die Lampe unabhängig von Prozessor einschaltet.
2. Eine direkte Verbindung mit dem Schalter, um seine Arbeitsweise zu prüfen.
3. Ein Diagnostik-Programm, das die Eingangs- und Ausgangs-Schaltungen prüft.

Wenn sowohl die Anzeige wie der Schalter funktionieren, besitzt der Computer einen Fehler. Ein Servicetechniker mit entsprechenden Geräten kann die Ursache des Fehlers bestimmen.

Ein Speicherlader mit Schaltern

DEFINIEREN EINES SPEICHERLADERS MIT SCHALTERN

Bild 13-3 zeigt ein System, mit dem der Anwender Daten in jeden Speicherplatz in einem Mikrocomputer eingeben kann. Ein Eingangsport, DPORT, liest Daten von acht Kippschaltern. Die andere Eingangsport, CPORT, wird zum Lesen von Steuer-Informationen verwendet. Es gibt drei Moment-Schalter: Hohe Adresse, niedrige Adresse und Daten. Das Ausgangs-Signal ist der Wert der letzten vollständigen Eingabe von den Datenschaltern. Es werden acht LEDs für die Anzeige verwendet.

Das System wird natürlich außerdem verschiedene Widerstände, Puffer und Treiber benötigen.

Wir werden zuerst die Eingangssignale prüfen. Die Eigenschaften der Schalter sind die gleichen wie im vorhergehenden Beispiel. Es gibt jedoch eine bestimmte Reihenfolge der Eingangssignale:

1. Der Bedienende muß die Datenschalter entsprechend der acht höchstwertigen Bits einer Adresse setzen, dann
2. den Schalter "Hohe-Adresse" drücken. Die hohen Adressen-Bits werden auf den Lampen aufscheinen und das Programm wird die Daten als das hohe Byte der Adresse interpretieren.
3. Dann muß der Bedienende die Datenschalter auf den Wert des niedrigstwertigen Bytes der Adresse stellen und

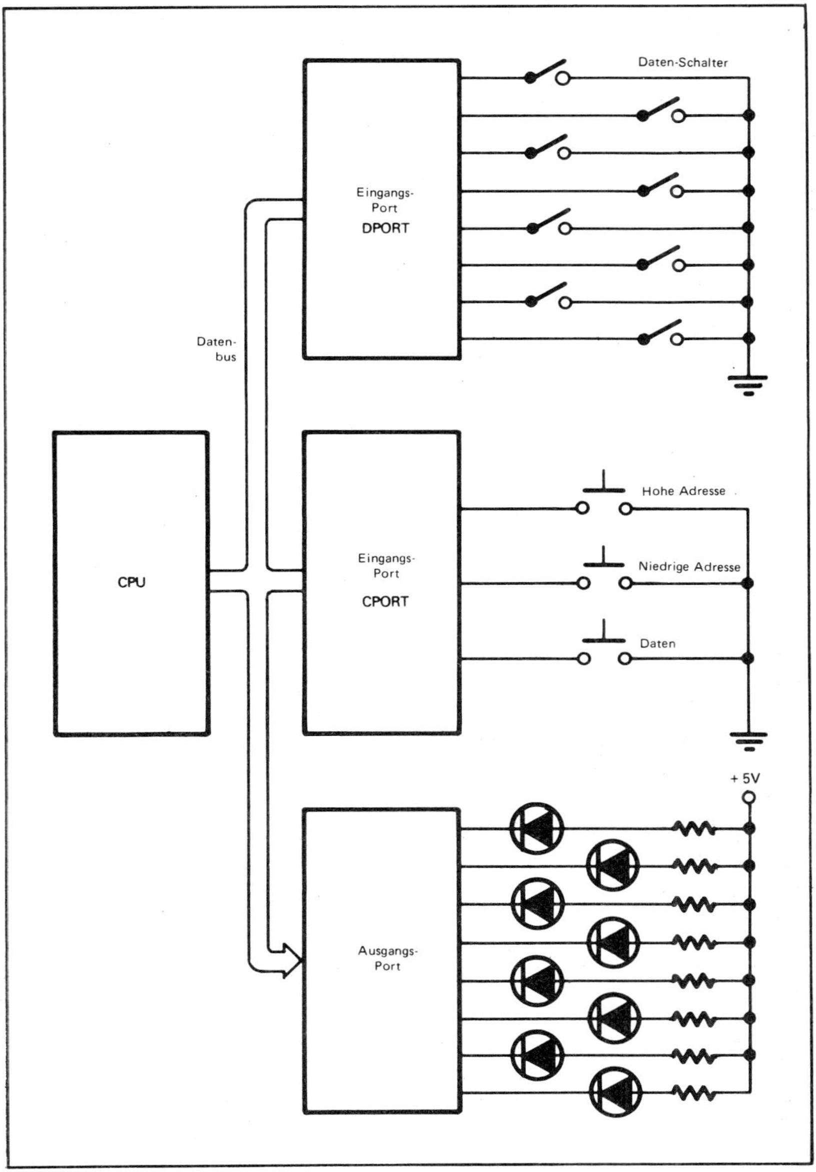

Bild 13-3. Der Speicher-Lader mit Schaltern

4. die Taste "Niedrigste Adresse" drücken. Die niedrigen Adressenbits werden auf den Lampen aufscheinen und das Programm wird die Daten als das niedrige Byte der Adresse ansehen.
5. Schließlich muß der Bedienende die gewünschten Daten auf den Datenschaltern einstellen und
6. den Schalter "Daten" drücken. Die Anzeige wird nun die Daten zeigen und das Programm speichert die Daten in den Speicher an den vorher eingegebenen Adressen.

Der Bedienende kann den Vorgang zur Eingabe eines ganzen Programmes wiederholen. Natürlich haben wir auch in dieser vereinfachten Situation zahlreiche mögliche Sequenzen zu betrachten. Wie können wir mit fehlerhaften Sequenzen fertig werden und das System leicht zu bedienen machen?

Die Ausgabe ist kein Problem. Nach jeder Eingabe sendet das Programm das Komplement der Eingangs-Bits zu den Anzeigen (da die Anzeigen aktiv Low sind). Die Ausgangsdaten verbleiben unverändert, bis zur nächsten Eingabe-Operation.

Der Verarbeitungs-Abschnitt bliebt ziemlich einfach. Es gibt keine zeitlichen oder Speicher-Beschränkungen. Das Programm kann die Schalter entprellen, indem es einige wenige Millisekunden wartet und muß dann die komplementierten Daten zu den Anzeigen liefern.

HANDHABUNG DER FEHLER DES SPEICHERLADERS

Die wahrscheinlichsten Fehler sind Irrtümer des Bedienenden. Diese beinhalten:

1. Falsche Eingaben
2. Falsche Reihenfolge
3. Unvollständige Eingaben, z.B. Vergessen von Daten.

Das System muß imstande sein, diese Probleme in einer vernünftigen Weise zu handhaben, da sie im tatsächlichen Betrieb mit Sicherheit auftreten.

Der Entwickler muß auch die Einflüsse von Fehlern des Gerätes beachten. So wie vorher sind die möglichen Schwierigkeiten:

1. Schalter-Fehler
2. Anzeige-Fehler
3. Computer-Fehler

In diesem System müssen wir jedoch mehr Aufmerksamkeit der Tatsache schenken, wie diese Fehler das System beeinflussen. Ein Computer-Fehler wird wahrscheinlich ein sehr ungewöhnliches Verhalten des Systems bewirken, und wird leicht festzustellen sein. Ein Anzeige-Fehler kann nicht unmittelbar erkennbar sein. Hier würde die Möglichkeit eines Lampentests dem Bedienenden gestatten, ihr Funktionieren zu überprüfen. Beachten Sie, daß wir jede LED separat testen wollen, um den Fall zu erkennen, bei dem Ausgangsleitungen gegeneinander kurzgeschlossen sind. Zusätzlich könnte der Bedienende nicht unmittelbar Schalter-Fehler feststellen. Jedoch sollte der Bedienende sie bald erkennen und durch ein Verfahren der Elimination feststellen, welcher Schalter defekt ist.

KORREKTUR DER FEHLER DES BEDIENENDEN BEIM SPEICHERLADER

Sehen wir uns einige der möglichen Fehler des Operators an. Typische Fehler würden sein:

1. Falsche Daten
2. Falsche Reihenfolge der Eingaben oder Schalter

3. Versuch, neue Eingaben durchzuführen, ohne vollständige Eingabe der laufenden.

Der Bedienende wird wahrscheinlich Fehler bemerken, sobald sie auf den Anzeigen aufscheinen. Was wäre ein annehmbares Verfahren für den Bedienenden? Einige der Möglichkeiten sind:

1. Der Bedienende muß das Eingabe-Verfahren abschließen, d.h., die niedrigen Adressen und Daten eingeben, wenn der Fehler in den hohen Adressen auftritt. Natürlich ist dieses Verfahren mühsam und würde nur dazu dienen, den Bedienenden zu verärgern.
2. Der Bedienende muß den Eingabe-Prozess neu starten, indem er zu den Eingabe-Schritten für die hohe Adresse zurückkehrt. Diese Lösung ist nützlich, wenn der Fehler in den hohen Adressen auftrat, zwingt jedoch den Bedienenden frühere Daten wieder einzugeben, wenn sich der Fehler in den niedrigen Adressen- oder Datenstufe befunden hat.
3. Der Bedienende kann jeden Teil der Sequenz zu jeder Zeit eingeben, indem er einfach die Datenschalter auf die gewünschten Daten stellt und die entsprechende Taste drückt. Dieses Verfahren gestattet dem Bedienenden, Korrekturen an jedem Punkt der Sequenz auszuführen.

Dieses Verfahren sollte immer jenem vorgezogen werden. das keine unmittelbare Fehlerkorrektur gestatten, aus einer Vielzahl von abschließenden Schritten besteht, oder Daten in das System eingibt, ohne dem Bedienenden einen Abschlußtest zu gestatten. Jede zusätzliche Komplikation in der Hardware oder Software wird durch eine erhöhte Effizienz des Bedienenden belohnt. Sie sollten immer den Mikrocomputer die mühsame Arbeit ausführen lassen und das Erkennen willkürlicher Sequenzen gestatten. Er wird niemals müde und vergißt niemals, was sich im Bedienungshandbuch befand.

Ein weitere nützliche Eigenschaft wären Status-Lampen, die die Bedeutung der Anzeige definieren. Drei Status-Lampen, markiert mit "Hoher Adresse", "Niedriger Adresse" und "Daten", würden dem Bedienenden wissen lassen, was er eingegeben hat und er sich nicht merken muß, welche Tasten er gedrückt hat. Der Prozessor müßte die Sequenz überwachen, jedoch die zusätzliche Komplikation in der Software würde die Aufgabe des Bedienenden sehr vereinfachen. Natürlich würden drei getrennte Sätze von Anzeigen plus der Möglichkeit des Prüfens eines Speicherplatzes noch nützlicher für den Bedienenden sein.

Wir sollten beachten, daß, obwohl wir die Wechselwirkung mit dem Bedienenden hervorgehoben haben, die Maschinen- oder System-Wechselwirkung zahlreiche gleiche Eigenschaften besitzt. Der Mikroprozessor sollte die Arbeit ausführen. Wenn durch Komplizierung der Aufgabe des Mikroporzessors das Aufdecken von Fehlern einfacher gemacht und die Ursachen der Fehler verdeutlicht werden, wird das ganze System besser arbeiten und leichter zu warten sein. Beachten Sie, daß Sie Überlegungen über die Verwendung des Systems und den Service nicht erst am Ende des Software-Entwicklungsprozesses machen sollten. Stattdessen sollten Sie diese bereits in der Definitions-Phase anstellen.

Ein Verifikations-Terminal

DEFINITION EINES VERIFIKATIONS-TERMINALS

Bild 13-4 ist ein Blockschaltbild eines einfachen Kreditkarten-Überprüfungs-Terminals. Ein Eingangsport leitet Daten von einer Tastatur her (siehe Bild 13-5), der andere Eingangsport nimmt Verifikations-Daten von einer Übertragungsleitung auf. Ein Ausgangsport sendet Daten zu einem Satz von Anzeigen (siehe Bild 13-6). Ein anderer sendet die Kreditkarten-Nummer zum Zentralcomputer. Ein dritter Ausgangsport schaltet eine Lampe ein, wann immer das Terminal bereit zur Aufnahme einer Anfrage ist, eine andere Lampe, wenn der Bedienende die Information sendet. Die "BELEGT"-Lampe wird abgeschaltet, wenn die Antwort zurück kommt. Natürlich wird die Eingabe und Ausgabe von Daten komplexer als im vorhergehenden Fall sein, obwohl die Verarbeitung noch ziemlich einfach ist.

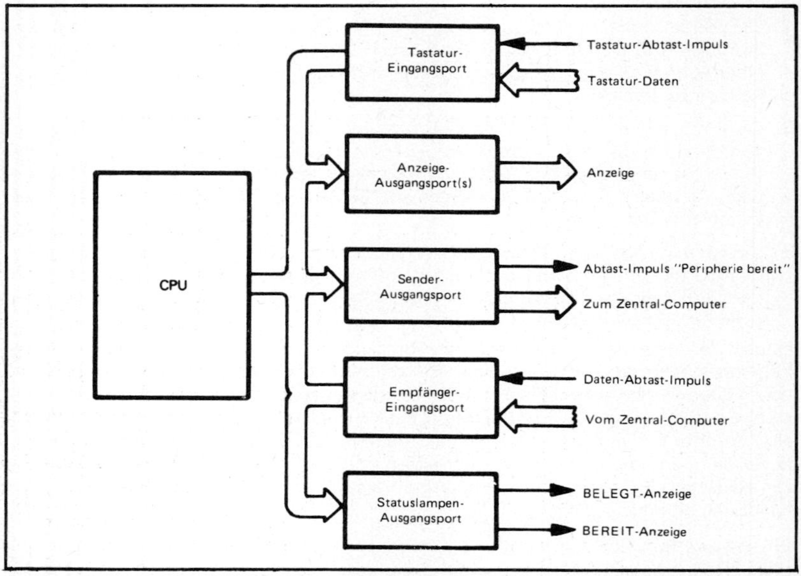

Bild 13-4. Blockschaltbild des Kreditüberprüfungs-Terminals

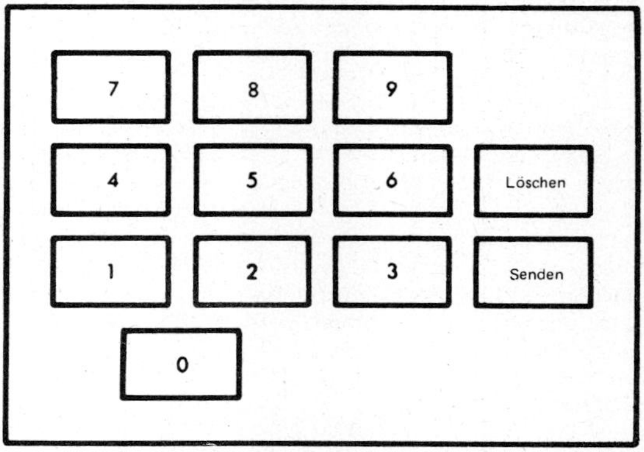

Die Ziffern-Tasten gestatten Ziffern-Eingaben
LÖSCHEN entfernt die gesamte Eingabe
SENDEN überträgt die Eingabe zum Zentral-Computer

Bild 13-5. Tastatur für das Kreditüberprüfungs-Terminal

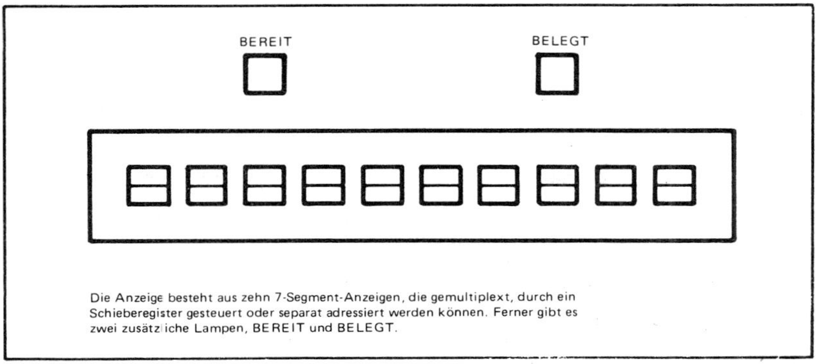

Bild 13-6. Anzeige für das Kreditüberprüfungs-Terminal

Zusätzliche Anzeigen können sehr nützlich sein, um die Bedeutung der Antwort hervorzuheben. Zahlreiche Terminals verwenden ein grünes Licht für "Ja" ein rotes Licht für "Nein" und ein gelbes Licht für "beim Manager rückfragen". Beachten Sie, daß diese Lampe deutlich mit ihrer Bedeutung zu kennzeichnen sind, um auch mit der Situation fertig zu werden, bei der der Bedienende farbenblind ist.

EINGÄNGE ZUM VERIFIKATIONS-TERMINAL

Sehen wir uns zuerst das Tastatur-Eingangs-Signal an. Dieses ist natürlich verschieden von Schalter-Eingangs-Signalen, da die CPU irgendeine Möglichkeit besitzen muß, neue Daten zu unterscheiden. Wir wollen annehmen, daß jedes Schließen einer Taste einen eindeutigen Hexadezimal-Code liefert (wir können alle Tasten in eine Ziffer codieren, da es zwölf Tasten gibt) und einen Abtast-Impuls. Das Programm wird den Abtast-Impuls zu erkennen haben und muß die Hexadezimalzahl holen, die die Taste identifiziert. Es gibt hier eine zeitliche Einschränkung, da das Programm keine Daten oder Abtast-Impulse auslassen darf. Die Beschränkung ist nicht schwerwiegend, da Tastatur-Eingaben wenigstens einige Millisekunden voneinander entfernt sind.

Das Übertragungs-Eingangssignal besteht ähnlich aus einer Serie von Zeichen, von denen jedes durch einen Abtast-Impuls identifiziert wird (vielleicht von einem UART). Das Programm wird nicht jeden Abtast-Impuls zu erkennen haben und das Zeichen holen müssen. Die Daten, die über die Übertragungsleitung gesendet werden, sind gewöhnlich in Nachrichten organisiert. Eine mögliche Nachrichten-Form ist:

1. Einführungszeichen, oder Nachrichten-Kopf (Header).
2. Bestimmungs-Adresse des Terminals.
3. Codiertes Ja oder Nein.
4. Abschlußzeichen (Trailer).

Das Terminal wird den Nachrichten-Kopf prüfen, die Bestimmungs-Adresse lesen und feststellen, ob die Nachricht für das Terminal vorgesehen ist. Wenn die Nachricht für das Terminal bestimmt ist, nimmt das Terminal die Daten an. Die Adresse könnte (und dies ist häufig der Fall) im Terminal fest verdrahtet sein, so daß das Terminal nur die für dieses bestimmte Nachrichten empfängt. Diese Lösung vereinfacht die Software auf Kosten einiger Flexibilität.

AUSGANGS-SIGNALE DES VERIFIKATIONS-TERMINALS

Das Ausgangssignal ist komplexer als in den früheren Beispielen. Wenn die Anzeigen gemultiplext werden, muß der Prozessor nicht nur die Daten zum Anzeige-Port senden, sondern muß auch die Daten zu einer bestimmten Anzeige leiten. Wir werden entweder einen separaten Steuerport oder einen Zähler und Decoder hierfür benötigen. Beachten Sie, daß Hardware-Steuerungen führende Nullen so lange ausblenden können, wie die erste Stelle in einer mehrstelligen Zahl niemals null ist. Die Software kann diese Aufgabe ebenfalls übernehmen. Zeitliche Einschränkungen beinhalten die Impulslänge und Frequenz, die zur Erzeugung einer scheinbar kontinuierlichen Anzeige für den Bedienenden erforderlich ist.

Das Kommunikations-Ausgangs-Signal besteht aus einer Serie von Zeichen mit einem speziellen Format. Das Programm wird auch die zwischen den Zeichen erforderliche Zeit zu berücksichtigen haben. Ein mögliches Format für die Ausgangs-Nachricht ist:

1. Nachrichten-Kopf (Hearder)
2. Terminal-Adresse
3. Kreditkarten-Nummer
4. Abschluß-Zeichen (Trailer)

Ein zentraler Kommunikationscomputer kann zur Abfrage (polling) der Terminals verwendet werden, der prüft, ob Daten zum Senden bereit sind.

Die Verarbeitung in diesem System beinhaltet zahlreiche neue Aufgaben wie etwa:

1. Identifizierung der Steuertasten durch eine Zahl und Ausführung der entsprechenden Tätigkeiten.
2. Hinzufügen des Kopf- und Abschlußzeichens für die abgehende Nachricht.
3. Erkennen des Kopf- und Abschlußzeichens in der zurückkehrenden Nachricht.
4. Prüfen der ankommenden Terminal-Adresse.

Beachten Sie, daß keine der Aufgaben irgendwelche komplexe Arithmetik beinhaltet oder irgendwelche schwerwiegende zeitliche oder Speicher-Beschränkungen.

FEHLER-HANDHABUNG BEIM VERIFIKATIONS-TERMINAL

Die Anzahl der möglichen Fehler in diesem System ist natürlich viel größer als in den vorhergehenden Beispielen. Wir wollen zuerst die möglichen Fehler des Bedienenden betrachten. Diese beinhalten:

1. Falsche Eingabe der Kreditkarten-Nummer.
2. Versuch des Sendens einer unvollständigen Kreditkarten-Nummer.
3. Versuch des Sendens einer weiteren Zahl, während der Zentralcomputer bereits eine verarbeitet.
4. Löschen nicht existierender Eingaben.

Einigen dieser Fehler kann durch eine korrekte Strukturierung des Programmes leicht begegnet werden. Zum Beispiel sollte das Programm die Sendetaste nicht annehmen, bis die Kreditkarten-Nummer vollständig eingegeben wurde und es sollte jegliche zusätzliche Tastatur-Eingaben ignorieren, bis die Antwort vom Zentralcomputer zurückkommt. Beachten Sie, daß der Bedienende erkennen will, daß die Eingabe nicht gesendet wurde, da die Besetzt-Lampe nicht leuchtet. Der Bedienende wird auch wissen wollen, wann die Tastatur abgeschaltet war (wenn das Programm die Tastatur-Eingaben ignoriert), da die Eingaben nicht auf der Anzeige aufscheinen und die Bereit-Lampe aus sein wird.

KORRIGIEREN VON TASTATUR-FEHLERN

Falsche Eingaben sind ein offensichtliches Problem. Wenn der Bedienende einen Fehler erkannt hat, kann er oder sie die Löschtaste verwenden, um Korrekturen auszuführen. Der Bedienende würde es wahrscheinlich bequemer finden, zwei Löschtasten zu haben, von denen eine die letzte Eingabe löscht und eine andere die gesamte Eingabe. Dies würde sowohl die Situation, in der der Bedienende den Fehler unmittelbar erkennt beherrschen, sowie die Situation, in der der Bedienende den Fehler relativ spät erkennt. Der Bedienende sollte imstande sein, Fehler unmittelbar zu korrigieren und möglichst wenige Tasten zu wiederholen haben. Der Bedienende wird jedoch eine bestimmte Anzahl von Fehlern machen, ohne sie zu erkennen. Die meisten Kreditkarten-Nummern enthalten eine selbst-prüfende Zahl. Das Terminal könnte die Zahl prüfen, bevor es ein Senden zum Zentralcomputer gestattet. Dieser Schritt würde den Zentralcomputer davor bewahren, wertvolle Verarbeitungszeit beim Prüfen der Zahl zu verschwenden.

Dies erfordert jedoch, daß das Terminal über Mittel verfügt, den Bedienenden über den Fehler zu informieren, vielleicht durch Blinken einer der Anzeigen oder durch einen anderen speziellen Anzeiger, den der Bedienende sicher bemerken kann. Ein weiteres Problem liegt noch darin, wie der Bedienende erfährt, daß eine Eingabe verlorenging oder falsch verarbeitet wurde. Einige Terminals sperren einfach nach einer maximalen Zeitverzögerung. Der Bedienende bemerkt, daß die Besetzt-Lampe ausgegangen ist, ohne daß eine Antwort empfangen wurde. Es wird dann vom Bedienenden erwartet, daß er eine neuerliche Eingabe versucht. Nach ein oder zwei neuerlichen Eingaben sollte der Bedienende den Fehler der Service-Stelle melden.

Zahlreiche Geräte-Fehler sind ebenfalls möglich. Neben den Anzeigen, Tastatur und Prozessor existiert nun das Problem von Übermittlungs-Fehlern, sowie Fehler des Zentralcomputers.

Die Datenübertragung muß wahrscheinlich eine Fehlerprüfung und Korrektur-Verfahren einschließen. Einige Möglichkeiten sind:

KORREKTUR VON ÜBERTRAGUNGS-FEHLERN

1. Die Parität ermöglicht eine Fehler-Feststellung, jedoch keine Korrektur. Der Empfänger wird irgendeinen Weg für die Anforderung einer neuerlichen Übertragung benötigen und der Sender muß eine Kopie der Daten aufbewahren, bis ein ordnungsgemäßer Empfang bestätigt wurde. Paritätsprüfung ist jedoch leicht zu realisieren.

2. Kurze Mitteilungen können anspruchsvollere Schemas verwenden. Zum Beispiel könnte die Ja/Nein-Antwort zum Terminals so codiert werden, daß sie eine Fehler-Feststellung und Korrektur-Möglichkeit ergibt.

3. Eine Bestätigung und eine begrenzte Anzahl neuerlicher Eingaben könnte eine Anzeige auslösen, die den Bedienenden über einen Kommunikationsfehler (Unmöglichkeit zum Transfer einer Nachricht ohne Fehler) oder Computer-Fehler (keine Reaktion auf alle Nachrichten innerhalb einer bestimmten Zeitperiode) informieren würde. Ein derartiges Schema, zusammen mit dem Lampentest würde eine ziemlich einfache Fehlerdiagnose ermöglichen.

Eine Anzeige für einen Übertragungsfehler oder für einen Fehler des Zentralcomputers sollte auch das Terminal wieder freigeben, das heißt, eine neuerliche Eingabe gestatten. Dies ist erforderlich, wenn das Terminal keine Eingaben annimmt, während eine Überprüfung im Gange ist. Das Terminal sollte auch nach einer bestimmten maximalen Zeitverzögerung wieder freigegeben werden. Bestimmte Eingaben sollten für Diagnose-Zwecke reserviert werden, d.h. bestimmte Kreditkarten-Zahlen könnten zum Prüfen der internen Arbeitsweise des Terminals und zum Testen der Anzeigen verwendet werden.

Überblick über die Definition der Aufgaben

Aufgaben-Definition ist ein ebenso wichtiger Teil der Software-Entwicklung, da es nur eine andere Form der Entwicklungs-Tätigkeit ist. Beachten Sie, daß dies keine Programmier-Kenntnisse erfordert, oder Kenntnisse des Computers. Es basiert stattdessen auf einem Verständnis des Systems und einem gesunden ingenieur-mäßigen Urteilsvermögen. Mikroprozessoren können eine Flexibilität bieten, die der Entwickler für eine Reihe von Eigenschaften einsetzen kann, die früher nicht verfügbar waren.

Die Aufgaben-Definition ist unabhängig von einem speziellen Computer, Computersprache oder Entwicklungssystem. Sie sollte jedoch Richtlinien liefern, welche Geschwindigkeit der Computer für eine bestimmte Anwendung benötigt, und welche Art von Hardware/Software-Überlegungen der Entwickler anstellen kann. Die Phase der Aufgaben-Definition ist in der Tat unabhängig davon, ob überhaupt ein Computer verwendet wird, obwohl eine Kenntnis der Möglichkeiten des Computers dem Entwickler helfen kann, sich ein Bild über die möglichen Verfahren zu machen.

Programm-Entwicklung

Programm-Entwicklung ist die Stufe, in der die Aufgaben-Definition in Form eines Programmes formuliert wird. Wenn das Programm klein und einfach ist, kann diese Stufe vielleicht nicht mehr als die Aufstellung eines Flußdiagrammes mit nur einer Seite beinhalten. Wenn das Programm größer oder komplexer ist, sollte der Entwickler anspruchsvollere Methoden in Betracht ziehen.

Wir werden das Aufstellen von Flußdiagrammen, modulare Programmierung, strukturierte Programmierung und die sogenannte "Top-Down"-Entwicklung (Verfahren der schrittweisen Verfeinerung) besprechen. Wir werden versuchen, die Gründe für die Anwendung dieser Methoden aufzuzeigen, sowie ihre Vorteile und Nachteile. Wir werden jedoch keine Entscheidung bezüglich einer speziellen Methode fällen, da es keinen Grund gibt, daß eine Methode immer allen anderen überlegen ist. Sie sollten sich vor Augen halten, daß die Aufgabe darin besteht, ein ordnungsgemäß arbeitendes System zu schaffen und nicht einseitig einer bestimmten Methode zu folgen.

GRUNDLEGENDE PRINZIPIEN DER PROGRAMM-ENTWICKLUNG

Alle Verfahren besitzen jedoch einige offensichtliche gemeinsame Prinzipien. Viele von diesen sind die gleichen Prinzipien, die für jede Art einer Entwicklung gelten, wie etwa:

1. Gehen Sie in kleinen Schritten vor. Versuchen Sie nicht zu viel aufeinmal zu erledigen.
2. Teilen Sie große Aufgaben in kleine logisch getrennte Aufgaben ein. Machen Sie die Unter-Aufgaben soweit wie möglich unabhängig von anderen, so daß sie separat getestet und daher Änderungen ohne Beeinflussung der anderen ausgeführt werden können.
3. Machen Sie den Fluß der Steuerung so einfach wie möglich, damit Fehler leichter aufzufinden sind.
4. Verwenden Sie so häufig wie möglich bildliche oder grafische Beschreibungen. Man kan sich diese leichter vorstellen als wörtliche Beschreibungen. Dies ist der große Vorteil von Flußdiagrammen.
5. Achten Sie vor allem auf Klarheit und Einfachheit. Sie können die Eigenschaften verbessern (falls erforderlich), sobald das System funktioniert.
6. Gehen Sie in gründlicher und systematischer Weise vor. Verwenden Sie Prüflisten und Standard-Verfahren.

7. Fordern Sie das Schicksal nicht heraus. Verwenden Sie entweder nicht Methoden, mit denen Sie nicht völlig vertraut sind, oder verwenden Sie diese sehr sorgfältig. Achten Sie auf Situationen, die Verwirrrung hervorrufen könnten und klären Sie diese so bald wie möglich.
8. Beachten Sie, daß im System nach Fehlern gesucht werden muß, dieses getestet und gewartet werden muß. Planen Sie auch für diese späteren Stufen.
9. Verwenden Sie einfache und gleichbleibende Terminologie und Methode. Wiederholung ist kein Fehler in der Programm-Entwicklung, noch ist die Komplexität eine Tugend.
10. Formulieren Sie die Entwicklung vollständig, bevor Sie mit der Codierung beginnen. Widerstehen Sie der Versuchung mit dem Niederschreiben von Befehlen zu beginnen. Es hat nicht mehr Sinn als eine Teile-Liste aufzustellen oder einen Printplan zu zeichnen bevor Sie genau wissen, was in dem System alles enthalten ist.
11. Seien Sie besonders sorgfältig bei Faktoren, die sich ändern können. Machen Sie wahrscheinlich Änderungen so einfach wie möglich.

Aufstellen von Flußdiagrammen

Das Aufstellen von Flußdiagrammen ist sicherlich von allen Programmentwicklungs-Verfahren am besten bekannt. Programmierbücher beschreiben, wie Programmierer zuerst vollständige Flußdiagramme aufstellen und dann mit dem Schreiben des tatsächlichen Programmes beginnen. In der Tat arbeiten jedoch wenige Programmierer auf diese Weise und das Aufstellen der Flußdiagramme wurde häufig mehr zum Spaß gemacht. Wir wollen versuchen, sowohl die Vorteile wie die Nachteile von Flußdiagrammen zu beschreiben, und die Rolle dieser Technik in der Programm-Entwicklung zu zeigen.

VORTEILE VON FLUSSDIAGRAMMEN

Der grundlegende Vorteil des Flußdiagrammes besteht in der bildlichen Darstellung der Aufgabe. Häufig findet man, daß derartige Darstellungen mehr aussagen als geschriebene Beschreibungen. Der Entwickler kann sich das gesamte System vorstellen und die Beziehungen zwischen den einzelnen Teilen erkennen. Logische Fehler und logische Widersprüche sind oft deutlicher zu erkennen. Im besten Fall ist das Flußdiagramm ein Bild des gesamten Systems.

Einige speziellere Vorteile von Flußdiagrammen sind:

1. Es existieren Standard-Symbole (siehe Bild 13-7), so daß diese allen Anwendern bekannt sind.
2. Flußdiagramme können von jedem auch ohne Programmier-Kenntnisse verstanden werden.
3. Flußdiagramme können zur Aufteilung des gesamten Projekts in Unter-Aufgaben verwendet werden. Das Flußdiagramm kann dann zur Kontrolle des gesamten Fortschrittes verwendet werden.
4. Flußdiagramme zeigen die Sequenz der Operationen und können daher eine Hilfe bei der Lokalisierung von Fehlerquellen sein.
5. Das Aufstellen von Flußdiagrammen ist ein Verfahren, das in weitem Maße auch neben der Programmierung verwendet wird.

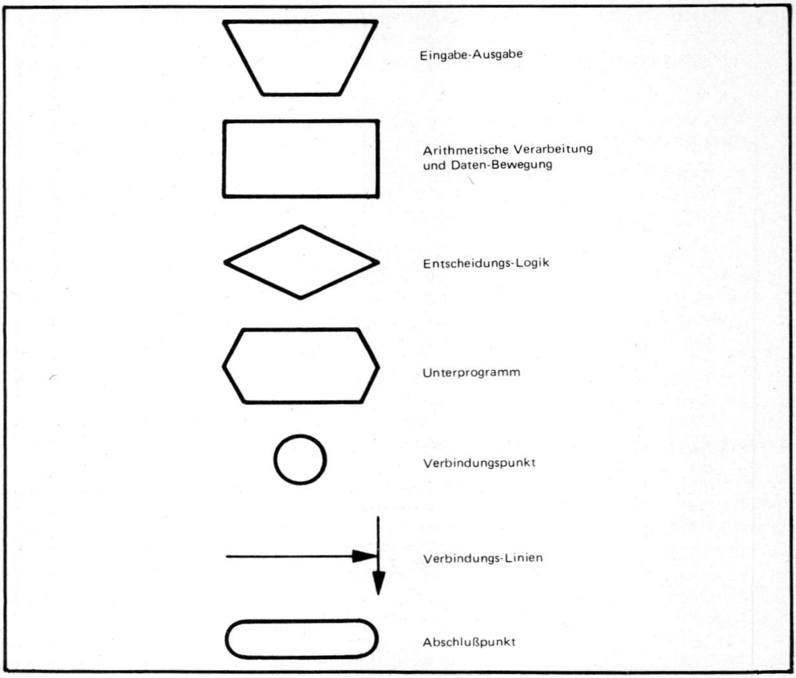

Bild 13-7. Standard-Symbole für Flußdiagramme

NACHTEILE DER FLUSSDIAGRAMME

Diese Vorteile sind alle wichtig. Es ist keine Frage, daß das Aufstellen von Flußdiagrammen auch weiterhin eine sehr wesentliche Entwicklungstechnik ist. Aber wir sollten uns auch einige der Nachteile der Flußdiagramme als Entwicklungs-Verfahren ansehen, zum Beispiel:

1. Flußdiagramme sind schwierig zu entwickeln, zu zeichnen oder zu ändern, außer in den einfachsten Situationen.
2. Es gibt keinen einfachen Weg, um ein Flußdiagramm fehlerfrei zu machen oder zu testen.
3. Flußdiagramme können auch verwirrend sein. Entwickler finden es schwierig, ein Mittelmaß zwischen der Anzahl der benötigten Details, die ein Flußdiagramm wertvoll machen, und der Menge, die das Flußdiagramm nur wenig besser als eine Programm-Auflistung macht, zu finden.
4. Flußdiagramme zeigen nur die Programm-Organisation. Sie zeigen nicht die Organisation der Daten oder die Struktur der Eingabe/Ausgabe-Module.
5. Flußdiagramme helfen nicht bei Hardware- oder zeitlichen Problemen oder geben Hinweise, wo diese Probleme auftreten könnten.

Daher ist das Flußdiagramm ein wertvolles Hilfsmittel, das aber nicht zu weit ausgedehnt werden sollte. Flußdiagramme sind nützlich als Programm-Dokumentation, da sie Standardformen besitzen und auch für Nicht-Programmierer verständlich sind. Als Entwicklungs-Hilfsmittel jedoch können Flußdiagramme nicht mehr als eine anfängliche Richtlinie bieten. Der Programmierer kann ein detailliertes Flußdiagramm nicht von Fehlern befreien und das Flußdiagramm ist manchmal schwieriger aufzustellen als das Programm selbst.

BEISPIELE

Reaktion auf einen Schalter

FLUSSDIAGRAMM DES SCHALTER- UND LAMPEN-SYSTEMS

Für diese einfache Aufgabe, bei der ein einzelner Schalter eine Lampe eine Sekunde lang einschaltet, ist ein Flußdiagramm leicht aufzustellen. In der Tat sind derartige Aufgaben typische Beispiele für Bücher über Flußdiagramme, obwohl sie nur einen kleinen Teil der meisten Systeme bilden. Die Datenstruktur ist hier so einfach, daß sie sicher ignoriert werden kann.

Bild 13-8 stellt das entsprechende Flußdiagramm dar. Es ist auch nicht schwierig zu entscheiden, wie weit ins Detail gegangen werden soll. Das Flußdiagramm gibt ein einfaches Bild des Verfahrens, das für jedermann verständlich ist.

Beachten Sie, daß die nützlichsten Flußdiagramme Programm-Variablen ignorieren und Fragen direkt stellen können. Natürlich sind hier häufig Kompromisse erforderlich. Zwei Arten der Flußdiagramme sind manchmal nützlich: Eine allgemeine Version in Alltagssprache, die für Nicht-Programmierer nützlich sein wird, und eine Version für Programmierer in Ausdrücken der Programm-Variablen, die für andere Programmierer von Nutzen sein werden.

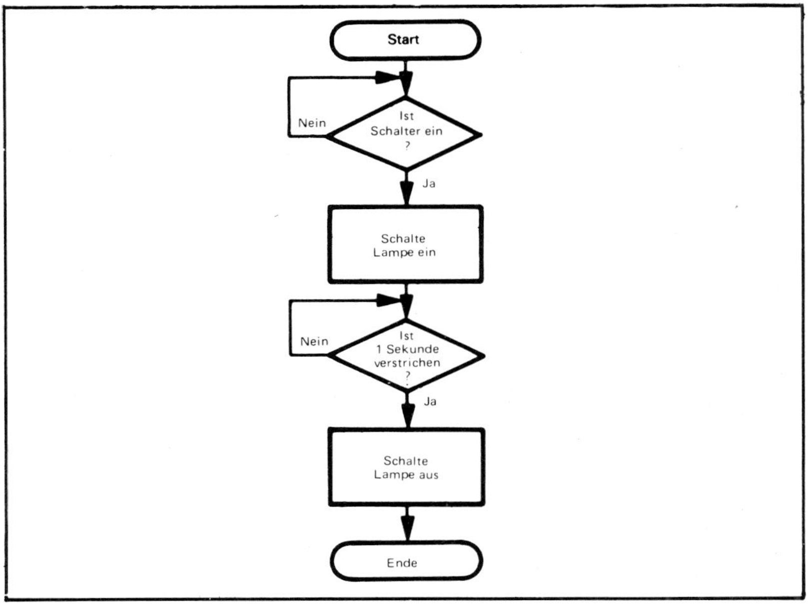

Bild 13-8. Flußdiagramm der 1-Sekunden-Reaktion auf einen Schalter

Der Speicher-Lader mit Schaltern

FLUSSDIAGRAMM FÜR DEN SPEICHERLADER MIT SCHALTERN

Dieses System (beziehen Sie sich auf Bild 13-3) ist beträchtlich komplexer als das vorhergehende Beispiel und enthält wesentlich mehr Entscheidungen. Das Flußdiagramm (siehe Bild 13-9) ist wesentlich schwieriger aufzustellen und nicht so einfach wie das vorhergehende Beispiel. In diesem Beispiel stoßen wir auf das Problem, daß es keine Möglichkeiten für Fehlersuche und Testen des Flußdiagrammes gibt.

Das Flußdiagramm in Bild 13-9 enthält die Verbesserungen, die wir als Teil der Aufgaben-Definition vorgeschlagen haben. Offensichtlich beginnt dieses Flußdiagramm verwirrend zu werden und verliert seine Vorteile gegenüber einer geschriebenen Beschreibung. Hinzufügen anderer Möglichkeiten, die die Bedeutung der Eingabe mit Status-Lampen definieren und dem Bedienenden gestatten, die Eingabe nach deren Beendigung zu prüfen, würde das Flußdiagramm noch komplexer machen. Das Aufstellen des Flußdiagrammes aus einfachen Notizen könnte rasch eine beträchtliche Arbeit werden. Jedoch sobald das Programm geschrieben wurde, ist das Flußdiagramm als Dokumentation nützlich.

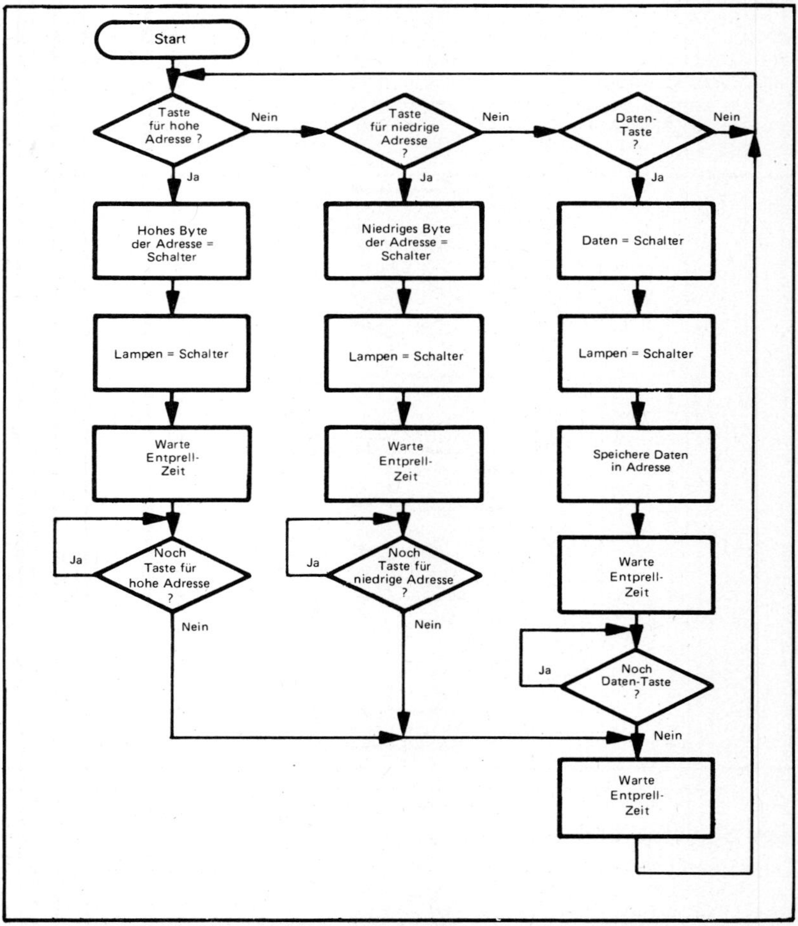

Bild 13-9. Flußdiagramm des Speicherladers mit Schaltern

Kreditkarten-Terminal

FLUSSDIAGRAMM DER KREDIT-ÜBERPRÜFUNG

FLUSSDIAGRAMM-ABSCHNITTE

In dieser Anwendung (siehe Bild 13-4 bis 13-6) wird das Flußdiagramm noch wesentlich komplexer als bei dem Speicher-Lader mit Schaltern sein. Hier wäre die beste Möglichkeit, für die Abschnitte separate Flußdiagramme aufzustellen, so daß die Flußdiagramme noch handlich bleiben. Jedoch das Vorhandensein von Datenstrukturen (wie die mehrstellige Anzeige und die Nachrichten) macht die Lücke zwischen dem Flußdiagramm und dem eigentlichen Programm noch größer.

Sehen wir uns einige der Abschnitte an. Bild 13-10 zeigt Tastatur-Eingabe-Verfahren für die Zifferntasten. Das Programm muß die Daten nach jeder Abtastung holen und die Ziffer in die Anzeige-Anordnung plazieren, wenn hier Platz ist. Wenn bereits zehn Ziffern in der Anzeige liegen, ignoriert das Programm einfach die Eingabe.

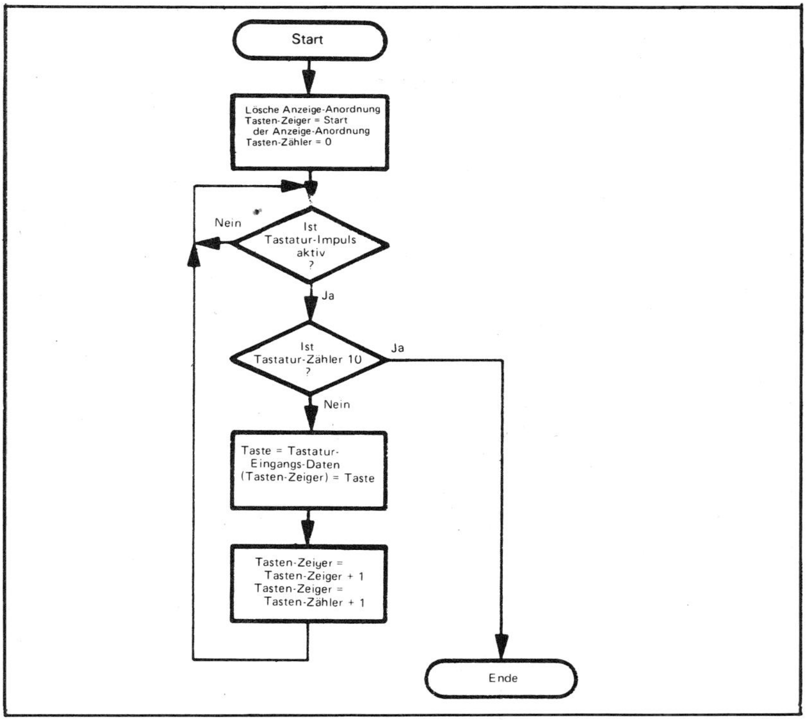

Bild 13-10. Flußdiagramm des Tastatur-Eingabe-Vorgangs

Das tatsächliche Programm muß die Anzeigen zur gleichen Zeit handhaben. Beachten Sie, daß entweder die Software oder die Hardware den Tastatur-Abtastimpuls de-aktivieren muß, nachdem der Prozessor eine Ziffer gelesen hat.

In Bild 13-11 wurde die Sende-Taste hinzugefügt. Diese Taste ist natürlich wahlweise. Das Terminal könnte die Daten ebenso senden, wenn der Bedienende die vollständige Zahl eingegeben hat. Dieses Verfahren würde dem Operator jedoch keine Möglichkeit geben, die gesamte Eingabe zu prüfen. Das Flußdiagramm mit der Sendetaste ist komplexer, da es hier zwei Alternativen gibt:

1. Wenn der Bedienende nicht zehn Ziffern eingegeben hat, muß das Programm die Sendetaste ignorieren und irgendeine andere Taste in die Eingabe plazieren.
2. Wenn der Operator zehn Stellen eingegeben hat, muß das Programm auf die Sendetaste reagieren, indem es die Steuerung zur Sende-Routine überträgt und alle anderen Tasten ignoriert.

Beachten Sie, daß das Flußdiagramm wesentlich schwieriger zu organisieren und zu verfolgen ist. Es gibt auch keinen offensichtlichen Weg, um das Flußdiagramm zu überprüfen.

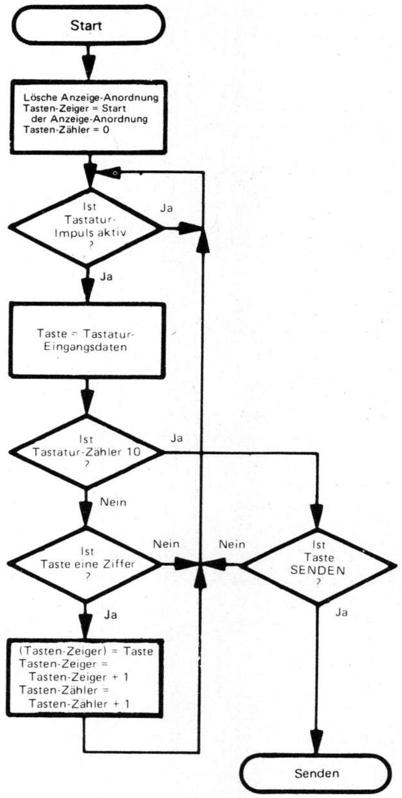

Bild 13-11. Flußdiagramm des Tastatur-Eingabe-Vorgangs mit SENDE-Taste

Bild 13-12 zeigt das Flußdiagramm des Tastatur-Eingabeprozesses mit allen Funktionstasten. In diesem Beispiel ist der Fluß der Steuerung keinesfalls einfach. Offensichtlich sind einige geschriebene Erklärungen erforderlich. Die Organisation und die Anordnung von komplexen Flußdiagrammen erfordert eine sorgfältige Planung. Wir sind dem Vorgang gefolgt, indem wir Eigenschaften dem Flußdiagramm einzeln beigefügt haben, aber dies resultiert noch in einer beträchtlichen Arbeit für das Neu-Zeichnen. Wieder sollten wir uns daran erinnern, daß während des Tastatur-Eingabe-Verfahrens das Programm auch die Anzeigen auffrischen muß, falls sie gemultiplext sind und nicht durch ein Schieberegister oder andere Hardware gesteuert werden.

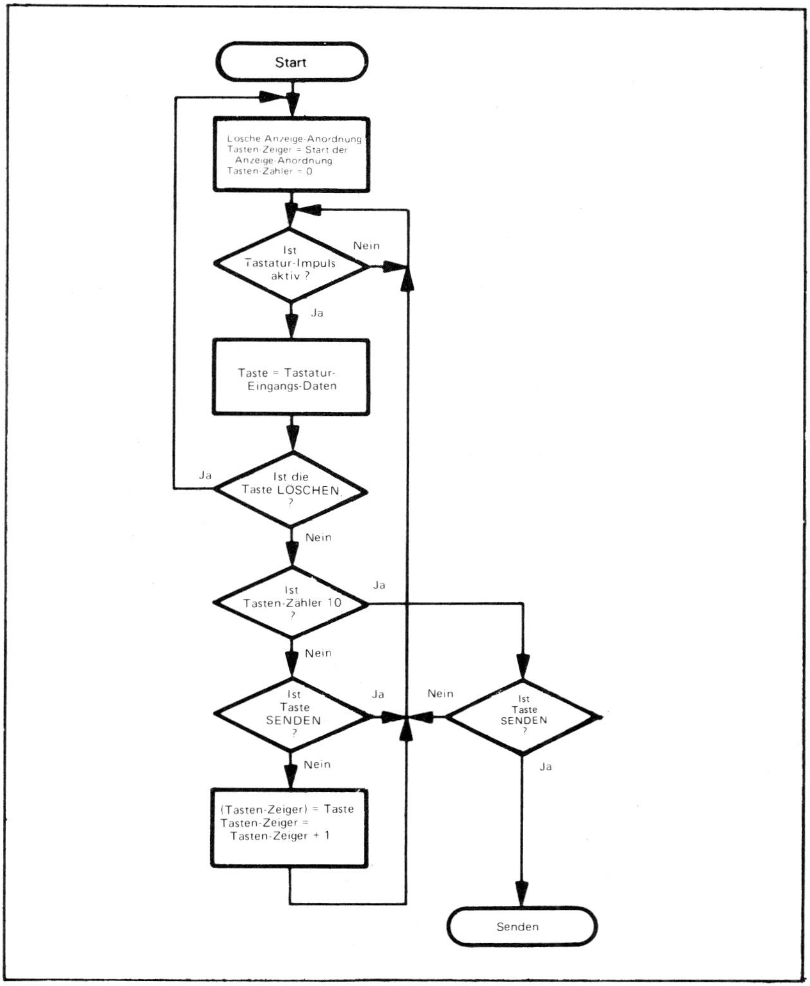

Bild 13-12. Flußdiagramm des Tastatur-Eingabe-Vorgangs mit Funktions-Tasten.

Bild 13-13 ist das Flußdiagramm einer Empfangs-Routine. Wir nehmen an, daß die Serien/Parallel-Umwandlung und Fehlerprüfung mit Hardware ausgeführt wird (z. B. durch einen UART). Der Prozessor muß:

1. Nach dem Nachrichten-Kopf Ausschau halten (wir nehmen an, daß es ein einzelnes Zeichen ist),
2. Die Bestimmungs-Adresse lesen (wir nehmen an, daß diese drei Zeichen lang ist) und sehen, ob die Nachricht für dieses Terminal bestimmt ist, das heißt, ob die drei Zeichen mit der Terminal-Adresse übereinstimmen.
3. Warten auf das Abschluß-Zeichen.
4. Wenn die Nachricht für das Terminal bestimmt ist, die Besetzt-Lampe ausschalten und zur Antwort-Anzeige-Routine gehen.

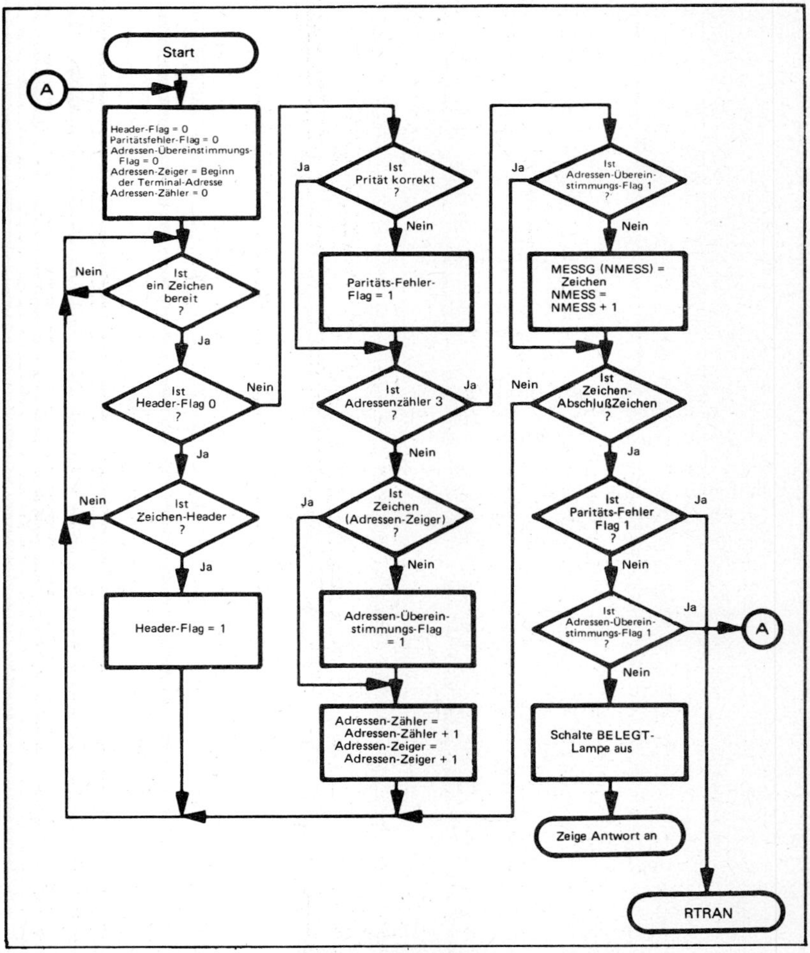

Bild 13-13. Flußdiagramm der Empfangs-Routine

5. Im Falle von Fehlern neuerliche Übertragung anfordern, indem zur RTRAN-Routine gegangen wird.

Diese Routine enthält eine große Anzahl von Entscheidungen und das Flußdiagramm ist weder einfach noch übersichtlich.

Offensichtlich war es ein weiter Weg von dem einfachen Flußdiagramm (Bild 13-8) des ersten Beispiels. Ein vollständiger Satz von Flußdiagrammen für dieses Terminal wäre eine gewaltige Aufgabe. Es würde aus mehreren zusammenhängenden Tafeln mit einer komplexen Logik bestehen und würde einen gewaltigen Arbeitsaufwand erfordern. Derartige Anstrengungen wären ebenso schwierig wie ein vorläufiges Programm und nicht so nützlich, da Sie es nicht auf dem Computer prüfen könnten.

MODULARE PROGRAMMIERUNG

Sobald ein Programm groß und komplex wird, ist ein Flußdiagramm nicht länger ein befriedigendes Hilfsmittel für die Entwicklung. Jedoch die Aufgaben-Definition und das Flußdiagramm kann Ihnen einige Vorstellung vermitteln, wie das Programm in vernünftige Unter-Aufgaben aufgeteilt werden könnte. Die Aufteilung der gesamten Aufgabe in Unter-Aufgaben oder Module wird "modulare Programmierung" genannt. Natürlich wären die meisten der in den früheren Kapiteln vorgestellten Programme typische Module in einem großen Systemprogramm. Die Probleme, denen der Entwickler bei der modularen Programmierung gegenübersteht bestehen darin, wie das Programm in Module aufzuteilen ist und wie er die Module zusammensetzen soll.

NACHTEILE DER MODULAREN PROGRAMMIERUNG

Die Idee der modularen Programmierung ist so einleuchtend, daß die Nachteile häufig ignoriert werden. Diese sind:

1. Das Zusammensetzen der Module kann häufig ein größeres Problem sein, speziell wenn verschiedene Leute die Module geschrieben haben.

2. Module erfordern eine sehr sorgfältige Dokumentation, da sie andere Teile des Programmes beeinflussen können, wie etwa Daten-Strukturen, die von allen Modulen verwendet werden.

3. Das Überprüfen und Beseitigen von Fehlern in separaten Modulen ist schwierig, da andere Module Daten erzeugen können, die von den zu prüfenden Modulen verwendet werden, wobei wiederum andere Module die Ergebnisse verwenden können. Sie müssen möglicherweise spezielle Programme schreiben (genannt "Driver" = Treiber), nur um Datenbeispiele zu erzeugen und die Programme zu Testen. Diese "Treiber" benötigen einen zusätzlichen Programmier-Aufwand, der keinen Beitrag zum Gesamtsystem leistet.

4. Programme können manchmal sehr schwierig auf vernünftige Weise zu unterteilen sein. Wenn Sie ein Programm schlecht unterteilen, so wird die Zusammensetzung sehr schwierig, da nahezu alle Fehler und die sich ergebenden Änderungen mehrere Module betreffen werden.

5. Modulare Programmierung benötigt of zusätzliche Zeit und Speicher, da separate Module Funktionen wiederholen können.

Deshalb besitzt die modulare Programmierung einige Nachteile, wenn sie auch eine bestimmte Verbesserung gegenüber dem einfachen Versuch zum Schreiben des gesamten Programmes auf einmal darstellt.

Wichtige Überlegungen beinhalten die Beschränkung der Menge von Informationen, die mehrere Module gleichzeitig verarbeiten, wobei Entscheidungen zu treffen sind, ob die Änderung in einem einzelnen Modul und der Zugriff eines Moduls auf ein anderes beschränkt werden soll. D.L. Pamas (siehe Literatur) ist führend im Bereich der modularen Programmierung.

Die Vorteile der modularen Programmierung sind offensichtlich:

VORTEILE VON MODULARER PROGRAMMIERUNG

1. Ein einzelnes Modul ist leichter zu schreiben, fehlerfrei zu machen und zu testen als ein ganzes Programm.
2. Ein Modul ist wahrscheinlich an mehreren Stellen nützlich, sowie in anderen Programmen, besonders wenn es einigermaßen allgemein aufgebaut ist und auch allgemeine Aufgaben ausführt. Sie können sich eine ganze Bibliothek von Standard-Modulen aufbauen.
3. Modulare Programmierung gestattet dem Programmierer die Aufteilung von Aufgaben und die Verwendung früher geschriebener Programme.
4. Änderungen können an einem einzelnen Modul leichter ausgeführt werden als in dem gesamten System.
5. Fehler können häufig bei einem einzelnen Modul leichter isoliert und beseitigt werden.
6. Modulare Programmierung ergibt eine bessere Vorstellung, wieviel Fortschritt erzielt wurde und wieviel Arbeit noch zu erledigen ist.

BEISPIELE

Reaktion auf einen Schalter

Dieses einfach Programm kann in zwei Module aufgeteilt werden:

MODULARISIERUNG DES SCHALTER- UND LAMPENSYSTEMS

Modul 1 wartet auf das Einschalten des Schalters und schaltet als Reaktion hierauf die Lampe ein.

Modul 2 liefert die Verzögerung für 1 Sekunde.

Modul 1 ist wahrscheinlich sehr speziell für dieses System, da es davon abhängt, wie der Schalter und die Lampe angeschlossen ist. Modul 2 wird allgemein verwendbar sein, da zahlreiche Aufgaben Verzögerungen benötigen. Natürlich wäre es sehr vorteilhaft, ein Standard-Verzögerungsmodul zu besitzen, das Verzögerungen unterschiedlicher Länge liefern könnte. Das Modul benötigt eine sorgfältige Dokumentation, so daß Sie wissen, wie die Länge der Verzögerung zu spezifizieren ist, wie das Modul aufzurufen ist und welche Register und Speicherplätze das Modul beeinflußt.

Eine allgemeine Version von Modul 1 wäre weit weniger nützlich, da Sie es immer mit verschiedenen Arten und Verbindungen von Schaltern und Lampen zu tun haben werden.

Sie werden es wahrscheinlich einfacher finden, ein Modul für eine spezielle Konfiguration von Schaltern und Lampen zu schreiben, als den Versuch zu unternehmen, eine Standard-Routine zu verwenden. Beachten Sie den Unterschied zwischen dieser Situation und Modul 2.

Der Speicher-Lader mit Schaltern

MODULARISIERUNG DES SPEICHER-LADERS MIT SCHALTERN

Der Speicher-Lader mit Schaltern ist schwierig zu modularisieren, da alle Programm-Aufgaben von der Hardware-Konfiguration abhängen und die Aufben zu einfach sind, daß Module wertvoll erscheinen. Das Flußdiagramm in Bild 13-9 könnte darauf hindeuten, daß ein Modul dasjenige wäre, das darauf wartet, daß der Bedienende eine der drei Drucktasten betätigt.

Einige andere Module könnten sein:

1. Ein Verzögerungs-Modul, das die erforderliche Verzögerung zum Entprellen der Schalter liefert.
2. Ein Schalter- und Anzeige-Modul, das die Daten von den Schaltern liest und sie zu den Anzeigen sendet.
3. Ein Lampentest-Modul.

Module, die in hohem Maße von dem System abhängen, wie die beiden letzten, sind wahrscheinlich kaum von allgemeinem Nutzen. Bei diesem Beispiel würde die modulare Programmierung keine großen Vorteile bringen.

Das Verifikations-Terminal

MODULARISIERUNG DES VERIFIKATIONS-TERMINALS

Das Verifikations-Terminal andererseits ist sehr gut für modulare Programmierung geeignet. Das gesamte System kann sehr einfach in drei Hauptmodule unterteilt werden:

1. Tastatur- und Anzeige-Modul.
2. Datenübertragungs-Modul.
3. Datenempfangs-Modul.

Ein allgemeines Tastatur- und Anzeige Modul könnte Verwendung in zahlreichen Systemen mit Tastaturen und Anzeigen finden, die Unter-Module würden Aufgaben wie etwa folgende ausführen:

1. Erkennen einer neuen Tastatur-Eingabe und Holen der Daten.
2. Löschen der Anordnung als Reaktion auf ein Tasten-Löschen.
3. Eingabe von Ziffern in den Speicher.
4. Ausschau halten nach dem Abschluß-Zeichen oder der Sende-Taste.
5. Anzeige der Ziffern.

Obwohl die Tasten-Interpretationen und die Anzahl der Stellen variieren werden, sind die grundlegenden Vorgänge der Eingabe, Datenspeicherung und Daten-Anzeige für zahlreiche Programme gleich. Tasten-Funktionen wie "Löschen" wären ebenfalls Standard. Natürlich muß der Entwickler überlegen, welche Module in anderen Anwendungen von Nutzen sein könnten und diesen Modulen besondere Aufmerksamkeit schenken.

Das Datenübertragungs-Modul könnte ebenfalls in Unter-Module aufgeteilt werden:

1. Hinzufügen des Nachrichten-Kopfes (Hearder).
2. Übertragung von Zeichen, wie sie die Ausgangsleitung verarbeiten kann.
3. Erzeugung von Verzögerungen zwischen Bits oder Zeichen.
4. Hinzufügen des Abschluß-Zeichens (Trailer).
5. Prüfen auf Übertragungsfehler, d.h. keine Quittierung oder keine Möglichkeit eines Sendens mit Fehler.

Das Daten-Empfangsmodul könnte folgende Untermodule enthalten:

1. Ausschau halten nach dem Nachrichtenkopf-Zeichen.
2. Überprüfung der Bestimmungsadresse der Nachricht gegenüber der Terminal-Adresse.
3. Speichern und Interpretieren der Nachricht.
4. Ausschau halten nach dem Abschluß-Zeichen.
5. Erzeugen von Bit- und Zeichen-Verzögerungen.

ÜBERBLICK ÜBER MODULARE PROGRAMMIERUNG

REGELN FÜR MODULARE PROGRAMMIERUNG

Modulare Programmierung kann sehr nützlich sein, wenn sie folgende Regeln beachten:

1. Verwenden Sie Module mit 20 bis 50 Zeilen. Kürzere Module sind häufig eine Zeitverschwendung, während längere Module selten universell und schwierig zu integrieren sind.

2. Versuchen Sie, die Module einigermaßen universell zu machen. Unterscheiden Sie zwischen allgemeinen Eigenschaften, wie ASCII-Code oder asynchrone Übertragungs-Formate, die für zahlreiche Anwendungen und Tasten-Identifikationen gleich sein werden, sowie der Anzahl der Anzeigen oder Anzahl der Zeichen in einer Nachricht, die wahrscheinlich einmalig in einer bestimmten Anwendung vorkommen. Machen Sie das Ändern letzterer Parameter einfach. Größere Änderungen, wie unterschiedliche Zeichencodes, sollten von separaten Modulen gehandhabt werden.

3. Nehmen Sie sich besonders Zeit für Module wie Anzeigen, Anzeigen-Verarbeitung, Tastatur-Bedienung etc., die in anderen Projekten oder in zahlreichen Stellen des momentanen Programmes nützlich sein werden.

4. Versuchen Sie die Module so ausgeprägt und logisch getrennt wie möglich zu halten.

5. Versuchen Sie nicht, einfache Aufgaben zu modularisieren, bei denen ein Neuschreiben der gesamten Aufgabe einfacher sein kann, als ein Assemblieren oder Modifizieren des Moduls.

Beachten Sie wie wichtig es hier ist, daß jede Entwicklungs-Entscheidung (wie die Bit-Rate, Nachrichten-Format, oder Fehlerprüf-Verfahren) in nur einem Modul enthalten ist. Eine Änderung in einer dieser Entscheidungen wird dann nur Änderungen in diesem einzelnen Modul erfordern. Die anderen Module sollten so geschrieben werden, daß sie völlig unabhängig von den gewählten Werten oder Methoden sind, die in dem betreffenden Modul verwendet werden. Ein wichtiges Konzept ist hier das Prinzip von Pamas "information-hiding" (= etwa: Verbergen oder Verhüllen von Informationen) wobei sich die Module nur Informationen teilen, die absolut notwendig zur Durchführung der Aufgabe sind. Andere Informationen sind innerhalb eines einzelnen Moduls "eingeschlossen".

STRUKTURIERTE PROGRAMMIERUNG

Wie gehen Sie vor, um Module scharf abgegrenzt zu halten und eine Wechselwirkung mit anderen zu vermeiden? Wie schreiben Sie ein Programm, das eine klare Sequenz von Operationen besitzt, so daß Sie Fehler aufspüren und korrigieren können? Eine Antwort ist die Verwendung eines Verfahrens, bekannt als "Strukturierte Programmierung", wobei jeder Teil des Programmes aus Elementen eines begrenzten Satzes von Strukturen besteht und jede Struktur einen einzelnen Eingang und einen einzelnen Ausgang besitzt.

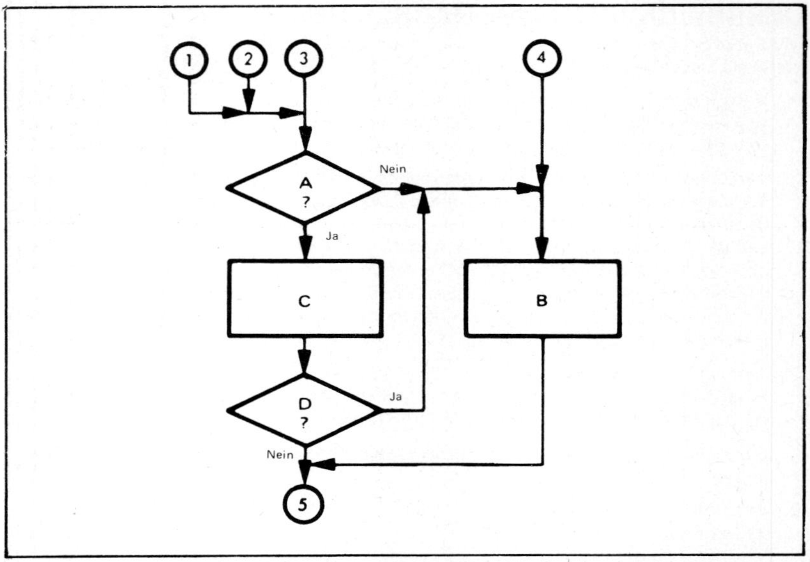

Bild 13-14. Flußdiagramm eines unstrukturierten Programmes

Bild 13-14 zeigt ein Flußdiagramm eines nicht strukturierten Programmes. Wenn ein Fehler im Modul B auftritt, haben wir fünf mögliche Quellen für diesen Fehler. Wir müssen nicht nur jede mögliche Sequenz überprüfen, sondern wir müssen uns auch vergewissern, daß jede Änderung, die zur Korrektur eines Fehlers gemacht wird, nicht eine der anderen Sequenzen beeinflußt. Das übliche Ergebnis ist, daß eine derartige Beseitigung von Fehlern einem Kampf mit einem Kraken ähnelt. Jedesmal, wenn Sie glauben, die Situation unter Kontrolle zu haben, begegnen Sie einem weiteren Arm.

GRUNDLEGENDE STRUKTUREN DER STRUKTURIERTEN PROGRAMMIERUNG

Die Antwort auf dieses Problem ist die Einrichtung einer klaren Sequenz von Operationen, so daß Sie Fehler isolieren können. Eine Sequenz verwendet Module mit einem einzigen Eingang und einem einzigen Ausgang. Als grundlegende Module sind erforderlich:

1. Eine normale Sequenz, das heißt, eine lineare Struktur, in der die Anweisungen oder Strukturen nacheinander ausgeführt werden. In der Sequenz:

   P1
   P2
   P3

   führt der Computer zuerst P1 dann P2 und als drittes P3 aus. P1, P2 und P3 können einzelne Befehle oder ein ganzes Programm sein.

2. Eine bedingte Struktur.
   Eine gebräuchliche Struktur wäre "wenn A dann P1, sonst P2", wobei A eine Bedingung ist und P1 und P2 Programme. Der Computer führt P1 aus, wenn A wahr ist und P2, wenn A falsch ist. Bild 13-15 zeigt die Logik dieser Struktur. Beachten Sie, daß die Struktur einen einzigen Eingang und einen einzigen Aus-

gang besitzt. Es gibt keinen Weg in P1 pder P2 einzutreten oder es zu verlassen, außer durch die Struktur.

3. Eine Schleifenstruktur.
   Die gebräuchliche Schleifenstruktur ist "erledige P solange A", wobei A eine Bedingung ist und P ein Programm. Der Computer prüft A und führt P aus, wenn A wahr ist. Diese Struktur (siehe Bild 13-16) besitzt ebenfalls einen einzigen Eingang und einen einzigen Ausgang. Beachten Sie, daß der Computer P überhaupt nicht ausführen wird, wenn A ursprünglich falsch war, da der Wert von A vor der Ausführung von P geprüft wird.

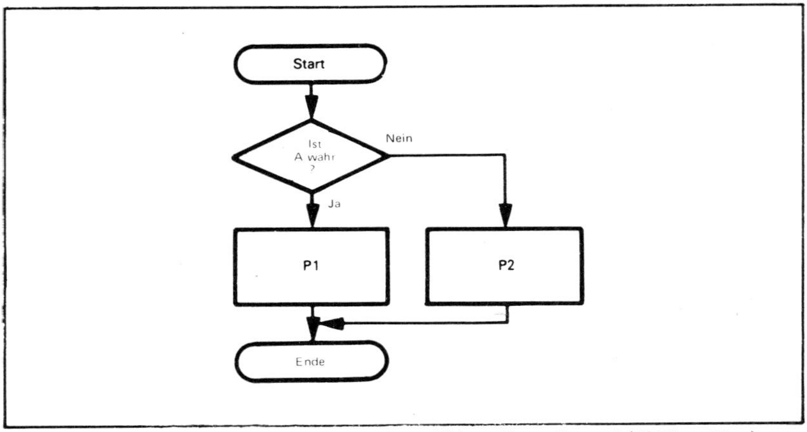

Bild 13-15. Flußdiagramm der Struktur "Wenn-Dann-Sonst" (If-Then-Else) (Verzweigung)

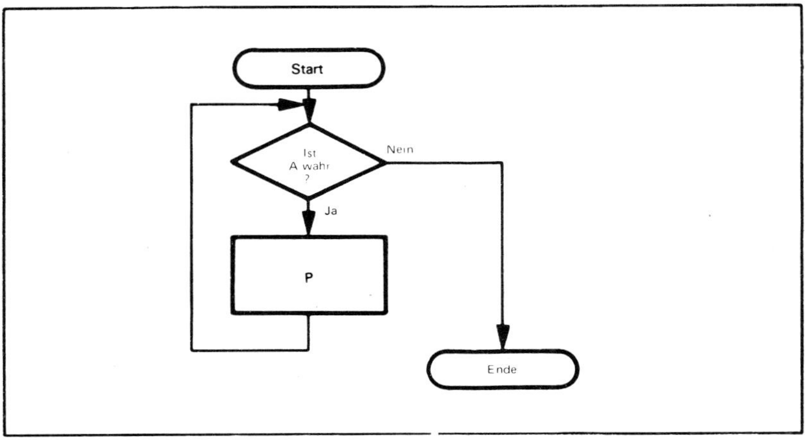

Bild 13-16. Flußdiagramm der Struktur "Führe aus-Solange" (Do-While) (Schleife)

Beachten Sie die folgenden Eigenschaften strukturierter Programmierung:

1. Es sind nur die drei grundlegenden Strukturen zulässig.
2. Strukturen können auf jede Ebene der Komplexität verschachtelt werden, so daß jedes Programm wiederum jede der Strukturen enthalten kann.
3. Jede Struktur besitzt einen einzigen Eingang und einen einzigen Ausgang.

BEISPIELE VON STRUKTUREN

Einige Beispiele der in Bild 13-15 gezeigten bedingten Struktur sind:

1. P2 inbegriffen:

   wenn X$\geqslant$ 0, dann NPOS = NPOS+1
   sonst NNEG = NNEG+1

Sowohl P1 wie P2 sind einzelne Anweisungen.

2. P2 weggelassen:

   wenn X $\neq$0 dann Y = 1/X

Hier wird keine Tätigkeit ausgeführt, wenn A (X $\neq$ 0) falsch ist. P2 und "sonst" kann in diesem Fall weggelassen werden.

Einige Beispiele der in Bild 13-16 dargestellten Schleifenstrukturen sind:

1. Bilde die Summe der ganzen Zahlen von 1 bis N.

```
I = 0
SUM = 0
führe aus solange I<N
    I = I+1
    SUM = SUM+I
Ende
```

Der Computer führt die Schleife so lange aus, wie I<N. Wenn N = 0, wird das Programm innerhalb des "führe aus solange" überhaupt nicht ausgeführt.

2. Zähle Zeichen in einer Anordnung SENTENCE bis sie eine ASCII-Periode finden.

```
NCHAR = 0
führe aus solange SENTENCE (NCHAR) ≠PERIOD
    NCHAR = NCHAR+1
Ende
```

Der Computer führt die Schleife so lange aus, wie das Zeichen in SENTENCE keine ASCII-Periode ist. Die Zählung ist 0, wenn das erste Zeichen eine Periode ist.

Die Vorteile der strukturierten Programmierung sind:

VORTEILE DER STRUKTURIERTEN PROGRAMMIERUNG

1. Die Sequenz der Operationen ist leicht zu verfolgen. Dadurch wird das Testen und Fehlersuchen leicht gemacht.
2. Die Anzahl der Strukturen ist begrenzt und die Terminologie ist standardisiert.
3. Die Strukturen sind leicht in Module umzuwandeln.
4. Theoretische Überlegungen haben ergeben, daß der gegebene Satz von Strukturen vollständig ist, das heißt, alle Programme können mit diesen drei Strukturen geschrieben werden.

5. Die strukturierte Version eines Programmes dokumentiert sich zum Teil selbst und ist verhältnismäßig leicht zu lesen.

6. Strukturierte Programme sind leicht mit Flußdiagrammen oder anderen grafischen Methoden zu beschreiben.

7. Strukturierte Programmierung hat sich in der Praxis zur Steigerung der Produktivität des Programmierers bewährt.

Strukturierte Programmierung zwingt den Programmierer grundsätzlich zu mehr Disziplin als modulare Programmierung. Das Ergebnis ist mehr Systematik und besser organisierte Programme.

NACHTEILE DER STRUKTURIERTEN PROGRAMMIERUNG

Nachteile der strukturierten Programmierung sind:

1. Nur einige wenige höhere Programmiersprachen (z.B., PL/M, PASCAL) werden die Strukturen direkt annehmen. Der Programmierer muß daher eine zusätzliche Übersetzungsstufe verwenden, um die Strukturen in den Assemblersprachen-Code umzuwandeln. Die strukturierte Version des Programmes ist jedoch häufig als Dokumentation sehr nützlich.

2. Strukturierte Programme werden häufig langsamer ausgeführt und benötigen mehr Speicher als unstrukturierte Programme.

3. Die Begrenzung der Strukturen auf drei grundlegende Formen macht manche Aufgaben in der Ausführung sehr mühsam. Die Vollständigkeit der Strukturen bedeutet nur, daß alle Programme mit ihnen ausgeführt werden können. Es bedeutet nicht, daß ein gegebenes Programm effizient und bequem geschaffen werden kann.

4. Die Standard-Strukturen sind häufig etwas verwirrend, d.h. verschachtelte Strukturen "wenn-dann-sonst" ("if-then-else") können sehr schwierig zu lesen sein, da es keine deutliche Anzeige geben kann, wo eine hiervon endet. Eine Serie von "Führe-aus-solange"-Schleifen kann ebenfalls schwierig zu lesen sein.

5. Strukturierte Programme berücksichtigen nur die Sequenz von Programm-Operationen, nicht den Datenfluß. Daher können die Strukturen Daten manchmal sehr mühsam behandeln.

6. Wenige Programmierer sind mit der strukturierten Programmierung vertraut. Viele finden die Standard-Strukturen mühsam und hemmend.

Wir wollen uns nicht als Richter über die Verwendung der strukturierten Programmierung aufschwingen. Es ist eben ein bestimmter Weg, Programm-Entwicklung systematisch durchzuführen. Im allgemeinen ist sie bei folgenden Situationen am nützlichsten:

WANN SOLLTE STRUKTURIERTE PROGRAMMIERUNG VERWENDET WERDEN

1. Größere Programme, wahrscheinlich tausend oder mehr Befehle.

2. Anwendungen, in denen die Verwendung des Speichers nicht kritisch ist.

3. Anwendungen mit kleinen Stückzahlen, wo die Kosten für die Software-Entwicklung und die Fehlersuche wichtige Faktoren sind.

BEISPIELE

Reaktion auf einen Schalter

Die strukturierte Version dieses Beispieles ist:

STRUKTURIERTE PROGRAMMIERUNG BEI DEM SCHALTER- UND LAMPENSYSTEM

```
SCHALTER = AUS
führe aus solange SCHALTER = AUS
  LIES SCHALTER
Ende
LAMPE = EIN
VERZÖGERUNG 1
LAMPE = AUS
```

EIN und AUS müssen die entsprechenden Definitionen für den Schalter und die Lampe besitzen. Wir nehmen an, daß VERZÖGERUNG ein Modul ist, das eine Verzögerung ergibt, die durch seine Parameter in Sekunden gegeben ist.

Eine Anweisung in einem strukturierten Programm kann in Wirklichkeit ein Unterprogramm sein. Um jedoch den Regeln der strukturierten Programmierung gerecht zu werden, darf das Unterprogramm keine anderen Ausgänge haben, als den einen, der die Steuerung zum Hauptprogramm zurückgibt.

Da "Führe aus solange" die Bedigung vor Ausführung der Schleife prüft, setzen wir vor dem Start die Variable SCHALTER auf AUS. Die strukturierte Programmierung ist übersichtlich, lesbar und leicht von Hand zu überprüfen. Wir werden jedoch wahrscheinlich etwas mehr Speicher als bei einem unstrukturierten Programm benötigen, das nicht SCHALTER initialisieren müßte und die Lese- und Prüf-Verfahren miteinander kombinieren könnte.

Der Speicher-Lader mit Schaltern

Der Speicher-Lader mit Schaltern ist eine etwas komplexere Aufgabe für die strukturierte Programmierung. Wir können das Flußdiagramm von Bild 13-9 wie folgt darstellen (ein * zeigt ein Kommentar an):

STRUKTURIERTE PROGRAMMIERUNG DES SPEICHER-LADERS MIT SCHALTERN

```
*
*INITIALISIERE VARIABLE
*
HIADDRESS = 0
LOADDRESS = 0
*
*DIESES PROGRAMM VERWENDET EINEN "FÜHRE AUS SOLANGE"-
*AUFBAU OHNE BEDINGUNG
*(GENANNT EINFACH "FÜHRE IMMER AUS") DESHALB FÜHRT DAS SY-
*STEM KONTINUIERLICH DAS PROGRAMM AUS, DAS IN SEINER "FÜHRE
*AUS SOLANGE"-SCHLEIFE ENTHALTEN IST.
*
führe immer aus
*
*TESTE AUF HIADDRESS-TASTE, FÜHRE DIE ERFORDERLICHE VERAR-
*BEITUNG AUS, WENN SIE EIN IST.
*
        wenn HIADDRESSBUTTON = 1 dann beginne
            HIADDRESS = SCHALTER
            LAMPEN = SCHALTER
            VERZÖGERUNG (ENTPRELLZEIT)
            führe aus solange HIADDRESSBUTTON = 1
                VERZÖGERUNG (ENTPRELLZEIT)
            Ende
        Ende
*
```

```
*TESTE AUF LOADDRESS-TASTE, FÜHRE VERARBEITUNG DER NIEDRI-
*GEN ADRESSE AUS, WENN SIE AUF EIN IST.
*
   wenn LOADDRBUTTON = 1 dann beginne
      LOADDRESS = SCHALTER
      LAMPEN = SCHALTER
      VERZÖGERUNG (ENTPRELLZEIT)
      führe aus solange LOADDRBUTTON = 1
         VERZÖGERUNG (ENTPRELLZEIT)
      Ende
   Ende
*
*TESTE AUF DATEN-TASTE, UND SPEICHERE DATEN IN DEN SPEICHER,
*WENN SIE AUF EIN IST
*
   wenn DATEN-TASTE = 1 dann beginne
      DATEN = SCHALTER
      LAMPEN = SCHALTER
      (HIADDRESSLOADDRESS) = DATEN
      VERZÖGERUNG (ENTPRELLZEIT)
      führe aus solange DATEN-TASTE = 1
         VERZÖGERUNG (ENTPRELLZEIT)
      Ende
   Ende
*
*DAS OBIGE "ENDE" BEENDET DIE endlose SCHLEIFE
*
```

Strukturierte Programme sind nicht leicht zu schreiben, können jedoch einen guten Einblick in die gesamte Programmlogik geben. Sie können die Logik des strukturierten Programms von Hand prüfen, bevor Sie einen tatsächlichen Code schreiben.

Das Kredit-Verifikations-Terminal

STRUKTURIERTES PROGRAMM FÜR DAS KREDIT-VERIFIKATIONS-TERMINAL
STRUKTURIERTE TASTATUR-ROUTINE

Sehen wir uns die Tastatur-Eingabe für das Terminal an. Wir wollen annehmen, daß die Anzeige-Anordnung ENTRY ist, der Tastatur-Abtast-Impuls KEYSTROBE ist und die Tastatur-Daten KEYIN. Das strukturierte Programm ohne die Funktions-Tasten ist:

```
NKEYS = 10
*
*LÖSCHE ENTRY FÜR DEN START
*
   führe aus solange NKEYS > 0
      NKEYS = NKEYS -1
      ENTRY (NKEYS) = 0
   Ende
*
*HOLE EINE VOLLSTÄNDIGE EINGABE VON DER TASTATUR
*
   führe aus solange NKEYS < 10
      wenn KEYSTROBE = AKTIV dann beginne
         KEYSTROBE = INAKTIV
         ENTRY (NKEYS) = KEYIN
         NKEYS = NKEYS +1
      Ende
   Ende
```

Das Hinzufügen der SENDE-Taste bedeutet, daß das Programm zusätzliche Ziffern ignorieren muß, nachdem es eine vollständige Eingabe hat und die SENDE-Taste ignorieren muß, bis es eine vollständige Eingabe besitzt. Das strukturierte Programm lautet:

```
NKEYS = 10
*
*LÖSCHE EINGABE ZUM START
*
    führe aus solange NKEYS > 0
        NKEYS = NKEYS -1
        ENTRY (NKEYS) = 0
    Ende
*
*WARTE AUF VOLLSTÄNDIGE EINGABE GEFOLGT VON SENDE-TASTE
*
    führe aus solange KEY ≠ SENDE ODER NKEYS ≠ 10
        wenn KEYSTROBE = AKTIV dann beginne
            KEYSTROBE = INAKTIV
            KEY = KEYIN
*
*BEWAHRE ZIFFER AUF, WENN EINGABE NOCH NICHT VOLLSTÄNDIG IST
*
            wenn NKEYS ≠ 10 UND KEY ≠ SENDEN dann beginne
                ENTRY (NKEYS) E KEY
                NKEYS = NKEYS +1
            Ende
        Ende
    Ende
```

Beachten Sie die folgenden Eigenschaften dieses strukturierten Programmes:

1. Das zweite "wenn-dann" ist im ersten verschachtelt, da die Tasten nur eingegeben werden, nachdem der Abtast-Impuls erkannt wurde. Wenn sich das zweite "wenn-dann" auf der gleichen Ebene wie das erste befinden würde, könnte eine einzelne Taste die Eingabe füllen, da sein Wert in die Anordnung während jeder Wiederholung der "führe-aus-solange"-Schleife eingegeben werden könnte.

2. KEY muß anfangs nicht definiert werden, da NKEY auf null gesetzt wird, als Teil des Löschens der Eingabe.

Das Hinzufügen der CLEAR-Taste gestattet dem Programm das Löschen der Eingabe durch Simulieren eines Drückens von CLEAR, das heißt durch Setzen von NKEYS auf 10 und KEY auf CLEAR vor dem Start. Das strukturierte Programm muß auch nur Stellen löschen, die vorher gefüllt wurden. Das strukturierte Programm lautet:

```
*
*SIMULIERE VOLLSTÄNDIGES LÖSCHEN
*
NKEYS = 10
KEY = LÖSCHEN
*
WARTE AUF VOLLSTÄNDIGE EINGABE UND SENDE-TASTE
*
führe aus solange KEY ≠ SENDEN ODER NKEYS ≠ 10
*
*LÖSCHE GESAMTE EINGABE, WENN CLEAR-TASTE BETÄTIGT WIRD
```

```
*
   wenn KEY = CLEAR dann beginne
      KEY = 0
      führe aus solange NKEYS > 0
         NKEYS = NKEYS - 1
         ENTRY (NKEYS) = 0
      Ende
   Ende
*
*HOLE ZIFFER WENN EINGABE UNVOLLSTÄNDIG
*
   wenn KEYSTROBE = AKTIV dann beginne
      KEYSTROBE = INAKTIV
      KEY = KEYIN
      wenn KEY < 10 UND NKEYS ≠ 10 dann beginne
         ENTRY (NKEYS) = KEY
         NKEYS = NKEYS +1
      Ende
   Ende
Ende
```

Beachten Sie, daß das Programm KEY auf null, nach dem Löschen der Anordnung stellt, so daß die Operation nicht wiederholt wird.

STRUKTURIERTE EMPFANGS-ROUTINE

Wir können auf ähnliche Weise ein strukturiertes Programm für die Empfangs-Routine aufstellen. Ein anfängliches Programm könnte nur nach dem Nachrichten-Kopf und den Abschlußzeichen Ausschau halten. Wir wollen annehmen, daß das RSTB ein Indikator ist, der sagt, daß ein Zeichen bereit ist. Das strukturierte Programm lautet:

```
*
*LÖSCHE NACHRICHTENKOPF-FLAG ZUM START
*
HFLAG = 0
*
*WARTE AUF NACHRICHTENKOPF UND ABSCHLUSSZEICHEN
*
führe aus solange HFLAG = 0 ODER CHAR ≠ ABSCHLUSSZEICHEN
*
*HOLE ZEICHEN WENN BEREIT, HALTE AUSSCHAU NACH NACHRICHTEN-
*KOPF
*
   wenn RSTB = AKTIV dann beginne
      RSTB = INAKTIV
      CHAR = INPUT
      wenn CHAR = NACHRICHTENKOPF dann
         HFLAG = 1
   Ende
```

Nun können wir den Abschnitt hinzufügen, der die Adresse der Nachricht gegenüber den drei Ziffern der TERMINAL ADDRESS (TERMADDR) prüft. Wenn eine der entsprechenden Ziffern nicht gleich ist, dann wird das ADDRESS MATCH-Flag (ADDRMATCH) auf 1 gesetzt.

```
*
*LÖSCHE  HEADER-FLAG,  ADDRESS-MATCH-FLAG,  ADRESSENZÄHLER
*FÜR DEN START
*
```

```
HFLAG = 0
ADDRMATCH = 0
ADDRCTR = 0
*
*WARTE AUF NACHRICHTENKOPF, BESTIMMUNGSADRESSE UND AB-
*SCHLUSSZEICHEN
*
führe aus solange HFLAG = 0 ODER CHAR ≠ TRAILER ODER ADDRCTR ≠ 3
*
*HOLE ZEICHEN WENN BEREIT
*
   wenn RSTB = AKTIV dann beginne
      RSTB = INAKTIV
      CHAR = INPUT
   Ende
*
*PRÜFE AUF TERMINAL-ADRESSE UND HEADER
*
   wenn HFLAG = 1 UND ADDRCTR ≠ 3 dann
      wenn CHAR ≠ TERMADDR (ADDRCTR) dann beginne
      ADDRMATCH = 1
      ADDRCTR = ADDRCTR +1
   wenn CHAR = HEADER dann HFLAG = 1
   Ende
```

Das Programm muß nun auf einen Nachrichtenkopf warten, einen dreistelligen Identifikationscode und auf ein Abschlußzeichen. Sie müssen sehr sorgfältig beachten, was während der Wiederholung geschieht, wenn das Programm den Nachrichtenkopf findet und was geschieht, wenn ein fehlerhaftes Identifikations-Codezeichen gleich dem Abschlußzeichen ist.

Zusätzlich kann die Nachricht in MESSG gespeichert werden. NMESS ist die Anzahl der Zeichen in der Nachricht. Wenn sie am Ende nicht null ist, weiß das Programm, daß das Terminal eine gültige Nachricht empfangen hat. Wir haben nicht versucht, die Logik-Ausdrücke in diesem Programm auf ein Minimum zu reduzieren.

```
*
*LÖSCHE FLAGS, ZÄHLER ZUM START
*
HFLAG = 0
ADDRMATCH = 0
ADDRCTR = 0
NMESS = 0
*
*WARTE AUF HEADER, BESTIMMUNGSADRESSE UND ABSCHLUSS-
*ZEICHEN
*
führe aus solange HFLAG = 0 ODER CHAR ≠ TRAILER ODER ADDRCTR ≠ 3
*
*HOLE ZEICHEN WENN BEREIT
*
   wenn RSTB = AKTIV dann beginne
      RSTB = INAKTIV
      CHAR = INPUT
   Ende
*
*LIES NACHRICHT WENN BESTIMMUNGSADRESSE = TERMINAL-ADRESSE
```

```
*
   wenn HFLAG = 1 UND ADDRCRT = 3 dann
      wenn ADDRMATCH = 0 UND CHAR ≠ TRAILER dann beginne
         MESSG(NMESS) = CHAR
         NMESS = NMESS +1
   Ende
*
*PRÜFE AUF TERMINAL-ADRESSE
*
   wenn HFLAG = 1 UND ADDRCTR = 3 dann
      wenn CHAR ≠ TERMADDR(ADDRCTR) dann beginne
      ADDRMATCH = 1
      ADDRCTR = ADDRCTR +1
*
*HALTE NACH NACHRICHTENKOPF AUSSCHAU
*
   wenn CHAR = HEADER dann HFLAG = 1
Ende
```

Das Programm prüft nur auf dem Identifikations-Code, wenn es einen Nachrichtenkopf während einer vorhergehenden Wiederholung gefunden hat. Es nimmt die Nachrichten nur an, wenn es vorher einen Nachrichtenkopf und eine vollständige übereinstimmende Bestimmungs-Adresse gefunden hat. Das Programm muß während der Wiederholung ordnungsgemäß arbeiten, wenn es den Nachrichtenkopf, das Abschlußzeichen und die letzte Stelle der Bestimmungs-Adresse findet. Es darf nicht versuchen, den Nachrichtenkopf mit der Bestimmungs-Adresse in Übereinstimmung zu bringen oder das Abschlußzeichen oder die letzte Stelle der Bestimmungs-Adresse in die Nachricht zu plazieren. Sie könnten versuchen, den Rest der Logik vom Flußdiagramm (Bild 13-13) dem strukturierten Programm hinzuzufügen. Beachten Sie, daß die Reihenfolge der Operationen häufig kritisch ist. Sie müssen sichergehen, daß das Programm nicht eine Phase abschließt und die nächste während derselben Wiederholung beginnt.

ÜBERBLICK ÜBER DIE STRUKTURIERTE PROGRAMMIERUNG

Strukturierte Programmierung bringt zwangsläufig eine entsprechende Ordnung in die Programm-Entwicklung. Sie sind gezwungen, die Arten der von Ihnen verwendeten Strukturen zu begrenzen, sowie die Sequenz der Operationen. Sie liefert Strukturen mit Einzel-Eingang und Einzel-Ausgang, die Sie auf logische Genauigkeit prüfen können. Strukturierte Programmierung macht den Entwickler häufig auf Ungenauigkeiten oder mögliche Kombinationen von Eingaben aufmerksam. Strukturierte Programmierung ist kein Allheilmittel, bringt jedoch einige Ordnung in einen anderweitig verwirrenden Vorgang. Die strukturierte Programmierung sollte auch bei der Fehlersuche, beim Testen und Dokumentieren helfen.

Strukturierte Programmierung ist nicht einfach. Der Programmierer muß nicht nur die Aufgabe entsprechend definieren, er muß auch die Logik sorgfältig durcharbeiten. Dies ist mühsam und schwierig, kann jedoch ein klar geschriebenes und funktionierendes Programm ergeben.

BEGRENZER FÜR STRUKTUREN

Die speziellen Strukturen, die wir vorgestellt haben, sind nicht ideal, und sind häufig mühsam in der Anwendung. Zusätzlich kann es schwierig sein zu unterscheiden, wo eine Struktur endet und eine andere beginnt, speziell wenn sie verschachtelt sind. Theoretiker könnten bessere Strukturen in der Zukunft liefern, oder Entwickler könnten eigene hinzufügen. Irgendeine Art eines Abschlußzeichens für jede Struktur erscheint erforderlich, da ein Verzahnen nicht immer die Situation deutlicher macht. "Ende" ist ein logischen Abschlußzeichen für eine "Führe-aus-solange"-Schleife. Dies ist kein deutliches Abschlußzeichen, jedoch für die "wenn-dann-sonst" (if-then-else)-Anweisung haben einige Theoretiker "endif" oder "fi" ("if" umgedreht) vorgeschlagen, aber diese beiden sind unhandlich und tragen nicht zur Lesbarkeit der Programme bei.

REGELN FÜR STRUKTURIERTE PROGRAMMIERUNG

Wir schlagen folgende Regeln für die Anwendung strukturierter Programmierung vor.

1. Beginnen Sie mit dem Schreiben eines grundlegenden Flußdiagrammes, um die Logik in dem Programm zu definieren.
2. Beginnen Sie mit den Konstruktionen "wenn-dann-sonst" und "führe-aus-solange". Sie sind als kompletter Satz bekannt, das heißt, jedes Programm kann mit den Ausdrücken dieser Strukturen geschrieben werden.
3. Bringen Sie jede Ebene in einen gewissen Abstand von der vorhergehenden Ebene an, so daß Sie wissen, zu welchen entsprechenden Anweisungen sie gehören.
4. Verwenden Sie Abschlußzeichen für jede Struktur, z.B. "end" für die "führe-aus-solange" und "endif" oder "fi" für die "wenn-dann-sonst". Die Abschlußzeichen sowie die Trennung sollte die Programme angemessen klar machen.
5. Achten Sie auf Einfachheit und Lesbarkeit. Lassen Sie genügend Zwischenräume, verwenden Sie bedeutungsvolle Namen und machen Sie Ausdrücke so klar wie möglich. Versuchen Sie nicht die Logik auf Kosten der Klarheit zu minimisieren.
6. Kommentieren Sie das Programm ausführlich.
7. Prüfen Sie die Logik. Versuchen Sie alle extremen Fälle oder speziellen Bedingungen und einige Beispiele. Einen logischen Fehler, den Sie jetzt auffinden, wird Ihnen später viel Ärger ersparen.

"TOP-DOWN"-ENTWICKLUNG (Schrittweise Verfeinerung)

BOTTOM-UP-ENTWICKLUNG

Das verbleibende Problem besteht darin, die Module oder Strukturen zu prüfen und zusammenzusetzen. Sicher wollen wir, daß eine große Aufgabe in Unter-Aufgaben aufgeteilt wird. Aber wie prüfen wir die Unter-Aufgaben isoliert und bringen sie dann zusammen? Das Standard-Verfahren, genannt 'Bottom-up"-Entwicklung, benötigt zusätzliche Arbeit für das Testen und Fehlersuchen und läßt die gesamte Integrations-Aufgabe bis zum Schluß. Was wir benötigen, ist ein Verfahren, das das Testen und Fehlersuchen in der tatsächlichen Programm-Umgebung ermöglicht und die System-Integration in eine Reihe von modularen Aufgaben unterteilt.

TOP-DOWN-ENTWICKLUNGS-METHODEN

PROGRAMM-STÜMPFE

ERWEITERUNG VON PROGRAMM-STÜMPFEN

Dieses Verfahren ist das sogenannte Top-Down-Verfahren, das man im Deutschen am besten mit "schrittweiser Verfeinerung" bezeichnen könnte. Hier beginnen wir mit dem Schreiben eines Gesamt-Überwachungs-Programmes. Wir ersetzen die undefinierten Unterprogramme durch Programm-"Stümpfe" (stubs), Zwischenprogramme, die entweder die Eingabe aufzeichnen, die Antwort auf ein gewähltes Testprogramm liefern oder auch nichts ausführen. Wir testen dann das Überwachungsprogramm um festzustellen, ob seine Logik korrekt ist.

VORTEILE DER TOP-DOWN-ENTWICKLUNG

Wir setzen mit der Erweiterung der Stümpfe fort. Jeder Stumpf wird häufig Unter-Aufgaben enthalten, die wir zeitweilig als Stümpfe darstellen werden. Dieser Vorgang der Erweiterung, Fehlersuche und Testen wird fortgesetzt, bis alle Stümpfe durch ein funktionierendes Programm ersetzt werden. Beachten Sie, daß Testen und Zusammensetzung in jeder Ebene auftreten, statt alle am Ende. Es sind keine speziellen Treiber oder Datenerzeugungs-Programme erforderlich. Wir bekommen eine Vorstellung, wo wir uns genau innerhalb der Entwicklung befinden. Das Verfahren der schrittweisen Verfeinerung nimmt modulare Programmierung an und ist ebenfalls mit strukturierter Programmierung kompatibel.

Die Nachteile der schrittweisen Verfeinerung sind:

NACHTEILE DER SCHRITTWEISEN VERFEINERUNG

1. Die gesamte Entwicklung kann die System-Hardware wenig berücksichtigen.
2. Sie benützt nicht besonders gut die Vorteile existierender Software.
3. Ein geeigneter Stumpf kann schwierig zu schreiben sein, speziell wenn der gleiche Stumpf ordnungsgemäß an mehreren verschiedenen Stellen arbeiten muß.
4. Das Verfahren der schrittweisen Verfeinerung ergibt im allgemeinen keine besonders nützlichen Module.
5. Fehler in der obersten Ebene haben katastrophale Auswirkungen, während Fehler bei der Bottom-up-Entwicklung gewöhnlich auf spezielle Module beschränkt sind.

In großen Programmier-Vorhaben hat sich das Verfahren der schrittweisen Verfeinerung als große Verbesserung für die Produktivität des Programmierers erwiesen. Jedoch die meisten dieser Projekte haben auch die Bottom-up-Entwicklung in Fällen verwendet, in denen das Verfahren der schrittweisen Verfeinerung eine Menge zusätzlicher Arbeit ergeben hätte.

Die schrittweise Verfeinerung ist ein nützliches Hilfsmittel, das jedoch nicht bis ins Extrem verwendet werden sollte. Sie besitzt die gleichen Regeln für das Testen von Systemen und der Integration, wie die strukturierte Programmierung für die Modul-Entwicklung. Das Verfahren ist jedoch allgemeiner verwendbar, da es nicht wirklich die Verwendung programmierter Logik annimmt. Die schrittweise Verfeinerung ergibt nicht immer die effizienteste Ausführung.

BEISPIELE

Reaktion auf einen Schalter

SCHRITTWEISE VERFEINERUNG DES SCHALTER- UND LAMPENSYSTEMS

Das erste Beispiel für die strukturierte Programmierung demonstriert in Wirklichkeit ebenso die schrittweise Verfeinerung. Das Programm war:

```
SCHALTER = AUS
führe aus solange SCHALTER = AUS
   LIES SCHALTER
Ende
LAMPE = EIN
VERZÖGERUNG 1
LAMPE AUS
```

Die meisten dieser Anweisungen sind wirklich Stümpfe, da keine von ihnen voll definiert ist. Was bedeutet zum Beispiel LIES SCHALTER? Wenn der Schalter ein Bit des Eingangs-Ports SPORT ist, bedeutet es in Wirklichkeit

```
SCHALTER = SPORT UND SMASK
```

wobei SMASK ein "1"-Bit in der entsprechenden Position besitzt. Ähnlich bedeutet VERZÖGERUNG 1 tatsächlich (wenn der Prozessor selbst die Verzögerung liefert):

```
REG = COUNT
führe aus solange REG = 0
    REG = REG-1
Ende
```

COUNT (ZÄHLUNG) ist die entsprechende Zahl zur Lieferung eine Verzögerung von einer Sekunde. Die erweiterte Verion des Programmes ist:

```
SCHALTER = 0
führe aus solange SCHALTER = 0
    SCHALTER = SPORT AND MASK
Ende
LAMPE = EIN
REG = COUNT
führe aus während REG ≠ 0
    REG = REG –1
Ende
LAMPE = NICHT (LAMPE)
```

Sicher ist dieses Programm expliziter und könnte leichter in tatsächliche Befehle oder Anweisungen übersetzt werden.

Der Speicher-Lader mit Schaltern

ENTWICKLUNG MIT SCHRITTWEISER VERFEINERUNG DES SPEICHER-LADERS MIT SCHALTERN

Dieses Beispiel ist komplexer als das erste Beispiel, so daß wir systematisch vorgehen müssen. Hier enthält das strukturierte Programm wieder tatsächlich Stümpfe. Zum Beispiel, wenn die HIGH ADDRESS-Taste ein Bit des Eingangs-Ports CPORT ist, so bedeutet "wenn HIADDRBUTTON = 1" wirklich:

1. Gib von CPORT ein.
2. Komplementierte.
3. Logisch UNDiere mit HAMASK.

wobei HAMASK eine "1" in der entsprechenden Bit-Position besitzt und andernfalls Nullen. Ähnlich bedeutet die Bedingung "wenn DATABUTTON = 1" in Wirklichkeit:

1. Gib von CPORT ein.
2. Komplementiere.
3. UNDiere logisch mit DAMSK.

Daher könnten die anfänglichen Stümpfe den Tasten Werte zuweisen, zum Beispiel:

```
HIADDRBUTTON = 0
LOADDRBUTTON = 0
DATABUTTON = 0
```

Ein Ablauf des Überwachungsprogrammes sollte zeigen, daß es den hierin enthaltenen "dann (else)"-Weg durch die "if-then-else"-Strukturen nimmt und die Schalter niemals liest. Ähnlich, wenn der Stumpf

```
HIADDRBUTTON = 1
```

wäre, sollte das Überwachungsprogramm in der Schleife "führe aus solange HIADDRBUTTON = 1" warten, bis die Taste losgelassen wird. Dieser einfache Durchlauf prüft die gesamte Logik.

Nun können wir mit der Erweiterung jedes Stumpfes beginnen und sehen, ob die Erweiterung ein vernünftiges Gesamtresultat ergibt. Beachten Sie, wie Fehlersuche und Testen in einer einfachen und modularen Weise fortschreitet. Wir erweitern den Stumpf HIADDRBUTTON = 1 auf

LIES CPORT
HIADDRBUTTON = NICHT (CPORT) UND HAMASK

Das Programm sollte warten, bis die Taste HIGH ADDRESS geschlossen ist. Das Programm sollte dann die Werte der Schalter auf den Lampen anzeigen. Dieser Durchlauf prüft die richtige Reaktion auf die HIGH ADDRESS-Taste.

Wir erweitern dann das Tastenmodul LOW ADDRESS auf

LIES CPORT
HIADDRBUTTON = NICHT (CPORT) UND LAMASK

Mit der LOW ADDRESS-Taste in geschlossener Lage sollte das Programm die Werte der Schalter auf den Lampen anzeigen. Dieser Durchlauf prüft die richtige Reaktion auf die LOW ADDRESS-Taste.

Ähnlich können wir das Modul DATA-Taste erweitern und die richtige Reaktion auf diese Taste prüfen. Das gesamte Programm wurde dann auf systematische Weise geprüft.

Wenn allle Stümpfe erweitert wurden, so sind die Codier-, Fehlersuch- und Teststufen abgeschlossen. Natürlich müssen wir genau wissen, welche Ergebnisse jeder Stumpf erzeugen sollte. Zahlreiche logische Fehler werden jedoch bei jeder Ebene erkennbar werden, ohne irgend eine weitere Erweiterung.

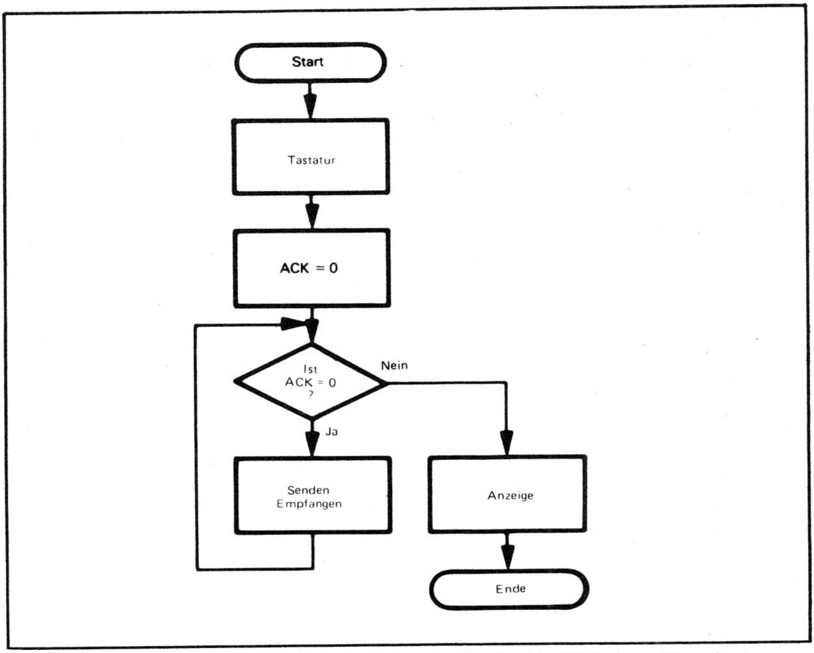

Bild 13-17. Anfängliches Flußdiagramm für das Verifizierungs-Terminal

Das Verifikations-Terminal

SCHRITTWEISE VERFEINERUNG DES VERIFIKATIONS-TERMINALS

Dieses Beispiel besitzt natürlich mehrere Detail-Ebenen. Wir könnten mit dem folgenden Programm beginnen (siehe Bild 13-17 für ein Flußdiagramm):

```
TASTATUR
ACK = 0
führe aus solange ACK = 0
    SENDEN
    EMPFANG
    Ende
ANZEIGE
```

Hier sind TASTATUR, SENDE, EMPFANGE und ANZEIGE Programmstümpfe, die später erweitert werden. TASTATUR zum Beispiel könnte einfach eine überprüfte zehnstellige Zahl in das entsprechende Puffer plazieren.

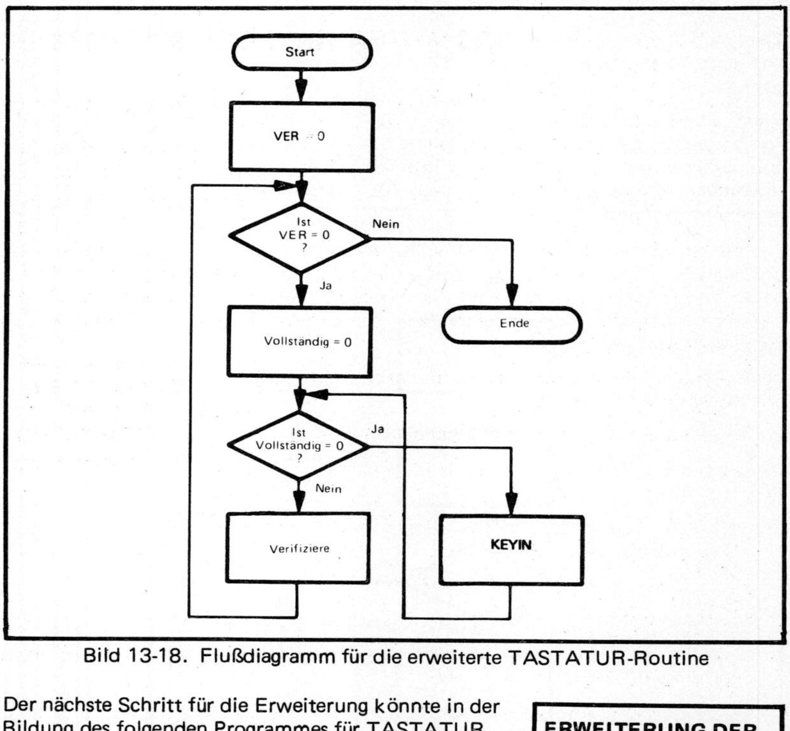

Bild 13-18. Flußdiagramm für die erweiterte TASTATUR-Routine

ERWEITERUNG DER TASTATUR-ROUTINE

Der nächste Schritt für die Erweiterung könnte in der Bildung des folgenden Programmes für TASTATUR (siehe Bild 13-18) sein:

```
VER = 0
führe aus solange VER = 0
    VERVOLLSTÄNDIGE = 0
führe aus während VERVOLLSTÄNDIGE = 0
    KEYIN
    KEYDS
```

Ende
ÜBERPRÜFE
Ende

Hier bedeutet VER = 0, daß eine Eingabe nicht verifiziert wurde. VERVOLLSTÄNDIGE (COMPLETE) = 0 bedeutet, daß diese Eingabe unvollständig ist. KEYIN und KEYDS sind die Tastatur-Eingabe- und Anzeige-Routinen. VERIFY prüft die Eingabe. Ein möglicher Stumpf für KEYIN würde einfach eine zufällige Eingabe (von einer Zufallszahlen-Tabelle- oder Generator) in den Puffer plazieren und COMPLETE auf 1 setzen.

Wir würden mit einer ähnlichen Erweiterung, Fehlersuche und Testen von SENDEN, EMPFANG und ANZEIGE fortsetzen. Beachten Sie, daß Sie jedes Programm um eine Ebene erweitern sollten, so daß Sie nicht die Zusammensetzung des ganzen Programmes auf einmal ausführen. Sie müssen selbst über die Definition der Ebene entscheiden. Zu kleine Schritte verschwenden Zeit, während ein zu großer Schritt Sie zu den Problemen der System-Integration zurückwirft, die die Entwicklung mit der schrittweisen Verfeinerung lösen sollte.

ÜBERBLICK ÜBER DAS VERFAHREN DER SCHRITTWEISEN VERFEINERUNG

Das Verfahren der schrittweisen Verfeinerung bringt Ordnung in die Test- und Integrations-Phasen der Programm-Entwicklung. Sie liefert ein systematisches Verfahren zur Erweiterung eines Flußdiagrammes oder der Aufgaben-Definition auf eine Ebene, die zum tatsächlichen Schreiben eines Programmes erforderlich ist. Zusammen mit strukturierter Programmierung bilden sie ein vollständiges Entwicklungs-Verfahren.

Wie die strukturierte Programmierung, ist auch das Verfahren mit der schrittweisen Verfeinerung nicht einfach. Der Entwickler muß die Aufgabe sorgfältig definiert haben und sich systematisch durch die Ebenen arbeiten. Hier erscheint die Methode wieder mühsam, aber der Vorteil kann erheblich sein, wenn der Entwickler tatsächlich diesen Regeln folgt.

FORMAT DER TOP-DOWN-ENTWICKLUNG

Wir empfehlen die folgende Lösung für das Verfahren der schrittweisen Verfeinerung:

1. Beginnen Sie mit einem grundlegenden Flußdiagramm.
2. Machen Sie die Stümpfe so vollständig und so getrennt wie möglich.
3. Definieren Sie genau alle Ergebnisse jedes Stumpfes und wählen Sie die entsprechenden Test-Verfahren.
4. Prüfen Sie jede Ebene sorgfältig und systematisch.
5. Verwenden Sie die Strukturen der strukturierten Programmierung.
6. Erweitern Sie jeden Stumpf um eine Ebene. Versuchen Sie nicht zu viel in einem Schritt auszuführen.
7. Achten Sie sorgfältig auf gemeinsame Aufgaben und Datenstrukturen.
8. Testen Sie und suchen Sie die Fehler nach jeder Struktur-Erweiterung. Versuchen Sie nicht eine ganze Ebene auf einmal auszuführen.
9. Achten Sie darauf, was die Hardware ausführen kann. Scheuen Sie sich nicht zu stoppen und auch eine kleine "Bottom-up"-Entwicklung auszuführen, wenn diese erforderlich ist.

ÜBERBLICK ÜBER DIE AUFGABEN-DEFINITION UND PROGRAMM-ENTWICKLUNG

Sie sollten beachten, daß wir ein ganzes Kapitel aufwendeten, ohne irgendeinen speziellen Mikroprozessor oder Assemblersprache erwähnt zu haben, und ohne das Schreiben einer einzigen Zeile eines tatsächlichen Codes. Hoffentlich wissen Sie nun etwas mehr über die Beispiele, als wenn wir von Ihnen am Anfang verlangt hätten, Programme zu schreiben. Obwohl wir häufig glauben, daß das Schreiben von Computerbefehlen der wesentliche Teil der Software-Entwicklung ist, ist es nur eine der leichtesten Stufen.
Sobald Sie einige Programme geschrieben haben, wird die Stufe des Codierens sehr einfach werden. Sie werden bald den Befehlssatz lernen, erkennen welche Befehle wirklich nützlich sind und werden dann finden, daß andere Stufen der Software-Entwicklung schwierig bleiben und weniger klare Regeln besitzen.

Wir haben hier einige Wege vorgeschlagen, um diese wichtigen frühen Stufen in ein System zu bringen. In der Stufe der Aufgaben-Definition mußten Sie alle Eigenschaften des Systems definieren, seine Eingangs- und Ausgangs-Signale, Verarbeitung, Zeit- und Speicher-Beschränkungen und die Handhabung von Fehlern. Sie mußten besonders überlegen, wie das System mit größeren Systemen zusammenarbeitet, von dem es ein Teil ist und ob das größere System elektrische Geräte, mechanische Geräte oder einen Menschen als Bedienenden umfaßt. Sie müssen in dieser Stufe mit den Überlegungen beginnen, wie Sie das System leicht zu bedienen und zu warten machen.

In der Stufe der Programm-Entwicklung können Ihnen verschiedene Techniken helfen, systematisch die Logik Ihres Programmes zu spezifizieren und zu dokumentieren. Modulare Programmierung zwingt Sie zur Aufteilung des gesamten Programmes in kleine abgegrenzte Module. Strukturierte Programmierung ermöglicht eine systematischen Weg zur Definition der Logik derartiger Module, während die Entwicklung mit schrittweiser Verfeinerung ein systematisches Verfahren zur Zusammensetzung und Testen dieser ist. Natürlich kann Sie niemand zwingen, alle diese Verfahren zu verwenden. Sie sind in der Tat mehr als Richtlinien gedacht. Aber sie ermöglichen eine einheitliche Lösung für die Definitions- und Entwicklungs-Stufen und Sie sollten sie als eine Basis für die Entwicklung Ihrer eigenen Lösung betrachten.

LITERATUR

1. Hughes, J.L. and J.I. Michtom, ***A Structured Approach to Programming***. Prentice-Hall, Englewood Cliffs, N.J., 1977.
2. Ulrickson, R.W., "Software Modules are the Building Blocks", ***Electronic Design***, February 1, 1977, pp. 62-66.
3. Ulrickson, R.W., "Solve Software Problems Step-by-Step", ***Electronic Design***, January 18, 1977, pp. 54-58.
4. Yourdon, E.U., ***Techniques of Program Structure and Design***, Prentice-Hall, Englewood Cliffs, N.J., 1975.
5. Parnas, D.L., "On the Criteria to be Used in Decomposing Systems into Modules", ***Communications of the ACM***, December 1972, pp. 1053-1058.
6. Parnas, D.L., "A Technique for Software Module Specifications with Examples", ***Communications of the ACM***. May 1972, pp. 330-336.
7. Wirth, N., ***Systematic Programming: An Introduction***. Prentice-Hall, Englewood Cliffs. N.J., 1973.
8. Heubauch, F., "Strukturierte Programmierung auch bei Mikrocomputern, Elektronik 1977, Heft 10, Seite 113 bis 118.

KAPITEL 14
FEHLERSUCHE UND TESTEN

Wie wir am Beginn des vorhergehenden Kapitels festgestellt haben, gehören Fehlersuche und Testen zu den zeitraubendsten Stufen der Software-Entwicklung. Obwohl Verfahren wie modulare Programmierung, strukturierte Programmierung und Entwicklung mit schrittweiser Verfeinerung die Programme vereinfachen und die Häufigkeit von Fehlern verringern kann, sind Fehlersuche und Testen noch immer schwierig, da sie so schlecht zu definieren sind. Die Auswahl einer ausreichenden Anzahl von Testdaten ist ebenfalls selten ein klarer oder wissenschaftlicher Vorgang. Das Finden von Fehlern erscheint häufig als reines Glücksspiel. Es gibt wenige Aufgaben, die manchmal so frustierend sein können, wie das Suchen von Fehlern in Programmen.

Dieses Kapitel wird zuerst die verfügbaren Hilfsmittel bei der Fehlersuche beschreiben. Es werden dann grundlegende Fehlersuch-Verfahren beschrieben. Es werden dann grundlegende Fehlersuch-Verfahren besprochen, die häufigsten Arten von Fehlern beschrieben und einige Beispiele für Fehlersuche in Programmen vorgestellt. Im letzten Abschnitt wird beschrieben, wie Testdaten und Testprogramme auszuwählen sind.

Wir können nicht mehr tun, als den Zweck der meisten Fehlersuch-Hilfsmittel zu beschreiben. In diesem Bereich gibt es kaum eine Standardisierung und es ist nicht möglich, alle momentan verfügbaren Bausteine und Programme zu besprechen. Die Beispiele sollten Ihnen eine Vorstellung von der Anwendung, den Vorteilen und den Grenzen spezieller Hardware- oder Software-Hilfsmittel geben.

Einfache Fehlersuch-Hilfsmittel

Die einfachsten Hilfsmittel für das Aufsuchen von Fehlern sind:

- Eine Einzelschritt-Einrichtung
- Eine Haltepunkt-Einrichtung
- Ein Programm für einen Register-Auszug
- Ein Programm für einen Speicher-Auszug

EINZEL-SCHRITT

Die Einzelschritt-Einrichtung gestattet Ihnen, das Programm schrittweise, jeweils einen Taktzyklus, zu durchlaufen. Nur einige auf dem 6800 basierende Mikrocomputer besitzen diese Möglichkeit, da die Schaltung verhältnismäßig komplex ist. Natürlich sind die einzigen sichtbaren Dinge, wenn der Computer einen Einzelschritt ausführt, die Zustände der von Ihnen überwachten Ausgangsleitungen. Die wichtigsten Leitungen sind:

- Datenbus
- Adressenbus
- VMA und READ/$\overline{\text{WRITE}}$-Signal

Wenn Sie diese Leitungen (entweder in Hardware oder in Software) überwachen, so werden Sie die jeweiligen Adressen, Befehle und Daten bei Ausführung des Programmes sehen können. Sie werden imstande sein zu sagen, welche Art von Operationen die CPU ausführt. Diese Informationen sind ausreichend, um Sie über Fehler, wie falsche Sprungbefehle, ausgelassene oder falsche Adressen, fehlerhafte Operationscodes oder falsche Datenwerte zu unterrichten. Sie können jedoch nicht den Inhalt der Register und Flags erkennen, ohne einige zusätzliche Fehlersuch-Möglichkeiten oder ohne einer speziellen Sequenz von Befehlen. Zahlreiche Operationen des Programmes können nicht unmittelbar geprüft werden.

GRENZEN DES EINZELSCHRITT-VERFAHRENS

Es gibt zahlreiche Fehler, die Sie mit dem Einzelschritt-Verfahren nicht auffinden können. Dies sind Fehler in der zeitlichen Steuerung und Fehler in den Unterbrechungs- oder DMA-Systemen. Ferner ist das Einzelschritt-Verfahren sehr langsam, wobei ein Programm mit einer Geschwindigkeit ausgeführt wird, die etwa ein Millionstel der Geschwindigkeit des Prozessors beträgt. Wenn Sie daher nur eine Sekunde der echten Prozessorzeit in Einzelschritten durchlaufen, würde dies mehr als zehn Tage dauern. Das Einzelschritt-Verfahren ist nur dann nützlich, wenn kurze Befehls-Sequenzen zu überprüfen sind.

HALTEPUNKT

Ein Haltepunkt ist eine Stelle, bei der das Programm automatisch halten oder warten wird, so daß der Anwender den momentanen Status des Systems prüfen kann. Das Programm wird gewöhnlich nicht neuerlich starten, bis der Operator den Haltepunkt löscht. Der Haltepunkt gestattet Ihnen, einen ganzen Abschnitt eines Programmes zu überprüfen. Wenn Sie daher feststellen wollen, ob eine Start-Routine korrekt ist, können Sie einen Haltepunkt am Ende dieser plazieren und das Programm ablaufen lassen. Sie können dann Speicherplätze und Register prüfen um festzustellen, ob der gesamte Abschnitt richtig arbeitet. Beachten Sie jedoch, daß falls der Abschnitt nicht in Ordnung ist, Sie trotzdem den Fehler noch aufsuchen müssen, entweder mit früheren Haltepunkten oder mit dem Einzelschritt-Verfahren.

Haltepunkte ergänzen das Einzelschritt-Verfahren. Sie können Haltepunkte verwenden, entweder um den Fehler zu lokalisieren oder Abschnitt zu durchlaufen von denen Sie wissen, daß sie korrekt sind. Dann können Sie die detaillierte Fehlersuche mit dem Einzelschritt-Verfahren ausführen. Beachten Sie, daß Haltepunkte die zeitliche Steuerung des Programmes nicht beeinflussen, sie können daher zum Prüfen von Eingabe/Ausgabe und Unterbrechungen eingesetzt werden.

SWI ALS HALTEPUNKT

Haltepunkte verwenden häufig einen Teil oder das gesamte Mikroprozessor-Unterbrechungssystem. Der 6800 besitzt einen speziellen Software-Unterbrechungsbefehl, der als Haltepunkt dienen kann. Wenn Sie nicht bereits die maskierbare Unterbrechung ($\overline{IRQ}$) und die nicht-maskierbare Unterbrechung ($\overline{NMI}$) in Ihrem Programm verwenden, so lassen sich diese Vektoren als extern gesteuerte Haltepunkte verwenden. Tabelle 14-1 zeigt die Bestimmungs-Adressen für die verschiedenen Vektoren. Kapitel 12 beschreibt die Vektoren detaillierter. Die Haltepunkt-Routine kann den Inhalt von Registern und Speichern ausdrucken oder einfach warten (durch Ausführung eines bedingten Sprunges, abhängig von einer Schalter-Eingabe), bis der Anwender dem Computer gestattet, das Programm fortzusetzen. Aber erinnern Sie sich daran, daß die Unterbrechungen (einschließlich SWI) den Stapel und den Stapelzeiger verwenden, um die Rückkehr-Adresse und den Register-Inhalt zu speichern. Bild 14-1 zeigt eine Routine, in der SWI in einer endlosen Schleife resultiert. Der Programmierer hätte diesen Haltepunkt mit einm Reset- oder Unterbrechungs-Signal zu löschen.

Eine leistungsfähigere Möglichkeit würde dem Anwender gestatten, eine Adresse einzugeben, zu der der Prozessor die Steuerung überträgt. Eine weitere Möglichkeit wäre eine Rückkehr, abhängig von einem Schalter, das heißt,

```
        ORG    $FFFA    SOFTWARE-UNTERBRECHUNGS-HALTE-
                        PUNKT
BRKPT   TST    PIADRA   WARTEN AUF SCHLIESSEN DES SCHAL-
                        TERS
        BPL    BRKPT
        RTI    PIA
```

Natürlich könnten auch andere PIA-Daten- oder Steuerleitungen verwendet werden.

Erinnern Sie sich daran, daß RTI automatisch die Unterbrechungen wieder freigibt. Wenn eine Unterbrechung von einem PIA kommt, wird ein Befehl die entsprechenden Datenregister zu lesen und das Unterbrechungs-Statusbit zu löschen haben.

Eingang	Vektoren Adressen (Hex)
IRQ	FFF8, FFF9
SWI	FFFA, FFFB
NMI	FFFC, FFFD
RESET	FFFE, FFFF

Tabelle 14.1. 6800 Unterbrechungsvektoren

```
        ORG    $FFFA   SOFTWARE-UNTERBRECHUNGS-HALTEPUNKT
BRKPT   BRA    BRKPT   WARTE AN DIESER STELLE
```

Bild 14-1. Eine einfache Haltepunkt-Routine

REGISTER-AUSZUG

Die Möglichkeit für einen Register-Auszug in einem Mikrocomputer ist ein Programm, das den Inhalt aller CPU-Register auflistet. Diese Information ist gewöhnlich nicht direkt erhältlich. Die folgende Routine wird den Inhalt aller Register ausdrucken, wenn wir annehmen, daß PRNT den Inhalt des Akkumulators A in Form zweier hexadezimaler Ziffern ausdruckt. Bild 14-2 ist ein Flußdiagramm des Programmes und Bild 14-3 zeigt ein typisches Ergebnis. Dieses Programm nimmt an, daß eine Unterbrechung oder SWI alle Register in den Stapel gespeichert hat.

```
*
*VERWENDE STAPELZEIGER ALS STARTADRESSE
*
        LDAB    #7          ANZAHL DER BYTES = 7
        TSX                 HOLE ANFANG DER REGISTER-
                            SPEICHERUNG
*
*DRUCKE INHALT DER REGISTER AUS
*DIE REIHENFOLGE IST: BEDINGUNGSCODES, B, A, X (HIGH), X (LOW),
*PC (HIGH), PC (LOW)
*
PRN1    LDAA    X           HOLE EIN BYTE VOM STAPEL
        JSR     PRNT        UND DRUCKE ES
        INX
        DECB
        BNE     PRN1
*
*DRUCKE STAPELZEIGER – HIGH, LOW
*
        DEX
        STX     TEMP        BRINGE STAPELZEIGER ZUM SPEICHER
        LDAA    TEMP        DRUCKE MSBS DES ZEIGERS
        JSR     PRNT
        LDAA    TEMP +1     DRUCKE LSBS DES ZEIGERS
        JSR     PRNT
        RTI
```

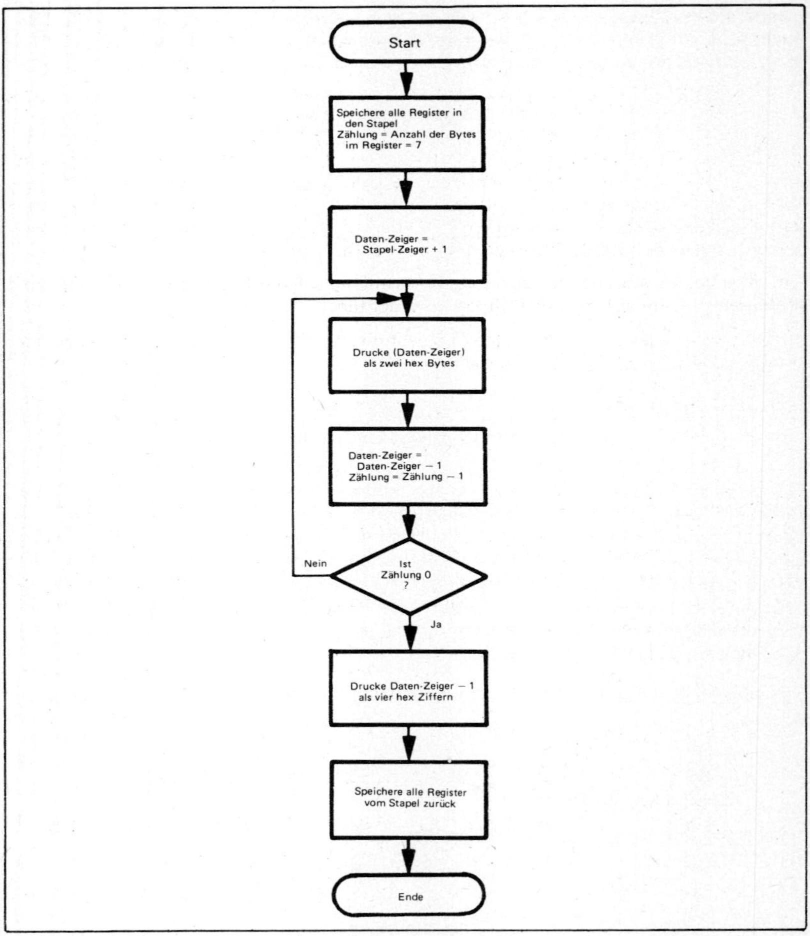

Bild 14-2. Flußdiagramm für Registerauszugs-Programm

D8	(CCR)
05	(B)
03	(A)
27	(IXH)
1F	(IXL)
C5	(PCH)
06	(PCL)
01	(SPH)
70	(SPL)

Bild 14-3. Ergebnisse eines typischen Register-Auszugs (6800)

SPEICHER-AUSZUG

Ein Speicher-Auszug ist ein Programm, das den Inhalt des Speichers auf einem Ausgabegerät (wie etwa einem Drucker) auflistet. Dies ist ein wesentlich effizienterer Weg zur Prüfung von Daten-Anordnungen oder des gesamten Programmes, als nur das Untersuchen einzelner Stellen. Es sind jedoch sehr große Speicher-Auszüge nicht sehr nützlich (außer um eine Menge Schmierzettel zu liefern) infolge ihrer großen Menge von Informationen. Auf einem langsamen Drucker kann die Ausführung auch verhältnismäßig lange dauern. Kleine Speicher-Auszüge können jedoch dem Programmierer eine vernünftige Menge von Informationen liefern, die er noch ohne weiteres prüfen kann. Beziehungen, wie regelmäßige Wiederholung von Datenmustern oder Versetzungen ganzer Anordnungen werden hierbei offensichtlich.

Ein allgemeiner Auszug ist häufig verhältnismäßig schwierig zu schreiben. Der Programmierer sollte auf folgende Situationen achten:

1. Die Größe des Speicherbereichs überschreitet 256 Bytes, so daß ein einzelner 8-Bit-Zähler nicht ausreichend sein wird.
2. Der Abschluß-Speicherplatz ist eine Adresse, die kleiner ist als der Start-Speicherplatz. Dies sollte als Fehler behandelt werden, da der Anwender selten wünschen wird, den gesamten Speicher-Inhalt in einer ungewöhnlichen Reihenfolge auszudrucken.

Da die Geschwindigkeit des Speicher-Auszuges gewöhnlich abhängig von der Geschwindigkeit des Ausgabegerätes ist, ist die Effizienz der Routine selten von Bedeutung. Das folgende Programm wird Fälle zurückweisen, bei denen die Start-Adresse größer als die End-Adresse ist und wird Blöcke beliebiger Länge handhaben. Wir nehmen an, daß die Start-Adresse im Indexregister liegt und die End-Adresse in den Speicherplätzen LASTAD und LASTAD+1.

```
*
*SCHAUE AUF DAS ENDE VOR DEM START
*
        STX     STRTAD     BEWAHRE STARTADRESSE AUF
        LDAA    STRTAD
        CMPA    LASTAD     LIEGT STARTADRESSE OBERHALB DER
                           ENDADRESSE?
        BHI     DONE       JA,WEITER
        BNE     DUMP       OKAY,WENN STARTADRESSE DARUNTER
                           LIEGT
        LDAA    STRTAD +1  WENN MSBS GLEICH' SCHAUE AUF LSBS
        CMPA    LASTAD +1
        BHI     DONE       WEITER,WENN STARTADRESSE GRÖSSER
                           IST
*
*DRUCKE INHALT VON 1 SPEICHERSTELLE
*
DUMP    LDAA    X          HOLE EINE SPEICHERSTELLE
        JSR     PRNT       UND DRUCKE SIE
        CPX     LASTAD     ENDADRESSE ERREICHT?
        BEQ     DONE       JA,ERLEDIGT
        INX
        BRA     DUMP
DONE    SWI
```

Erinnern Sie sich daran, daß der CPX-Befehl Z dann und nur dann setzt, wenn die beiden 16-Bit-Zahlen gleich sind. CPX beeinflußt C jedoch überhaupt nicht und bestimmt N nur aus der Subtraktion der höchstwertigen Bytes.

1000	23	1F	60	54	37	28	3E	00
1008	6E	42	38	17	59	44	98	37
1010	47	36	23	81	E1	FF	FF	5A
1018	34	ED	BC	AF	FE	FF	27	02

Bild 14-4. Ergebnisse eines typischen Speicher-Auszugs

Bild 14-4 zeigt den Ausdruck eines Auszugs der Speicherplätze 1000 bis 101F.

Diese Routine arbeitet ordnungsgemäß in dem Fall, bei dem Start- und End-Speicherplätze gleich sind. Der Anwender wird die Ergebnisse sorgfältig zu interpretieren haben, wenn der Bereich des Auszuges den Stapel beinhaltet, da das Auszugs-Unterprogramm selbst den Stapel verwendet. PRNT kann auch Speicherplätze ändern.

Fortschrittlichere Fehlersuch-Hilfsmittel

Die fortschrittlichsten Hilfsmittel für die Fehlersuche, die am meisten verwendet werden sind:

- Simulatorprogramme zum Prüfen der Software
- Logik-Analysatoren zum Prüfen der Signale und der zeitlichen Steuerung

Von diesen beiden Hilfsmitteln existieren zahlreiche Varianten und wir werden nur die Standard-Eigenschaften besprechen.

SOFTWARE-SIMULATOR

Der Simulator stellt das Computer-Äquivalent des "Bleistift- und Papier-Verfahrens" dar. Es handelt sich um ein Computerprogramm, das den Arbeitszyklus eines anderen Computers durchläuft, wobei es den Inhalt aller Register, Flags und Speicherplätze verfolgt. Wir könnten dies natürlich manuell ausführen, was jedoch sehr mühsam wäre und eine sorgfältige Beobachtung des Einflusses jedes Befehls voraussetzen würde. Das Simulatorprogramm dagegen wird niemals müde oder verwirrt, und vergißt keinen Befehl oder Register.

Die meisten Simulatoren sind große FORTRAN-Programme. Sie können gekauft oder auf Time-Sharing-Diensten verwendet werden. Der 6800 Simulator ist in zahlreichen Versionen von verschiedenen Lieferanten erhältlich.

Typische Simulator-Eigenschaften sind:

1. Eine Haltepunkt-Möglichkeit. Gewöhnlich können Haltepunkte gesetzt werden, nachdem eine bestimmte Anzahl von Zyklen ausgeführt wurde, wenn auf einen Speicherplatz oder einen Satz von Speicherplätzen Bezug genommen wurde, wenn der Inhalt eines Speicherplatzes oder einer Anzahl von Speicherplätzen geändert wurde oder bei anderen Bedingungen.
2. Die Möglichkeit für Register- und Speicher-Auszüge, die die Werte der Speicherplätze, Register und E/A-Ports anzeigen.
3. Eine Suchmöglichkeit, die den Inhalt spezieller Register oder Speicherplätze ausdruckt, wann immer das Programm diese ändert oder verwendet.
4. Eine Lade-Möglichkeit, die Ihnen das Setzen von Anfangswerten oder deren Änderung während der Simulation gestattet.

Einige Simulatoren können auch Eingaben/Ausgaben, Unterbrechungen und sogar DMA simulieren.

Das Simulator-Programm besitzt zahlreiche Vorteile:

1. Es kann eine vollständige Beschreibung des Computer-Status liefern, da das Simulator-Programm nicht durch Anschlußprobleme oder andere physikalische Probleme eingeschränkt ist.

2. Es kann Haltepunkte, Auszüge, Tracer (Ablaufverfolger) und andere Möglichkeiten liefern, ohne irgendeinen Teil des Speichers oder Steuersystems des Prozessors zu verwenden. Diese Möglichkeiten werden daher das Anwenderprogramm nicht stören.

3. Programme, Startpunkte und andere Bedingungen sind leicht zu ändern.

4. Alle Möglichkeiten eines großen Computers, einschließlich peripherer Geräte und Software sind für den Mikroprozessor-Entwickler verfügbar.

Andererseits ist das Simulator-Programm durch seine Software-Grundlage und seine Trennung vom realen Mikrocomputer begrenzt. Die wesentlichsten Grenzen sind:

1. Das Simulator-Programm kann nicht bei zeitlichen Steuerproblemen helfen, da es wesentlich langsamer als in Echtzeit arbeitet und keine tatsächliche Hardware oder Interfaces schafft.

2. Das Simulator-Programm kann das Eingabe/Ausgabe-System nicht voll ersetzen.

3. Das Simulator-Programm ist gewöhnlich verhältnismäßig langsam. Die Wiedergabe einer Sekunde echter Prozessorzeit kann Stunden von Computerzeit erfordern. Die Verwendung des Simulators kann ziemlich aufwenig werden.

Das Simulator-Programm stellt die Software-Seite der Fehlersuche dar. Es besitzt die typischen Vorteile und Grenzen der gesamten Software-Lösung. Das Simulator-Programm kann einen Einblick in die Programmlogik und andere Software-Probleme geben, kann jedoch nicht bei der zeitlichen Steuerung, E/A- und anderen Hardware-Problemen helfen.

LOGIK-ANALYSATOR

Der Logik- oder Mikroprozessor-Analysator ist das Hardware-Lösung für die Fehlersuche. Grundlegend ist der Analysator die parallele digitale Version des Standard-Oszillografen. Der Analysator stellt Informationen in binär, hexadezimal oder Mnemonik-Form auf einer Kathodenstrahlröhre dar, und besitzt eine Vielzahl von Trigger-Möglichkeiten, Schwellwert-Einstellungen und Eingängen. Die meisten Analysatoren besitzen einen Speicher, so daß sie auch den vorhergehenden Inhalt der Busse darstellen können.

Das Standard-Verfahren besteht im Einstellen der Triggerung auf ein bestimmtes Ereignis, etwa dem Auftreten einer bestimmten Adresse auf dem Adressenbus oder eines Befehls auf dem Datenbus. Man könnte zum Beispiel den Analysator triggern, wenn der Mikrocomputer versucht, Daten in eine bestimmte Adresse zu speichern oder einen Eingabe- oder Ausgabebefehl ausführt. Man kann sich dann die Folge der Vorgänge ansehen, die vor dem Haltepunkt auftreten. Übliche Probleme, die man auf diese Weise finden kann, sind kurze Spannungsspitzen (glitches), falsche Signal-Sequenzen, überlappende Impulse und andere Fehler in den zeitlichen Steuersignalen. Natürlich könnte ein Software-Simulator nicht zur Feststellung derartiger Fehler verwendet werden, ebensowenig wie ein Logik-Analysator zum Aufsuchen von Fehlern in der Programmlogik dienlich wäre.

Logik-Analysatoren variieren in zahlreichen Punkten. Einige hiervon sind:

WICHTIGE EIGENSCHAFTEN VON LOGIK-ANALYSATOREN

1. Anzahl der Eingangsleitungen. Zur Überwachung eines 8-Bit-Datenbusses und eines 16-Bit-Adressenbusses sind wenigstens 24 hiervon erforderlich. Weitere werden für die Steuersignale, Takt und andere wichtige Eingang-Signale benötigt.
2. Größe des Speichers. Jeder vorausgehende Zustand, der aufbewahrt werden soll, wird mehrere Bytes belegen.
3. Maximale Frequenz. Sie muß mehrere MHz betragen, um auch die schnellsten Prozessoren untersuchen zu können.
4. Minimale Signalbreite (wichtig für das Aufspüren von Spannungsspitzen).
5. Art und Anzahl der zulässigen Trigger-Vorgänge. Wichtige Eigenschaften sind Vor- und Nach-Triggerverzögerungen. Diese gestatten dem Anwender die Anzeige von Vorgängen, die vor oder nach dem Trigger-Ereignis auftreten.
6. Verfahren zur Verbindung mit dem Mikrocomputer. Diese können ziemlich komplexe Interfaces erfordern.
7. Anzahl der Anzeigekanäle.
8. Binäre, hexadezimale oder mnemonische Anzeigen.
9. Anzeigeformate.
10. Anforderungen an die Dauer der Aufbewahrung des Signals.
11. Kapazität der Tastköpfe.
12. Einfache oder doppelte Ansprech-Schwellen.

Alle diese Faktoren sind wichtig beim Vergleich verschiedener Logik- und Mikroprozessor-Analysatoren, da diese Instrumente noch neu und nicht standardisiert sind. Eine verwirrende Vielfalt von Produkten ist bereits erhältlich, und diese Vielfalt wird in Zukunft noch zunehmen.

Logik-Analysatoren sind natürlich nur für Systeme mit komplexer zeitlicher Steuerung erforderlich. Einfache Anwendungen mit langsamen peripheren Geräten besitzen wenig Hardware-Probleme, die der Entwickler nicht mit einem Standard-Oszillografen lösen könnte. Für weitere Informationen Bezüglich Logik-Analysatoren siehe:

R.L. Down, "Understanding Logic Analyzers", ***Computer Design***, June 1977, pp. 188-191

W.A. Farnbach, "Bring up Your P", ***Electronic Design***, July 10, 1976, pp. 80-85

B. Farly, "Logic Analyzers Aren't All Alike", ***Electronic Design***, Feb. 1, 1978, pp. 70-76

K. Pines, "What Do Logic Analyzers Do?", ***Digital Design***, September 1977, pp. 55-77

N.A. Robin, "The Logic Analyzer: A Computer Troubleshooting Tool", ***Computer Design***, March 1976, pp. 89-96

S. Runyon, "Focus on Logic and μP Analyzers", ***Electronic Design***, February 1, 1977, pp. 40-50

A. Santoni, "The Latest Logic Analyzers Offer More Functions and Less Cost", ***Electronic Design***, Feb. 1, 1978, pp. 26-32

Fehlersuche mit Prüflisten

Der Entwickler kann möglicherweise nicht ein gesamtes Programm manuell überprüfen. Es gibt jedoch bestimmte Schwerpunkte, die vom Entwickler leicht untersucht werden können. Sie können ein systematisches manuelles Suchen verwenden, um eine große Anzahl von Fehlern aufzufinden, ohne hierzu irgendwelche Fehlersuch-Hilfsmittel zu benötigen.

WAS ENTHÄLT EINE CHECKLISTE

Die Frage ist, wo die größten Anstrengungen zu machen sind. Die Antwort lautet, an Punkten, die entweder mit einer Ja-Nein-Aussage oder mit einer einfachen arithmetischen Berechnung behandelt werden können. Versuchen Sie nicht, komplexe arithmetische Berechnungen auszuführen, die Flags zu verfolgen oder jeden möglichen Fall zu untersuchen. Beschränken Sie Ihre Überprüfungen auf Gebiete, die leicht zu überblicken sind. Lösen Sie die komplexen Probleme mit Hilfe verschiedener Fehlersuch-Hilfsmittel. Gehen Sie jedoch systematisch vor. Stellen Sie sich Ihre Checkliste auf und vergewissern Sie sich, daß das Programm die grundlegenden Operationen korrekt ausführt.

Der erste Schritt besteht im Vergleichen des Flußdiagramms oder des strukturierten Programmes mit dem tatsächlichen Code. Vergewissern Sie sich, daß alles was in einem hiervon aufscheint auch im anderen zu finden ist. Eine einfache Checkliste wird diese Aufgabe erfüllen. Es kann sehr leicht vorkommen, daß man eine Verzweigung oder einen Verarbeitungsabschnitt vollkommen übersieht.

Als nächstes konzentrieren Sie sich auf die Programmschleifen. Vergewissern Sie sich, daß alle Register und Speicherplätze innerhalb der Schleifen vor deren Verwendung initialisiert wurden. Dies ist eine häufige Fehlerquelle. Wiederum wird eine einfache Checkliste ausreichen.

Nun sehen Sie sich jede bedingte Verzweigung an. Wählen Sie ein Beispiel, das eine Verzweigung bewirken sollte und eines, bei dem dies nicht der Fall ist. Versuchen Sie beide hiervon. Erfolgt die Verzweigung korrekt oder umgekehrt? Wenn die Verzweigung eine Prüfung beinhaltet, ob sich eine Zahl oberhalb oder unterhalb eines Schwellwertes befindet, versuchen Sie den Fall mit der Gleichkeit. Tritt die korrekte Verzweigung auf? Vergewissern Sie sich, daß Ihre Wahl mit der Aufgaben-Definition übereinstimmt.

Sehen Sie sich die Schleifen als Ganzes an. Versuchen Sie die erste und letzte Wiederholung manuell. Diese sind häufig sehr mühsame spezielle Fälle. Was geschieht, wenn die Anzahl der Wiederholungen null ist, das heißt, es liegen keine Daten vor oder die Tabelle besitzt keine Elemente? Geht das Programm hier korrekt durch? Programme werden häufig eine Wiederholung unnötig ausführen, oder noch ungünstiger, Zähler nach null dekrementieren, bevor sie diese geprüft haben.

Prüfen Sie alles bis zur letzten Anweisung. Nehmen Sie (hoffentlich) nicht an, daß der erste Fehler auch der einzige in diesem Programm ist. Die manuelle Überprüfung gestattet Ihnen den maximalen Nutzen aus den Fehlersuch-Abläufen zu gewinnen, da Sie nebenbei gleich zahlreiche einfache Fehler loswerden.

FRAGEN BEI MANUELLER PRÜFUNG

Ein kurzer Überblick über die Fragen bei der manuellen Prüfung:

1. Befindet sich jedes Element der Programm-Entwicklung im Programm (und umgekehrt für Dokumentationszwecke)?

2. Sind alle Register und Speicherplätze, die innerhalb von Schleifen verwendet werden, vor ihrer Verwendung initialisiert worden?

3. Sind alle bedingten Verzweigungen richtig?
4. Beginnen und enden alle Schleifen ordnungsgemäß?
5. Werden Gleichheits-Fälle korrekt verarbeitet?
6. Werden alle trivialen Fälle ordnungsgemäß verarbeitet?

Suchen von Fehlern

HÄUFIGE FEHLER

Natürlich arbeiten häufig, ungeachtet dieser Vorsichtsmaßnahmen (es sei denn, Sie haben einige hiervon übergangen), Programme trotzdem nicht. Der Entwickler steht vor der Aufgabe, wie diese Fehler zu finden sind. Man kann mit der Prüfliste beginnen, wenn diese nicht bereits verwendet wurde. Einige der Fehler, die Sie vielleicht noch nicht eliminiert haben sind:

1. Fehler durch mangelnde Initialisierung von Variablen wie Zähler, Zeiger, Summen etc. Nehmen Sie nicht an, daß Register, Speicherplätze oder Flags notwendigerweise null beinhalten, bevor sie verwendet werden.

2. Umkehrung eines bedingten Sprunges, wie die Verwendung von "Verzweige wenn Übertrag gesetzt", wenn Sie meinen "Verzweige wenn Übertrag gelöscht". Erinnern Sie sich an die Einflüsse von Vergleichen oder Subtraktionen (A ist der Inhalt des Akkumulators, M der Inhalt des Registers oder Speicherplatzes)

Null-Flag	=	1 wenn $A = M$
	=	0 wenn $A \neq M$
Übertrags-Flag	=	1 wenn $A < M$
	=	0 wenn $A \geqslant M$

   Beachten Sie speziell den Fall Übertrag = 0 wenn A = M (der Gleichheits-Fall). Hier bedeutet "Verzweige wenn Übertrag gesetzt" einen Sprung, wenn $A < M$ und "Verzweige wenn Übertrag gelöscht" bedeutet einen Sprung, wenn $A \geqslant M$. Wenn Sie den Gleichheits-Fall auf der anderen Seite wünschen, verwenden Sie "Verzweige wenn höher" (BHI) oder "Verzweige wenn kleiner oder gleich" (BLS). Wenn Sie beispielsweise einen Sprung für den Fall $A \geqslant 10$ wollen, so verwenden Sie

```
CMPA # 10
BCC ADDR
```

   Wenn Sie andererseits einen Sprung für den Fall $A < 10$ wollen, verwenden Sie:

```
CMPA # 10
BHI ADDR
```

3. Weiterstellen der Zähler und Zeiger an der falschen Stelle oder überhaupt nicht. Vergewissern Sie sich, ob es keine Wege durch eine Schleife gibt, bei denen entweder die Befehle für das Weiterstellen übersprungen oder wiederholt werden.

4. Ausfallen von korrekten Durchläufen in trivialen Fällen, wie keine Daten in einem Puffer, keine Tests auszuführen, oder keine Eingaben bei der Übertragung. Nehmen Sie niemals an, daß der derartigen Fälle nie auftreten, außer das Programm hat diese Fälle speziell eliminiert.

Andere Probleme auf die zu achten sind:

5. Umkehrung der Reihenfolge von Operanden.

Erinnern Sie sich daran, daß zum Beispiel der TAB-Befehl A zu B bringt, jedoch nicht umgekehrt.

6. Änderung von Bedingungsflags, bevor sie verwendet werden.
Erinnern Sie sich daran, daß LDAA, LDX, LDS, INC und DEC die Flags beeinflussen, mit Ausnahme des Übertrags, während INX und DEX das Null-Flag beeinflussen. Erinnern Sie sich auch daran, daß RTI und TAP alle Flags ändern.

7. Verwechslung des Indexregisters und des indizierten Speicherplatzes.
Erinnern Sie sich daran, daß CLRX den Speicherplatz löscht, der durch das Indexregister adressiert wird, und nicht das Indexregister selbst. Beachten Sie den Unterschied zwischen INC X und INX. Der erstere addiert 1 zum Inhalt eines 8-Bit-Speicherplatzes (Adresse in X), während der letztere 1 zum Inhalt des 16-Bit-Indexregisters addiert.

8. Verwechslung von Werten und Adressen.
Erinnern Sie sich daran, daß LDX # $1000 das X mit der Zahl 1000 (hex) lädt, während LDX $1000 das X mit dem Inhalt der Speicherplätze 1000 und 1001 lädt. Das gleiche gilt für LDAA COUNT und LDAA # COUNT.

9. Zufällige Re-Initialisierung eines Registers oder Speicherplatzes.
Vergewissern Sie sich, daß kein Sprungbefehl die Steuerung zurück zu Initialisierungs-Anweisungen transferiert.

10. Verwechslung von Zahlen und Adressen.
Erinnern Sie sich daran, daß die ASCII und EBCDIC-Darstellungen von Ziffern sich von den Ziffern selbst unterscheiden. Beispielsweise ist ASCII 7 gleich hex 37, wogegen hex 07 das Klingelzeigen in ASCII ist.

11. Verwechseln von Binär- und Dezimalzahlen.
Erinnern Sie sich daran, daß die BCD-Darstellung einer Zahl verschieden von seiner Binär-Darstellung ist. Beispielsweise ist BCD 36 gleich binär 54 (versuchen Sie es).

12. Umkehrung der Reihenfolge bei einer Subtraktion. Seien Sie auch bei anderen Operationen sehr vorsichtig (wie der Division), daß Sie diese nicht vertauschen. Erinnern Sie sich daran, daß SUB und CMP das Ergebnis A-M und nicht M-A erzeugt.

13. Ignorieren der Effekte von Unterprogrammen und Makros.
Nehmen Sie nicht an, daß das Aufrufen von Unterprogrammen oder Bezugnahme auf Makros die Flags, Register oder Speicherplätze nicht ändert. Vergewissern Sie sich genau, welche Auswirkungen sie haben. Beachten Sie, daß es sehr wichtig ist, diese Einflüsse schriftlich festzuhalten.

14. Falsche Verwendung von Schiebe-Befehlen.
Erinnern Sie sich an die genauen Auswirkungen von ASR, ASL, LSR, ROL und ROR. Diese sind 1-Bit-Verschiebungen, die alle Flags beeinflussen. ASL und LSR löschen beide das leere Bit. ASR bewahrt das Vorzeichen-Bit auf (d.h., erweitert es). ROR und ROL sind zirkulare Verschiebungen, die den Übertrag mit einschließen. Erinnern Sie sich daran, daß alle Flags beeinflußt werden, auch wenn diese Befehle auf Daten in einem Speicherplatz angewendet werden.

15. Falsches Zählen der Länge einer Anordnung.
Erinnern Sie sich daran, daß es fünf (nicht vier) Speicherplätze gibt, die in den Adressen 0100 bis 0104 (einschließlich) enthalten sind.

16. Verwechslung von 8- und 16-Bit-Registern.

Die Akkumulatoren und Bedingungscode-Register sind acht Bits lang, während das Indexregister, der Stapelzeiger und der Befehlszähler 16 Bits lang sind. Sie können den Inhalt eines Akkumulators nicht zum Indexregister oder umgekehrt transferieren.

17. Vergessen, daß 16-Bit-Zahlen zwei Speicherplätze belegen.
LDX $40 lädt das Indexregister von den Speicherplätzen 0040 und 0041. Ähnlich speichert STS $50 den Inhalt des Stapelzeigers in die Speicherplätze 0050 und 0051. Beachten Sie, daß CPX, LDS, LDX, STS und STX direkte 8-Bit-Adressen auf Seite Null verwenden können, obwohl es sich um 16-Bit-Operationen handelt.

18. Verwechseln des Stapels und des Stapelzeigers.
DES, INS, LDS und STS beeinflussen den Stapelzeiger, nicht den Inhalt des Stapels. PSH und PUL transferieren Daten zum oder vom Stapel. Erinnern Sie sich daran, daß JSR, BSR, RTS, RTI und SWI ebenfalls den Stapel verwenden. Erinnern Sie sich ferner daran, daß Sie den Stapelzeiger initialisieren müssen, bevor Sie irgend ein Unterprogramm aufrufen oder Unterbrechungen gestatten.

19. Änderung eines Registers oder Speicherplatzes vor dessen Verwendung.
Erinnern Sie sich daran, daß LDA, STA, LDX, STX etc. den Inhalt des Bestimmungsortes (jedoch nicht der Quelle) ändern.

20. Vergessen des Transferierens der Steuerung nach Abschnitten des Programmes, die in bestimmten Situationen nicht ausgeführt werden sollte.
Erinnern Sie sich daran, daß der Computer sequentiell durch den Programmspeicher gehen wird, außer es wird ihm speziell anders vorgeschrieben.

FEHLERSUCHE IN UNTERBRECHUNGS-GESTEUERTEN PROGRAMMEN

Unterbrechungs-gesteuerte Programme sind besonders schwierig fehlerfrei zu machen, da Fehler zufällig auftreten können. Wenn zum Beispiel das Programm die Unterbrechungen einige Befehle zu früh freigibt, wird ein Fehler nur dann auftreten, wenn eine Unterbrechung gerade bei Ausführung dieser wenigen Befehle empfangen wird. In der Tat können Sie für gewöhnlich annehmen, daß zufällig auftretende Fehler durch das Unterbrechungssystem bewirkt werden (siehe W.J. Weller, Assembly Level Programming for Small Computers, Lexington Books). Typische Fehler in unterbrechungsgesteuerten Programmen sind:

1. Vergessen der Wieder-Freigabe von Unterbrechungen nach der Annahme und Bedienung einer Unterbrechung. Der Prozessor sperrt das Unterbrechungssystem automatisch bei Reset, bei Ausführung von SWI oder bei der Annahme einer Unterbrechung. Vergewissern Sie sich, daß keine möglichen Sequenzen versäumen, die Unterbrechung wieder freizugeben.

2. Vergessen, daß RTI automatisch die Unterbrechungen wieder freigibt, außer Sie setzen das I-Bit im Stapel.

3. Freigabe von Unterbrechungen vor der Einrichtung aller notwendigen Bedingungen wie Priorität, Flags etc.
Eine Checkliste kann hierbei helfen.

4. Zurücklassen von Ergebnissen in Registern und deren Zerstörung bei Rückspeicher-Vorgängen. Erinnern Sie sich daran, daß RTI alle Register vom Stapel zurückspeichert.

5. Vergessen, daß die Unterbrechungen alle Register-Inhalte im Stapel lassen, ob sie diesen verwenden oder nicht.

Sie könnten den Stapelzeiger neu zu initialisieren oder auf den letzten Stand zu bringen haben.

6. Vergessen des Löschens einer PIA-Unterbrechung durch Lesen der Datenregister, auch wenn ein Lesen tatsächlich nicht erforderlich ist.
7. Kein Sperren der Unterbrechung während Mehrwort-Übertragungen oder Befehls-Sequenzen.

Hoffentlich gibt Ihnen diese Liste angenähert eine Vorstellung worauf Sie achten sollten. Unglücklicherweise kann ein noch so systematisches Fehlersuchen noch genügend ungelöste Probleme zurücklassen.

Fehlersuch-Beispiel 1: Dezimal/Sieben-Segment-Umwandlung

FEHLERSUCHE IN EINEM CODE-UMWANDLUNGSPROGRAMM

Das Programm wandelt eine Dezimalzahl im Speicherplatz 0040 in einen Sieben-Segmentcode im Speicherplatz 0041 um. Es steuert die Anzeige dunkel, wenn der Speicherplatz 0040 keine Dezimalzahl enthält.

Anfängliches Programm (vom Flußdiagramm in Bild 14-5):

```
         LDAA   $40        HOLE DATEN
         CMPA   #9         SIND DIE DATEN GRÖSSER ALS 9?
         BCS    DONE       JA, ERLEDIGT
         LDX    SSEG       HOLE ADRESSE DER SIEBEN-SEGMENT-
                           TABELLE
         LDAA   X          HOLE ELEMENT VON TABELLE
DONE     STAA   $41        BEWAHRE SIEBEN-SEGMENT-CODE AUF
         SWI
SSEG     FCB    $3F, $06, $5B, $4F, $66
         FCB    $6D, $7D, $07, $4D, $6F
```

Unter Verwendung der Checkliste sind wir imstande, folgende Fehler aufzufinden:

1. Der Block, der das Ergebnis löschte, wurde entfernt.
2. Die bedingte Verzweigung war falsch.

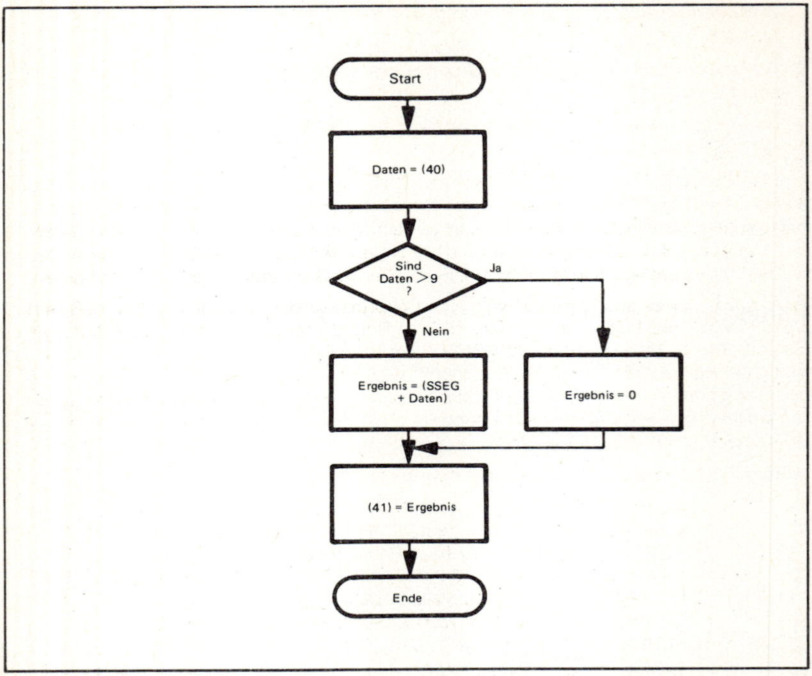

Bild 14-5. Flußdiagramm der dezimal in Sieben-Segment-Umwandlung

Wenn zum Beispiel die Daten null sind, so setzt CMPA #9 den Übertrag, da 0 < 9. Der Sprung mit der entgegengesetzten Bedingung, das heißt, BCC DONE erzeugt noch nicht das richtige Ergebnis. Nun verarbeitet das Programm den Gleichheitsfall inkorrekt da, wenn die Daten 9 sind, der Befehl CMPA #9 den Übertrag löscht und einen Sprung verursacht. Die richtige Version ist:

```
        CMPA    #9          SIND DATEN GRÖSSER ALS 9?
        BHI     DONE        JA, ERLEDIGT
```

Zweites Programm:

```
        CLRB                HOLE CODE FÜR BLANK-(LEER)ZEI-
                            CHEN FÜR DIE ANZEIGE
        LDAA    $40         HOLE DATEN
        CMPA    #9          SIND DATEN GRÖSSER ALS 9?
        BHI     DONE        JA, ERLEDIGT
        LDX     SSEG        HOLE ADRESSE DER SIEBEN-SEGMENT-
                            TABELLE
        LDAA    X           HOLE ELEMENT VON TABELLE
DONE    STAA    $41         BEWAHRE SIEBEN-SEGMENT-CODE AUF
        SWI
SSEG    FCB     $3F, $06, $4B, $4F, $66
        FCB     $6D, $7D, $07, $7D, $6F
```

Diese Version wurde manuell mit Erfolg geprüft.

Da das Programm einfach war, wurde es als nächtes mit Einzelschritten mit realen Daten durchlaufen. Die für den Versuch gewählten Daten waren:

0	(die kleinste Zahl)
9	(die größte Zahl)
10	(ein Grenzfall)
6B (hex)	(willkürlich)

Der erste Versuch erfolgte mit null im Speicherplatz 0040. Das Programm lief mit nicht augenscheinlichen Fehlern, bis es versuchte, den Befehl LDAA X auszuführen. Der Inhalt des Adressenbusses während des Holens der Daten war 3F 06, eine Adresse, die im System überhaupt nicht existiert. Hier mußte natürlich etwas schieflaufen.

Nun mußte etwas ausführlicher von Hand geprüft werden. Da wir wußten, daß BHI korrekt war, mußte der Fehler nach diesem Befehl liegen, jedoch vor LDAA X. Die manuelle Prüfung zeigte, daß LDX SSEG den Wert 3F 06 in das Inderegister plazierte. Natürlich wollten wir die Adresse SSEG, nicht deren Inhalt. Die Adressierung sollte unmittelbar und nicht direkt sein. Aber wir haben noch SSEG und die Daten im Akkumulator A zu addieren. Dies erfordert einige Manipulation, wie wir früher in den Kapiteln 4, 7 und 9 gesehen haben. Die richtige Version ist:

Drittes Programm:

```
        CLRB                 HOLE CODE FÜR "BLANK" FÜR DIE AN-
                             ZEIGE
        LDAA    $40          HOLE DATEN
        CMPA    #9           SIND DIE DATEN GRÖSSER ALS 9?
        BHI     DONE         JA, ERLEDIGT
        STAA                 TEMPX+1
VERWENDE DATEN IN DER OFFSET-ADRESSE
        LDAA    #SSEGU       HOLE MSBS DER TABELLEN-ADRESSE
        STAA    TEMPX
        LDX     TEMPX        HOLE OFFSET-ADRESSE
        LDAA    SSEGL,X      HOLE ELEMENT VON TABELLE
DONE    STAA    $41          BEWAHRE SIEBEN-SEGMENT-CODE AUF
        SWI
TEMPX   RMB     2
SSEG    FCB     $3F, $06, $5B, $4F, $66
        FCB     $6D, $7D, $07, $7D, $6F
SSEGU   EQU     SSEG/256
SSEGE   EQU     SSEGU*256
SSEGL   EQU     SSEG-SSEGE
```

Dieses Programm erzeugte die folgenden Ergebnisse:

Daten	Ergebnis
00	3F
09	6F
0A	0A
6B	6B

Das Programm löschte das Ergebnis nicht, wenn die Daten ungültig waren, das heißt, größer als 9. Das Programm verwendete niemals den "Blank"-Code im Akkumulator B. Da das Programm einfach war, könnte es für alle Dezimalziffern geprüft werden. Die Ergebnisse wären:

Daten	Ergebnis
0	3F
1	06
2	5B
3	4F
4	66
5	6D
6	7D
7	07
8	7D
9	6F

Beachten Sie, daß das Ergebnis für die Zahl 8 falsch ist, es sollte 7F sein. Da alles andere korrekt ist, liegt der Fehler ziemlich sicher in der Tabelle. In der Tat, ist die Eintragung 8 in der Tabelle falsch.

Das endgültige Programm ist:

```
*
*DEZIMAL IN SIEBEN-SEGMENT-UMWANDLUNG
*
        CLRB                HOLE "BLANK"-CODE FÜR DIE ANZEI-
                            GE
        LDAA    $40         HOLE DATEN
        CMPA    #9          SIND DIE DATEN GRÖSSER ALS 9?
        BHI     DONE        JA, ERLEDIGT
        STAA    TEMPX+1     VERWENDE DATEN IN OFFSET-ADRES-
                            SE
        LDAA    SSEGU       HOLE MSBS DER TABELLEN-ADRESSE
        STAA    TEMPX       HOLE OFFSET-ADRESSE
        LDAB    SSEGL,X     HOLE ELEMENT VON TABELLE
DONE    STAB    $41         BEWAHRE SIEBEN-SEGMENT-CODE AUF
        SWI
TEMPX   RMB     2
SSEG    FCB     $3F,$06,$5B,$4F,$66
        FCB     $6D,$7D,$07,$7F,$6F
SSEGU   EQU     SSEG/256
SSEGE   EQU     SSEGU*256
SSEGL   EQU     SSEG-SSEGE
```

Derartige in diesem Programm aufgetretene typische Fehler sollten von Programmierern, die die Assemblersprache des 6800 verwenden, vermieden werden. Sie beinhalten:

- Vergessen der Initialisierung von Variablen
- Invertierung von bedingten Verzweigungen
- Falsche Verzweigung im Gleichheitsfall
- Verwechslung unmittelbarer und direkter Adressierung, d.h. Daten und Adressen.
- Vergessen, zwischen 8-Bit-Daten und 16-Bit-Adressen zu unterscheiden.
- Verzweigung zur falschen Stelle, so daß ein bestimmter Weg durch das Programm falsch ist.
- Falsches Kopieren von Listen oder Zahlen.

Beachten Sie, daß die einfachen Befehle wie ADD, SUB, JMP etc. selten Probleme ergeben.

Fehlersuch-Beispiel 2: Sortieren in absteigende Reihenfolge

FEHLERSUCHE IN EINEM SORTIER-PROGRAMM

Das Programm sortiert eine Anordnung von Binärzahlen mit 8 Bits und ohne Vorzeichen in absteigender Reihenfolge. Die Anordnung beginnt im Speicherplatz 0042 und seine Länge liegt im Speicherplatz 0041.

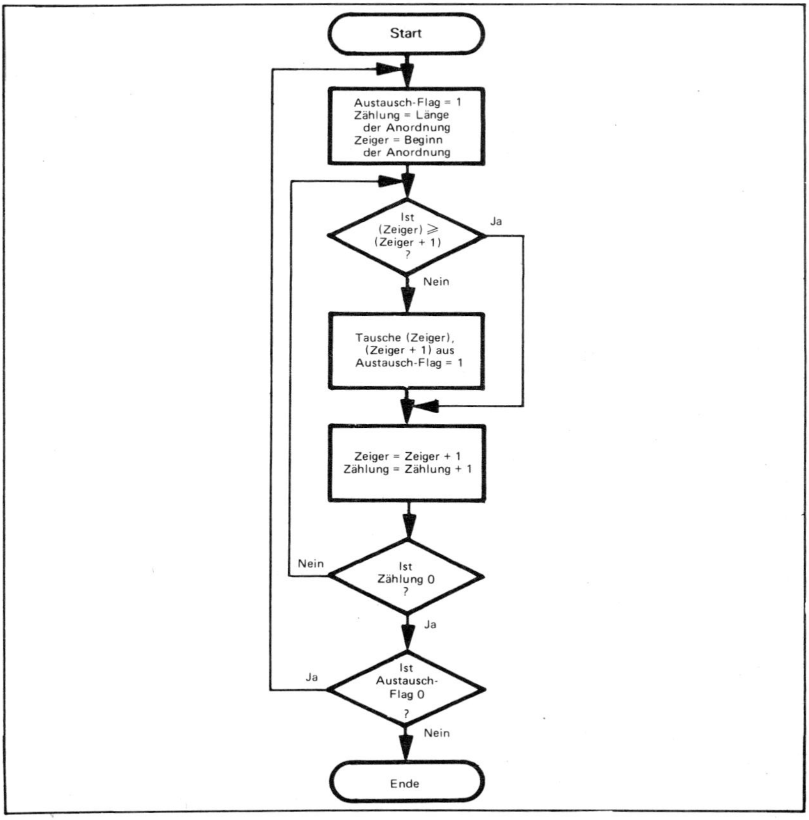

Bild 14-6. Flußdiagramm des Sortierprogramms

Anfangsprogramm (vom Flußdiagramm in Bild 14-6):

```
         LDAA   #1        AUSTAUSCH-FLAG = 1
         STAA   $40
         LDAA   $41       ZÄHLUNG = LÄNGE DER ANORDNUNG
         LDX    #$42      ZEIGE ZU BEGINN DER ANORDNUNG
PASS     LDAB   X         HOLE EIN ELEMENT
         CMPB   1,X       BEFINDET SICH DAS PAAR IN RICHTI-
                          GER REIHENFOLGE?
         BCS    COUNT     JA, KEIN AUSTAUSCH ERFORDERLICH
         STAB   1,X       NEIN, TAUSCHE PAAR AUS
COUNT    DECA             IST DURCHGANG VOLLSTÄNDIG?
         BNE    PASS      NEIN, SETZE DURCHGANG FORT
         TST    $40       JA, IST AUSTASCH-FLAG NULL?
         BNE    PASS      NEIN, MACHE EINEN WEITEREN DURCH-
                          LAUF
         SWI
```

Die manuelle Überprüfung zeigt, daß die Blöcke in dem Flußdiagramm im Programm ausgeführt wurden und daß alle Register initialisiert wurden. Die bedingten Verzweigungen müssen sorgfältig geprüft werden. Der Befehl BCS COUNT muß eine Verzweigung erzwingen, wenn der neue Wert kleiner oder gleich dem alten Wert ist. Beachten Sie, daß der Gleichheitsfall nicht in einem Austausch resultieren darf, da dies eine endlose Schleife erzeugen würde, in der die beiden gleichen Elemente immer wieder ausgetauscht werden.

Versuchen Sie ein Beispiel:

(0041) = 30
(0042) = 37

CMPB 1,X resultiert in der Berechnung von 30-37. Der Übertrag wird auf 1 gesetzt. Dieses Beispiel sollte in einem Austausch resultieren, tut es jedoch nicht. BCC COUNT wird die richtige Verzweigung in diesem Fall liefern. Wenn die beiden Zahlen gleich sind, wird der Vergleich den Übertrag löschen und BCC COUNT ist wieder richtig.

Wie sieht es mit BNE PASS am Ende des Programmes aus? Wenn es irgend ein Element außerhalb der Reihenfolge gibt, wird der Inhalt des Speicherplatzes 0040 gleich null sein, so daß die Verzweigung falsch ist. Sie sollte BEQ PASS sein.

Nun versuchen Sie den ersten Durchlauf. Die Initialisierung sollte in folgendem resultieren:

(B) = 1
(A) = COUNT
(X) = 0042

Die Auswirkungen der Schleifen-Befehle sind:

```
LDAB   X           (B) = (0042)
CMPB   X        (0042) = (0043)
BCC    COUNT
STAB   1,X      (0043) = (0042)
DECA               (A) = COUNT - 1
```

Beachten Sie, daß wir bereits die bedingten Sprungsbefehle geprüft haben.

Offensichtlich ist die Logik falsch. Wenn die ersten beiden Zahlen außerhalb der Reihenfolge liegen, so sollten die Resultate nach der ersten Wiederholung sein:

```
(0042) = ALT (0043)
(0043) = ALT (0042)
   (X) = 0043
   (A) = ZÄHLUNG - 1
```

Stattdessen sind sie:

```
(0042) = Unverändert
(0043) = ALT (0042)
   (X) = 0042
   (A) = ZÄHLUNG - 1
```

Der Fehler in X ist leicht zu korrigieren. Der Befehl INX wurde weggelassen und muß dorthin plaziert werden, wo er unabhängig vom Ergebnis von BBC COUNT ausgeführt werden kann. Der Austausch erfordert etwas mehr Sorgfalt und die Verwendung beider Akkumulatoren:

```
PSHA
LDAA   1,X
STAB   1,X
STAA   X
PULA
```

Ein Austausch erfordert immer einen zeitweiligen Speicherplatz, in den eine Zahl gespeichert werden kann, während die andere transferiert wird. Hier wird der Stapel für zeitweilige Speicherung verwendet.

Alle diese Änderungen erfordern ein neues Programm:

```
        LDAA   #1       AUSTAUSCHFLAG = 1
        STAA   $40
        LDAA   $41      ZÄHLUNG = LÄNGE DER ANORDNUNG
        LDX    #$42     BEGINN DER ANFORDERUNG
PASS    LDAB   X        HOLE EIN ELEMENT
        CMPB   1,X      IST DAS PAAR IN RICHTIGER REIHEN-
                        FOLGE?
        BCC    COUNT    JA, KEIN AUSTAUSCH ERFORDERLICH
        PSHA            NEIN, TAUSCHE ELEMENTE AUS
        LDAA   1,X
        STAB   1,X
        STAA   X
        PULA
COUNT   INX
        DECA            IST DURCHLAUF VOLLSTÄNDIG?
        BNE    PASS     NEIN, SETZE DURCHLAUF FORT
        TST    $40      IST AUSTAUSCH-FLAG NULL?
        BEQ    PASS     JA, MACHE EINEN WEITEREN DURCH-
                        LAUF
        SWI
```

Wie sieht es mit der letzten Wiederholung aus? Nehmen wir án, daß hier drei Elemente vorliegen:

```
(0041) = 03
(0042) = 02
(0043) = 04
(0044) = 06
```

Bei jedem Durchlauf inkrementiert das Programm X um 1. Daher ist bei Beginn der dritten Wiederholung

(X) = 0042 + 2 = 0044

Die Auswirkungen der Schleifen-Befehle sind:

```
LDAB   X          (B) = (0044)
CMPB   1,X     (0044) = (0043)
```

Dies ist nicht korrekt. Das Programm hat versucht, nach dem Ende der Daten weiterzulaufen. Die vorhergehende Wiederholung sollte in der Tat die letzte sein, da die Anzahl der Paare um 1 kleiner ist als die Anzahl der Elemente. Die Korrektur besteht im Reduzieren der Anzahl von Wiederholungen um 1, das heißt, plaziere DECA nach LDAA $41.

Wie steht es mit den trivialen Fällen? Was geschieht, wenn die Anordnung überhaupt keine Elemente enthält, oder nur ein Element? Die Antwort lautet, daß das Programm nicht ordnungsgemäß arbeitet und einen ganzen Datenblock ohne irgendeine Warnung verfälschen kann (versuchen Sie es!). Die Korrekturen zur Handhabung der trivialen Fälle sind einfach aber wesentlich. Sie kosten nur einige wenige Speicherplätze um Probleme zu vermeiden, die später schwer aufzufinden wären. Das neue Programm lautet:

```
        LDAA   #1      AUSTAUSCH-FLAG = 1
        STAA   $40
        LDAA   $41     HOLE LÄNGE DER ANORDNUNG
        CMPA   #1      GIBT ES MEHR ALS EIN ELEMENT?
        BLS    DONE    NEIN, KEINE AKTION ERFORDERLICH
        DECA           ANZAHL DER PAARE = LÄNGE - 1
        LDX    #$42    STARTPUNKT DER ANORDNUNG
PASS    LDAB   X       HOLE EIN ELEMENT
        CMPB   1,X     IST DAS PAAR IN RICHTIGER REIHEN-
                       FOLGE?
        BCC    COUNT   JA, KEIN AUSTAUSCH ERFORDERLICH
        PSHA           NEIN, TAUSCHE ELEMENTE AUS
        LDAA   1,X
        STAB   1,X
        STAA   X
        PULA
COUNT   INX
        DECA           IST DER DURCHLAUF VOLLSTÄNDIG?
        BNE    PASS    NEIN, SETZE DURCHLAUF FORT
        TST    $40     IST DAS AUSTAUSCH-FLAG NULL?
        BEQ    PASS    JA, MACHE EINEN WEITEREN DURCH-
                       LAUF
DONE    SWI
```

Nun ist es an der Zeit, das Programm auf einem Computer oder auf einem Simulator zu prüfen. Ein einfacher Datensatz wäre:

(0041) = 02
(0042) = 00
(0043) = 01

Dieser Satz besteht aus zwei Elementen in der falschen Reihenfolge. Das Programm sollte zwei Durchläufe ausführen. Der erste Durchlauf sollte die Elemente neu anordnen, wobei erzeugt wird:

(0042) = 01
(0043) = 00
(0040) = 00

Der zweite Durchlauf sollte die Operation abschließen und erzeugen:

(0040) = 01

Dieses Programm ist ziemlich lang, um es in Einzelschritten zu durchlaufen, so daß wir stattdessen Haltepunkte verwenden wollen. Jeder Haltepunkt wird den Computer anhalten und den Inhalt aller Register ausdrucken. Die Haltepunkte werden kommen:

1. Nach LDX #$42 um die Anfangsbedingungen zu prüfen.
2. Nach CMPB 1,X, um den Vergleich zu prüfen.
3. Nach PULA, um den Austausch zu prüfen.
4. Nach TST $40, um den Abschluß eines Durchlaufes durch die Anordnung zu prüfen.

Der Inhalt der Register nach dem ersten Durchlauf wäre:

Register	Inhalt
CC	F0
B	00
A	01
X	0042

Diese sind alle korrekt, so daß das Programm die Anfangsbedingungen in diesem Fall richtig berechnet.

Die Ergebnisse beim zweiten Haltepunkt wären:

Register	Inhalt
CC	F9
B	00
A	01
X	0042

Diese Ergebnisse sind ebenfalls korrekt.

Die Ergebnisse beim dritten Haltepunkt wären:

Register	Inhalt
CC	F1
B	00
A	01
X	0042

Ein Prüfen des Speichers zeigte:

(0040) = 01
(0042) = 01
(0043) = 00

Diese Ergebnisse beim vierten Haltepunkt wären:

Register	Inhalt
CC	F0
B	00
A	01
X	0043
(0040)	01

Hier ist der Speicherplatz 0040 nicht korrekt. Sein Wert sollte null sein um anzuzeigen, daß ein Austausch aufgetreten ist. In der Tat zeigt ein Blick auf das Programm, daß kein Befehl jemals den Speicherplatz 0040 austauschte, um das Auftreten eines Austausches zu markieren. Die Korrektur besteht hier im Plazieren des Befehls CLR $40 nach BCC COUNT.

Nun besteht das Verfahren im Laden des Speicherplatzes 0040 mit dem korrekten Wert und der Fortsetzung. Die zweite Wiederholung des zweiten Haltepunktes ergibt:

Register	Inhalt
CC	F9
B	00
A	01
X	0043

Offensichtlich ist das Programm unkorrekt weitergelaufen, ohne die Register neu zu initialisieren (speziell das Indexregister). Der bedingte Sprung, der vom Austausch-Flag abhängt, sollte die Steuerung auf jeden Fall zum Beginn des Programmes zurück transferieren, und nicht zur Markierung PASS.

Die endgültige Version des Programmes ist:

```
SORT    LDAA   #1       AUSTAUSCH-FLAG = 1
        STAA   $40
        LDAA   $41      HOLE LÄNGE DER ANORDNUNG
        CMPA   #1       GIBT ES MEHR ALS EIN ELEMENT?
        BLS    DONE     NEIN, KEINE AKTION NÖTIG
        DECA            ANZAHL DER PAARE = LÄNGE - 1
        LDX    #$42     STARTPUNKT DER ANORDNUNG
PASS    LDAB   X        HOLE EIN ELEMENT
        CMPB   1,X      IST DAS PAAR IN RICHTIGER REIHEN-
                        FOLGE?
        BCC    COUNT    JA, KEIN AUSTAUSCH ERFORDERLICH
        CLR    $40      NEIN, AUSTAUSCH-FLAG = 0
        PSHA            TAUSCHE ELEMENTE AUS
        LDAA   1,X
        STAB   1,X
        STAA   X
        PULA
COUNT   INX
        DECA            IST DER DURCHLAUF ABGESCHLOSSEN?
        BNE    PASS     NEIN, SETZE DURCHLAUF FORT
        TST    $40      IST AUSTAUSCH-FLAG NULL?
        BEQ    SORT     MACHE EINEN WEITEREN DURCHLAUF
        SWI
```

Offensichtlich können wir nicht alle möglichen Eingangswerte für dieses Programm prüfen. Zwei weitere einfache Datensätze für Fehlersuch-Zwecke sind:

1. Zwei gleiche Elemente

   (0041) = 02
   (0042) = 00
   (0043) = 00

2. Zwei Elemente, bereits in absteigender Reihenfolge

   (0041) = 02
   (0042) = 01
   (0043) = 00

Einführung in das Testen

VERWENDUNG VON TESTFÄLLEN BEI DER FEHLERSUCHE

Das Testen des Programms hängt eng mit der Fehlersuche im Programm zusammen. Sicher werden einige der Testfälle gleich sein wie die Testdaten, die für die Fehlersuche verwendet werden, wie etwa:

- Triviale Fälle, wie keine Daten oder ein einziges Element.
- Spezielle Fälle, die das Programm aus irgendwelchen Gründen auswählt.
- Einfache Beispiele, die spezielle Teile des Programmes überprüfen.

Im Falle des Umwandlungsprogrammes dezimal in Sieben-Segment, umfassen diese Fälle alle möglichen Situationen.

Die Testdaten bestehen aus:

- Die Zahlen 0 bis 9.
- Der Grenzfall 10.
- Der willkürliche Fall 6B.

Das Programm unterscheidet keine weiteren Fälle. Hier sind Fehlersuche und Testen effektiv das gleiche.

Bei dem Sortierprogramm ist die Aufgabe schwieriger. Die Anzahl der Elemente könnte von 0 bis 255 reichen, und jedes der Elemente könnte irgendwo in diesem Bereich liegen. Die Zahl der möglichen Fälle ist daher außerordentlich groß. Ferner ist das Programm einigermaßen komplex. Wie sollen wir Testdaten auswählen, die uns einen gewissen Grad von Vertrauen zu diesem Programm geben? Hier erfordert das Testen einige grundlegende Entscheidungen. Das Testproblem ist besonders schwierig, wenn das Programm von einer Folge von Echtzeit-Daten abhängt. Wie wählen wir die Daten, erzeugen diese und führen sie dem Mikrocomputer in realistischer Weise zu?

TESTHILFEN

Die meisten der früher erwähnten Hilfsmittel für die Fehlersuche sind auch beim Testen sehr nützlich. Logik- oder Mikroprozessor-Analysatoren können beim Überprüfen der Hardware helfen, Simulatoren beim Prüfen der Software. Andere Hilfsmittel können ebenfalls nützlich sein, zum Beispiel:

1. E/A-Simulationen, die eine Vielzahl von Bausteinen von einem einzelnen Eingang und einem einzelnen Ausgangs-Baustein simulieren können.
2. "In-Circuit"-Emulatoren gestatten Ihnen das Anschließen des Prototyps an ein Entwicklungssystem oder Steuerpult und das Testen.

3. ROM-Simulatoren, die die Flexibilität eines RAMs besitzen, jedoch auch die zeitliche Steuerung des speziellen ROMs oder PROMs, die im endgültigen System verwendet werden.
4. Echtzeit-Betriebssysteme, die Eingaben oder Unterbrechungen zu speziellen Zeiten (oder vielleicht willkürlich) liefern und das Auftreten von Ausgängen markieren. Echtzeit-Haltepunkte und "Tracer" (Ablaufverfolger) können ebenso enthalten sein.
5. Emulationen (häufig auf mikroprogrammierbaren Computern), die eine Echtzeit-Ausführungsgeschwindigkeit und programmierbare E/A ergeben.

   Siehe beispielsweise H.R. Burris, "Time-Scaled Emulations of the 8080 Microprossor", Prodeedings of the 1977 National Computer Conference, Seite 937-946.
6. Interfaces, die einem anderen Computer die Steuerung des E/A-Systems und das Testen des Mikrocomputer-Programmes gestatten.
7. Testprogramme, die jede Verzweigung in einem Programm auf logische Fehler prüfen
8. Testprogramme, die willkürliche Daten oder andere Verteilungen erzeugen können.

Es gibt formelle Test-Theorien, aber sie sind gewöhnlich nur für sehr kurze Programme verwendbar.

Man muß sehr sorgfältig darauf achten, daß die Testgeräte den Test selbst nicht verfälschen, indem sie die Umgebungsbedingungen verändern. Häufig können Testgeräte Eingangs- und Ausgangssignale puffern, zwischenspeichern oder verändern. Das tatsächliche System könnte dies nicht ausführen, und könnte sich daher etwas anders verhalten.

Ferner kann zusätzliche Software in dem Test-Aufbau einen Teil des Speicherraumes oder Teil des Unterbrechungssystemes verwenden. Es kann auch eine Fehler-Korrektur und andere Eigenschaften besitzen, die im endgültigen System nicht vorhanden sind. Ein Software-Test muß ebenso realistisch sein, wie ein Hardware-Test, da Software-Fehler ebenso kritisch wie Hardware-Fehler sein können.

Emulationen und Simulationen sind natürlich niemals völlig genau. Sie sind gewöhnlich ausreichend für das Prüfen der Logik, können jedoch selten helfen, das Interface oder die zeitliche Steuerung zu testen. Andererseits ergeben Echtzeit-Testgeräte keinen Überblick über die Programmlogik und können das Interfacing und die zeitliche Steuerung beeinflussen.

Auswahl von Testdaten

Sehr wenige reale Programme können für sämtliche möglichen Fälle überprüft werden. Der Entwickler muß einen Satz von Beispielen wählen, die auf irgendeine Weise den gesamten Bereich der Möglichkeiten umfassen.

STRUKTURIERTES TESTEN

Testen sollte natürlich ein Teil es gesamten Entwicklungs-Vorganges sein. Entwicklung mit schrittweiser Verfeinerung (Top-down-Design) und strukturierte Programmierung beinhalten bereits das Testen als einen Teil der Entwicklung. Dies wird strukturiertes Testen genannt. (Siehe D.A. Walsh, "Structured Testing", ***Datamation***, Juli 1977, Seite 111-118.) Jedes Modul innerhalb eines strukturierten Programmes sollte separat geprüft werden. Testen sollte ebenso wie das Codieren modular, strukturiert und "Topdown" sein.

Aber das läßt noch immer die Frage für die Auswahl von Testdaten für ein Modul offen. Der Entwickler muß zuerst alle speziellen Fälle erfassen, die ein Programm erkennt. Diese können enthalten:

TESTEN SPEZIELLER FÄLLE

- Triviale Fälle
- Gleicheits-Fälle
- Spezielle Situationen

Die Testdaten sollten alle diese Fälle umfassen.

Als nächstes müssen Sie jede Klasse von Daten festlegen, Die Anweisungen innerhalb des Programmes unterscheiden können. Diese können enthalten:

BILDEN VON DATEN-KLASSEN

- Positive oder negative Zahlen
- Zahlen oberhalb oder unterhalb einer bestimmten Schwelle
- Daten, die spezielle Sequenzen oder Zeichen enthalten, oder auch nicht.
- Daten, die zu einem bestimmten Zeitpunkt nicht vorliegen.

Wenn die Module kurz sind, sollte die Gesamtzahl der Klassen noch klein sein, obwohl jede Unterteilung multplikativ ist, das heißt, zwei Zwei-Weg-Unterteilungen ergeben vier Datenklassen.

AUSWAHL DER DATEN VON DEN KLASSEN

Sie müssen nun die Klassen entsprechend aufteilen, ob das Programm ein unterschiedliches Resultat für jede Eingabe in der Klasse (wie in einer Tabelle) erzeugt oder das gleiche Resultat für jede Eingabe (wie etwa das Warnen, das ein Parameter sich oberhalb einer Schwelle befindet) ergibt. In einem bestimmten Fall kann man jedes Element einschließen, wenn die Gesamtzahl klein ist oder nur ein Beispiel, wenn die Zahl groß ist. Das Beispiel sollte alle Grenzfälle beinhalten und wenigstens einen willkürlich gewählten Fall. Tabellen für Zufallszahlen sind aus Büchern zu entnehmen und Generatoren für Zufallszahlen sind Teil der meisten Computer.

Sie müssen sehr sorgfältig Unterscheidungen beobachten, die nicht offensichtlich sein können. Beispielsweise wird der 6800 eine 8-Bit-Zahl ohne Vorzeichen größer als 127 als negativ ansehen. Sie müssen dies in Betracht ziehen, wenn Sie die Sprungbefehle PBL und BMI verwenden. Sie müssen auch auf Befehle achten, die die Flags und den Überlauf in der Arithmetik mit Vorzeichen beeinflussen, sowie zwischen Größen für die Adressenlänge (16 Bit) und Größen für Datenlängen (8 Bit) unterscheiden.

Testbeispiel 1: Sortierprogramm

Die speziellen Fälle sind hier offensichtlich:

TESTEN EINES SORTIERPROGRAMMES

- Keine Elemente in der Anordnung
- Ein Element, dessen Größe willkürlich gewählt werden kann

Der andere spezielle, zu berücksichtigende Fall liegt vor, wenn die Elemente gleich sind.

Es kann hier einige Probleme mit Vorzeichen und Datenlängen geben. Beachten Sie, daß die Anordnung selbst weniger als 256 Elemente enthalten muß. Die Verwendung des Befehls CLR $40 anstatt DEC $40 zum Löschen des Austausch-Flags bedeutet, daß es keine Schwierigkeiten geben wird, wenn die Anzahl der Elemente oder Austausch-Vorgänge 128 überschreitet.

Wir könnten den Einfluß des Vorzeichens prüfen, indem wir für die Hälfte der Testfälle die Anzahl der Elemente zwischen 128 und 255 nehmen und eine andere Hälfte zwischen 2 und 127. Alle Größen sollten willkürlich gewählt werden, um die Prüfung möglichst vorurteilsfrei auszuführen.

Testbeispiel 2: Selbstprüfende Zahlen (siehe Kapitel 8)

TESTEN EINES ARITHMETISCHEN PROGRAMMES

Hier wollen wir voraussetzen, daß eine vorhergehende Gültigkeitsprüfung gesichert hat, daß die Zahl die richtige Länge besitzt und aus gültigen Ziffern besteht. Da das Programm keine weiteren Unterscheidungen macht, sollten die Testdaten willkürlich gewählt werden. Hier ist eine Tabelle mit Zufallszahlen oder ein Zufallszahlen-Generator ideal. Der Bereich der Zufallszahlen liegt zwischen 0 und 9.

Vorsichtsmaßnahmen beim Testen

REGELN FÜR DAS TESTEN

Der Entwickler kann die Stufe des Testens vereinfachen, indem er die Programme entsprechend entwickelt. Sie sollten folgende Regeln beachten:

1. Versuchen Sie, triviale Fälle so früh wie möglich zu eliminieren, ohne unnotwendige Unterscheidungen einzuführen.
2. Versuchen Sie, die Anzahl der speziellen Fälle auf ein Minimum zu reduzieren. Jeder spezielle Fall bedeutet zusätzliches Testen und Zeit für die Fehlersuche.
3. Überlegen Sie die Ausführung von Gültigkeits- oder Fehlerprüfung an den Daten vor deren Verarbeitung.
4. Achten Sie sorgfältig auf unbeabsichtigte oder unnötige Unterscheidungen, speziell bei der Handhabung von Zahlen mit Vorzeichen oder bei der Verwendung von Operationen, die sich auf Zahlen mit Vorzeichen beziehen.
5. Prüfen Sie Grenzfälle manuéll. Sie sind sehr häufig eine Fehlerquelle. Vergewissern Sie sich, daß die Aufgaben-Definition spezifiziert, was in diesen Fällen zu geschehen hat.
6. Machen Sie das Programm soweit als möglich allgemein gültig. Jede Unterscheidung und separate Routine erhöht die Anforderung an das Testen.
7. Unterteilen Sie das Programm und entwickeln Sie die Module so, daß das Testen in Schritten erfolgen kann, in Verbindung mit den anderen Stufen der Software-Entwicklung.

Schlußfolgerungen

Fehlersuche und Testen sind die Stiefkinder des Software-Entwickungsvorganges. Die meisten Projekte lassen für sie viel zu wenig Zeit und die meisten Bücher vernachlässigen sie. Jedoch Entwickler und Manager finden häufig, daß diese Stufen die aufwendigsten und zeitraubendsten sind. Der Fortschritt ist sehr schwierig zu messen und zu erzielen. Fehlersuche und Testen bei Mikroprozessor-Software ist verhältnismäßig schwierig, da die leistungsfähigen Hardware- und Software-Hilfsmittel, die auf größeren Computern verwendet werden können, selten für Mikrocomputer verfügbar sind.

Der Entwickler sollte Fehlersuche und Testen sorgfältig planen. Wir empfehlen folgendes Vorgehen:

1. Versuchen Sie Programme zu schreiben, die leicht zu testen und fehlerfrei zu machen sind. Modulare Programmierung, strukturierte Programmierung und Entwicklung mit stufenweiser Verfeinerung sind sehr nützliche Techniken.
2. Bereiten Sie einen Fehlersuch- und Testplan als Teil der Programm-Entwicklung vor. Entscheiden Sie früh genug, welche Daten Sie erzeugen müssen und welche Geräte Sie benötigen.
3. Testen und machen Sie jedes Modul fehlerfrei, als Teil der Entwicklung mit schrittweiser Verfeinerung.
4. Machen Sie die Logik jedes Moduls systematisch fehlerfrei. Verwenden Sie Prüflisten, Haltepunkte und das Einzelschritt-Verfahren. Wenn die Programmlogik komplex ist, überlegen Sie die Verwendung des Software-Simulators.
5. Prüfen Sie die zeitliche Steuerung jedes Moduls systematisch, wenn dies ein Problem darstellt. Ein Oszillograf kann zahlreiche Probleme lösen, wenn Sie den Test entsprechend vorgehen. Ist die zeitliche Steuerung sehr komplex, überlegen Sie die Verwendung eines Logik- oder Mikroprozessor-Analysators.
6. Vergewissern Sie sich, daß die Testdaten auch repräsentative Beispiele sind. Achten Sie auf alle Klassen von Daten, die das Programm unterscheiden kann. Schließen Sie alle speziellen und trivialen Fälle ein.
7. Wenn das Programm jedes Element anders behandelt, oder die Anzahl der Fälle groß ist, wählen Sie die Testdaten willkürlich aus.
8. Zeichnen Sie alle Testergebnisse als Teil der Dokumentation auf. Wenn Probleme auftreten, so brauchen Sie nicht die Testfälle zu wiederholen, die Sie bereits ausgeführt haben.

Kapitel 15
Dokumentation und Neu-Entwicklung

Das tatsächlich funktionierende Programm ist nicht die einzige Anforderung an die Software-Entwicklung. Die entsprechende Dokumentation stellt ebenso einen wichtigen Teil der Software dar. Die Dokumentation hilft nicht nur dem Entwickler beim Testen und bei der Fehlersuche, sondern ist auch für späteren Gebrauch und Erweiterung des Programmes sehr wesentlich. Ein schlecht dokumentiertes Programm wird schwierig zu warten, neuerlich zu verwenden oder zu erweitern sein.

Gelegentlich verwendet die erste Version eines Programms zuviel Speicher oder wird zu langsam ausgeführt. Der Entwickler muß dann Wege überlegen, um dieses Programm zu verbessern. Diese Stufe wird Neu-Entwicklung genannt und erfordert, daß Sie sich auf jene Teile des Programms konzentrieren, bei denen eine Verbesserung den größten Erfolg verspricht.

SELBST-DOKUMENTIERENDE PROGRAMME

REGELN FÜR SELBST-DOKUMENTIER PROGRAMME

Obwohl kein Programm jemals selbständig dokumentierend ist, können einige der früher erwähnten Regeln sehr nützlich sein. Diese beinhalten:

- Klare einfache Struktur mit so wenig Steuerungstransfers (Sprüngen) wie möglich.
- Verwendung sinnvoller Namen und Markierungen.
- Verwendung von Namen für E/A-Bausteine, Parameter, numerische Faktoren etc.
- Es sollte besonderer Wert auf Einfachheit, anstatt auf geringere Ersparnisse bei der Verwendung des Speichers, Ausführungszeit etc. gelegt werden.

Beispielsweise sendet das folgende Programm eine Reihe von Zeichen zu einem Fernschreiber:

```
         LDAB   $40
         LDX    #$1000
W        LDAA   X
         STAA   $8008
         JSR    XXX
         INX
         DECB
         BNE    W
         SWI
```

Sogar ohne Kommentare können wir dieses Programm wie folgt verbessern:

```
COUNT    EQU    $40
MESSG    EQU    $1000
TTYPIA   EQU    $8008
         LDAB   COUNT
         LDX    #MESSG
OUTCH    LDAA   X
         STAA   TTYPIA
         JSR    BITDLY
         INX
         DECB
         BNE    OUTCH
         SWI
```

Sicher ist dieses Programm leichter zu verstehen als die frühere Version. Auch ohne weitere Dokumentation können Sie wahrscheinlich die Arbeitsweise des Programmes begreifen, sowie die Bedeutung der meisten Variablen erkennen. Andere Dokumentationsverfahren können die Selbst-Dokumentation nicht ersetzen.

AUSWAHL NÜTZLICHER NAMEN

Einige weitere Anmerkungen bezüglich der Auswahl von Namen:

1. Verwenden Sie sinnvolle Namen, wenn diese verfügbar sind, wie TTY oder CRT für Ausgangsgeräte, START oder RESET für Adressen, DELAY oder SORT für Unterprogramme, COUNT oder LENGTH für Daten.
2. Vermeiden Sie Abkürzungen wie S 16BA für SORT 16-BIT ARRAY. Dies wird selten etwas für den Anwender bedeuten.
3. Verwenden Sie volle Worte oder möglichst nahezu vollkommene Worte wie möglich, wie DONE, PRINT, SEND etc.
4. Halten Sie die Namen so charakteristisch wie möglich.

KOMMENTARE

Die offensichtlichste Form zusätzlicher Dokumentation ist das Kommentar. Jedoch sehr wenige Programme (einschließlich der meisten in Büchern) besitzen wirklich effektive Kommentare. Sie sollten die folgenden Richtlinien für gute Kommentare beachten:

RICHTLINIEN FÜR KOMMENTARE

1. Wiederholen Sie nicht die Bedeutung des Befehlscodes. Erklären Sie eher den Zweck des Befehls im Programm. Kommentare wie

   ```
   DECB    B = B-1
   ```

   tragen überhaupt nichts zur Dokumentation bei. Verwenden Sie stattdessen

   ```
   DECB    ZEILENZAHL = ZEILENZAHL-1
   ```

   Erinnern Sie sich daran, daß Sie ja bereits wissen, was der Operationscode bedeutet und diese jeder in einem Handbuch nachschlagen kann. Es ist viel wichtiger zu erklären, welche Aufgabe das Programm ausführt.

2. Machen Sie die Kommentare so deutlich wie möglich. Verwenden Sie keine Abkürzungen oder Akronyme, außer sie sind allgemein bekannt (wie ASCII, PIA oder UART) oder Standard (wie Nr für Nummer, ms für Millisekunden, etc.) Vermeiden Sie Kommentare wie

   ```
   DECB    LN = LN-1
               oder
   DECB    DEC. LN UM 1
   ```

   Die wenigen zusätzlichen Eingaben stellen keinen nennenswerten Aufwand dar.

3. Kommentieren Sie jeden wichtigen oder nicht sehr offensichtlichen Punkt. Seien Sie sorgfältig beim Markieren von Operationen, die keine offensichtliche Funktion besitzen, wie etwa

   ```
   ANDA    #%00100000    TAPE READER-BIT AUS
                                   oder
   LDAA    GCODL;X       INDEX GRAYCODE-TABELLE
   ```

   Offensichtlich erfordern E/A-Operationen häufig ausführliche Kommentare. Wenn Sie sich nicht ganz sicher darüber sind, was ein Befehl ausführt, oder Sie darüber nachdenken müssen, fügen Sie ein erklärendes Kommentar hinzu. Das Kommentar wird Ihnen später viel Zeit ersparen und nützlich bei der Dokumentation sein.

4. Kommentieren Sie keine offensichtlichen Dinge. Ein Kommentar auf jeder Zeile macht es schwierig, die wichtigen Punkte aufzufinden. Standard-Sequenzen wie

```
        INX
        DECB
        BNE     SRCH
```

müssen nicht markiert werden, außer Sie führen irgend etwas spezielles aus. Ein Kommentar wird häufig für mehrere Zeilen ausreichen wie in

```
        LSRA                    HOLE DIE HÖCHSTWERTIGE STELLE
        LSRA
        LSRA
        LSRA
        LDAA    $40             TAUSCHE HÖCHSTWERTIGE ...
        LDAB    $41              UND NIEDRIGSTWERTIGE BYTES AUS
        STAA    $41
        STAB    $40
```

5. Plazieren Sie Kommentare auf die Zeilen, auf die sie sich beziehen oder auf den Beginn einer Sequenz.
6. Halten Sie Ihre Kommentare immer auf dem neuesten Stand. Wenn Sie ein Programm ändern, ändern Sie auch die Kommentare.
7. Verwenden Sie Standardformen und Ausdrücke beim Kommentieren. Stoßen Sie sich nicht an Wiederholungen. Unterschiedliche Namen für die gleichen Dinge sind verwirrend. Auch wenn die Variationen etwa COUNT und COUNTER, START und BEGINN, DISPLAY und LEDS, oder PANEL und SWITCHES sind. Es bringt auf jeden Fall Gewinn, wenn man konsequent ist. Die Variationen können im Augenblick offensichtlich sein, jedoch später nicht mehr so klar erscheinen. Andere werden Sie von Anfang an verwirren.
8. Halten Sie die Kommentare kurz. Überlassen Sie eine vollständige Beschreibung der Dokumentation. Andernfalls kann das Programm in den Kommentaren untergehen, und Sie werden Mühe haben, es zu finden.
9. Verbessern Sie ständig Ihre Kommentare. Wenn Sie ein Kommentar nicht lesen oder verstehen können, nehmen Sie sich die Zeit es zu ändern. Wenn Sie merken, daß die Auflistung verwirrend wird, fügen Sie einige leere Zeilen hinzu. Die Kommentare werden sich nicht selbst verbessern. In der Tat werden sie schwierig, wenn Sie eine Aufgabe erledigt haben und vergessen, was das Programm genau ausgeführt hat.

Erinnern Sie sich daran, daß Kommentare wichtig sind. Gute Kommentare werden Ihnen Zeit und Mühe sparen. Investieren Sie einige Arbeit in die Kommentare und versuchen Sie, diese so effektiv wie möglich zu machen.

Kommentar-Beispiel 1: Addition mit mehrfacher Genauigkeit

BEISPIELE FÜR KOMMENTARE

Das grundlegende Programm lautet:

```
        LDAB    $40
        LDX     #$41
        CLC
ADDW    LDAA    X
        ADCA    $10,X
        STAA    X
        INX
        DECB
        BNE     ADDW
        SWI
```

Kommentieren Sie zuerst die wichtigen Punkte. Diese sind typisch die Initialisierungen, das Holen von Daten und die Verarbeitungs-Operationen. Befassen Sie sich nicht mit Standard-Sequenzen, wie das Weiterstellen von Zeigern und Zählern. Erinnern Sie sich daran, daß Namen deutlicher als Zahlen sind, und verwenden Sie daher diese weitgehend.

Die neue Version des Programms lautet:

```
LENG    EQU    $40
NUMB1   EQU    $41
N2OFF   EQU    $10
        LDAB   LENG       ZÄHLUNG = LÄNGE DER ZAHLEN
        LDX    NUMB1      BEGINNE BEI LSBS DER ZAHLEN
        CLC
ADDW    LDAA   X          HOLE 8 BITS DER ERSTEN ZAHL
        ADCA   N2OFF,X    ADDIERE 8 BITS DER ZWEITEN ZAHL
        STAA   X          SPEICHERE SUMME IN ERSTE ZAHL
        INX
        DECB
        BNE    ADDW
        SWI
```

Als zweites sehen Sie sich jeden Befehl an, der keine offensichtliche Funktion haben könnte und markieren Sie diese. Hier ist der Zweck von CLC das Löschen des Übertrags beim ersten Durchlauf.

Drittens fragen Sie sich selbst, ob die Kommentare Ihnen das sagen, was Sie bei der Verwendung des Programmes wissen wollen, zum Beispiel:

1. Wo wird in das Programm eingetreten? Gibt es alternative Eingabe-Punkte?
2. Welche Parameter sind erforderlich? Wie und in welcher Form müssen sie geliefert werden?
3. Welche Operationen führt das Programm aus?
4. Von wo werden die Daten geholt?
5. Wo werden die Ergebnisse gespeichert?
6. Welche speziellen Fälle werden berücksichtigt?
7. Was macht das Programm bei Fehlern?
8. Wie wird aus dem Programm ausgetreten?

Einige der Fragen können vielleicht für ein spezielles Programm nicht relevant sein und einige der Antworten vielleicht offensichtlich. Vergewissern Sie sich, daß Sie sich nicht extra hinsetzen und das Programm zerlegen müssen um herauszufinden, wie die Antworten lauten. Erinnern Sie sich daran, daß zuviel Erklärung unnötiger Ballast ist, den Sie erst wieder beseitigen müssen. Gibt es irgend etwas, was Sie zu dieser Liste hinzufügen oder entfernen würden? Wenn ja, führen Sie es aus – Sie sind dann jemand, der ein Gefühl dafür hat, daß das Kommentieren ausreichend und vernünftig ist.

```
LENG    EQU    $40
NUMB1   EQU    $41
N2OFF   EQU    $10
        LDAB   LENG       ZÄHLUNG = LÄNGE DER ZAHLEN
        LDX    NUMB1      BEGINNE BEI LSBS DER ZAHLEN
        CLC               LÖSCHE ÜBERTRAG FÜR LSBS
```

```
ADDW    LDAA   X          HOLE 8 BITS DER ERSTEN ZAHL
        ADCA   N20FF,X    ADDIERE 8 BITS DER ZWEITEN ZAHL
        STAA   X          SPEICHERE SUMME IN ERSTE ZAHL
        INX
        DECB
        BNE    ADDW
        SWI
```

Kommentar-Beispiel 2: Fernschreiber-Ausgabe

Das grundlegende Programm lautet:

```
        LDAA   $40
        ASLA
        LDAB   #11
TBIT    STAA   $8008
        JSR    BITD
        RORA
        SEC
        DECB
        BNE    TBIT
        SWI
```

Das Kommentieren der wichtigsten Punkte und Hinzufügen von Namen ergibt:

```
NBITS   EQU    11         ANZAHL DER BITS IM ZEICHEN
TDATA   EQU    $40        GESENDETE DATEN
TTYPIA  EQU    $8008
        LDAA   $DATA      HOLE DATEN
        ASLA              STARTBIT = 0
        LDAB   NBITS      ZÄHLUNG = ANZAHL DER BITS IM ZEICHEN
TBIT    STAA   TTYPIA     SENDE BIT ZU TTY
        JSR    BITSD      WARTE 1 BITZEIT
        RORA              HOLE NÄCHSTES BIT
        SEC               STOPBIT = 1
        DECB
        BNE    TBIT
        SWI
```

Beachten Sie, wie leicht wir dieses Programm ändern könnten, so daß es eine ganze Reihe von Daten transferieren würde, beginnend bei der Adresse in den Speicherplätzen DPTR und DPTR+1 und endend mit einem "03" (ASCII ETX)-Zeichen. Ferner wollen wir das Terminal zu einem Gerät mit 30 cps und mit einem Stopbit machen (wir werden BITD zu ändern haben). Versuchen Sie die Änderungen auszuführen, bevor Sie sich nachstehende Auflistung ansehen:

```
DPTR    EQU    $40        START DES AUSGANGS-PUFFERS
ENDCH   EQU    3          ENDZEICHEN = ETX
NBITS   EQU    10         ANZAHL DER BITS PRO ZEICHEN
TRMPIA  EQU    $8008
        LDX    DPTR       HOLE START-ADRESSE
TCHAR   LDAA   X          HOLE EIN ZEICHEN
        CMPA   #ENDCH     IST ES EIN ABSCHLUSSZEICHEN?
        BEQ    DONE       JA, ERLEDIGT (DONE)
        ASLA
        LDAB   #NBITS     ZÄHLUNG = ANZAHL DER BITS
TBIT    STAA   TRMPIA     SENDE BIT ZU TTY
        JSR    BITD       WARTE 1 BITZEIT
```

```
        RORA          HOLE NÄCHSTES BIT
        SEC           STOPBIT = 1
        DECB
        BNE    TBIT
        INX
        BRA    TCHAR
DONE    SWI
```

Gute Kommentare erleichtern Ihnen wesentlich die Änderung eines Programms, falls neue Anforderungen auftreten. Versuchen Sie beispielsweise das letzte Programm so zu ändern, daß es:

- Jede Nachricht mit ASCII STX (02 hex) beginnt, gefolgt von einem dreistelligen Identifikationscode, gespeichert in den Speicherplätzen 0030 bis 0032
- Keine Start- oder Stopbits hinzufügt
- Eine Millisekunde zwischen den Bits wartet
- 40 Zeichen sendet, beginnend mit dem einen, das in der Adresse DPTR und DPTR+1 liegt
- Jede Mitteilung mit zwei aufeinanderfolgenden ASCII ETX (03 hex) abschließt.

FLUSSDIAGRAMME ALS DOKUMENTATION

GRÜNDE FÜR DIE VERWENDUNG VON FLUSSDIAGRAMMEN

Wir haben bereits die Verwendung von Flußdiagrammen als Hilfsmittel bei der Entwicklung in Kapitel 13 beschrieben. Flußdiagramme sind ebenfalls bei der Dokumentation nützlich, speziell wenn:

- Sie nicht zu sehr detailliert, und dadurch schlecht lesbar sind
- Ihre Entscheidungspunkte deutlich erklärt und markiert sind
- Sie alle Verzweigungen beinhalten

  Sie mit der tatsächlichen Programm-Auflistung übereinstimmen.

Flußdiagramme sind nützlich, wenn sie Ihnen einen allgemeinen Überblick über das Programm geben. Sie sind von geringem Nutzen, wenn sie ebenso schwierig wie eine gewöhnliche Auflistung zu lesen sind.

STRUKTURIERTE PROGRAMME ALS DOKUMENTATION

Strukturierte Programme (siehe Kapitel 13) können auch als Teil der Dokumentation dienen, wenn:

- Sie den Zweck jedes Abschnittes in den Kommentaren beschreiben
- Sie es mit Anweisungen verdeutlichen, die jede bedingte oder Schleifen-Struktur beinhaltet, indem Identifizierungs- und Abschlußmarkierungen verwendet werden
- Sie die gesamte Struktur so einfach wie möglich machen
- Wenn Sie eine konsequente, gut definierte Sprache verwenden.

Das strukturierte Programm kann Ihnen helfen, die Logik zu prüfen oder sie zu verbessern. Ferner, da das strukturierte Programm maschinen-unabhängig ist, kann es Ihnen auch bei der Ausführung einiger Aufgaben auf anderen Computern helfen.

SPEICHERPLÄNE

Ein Speicherplan ist einfach eine Auflistung aller Speicherzuweisungen in einem Programm. Der Plan gestattet Ihnen zu bestimmen, wieviel Speicher benötigt wird, die Lage der Daten oder Unterprogramme und die Teile des Speichers, die noch nicht zugewiesen wurden. Der Plan ist eine sehr handliche Referenz für das Auffinden von Speicherplätzen und Eingabepunkten und für die Aufteilung des Speichers zwischen verschiedenen Routinen oder Programmierern. Der Plan wird Ihnen auch einen einfachen Zugriff auf Daten und Unterprogramme geben, wenn Sie diese bei späteren Erweiterungen oder bei der Betreuung des Programmes benötigen. Manchmal ist ein grafischer Plan nützlicher als eine Auflistung.

Ein typischer Speicherplan würde folgendermaßen aussehen:

Programmspeicher

Adresse	Routine	Zweck
E000-E1FF	INTRPT	UNTERBRECHUNGS-SERVICE-ROUTINE FÜR TASTATUR
E200-E240	BRKPT	SOFTWARE-UNTERBRECHUNGS-ROUTINE
E241-E250	DELAY	VERZÖGERUNGSPROGRAMM
E251-E270	DSPLY	ANZEIGE-STEUERPROGRAMM
E271-E3F7	MAIN	HAUPTPROGRAMM
E3F8-E3FF		UNTERBRECHUNGS- UND RESET-VEKTOREN

Datenspeicher

0	NKEYS	ANZAHL DER TASTEN
1-2	KPTR	TASTATUR-PUFFER-ZEIGER
3-20	TEMP	ZEITWEILIGE SPEICHERUNG
21-60	KBFR	TASTATUR-PUFFER
61-70	DBFR	ANZEIGE-PUFFER
71-7F	STACK	RAM-STAPEL

Der Speicherplan kann Ihnen auch zusätzliche Eingabe-Punkte auflisten und eine spezielle Beschreibung der nicht verwendeten Teile des Speichers beinhalten.

PARAMETER- UND DEFINITIONSLISTEN

Parameter- und Definitionslisten am Beginn des Programmes und jedes Unterprogrammes machen das Verständnis und Änderungen des Programmes wesentlich einfacher. Die folgenden Regeln können helfen:

REGELN FÜR DEFINITIONS–LISTEN

1. Trennen Sie RAM-Speicherplätze, E/A-Einheiten, Parameter, Definitionen und Speichersystem-Konstanten.
2. Ordnen Sie Listen, wenn möglich, alphabetisch an, mit einer Beschreibung jeder Eingabe.
3. Geben Sie jedem Parameter der sich ändern könnte, einen Namen und fügen Sie diesen in die Liste ein. Derartige Parameter können Zeitkonstanten, Eingaben oder Codes entsprechend spezieller Tasten oder Funktionen, Steuer- oder Maskier-Muster, Start- oder Abschlußzeichen, Schwellen etc. enthalten.
4. Führen Sie die Speichersystem-Konstanten in einer separaten Liste auf. Diese Konstanten werden die Reset- und Unterbrechungs-Service-Adressen enthalten, die Start-Adresse des Programmes, RAM-Bereiche, Stapel-Bereiche etc.
5. Geben Sie jedem Port, der von einem E/A-Baustein verwendet wird, einen Namen, auch wenn Bausteine sich den gleichen Port in dem momentanen System teilen würden. Diese Trennung macht eine Erweiterung oder Neu-Anordnung wesentlich einfacher.

Eine typische Liste von Definitionen wäre:

TYPISCHE DEFINITIONS-LISTE

```
*
*SPEICHERSYSTEM-KONSTANTE
*
RESET    EQU   $E300   RESET-ADRESSE
INTRP    EQU   $E200   UNTERBRECHUNGS-EINGABE
RAMST    EQU   0       BEGINN DES DATENSPEICHERS
STPTR    EQU   $017F   BEGINN DES STAPELS
*
*E/A-EINHEITEN
*
DSPLY    EQU   $8006   AUSGABE-PIA FÜR ANZEIGEN
KBDIN    EQU   $8004   EINGABE-PIA FÜR TASTATUR
KBDOT    EQU   $8006   AUSGABE-PIA FÜR TASTATUR
TTYPIA   EQU   $8008   TTY-DATENPORT
*
*RAM-SPEICHER
*
NKEYS    RMB   1       ANZAHL DER TASTEN
KPTR     RMB   2       TASTATUR-PUFFER-ZEIGER
KBFR     RMB   $40     TASTATUR-EINGABE-PUFFER
DBFR     RMB   $10     ANZEIGE-DATENPUFFER
TEMP     RMB   $14     ZEITWEILIGE SPEICHERUNG
*
*PARAMETER
*
GOKEY    EQU   10      IDENTIFIZIERUNG DER "GO"-TASTE
MSCNT    EQU   $7C     ZÄHLUNG FÜR 1 MS-VERZÖGERUNG
OPEN     EQU   $OF     MUSTER FÜR OFFENE TASTEN
TBOUNC   EQU   2       ENTPRELL-ZEIT IN MS
TPULS    EQU   1       IMPULSLÄNGE FÜR ANZEIGEN
*
*DEFINITIONEN
*
ALL1     EQU   $FF     MUSTER AUS LAUTER EINSEN
STCON    EQU   $08     BEGINN DES UMWANDLUNGS-IMPULSES
```

Natürlich werden die RAM-Eingaben nicht in alphabetischer Reihenfolge vorliegen, da der Entwickler diese so anordnen muß, daß er die Anzahl der Adressen-Änderung, die in dem Programm erforderlich sind, auf ein Minimum hält.

BIBLIOTHEKS-ROUTINEN

Eine Standard-Dokumentation von Unterprogrammen wird Ihnen den Aufbau einer Bibliothek aus nützlichen Programmen ermöglichen. Der Gedanke besteht darin, auf diese Programme so leicht wie möglich zugreifen zu können. Ein Standard-Format wird Ihnen oder sonst irgend jemandem gestatten, auf einen Blick zu sehen, was das Programm ausführt. Das beste Verfahren besteht in der Schaffung einer Standardform und deren konsequente Verwendung. Bewahren Sie diese Programme gut organisiert auf, (zum Beispiel entsprechend dem Prozessor, Sprache und Arten des Programmes) und Sie werden bald eine sehr nützliche Sammlung besitzen. Aber erinnern Sie sich daran, daß ohne entsprechende Organisation und gute Dokumentation die Verwendung der Bibliothek schwieriger sein kann, als das Programm jeweils neu zu schreiben. Das Beseitigen von Fehlern in einem System erfordert ein genaues Verständnis aller Effekte jedes Unterprogramms.

Informationen, die Sie in der Standardform benötigen werden, sind:

STANDARD-FORMEN FÜR PROGRAMM-BIBLIOTHEK

- Zweck des Programmes
- Verwendeter Prozessor
- Verwendete Sprache
- Erforderliche Parameter und wie sie zum Unterprogramm übertragen werden
- Erzeugte Ergebnisse und wie sie zum Hauptprogramm übertragen werden
- Anzahl der verwendeten Speicherbytes
- Anzahl der erforderlichen Taktzyklen. Diese Zahl kann ein Durchschnittswert oder ein typischer Wert sein, oder auch in weitem Maße variieren. Die tatsächliche Ausführungszeit wird natürlich von der Taktrate des Prozessors abhängen.
- Beeinflußte Register
- Beeinflußte Flags
- Ein typisches Beispiel
- Handhabung von Fehlern
- Spezielle Fälle
- Dokumentierte Programm-Auflistung

Wenn das Programm komplex ist, sollte die Standard-Bibliotheksform auch ein allgemeines Flußdiagramm oder ein strukturiertes Programm enthalten. Wie wir früher erwähnt haben, ist ein Bibliotheksprogramm wahrscheinlich dann am nützlichsten, wenn es eine einzelne bestimmte Aufgabe in verhältnismäßig allgemeiner Weise ausführt.

BIBLIOTHEKS-BEISPIELE

Bibliotheks-Beispiel 1: Summe von Daten

Zweck: Das Programm SUM8 berechnet die Summe eines Satzes von Binärzahlen mit 8 Bits und ohne Vorzeichen.

Sprache: 6800-Assembler.

Anfangsbedingungen: Start-Adresse des Zahlensatzes im Indexregister und Länge des Satzes in Akkumulator B.

Abschluß-Bedingungen: Summe in Akkumulator A.

Erfordernisse:

Speicher	-	8 Bytes
Zeit	-	7+15N Taktzyklen, wobei N die Länge des Satzes der Zahlen ist.
Register	-	A, B, X

Alle Flags beeinflußt.

Typischer Fall: (Alle Daten in hexadezimal)

Start:

(X)	=	0050
(B)	=	03
(0050)	=	27
(0051)	=	3E
(0052)	=	26

Ende:

(A)	=	8B

Handhabung der Fehler: Das Programm ignoriert sämtliche Überträge. Das Übertrags-Bit gibt nur die letzte Operation wieder. Anfangsbedingungen des Akkumulators B müssen 1 oder mehr sein.

Auflistung:

```
*
*SUMME VON 8-BIT-DATEN
*
SUMB    CLRA            SUMME = NULL
ADD8    ADDA    X       SUMME = SUMME + DATENEINGABE
        INX
        DECB
        BNE     ADD8
        RTS
```

Bibliotheks-Beispiel 2: Dezimal-in-Sieben-Segment-Umwandlung

Zweck: Das Programm SEVEN wandelt eine Dezimalzahl in einen Sieben-Segment-Anzeigecode um.

Sprache: 6800-Assembler.

Anfangsbedingungen: Daten in Akkumulator A.

Abschlußbedingungen: Sieben-Segment-Code in Akkumulator B.

Erfordernisse:

Speicher - 26 Bytes, einschließlich der Sieben-Segment-Tabelle SSEG.
Zeit - 30 Taktzyklen, wenn dezimal, 13 wenn nicht.
Register - A, B, X
Alle Flags beeinflußt
RAM - Speicherplätze 3E und 3F.

Eingangsdaten in A werden zerstört.

Typischer Fall: (Daten in hexadezimal)

Start: (A) = 05

Ende: (B) = 66

Fehlerhandhabung: Das Programm gibt null in den Akkumulator B zurück, wenn die Daten keine Dezimalziffern sind.

Auflistung:

```
*
*DEZIMAL-IN-SIEBEN-SEGMENT-UMWANDLUNG
*
TEMPX   EQU     $3E         ZEITWEILIGE SPEICHERUNG
SEVEN   CLRB                HOLE FEHLERCODE (LEERZEICHEN)
        CMPA    9           SIND DIE DATEN DEZIMAL?
        BHI     DONE        NEIN, KEINE UMWANDLUNG ERFOR-
                              DERLICH
        STAA    TEMPX+1     VERWENDE DATEN IN DER TABELLEN-
                              ADRESSE
        LDAA    #$SEGU      HOLE MSB DER TABELLEN-ADRESSE
        STAA    TEMPX
        LDX     TEMPX       HOLE VERSETZUNGS-TABELLEN-
                              ADRESSE
```

```
        LDAB   SSEGL,X         HOLE SIEBEN-SEGMENTCODE VON
                                   TABELLE
DONE    RTS
SSEG    FCB    $3F,$06,$5B,$4F,$66
        FCB    $6D,$7D,$07,$7F,$6F
SSEGU   EQU    SSEG/256
SSEGE   EQU    SSEGU*256
SSEGL   EQU    SSEGU-SSEGE
```

Bibliotheks-Beispiel 3: Dezimale Summe

Zweck: Das Programm DECSM addiert zwei Mehrwort-Dezimalzahlen.

Sprache: 6800-Assembler

Anfangsbedingungen: Die Adresse der LSBs einer Zahl liegt im Indexregister, die Adresse der LSBs einer anderen Zahl ist um 10 (hex) größer. Die Länge der Zahlen (in Worten) liegt in Akkumulator B. Die angeordneten Zahlen beginnen mit den LSBs.

Abschlußbedingungen: Die Summe ersetzt die Zahl mit der Start-Adresse im Indexregister.

Erfordernisse:

Speicher	-	13 Bytes
Zeit	-	7+27N Taktzyklen, wobei N die Anzahl der Worte ist.
Register	-	A, B, X

Alle Flags beeinflußt — Übertrag zeigt, wenn die Summe einen Übertrag erzeugt.

Typischer Fall: (Alle Daten in hexadezimal)

Start:

(X)	=	40
(B)	=	2
(0040)	=	34
(0041)	=	55
(0050)	=	88
(0051)	=	15

Ende:

(0040)	=	22
(0041)	=	71
Carry	=	0

Fehlerhandhabung: Das Programm prüft nicht die Gültigkeit von dezimalen Eingaben. (B) muß 1 oder größer sein.

Auflistung:

```
*
*DEZIMAL-ADDITION MIT MEHRFACHER GENAUIGKEIT
*
DECSM   CLC                    LÖSCHE ÜBERTRAG FÜR LSBS
DECAD   LDAA   X               HOLE 2 STELLEN VON DER ERSTEN ZAHL
        ADCA   $10,X           ADDIERE 2 STELLEN VON DER ZWEITEN
                                 ZAHL
        DAA                    DEZIMALE KORREKTUR
        STAA   X               SPEICHERE ERGEBNIS ALS ERSTE ZAHL
        INX
        DECB
        BNE    DECAD
        RTS
```

VOLLSTÄNDIGE DOKUMENTATION

DOKUMENTATIONS-PAKET

Die vollständige Dokumentation von Mikroprozessor-Software wird alle oder die meisten Elemente enthalten, die wir vorher erwähnt haben. So kann das vollständige Dokumentations-Paket beinhalten:

- Allgemeine Flußdiagramme
- Eine geschriebene Beschreibung des Programms
- Eine Liste aller Parameter und Definitionen
- Ein Speicherplan
- Eine dokumentierte Auflistung des Programms
- Eine Beschreibung des Testplans und der Test-Ergebnisse

Die Dokumentation kann auch beinhalten:

- Flußdiagramm des Programmierers
- Strukturierte Programme

Manchmal hat der Entwickler das letzte an Geschwindigkeit oder das letzte zusätzliche Byte aus einem Programm herauszuholen. In dem Maße, in dem Speicherchips größer wurden, wurde das Speicherproblem weniger ernst. Das zeitliche Problem ist natürlich nur dann von Bedeutung, wenn die Anwendung in dieser Hinsicht kritisch ist. In den meisten Anwendungen verwendet der Mikroprozessor den meisten Teil seiner Zeit zum Warten auf externe Bausteine und die Programm-Geschwindigkeit ist kein wesentlicher Faktor.

KOSTEN DER NEU-ENTWICKLUNG

Das endgültige Ausfeilen der Eigenschaften eines Programmes ist nicht so wesentlich, wie einige Programmierer manchmal glauben. An erster Stelle wird die Neu-Entwicklung aus folgenden Gründen aufwendig:

1. Es wird zusätzliche Programmierzeit benötigt, die häufig die einzigen hohen Kosten in der Software-Entwicklung sind.
2. Die Neu-Entwicklung lohnt sich, wenn die Struktur und Einfachheit des Programmes erhöht wird, wodurch sich eine Verringerung der Fehlersuch-Zeit und Testzeit ergibt.
3. Das Programm benötigt zusätzliche Dokumentation.
4. Das sich ergebende Programm wird schwierig zu erweitern, zu warten oder neuerlich zu verwenden sein.

An zweiter Stelle können die niedrigeren Kosten und die besseren Eigenschaften vielleicht nicht so wichtig sein. Werden durch die niedrigeren Kosten und besseren Eigenschaften tatsächlich mehr Geräte verkauft? Oder wäre es besser, mehr anwender-orientierte Eigenschaften unterzubringen? Die einzigen Anwendungen, die diese zusätzlichen Anstrengungen und Zeit rechtfertigen würden, sind Anwendungen mit sehr hohen Stückzahlen, niedrigen Kosten und einfachen technischen Eigenschaften, bei denen die Kosten eines zusätzlichen Speicherchips die Kosten für die zusätzlichen Software-Entwicklung weit übersteigen. Für alle anderen Anwendungen werden Sie finden, daß man ohne Grund einen unverantwortlich hohen Aufwand treibt.

GRÖSSERE ODER KLEINERE NEU-ORGANISATIONEN

Wenn Sie jedoch ein Programm überarbeiten müssen, so können die folgenden Hinweise von Nutzen sein. Bestimmen Sie zuerst, um wieviel Sie das Programm verbessern müssen, oder um wieviel weniger

Speicher benötigt wird. Wenn die erforderlichen Verbesserungen 25% oder weniger sind, so könnten Sie den entsprechenden Erfolg durch die Neu-Organisation des Programmes erreichen. Liegt es über 25%, und Sie haben einen grundlegenden Entwicklungsfehler gemacht, werden Sie wahrscheinlich drastische Änderungen in der Hardware oder Software ausführen müssen. Sie werden sich daher zuerst mit der Neu-Organisation und später mit weitgehenden Änderungen befassen. Sie sollten sich auch das Kapitel 5 des Buches ***"6800 Programming for Logic Design"*** für einige Beispiele ansehen.

Beachten Sie insbesondere, daß die Einsparung von Speicher kritisch sein kann, wenn ein Programm in eine begrenzte Größe von ROM oder RAM passen soll, das auf einem einfachen Einchip- oder Zweichip-Mikrocomputer verfügbar ist. Die Hardware-Kosten für kleine Systeme können dadurch beträchtlich reduziert werden, wenn ihre Anforderungen auf die Speichergröße und E/A-Begrenzungen dieses speziellen Einchip- oder Zweichip-Systems eingeschränkt werden können.

REORGANISATION FÜR WENIGER SPEICHER

EINSPARUNG VON SPEICHER

Im allgemeinen ergibt die Neu-Organisation eines Programmes zur Verwendung von weniger Speicher auch eine höhere Geschwindigkeit. Es ist dies jedoch nicht notwendigerweise immer der Fall, und höhere Geschwindigket ist ein weniger erstrebenswertes Ziel als kürzere Programme. Die folgenden Verfahren werden den Speicherbedarf für Assemblersprachen-Programme des 6800 verringern:

1. Ersetzen Sie im Programmablauf sich wiederholende Codes (In-Line-Codes) durch Unterprogramme. Vergewissern Sie sich jedoch, daß die Aufruf- und Rückkehr-Befehle nicht wieder den größten Teil des Gewinnes verbrauchen. Beachten Sie, daß dieser Ersatz gewöhnlich in langsameren Programmen resultiert, da für die Übertragung der Steuerung vorwärts und zurück Zeit aufgewendet werden muß.

2. Plazieren Sie die am meisten verwendeten Daten auf Seite null und greifen Sie auf diese mit direkten Einwort-Adressen zu. Sie können vielleicht auch einige wenige E/A-Adressen hierher plazieren.

3. Verwenden Sie wenn immer möglich den Stapel. Der Stapelzeiger wird automatisch nach jeder Verwendung auf den neuesten Stand gebracht, so daß keine ausdrücklichen Befehle für diese Funktion erforderlich sind. Verwenden Sie die Rückkehr-Befehle wie Sprünge, sie benötigen keine ausdrücklichen Adressen, aber Sie müssen den Stapel gut überlegt organisieren.

4. Beseitigen Sie Sprung-Anweisungen. Versuchen Sie das Programm stattdessen entsprechend neu zu organisieren.

5. Benützen Sie den Vorteil von Adressen, die Sie mit 8-Bit-Größen handhaben können. Diese beinhalten Speicherplätze auf Seite null und Adressen, die ein Vielfaches von 100_{16} sind.

6. Organisieren Sie Daten und Tabellen so, daß Sie sie adressieren können, ohne sich wegen Überträgen den Kopf zerbrechen zu müssen oder ohne irgendwelche tatsächliche Indizierung. Dadurch werden Sie wieder 16-Bit-Adressen als 8-Bit-Größen handhaben können.

7. Verwenden Sie die 16-Bit-Befehle zur Ausführung zweier separater 8-Bit-Operationen. Dies kann besonders nützlich bei der Initialisierung, der Speicherung von Resultaten und der Ausführung von E/A-Operationen sein.

8. Verwenden Sie übrig gebliebene Ergebnisse von früheren Programm-Abschnitten.

9. Benützen Sie den Vorteil von Befehlen wie DEC, INC, CLR, COM, etc., die die Ergebnisse direkt in den Speicher plazieren.

10. Verwenden Sie SWI zum Zugriff auf Unterprogramme, wenn Sie diesen nicht als Fehlersuch-Befehl verwenden.

11. Verwenden Sie INC oder DEC zur Änderung von Bit 0 oder von FF (hex) auf null zu gelangen.

12. Verwenden Sie die kürzeren relativen Sprünge oder Sprünge ohne Indizierung, anstatt Sprünge mit erweiterter Indizierung.

13. Verwenden Sie indizierte Adressierung anstatt der erweiterten Adressierung für die Handhabung von PIAs und anderen Fällen, bei denen mehrere Adressen nahe beieinander liegen.

14. Verwenden Sie Algorithmen anstelle von Tabellen zur Berechnung von arithmetischen oder logischen Ausdrücken und zur Ausführung von Code-Umwandlungen. Beachten Sie, daß dieser Austausch langsamere Programme ergeben kann.

15. Verringern Sie die Größe der mathematischen Tabellen durch Interpolation zwischen den Eingaben. Hier sparen wir wieder Speicher auf Kosten der Ausführungszeit.

EINSPARUNG VON AUSFÜHRUNGSZEIT

Obwohl einige der Verfahren zur Verringerung des Speicher-Bedarfs auch Zeit einsparen, kann man im allgemeinen nur dann entsprechend viel Zeit einsparen, indem man sich auf häufig ausgeführte Schleifen konzentriert. Auch das vollständige Eliminieren eines Befehls, der nur einmal ausgeführt wird, kann im besten Fall einige wenige Mikrosekunden einsparen. Die Ersparnisse in einer Schleife, die wiederholt ausgeführt wird, gibt ein Mehrfaches an Ersparnis.

Wenn Sie daher die Ausführungszeit verringern müssen, gehen Sie folgendermaßen vor:

1. Bestimmen Sie, wie häufig jede Programmschleife durchlaufen wird. Sie können dies von Hand ausführen oder durch Verwendung des Software-Simulators oder anderer Testmethoden.

2. Prüfen Sie die Schleifen in der Reihenfolge ihrer Häufigkeit der Ausführung, beginnend mit der am meisten verwendeten. Gehen Sie weiter durch diese Liste, bis Sie die erforderliche Verringerung erzielt haben.

3. Sehen Sie zuerst nach, ob es einige Operationen gibt, die außerhalb der Schleife ausgeführt werden, das heißt, wiederholte Berechnungen, Daten die in ein Register oder in den Stapel plaziert werden können, Adressen, die in Register gebracht werden können, spezielle Fälle oder Fehler, die extern verarbeitet werden können etc. Beachten Sie, daß dies zusätzliche Initialisierung und Speicher erfordert, jedoch eine beträchtliche Einsparung an Zeit bewirkt.

4. Versuchen Sie Sprung-Anweisungen zu eliminieren. Diese benötigen sehr viel Zeit. Oder verwenden Sie Sprünge mit erweiterter Adressierung, die zwar mehr Speicher benötigen, jedoch weniger Zeit, als Sprünge mit relativer Adressierung. Beachten Sie jedoch, während JMP schneller als BRA ist, ist JSR langsamer als BSR.

5. Ersetzen Sie Unterprogramme durch einen "Inline"-Code. Dies wird wenigstens einen Sprung zu einem Unterprogramm und eine Rückkehr von einem Unterprogramm sparen.

6. Verwenden Sie den Stapel für zeitweilige Datenspeicherung.

7. Verwenden Sie jeden der Hinweise für die Einsparung von Speicher, der auch die Ausführungszeit verringern wird. Diese beinhalten die Verwendung von 8-Bit-Adressen, 16-Bit-Befehlen etc.

8. Versuchen Sie alles aus den am häufigsten ausgeführten Schleifen herauszunehmen, da dies einen hohen Multiplikationsfaktor beinhaltet.

9. Sehen Sie sich nicht Befehle an, die nur einmal ausgeführt werden. Jede Änderung, die Sie bei solchen Befehlen machen, bringen meist nur Fehler, und der Gewinn ist ohne Bedeutung.

10. Vermeiden Sie indizierte und relative Adressierung, wann immer möglich, da diese zusätzliche Zeit benötigen.

11. Verwenden Sie Tabellen anstelle von Algorithmen. Bauen Sie die Tabellen so auf, daß Sie soviel wie möglich Aufgaben ausführen können, auch wenn zahlreiche Eingaben wiederholt werden müssen.

GRÖSSERE REORGANISATIONEN

Wenn Sie mehr als 25% Steigerung der Geschwindigkeit oder Verringerung des Speicherbedarfes benötigen, versuchen Sie nicht den Code neu zu organisieren. Ihre Chancen, mehr als einige kleine Verbesserungen zu erzielen sind gering, außer Sie können einen zusätzlichen Experten hinzuziehen. Sie sind im allgemeinen besser daran, wenn Sie eine größere Änderung durchführen.

BESSERE ALGORITHMEN

Die offensichtlichste Änderung ist ein besserer Algorithmus. Speziell, wenn Sie Dinge wie Sortieren, Suchen oder mathematische Berechnungen ausführen wollen, werden Sie imstande sein, eine schnellere oder kürzere Methode als in der Literatur beschrieben, zu finden. Bibliotheken von Algorithmen sind in einigen Zeitschriften und von professionellen Gruppen verfügbar. Sehen Sie sich beispielsweise die Literatur 1 bis 9 am Ende dieses Kapitels an.

Mehr Hardware kann einen Teil der Software ersetzen. Zähler, Schieberegister, arithmetische Einheiten, Hardware-Multiplikatoren und andere schnelle Zusatzteile können sowohl Zeit wie Speicher sparen. Rechner, UARTs, Tastaturen, Codierer und andere langsame Zusatzgeräte können zwar Speicher sparen, arbeiten dafür aber langsamer. Kompatible parallele und serielle Interface-Schaltungen und andere Bausteine, die speziell zur Verwendung mit dem 6800 geschaffen wurden, können Zeit sparen, indem sie einige Aufgaben der CPU übernehmen.

Andere Änderungen können ebenfalls helfen:

ANDERE WESENTLICHE ÄNDERUNGEN

1. Eine CPU mit einem längeren Wort wird schneller sein, wenn die Daten lang genug sind. Eine derartige CPU wird insgesamt weniger Speicher benötigen. 16-Bit-Prozessoren verwenden Speicher effizienter als 8-Bit-Prozessoren, da zahlreiche ihrer Befehle ein Wort lang sind.

2. Es können Versionen der CPU existieren, die mit höheren Taktraten arbeiten. Aber erinnern Sie sich daran, daß Sie dann ebenfalls schnellere Speicher und E/A-Ports benötigen, und daß Sie jede Verzögerungsschleife neu anordnen müssen.

3. Zwei CPUs können imstande sein, die Aufgabe parallel oder getrennt auszuführen, wenn Sie die Aufgabe unterteilen können und die Kommunikationsprobleme lösen.

4. Ein spezieller mikroprogrammierter Prozessor kann imstande sein, das gleiche Programm wesentlich schneller auszuführen. Die Kosten sind jedoch wesentlich höher, auch wenn Sie eine handelsübliche Emulation benützen.

5. Sie können Überlegungen zwischen Zeit und Speicher anstellen. Nachschlage-Tabellen und Funktions-ROMs wären schneller als Algorithmen, würden jedoch mehr Speicher belegen.

ENTSCHEIDUNG FÜR EINE GRÖSSERE ÄNDERUNG

Eine derartige Aufgabe, bei der große Verbesserungen erforderlich sind, resultiert gewöhnlich aus mangelnder Planung bei der Definition und in den Entwicklungsstufen. Bei der Stufe der Aufgaben-Definition sollten Sie bestimmen, welcher Prozessor und welche Methoden ausreichend für die Lösung der Aufgabe sind. Wenn Sie eine Fehl-Entscheidung treffen, werden die Kosten später sehr hoch sein. Eine billige Lösung kann in einem unerwarteten Aufwand von kostspieliger Entwicklungszeit resultieren. Hieran werden Sie aber nicht vorbeikommen. Die beste Lösung für die richtige Entwicklung und die Vermeidung von Fehlern besteht gewöhnlich in der entsprechenden Erfahrung. Wenn Sie derartige Methoden wie die Aufstellung von Flußdiagrammen, modularer Programmierung, strukturierter Programmierung, Entwicklung mit schrittweiser Verfeinerung und die entsprechende Dokumentation ausgeführt haben, werden Sie imstande sein, eine Menge der aufgewendeten Mühe zu retten, falls Sie eine größere Änderung auszuführen haben.

LITERATUR

1 Collected Algorithms from ACM, ACM, Inc., P.O. Box 12105, Church Street Station, New York 10249.

2 Chen, L.C., "Automatic Computation of Exponentials, Logarithms, Ratios, and Square Roots.., ***IBM Journal of Research and Development.*** Volume 18, pp. 380 - 388, July 1972.

3 H. Schmid, ***Decimal Computation.*** Wiley-Interscience, New York, 1974.

4 Knuth, D.E., ***The Art of Computer Programming, Volume I: Fundamental Algorithms,*** Addison-Wesley, 1967.

5 Knuth, D.E., ***The Art of Computer Programming, Volume 2: Semi-numerical Algorithms.*** Addison-Wesley, 1969.

6 Knuth, D.E., ***The Art of Computer Programming, Volume 3: Sorting and Searching,*** Addison-Wesley, 1973.

7 Carmahan, B., et al., ***Applied Numerical Methods,*** Wiley, New York, 1969.

8 Despain, A.M., Fourier Transform Computers Using CORDIC Iterations, ***IEEE Transactions on Computers.*** October 1974, pp. 993-1001.

9 Luke, Y.L., ***Algorithms for the Computation of Mathematical Functions,*** Academic Press, New York, 1977.

10 Dollhoff, T., "µP Software: How to Optimize Timing and Memory Usage", ***Digital Design,*** November 1976, pp. 56-69.

Kapitel 16
Beispiele

Projekt Nr. 1: Eine digitale Stoppuhr

STOPPUHR EINGABE– VERFAHREN

Zweck: Dieses Projekt stellt eine digitale Stoppuhr dar. Der Bedienende gibt zwei Ziffern (Minuten und Zehntel-Minuten) über eine rechner-ähnliche Tastatur ein und drückt dann die GO-Taste. Das System zählt die verbleibende Zeit auf zwei Sieben-Segment-LED-Anzeigen abwärts (siehe Kapitel 11 für eine Beschreibung von nicht codierten Tastaturen und LED-Anzeigen).

Hardware: Das Projekt verwendet einen Eingangs- und einen Ausgangsport (einen peripheren Interface-Adapter 6820), zwei Sieben-Segment-Anzeigen, eine Tastatur mit 12 Tasten, einen Inverter 7404 und entweder ein NAND-Gatter 7400 oder ein UND-Gatter 7408, abhängig von der Polarität der Sieben-Segment-Anzeige. Die Anzeigen können Treiber, Inverter und Widerstände erfordern, abhängig von ihrer Polarität und Konfiguration.

Die Hardware ist wie in Bild 16-1 gezeigt konfiguriert. Die Ausgangsleitungen 0, 1 und 2 werden zur Abtastung der Tastatur verwendet. Die Eingangsleitungen 0, 1, 2 und 3 werden verwendet, um zu bestimmen, ob irgendeine der Tasten gedrückt wurde. Die Ausgangsleitungen 0, 1, 2 und 3 dienen zum Senden von BCD-Ziffern zu den Sieben-Segment-Decoder/Treibern. Die Ausgangsleitung 4 wird zum Aktivieren der LED-Anzeigen verwendet (wenn die Leitung 4 gleich "1" ist, so leuchtet die Anzeige). Die Ausgangsleitung 5 dient zur Auswahl der linken oder rechten An-

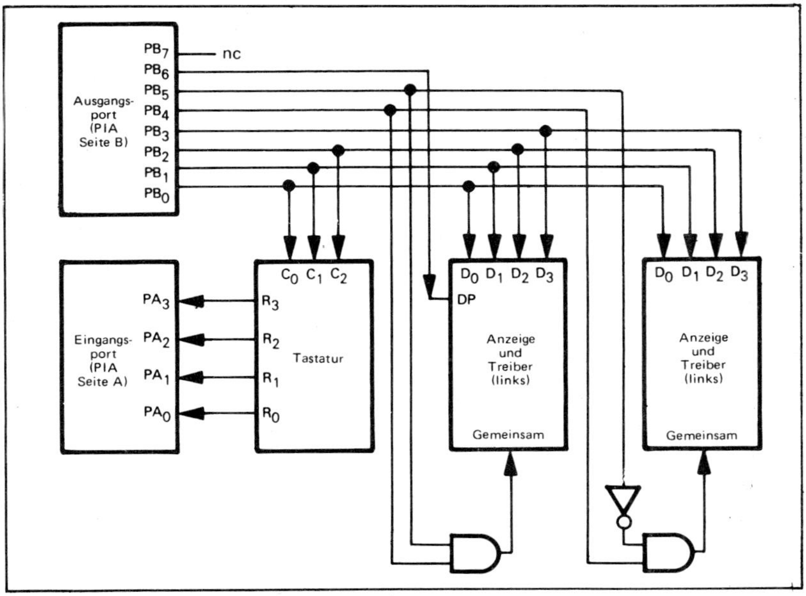

Bild 16-1. E/A-Konfiguration

zeige. Die Ausgangsleitung 5 ist "1", wenn die linke Anzeige verwendet wird, "0" wenn die rechte Anzeige verwendet wird. Daher sollte die gemeinsame Leitung an der linken Anzeige aktiv sein, wenn die Leitung 4 gleich "1" und die Leitung 5 gleich "1" ist, während die gemeinsame Leitung an der rechten Anzeige aktiv sein sollte, wenn Leitung 4 gleich "1" und Leitung 5 gleich "0" ist. Die Ausgangsleitung 6 steuert den Dezimalpunkt an der linken Anzeige. Sie kann mittels eines Inverters gesteuert werden oder einfach eingeschaltet bleiben.

Tastatur-Verbindungen: Die Tastatur ist eine einfache Rechner-Tastatur, die äußerst billig im Handel erhältlich ist. Sie besteht aus 12 nicht-codierten Tastenschaltern, die in vier Reihen zu je drei Spalten angeordnet ist. Da die Verdrahtung der Tastatur nicht mit den vorgesehenen Reihen und Spalten übereinstimmt, verwendet das Programm eine Tabelle zur Identifizierung der Tasten. Die Tabellen 16-1 und 16-2 enthalten die Eingangs- und Ausgangs-Verbindungen für die Tastatur. Die Taste für den Dezimalpunkt dient zur Bequemlichkeit des Bedienenden und für zukünftige Erweiterungen. Das momentane Programm verwendet diese Taste nicht.

Tabelle 16-1. Eingangs-Verbindungen für Zeitgeber-Tastatur

Eingangs-Bit	Angeschlossene Tasten
0	'3', '5', '8'
1	'2', '6', '9'
2	'0', '1', '7'
3	'4', '.', 'GO'

Tabelle 16-2. Ausgangs-Verbindungen für Zeitgeber-Tastatur

Ausgangs-Bit	Angeschlossene Tasten
0	'0', '2', '3', '4'
1	'1', '8', '9', 'GO'
2	'5', '6', '7', '.'

Programmbeschreibung: Das Programm ist modular und besitzt mehrere Unterprogramme. Das Schwergewicht wurde mehr auf die Deutlichkeit und die Allgemeingültigkeit gelegt, anstatt auf die Effizienz. Offensichtlich nützt das Programm nicht die vollen Möglichkeiten des Prozessors 6800. Jeder Abschnitt der Auflistung wird nun im Detail beschreiben.

1. Einführende Kommentare

   Die einführenden Kommentare beschreiben das Programm vollständig. Diese Kommentare dienen als Referenz, so daß andere Anwender das Programm leicht anwenden, erweitern und verstehen können. Standardformate, Einrückungen und Abstände erhöhen die Lesbarkeit des Programmes.

2. Definition der Variablen

   Alle Definitionen der Variablen sind an den Anfang des Programmes plaziert, so daß sie leicht geprüft und geändert werden können. Jede Variable liegt in einer alphabetischen Liste zusammen mit anderen Variablen der gleichen Art. Kommentare beschreiben die Bedeutung jeder Variablen. Die Kategorien sind:

   a. Speichersystem-Konstanten, die von System zu System variieren können, abhängig vom Speicherraum, der unterschiedlichen Programmen oder verschiedenen Speicher-Typen zugewiesen ist.

b. Zeitweilige Speicherung (RAM), die für Variable verwendet wird.

c. E/A-(PIA) Adressen.

d. Definitionen

Die Speichersystem-Konstanten sind in den Definitionen enthalten, so daß der Anwender das Programm, zeitweilige Speicher und den Speicherstapel umstellen kann, ohne irgendwelche andere Änderungen ausführen zu müssen. Die Speicher-Konstanten können zur Anpassung an andere Programme geändert werden oder um mit einer speziellen System-Zuweisung von RAM- oder ROM-Adressen übereinzustimmen.

Generelles Flußprogramm:

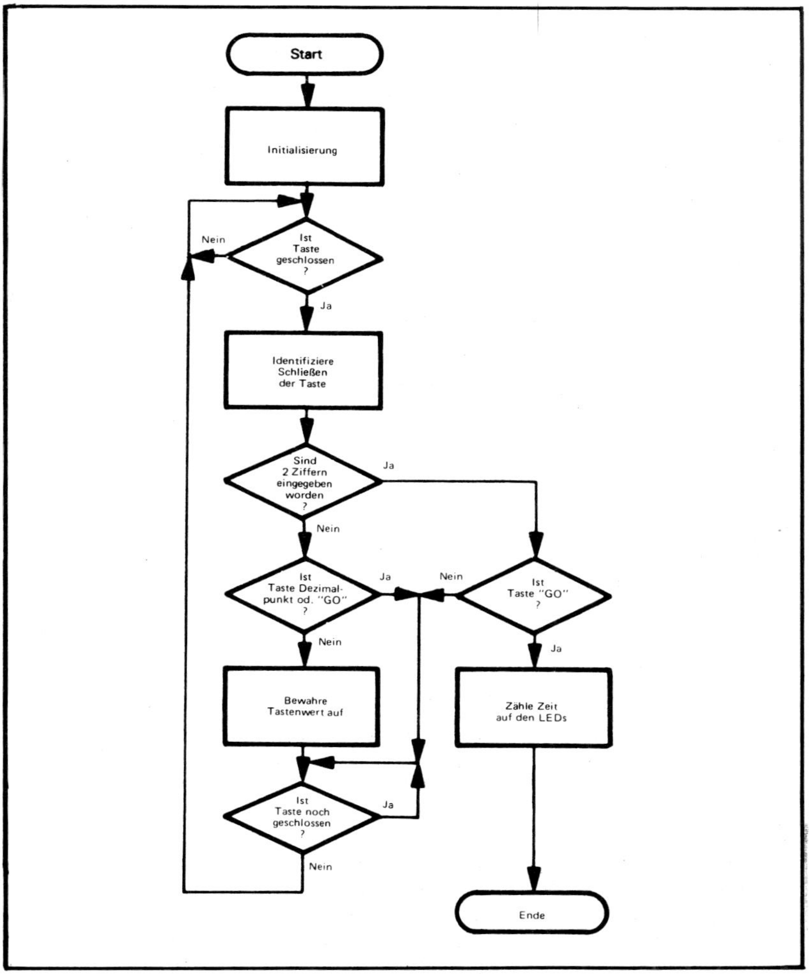

Zeitweilige Speicherung wird mittels RMB-Pseudo-Operationen (Reserve Memory Bytes) zugewiesen. Eine ORG-Pseudo-Operation plaziert die zeitweiligen Speicherplätze in einen speziellen Teil des Speichers. In diese Speicherplätze werden keine Werte plaziert, so daß das Programm eventuell in ROM oder PROM liegen könnte und das System ohne neuerliches Laden nach einem Einschalten der Betriebsspannung arbeiten könnte.

Jede Speicheradresse, die von einem PIA belegt wird, ist so bezeichnet, daß die Adressen leicht für die Handhabung verschiedener Konfigurationen geändert werden können. Die Bezeichnungen dienen auch zur deutlichen Unterscheidung der Steuerregister von Datenregistern.

Die Definitionen machen die Bedeutung bestimmter Konstanten deutlich und gestatten eine einfache Änderung von Parametern. Jede Definition ist in der Form angegeben (binär, hexadezimal, oktal, ASCII oder dezimal), in der ihre Bedeutung am deutlichsten ist. Parameter (wie etwa Entprellzeit) werden hier plaziert, so daß sie entsprechend der Anforderungen des Systems variiert werden können.

3. Initialisierung

   Die Speicherplätze FFFE und FFFF (die Reset-Speicherplätze des 6800) enthalten die Adresse des Startpunktes des Hauptprogrammes. Das Hauptprogramm kann daher überall in den Speicher plaziert und über das Reset-Signal erreicht werden.

   Die Initialisierung besteht aus vier Schritten:

   a. Plazieren eines Startwertes in den Stapelzeiger. Der Stapel wird nur zur Speicherung der Unterprogramm-Rückkehr-Adressen verwendet.

   b. Initialisierung der Steuer-, Datenrichtungs- und Datenregister des PIA.

   c. Starten der Anzahl der Zifferntasten, die bei null gedrückt werden.

   d. Initialisierung des Speicherplatzes, bei der die nächste gedrückte Zifferntaste beim Beginn der Ziffer-Tastenanordnung aufbewahrt wird. Es wird ein indirektes Verfahren verwendet, in dem KEYAD die Adresse enthält, in die die nächste Ziffer plaziert wird. Jedesmal, wenn eine Zifferntaste erkannt wird, wird der Inhalt von KEYAD inkrementiert, so daß die nächste Zifferntaste in den nächsten Speicherplatz plaziert wird.

      Tastenbetätigungen werden dadurch identifiziert, daß alle Tastatur-Spalten auf Masse gelegt werden und dann auf geerdete Reihen geprüft wird (d.h. Spalten-zu-Reihen-Schalter geschlossen). Beachten Sie, daß das Programm nicht annimmt, daß die unbenutzten Eingangs-Bits alle High sind. Stattdessen werden die zu der Tastatur gehörigen Bits mit einem logischen UND-Befehl maskiert.

4.) Achten auf geschlossene Taste

Flußdiagramm

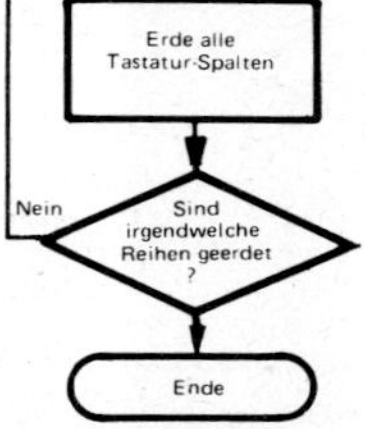

5. Tasten-Entprellung

Das Programm entprellt das Schließen einer Taste mittels Software, indem es zwei Millisekunden wartet. Dies ist im allgemeinen lang genug, um einen einwandfreien Kontakt herzustellen. Das Unterprogramm DELAY zählt einfach mit dem Indexregister eine Millisekunde lang. Die Anzahl der Millisekunden liegt im Akkumulator A. DELAY müßte neu eingestellt werden, wenn ein langsamerer Takt oder langsamere Speicher verwendet würden. Sie können diese Änderungen einfach dadurch ausführen, indem Sie die Konstante MSCNT neu definieren.

6. Identifizieren eines Tasten-Schließens

Eine geschlossene Taste wird durch Erden einzelner Spalten und Beobachtung, ob ein Schließen festgestellt wird, identifiziert. Sobald ein Schließen festgestellt wurde (so daß die Tastenspalte bekannt ist), kann die Tastenreihe durch Verschieben des Einganges bestimmt werden.

Das Ausgangsmuster, das zum Erden einzelner Tastatur-Spalten erforderlich ist, wird durch Verschieben des ursprünglichen Musters um ein Bit nach links erhalten, nachdem jede Spalte geprüft wurde. Die höchste numerierte Taste der Tastatur wird als eine Marke verwendet, um anzuzeigen, daß alle Spalten geerdet wurden, ohne daß ein Schließen einer Taste aufgefunden wurde. Wenn dieser Wert erreicht ist, wird der Fehlercode FF in den Akkumulator A plaziert, um anzuzeigen, daß das Hauptprogramm das Schließen nicht identifizieren konnte (d.h. daß das Tasten-Schließen beendet ist oder ein Hardware-Fehler auftrat).

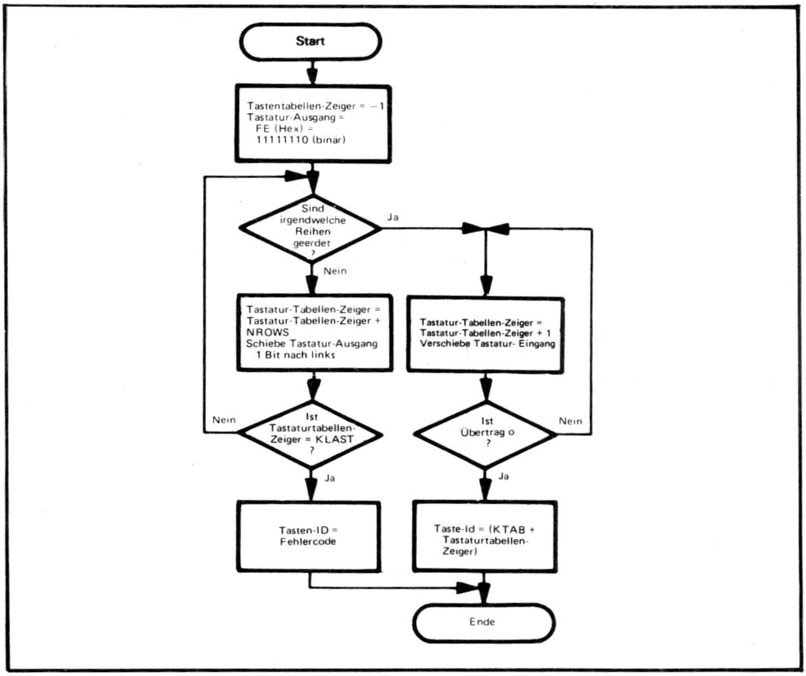

TASTEN-TABELLE

Die Tasten-Identifizierungen liegen in der Tabelle KTAB im Speicher. Die Tasten in der ersten Spalte (die den niedrigstwertigen Ausgangsbit zugewiesen sind) werden von jenen in der zweiten Spalte gefolgt, etc. Innerhalb einer Spalte ist die Taste in der Reihe, die zum niedrigstwertigen Eingangsbit gehört die erste, etc. Daher muß jedesmal beim Abtasten einer Spalte ohne Finden einer geschlossenen Taste, die Anzahl der Tasten in einer Spalte (NROWS) zum Tastentabellen-Zeiger addiert werden, um zur nächsten Spalte zu gelangen. Der Tastentabellen-Zeiger wird ebenfalls um eins inkrementiert, bevor jedes Bit in den Reihen-Eingängen geprüft wird. Dieser Vorgang stoppt, wenn ein Null-Eingang gefunden wurde. Beachten Sie, daß der Tastentabellen-Zeiger einen Speicherplatz vor der Tabelle gestartet wird, da er immer um eins beim Suchen nach der richtigen Reihe inkrementiert wird.
Wenn wir das Schließen einer Taste nicht identifizieren können, ignorieren wir sie einfach und halten nach einer weiteren geschlossenen Taste Ausschau.

7. Vorgang bei der Tasten-Identifizierung

   Wenn das Programm genügend Ziffern (zwei in diesem einfachen Fall) hat, hält es nur nach der GO-Taste Ausschau und ignoriert alle anderen Tasten. Wenn es eine Zifferntaste findet, bewahrt es den Wert in der Tasten-Anordnung auf, inkrementiert die Anzahl der gedrückten Ziffern-Tasten und inkrementiert den Tastenanordnungs-Zeiger.

   Wenn die Eingabe nicht vollständig ist, muß das Programm auf das Ende des Schließens der Taste warten, damit das System nicht die gleiche Tasten-Betätigung neuerlich liest. Der Anwender muß zwischen den Tasten-Betätigungen warten (d.h. eine Taste loslassen, bevor eine andere gedrückt wird). Beachten Sie, daß das Programm doppelte Tasten-Betätigungen als eine oder die andere Taste identifizieren wird, abhängig davon, welche Betätigung die Identifizierungs-Routine zuerst auffindet. Eine verbesserte Version dieses Programms würde die Ziffern so anzeigen, wie sie eingegeben werden und würde dem Anwender gestatten, eine führende oder nacheilende Null wegzulassen (d.h. das Eintasten von ".", "7","GO", um die Zählung von sieben Zehntel-Minuten zu erhalten).

8. Einstellung des Anzeige-Ausgangs

   Die Ziffern werden in Register oder Speicherplätze mit gesetztem Bit 4 plaziert, so daß das Ausgangssignal zu den Anzeigen gesendet wird. Die Bits 5 und 6 werden für die höchstwertige Stelle gesetzt, um das Ausgangssignal zur linken Anzeige zu führen und den Dezimalpunkt einzuschalten. Der logische ODER-Befehl mit der entsprechenden Maske setzt die Bits.

9. Pulsen der LED-Anzeigen

   Jede Anzeige wird zwei Millisekunden lang eingeschaltet. Dieser Vorgang wird 1500 mal wiederholt, um eine gesamte Verzögerung von 0,1 Minuten oder 6 Sekunden zu erhalten. Die Impulse wiederholen sich in so rascher Folge, daß die LED-Anzeigen kontinuierlich eingeschaltet erscheinen.

10. Dekrementieren der Anzeige-Zählung

    Der Wert der niedrigstwertigen Stelle wird um eins verringert. Wenn dies Bit 4 beeinflußt (LEDON – verwendet zum Einschalten der Anzeigen) ist die Ziffer negativ geworden. Dann muß ein "Borgen" von der höchstwertigen Stelle erhalten werden. Wenn das Borgen von der höherwertigen Stelle Bit 4 beeinflußt, hat die Zählung null überschritten und der "Countdown" ist beendet. Andernfalls setzt das Programm die niedrigstwertige Stelle auf 9 und läuft weiter.

Beachten Sie, daß die Kommentare beide Abschnitte des Programmes und die individuellen Anweisungen beschreiben. Kommentare erklären, was das Programm ausführt, nicht was der spezielle Befehlscode macht. Um die Lesbarkeit zu verbessern, wurden Abstände und Einrückungen verwendet.

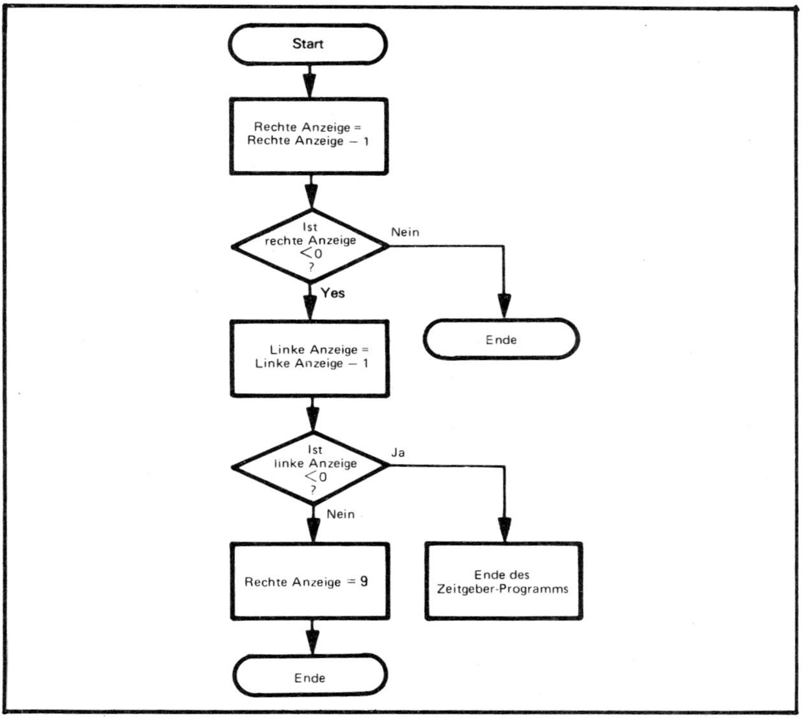

Projekt Nr. 2: Ein Digital-Thermometer

Zweck: Dieses Projekt stellt ein Digital-Thermometer dar, das die Temperatur in Grad Celsius auf zwei Sieben-Segment-Anzeigen darstellt.

Hardware: Das Projekt verwendet einen Eingangs- und einen Ausgangsport, zwei Sieben-Segment-Anzeigen, einen Inverter 74LS04, ein NAND-Gatter 74LS00 oder ein UND-Gatter 74LS08, abhängig von der Polarität der Anzeigen, einem monolitischen A/D-Konverter mit 8 Bits AD7570J von Analog Devices, einen Komparator LM311 ,und verschiedene periphere Treiber, Widerstände und Kondensatoren, die von den Anzeigen und dem Konverter benötigt werden. (Siehe Kapitel 11 für eine Besprechung von A/D-Wandlern. Siehe auch Literatur 1 am Ende dieses Kapitels).

Bild 16-2 zeigt die Organisation der Hardware. Die Steuerleitung CB2 vom PIA wird zum Senden eines Signals "Start der Umwandlung" zum A/D-Konverter verwendet. Die Eingangsleitungen 0 bis 7 sind direkt mit acht digitalen Datenleitungen vom Konverter verbunden. Die Ausgangsleitungen 0 bis 3 dienen zum Senden von BCD-Ziffern zu den Sieben-Segment-Decodern/Treibern. Die Ausgangsleitung 4 aktiviert die Anzeigen und die Ausgangsleitung 5 wählt die linke oder rechte Anzeige aus (Leitung 5 ist "1" für die linke Anzeige). Die Steuerleitung CA1 wird dazu verwendet um zu bestimmen, wann die Umwandlung abgeschlossen ist ($\overline{BUSY}$ wird eins).

ANALOG-HARDWARE DES THERMOMETERS

Der Analogteil der Hardware ist in Bild 16-3 dargestellt. Der Thermistor bildet einfach einen Widerstand, der von der Temperatur abhängt. Bild 16-4 ist ein Diagramm des Widerstandes und Bild 16-5 zeigt den Bereich des Stromes, bei dem der Widerstand konstant ist. Die Umwandlung in Grad Celsius im Programm wird mit einer Eichtabelle ausgeführt. Die verschiedenen Potentiometer können zum exakten Eichen der Daten verwendet werden. Ein Taktsignal für den A/D-Wandler wird von einem RC-Netzwerk erzeugt, wie in Bild 16-6 gezeigt ist. Die Werte sind R = 33 kΩ und C = 1000 pF, so daß die Taktfrequenz etwa bei 75 kHz liegt. Bei dieser Frequenz beträgt die maximale Umwandlungszeit für 8 Bits etwa 50 Mikrosekunden. Wenn $\overline{BUSY}$ auf High geht, setzt es Bit 7 des Steuerregisters auf der B-Seite des PIAs. Die 8-Bit-Version des Konverters benötigt folgende spezielle Verbindungen. Die acht Datenleitungen sind DB2 bis DB9 (DB1 ist immer High während der Umwandlung und DB0 Low). Der 8-Bit-Eingang "Short Cycle" (Anschluß 26-$\overline{SC8}$) wird auf Low gezogen, so daß nur eine 8-Bit-Umwandlung im vorliegenden Fall ausgeführt wird. Die Anschlüsse "High Byte Enable" (Anschluß 20-HBEN) und "Low Byte Enable" (Anschluß 21-LBEN) werden beide auf High gezogen, so daß die Daten-Ausgänge immer freigegeben sind.

Der Wandler verwendet das Verfahren der Stufenumsetzung. Es vergleicht jedes Bit mit dem Ausgang des D/A-Wandlers um festzustellen, ob dieses Bit ein- oder ausgeschaltet sein sollte. Jeder Vergleich benötigt eine Taktperiode. Dieses Verfahren ist sehr schnell, jedoch fehleranfällig, wenn das Eingangssignal verrauscht ist. Genauere Methoden für die Handhabung analoger E/A sind in der Literatur am Ende dieses Kapitels beschrieben.

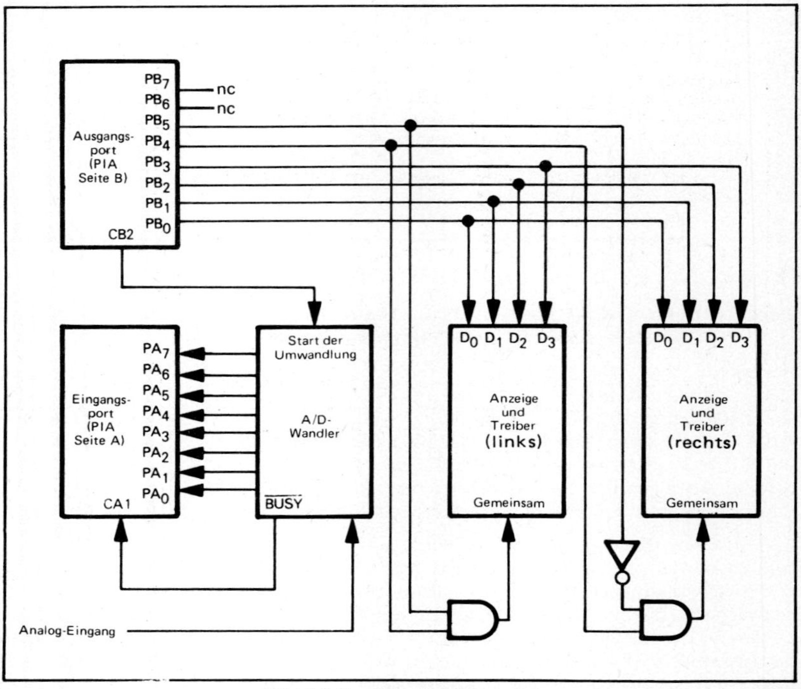

Bild 16-2. E/A-Konfiguration

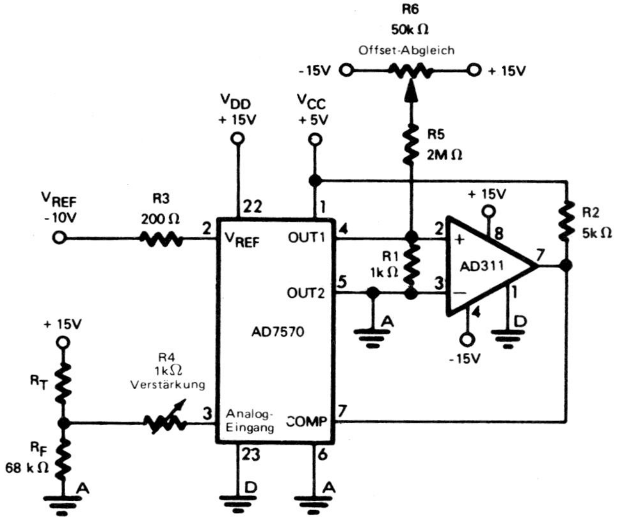

Anmerkung:
Wenn eine positive V_{REF} verwendet wird, so reicht der Analog-Eingangs-Bereich von 0 bis $-V_{REF}$ und der Komparator-(–)-Eingang sollte mit OUT1 (Anschluß 4) des AD7570 verbunden werden.

R_T ist der Thermistor. Das Analog-Eingangssignal vom Spannungsteiler beträgt:

$$\frac{R_F}{R_F + R_T} \times 15 \text{ V}$$

Da R_F = 68 kΩ, beträgt die Eingangsspannung

$$\frac{1{,}02 \times 10^6}{R_F + 6{,}8 \times 10^4} \text{ Volt}$$

Der Mindestwert von R_T beträgt $3{,}4 \times 10^4$ Ω (T = 50C, siehe Bild 16-4), so daß der Gesamtmeßbereich 10 Volt beträgt.

Bild 16-3. Analog-Hardware

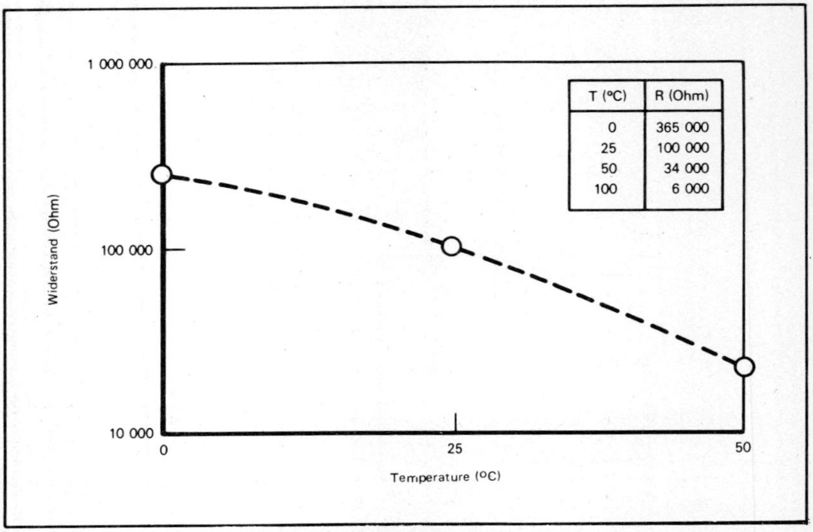

Bild 16-4. Kennlinie des Thermistors
(Fenwal GA51J1 Bead)

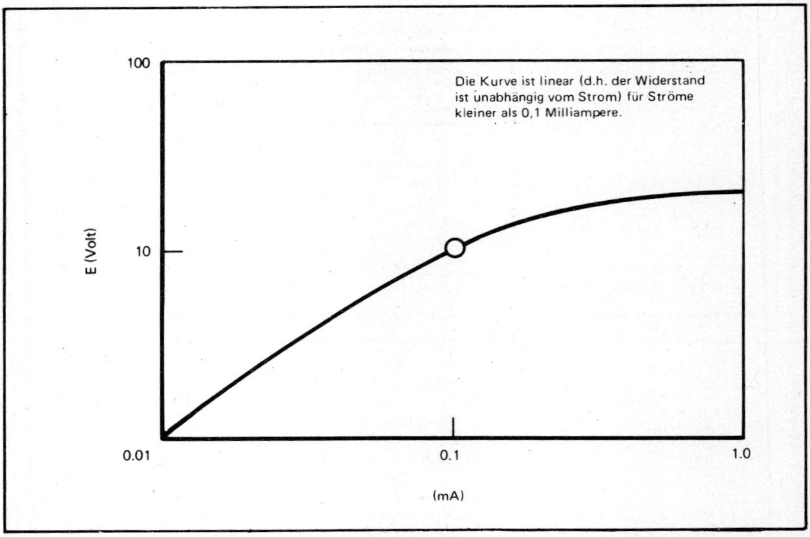

Bild 16-5. Typische E-I-Kennlinie für den Thermistor (25 °C)

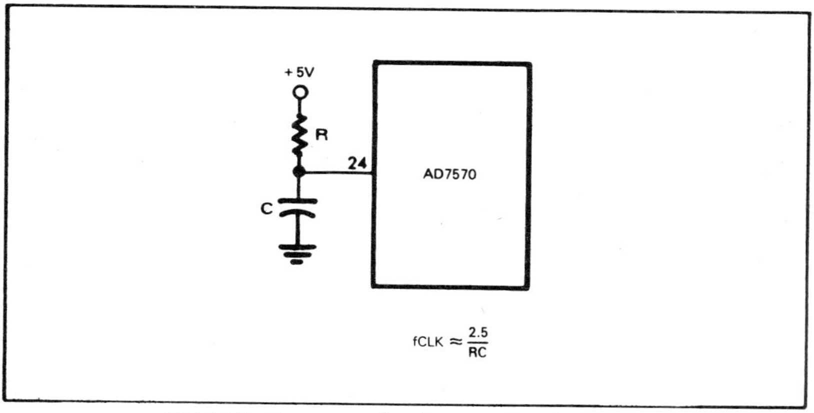

Bild 16-6. Erzeugung einer internen Taktfrequenz

Allgemeines Flußdiagramm:

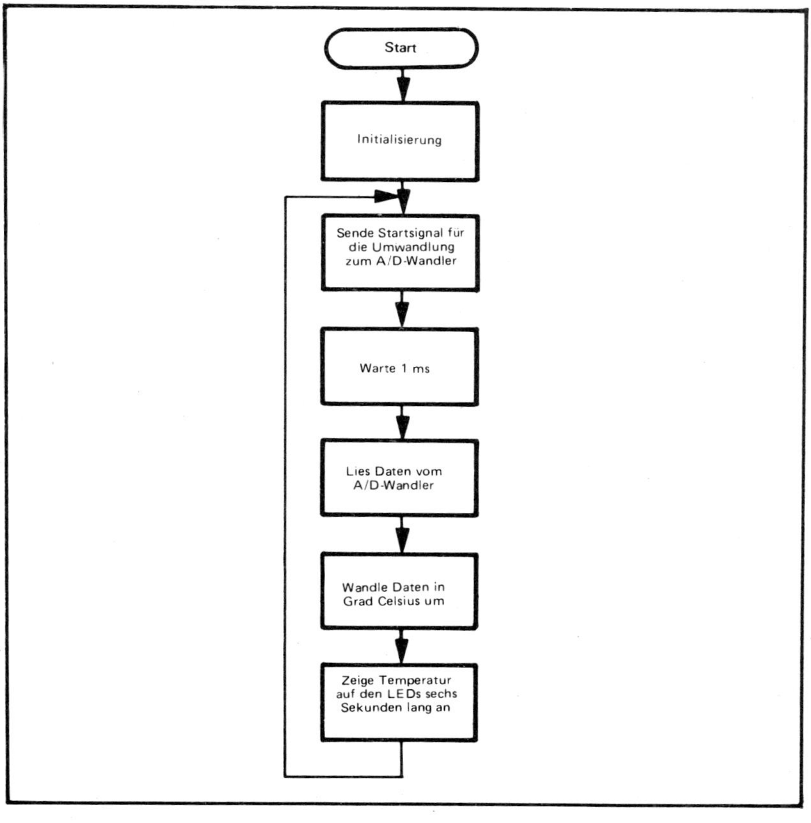

Programm-Beschreibung:

1. Initialisierung

   Die Speicherplätze FFFE und FFFF (in den Reset-Speicherplätzen des 6800) enthalten die Start-Adresse des Programmes. Die Initialisierung konfiguriert den PIA und plaziert einen Wert in den Stapelzeiger. Der Stapel wird nur zur Speicherung der Rückkehr-Adressen der Unterprogramme verwendet. Erinnern Sie sich daran, daß Kapitel 12 zahlreiche Beispiele zur Konfiguration des PIAs enthält.

2. Senden des Startsignals zum A/D-Wandler für die Umwandlung

   Die CPU liefert das Startsignal für die Umwandlung, indem sie zuerst eine Eins und dann eine Null auf die Ausgangsleitung CB2 legt. Jedes Eingangssignal vom Wandler benötigt einen Start-Impuls.

3. Warten von 1 ms für die Umwandlung

   Ein Übergang von 0 auf 1 auf der $\overline{\text{BUSY}}$-Leitung setzt Bit 7 des Steuerregisters A. In Wirklichkeit benötigt der Wandler nur maximal 50 Mikrosekunden für eine 8-Bit-Wandlung, so daß eine kurze Verzögerung ebenfalls ausreichend wäre.

4. Lesen der Daten vom A/D-Wandler

   Das Lesen der Daten beinhaltet eine einzelne Eingabe-Operation. Wir sollten beachten, daß der Analog-Baustein AD7570J einen Freigabe-Eingang und Tristate-Ausgänge besitzt, so daß er direkt mit dem Datenbus des Mikroprozessors verbunden werden könnte.

5. Umwandlung der Daten in Grad Celsius

   VERWENDUNG EINER EICH- TABELLE

   Die Umwandlung verwendet eine Tabelle, die den größten Eingangswert entsprechend einer gegebenen Temperatur enthält. Das Programm sucht die Tabelle, und hält nach einem Wert Ausschau, der größer oder gleich dem vom Konverter empfangenen Wert ist. Der erste derart aufgefundene Wert entspricht der geforderten Temperatur, das heißt, wenn die zehnte Eingabe der erste Wert ist, der gleich oder größer als die Daten sind, beträgt die Temperatur 10 Grad. Dieses Suchverfahren ist nicht sehr effizient, reicht jedoch für die vorliegende Anwendung vollkommen aus.

   Beachten Sie, daß wir die Eingabe-Zahl in dezimal anstatt in binär haben müssen. Die Befehls-Sequenz "ADDA #1, DAA" enthält den Index als zwei Dezimalziffern anstelle von Binärzahlen. Beispielsweise wird die Eingabe-Zahl nach 9 (00001001 binär) dezimal gleich 10 (00010000 binär) sein anstatt binär 10 (00001010). Der Grund hierfür ist, daß wir vorhaben, die Temperatur in zwei Dezimalziffern anzuzeigen und andernfalls eine Umwandlung von binär in dezimal ausführen müßten.

   Die Tabelle kann durch eine Eichung aufgestellt werden oder durch ein mathematisches Näherungsverfahren. Das Eichverfahren ist einfacher, da das Thermometer sonst auf andere Weise geeicht werden müßte. Die Tabelle belegt einen Speicherplatz für jeden Temperaturwert. Ein Verfahren, das wesentlich weniger Speicher verwendet ist in T.A. Seim, "Numerical Interpolation for Microprocessor-based Systems", ***Computer Design,*** Februar 1978, Seite 111-116 beschrieben.

Flußdiagramm:

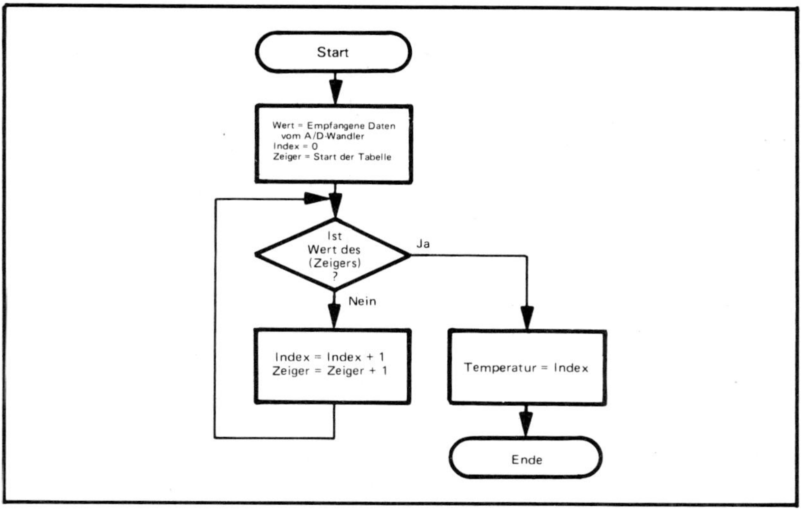

6. Vorbereitung der Daten für die Anzeige

Flußdiagramm:

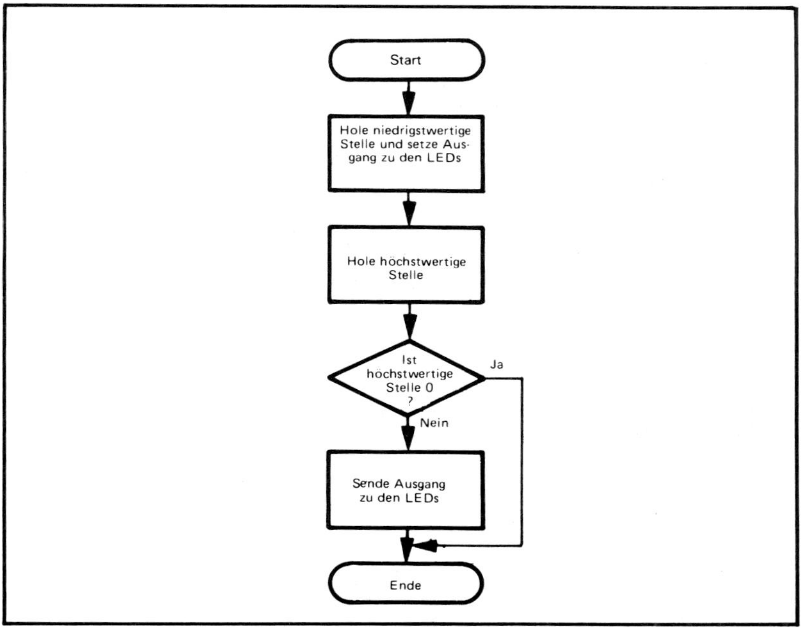

Die höchstwertige Stelle wird ausmaskiert. Wir setzen das Bit so, daß es die Anzeige mit einem logischen ODER-Befehl einschaltet. Das Ergebnis wird im RAM-Speicherplatz LSTEMP aufbewahrt.

AUSBLENDEN EINER FÜHRENDEN NULL

Der einzige Unterschied für die höchstwertige Stelle besteht darin, daß eine führende Null ausgeblendet wird (das heißt die Anzeige zeigt "7" anstatt "07" für 7 °C). Dies beinhaltet einfach, daß das Bit nicht gesetzt wird, das die Anzeige einschaltet, wenn die Stelle null ist. Das Ergebnis wird im Akkumulator B aufbewahrt.

7. Anzeige der Temperatur während der Dauer von sechs Sekunden.

Flußdiagramm:

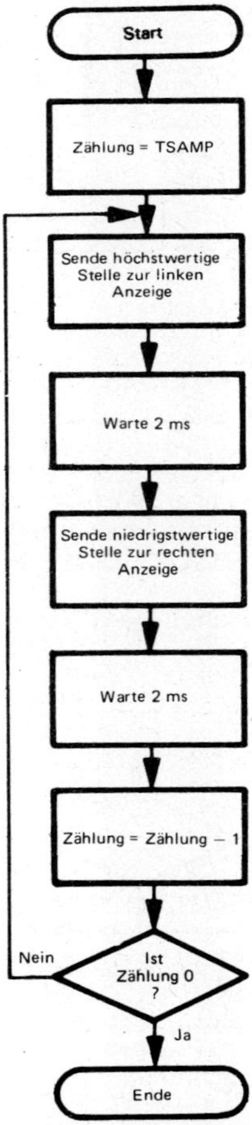

Jede Anzeige wird häufig genug gepulst, so daß sie scheinbar ständig leuchtet. Wenn TPULS größer gemacht wird (beispielsweise 50 ms) würde die Anzeige flackern.

Das Programm verwendet einen 16-Bit-Zähler für die Zählung der Zeit zwischen den Temperatur-Messungen. Der 6800 besitzt einen speziellen Befehl – DEX oder Decrement Index Register – zur Subtraktion von eins von diesem 16-Bit-Zähler. DEX beeinflußt das Null-Flag des 6800.

Beachten Sie, daß der 16-Bit-Zähler im RAM aufbewahrt werden muß, da das Unterprogramm DELAY ebenfalls das Indexregister verwendet.

```
*
*NAME DES PROGRAMMES: ZEITGEBER
*DATUM: 8/31/77
*PROGRAMMIERER: LANCE A. LEVENTHAL
*PROGRAMM-ANFORDERUNGEN: ED(237)BYTES
*BENÖTIGTES RAM: 10 BYTES
*E/A-ANFORDERUNGEN: 1 EINGANGSPORT, 1 AUSGANGSPORT (1 PIA 6820)
*
*
*DIESES PROGRAMM STELLT EINEN SOFTWARE-ZEITGEBER DAR, DER
*  EINGÄNGE VON EINER RECHNER-ÄHNLICHEN TASTATUR EMPFÄNGT
*  UND DANN EIN STOPP-UHR-COUNTDOWN AUF ZWEI SIEBEN-SEGMENT-
*  LED-ANZEIGEN IN MINUTEN UND ZEHNTELMINUTEN LIEFERT
*
*      TASTATUR
*
*        ES WIRD EINE TASTATUR MIT 12 TASTEN ANGENOMMEN
*        ES GIBT DREI SPALTEN-VERBINDUNGEN ALS AUSGÄNGE VOM
*          PROZESSOR, SO DASS EINE TASTENSPALTE GEERDET WERDEN
*          KANN
*        VIER REIHENVERBINDUNGEN SIND EINGÄNGE ZUM PROZESSOR,
*          SO DASS DIE TASTEN IDENTIFIZIERT WERDEN KÖNNEN
*        DIE TASTATUR IST ENTPRELLT DURCH WARTEN FÜR DIE DAUER
*          VON 2 MILLISEKUNDEN NACHDEM EIN TASTENSCHLIESSEN
*          ERKANNT WURDE
*        EIN NEUES TASTENSCHLIESSEN WIRD DURCH WARTEN AUF DAS
*          ENDE DES ALTEN SCHLIESSENS IDENTIFIZIERT, DA KEIN TAST-
*          IMPULS VERWENDET WIRD
*        DIE TASTATURSPALTEN SIND MIT DEN BITS 0 BIS 2 DER SEITE B
*          DES PIA VERBUNDEN
*        DIE TASTATUR-REIHEN SIND MIT DEN BITS 0 BIS 3 DER SEITE A
*          DES PIA VERBUNDEN
*
*      ANZEIGEN
*
*        ES WERDEN ZWEI SIEBEN-SEGMENT-LED-ANZEIGEN MIT
*          GETRENNTEN DECODERN (7447 ODER 7448 ABHÄNGIG VON
*          DER ART DER ANZEIGEN) VERWENDET
*        DIE DATEN-EINGÄNGE DES DECODERS SIND MIT DEN BITS 0 BIS
*          3 DER B-SEITE DES PIA VERBUNDEN
*        BIT 4 DER B-SEITE DES PIA WIRD ZUM AKTIVIEREN DER LED-
*          ANZEIGEN VERWENDET (BIT 4 IST 1 ZUM SENDEN DER DATEN
*          ZU DEN LEDS)
*        BIT 5 DER B-SEITE DES PIA WIRD ZUR AUSWAHL VERWENDET,
*          WELCHE LED GERADE VERWENDET WIRD (BIT 5 IST 1, WENN
```

```
*          DIE FÜHRENDE ANZEIGE VERWENDET WIRD, 0 WENN DIE FOL-
*          GENDE ANZEIGE VERWENDET WIRD)
*        BIT 6 DER B-SEITE DES PIA WIRD ZUM EINSCHALTEN DES DEZI-
*          MALPUNKTES AUF DER FÜHRENDEN ANZEIGE VERWENDET
*          (BIT 6 IST 1, WENN DIE ANZEIGE EINZUSCHALTEN IST)
*
*      VERFAHREN
*        SCHRITT 1 – INITIALISIERUNG
*          DER SPEICHERSTAPEL (VERWENDET FÜR UNTERPROGRAMM-
*            RÜCKKEHRADRESSEN) WIRD INITIALISIERT. DIE ANZAHL
*            DER ZIFFERNTASTEN WIRD AUF NULL GESETZT, UND DIE
*            ADRESSE, IN DIE DIE NÄCHSTE ZIFFERNTASTEN-IDENTIFIZIE-
*            RUNG PLAZIERT WIRD, WIRD ZUR ERSTEN ADRESSE IN DER
*            ZIFFERNTASTEN–ANORDNUNG INITIALISIERT
*        SCHRITT 2 – FESTSTELLEN EINES TASTENSCHLIESSENS
*          ALLE TASTATURSPALTEN WERDEN GEERDET UND DIE TASTA-
*            TURREIHEN WERDEN GEPRÜFT, BIS EINE GESCHLOSSENE
*            TASTE GEFUNDEN WIRD
*        SCHRITT 3 – ENTPRELLEN DER TASTEN
*          EIN WARTEN VON 2 MS WIRD ZUM ELIMINIEREN DES TASTEN-
*            PRELLENS EINGEFÜHRT
*        SCHRITT 4 – IDENTIFIZIERUNG EINES TASTENSCHLIESSENS
*          DAS TASTENSCHLIESSEN WIRD DURCH ERDEN EINER EINZEL-
*            NEN TASTATURSPALTE UND BESTIMMEN DER REIHE UND
*            SPALTE IDENTIFIZIERT
*          ES WIRD EINE TABELLE ZUM CODIEREN DER TASTEN ENT-
*            SPRECHEND IHRER REIHEN- UND SPALTENNUMMERN VER-
*            WENDET
*          IN DER TASTENTABELLE WERDEN DIE ZIFFERN DURCH IHRE
*            WERTE IDENTIFIZIERT. DIE DEZIMALPUNKT-TASTE IST
*            NUMMER 10 UND DIE "GO"-TASTE IST NUMMER 11
*        SCHRITT 5 – AUFBEWAHREN DES TASTENSCHLIESSENS
*          DAS SCHLIESSEN DER TASTEN WIRD IN DEN ZIFFERNTASTEN-
*            ANORDNUNG AUFBEWAHRT, BIS ZWEI ZIFFERN IDENTIFI-
*            ZIERT WURDEN. DEZIMALPUNKTE, WEITERE ZIFFERN UND
*            BETÄTIGUNGEN DER "GO"-TASTE BEVOR ZWEI ZIFFERN EIN-
*            GEGEBEN WURDEN, WERDEN IGNORIERT
*          NACHDEM ZWEI ZIFFERN ANGENOMMEN WURDEN, WIRD DIE
*            "GO"-TASTE ZUM STARTEN DES COUNTDOWN-VORGANGS
*            VERWENDET
*        SCHRITT 6 – COUNTDOWN-ZEITGEBERINTERVALL AUF DEN LEDS
*          EIN COUNTDOWN WIRD AUF DEN LEDS AUSGEFÜHRT, WOBEI
*            DIE FÜHRENDE STELLE DIE VERBLEIBENDE ZAHL DER MINU-
*            TEN UND DIE FOLGENDE STELLE DIE ZAHL DER VERBLEIBEN-
*            DEN ZEHNTELMINUTEN DARSTELLT
*
*
*      DEFINITIONEN DER ZEITGEBER-VARIABLEN
*
*          SPEICHERSYSTEM-KONSTANTEN
*
BEGIN    EQU    $180    BEGIN IST DER START-SPEICHERPLATZ
*                         FÜR DAS PROGRAMM
STKBGN   EQU    $17F    STKBGN IST DIE START-STAPELADRESSE
TEMP     EQU    0       STARTADRESSE FÜR DEN RAM-SPEICHER
```

```
*
*                    ZEITWEILIGER RAM-SPEICHER
*
         ORG        TEMP
KEYAD    RMB        2         KEYAD BEWAHRT DIE ADRESSE IN DER
*                               ZIFFERNTASTEN-ANORDNUNG AUF, IN
*                               DIE DIE IDENTIFIZIERUNG DER NÄCH-
*                               STEN ZIFFERNTASTE PLAZIERT
*                               WERDEN WIRD
KEYNO    RMB        2         KEYNO IST DIE ZIFFERNTASTEN-ANORD-
*                               NUNG – SIE BEWAHRT DIE IDENTIFIZIE-
*                               RUNGEN DER ZIFFERNTASTEN AUF,
*                               DIE GEDRÜCKT WORDEN SIND
NKEYS    RMB        1         NKEYS BEWAHRT DIE ANZAHL DER GE-
*                               DRÜCKTEN ZIFFERNTASTEN AUF
MINUTE   RMB        1         ANZAHL DER VERBLEIBENDEN MINUTEN
DCTR     RMB        2         ANZEIGE-WIEDERHOLUNGSZÄHLER
TPTR     RMB        2         ZEITWEILIGE SPEICHERUNG DES TABEL-
*                               LENZEIGERS
*
*                    E/A-EINHEITEN UND PIA-ADRESSEN
*
PIADRA   EQU        $8008     EINGANGS-PIA FÜR TASTATUR
PIACRA   EQU        $8009
PIADRB   EQU        $800A     AUSGANGS-PIA FÜR TASTATUR UND
*                               ANZEIGE
PIACRB   EQU        $800B
*
*
*                    DEFINITIONEN
*
DECPT    EQU        %01000000   CODE ZUM EINSCHALTEN DER
*                                 DEZIMALPUNKT-LED
CODE     EQU        $FF         FEHLERCODE, WENN ID-ROUTINE
*                                 DIE TASTE NICHT FINDET
GOKEY    EQU        11          IDENTIFIZEIRUNGS-NUMMER FÜR
*                                 "GO"-TASTE
KLAST    EQU        11          HÖCHSTE NUMERIERTE TASTE
LEDON    EQU        %00010000   CODE ZUM SENDEN VON AUSGABEN
*                                 ZU DEN LEDS
LEDSL    EQU        %00100000   CODE ZUR AUSWAHL DER FÜHREN-
*                                 DEN ANZEIGE
MSCNT    EQU        $70         ZÄHLUNG, ERFORDERLICH FÜR EINE
*                                 VERZÖGERUNG VON 1 MS
MXKEY    EQU        2           MAXIMALE ANZAHL DER VERWENDE-
*                                 TEN ZIFFERNTASTEN-SCHLIESSUN-
*                                 GEN
NROWS    EQU        4           ANZAHL DER REIHEN IN DER
*                                 TASTATUR
OPEN     EQU        %00001111   MUSTER ZUR AUSMASKIERUNG VON
*                                 TASTATUR-EINGÄNGEN
TPULS    EQU        2           ANZAHL DER MS ZWISCHEN DEN
*                                 ZIFFERN-ANZEIGEN
```

```
TWAIT   EQU   2           ANZAHL DER MS ZUM ENTPRELLEN
                            DER TASTEN
*
*
*
        ORG   $FFFE
*
*       RÜCKSETZ-ADRESSE, UM ZUM ZEITGEBER-PROGRAMM ZU
*       GELANGEN
*
        FDB   BEGIN       VEKTOR ZUM STARTEN DES ZEIT-
                            GEBER-PROGRAMMES
*
*       INITIALISIERUNG DES ZEITGEBER-PROGRAMMES
*
        ORG   BEGIN
        LDS   #STKBGN     INITIALISIERE STAPELZEIGER
        CLR   PIACRA      LÖSCHE PIA-STEUERREGISTER
        CLR   PIACRB
        CLR   PIADRA      MACHE PIA A-SEITE ZU EINGÄNGEN
                            FÜR TASTATUR
        LDAA  #$FF        MACHE PIA B-SEITE ZU AUSGÄNGEN
                            FÜR ANZEIGEN ETC.
        STAA  PIADRB
        LDAA  #%0000100   ZUGRIFF AUF PIA-DATENREGISTER
        STAA  PIACRA
        STAA  PIACRB
*
*       INITIALISIERE ZIFFERNTASTEN-ANORDNUNG, TASTEN-
*       ZÄHLER
*
INTL    CLR   NKEYS       ANZAHL DER ZIFFERNTASTEN = NULL
        LDX   #KEYNO      STARTE DEN ZEIGER FÜR DIE
                            ZIFFERNTASTEN-ANORDNUNG BEI
                            KEYNO
        STX   KEYAD
*
*       ABTASTEN DER TASTATUR UND AUSSCHAU HALTEN NACH
*       GESCHLOSSENEN TASTEN
*
SRCHK   JSR   SCANC       WARTE AUF SCHLIESSEN EINER TASTE
*
*       WARTE AUF DAS ENTPRELLEN EINER TASTE
*
        LDAA  #TWAIT      HOLE ENTPRELLZEIT IN MS
        JSR   DELAY       WARTE AUF EINE TASTE ZUM
                            STOPPEN DES ENTPRELLENS
*
*       IDENTIFIZIERE DIE GEDRÜCKTE TASTE
*
        JSR   IDKEY       IDENTIFIZIERE DIE GESCHLOSSENE
                            TASTE
        CMPA  #ECODE      WELCHE TASTE WURDE IDENTIFI-
                            ZIERT?
```

```
         BEQ     SRCHK       NEIN,WARTE AUF DAS NÄCHSTE
                               SCHLIESSEN
*
*        STARTE ZEITZÄHLUNG,WENN "GO"-TASTE GEDRÜCKT UND
*        GENÜGEND ZIFFERN VORLIEGEN
*
         LDAB    #MXKEY      WURDE DIE MAXIMALE ANZAHL VON
                               ZIFFERNTASTEN GEFUNDEN?
         CMPB    NKEYS
         BNE     ENTDG       NEIN, GEHE ZUR EINGABE DER
                               ZIFFERNTASTE
         CMPA    #GOKEY      JA, IST TASTE "GO"?
         BEQ     STTIM       JA, STARTE ZEITZÄHLUNG
         BRA     WAITK       NEIN, IGNORIERE TASTE
*
*GIB ZIFFERNTASTE IN DIE ANORDNUNG EIN, IGNORIERE DEZIMAL-
*PUNKT ODER "GO"
*
ENTDG    CMPA    #10         IST TASTE EINE ZIFFER?
         BCC     WAITK       NEIN, IGNORIERE SIE
         INC     NKEYS       JA, INKREMENTIERE ANZAHL DER
                               ZIFFERNTASTEN
         LDX     KEYAD       HOLE ZEIGER FÜR ZIFFERNTASTEN-
                               ANORDNUNG
         STAA    X           BEWAHRE ZIFFERNTASTE IN ANORD-
                               NUNG AUF
         INX                 STELLE ZEIGER WEITER
         STX     KEYAD
*
*        WARTE AUF ENDE DES MOMENTANEN TASTEN—SCHLIESSENS
*
WAITK    JSR     SCAND       WARTE BIS ALLE TASTEN LOSGELAS-
                               SEN SIND
         BRA     SRCHK       HALTE NACH NÄCHSTEM TASTEN-
                               SCHLIESSEN AUSSCHAU
*
*        VERARBEITEN DER ZIFFERN FÜR DIE ANZEIGE
*
STTIM    LDX     #KEYNO
         LDAA    X           HOLE FÜHRENDE ZIFFER
         ORAA    #DECPT      SCHALTE DEZIMALPUNKT FÜR FÜH-
                               RENDE ZIFFER EIN
         ORAA    #LEDON      SETZE AUSGANGS-SIGNAL ZU DEN
                               LEDS
         ORAA    #LEDSL      WÄHLE FÜHRENDE ANZEIGE
         STAA    MINUTE
         LDAB    1,X         HOLE FOLGENDE ZIFFER
         ORAB    #LEDON      SETZE AUSGANGSSIGNAL FÜR LEDS
*
*        PULSEN DER LED-ANZEIGE
*
LEDLP    LDX     #1500       ZÄHLE 1500 4 MS-IMPULSE
TLOOP    STX     DCTR
         LDAA    MINUTE
         STAA    PIADRB      FÜHRENDE ZIFFER ZU LED 1
         LDAA    #TPULS      VERZÖGERUNG ZWISCHEN ZIFFERN
```

```
        JSR     DELAY
        STAB    PIADRB        FOLGENDE ZIFFER ZUR LED 2
        LDAA    #TPULS        VERZÖGERUNG ZWISCHEN ZIFFERN
        JSR     DELAY
        LDX     DCTR
        DEX
        BNE     TLOOP
*
*       DEKREMENTIERE ZÄHLUNG AUF DEN LED-ANZEIGEN
*
        DECB                  ZÄHLE FOLGENDE ZIFFER ABWÄRTS
        BITB    #LEDON        HAT DIE FOLGENDE ZIFFER NULL
                                UNTERSCHRITTEN?
        BNE     LEDLP         NEIN, ZEIGE NEUE ZEIT AN
        DEC     MINUTE        JA, ZÄHLE FÜHRENDE ZIFFER
                                ABWÄRTS
        LDAA    MINUTE
        BITA    #LEDON        IST FÜHRENDE ZIFFER UNTER NULL?
        BEQ     INITL         JA, WARTE AUF NÄCHSTE ZEITGEBER-
                                AUFGABE
        LDAB    #9            NEIN, MACHE FOLGENDE ZIFFER 9
        ORAB    #LEDON        SETZE AUSGANGSSIGNAL ZU DEN
                                LEDS
        BRA     LEDLP         KEHRE ZUM PULSEN DER ANZEIGEN
                                ZURÜCK
*
*       DAS UNTERPROGRAMM SCANC TASTET DIE TASTATUR AB
*         UND WARTET AUF DAS SCHLIESSEN EINER TASTE
*         ALLE TASTATUREN-EINGÄNGE SIND GEERDET
*
SCANC   CLR     PIADRB        ERDE ALLE TASTATUR-SPALTEN
KEYCLS  LDAA    PIADRA        HOLE TASTATURREIHEN-DATEN
        ANDA    #OPEN         IGNORIERE UNBENÜTZTE EINGÄNGE
        CMPA    #OPEN         SIND IRGENDWELCHE EINGÄNGE
                                GEERDET?
        BEQ     KEYCLS        NEIN, WARTE
        RTS
*
*       DAS UNTERPROGRAMM-DELAY WARTET AUF DIE ANZAHL
*         DER MS, DIE IM AKKUMULATOR A DURCH ZÄHLUNG
*         MIT DEM INDEXREGISTER SPEZIFIZIERT SIND
*
DELAY   LDX     #MSCNT        ZÄHLE FÜR EINE 1 MS-VERZÖGERUNG
WTLP    DEX                   WARTE 1 MS
        BNE     WTLP
        DECA
        BNE     DELAY
        RTS
*
*
*       DAS UNTERPROGRAMM IDKEY BESTIMMT DIE REIHEN- UND
*         SPALTENNUMMER DER GESCHLOSSENEN TASTE UND
*         IDENTIFIZIERT DIE TASTE AUS EINER TABELLE
*
IDKEY   LDAA    #%11111110    HOLE MUSTER ZUM ERDEN DER
*                               SPALTE NULL
```

```
        STAA    PIADRB      ERDE SPALTE NULL
        LDAB    #$FF        STARTE TASTATURTABELLEN-ZEIGER
*                            BEI -1
FCOL    LDAA    PIADRA      HOLE TASTATURREIHEN-DATEN
        ANDA    #OPEN       IGNORIERE UNBENÜTZTE EINGÄNGE
        CMPA    #OPEN       SIND IRGENDWELCHE EINGÄNGE
*                            GEERDET?
        BNE     FROW        JA, BESTIMME WELCHE REIHE
*                            GEERDET IST
        SEC                 NEIN, VERSCHIEBE AUSGANG ZUM
*                            ERDEN DER NÄCHSTEN SPALTE
*       ROL     PIADRB
        ADDB    #NROWS      BRINGE TASTENTABELLEN-ZEIGER
*                            ZUR NÄCHSTEN SPALTE
        CMPB    #KLAST      WURDEN ALLE SPALTEN GEPRÜFT?
        BNE     FCOL        NEIN, PRÜFE NÄCHSTE SPALTE
        LDAA    #ECODE      JA, HOLE FEHLERCODE
        RTS
*
*       BESTIMME REIHENNUMMER DER GESCHLOSSENEN TASTE
*
FROW    INCB                INKREMENTIERE TASTENTABELLEN-
*                            ZEIGER
        LSRA                SCHIEBE EINGÄNGE ZUR BESTIMMUNG
*                            DER GEERDETEN REIHE
        BCS     FROW
*
*       IDENTIFIZIERE DIE TASTE AUS DER TABELLE
*
        STAB    TPTR+1      VERWENDE TASTENZEIGER ALS TEIL
*                            DER BASIS-ADRESSE
        LDAA    #KTABU      HOLE MSBS AUS DER TABELLEN–
*                            ADRESSE
        STAA    TPTR
        LDX     TPTR        HOLE VERSETZUNGS-BASISADRESSE
*                            DER TASTENNUMMER
        LDAA    KTABL,X     HOLE TASTENNUMMER
        RTS
*
*       TASTATUR-TABELLE
*       SPALTEN SIND DER PRIMÄRE INDEX, REIHEN DER SEKUN-
*               DÄRE INDEX. DIE TASTEN IN DER SPALTE, DIE MIT
*                 DEM AUSGANGSBIT 0 VERBUNDEN SIND, WERDEN
*                 VON JENEN IN DER SPALTE GEFOLGT, DIE ZUM
*                 AUSGANGSBIT 1 GEHÖREN ETC. INNERHALB
*                 EINER SPALTE IST DIE MIT DEM EINGANGSBIT 0
*                 VERBUNDENE TASTE DIE ERSTE, GEFOLGT VON
*                 DER MIT EINGANGSBIT 1 VERBUNDENEN ETC.
*               DIE ZIFFERNTASTEN SIND 0 BIS 9. DER DEZIMAL-
*                 PUNKT IST 10 UND "GO" IST 11
*
KTAB    FCB     3,2,0,4,8,9,1,11,5,6,7,10
KTABU   EQU     KTAB/256        8 MSBS VON KTAB
KTABE   EQU     KTABU*256
KTABL   EQU     KTABU-KTABE     8 LSBS VON KTAB
*
```

```
*          DAS UNTERPROGRAMM SCANO WARTET, BIS ALLE TASTEN
*                   LOSGELASSEN SIND, SO DASS DIE NÄCHSTE TASTEN-
*                     BETÄTIGUNG GEFUNDEN WERDEN KANN
*
SCANO      CLR     PIADRB          ERDE ALLE TASTATURSPALTEN
KEYOPN     LDAA    PIADRA          HOLE TASTATURREIHEN-EINGÄN-
                                     GE
           ANDA    #OPEN           IGNORIERE UNBENÜTZTE EIN-
                                     GÄNGE
           CMPA    #OPEN           SIND IRGENDWELCHE TASTEN
                                     GEDRÜCKT?
           BNE     KEYOPN          JA, WARTE BIS ALLE LOSGELASSE
           RTS
           END


*
*NAME DES PROGRAMMES:  THERMOMETER
*DATUM: 10/5/77
*PROGRAMMIERER: LANCE A. LEVENTHAL
*PROGRAMM-ERFORDERNISSE: AB (171) BYTES
*BENÖTIGTES RAM: 3 BYTES
*E/A-ERFORDERNISSE: 1 EINGANGSPORT, 1 AUSGANGSPORT (1 PIA 6820)
*
*DIESES PROGRAMM STELLT EIN DIGITALES THERMOTER DAR, DAS EIN-
*   GANGSSIGNALE VON EINEM A/D-WANDLER ANNIMMT, DER MIT
*   EINEM THERMISTOR VERBUNDEN IST. ES WANDELT DAS EINGANGS-
*   SIGNAL IN GRAD CELSIUS UM UND ZEIGT DIE ERGEBNISSE AUF ZWEI
*   SIEBEN-SEGMENT-LED-ANZEIGEN AN.
*
*         A/D-WANDLER
*
*           DER A/D-WANDLER IST EIN MONOLITHISCHER KONVERTER
*              7570J VON ANALOG DEVICES, DER EIN 8-BIT-AUSGANGS-
*              SIGNAL LIEFERT
*           DER UMWANDLUNGSVORGANG WIRD DURCH EINEN IMPULS
*              AUF DER LEITUNG "START CONVERSION" (STEUERLEITUNG
*              2 AUF DER B-SEITE DES PIA) GESTARTET
*           DIE UMWANDLUNG WIRD INNERHALB VON 40 MIKROSEKUN-
*              DEN AUSGEFÜHRT UND DIE DIGITALEN DATEN WERDEN
*              ZWISCHENGESPEICHERT
*
*         ANZEIGEN
*
*           ES WERDEN ZWEI SIEBEN-SEGMENT-LED-ANZEIGEN MIT SEPA-
*              RATEN DECODERN VERWENDET (7447 ODER 7448 ABHÄN-
*              GIG VON DER ART DER ANZEIGE)
*           DIE DATENEINGÄNGE DER DECODER SIND MIT DEN BITS 0 BIS 3
*              DER B-SEITE DES PIA VERBUNDEN
*           BIT 4 DER B-SEITE DES PIA WIRD ZUM AKTIVIEREN DER LED-
*              ANZEIGEN VERWENDET (BIT 4 IST 1 ZUM SENDEN VON
*              DATEN ZU DEN LEDS)
*           BIT 5 DER PIA-SEITE B DIENT ZUR AUSWAHL DER VERWENDE-
*              TEN LED (BIT 5 IST 1, WENN DIE FÜHRENDE ANZEIGE VER-
*              WENDET WIRD, 0, WENN DIE FOLGENDE ANZEIGE VERWEN-
*              DET WIRD)
*
```

```
*        VERFAHREN
*          SCHRITT 1 – INITIALISIERUNG
*             DER SPEICHERSTAPEL (VERWENDET FÜR RÜCKKEHR-
*               ADRESSEN UND ANDERE SPEICHERZWECKE) WIRD
*               INITIALISIERT
*          SCHRITT 2 – PULSEN DER LEITUNG FÜR DEN START DER
*          UMWANDLUNG
*             DIE LEITUNG FÜR DEN START DER UMWANDLUNG DES A/D-
*               WANDLERS WIRD GEPULST (STEUERLEITUNG 2 DER PIA-
*               SEITE B)
*          SCHRITT 3 – WARTEN AUF STABILEN ZUSTAND DES A/D-
*          AUSGANGSSIGNALS
*             DIE LEITUNG "BUSY" VOM WANDLER WIRD MIT DER
*               STEUERLEITUNG 1 AUF DER A-SEITE DES PIA VERBUNDEN.
*               WENN "BUSY" AUF HIGH GEHT UM ZU SIGNALISIEREN,
*               DASS DIE SIGNAL-UMWANDLUNG ABGESCHLOSSEN IST,
*               SETZT SIE BIT 7 DES PIA-STEUERREGISTERS
*          SCHRITT 4 – LESEN DES A/D-WERTES UND UMWANDLUNG IN
*          GRAD CELSIUS
*             FÜR DIE UMWANDLUNG WIRD EINE TABELLE VERWENDET,
*               DIE DEN MAXIMALEN EINGANGSWERT FÜR JEDE TEMPE-
*               RATUR-ABLESUNG ENTHÄLT
*          SCHRITT 5 – ANZEIGE DER TEMPERATUR AUF DEN LEDS
*             DIE TEMPERATUR WIRD AUF DEN LEDS SECHS SEKUNDEN
*               LANG ANGEZEIGT, BEVOR EINE WEITERE UMWANDLUNG
*               AUSGEFÜHRT WIRD
*
*
*
*
*
*


*             DEFINITION DER VARIABLEN DES THERMOMETERS
*
*
*                   SPEICHERSYSTEM-KONSTANTEN
*
BEGIN      EQU    $180         BEGIN IST DER START-SPEICHER-
*                                PLATZ FÜR DAS PROGRAMM
STKBGN     EQU    $17F         STKBGN IST DIE STARTADRESSE
*                                FÜR DEN STAPEL
TEMP       EQU    0            STARTADRESSE FÜR DEN RAM-
*                                SPEICHER
*
*                   E/A-ADRESSEN – PIA
*
PIADRA     EQU    $8008        EINGANGS-PIA FÜR WANDLER
PIACRA     EQU    $8009
PIADRB     EQU    $800A        AUSGANGS-PIA FÜR ANZEIGEN
PIACRB     EQU    $800B
*
*                   ZEITWEILIGER RAM-SPEICHER
*
           ORG    TEMP
```

```
DCTR      RMB    2             ZEIGE IMPULSZÄHLER AN
LSTEMP    RMB    1             NIEDRIGSTWERTIGE STELLE DER
*                                TEMPERATUR
*
*                DEFINITIONEN
*
LEDON     EQU    %00010000     CODE ZUM SENDEN DES AUSGANGS-
*                                SIGNALS ZU DEN LEDS
LEDSL     EQU    %00100000     CODE ZUR AUSWAHL DER FÜHREN-
*                                DEN ANZEIGE
MSCNT     EQU    $70           ERFORDERLICHE ZÄHLUNG FÜR
*                                1 MS VERZÖGERUNGSZEIT
TPULS     EQU    2             ANZEIGEIMPULS-VERZÖGERUNG
*                                IN MS
TSAMP     EQU    1500          TSAMP GIBT AN, WIE OFT DIE ANZEI-
*                                GEN IN EINER ABTAST-PERIODE
*                                DER TEMPERATUR GEPULST WIRD.
*                                DIE LÄNGE EINER ABTAST-PERIO-
*                                DE IST DAHER 2*TPULS *TSAMP
*                                MILLISEKUNDEN. DER FAKTOR
*                                VON 2*TPULS WIRD DURCH DIE
*                                TATSACHE BEDINGT, DASS JEDE
*                                DER ZWEI ANZEIGEN TPULS MS
*                                LANG GEPULST WIRD
*
*
*
*
          ORG    $FFFE
          FDB    BEGIN         RESET-VEKTOR, UM ZUM BEGINN
*                                DES PROGRAMMS ZU GELANGEN
*
*         INITIALISIERUNG DES THERMOMETER-PROGRAMMS
*
          ORG    BEGIN
          LDS    #STKBGN       INITIALISIERE RAM-STAPELZEIGER
          CLR    PIACRA        LÖSCHE PIA-STEUERREGISTER
          CLR    PIACRB
          CLR    PIADRA        MACHE A-SEITE DES PIA ZU EINGÄN-
*                                GEN FÜR DEN KONVERTER
          LDAA   #$FF          MACHE B-SEITE DES PIA ZU AUS-
*                                GÄNGEN FÜR DIE ANZEIGEN
          STAA   PIADRB
          LDAA   #%00000110    ERZEUGE AKTIVEN BUSY-ÜBER-
*                                GANG LOW-AUF-HIGH
          STAA   PIACRA
          LDAA   #%00110100    BEGINNE UMWANDLUNG MIT LOW
          STAA   PIACRB
*
*         PULSE LEITUNG FÜR DEN START DER UMWANDLUNG
*
START     LDAA   #%00111100    STARTE UMWANDLUNG HIGH
          STAA   PIACRB
          LDAA   #%00110100    STARTE UMWANDLUNG LOW
          STAA   PIACRB
*
```

```
*          WARTE, BIS BUSY AUF HIGH GEHT UND LIES DATEN
*
WTBSY      LDAA    PIACRA       IST BUSY AUF HIGH GEGANGEN (UM-
*                                 WANDLUNG ABGESCHLOSSEN)?
           BPL     WTBSY        NEIN, WARTE
           LDAB    PIADRA       JA, LIES DATEN
*
*          WANDLE DATEN IN 2 BCD-ZIFFERN UM
*
           JSR     CONVR        WANDLE DATEN IN BCD UM
*
*          HOLE NIEDRIGSTWERTIGE STELLE
*
           TAB
           ANDA    #%00001111   MASKIERE NIEDRIGSTWERTIGE
*                                 STELLE AUS
           ORAA    #LEDON       SETZE AUSGANG ZU DEN LEDS
           STAA    LSTEMP
*
*          HOLE HÖCHSTWERTIGE STELLE
*
           LSRB                 SCHIEBE HÖCHSTWERTIGE STELLE
*                                 IN DIE POSITION
           LSRB
           LSRB
           LSRB
           BEQ     PULSE        SCHALTE FÜHRENDE ANZEIGE
*                                 NICHT EIN, WENN MSD GLEICH
*                                 NULL
           ORAB    #LEDON       SETZE AUSGANG ZU LEDS
           ORAB    #LEDSL       WÄHLE FÜHRENDE ANZEIGE AUS
*          PULSE DIE LED-ANZEIGEN
*
PULSE      LDX     #TSAMP       16-BIT-ZÄHLER FÜR ANZEIGE-
*                                 IMPULSE
DSPLY      STX     DCTR
           STAB    PIADRB       AUSGANG ZU FÜHRENDER ANZEIGE
           LDAA    #TPULS       VERZÖGERE ANZEIGE-IMPULSLÄNGE
           JSR     DELAY
           LDAA    LSTEMP
           STAA    PIADRB       AUSGABE ZU FOLGENDER ANZEIGE
           LDAA    #TPULS       VERZÖGERE ANZEIGE-IMPULSLÄNGE
           JSR     DELAY
           LDX     DCTR
           DEX                  HAT DIE ZÄHLUNG NULL ERREICHT?
           BNE     DSPLY        NEIN, SETZE PULSEN DER ANZEIGE
*                                 FORT
           BRA     START        JA, HOLE NEUEN TERMPERATURWERT
*
*          UNTERPROGRAMM DELAY WARTET AUF DIE ANZAHL DER
*            IM AKKUMULATOR A DURCH ZÄHLUNG MIT DEM INDEX-
*            REGISTER SPEZIFIZIERTEN MS
*
*          VERWENDETE REGISTER: A,X
*
```

```
DEALY   LDX     #MSCNT          LADE INDEXREGISTER FÜR 1 MS-
*                                 VERZÖGERUNG
WTLP    DEX                     WARTE 1 MS
        BNE     WTLP
        DECA                    ZÄHLE ANZAHL DER MS ABWÄRTS
        BNE     DELAY
        RTS
*
*       UNTERPROGRAMM CONVR WANDELT EINGANGSSIGNAL
*         VOM A/D-WANDLER IN GRAD CELSIUS DURCH VERWENDUNG
*         EINER TABELLE UM. EINGANGSDATEN LIEGEN IM AKKUMU-
*         LATOR B UND ERGEBNIS IST 2 BCD-ZIFFER IN AKKUMULA–
*         TOR A
*
*       VERWENDETE REGISTER: A,B,X
*
CONVR   LDX     #DEGTB          HOLE BASIS-ADRESSE DER UMWAND-
*                                 LUNGS-TABELLE
        CLRA                    GRAD CELSIUS = NULL
CHVAL   CMPB    X               IST A/D-EINGANG UNTER EINGABE?
        BLS     FOUND           JA, WERT GEFUNDEN
        ADDA    #1              NEIN, ADDIERE 1 ZU DEN GRADEN
        DAA
        INX
        BRA     CHVAL
FOUND   RTS                     KEHRE MIT TEMPERATUR ALS 2
*                                 BCD-ZIFFERN IN A ZURÜCK
*
*       TABELLE DEGTB WURDE DURCH EICHUNG GEFUNDEN.
*         DEGTB ENTHÄLT DIE GRÖSSTEN EINGANGSWERTE, DIE
*         EINER SPEZIELLEN TEMPERATUR-ABLESUNG ENTSPRE-
*         CHEN (D.H. DIE ERSTE EINGABE IST DEZIMAL 58, SO DASS
*         EIN EINGANGSWERT VON 58 DER GRÖSSTE WERT IST, DER
*         EINE TEMPERATUR-ABLESUNG VON NULL ERGIBT – WERTE
*         UNTER NULL SIND NICHT GESTATTET).
*
DEGTB   FCB     58,61,63,66,69,71,74,77,80,84,87,90,93,97,101,104,108
        FCB     112,116,120,124,128,132,136,141,145,149,154,158,163,
        FCB     167,172,177,181,186,191,195,200,204,209,214,218,223,
        FCB     227,232,236,241,245,249,253,255
        END
```

LITERATUR

Hnatek, E.R., ***A User's Handbook of D/A and A/D Converters,*** Wiley, New York 1976.

Finkel, J., ***Computer-Aided Experiementation,*** Wiley, New York, 1975.

Engineering Staff of Analog Devices Inc., ***Analog-Digital Conversion Handbook,*** Analog Devices Inc., P.O. Box 796, Norwood, MA.

Kaufmann, J. "Let a µP Keep Track of Your Process", ***Electronic Design,*** December, 20. 1975, pp. 66-69.

Kelly, S., "Low-cost Data Acquisition Systems", ***Electronic Design,*** November 22, 1976, pp. 152-157.

Barnes, J., and V. Gregory, "Use Microprocessors to Enhance Performance with Noisy Data", ***EDN,*** August 20. 1976, pp. 71-72.

Mrozowski, A., "Analog Output Chips Shrink A-D Conversion Software", ***Electronics,*** June 23, 1977, pp. 130-133.

Larson, D.G., et al., "Microcomputer Interfacing: Sample-and-Hold Devices", ***Computer Design,*** December 1977, pp. 104-108.

Holt, O., and F. Shirley, "Let a µP Cut Test Time", ***Electronic Design,*** October 25, 1976, pp. 156-160.

Aldridge, D., "Analog-to-Digital Conversion Techniques with the M6800 Microprocessor System", Motorola Application Note AN-757, Motorola Semiconductor Products Inc. Phoeniz, AZ, 1975.

EINFÜHRUNG
IN DIE MIKROCOMPUTER-
TECHNIK
VON ADAM OSBORNE

77 BASIC-PROGRAMME

Lon Poole
Mary Borchers

77 BASIC–PROGRAMME

Jetzt auch in deutscher Sprache zu haben: Das erste Buch der BASIC-Programmserie beschreibt 77 Kurzprogramme, die finanztechnische, mathematische, statistische und verschiedene allgemeine Aufgaben mit zahlreichen Programmbeispielen und möglichen Anwendungen behandeln. Wer keine oder nur wenig Erfahrung im Programmieren in BASIC besitzt, kann die beschriebenen Beispiele direkt verwenden, oder sie dienen als Übungen für angehende professionelle oder Hobbyprogrammierer.

77 BASIC-Programme, Verfasser Lon Poole und Mary Borchers, Herausgeber A.Osborne/McGraw-Hill Inc., ca.200 Seiten, Softcover, Preis DM 39,--*

*Preise verstehen sich inkl. 6,5% MwSt., zuzüglich Versandspesen

TREIBJAGD
Im Strudel der Mikroelektronik
Mail Service
Blue Collar
Doctors
Bionics
Lawyers
Banks
Industrial Robots
White Collar
Jobs Eliminated
Education
Computer Crime
Adam Osborne

TREIBJAGD–Im Strudel der Mikroelektronik

Bekommen wir die durch die Mikroelektronik eingeleitete industrielle Revolution in den Griff? Oder sie uns–.
In diesem Taschenbuch erläutert Osborne die Ursprünge für die gigantische Entwicklung in der Mikrocomputer-Industrie, deckt Hintergründe auf, nennt erschreckende Fakten, warnt uns eindringlich vor den gesellschaftspolitischen Problemen, die diese Revolution auslösen wird, zeigt aber auch Wege, wie wir sie in den Griff bekommen können.
Populär und packend geschrieben, erhalten Sie Insider-Information aus erster Hand – vom Mikrocomputer-Papst aus Silicon Valley.

Treibjagd, von Dr.Adam Osborne, Paperback, reichlich illustriert
Preis DM 16,50*

* Preise verstehen sich inkl. 6,5%MwSt., zuzüglich Versandspesen

AN INTRODUCTION TO MICROCOMPUTERS
VOLUME 2
SOME REAL MICROPROCESSORS
OSBORNE & ASSOCIATES, INC.
AN INTRODUCTION
TO MICROCOMPUTERS
VOLUME 2
SOME REAL
MICROPROCESSORS
AN INTRODUCTION
TO MICROCOMPUTERS
VOLUME 3
SOME REAL
SUPPORT DEVICES
OSBORNE &
ASSOCIATES, INC.